현대 신유학 비판

지은이 류치량(劉啓良)

필명은 치량(啓良)이며, 1955년 후난(湖南) 헝양(衡陽)에서 태어났다. 현재 샹탄대학(湘潭大學) 철학과 교수이며 주로 중서 철학과 문화비교 연구에 종사하고 있다. 주요 저작으로 『마르크스 동방사회 이론(馬克思東方社會理論)』, 『신유학비판(新儒學批判)』, 『서방문화개론(西方文化概論)』, 『중국문명사(中國文明史)』(상하), 『20세기 중국 사상사(20世紀中國思想史)』 등이 있다.

옮긴이 이승모(李承模)

안동대학교 동양철학과를 졸업하고 중국 난징대학(南京大學) 철학과에서 박사학위를 받았다. 현재 안동대학교 동양철학과에서 강의하고 있으며, 역서로는 『여래선(如來禪)』(공역)이 있고, 논문으로는 「풍우란의 중서문화관에 대한 일고찰」 등이 있다. 현재는 사회문화 문제에 관심을 가지고 있으며, 주로 문화철학 분야를 연구하고 있다.

현대 신유학 비판

초판 1쇄 발행일 2012년 03월 20일

지은이 | 치량
옮긴이 | 이승모
편　집 | 이면희
발행인 | 최원필
발행처 | 심산출판사
주　소 | 서울시 은평구 불광동 219-7 예은 101호
전　화 | 02-357-0633
팩시밀리 | 02-357-0631
E-mail | simsan@korea.com
등록번호 | 제1-2114호(1996년 11월 28일)

ISBN 978-89-94844-13-8 93150

* 책값은 뒤표지에 표시되어 있습니다.

현대 신유학 비판

치량(啓良) 지음

이승모 옮김

심산

차 • 례

내편1

내편2

머리말

인류의 역사에서 20세기는 결코 행복한 시기가 아니었다. 특히 중국인에게는 더욱더 그러했다. 중국인은 풍부한 문화유산을 가지고 있다. 이러한 점에서 우리는 다른 민족보다 더 많은 행운을 가지고 있다고 할 수 있다. 그렇지만 지난 백여 년의 역사가 말해주듯이 이러한 문화유산이 우리에게 도움이 된 것이 아니라 오히려 부담이 되었으며 우리가 현대화의 새로운 길을 개척하는 데 걸림돌이 되었다.

그 이유는, 한 민족의 문화유산은 후세들이 발전하는 데 필요한 문화 기초가 될 수 있지만 동시에 후세들이 새로운 사물을 받아들이고 새로운 생활을 창조하는 데 걸림돌이 될 수 있기 때문이다. 지난 백여 년 동안 중국인은 '어떻게 전통을 대해야 하는가'라는 단순한 문제에 직면해 있었던 것이 아니라 민족 문화와 서양 문화의 이중적인 압박 속에서 고통스러운 선택을 해야 하는 상황에 직면해 있었다. 이러한 상황에서 전통에 대한 그리움과 민족의 미래에 대한 관심 그리고 이질 문화에 대한 방어 본능이 함께 교차하고 있었으며 이로 말미암아 현대 중국인의 비극적인 역사가 반복해서 연출된 것이다.

설령 민족의 역사가 사람들의 뜻대로 발전하지 않는다고 하더라도 양지(良知)와 혈기, 민족적 책임감을 지닌 중국 지식인들은 끊임없이 민족의 운명을 생각했다. 그들이 전통을 대하는 태도가 어떠하든, 혼란한 사회와 정치 상황을 바로잡을 수 있는 처방약이 있든 없든 또는 그들이 처방한 약이 민족의 발전에 효과가 있든 없든, 오직 그들의 생각이 민족의 안녕과 억만 백성의 이익을 위한 것이며 모 집단의 이익을 대변하기 위한 것이 아니라면 그것은 모두 이해하고 공감할 가치가 있다. 전통의 과중한 부담, 백 년 역사의 왜곡된 길, 민족문화의 발전에 불리하게 작용하는 국제정세 등등 이러한 모든 것 때문에 중국은 현대화의 길을 순조롭게 가지 못하게 되었으며, 중국인은 나라를 구하고 백성을 구하는 사명을 이루지 못하게 되었다. 우리는 중국의 특수한 역사적 조건 때문에 다른 민족보다 더 많은 번거로움과 고초를 겪어야 했다.

이렇게 볼 때 우리는 지금 신유가의 사상을 비판할 수 있는 충분한 이유가 없으며, 도구적인 이론을 표준 삼아 그들의 사상 탐색이 타당한지 그렇지 않은지를 따질 이유는 더욱더 없다. 사상사를 연구할 때 가장 해로운 것은 육경(六經)을 나에게 주입시키는 것이다. 정확히 말하면 하나의 통일된 사상 척도를 사용해서 독단적인 결정을 내리는 것보다 더 해로운 것은 없다. 사상을 통일하면 반드시 독단적이고 천박한 방향으로 흐르게 되며, 반드시 전통과 이단이라는 대립적인 두 관념을 사용해서 선현들의 깊은 사상을 간단하게 이해하는 결과를 불러오게 된다.

실제로 중국사를 살펴보면, 특히 19세기 말과 20세기 전반기 몇십 년의 역사를 살펴보면 다른 의도가 있었던 극소수 사람을 제외하면 대다수 사람의 사상 탐색은 모두 '어떻게 민족을 부흥할 것인가'라는 당대의 주제를 둘러싸고 진행되었다. 민족의 역사가 거세게 변하고 신구 문화가 교체됨으로써 다양한 사상이 나타나게 되었는데 이것은 필연적이며 반드시 필요하다. 왜냐하면 각종 사상이 서로 부딪치고 논쟁하는 가운데 중국의 수많은 문제들이 분명하게 드러나기 때문이다.

이렇기 때문에 우리는 반드시 신유가의 사상을 긍정해야 한다. 문화계에서 신유가를 칭송하는 이유는, 그들이 풍부한 학식과 깊은 사상을 지녔기 때문이다. 그들은 국학 기초가 매우 탄탄했으며 서양 문화도 매우 깊이 이해하고 있었다. 20세기 중국 문화계에서 신유가의 학문적 소양은 실제로 보통의 깊이를 넘어섰다고 할 수 있다. 그들은 문화 불모지에 근 반세기 동안의 중국학계를 일구어 놓았다.

나처럼 "새로운 사회에서 태어나 붉은 깃발 아래에서 자라난" 천박한 세대가 이 같은 대학자들을 비평하는 것은 매우 부끄러운 일이며 실제로 비평할 자격이 없다. 그런 까닭에 이 책을 쓰는 동안 마음속에 갈등과 모순이 많았으며, 천박한 학문적 소양으로 신유가사상의 진정한 의의를 해칠까 두려웠다. 심지어 학계의 비난을 받을까 두려워 글쓰기를 멈출까 여러 차례 생각했다.

천박함 자체는 그다지 슬픈 일이 아니지만 천박함으로 심오함을 비판하는 것은 매우 슬픈 일이다. 그러나 어느 정도 위로가 되는 것은 이러한 슬픔은 단지 나 개인에게 국한된 것이 아니라 이 시대의 민족이 처해 있는 상황의 축소판이라는 점이다. 더구나 천박함과 심오함 사이에는 뚜렷한 경계가 없다. 게다가 역설적이게도 사상은 깊이가 있을수록 극단적인 방향으로 흘러가기 쉬우며 간단한 도리에 대해서도 더욱더 어렵고 복잡하게 접근하게 된다.

지금 중국에 가장 필요한 것은 표면적인 현상을 장황하게 늘어놓는 스콜라 식의 학술이 아니라 현실을 직시하고 현실의 허울을 벗기는 일이다. 허울을 걷고 나면 '도리(道理)'는 뜻밖에도 매우 쉽게 드러나기 마련이다. 이렇게 생각하면 조금 위안이 되며 어느 정도 용기도 솟는다.

미국과 유럽 문화가 중국인의 영혼을 씻어내고 있는 상황에서 왜곡된 민족 백 년의 행적을 회상해보니 일반적인 문화인과 비교해서 신유가는 종교적인 사명감을 더 많이 지녔으며 세상을 구제하려는 원대한 뜻을 더 많이 품었던 듯하다. 세상을 위해 마음을 먹고, 백성을 위해 목숨을 걸고, 후세를 위해 태평시대를 연다. 이상은 어쩌면 그토록 숭고하고 품은 생각은 어쩌면 그토록 광대한가! 수천 년 동안 전 세계의 사상 대가들이 간절히 추구한 것이 바로 백성들을 위해 아름답고 즐거운 세상을 만드는 것이 아니었던가. 이것을 알고 나면 신유가의 모든 선현들은 매우 고명한 문화 품격을 지녔다고 할 수 있다. 그들의 책을 읽는 사람은 먼저 그들의 인격적인 역량에 고무된다. 구절구절 자기도 모르게 서양의 성인 예수와 불교의 시조 석가모니를 떠올리게 되고 우리의 선조인 공자와 맹자를 생각하게 된다.

신유가들은 대부분 주체적인 사상을 가지고 행동했다. 그들의 문화 주장은 모두 세태에 대한 체험과 인류문화에 대한 반성을 통해서 나왔다. 그러나 우리는 그들의 문화 주장이 시대에 맞지 않으며, 지나치게 이상적이고 낭만적이며, 백 년 중국의 역사와는 조금 거리가 있다고 비평할 수 있다. 그들의 문화 주장에 의거해 중국을 건설한다면 단지 옛 문화를 부활할 수 있을 뿐이며 민족이 발전할 수 있는 새로운 문화를 건설하는 것은 불가능하다.

그러나 어떻든 간에 그들이 민족과 백성을 위해 심혈을 기울여 고심한 것은 존중할 가치가 있다. 특히 그들이 타인을 의식하지 않고 주체적인 사상으로 사색하고 행동했으며 어떤 유행하는 이론을 따르지 않았다는 점은 매우 고귀하다. 주체적인 사상으로 행동한다 함은 도리상 매우 당연한 것처럼 보이지만 막상 하려면 쉬운 일이 아니다. 사람들은 대부분 생각을 게을리 하는 병이 있다. 모든 사람이 두뇌가 있어 어떤 문제를 생각할 줄 알고 의견을 내놓을 줄 알지만 민족 운명의 문제와 관련되면 이러한 두뇌는 항상 자신의 것이 아니라 어떤 외재적인 역량에 좌우되어 스스로 통제하지 못한다. 특히 사상이 통일된 사회에서 이런 현상은 더욱더 보편적이다. 두뇌를 스스로 통제할 수 있는 것이 인생에서 행복한 일인지 불행한 일인지 분명하게 말할 수는 없지만 어느 정도 분명한 것은 어떠한 민족이든 두뇌를 스스로 통제할 수 있는 문화인이 필요하다는 것이다. 노예 또한 노예로서 누릴 수 있는 즐거움이 있지만 만약 한 민족의 모든 국민이 노예 상황에 처해 있다면 매우 끔찍하고 매우 불행한 일이다. 문화인의 정의는 사회 양심이며 그 기본 품격은 주체적인 사상으로 사색하고 행동하는 것이다.

그러나 주체적인 사상이 있다는 것이 자신의 주장이 정확하다는 것을 보장하지는 않는다는 데 또 다른 문제가 있다. 두뇌를 스스로 통제하는 것은 사상 탐색의 전제가 될 뿐이며 가장 중요한 것은 사상가들의 슬기로움과 지혜이다. 그래서 나는 신유가들의 학문적 소양과 인격을 존중한다. 그러나 그들이 현대 중국을 위해 제공한 문화 청사진에는 근본적으로 동의할 수 없다. 내 생각에 학문상의 원리와 이론적인 측면에서 보면 유학은 인생과 사회를 안정시킬 수 있는 매우 웅장하고 화려한 학문이다. 그러나 실제 상황에서는 고대 중국 사회에 조금의 복음도 가져다주지 못했으며 현대 중국의 병폐를 치유할 수 있는 효과적인 처방약도 제공하지 못했다. 그 이유는 유학이 어떤 도구적인 목적으로 인해 왜곡되었기 때문이 아니라 내재적으로 전제주의 정치문화가 유지될 수 있는 사상 근원을 함유하고 있기 때문이다. 내가 생각하기에 중국 문제를 해결하기 위해 가장 먼저 해야 할 일은 사람을 현대화하는 것인데 유학은 사람을 현대화할 수 없다.

이것이 나와 신유가들의 가장 근본적인 차이이다. 좀더 자세히 말하면 다음과 같이 열 가지로 나눌 수 있다.

◗ 우리는 어떻게 전통을 이해하는가

이론적으로 말하면 전통은 현대화의 기초이며 전통을 떠나서는 그 어떤 현대화도 이룩할 수 없다. 사람은 문화의 산물이며 문화가 축적된 것이 전통이다. 이로써 사람 또한 전통의 산물임이 결정된다. 사람을 떠난 전통이 있을 수 없으며 마찬가지로 전통을 떠난 사람도 있을 수 없다. 사람이 이 세상에서 생활한다는 것은 선조들이 우리를 위해 창조해놓은 문화 전통 가운데서 생활한다는 것을 말한다. 사람은 전통에 의지해서 살아갈 뿐만 아니라 또한 전통의 제약을 받는다.

사람이 전통을 떠나지 못하는 것은 대지와 공기를 떠나 살 수 없는 것과 같은 이치다. 따라서 전통은 뒤엎을 수 없으며 뒤엎으려고 시도해서도 안 된다. 실질적으로 인류 역사에서 철저하게 전통과 단절한 사람이 나타난 적은 없다. 프리드리히 니체(Friedrich Wilhelm Nietzsche)는 매우 단호한 반전통적인 태도를 지녔지만 그 또한 전통에 의지했다. 그는 하나님 신앙에 반대했고 이성 숭배에 반대했지만 손에 지닌 반전통의 무기는 오히려 고대 그리스인의 전통이었다.

그래서 전통과 현대화의 관계에서 보면 신유가의 기본적인 견해는 틀리지 않았다. 중국 문제를 해결하기 위해 모든 것을 처음부터 시작해야 하는 것은 아니며 원래 있던 문명의 성과를 모두 뒤엎어야 하는 것도 아니다. 이러한 도리는 간명하고 쉽게 이해해야지 어렵게 연구할 필요가 없다. 신유가의 생각이 타당하지 않은 이유는 그들이 말하는 전통은 좁은 의미의 전통에 한정되어 있으며, '우리의 옛 전통'을 말하는 것일 뿐만 아니라 공맹(孔孟)·정주(程朱)·육왕(陸王)의 계통이 이어져 내려온 '도학(道學) 전통'을 말하는 것이기 때문이다.

그래서 머우쭝산(牟宗三)이 중국 문제를 해결하기 위해 내놓은 처방약은 첫 번째가 '도학 전통을 긍정하는 것', 즉 유가에 대한 참배가 끊이지 않게 하는 것이었다. 그들 또한 외래문화를 어느 정도 수용해야 한다고 생각했지만 어디까지나 중국 고유의 유가 전통으로 그것을 새롭게 개조하는 것이었다. 내 생각에 전통을 이렇게 이해하는 것은 동정적으로 말하면 유가 전통에 대한 지나친 연정(戀情)에서 비롯된 것이며 무례하게 말하면 매우 편협한 문화파벌주의이다.

전통은 지금까지 단선으로 이어져 내려온 게 아니며 정지해 변화가 없었던 것은 더욱더 아니다. 중국 문화는 고대부터 개방적인 성격이 매우 강했다. 반드시 알아야 하는 것은 3~4천 년 전의 하(夏)·상(商) 두 나라는 원래 중원 일대에 국한되었을 뿐이며 문화의 성과 또한 많지 않았다. 단지 주변 각지의 문화와 오랫동안 한데 어우러져 융합되었기 때문에 문화의 큰 물줄기를 형성할 수 있었다.

우리의 선조 또한 문화파벌주의가 있었다면 후세의 중국은 어떻게 광대한 문화를 형성할 수 있었겠는가. 전통은 초논리, 초비판적 주체가 아니며 문화는 반드시 전통을 갱신하고 전통을 초월해야 발전한다. 인류의 역사는 전통을 돌파하는 시대에 문명이 크게 발전하며 시기적절하게 전통을 비판하는 민족이 가장 전망 있는 민족임을 여러 차례 보여주었다. 전통을 비판하고 돌파한다는 것은 전통이 필요하지 않는다는 뜻이 아니며 계승할 전통이 없다는 뜻은 더더욱 아니다.

전통은 민족성을 구비하면서 동시에 세계성을 구비하고 있다. 구체적으로, 예전의 폐쇄 사회나 반폐쇄 사회에서 전통은 주로 민족성으로 체현되었지만 오늘날 같은 개방사회에서 전통은 세계성으로 체현된다. 전통사회에서 사람들이 계승하는 전통은 대부분 민족문화였으며 이역 문화는 단지 부산적인 성분으로 민족문화 전통의 더미에 첨가되었을 뿐이다.

오늘날의 사회에서 사람들은 어떤 한 민족, 한 지역에 속한 사람이면서 동시에 지구인이고 세계인이다. 세계 각 민족이 창조한 문화가 전체 문화가 되고 인류 공동의 문화 성과가 된다. 이러한 인류 공동의 문화 성과는 공유하는 전통이라고 할 수 있다. 어떤 민족이든 그러한 전통에서 이득을 취할 수 있고 자기 민족을 발전시키는 문화 기초로 삼을 수 있는 것이지 자기 문화의 전통만을 고집할 필요는 없으며 낙후하면서까지 선진적인 것을 배척할 필요는 더더욱 없다.

그래서 신유가들이 신문화운동을 비판하는 것은 사실 작은 도량으로 큰 지혜를 비판하는 것이며, 후스(胡適)·루쉰(魯迅) 등이 비판한 전통은 유학이 중심이 되는 작은 전통일 뿐 세계 문화의 대 전통을 포용하고 있다는 것을 이해하지 못하는 것이다.

◗ 유학은 '변하지 않는 도리'인가 아닌가

신유가가 '도학 전통〔道統〕'을 긍정하고 유학이 세상을 구한다는 신념을 품고 있는 이유는 바로 유학은 '변하지 않는 도리'이며 '상황에 따라 변하는 것'이 아니라고 생각하기 때문이다. 구체적으로, 공자가 유학을 제창한 이후 수많은 시련을 겪었지만 그 모든 시련을 극복하고 오늘날까지 이어져 내려왔기 때문에 생명력이 왕성하다고 할 수 있으며, 미국과 유럽 문화의 일시적인 타격으로 산산이 흩어지는 게 아니라는 것이다.

부정할 수 없는 것은 유학은 매우 웅장하고 화려한 학문이며 중국 문명의 발전에 크게 공헌했다. 그러나 반드시 알아야 하는 것은, 유학이 오랫동안 전해질 수 있었던 이유는 그것이 지닌 생명력 때문이 아니라 역대 왕조의 전폭적인 지지와 보호 덕분이다. 유학은 근본적으로 봉건통치의 기생물이며 소농경제의 친형제와 같다고 할 수 있다. 유학과 봉건왕조와 소농경제를 털과 살갗의 관계로 간주하기 어렵지만(이 세 가지는 근본적으로 일체가 되기 때문이다), 유학은 왕조정치로 말미암아 정치적인 보장을 받을 수 있었고 소농경제가 그것의 경제 기초가 되었다는 것은 의심할 바 없는 사실이다.

세계에서 시간을 초월한 이론 형태는 없으며 정치·경제와 동떨어진 정신문명도 없다. 특히 세속적인 도덕 학문은 더욱더 그렇다. 소농경제가 해체되고 왕조정치가 종결되면 유학은 필연적으로 생존 위기를 맞이한다. 신문화운동은 청 왕조의 몰락과 밀접한 관계가 있으며, 역사적 우연성을 내포하고 있는 것이 아니라 역사적 필연성을 내포하고 있다. 신유가들이 말하는 것처럼 유학이 '변하지 않는 도리'라면 20세기 중국인은 왜 그처럼 공자를 불경했으며 유가의 세력이 약해지고 학문이 끊어져 잘 읽히지 않았는가. 백여 년의 혼란한 역사 속에서 유학은 왜 어찌할 바를 몰라 방임만 하고 있었는가. 사상계에서 2천여 년 동안 지도적인 위치를 차지한 학문이 뜻밖으로 이처럼 큰 타격을 받게 된 것은 그 자체가 수명을 다해 시대에 걸맞지 않았기 때문이 아닐까.

부정할 수 없는 것은 유학은 2천여 년 동안 국민들의 영혼을 지배했으며 일찍이 국민들의 혈관으로 파고들었다는 점이다. 오늘날 중국인은 수많은 방면에서 서양화되었지만 그들의 골수에는 가족관념·황권숭배·관료본위의식 같은 유학의 잔재가 여전히 남아 있다. 이러한 사실은 유학의 검은 구름이 국민들을 심하게 속박하고 있다는 것을 설명해줄 뿐이며 유학과 결별하는 것이 스스로 혈관을 끊는 것이고 생명을 포기하는 행위라는 것을 설명하지 못한다. 혈액이 오염되면 유일한 치료법은 혈액을 바꾸는 것이다. 덮어놓고 자기 집안 혈액의 중요성만 강조하고 자기 집안의 혈액이 오염되어 생명을 유지할 수 있는지 없는지를 묻지 않는다면 이는 바로 가냘픈 목숨을 바치는 일이다.

◗ '반본개신(返本開新)'은 어떻게 가능한가

신유가들이 '유가 전통'을 그리워한 이유는 세상 사람들이 고대 사회로 되돌아가서 다시 "군주는 군주다워야 하고 신하는 신하다워야 하며, 부모는 부모다워야 하고 자식은 자식다워야 하는" 생활을 해야 한다고 생각했기 때문이 아니라 옛것을 돌이켜 새로운 것을 시작할 수 있으며, 공맹·정주·육왕의 학문에서 현대사회의 나침반을 찾을 수 있다고 생각했기 때문이다. 그래서 그들은 민주와 과학에 반대하지 않았으며 어떻게 하면 유가 전통에서 민주와 과학의 씨앗을 싹 틔울지를 심사숙고했다.

이것이 바로 신유가와 완고파의 가장 근본적인 차이이다. 완고파는 옛것을 부흥하기 위해 옛것을 그리워했지만 신유가는 새로운 것을 시작하기 위해 옛것을 그리워했다. 일종의 문화 사조인 신유학은 '중국의 현대화'라는 시대의 주제와 밀접하게 관련 있기 때문에 완고파의 문화 주장보다 더욱더 설득력이 있으며 국민을 매혹하는 힘을 더 많이 지니고 있다.

겉으로 보면 '우리의 옛 전통'에서 나라를 구하고 백성을 구하는 방법을 찾는 것은 매우 좋은 일이다. 문제는 이러한 방법이 효과가 있는지 없는지 신유가는 깊이 있게 연구하지 않았다는 점이다. 머우쭝산은 '양지자아감함(良知自我坎陷)'설을 제기했지만, 문제를 분명하게 하지 않고 장황하게 말만 늘어놓았을 뿐 전통과 현대화 사이의 연결고리를 찾지 못했다. 신유가는 내성(內聖)에서 새로운 외왕(外王)을 전개할 수 있다고 깊이 믿었지만 어떻게 전개할지에 대해서 만족할 답안을 찾지 못했다.

20세기 중국이 필요로 하는 것은 '5·4'운동 시기의 문화 선구자들이 외치던 민주와 과학이다. 이 두 가지는 원래 서양 문화의 산물이지 중국 문화가 원래부터 갖추고 있던 게 결코 아니다. 여기에 대해 신유가는 다음과 같이 변호했다. 첫째, 유학은 과학에 반대하지 않았을 뿐만 아니라 중국은 고대부터 매우 발달한 과학기술이 있었다. 둘째, 고대 중국에는 민주정치가 없었다고 할 수 있지만 민본사상이 있었다. 이 두 가지는 약간의 차이가 있을 뿐이며 '민본(民本)'에서 매우 쉽게 '민주(民主)'로 넘어갈 수 있다.

고대 중국의 과학기술이 낙후하지 않았음은 분명한 사실이다. 영국인 조지프 니덤(Joseph Needham, 1900~1995)이 지은 『중국의 과학과 문명(*Science and Civilization in china*)』에서 이 사실을 잘 설명해준다. 그러나 과학과 기술은 엄연한 차이가 있다. 엄격하게 말해 고대 중국에서 발달한 것은 대부분 기술이지 과학이 아니다. 지금까지 국민들이 긍지와 자부심을 느끼게 했던 4대 발명품을 생각해보면 그 차이를 엿볼 수 있다. 과학이 발전하려면 먼저 자연과학이 발전해야 한다. 그러나 중국철학은 역대로 인륜도덕과 수신(修身)·제가(齊家)·치국(治國)·평천하(平天下)를 중시했으며 자연 사물에 그다지 흥미를 갖지 않았다. 다시 말하면 과학이 발전할 수 있는 관건은 한 민족의 사유방식에 있다. 서양인이 과학 사상을 지닌 이유는 그들이 하느님을 믿고 창세설이 있으며, 하늘과 사람의 관계를 대립적인 관계로 보았기 때문이다. 고대 중국인은 자연과 사람이 하나로 융합되어 서로 장애가 없다고 생각했기 때문에 자연만물을 대상화하거나 하나의 객체로 간주해서 생각할 수 없었다. 그러므로 자연적으로 과학 사상이 싹틀 수 없었다.

민본사상은 글자 그대로 '백성이 근본이 된다.'는 사상이다. 그러나 수천 년의 중국 정치를 통해서 보면 역대로 중국인이 따랐던 것은 군주가 근본이 되고 관료가 근본이 되는 것이었다. "백성이 근본이 된다."는 말은 허울 좋은 장식에 지나지 않는다. 좀 더 확실하게 말하면 통치자가 백성을 우롱하는 것이며 역대 유생들이 자신을 기만하고 남을 속이는 것이다. 어떤 신유가는 민본과 민주 사이에 등호를 그려 넣어 민주는 서양인의 전유물이 아니며 선조들이 일찍부터 민주 생활을 하고 있었다고 생각했다. 이런 생각은 더욱더 허황되고 터무니없다. 민주사상이 기본적으로 요구하는 것은 인격의 평등이다. 그러나 민본사상은 이러한 것을 요구한 적이 없다. 민본사상에서 백성은 어린양이고 관료는 목자이며 군주는 양 떼의 주인이다. 백성은 언제나 보호받고 통치받아야 하는 위치에 있으며 스스로 통제할 인격이 없다. 그들의 상황이 어떠한지는 완전히 군주와 관리들의 품성과 수행이 어떠한지에 달려 있다. 더욱 중요한 것은, 민본사상은 근본적으로 반민주적이다. 왜냐하면, 구세주 같은 군주의 역할과 최고의 권위를 강조할 뿐 백성들이 마땅히 가져야 할 자유평등의 권리를 강조하지 않기 때문이다. 유가의 민본사상은 사람들이 어진 군주와 청렴한 관리가 되게 훈도할 수 있지만 현대적 의미의 민주정치를 이끌어낼 수 없다.

◗ 도덕 이상주의와 실현의 문제

중국 사상의 주류는 유교·불교·도교 사상이다. 그러나 한(漢) 무제(武帝) 시대부터 유학이 계속해서 주도적인 위치를 차지했다. 그 이유는 중국인이 종교를 원하지 않았거나 인류 문제를 근원적으로 고찰하지 않았기 때문이 아니라 유학이 상당한 정도로 종교의 위치를 대신했기 때문이다. 문명사회가 시작될 때 사상가들은 한 가지 문제를 심사숙고했다. 어떻게 하면 사회를 화목하게 하고 심성(心性)을 안정시킬 수 있을까 하는 문제였다. 이것을 위해서 서양인과 인도인이 강구한 것은 종교였다. 그들은 피안의 세계를 통해 세상 사람들이 도덕을 실천하도록 인도했으며, 강제적인 계율과 교의로 전체 사회를 규범화·질서화했다. 중국의 유가는 그렇지 않았다. 유가는 하느님과 피안 세계에 의지하지 않았으며 완전히 세속적인 도덕 학문에 의지했다. 유생들은 이 학문이 가장 좋은 인문주의이며 "가장 훌륭한 중용(中庸)의 도(道)"라고 생각했다.

의미로 보면 유학은 불교나 기독교와 비교해서 조금도 모자람 없다. 『논어』와 『맹자』를 읽으면 『성경』을 읽는 것보다 더욱더 친근하다. 『성경』에 많이 나타나는 것은 예수의 기적이며 도덕적인 가르침 또한 '너는 반드시 이렇게 해야 한다.' 라고 강조하는 것이며 마음에서 마음으로 전하듯이 온화하게 가르치는 것이 아니다. 공자와 맹자는 그렇지 않다. 그들이 말한 것은 모두 인륜도덕이며 강조한 것은 '너는 마땅히 이렇게 해야 한다.' 라는 것이다. 세상 사람들이 모두 공자와 맹자가 말한 대로 생활한다면 중국인은 반드시 세계에서 가장 행복한 사람이 될 것이다.

그러나 자명한 사실은 도덕으로 나라를 세운 이 땅에서 역사가 보여준 것은 공교롭게도 가장 부도덕한 형국이었다. 이것은 사리에 맞지 않는 중국 문화의 부당한 모습이며, 우리가 민족의 역사를 연구할 때 중시할 만한 가치가 있는 현상이다. 예를 들면 유학은 심성 수양을 중시하고 공자의 인격을 추앙하지만 실제로 중국 통치자들은 사치가 극에 달했고 생활은 매우 부패했다. 유학은 덕치를 강조하고 민본사상을 주장하지만 중국 백성들의 생활은 매우 비참했으며, 관리의 착취가 심해 민중이 봉기한 횟수가 가장 많았고 규모도 가장 컸으며, 경제와 문화 파괴가 가장 극심하게 일어났다. 유학은 중용을 주장하고 이성을 숭상하지만 중국인은 가장 쉽게 극단적인 방향으로 나아갔으며 편협한 비이성에 좌우되었다.

다시 말해 우리가 유학의 사회적 가치를 고찰할 때 이러한 학설이 실현될 수 있는지와 어떻게 실현할지를 중심으로 고찰해야지 유학자들이 어떻게 해석하고 어떻게 미화시켰는지를 보아서는 안 된다. 어떤 학설이 웅장하고 화려한 것들만 설명한다면 그것을 실현하는 것은 불가능하며 실현하려 해도 사회에 재난을 야기할 수 있다. 그렇다면 이러한 학설은 계속해서 퍼뜨릴 필요가 있을까. 나는 그 답안을 쉽게 찾을 수 있다고 생각한다. 여기에서 열쇠는 한 민족이 단지 도덕으로 나라를 세울 수 있는지에 있다.

국민들은 지금까지 이런 문제를 제기한 적이 없었고, 오랜 세월 동안 도덕이상주의에 미혹되어 이런 문제를 자각할 수 없었으며, 심각한 상처를 입고도 원인을 알지 못했다. 실제로 이는 지극히 중요한 문제이며 우리가 지금 해결해야 할 중국 문제의 열쇠이다. 의심할 바 없이 인류에게 잉여상품과 계급 차별과 아름다움과 추함의 대립이 존재한다면 반드시 도덕이 필요하며, 사람들의 선한 마음과 선한 행위가 필요하다. 그러나 도덕은 결코 만능이 아니다. 그것은 단지 사람들이 자각적으로 도덕적인 행위를 하도록 인도할 수 있을 뿐이며 사람들(특히 권력과 부를 가진)이 반드시 도덕적인 행위를 해야 한다고 규정하지 못한다.

한 사회는 반드시 도덕이 필요하지만 단지 도덕에 의지해서 지탱할 수도 없다. 도덕이 결핍된 사회도 가련한 사회지만 단지 도덕에 의지해서 지탱하는 사회 또한 불쌍한 사회이다. 왜냐하면, 도덕을 숭배하는 심리는 매우 쉽게 어진 군주와 청렴한 관리를 숭배하는 심리로 변할 수 있고 평등주의 사회를 희망하는 심리로 변할 수 있으며, 그 결과는 반드시 도덕의 몰락을 초래하기 때문이다. 도덕은 사람이 선천적으로 지닌 도덕적 판단능력〔良知〕과 그것을 행동으로 옮길 능력〔良能〕에 의지하며, 그것이 강조하는 것은 사람의 내재적 자각이지 외재적 규약이 아니다.

그것은 어느 정도 사회를 화합하고 인생을 안정시킬 수 있지만 비도덕적인 동기에 따라 매우 쉽게 타격을 받는다. 사람은 이성을 지녔지만 더욱 더 많은 것은 감성이다. 인간이 가진 육체 생명의 기본적인 욕구로 말미암아 비도덕적인 역량이 도덕적인 역량보다 우위에 있게 된다. 사회가 정상적으로 운행될 수 있는지 없는지는 제도가 합리적인지 아닌지에 달려 있다. 즉 강제성을 띠는 사회규약 체계가 있는지 없는지에 달려 있다. 독초를 깨끗하게 제거하려면 독초를 베는 데 그칠 게 아니라 뿌리를 뽑아 그것이 자라는 토양을 깨끗하게 해야 한다. 마찬가지로 사회의 부패 행위를 깨끗하게 제거하려면 덕치를 제창하는 것에 그칠 게 아니라 제도 건설을 강화해서 근본적으로 부패가 의지할 수 없는 사회 환경을 만들어야 한다. 중국인이 도덕이상주의의 꿈에서 깨어나는 날, 즉 어진 군주와 청렴한 관리에 대한 숭배 행위를 끝내고 평등주의 사회에 대한 희망을 버리는 날이 중국 사회가 정상적으로 발전할 수 있는 날이라고 할 수 있다.

◗ 마음의 자유와 몸의 자유

사회와 인생에서 심성의 상태가 어떠한지는 매우 중요하다. 사람과 동물의 근본적인 차이는 다음과 같다. 동물은 본능에 따라 생활하고 사람은 본능 이외에 더욱 수준 높은 것, 즉 '마음'에 의지해서 생활한다. '마음'은 생리적인 의미의 마음이 아니라 문화적인 '마음'이며 생각하는 '마음'이다. 인류는 이런 '마음'에 따라 어떻게 생활하고 왜 생활해야 하는지 알게 되었으며 동시에 그것을 가정·국가·천하로 확대해서 이상적인 사회 환경을 창조했다. 그러나 '마음'은 불안한 존재이며 늘 혼란한 상태에 놓여 있다. 불안한 '마음'은 인류에게 정신적 고뇌를 안겨주었으며 사회의 화합을 파괴하는 요소가 되었다. 그래서 전통 유학과 현대 신유학이 모두 '마음'을 강조하는 것은 일리 있다.

그러나 마음의 자유와 몸의 자유는 별개이다. 마음의 자유는 몸의 자유를 보장할 수 없다. 몸의 자유가 보장받을 수 없다면 마음의 자유는 더욱 더 이야기할 수 없다. 사람의 몸속에 마음이 있기 때문에 몸의 자유는 마음의 자유를 보장할 수 있는 가장 기본적인 조건이다. 채찍질 당하는 사람의 마음이 즐거울 수 있고 노예 신분에 처한 사람의 인격이 고아할 수 있다고 상상하기란 매우 어렵다. 사람이 무감각한 것은 마음이 위축되어서 그런 것이지 마음이 안정되어서 그런 게 아니다.

아큐(阿Q) 정신 승리법이 열악한 환경에 적응할 수 있는 방법이 될 수 있지만 그 전제는 마음을 잊어버리고 자아의 무능함을 인정하는 것이다. 환관의 심리가 변태적이고 남성의 기개를 갖추지 못하는 까닭은 가장 기본적인 신체기관을 제거했기 때문이며, 몸의 상처가 직접적으로 마음의 상처를 형성했기 때문이다. 몸이 자유롭지 않은 사회에서 인격의 존엄성이란 있을 수 없으며 민중의 심성은 상처를 입게 된다. 특히 현대사회에서 수많은 사람들이 과거 마비되었던 상태에서 깨어나기 시작했고, 몸의 자유가 얼마나 귀중한지 자각하기 시작했으며, 몸이 자유롭지 못해 심성이 상처를 입고 다시 몸이 고통스러워진다는 것을 자각하기 시작했다.

따라서 사회와 인생에서 몸의 자유가 가장 중요하다. 몸이 자유롭다고 해서 마음이 반드시 자유로울 수 있다고 하기는 어렵지만 마음의 자유를 위해서는 확실히 몸의 자유가 보장되어야 한다. 이와 반대로 마음의 자유를 가장 중요한 위치에 둔다면 몸의 자유를 보장받을 수 없을 뿐만 아니라 마음의 자유도 보장받을 수 없게 된다. 왜냐하면 몸의 자유가 없는 상황에서 오직 마음의 자유만 강조한다면 마음의 자유를 얻기 어려울 뿐만 아니라 몸의 부자유를 더욱더 증가시킬 수 있으며, 이 두 가지가 악순환 할 수 있기 때문이다. 중국의 수천 년 문명사가 이러한 사실을 잘 증명해준다.

◗ 중국의 문제점은 어디에 있는가

20세기 중국은 잘못된 길을 갔기 때문에 오늘날에도 여전히 먹고살기 위해 분투하고 있다. 이 모든 것이 '하늘의 뜻'에 따라 그렇게 된 것이며 또는 수많은 학자들이 말하듯 '역사의 선택'에 따라 빚어진 일이라고 생각할 이유가 없다. '하늘의 뜻'과 '역사의 선택'이라는 해석은 모두 숙명론적 해석이며 그 본질은, 첫째 우민과 노예를 만드는 것이며, 둘째 역사를 잘못된 길로 인도한 지도자들이 자기의 책임을 회피하기 위해 핑계 대는 것이다. 역사는 사람의 역사이지 '역사'의 역사가 아니다. 인간은 쉽게 실수를 저지르기 때문에 한 민족의 운명이 극소수의 사람이나 한 사람의 손에 달려 있다면 역사는 정상적으로 발전할 수 없다.

우리는 마땅히 지난 백 년의 역사를 냉정하게 분석해서 문제가 도대체 어디에 있는지, 어떻게 5천 년 문명 전통을 가진 민족이 오늘날 이러한 지경이 되었는지 보아야 한다. 신유가의 저서들은 대부분 이런 주제를 다루었다. 그러나 그들이 보기에 민족의 역사가 현대에 와서 고초를 겪게 된 근본 원인은 유학의 도통이 단절되었기 때문이며, 마르크스주의가 전파되고, 공산당이 흥기하고, 나아가 '문화혁명' 십 년의 재난이 일어나게 된 것 또한 이러한 원인 때문이다. 그래서 그들은 신문화운동에 대한 매우 큰 반감이 있으며 천두슈(陳獨秀)·후스·루쉰 등을 극도로 미워한다.

사상문화 방면에서 중국의 문제점이 어디에 있는지를 깊이 연구해보면 신유가의 시각은 의심할 바 없이 정확하다. 중국 역사가 어려운 상황에 직면하게 된 근본적인 원인은 확실히 사상문화 방면에 있다. 그러나 그들의 기본적인 관점은 매우 큰 문제가 있다. 그들의 생각을 따른다면 다음과 같은 몇 가지 문제를 해결하기 어렵다. 첫째, 유학이 중국을 부강한 길로 인도할 수 있다면 어째서 중국 문화는 서양 문화와 전면적인 충돌이 발생했을 때 분명한 열세에 처했으며, 심지어 오늘날 중국이 백여 년 전에 양무파(洋務派)가 서양을 배우려 했던 일들을 그대로 따라하는 것인가. 둘째, 유학이 현대인의 정신생활에 도움이 된다면 어째서 선진적인 지식인들은 언제나 유학 전통을 타파하려고 했으며, 어째서 보수 세력들은 언제나 유학 전통을 자신을 보호하는 부적으로 생각하고 그것을 숭배하는 것인가. 셋째, 유학이 중국의 문제를 해결할 수 있다면 어째서 사상해방운동이 있을 때나 사회가 진보할 때마다 국경 밖에서 이질 문화를 수입하려고 했는가.

사실상 중국의 문제점은 유가 전통에서 벗어났기 때문이 아니라 유가 전통에 얽매였기 때문에 나타나는 것이다. 신해혁명(辛亥革命, 1911) 이후 우리는 형식상 군주전제를 종결시켰고 공자의 독보적인 지위를 무너뜨렸지만 여전히 유가 전통과 결별해 중세기 같은 상황에서 벗어나지 못했다. 옛 문화의 토양이 여전히 존재한다면 새로 생긴 모든 것은 옛 문화의 그늘에서 벗어날 수 없으며 심지어 옛 문화 가운데 존재하는 부정적인 성분들이 극도로 발전할 가능성이 있게 된다. 백 년의 역사를 회고하면 지도자들의 일방적인 의사 · 개인숭배 · 단일 문화 · 절대평등주의 등은 옛 문화의 변태 형식임을 누구도 부정할 수 없다.

최근 신유가들은 십 년 동안 진행되었던 '문화혁명'에 관한 글을 쓰면서 '문화혁명' 때문에 전통이 완전히 사라졌다고 생각하는데, 이런 생각은 매우 잘못되었으며 그들의 인식이 중국의 현재 상황과 한층 거리가 있음을 충분히 설명해준다. 겉으로 보면 '문화혁명'은 네 가지 낡은 악습(옛 사상, 옛 문화, 옛 풍속, 옛 습관)을 타파하고, 공자의 사당을 부수고, 공맹을 비판해 유가 전통과 완전히 결별한 것처럼 보이지만 실질적으로는 오히려 유가 전통이 다시 뿌리내리게 되는 화근이 되었다.

문화혁명 시기(1966~1976)에 마오쩌둥(毛澤東)의 두상을 벽에 걸어두고 두상 아래에 '충(忠)' 자를 써넣은 붉은 별 하나를 걸어놓고, 그것을 향해 춤을 추면서 마오쩌둥에 대한 존경을 표시했던 일〔忠字舞〕, 마오쩌둥의 저작에 붉은 색종이로 꺼풀을 씌워 보물인 양 몸에 지니고 다녔던 일〔紅寶書〕, 『마오쩌둥 어록(毛澤東語錄)』에 나오는 어떤 말들을 표어로 만들어 벽에 붙여 놓거나 펼쳐 들고 시가행진을 했던 일〔語錄牌〕, 반동으로 치부된 서적을 비판하고 그 저자들을 죽이거나 감옥에 보냈던 일〔文字獄〕, 모든 사람이 가장 기본적인 생계로 인해 근심하지 않도록 큰 밥솥에 밥을 해서 함께 먹었던 일〔大鍋飯〕, 어떤 사람이 잘못을 저지르거나 반동적인 행위를 했을 때 인민 앞에서 공개적으로 비판했던 일〔大批判〕, 마오쩌둥 사상에 반대하는 사람들을 학교에 가두어놓고 마오쩌둥 사상을 가르쳤던 일〔五七干校〕, 차라리 잡초를 원할지언정 절을 원하지 않는다고 생각했던 일 등은 모두 유가사상에서 근원을 찾을 수 있는 것 아닌가.

◗ 중국 문제와 인생 문제

전통 유학이 말하는 "자신을 수양하고, 가정을 바로잡고, 나라를 잘 다스리고, 세상을 평화롭게 한다."라는 것 가운데 가장 근본이고 가장 중요한 것은 "자신을 수양하는 것"이다. 단지 심성이 깨끗해야만 천하태평을 실현할 수 있다. 이러한 사유는 신유가로 계승되었다. 그래서 민족 문제와 인생 문제 가운데 신유가들이 편중하는 것은 인생 문제이며, 중국 문제를 해결하기 위해 먼저 유학의 심성학(心性學)을 부흥해 새롭게 국민들의 생명정신을 진작하고 이러한 기초에서 과학을 발전시키고 민주화를 추진해야 한다고 생각했다.

신구문화가 교체될 때 가장 깊은 단계의 변화는 가치관의 변화이다. 가치관의 변화는 하루아침에 이루어지는 게 아니라 반드시 오랜 기간이 필요하다. 오늘날에는 구가치관이 붕괴되고 새로운 가치관이 확립되지 않았기 때문에 불가피하게 사람들이 생각하지 못했던 수많은 사회 현상들이 나타나며, 동시에 사람들의 심성이 어지러워지는 것이다. 현명한 선택은 변화의 속도를 높여 새로운 가치관을 되도록 빨리 확립하는 것이지, 구시대로 되돌아가 당연히 없어져야 할 구관념·구문화·구도덕으로 새로운 시대의 가치를 지탱할 필요가 없다.

게다가 인생 문제는 사회 환경을 떠나서 이야기할 수 없다. 인생 문제는 사회 환경의 산물이며 사회 환경이 어떠한지에 따라 그에 상응하는 인생이 있게 된다. 따라서 인생 문제를 해결하려면 가장 먼저 사회 환경을 바꾸어야 한다. 신유가들이 인생 문제를 해결함으로써 중국 문제를 해결하려던 시도는 의심할 바 없이 본말이 전도된 방법이다. 20세기 중국은 단지 진정한 의미의 현대화가 있고 현대적 의미의 사람이 있다면 우리가 걱정하는 인생 문제를 해결할 수 있다. 이와 반대로 국가가 부강하지 않고, 백성이 부유하지 않으며, 사람들의 자유가 보장되지 않는 상황에서 인생 문제를 해결한다는 것은 허황한 말일 뿐이다.

◗ 중국 문제와 인류 문제

신유가는 대부분 유학의 현대적 가치를 부각하기 위해 유학이 중국인의 구세주일 뿐만 아니라 인류 전체의 구세주라고 강조했다. 그들은 서양 문화가 이미 치유할 수 없는 절망적인 상태까지 도달했기 때문에 인류의 미래에 복음을 가져다줄 수 없을 뿐만 아니라 오히려 중국의 유학으로 서양 문화를 쇄신하고 그것의 폐단을 치유해야 한다고 생각했기 때문이다.

중국의 문제를 제쳐놓고 인류의 문제만 본다면 나는 현대문명에 대한 신유가의 비판에 기본적으로 동의한다. 인류 문명이 발전하면서 확실히 우리가 깊이 고민해볼 가치가 있는 수많은 문제가 나타났다. 특히 몇 백 년 동안 세계 문명을 이끌었던 서양 문명은 더욱더 반성해볼 필요가 있다. 서양 문명은 산업혁명 이후 개선가를 부르면서 나날이 발전했다. 그러나 20세기의 수많은 사실들이 보여주듯 산업혁명 이후 서양인에게 행복과 재난이 동시에 늘어났다. 그들은 충분한 물질적 재부(財富)와 민주적 권리를 가지게 되었지만 동시에 사람 노릇을 할 수 있는 수많은 것을 잃어버렸다. 과학을 추종하는 심리는 과학을 숭배하는 심리로 변했으며, 과학은 사람의 필요에 따라 존재하는 게 아니라 반대로 사람의 주재자가 되었다. 기계화된 문명으로 나아가는 세계의 변화를 따라서 영웅·권위·예술·종교·애정·우정 등 인문 세계에 존재하는 시적 정취가 풍부한 모든 것들이 서로 다른 정도로 상처를 입었다.

그러나 내가 신유가의 생각에 동의하지 않는 이유는 20세기의 중국과 서양은 서로 다른 두 문명 시대에 속해 있으며 서로 직면한 문화 문제와 사회 문제가 현저하게 다르기 때문이다. 우리의 현재 임무는 중세기에서 벗어나 인류 문명의 거대한 조류에 합류하는 것이며, 서양인이 노력해야 하는 것은 현대문명이 편향된 길로 향하지 않게 하고 문화 반성을 통해 현대문화에서 사람들의 주체적인 지위를 확립하는 것이다. 이러한 차이를 인식하는 것은 매우 중요하다. 현재의 중국 문제와 인류 문제를 동일하게 보고 같은 방식으로 해결하려 한다면 중국 사회의 발전에 도움이 되지 않을 뿐만 아니라 도리어 해가 된다. 현재 우리에게 필요한 것은 산업문명과 민주제도이기 때문에 이 두 가지가 아직 발전하지 않은 상황에서 덮어놓고 장점과 단점을 들추어서는 안 되며 거부하고 배척해서는 더욱더 안 된다.

세계를 '3세계'로 구분하는 이론에 의하면 현대 서양은 '제1세계'에 중국은 '제3세계'에 속한다. '제1'과 '제3'의 차이는 부유한 사람과 가난한 사람의 차이에 비유할 수 있다. 부유한 사람과 가난한 사람의 차이는 주로 경제 방면에서 나타나지만 그들 사이에는 일종의 문화적인 차이가 있다. 부유한 사람과 가난한 사람은 서로 다른 두 세계에서 생활하며, 추구하는 게 다르고 느끼는 고통이 다르다. 부유한 사람은 배불리 먹고, 실컷 마시고, 노는 게 싫증이 나면 바로 무료함을 느끼고 생활이 별 의미 없다고 생각하게 되며, 가난한 사람들이 가질 수 없는 걱정과 애수가 생긴다. 이런 것은 부유한 사람에게 나타나는 병이다. 이런 병은 가난한 사람들이 걸릴 수 없을 뿐만 아니라 흉내 낼 필요도 없다. 가난한 사람들이 희망하는 것은 배불리 먹는 것이며, 생활에 필요한 기본적인 요소만 보장받으면 식욕이 부진하다고 해서 번뇌할 수 없으며 낙화유수(落花流水)에 젖어 애수에 잠길 수 없다.

역사와 문화를 연구하고 중국과 서양의 문화를 비교해서 중국 문제를 해결하려면 무엇보다 먼저 중국 민족의 민정과 국정을 잘 파악해야 한다. 자신의 처지도 모르면서 무턱대고 다른 사람을 모방한다면 고대의 '감단학보(邯鄲學步)'[1]와 '동시효빈(東施效顰)'[2]의 우화를 떠올리게 하는 매우 우스꽝스러운 일이다.

◗ 어떻게 서양 문화를 대해야 하는가

아편전쟁(제1차 중영전쟁, 1840~1842) 이후 서양 문화를 대하는 태도에 따라 중국 사상계는 진보와 보수로 나뉘었다. 문화보수주의자에 속하는 신유가는 서양 문화에 긍정적인 태도보다 부정적인 태도가 더 많았다. 그들은 중국과 서양의 문화를 비교하면서 중국 전통 학술을 제대로 해석하지 않았는데 그 이유는, 첫째 유학 전통을 지키기 위해, 둘째 서양 문화의 유입을 저지하기 위해서였다. 정확하게 말하면 이 두 가지 목적을 모두 달성하기 위해서였다.

신유가의 글에서 서양 문화는 냉담하고 인정미가 조금도 없는 문화로 묘사되었다. 그들 생각에 서양인은 과학과 물질을 중시하고 도덕과 인생을 경시하며, 서양인의 관념에서 사람과 자연은 대립적인 관계이며 종교 또한 대립적인 종교이다. 바로 이러한 문화가 근세까지 발전해왔기 때문에 20세기 서양이 절망적인 지경까지 도달하게 되었다.

1) 자신의 본분을 잊고 남을 흉내 내다가 자신의 재주까지 다 잃는다. – 옮긴이
2) 자신의 처지를 모르고 무턱대고 남을 모방해서 역효과를 가져온다. – 옮긴이

량수밍(梁漱溟)·슝스리(熊十力)·첸무(錢穆)·쉬푸콴(徐復觀)을 제외하면 대부분의 신유가는 매우 양호한 서학 훈련을 받았기 때문에 비교적 계통적으로 서양 문화를 이해했을 것이다. 그렇지만 서양 문화에 대한 그들의 평가는 늘 편파적이었으며, 서양인의 역사와 문화 가운데서 서양 문화의 특징을 개괄한 게 아니라 사전에 본떠놓은 어떤 문화 양식을 서양인의 역사와 문화 위에 덮어씌운 다음 자기의 필요에 따라 하나하나 비난하고 힐책한 것 같은 느낌이 든다.

서양 문화는 매우 광범위할 뿐만 아니라 학술 유파와 학술 사상이 다양하며, 그 어떤 문화와도 비교할 수 없을 만큼 우수한 문화라고 말할 수 있다. 그중에 비판받아 마땅한 부분이 많지만 신유가들이 말한 것처럼 인문정신이 결핍된 냉담한 문화가 아니다. 유구한 전통을 가진 문화가 도덕 문제와 인생 문제를 중시하지 않을 수는 없다. 그렇지 않다면 우리는 다음과 같은 몇 가지 의문을 떨쳐버릴 수 없다. 왜 근대 서양 문화는 단번에 세계 문화를 주도하는 위치에 서게 되었는가. 왜 중국인은 인생 문제를 해결하기 위해 반드시 필요한 인격·인권 평등·자유 같은 정신 양식을 서양 세계에서 받아들여야만 했는가. 왜 최근에 중국인은 조수가 빠져나가는 것처럼 나라를 떠나 갖가지 방법으로 서양에 정착하려 할까. 이러한 것이 단지 물질적인 유혹 때문이겠는가.

대체로 서양인은 자연·사회·인생 문제를 과학·정치법률·종교의 세 가지 학문으로 나누어 해결했다. 이 세 방면의 학문은 인생의 지혜를 전체적으로 전개한다. 그들은 과학을 중시했지만 그들의 지혜에서 종교와 윤리도덕·정치제도는 매우 중요한 위치에 있었다. 바로 이러한 까닭으로 그들에게는 기독교와 민주정치, 계통적인 도덕 학문이 있으며, 심지어 공상적 사회주의 전통까지 있다. 그러나 중국은 자연철학이 결핍되었을 뿐만 아니라 종교와 정치조차 도덕 학문에 통합되었으며, 오늘에 이르기까지 인생 · 도덕 · 정치 이 세 가지의 관계를 분명하게 구분하지 못하고 있다. 이 두 가지를 비교하면 우리는 서양인의 인생 지혜와 인문정신이 중국인의 것보다 못하다고 생각할 수 없다.

◗ 문화상대주의에 대해서

우리는 이러한 보편적인 현상을 쉽게 발견할 수 있다. 무릇 선진적인 지식인들은 대부분 문화진화사관을 유지하며 문화보수주의자들은 대부분 문화상대주의를 유지한다. 신유가는 유학의 세계적인 가치를 강조할 때는 진화사관에 의거했지만 그들의 문화 주장은 근본적으로 상대주의에 속한다.

문화상대주의는 문화의 민족성을 지나치게 강조한다. 문화상대주의를 주장하는 자들은 각종 문화는 스스로 체계를 이루고 스스로 특색을 이루며, 문화 사이에 우열과 선후의 차이가 없으므로 누가 누구를 배우고 누가 누구를 주도하는 것은 아니라고 생각한다. 서양 사상계에서 이러한 문화 주장은 독일 철학자 오스발트 슈펭글러(Oswald Spengler, 1880~1936)가 1918년에 처음 제기했다. 슈펭글러는 원래 문화상대주의를 통해 서양인이 비유럽 문화를 존중하고 '유럽중심주의'의 꿈에서 깨어나야 할 뿐만 아니라 동시에 자기 문화의 운명에 주의를 기울여야 한다고 경고했다. 그렇지만 이러한 문화 주장은 동양 세계의 문화보수주의자들이 받아들여 서양 문화에 저항하는 도구로 이용했다. 이러한 문화관은 민족 감정, 전통을 그리워하는 심리와 부합하기 때문에 매우 쉽게 우민(愚民)의 도구로 이용될 수 있다.

20세기 중국에서 전개되었던 두 차례의 문화 대토론은 모두 인류 문화는 단선으로 발전하는가 아니면 다선으로 발전하는가의 문제와 관련되었다. 몇 년 전까지만 해도 대륙학계는 단선론을 정통으로 보았지만, 소비에트연방 해체와 동유럽의 거대한 변화를 따라 문화상대주의의 다선론이 원래의 단선론을 대체하게 되었다. 이러한 변화는 우리가 매우 깊이 생각해볼 가치가 있다. 이러한 변화 가운데 드러나는 오묘함을 인식하는 사람이 중국의 현재 상황을 대부분 인식하는 사람이라고 할 수 있다.

수천 년의 문명사가 우리에게 말해주는 것은 인류 문화는 다선으로 발전하면서도 단선으로 발전한다는 것이다. 구체적으로, 전통사회에서는 민족 사이의 왕래가 잦지 않았기 때문에 문화는 주로 민족성으로 체현되었고 다선 발전으로 체현되었다. 그러나 각 민족의 역사가 하나로 연결되면 문화의 민족성은 반드시 그 자리를 문화의 세계성에 내어주며 단선의 발전이 반드시 다선의 발전을 대체한다. 이때도 여전히 민족문화가 존재하지만 발전 방향은 반드시 세계 문화와 합류하는 것이며 독립적으로 세계 문화의 거대한 조류 밖에 존재할 수 없다. 여기에 대해 카를 마르크스는 『공산당선언』에서 매우 훌륭하게 논술했다.

나는 최근 2년간 신유가의 문헌을 광범위하게 접촉했다. 먼저 샹탄대학(湘潭大學) 도서관에 감사를 표한다. 이 도서관은 이러한 종류의 문헌을 비교적 완전하게 보관하고 있었으며, 특히 홍콩과 타이완 신유가의 저작을 많이 소장하고 있었다. 도서관 관장인 주젠량(朱建亮) 교수는 나의 연구를 적극적으로 지지했으며 일반 독자들이 대출하지 못했던 책을 마음대로 대출할 수 있게 해주었다. 고적열람실의 리리(李莉) 여사는 내가 책을 대출해서 읽을 수 있게 많은 일을 도와주었다. 다시 한 번 모든 분에게 감사드린다.

치량(啓良)

1994년 가을, 청우헌(聽雨軒)에서

외 편

제1장

근대 중국 문인의 구국의 길과 신유학이 나타나게 된 국내 환경

전통의 음영과 근대 중국의 고난의 역정

중국인은 유구한 문화 전통을 지녔으며 수천 년 동안 종종 이민족의 침입을 받았지만 총체적으로 말하면 그들이 지내온 삶은 스스로 만족하고 스스로 즐거워하는 전원생활 같았다. 생각해볼 수 있는 것은, 서양 문명의 충격이 없었더라면 오늘날의 중국인은 거듭된 우환을 겪지 않았을 것이며 능력이 부족하다고 개탄하지도 않았을 것이다.

그러나 인류 문명의 최신 성과라고 자처하는 근대 서양 문명은 저렴한 상품과 무력적인 약탈에 의지해서 자기의 생산방식과 제도를 전 세계에 전파한다. 마르크스에 따르면 "그것은 자신의 모습에 의거해서 스스로 하나의 세계를 창조한다." "그것은 농촌이 도시에 종속되게 하는 것과 같이 미개화 국가와 반개화 국가가 문명국가에 종속되게 하고, 농경민족이 자본가계급 민족에 종속되게 하며, 동방이 서양에 종속되게 한다."[1]

1) 『馬克思恩斯選集』, 제1권, 255쪽.

도덕적인 평가를 잣대로 이 같은 인류 역사의 세계화와 일체화 과정을 살펴보면 그것이 서양 사회에 가져다준 것은 복음이었지만 다른 민족에게 가져다준 것은 재앙이었다. 토지를 약탈당하고 재물을 탈취당했으며, 어떤 때는 국가의 주권마저 빼앗겼다. 특히 중국 민족에게 이런 재난은 더욱 더 심각했다. 그것은 중국 사회의 전통질서를 흩트려놓았을 뿐만 아니라 중국인이 이성적으로 문화 노선을 선택하지 못하게 했으며 그 결과 중국인은 아직도 문화의 발전 방향을 둘러싸고 끊임없이 논쟁하고 있다.

역사의 거센 물결에 순응하는 자는 번영하고 역행하는 자는 망한다. 이론적으로 말하면 유구한 문화 전통을 지닌 민족일수록 마땅히 역사 변혁의 중요한 시기에서 냉정한 분석과 이성적인 선택을 해야 한다. 그러나 우리는 새로운 문화 성과를 잘 받아들이지 못했을 뿐만 아니라 전통조차 제대로 정리하지 못했으며, 이 때문에 오늘날의 중국 사회는 질서를 잃어버리고 문화는 방향을 상실하는 국면에 처했다.

적잖은 논자들이 이러한 책임을 전통문화에 떠넘겼으며 근대 중국이 낙후하게 된 근본적인 이유는 쓸모없는 전통 때문이라고 생각했다. 매우 분명한 것은 이러한 민족 허무주의적인 논조는 사리에 어긋난다. 중국 전통문화가 조금도 쓸모없는 것이라면 서양 문명은 막힘없이 국내로 유입되었을 것이며, 중국 학자들은 문화의 발전 방향을 둘러싸고 격렬한 논쟁을 벌일 필요가 없었을 것이다. 일본인은 서양 문명을 받아들여 부강의 길을 걸어갔지만 중국인은 그렇지 못했다. 이렇게 된 가장 중요한 원인은 중국인은 일본인과 비교해서 너무 유구하고 깊은 역사를 지니고 있기 때문이다.

이러한 관계는 평소 사람들이 싸움하는 것과 매우 비슷하다. 장삼(張三)이 이사(李四)를 때릴 때 장삼도 신체가 건장하고 이사 또한 건장하다면 이사는 쉽게 항복하지 않을 것이며, 그 결과는 이사를 이기는 것이 아니라 자신이 만신창이가 되는 것이다. 얻어맞는 사람이 건장한 이사가 아니라 연약한 왕오(王五)라면 싸움은 발생할 가능성이 없으며, 싸움이 시작되더라도 오랫동안 지속될 가능성은 없다. 왕오의 현명한 선택은 항복하는 것이지 역량도 없으면서 목숨 걸고 도박할 필요가 없다.

19세기 중국·일본과 서양 각국의 관계는 장삼·이사·왕오의 관계와 같았다. 일본인은 문화적 기초가 결핍되어 자기 힘으로 서양 문명의 거대한 충격을 감당할 수 없었기 때문에 부득이하게 전면적으로 받아들일 수밖에 없었다. 여기에서 우리는 일본인이 민족주의 정신이 결핍되었다고 질책할 어떠한 이유도 없다. 오히려 그들은 시대의 흐름을 잘 알아 준걸이 되었다. 일본인 또한 중국인처럼 자기의 전통을 고집하고 개방하지 않았다면 그들의 몸에 남은 상처는 중국인보다 더욱더 심각할 것이라고 단언할 수 있다.

중국인은 이와 다르다. 그들이 이룩한 문명은 일본인의 문명과 비교할 수 없을 뿐만 아니라 오랜 기간 서양인의 문명보다 우수했다. 서양 문명의 충격에서 그들은 자기의 전통을 보호하려고 했으며, 자기들이 생각하는 문화대국의 존엄성을 지키려고 했다. 감정적인 측면에서 말하면 이러한 것은 질책할 수 없다. 예부터 민족주의 정신은 고상한 지조 같은 것이며, 민족문화를 보호하는 것은 국민들의 의무이자 책임이라고 할 수 있다. 그러나 중국 민족의 당대 비극이 바로 여기에 있다. 중국 민족은 우수한 문화와 뿌리 깊은 전통을 지녔지만 근 백 년 이래 이러한 유산은 민족이 발전하는 데 필요한 자산이 아니라 걸림돌이 되었고 정신적인 족쇄가 되었으며, 새로운 시대의 서광을 맞이하는 데 방해가 되었다.

왜냐하면 어떤 민족이든 폐쇄적인 상황이 타파되면 민족 문화의 자리를 세계 문화에 양보하는 것은 막을 수 없는 역사의 큰 흐름이기 때문이다. 역사의 냉혹함은 그것 스스로 발전 논리가 있으며 민족 정서가 어떠한지를 생각하지 않는다는 데 있다. 아무리 외래문화의 유입에 저항하더라도 결국 역사 발전의 큰 추세는 막을 수 없다. 반대로 저항하면 할수록 저항자가 치러야 하는 대가는 더욱더 커지기 마련이다.

근대 중국의 역사는 온갖 방법을 강구해서 서양 문명에 저항한 역사이다. 이러한 역사의 여정에서 중국인이 서양 문명에 저항하기 위해 내세운 방패는 전통 유가사상이었다. 유학으로 서학에 반대했으며 "하늘은 변하지 않고 도(道) 또한 변하지 않는다."는 신조로 사회 변혁을 반대했다. 그 결과 중국 사회가 정상적으로 발전할 수 없었으며 오히려 수많은 모순과 충돌이 나타났다.

서양 문명의 유입으로 중국인이 상처를 입은 이유는 이러한 문명이 유입될 때 문화만 유입된 게 아니라 경제적인 약탈과 함께 군사적인 침략을 동반했기 때문이다. 서양인은 유구한 문화 전통을 지닌 중국에 그들의 문화를 전파하기 위해 부득이하게 대포로 위협할 수밖에 없다고 생각했다. 문화를 전파하는 방식은 두 가지를 벗어나지 않는다. 하나는 온건하고 부드러운 태도로 전파하는 방식으로, 문명 강국이 주변 민족의 문화 성분을 흡수하거나 동화하는 방식이다. 다른 하나는 맹렬한 기세로 전파하는 방식으로, 일반적으로 군사적인 침략이 문화 전파의 매개체가 된다.

중국과 서양의 문화 전파사에서 서양 사람들이 먼저 채용한 것은 앞의 방식이며, 선교의 방식으로 서양 문명을 중국에 이식하려고 했다. 이러한 전파 방식은 중국의 고유한 문명에 큰 상처를 입히지 않았지만 중국과 서양 모두에게 만족스러운 게 아니었다. 서양인이 중국에 그들의 문화를 전파하려고 한 이유는 단지 공자의 신도를 하느님의 품으로 인도하기 위해서가 아니었다. 왜냐하면 계획적인 문화 팽창은 언제나 공리적인 동기를 지니기 때문이다. 중국인은 서양인이 중국에서 포교 활동을 할 때 처음에는 경제와 군사적인 측면에서 위협을 느끼지는 않았지만 기독교 신앙이 선조의 관습법에 어긋났기 때문에 통치자와 일반 문인들은 받아들일 수 없었다. 17세기 말에 세상을 뒤흔들어놓았던 '중국인 사건'이 이러한 점을 충분히 증명한다.

'중국인 사건'은 중서문화 교류사에서 발생한 최초의 큰 충돌이었다. 사건의 정황은 이러하다. 서양인이 처음 중국에서 전도할 때 중국에 근거지를 마련하기 위해 뿌리 깊은 중국 문명을 인정할 수밖에 없었다. 예를 들어 마테오리치(Matteo Ricci, 1552~1610)는 마카오에 도착하자마자 양복을 벗어 던지고 승복을 입었다. 10여 년이 지난 이후 승복을 벗고 중국 유생들이 입는 긴 두루마기와 큰 저고리를 입었으며, 한자를 공부하고 유가 경전을 연구했을 뿐만 아니라 공자를 숭배하고 조상에 제사를 지냈는데 마치 공자의 유생 가운데에 있는 서양 학생 같았다. 이 같은 마테오리치의 방법은 한편으로는 서양 문화를 효과적으로 전파하기 위한 계책으로 보이며, 다른 한편으로는 중국 문화가 효과적으로 서양 문화를 방어한 것처럼 보인다. 그러나 교황청은 마테오리치가 사용한 것 같은 선교 방식에 매우 큰 불만이 있었다. 왜냐하면 천주교도가 공자를 숭배하고 조상에게 제사를 지내는 것은 하느님을 모독하는 것이라고 생각했기 때문이다. 1693년 푸젠(福建) 교구의 대주교는 소속 선교사들에게 다시는 마테오리치의 방법을 따라 하지 말라고 명령했으며, 명령을 어긴 예수회 두 선교사를 엄격하게 처단했다.

이 사건이 교민들의 분노를 불러일으켰다. 그들은 교당으로 몰려가 대주교를 모욕하고 심하게 구타했는데 이 사건은 매우 크게 확대되었다. 1704년 로마교정은 정식으로 '금약(禁約)'을 발표해서 천주교도가 공자를 숭배하고 조상에 제사지내는 것을 금지했다. 1705년, 교황청의 사자가 명령을 받고 중국에 와서 강희제(康熙帝)에게 중국의 천주교도가 교황의 '금약'을 준수하고 따르도록 명령하라고 요구했다. 당시 문무를 겸비하고 위풍당당했던 강희제는 사자의 비신사적이고 치욕적인 요구에 응할 수 없었다. 그는 사자에게 "우리의 말을 들었으면 조용히 돌아가라"라고 했다. 그는 말을 많이 하지 않았으며 어떤 이유도 분명하게 대지 않았다. 그의 모습에서 우리는 중국 문명을 신뢰하고 서양인을 경시하는 태도를 충분히 엿볼 수 있다.

그렇지만 중국 역사상 강희제는 한 사람의 개명군주라고 할 수 있다. 그는 공자에 대한 서양 전도사의 오만한 태도를 용인하지 않았지만 서양의 지성 문화를 중시하고 받아들였다. 사료는 그가 전도사에게 천문·물리·수학·의학·해부학 등의 지식을 배웠다고 기록하고 있다. 강희제 이후의 상황은 이전과 같지 않았다. 옹정제(雍正帝)는 전도사를 마카오로 내쫓아 그들을 엄격하게 관리했고, 각 성에 있던 천주교당 또한 계속해서 철거했다. 건륭(乾隆)년에 어느 정도 완화되었지만 문화를 배척하는 경향은 여전했으며 금령(禁令) 역시 철회하지 않았다. 이때부터 온건하고 부드러운 태도의 문화 전파 방식은 부정되었으며 그 후로 계속된 것은 무력적인 위협이었다.

19세기 중엽 임칙서(林則徐)가 호문(虎門)에서 아편을 불태운 것을 기점으로 애국주의가 거세게 일어났으며, 이 사건은 영국인의 견고한 배와 예리한 대포를 끌어들였다. 아편전쟁의 실패 때문에 '천조상국(天朝上國)'으로 자처하던 만청왕조의 명성이 땅에 떨어졌다. 설령 적지 않은 수구파 인물들이 여전히 중국과 오랑캐를 구분해야 한다는 '이하지변(夷夏之辨)'의 신조를 지니고 있었지만 서양인의 무력 위협과 치욕적인 '난징조약(南京條約)'으로 말미암아 국민들이 '천조상국'의 꿈에서 깨어나기 시작했으며, 서양 자본주의 문명이 중국 문명보다 더욱 우월함을 인정하기 시작했다. 임칙서·웨이위안(魏源) 등이 가장 먼저 깨어난 사람들이다.

임칙서는 덕성이 풍부한 관리였다. 그는 영국인의 군사적인 위협을 받으면서 '외국의 상황'을 아는 것이 얼마나 중요한지 깊이 깨달았으며, 서양을 이해하기 위해 서양서적을 수집했을 뿐만 아니라 영문에 정통한 국민들을 초빙해서 『중서기사(中西記事)』, 『각국조례(各國條例)』, 『사주지(四洲

志)』를 번역해서 편찬했다. 웨이위안은 금문경학가(今文經學家)로서 일생 동안 '경세치용(經世致用)'의 큰 포부가 있었다. 그는 국민들에게 서양 세계를 알리기 위해 임칙서가 편찬한 『사주지』의 기초 위에서 『해국도지(海國圖地)』 60권을 편집해 당시 사람들의 시야를 크게 넓혀 주었다. 바로 량치차오(梁啓超)가 "중국 사대부들은 실제로 이때부터 약간의 세계지리 지식을 가지게 되었다."라고 한 것과 같다.

그러나 당시 임칙서·웨이위안 등의 인식 수준은 한계가 있었다. 그들은 아편전쟁이 체현하는 것이 두 문화의 충돌과 경쟁이며 아편전쟁의 패배는 단지 군사방면의 패배가 아니라 더욱 깊은 단계인 문화방면의 패배임을 인식할 수 없었다. 그들은 단지 기물방면의 부족함을 느끼고 "오랑캐의 장점을 배워 오랑캐를 저지해야 한다."라고 주장했으며 물질기술방면에서 서양 문명을 받아들이려고 했다. 그들의 관념에서 중국의 전통은 서양 문화보다 우월한 것이었다. 웨이위안은 서양 천주교의 성서는 "복음서가 전부이고 '명심(明心)'과 '수도(修道)'의 방면은 한마디도 언급하지 않았으며"[2], 원래 중국 성현의 책이 지닌 윤리적인 가치보다 훨씬 못하다고 생각했다. 웨이위안이 보기에 중국은 단지 물질기술방면에서 서양보다 못하지만 서양은 인생의 수양과 관계되는 도의(道義) 방면에서 중국보다 못하다.

양무파는 임칙서와 웨이위안의 주장을 실천에 옮긴 인사들이다. 그들은 전통의 '도체기용(道體器用)'관에서 출발해서 중체서용(中體西用)의 문화모델을 제기했으며, 중국 전통문화를 근본으로 해서 서양의 기술을 운용해야 한다고 했다. 그들은 서학을 받아들이고 양무(洋務)를 개설했으며, 서양의 군사장비와 기계생산방식을 광범위하게 도입했다. 동시에 전문적으로 책을 번역하는 역서국(譯書局)을 설치해서 서양 근대과학의 성과를 소

2) 『海國圖地』, 27권.

개했다.

양무파의 노력은 중국이 현대화라는 고난의 역정에서 내디딘 첫걸음이라고 볼 수 있다. 동시에 반드시 알아야 하는 것은, 양무파는 서학을 받아들여야 한다고 주장했으며 왜인(倭仁) 등의 완고파와 비교하면 그들의 사상은 더욱 진보적이지만 그들의 뼈 속에는 여전히 구시대의 기운이 충만했으며 전통문화의 그늘이 정수리를 뒤덮고 있었다. 그들에 대해서 말하면, 양무를 일으키는 것은 부국강병을 위함이었으며, 부국강병의 목적은, 첫째 철저하게 전제주의 왕조를 지키는 것이었고, 둘째 공맹유학에 대한 참배가 끊이지 않게 하는 것이었다.

장즈둥(張之洞)은 양무파의 대표인물이다. 그의 사상을 깊이 들여다보면 양무를 일으키는 것은 단지 수단일 뿐이었으며 나라를 보호하고 유교를 보호하는 것이 궁극적인 목적이었다. 구훙밍(辜鴻銘)은 이러한 평가를 한 적이 있다.

> "문양(文襄)이 서법(西法)을 본받은 것은 유럽화를 원했기 때문이 아니다. 문양이 부강을 도모한 본뜻은 부강에 있었던 것이 아니다. 서법을 본받아야 부강을 도모할 수 있고, 부강을 이룩해야 중국을 보호할 수 있으며, 중국을 보호해야 유교를 보호할 수 있기 때문이었다."[3)]

사실상 당시의 중국 문제는 '중체서용'의 문화 주장으로 해결할 수 있는 것이 아니었다. 20여 년의 양무운동 기간 동안 국가는 부유해지지 않았으며 군사력 또한 강해지지 않았다. 해안 방어에 사용되어야 할 경비는 자희태후(慈禧太后)가 이화원(頤和園)을 건조하는 데 사용했으며 북양수사(北

---

3) 『張文襄幕府紀聞 · 淸流党』.

洋水師)는 이홍장(李鴻章)이 청 왕조에서 자기의 정치적 지위를 확보하는 데 사용했다.

1894년의 갑오(甲午)해전에서 중국 군대는 또 한 차례 크게 패했다. 이 전쟁의 패배로 '마관조약(馬關條約)'을 체결했을 때 국민들이 받은 치욕 역시 '난징조약'을 체결했을 때만큼 컸다. 특히 중국 사대부들을 놀라게 한 것은 전쟁의 상대가 신체가 건장한 서양 사람이 아니라 왜소한 일본사람이었다는 점이다.

섬나라 일본은 수천 년 동안 중국 문화를 배우는 학생 처지였으며, 정치제도에서 의식형태에 이르기까지 모두 중국에서 이식된 것이었다. 중국이 처음 영국의 공격을 받았을 때까지만 해도 일본은 중국보다 낙후했었다. 그렇지만 2~30년이라는 아주 짧은 기간 사이에 일본에서는 천지개벽 같은 변화가 일어났으며, 그들은 중국의 학생에서 중국의 적수로 변했다. 갑오년 중일전쟁에서 그들은 전승국이 되었으며 수천 년간의 선생이 모욕을 당했고, 영토를 할양하고 손해를 배상하게 되었다.

갑오해전 결과는 의심할 바 없이 기물적인 방면을 중시한 양무구국(洋務救國)의 꿈이 파괴되었음을 알리는 것이었다. 진보적인 인사들은 중국을 구하려면 기물적인 방면을 중시해야 할 뿐만 아니라 반드시 정치제도방면에서 수술해야 함을 느꼈으며, 동시에 눈을 크게 뜨고 서양을 바라보아야 할 뿐만 아니라 일본 또한 보아야 함을 인식하게 되었다. 일본이 두드러지기 시작한 것은 20여 년 전 메이지유신(明治維新)으로 정치제도와 경제제도 등 모든 방면에서 단행한 개혁 때문이 아니었던가. 따라서 중국의 문제는 그러한 점을 배워야 하는 게 아니라 변해야 한다는 점이다. 변하지 않고 배우면 단지 껍데기만 배울 수 있으며, 먼저 변하고 다시 배우거나 또는 배우고 변하는 것을 병행해야 비로소 근본을 배울 수 있다.

캉유웨이(康有爲)와 량치차오가 변화를 주장한 진보적인 문화 인물의 대표자이다. 그들은 진정으로 부국강병의 목적에 도달하려면 반드시 '중체서용'의 사상 굴레에서 벗어나 서양 자본주의의 사회·정치·경제제도를 본받아야 한다고 생각했으며, 중서융합을 주장했다. 구체적으로, 서양인의 정치·사회제도와 전통적인 정치·사회제도를 융합하는 것이었다. 이것은 "중국적이지도 않고 서구적이지도 않으며 또한 중국적이면서 서구적인" 새로운 문화모델이었다. 정치방면에서 캉유웨이와 량치차오는 군주전제(君主專制)에서 군주입헌(君主立憲)으로 변해야 한다고 했으며, 경제방면에서 자본주의로 발전해야 한다고 주장했다.

근대 중국 역사상 캉유웨이와 량치차오가 단행한 무술변법(戊戌變法)은 국가와 민족의 생존을 도모한다는 측면에서 매우 의미 있는 시도였으며 일본의 메이지유신과 같은 성질의 정치사건이었다. 그러나 이 두 가지 변법은 두 가지 결과를 초래했다. 메이지유신은 약소국 일본을 부강한 국가로 탈바꿈시켰지만 무술변법은 실패로 돌아갔고 그것이 남긴 것은 "무술육군자(戊戌六君子)"[4]의 얼룩진 핏자국과 그들을 애도하는 현대중국인의 한숨뿐이었다.

캉유웨이와 량치차오의 변법이 실패한 원인 가운데 우연한 요소도 있었지만 그렇게 될 수밖에 없던 필연적인 운명이 있었다. 당시에 광서파와 자희태후파의 다툼이 없었더라면 이 변법은 그렇게 끝났으리라고 말하기 어렵다. 그러나 "광서파와 자희태후파의 다툼이 없었다면 이 변법이 성공할 수 있었을까"라고 계속 추궁한다면 그 답은 부정적이다. 캉유웨이와 량치차오의 변법이 실패한 원인은 우연히 그렇게 된 것이 아니라 심오한 문화적 원인이 내포되어 있었다.

---

4) 탄쓰퉁(譚嗣同), 임욱(林旭), 양예(楊銳), 양심수(楊沈秀), 유광제(劉光第), 강광인(康廣仁). — 옮긴이

첫째, 변법은 시작하자마자 완고파의 강한 반대에 부딪혔다. 광서파와 자희태후파의 투쟁은 겉으로는 권력투쟁으로 보이지만 유신을 대하는 태도에서 사실은 두 가지 문화투쟁이었다. 유신이 발전하자 완고파는 유신을 동란으로 여겨 함께 공격했다. 그들은 "명교강상(名教綱常)을 버리면 발붙일 곳이 없어지며 충효절의(忠孝節義)를 없애면 어찌 사람을 가르치는 방법이 있겠는가. 지금 캉유웨이와 량치차오가 세상 사람들을 미혹하고 민권·평등 운운하고 있다. 묻건대 권력이 아래로 이동하면 국가는 누가 다스리는가. 백성이 자립하면 군주는 무엇을 하는가. 천하가 난세니라"[5]라고 놀라 소리쳤다.

둘째, 캉유웨이와 량치차오 등은 서양의 정치와 경제를 중국에 이식하려고 했지만, 유학의 기초가 너무 두꺼웠기 때문에 부득이 유가 전통에 의지해서 새로운 제도를 건설하려고 했으며 낡은 형식에 새 내용을 담으려고 했다. 캉유웨이는 심지어 중국의 루터(M. Luther)로 자처했으며 공자를 변법유신의 '교주'로 삼았다. 이와 같이 옛것에 의지해서 현실을 개혁하려는 '탁고개제(託古改制)'의 방법은 한편으로 캉유웨이·량치차오 등이 '유가 전통'과 불가분의 관계가 있었음을 설명해주며, 다른 한편으로 그들이 '유가 전통'에 주도적인 지위를 부여함으로써 완고파들이 '유가 전통'을 이용해서 개혁에 반대할 명분을 만들어 주었다.

19세기 말 캉유웨이와 량치차오 등이 전통문화의 보루에서 나온 신구가 반반씩 갖추어진 사대부라면 20세기 초의 쑨원(孫中山)이 대표인 혁명파가 서양 자본주의 문명의 영향을 받은 새로운 지식집단이라고 말할 수 있다. 그들은 유가 전통을 바탕으로 서양의 과학과 기술을 이용한다는 '중체서용'과 "중국식도 아니고 서양식도 아니며 중국식이면서 서양식인" 문

5) 『賓鳳陽等上王益吾院長書』, 『翼教叢編』, 5권.

화모델에 반대했으며 '탁고개제' 같은 낡은 병에 새 술을 담는 진부한 형식에 반대했다. 그들은 공맹유학을 원하지 않았고 선조들의 법도를 원하지 않았으며 공개적으로 '유럽사조'를 이용해 중국 사회를 개조하려 했다. 그들은 미국의 독립운동과 프랑스혁명을 본보기로 삼아 서양의 천부인권론(天賦人權論)과 사회진화론(社會進化論)을 사상의 무기로 삼았다. 쑨원 등은 양무파와 유신파보다 시야가 넓었으며 전통문화에 대한 부담이 매우 가벼웠음은 말할 필요가 없다. 그래서 그들은 청 왕조를 전복할 수 있었으며 형식적으로 수천 년간 지속했던 봉건왕조정치를 종결할 수 있었다.

쑨원은 무력적인 방식으로 혁명을 거행했지만 중국 정치를 다시 건립할 때는 오히려 태도가 온화했으며 온몸에 선비 기질이 가득했다. 그는 짧은 시간 안에 당시 중국이 지녔던 모든 사회문제를 해결하려고 시도했으며 "정치혁명과 사회혁명을 일으켜 모든 것을 한 번에 끝내려는" 환상이 있었다. 그는 자산계급 공화국을 건설하려고 했으며 동시에 자본주의 사회가 지닌 폐단을 제거하려고 했다. 이런 현실에 맞지 않는 천진한 생각이 그가 삼민주의(三民主義)를 제기하는 직접적인 원인이었다. 민주주의의 목적은 청 왕조를 제거하는 것이었고, 민권주의의 목적은 군주전제를 뒤엎고 체제를 바꾸는 것이었으며, 민생주의의 목적은 토지소유권을 평등하게 하는 것이었다. 민생주의에 대해 쑨원은 『군정부선언(軍政府宣言)』에서 다음과 같이 해석했다.

> 문명의 복지는 모든 국민이 평등하게 누리는 것이다. 사회·경제조직을 개량하고 토지의 가격을 다시 결정해야 한다. 백성들이 원래 가지고 있던 토지는 그들에게 돌려주고 혁명 이후에 개선된 토지는 모두 국가에 귀속시켜 국민들이 함께 누리게 해야 한다. 사회적 국가를 창건하고 사람들에게 충분한 집을 제공해 천하에서 그것을 얻지 못하는 자가 한 사람도 없게 해야 한다. 감히 국민의

생명을 마음대로 다루는 자는 대중과 함께 그들을 버려야 한다.

여기에서 삼민주의의 내용은 유기적이지 않음을 알 수 있다. 평등한 토지소유권은 자산계급혁명의 목표와 맞지 않는다. 자본주의가 요구하는 것은 개인의 재산을 인정하고 불평등을 인정하는 것이다. 평등의 원칙으로 사회 재산을 처리하려면 반드시 경제를 초월하는 상층구조를 건설해야 한다. 전제주의 전통이 뿌리 깊은 중국에서 경제를 초월하는 상층구조는 단지 전통적인 봉건왕조이거나 그것을 개조한 왕조일 뿐이며 새로 일어난 자산계급공화국의 정부일 수 없다.

삼민주의의 정치주장은 쑨원 등이 설령 유럽과 미국의 민주정치를 신봉했지만 사실상 서양 자본주의 사회 내부구조와 문화체계를 충분히 이해하지 못했음을 보여주며, 그들의 사상이 여전히 중국 전통문화에 뿌리를 두고 있음을 보여준다. 왕주바이(汪澍白) 선생이 "쑨원은 어릴 때부터 해외에서 서양식 교육을 받았지만 그가 삼민주의를 설명할 때 여전히 유가 문화로 되돌아가려고 시도했다."[6]라고 한 것과 같다. 쉬푸콴은 더욱더 의미심장한 말을 했다. "중산 선생의 삼민주의는 정치·사회 방면에서 말한 것이지만 그는 사실상 중국 전통지식인들의 이상을 계승하고 발전시켜 세계적 규모의 중용(中庸)의 도를 전개하려고 했다."[7]

쑨원이 주도한 신해혁명은 형식상에서 구식의 봉건왕조를 종결했지만, 최종적으로 구문화의 속박에서 벗어나지 못했기 때문에 새로운 봉건왕조가 다시 나타났다. 전제주의 정치문화의 토양이 존재하기만 하면 이 토양에서 여러 가지 전제주의 정치체제의 싹이 자라남은 피할 길이 없다. 위안

---

6) 汪澍白, 『艱難的轉型: 中國文化從傳統向現代轉化的宏觀考察』, 湖南出版社, 1991년, 91쪽.
7) 徐復觀, 『中國思想史論集』, 學生書局, 1983년, 268쪽.

스카이(袁世凱)는 총통이 된 뒤에도 만족하지 않고 결국 천자의 용포(龍袍)를 걸치는 추잡한 연극을 연출했다. 청 왕조에 충성하던 신하들은 신해혁명의 포화 속에서 목숨이 간들간들했으나 장쉰(張勛)이 이끈 '변발군'의 지지를 받아 '정사복벽(丁巳復辟)'의 혼란한 국면을 일으켰다.

아편전쟁에서 신해혁명에 이르기까지는 전후 합해서 70여 년쯤이다. 이 70여 년간 중국의 지식인들은 나라를 구하고 국가의 생존을 도모한다는 주제 아래 그 방법을 힘겹게 탐색했다고 할 수 있다. 오늘날 우리는 그들의 부족한 점을 지적할 수는 있지만 당시의 혼란한 정세에서 그들이 조금씩 진보해 나갔다는 것은 매우 고귀한 일이다. 우리는 그들이 일을 제대로 처리하지 못했다고 질책할 권리가 없다. 왜냐하면 무거운 짐을 짊어진 사람은 가는 길 자체가 고난이기 때문이다.

다시 말하면, 이 70여 년간의 발전과정과 단계에서 중국 현대화의 역정은 고난의 연속이었지만 방향은 마땅히 발전해야 할 길을 따라서 조금씩 발전했다고 할 수 있다. 다른 어떤 불리한 요소가 개입되지 않았더라면 중국 사회는 20세기 전반기에 마땅히 일체화로 나아가는 세계 역사의 거센 물결 속으로 들어갔어야 한다. 그러나 역사는 항상 사람들의 희망대로 움직이지 않으며, 외재적인 요소로 말미암아 한 민족의 역사는 언제나 우여곡절을 겪으며 순조롭게 발전하지 못한다. 20세기 중국은 상당한 정도에서 외부 환경의 희생물이 되었다고 할 수 있다.

'5·4운동 시기'의 문화 영웅과 국민의 영혼 구제

왜 중국의 전제주의 문화는 이처럼 생명력이 완강할까. 어떻게 하면 전제주의 문화토양을 깨끗하게 제거할까. 이것은 5·4운동 시기의 지식인들이 줄곧 생각하던 문제였다. 그들은 중국의 가장 큰 문제는 기물이 낙후한 것도 아니고 제도가 낙후한 것도 아니며 바로 국민들의 소질이 낮은 것이라고 인식했으며, 중국의 문제는 '국민들의 저열한 근성'에서 비롯되었다고 생각했다. 한편으로 수천 년의 전제주의 정치문화가 국민들의 노예근성을 조성했으며, 다른 한편으로 국민들의 노예근성이 전제주의 정치문화를 오랫동안 지속하게 했다. 국민의 소질이 향상되지 않았는데 형식상의 민주정치를 건립한다면 새로운 정치체제 또한 전통문화의 찌꺼기 층에서 더욱더 왜곡되고 변질될 수 있다.

그래서 나라를 구하려면 먼저 사람을 구해야 하며, 사람을 구하려면 먼저 사람을 계몽해야 한다. '계몽'은 국민이 전제주의의 정신속박에서 벗어나는 것이고, 심리적인 측면에서 저열한 근성을 치료하는 것이며, 백성들의 의식이 신민(臣民)의식에서 공민(公民)의식으로 변하는 것이다. 5·4운동의 선구자들은 바로 이러한 인식에서 외치고 투쟁했다. 그들이 필요로 한 것은 기술적인 성과를 도입하는 것도 아니었고, 정치제도를 이식하는 것도 아니었으며, 깊은 단계에서 문화를 갱신하는 것이었다. 문화를 갱신해야 기술을 도입하고 정치를 이식하는 것이 진정한 의미가 있게 된다.

량치차오의 시대 구분에 따르면 중국이 나아갔던 구국(救國)과 자강(自強)의 길은 이미 두 역사적 과정을 지나쳤다. 첫 번째 과정은 양무운동이며 두 번째 과정은 무술변법이다. 이 두 과정은 모두 일체화라는 세계 역사의 발전 추세를 따라 나아갔지만 중국 봉건문화의 핵심인 공맹유학과 부딪치지 못했다. 심각하고 강렬한 문화의 요동이 없다면 중국 사회는 단지 옛길을 따라서 나아갈 뿐이며 중국 문제는 결국 해결할 수 없다.

신해혁명 이후 몇 년 지나지 않아 혁명의 성과는 모래가 파도에 쓸려가듯 사라졌으며 중앙정권은 북양군벌(北洋軍閥) 수중에 들어갔다. 남쪽의 혁명당 사람들은 정치투쟁을 통해 위안스카이를 저지하려고 했으나 실패했다. 그 후 다시 무장반란을 일으켰지만 더욱 처참하게 패배했다. 이로 말미암아 중국 근대의 구국과 자강의 길이 제3기로 들어섰으며, 문화방면에서 근본적으로 중국 문제를 해결하려는 시기로 접어들었다. 량치차오가 1922년에 말한 것과 같다.

> 혁명이 성공한 지 10년이 되었지만 희망하던 모든 것은 물거품이 되었다. 사람들은 점점 실망해 생각을 달리하게 되었고, 사회문화는 전체적인 것이며 옛 심리로 새로운 제도를 운용하는 것은 불가능하다고 생각하게 되었으며, 점점 전체 인격의 각성을 요구하게 되었다.[8)]

이로 말미암아 진정한 의미의 문화대혁명이 시작되었다. 문화혁명을 제창한 사람은 잡지 『신청년(新青年)』을 둘러싸고 단결한 진보 문인들이다. 『신청년』은 1915년 천두슈가 창간했으며 처음에는 『청년잡지(青年雜紙)』라고 불렀다. 이 잡지의 종지는 국민들의 '윤리적 각성'이었다. 진보문인들이 생각하기에 윤리적 각성은 '최후의 깨달음'이며, 문화와 정신적인 측면의 대혁명이기 때문이었다. 다시는 공자와 맹자를 성현으로 보지 않고, 다시는 군주를 우상으로 섬기지 않고, 다시는 전통의 속박을 받지 않는 것이며, 다시는 예교(禮教)의 희생양이 되지 않는 것이다. 그들은 정치적 태도가 분명했고 담력과 식견이 있었으며, 문화비판의 칼끝을 직접 유가학설과 전통예교에 겨냥했다.

위풍당당하고 기세등등한 신문화운동은 두 가지 주제와 관련 있었다. 하나는 전통문화를 비판하는 것이었으며, 다른 하나는 서양 문화를 받아들이는 것이었다. 이 두 가지 주제는 둘이면서도 하나이다. 다시 말하면

---

8) 『飮冰室文集』 之三十九.

서양 문화를 받아들여 전통문화의 그림자를 제거하고 이를 통해 다시 서양 문화를 받아들이는 것이었다.

이러한 것이 한 가지 주제이든 두 가지 주제이든 반드시 중서문화를 새롭게 인식하고 새롭게 평가해야 한다. 새롭게 인식하고 평가하는 것은 문화의 발전 방향을 선택하기 위한 전제조건이다. 이전에 웨이위안(魏源)·증국번(曾國藩)·장즈둥이나 캉유웨이·량치차오 등이 정확한 문화의 방향을 선택하지 못한 이유는 의심할 바 없이 그들이 이성적으로 전통문화와 서양 문화를 인식하고 평가하지 못했기 때문이다. 그들은 근본적으로 민족의 문화 전통을 회의해본 적이 없었으며 그들이 공부한 서양 문화는 단지 표면적인 모습일 뿐이었다. 그러므로 국민의 '윤리각성'을 이끌어내려면 사람들이 두 문화를 제대로 이해하고 평가할 체계를 만드는 것이었다.

신문화의 영웅들은 거의 모두 이러한 방면에서 노력했다고 할 수 있다. 신문화운동이 시작되자마자 천두슈는 중서문화를 비교하기 시작했다. 그가 생각하기에 서양인의 의식과 중국인의 전통의식은 속성상 분명하게 상반되는 두 가지 관념형태에 속한다. 서양인은 전쟁(戰爭)·개인(個人)·법권(法權)·실리(實利)를 본위로 하며 중국인은 안식(安息)·가족(家族)·정감(情感)·형식적인 규범을 본위로 한다.

구체적으로는, 첫째로 서양인은 전쟁을 좋아하고 "모욕당하기보다는 차라리 싸워서 죽기를 원한다." 그래서 다른 민족에게 멸망당하지 않는다. 중국인은 용기가 없고 나약하며 "싸워서 죽기보다는 차라리 모욕당하기를 원한다." 그래서 다른 민족에게 정복당한다. 둘째로 서양인은 개인주의를 숭상하고 "개인의 자유와 권리와 행복"을 중시한다. 중국인은 종법제(宗法制)를 신봉하고 가족을 중시하며, "개인은 권리가 없고 한 가족의 구성원은 가장의 명령을 들어야 한다." 셋째로 서양인은 법치를 중시하며 "국가정치가 옳다고 여기지 않으면 사회와 가정 역시 옳다고 여기지 않는다." 중국인은 정감(情感)을 중시하며 "모든 것은 감정이 기준이 된다." 넷째로 서양인은 실리를 중시하고 중국인은 실리를 중시하지 않는다. 실리를 추구하는 것은 각박하고 박정한 면이 있지만 "사람은 스스로 투쟁해서 독립적인 생계를 유지하고 독립적인 인격을 형성한다." 중국인은 개인의 이익을 추구하지 않았지만 인격이 결핍되는 대가를 치른다. 천두슈가 보기에 이 같은 두 문화는 사실상 "남과 북이 나란할 수 없고 물과 불이 융합할 수 없는 것처럼"[9] 근본적으로 융합할 수 없었다.

신문화운동의 영웅 중에는 천두슈 이외에도 리다자오(李大釗)·후스·루쉰 등이 있었다. 설령 5·4운동 이후 이러한 문화 영웅들의 관념이 나누어져 각기 다른 방향으로 발전했지만 5·4운동 이전에 구문화를 대하는 그들의 태도는 모두 탄쓰퉁(譚嗣同)이 말한 "올가미를 걷어버리는" 일관된 정신을 드러냈다.

리다자오는 천두슈와 함께 베이징대학의 교수였다. 『신청년』 창간 이후 리다자오는 천두슈와 같은 문화진영에 속했었다. 1917년 초 그는 「모순생활과 이중부담(矛盾生活與二重負擔)」이라는 글에서 다음과 같이 제기했다.

> "중서문화의 두 분야는 홍구(鴻溝)[10]와 같다. 동화할 방법도 없으며 조화할 가능성도 없다. 그 이유는 구세대의 전제정치가 백성들의 성품을 해쳐 좋은 것과 나쁜 것을 구분하지 못하는 기이한 근성을 조장했으며, 이로 말미암아 중국인은 거부할 줄만 알고 맞이할 줄은 모르며, 회피할 줄만 알고 받아들일 줄은 모르게 되었기 때문이다. 현재는 근대문명이 거세게 동쪽으로 이동함에 따라 한편으로 압박이 점점 더 심해지고, 다른 한편으로 거부가 점점 더 심해지고

9) 陳獨秀, 『東西民族根本思想之差異』, 『新青年』, 1권, 4호.

10) 한(漢) 고조(高祖)와 초(楚)의 항우(項羽)가 이 강을 경계로 천하를 양분했음. 넘을 수 없는 한계, 혹은 경계를 비유한 말임. — 옮긴이

있다."[11]

『신청년』이 창간된 지 얼마 되지 않아 수구파 인물인 구홍밍·린친난(林琴南)·두야취엔(杜亞泉) 등은 함께 그것을 공격했다. 그들은 천두슈 등을 인신공격했을 뿐만 아니라 전력을 다해 유가 문화의 사상적 지위를 부각하고 서양 문화의 유입을 저지하려 했다. 두야취엔은 '창부(傖父)'라는 필명으로 『동방잡지(東方雜志)』에 계속해서 문장을 발표했으며 중국 문명을 '정적 문명(靜的文明)', 서양 문명을 '동적 문명(動的文明)'이라고 불렀다. 동적 문명과 정적 문명은 상호보완적일 수 있지만 반드시 정적 문명을 기초로 해야 한다. 그가 보기에 중서문화의 관계는 중국이 서양 문명을 받아들여 살 길을 마련하는 것이 아니라 "중국의 고유문명으로 서양 문화의 폐단을 치유하는 것이다."[12]

분명한 것은 이러한 문화보수주의 사상은 신문화 전파에 매우 불리하게 작용했다. 리다자오는 「동서문명의 근본적인 차이점(東西文明根本之異點)」이란 글에서 정적 문명과 동적 문명에 대해 두야취엔과 완전히 다른 견해를 밝혔다. 그는 중국 문명은 쓸모없는 문명이 아니지만 근대부터 이미 정지되어 쇠퇴하는 형세이며 서양 문명은 계속해서 발전하는 우월한 형세라고 생각했다. 그의 결론은 "오늘날 중국인은 동방 문명으로 서양 문명의 폐단을 치유하려고 기대해서는 안 되며 전력을 다해 서양 문명의 장점을 받아들여 정지된 문명의 빈곤함을 구제해야 한다."[13]라는 것이다.

신문화운동의 대표 인사들은 중서문화의 비교를 통해 맹렬하게 봉건예교를 비판했다. 1916년 초 이바이샤(易白沙)는 『청년잡지』에 「공자평의(公

11) 『李大釗文集』, 상권, 254쪽.
12) 傖父, 『靜的文明與動的文明』, 『東方雜志』, 제13권, 제10호.
13) 『李大釗文集』, 상권, 559쪽.

子平議)」라는 글을 발표해서 가장 먼저 유가학설을 공격했다. 그는 공자사상에 내포된 대부분이 포악한 독재자가 이용하는 것들이며 실질적으로 중국 전제주의 정치문화의 사상근원이 되었다고 생각했다. 이바이사의 뒤를 이어 사람들이 "맨손으로 공자의 예교를 타도한 사람"이라고 부르는 우위(吳虞)는 더욱 맹렬하게 공맹유학을 공격했다. 그의 화력은 강렬했으며 기관총처럼 계속해서 문장을 발표해 중국 사회의 갖가지 병폐는 모두 공맹유학 때문이라고 치부했다.

공맹유학을 비판한 5·4운동 시기의 문화 영웅 가운데 가장 영향력이 컸던 사람은 천두슈·리다자오·후스·루쉰 등이다. 천두슈는 중국 문제의 핵심은 정치문제이며, 국민의 인격을 속박하는 전제주의가 중국 현대화의 가장 큰 걸림돌이라고 생각했다. 그는 종법윤리를 '노예도덕'이라고 했으며, 공맹사상과 군주전제는 떨어질 수 없는 인연이기 때문에 중국을 구하려면 반드시 공맹 유가사상을 깨끗하게 제거해야 한다고 지적했다. 왜냐하면 그는 공맹유학과 근대의 자유·평등사상은 상반되는 것이라고 생각했기 때문이다. 그는 신문잡지에 글을 실어 비판하지 않으면 백성의 지혜는 활기를 잃고 국력은 쇠퇴하며 그 결과 "공자만 남고 중국은 없어진다."라고 했다. 그는 심지어 「청년에게 삼가 고함(敬告青年)」이라는 글에서 "나는 고유한 문화의 정수가 없어지는 것은 참을 수 있어도 현재와 미래의 민족이 세계에 적응하지 못하고 소멸해가는 것은 참을 수 없다."라고 했다.

천두슈와 비교해서 리다자오는 온화하게 공자를 비판했지만 구문화와 결별하는 태도는 천두슈와 마찬가지로 단호했다. 그는 공자와 공교를 구별했으며 중국 사회가 발전하는 데 걸림돌이 되는 것은 공자가 아니라 공교라고 생각했다. 그래서 그는 공교를 비판하면서도 칼끝이 공자에게 향하지 않게 했다. 그러나 리다자오는 공자의 사상은 사실상 전제정치의 핵심이 되었으며, 역대 군주들의 우상적 권위를 만들어 주었기 때문에 공자를 타도하는 날이 공교가 최종적으로 소멸하는 날이며 중국이 자강(自强)을 실현하는 날이라고 생각했으며 "스스로 해방하려면 반드시 공자의 속박에서 벗어나야 한다."[14]라고 했다.

후스는 서양 문화의 영향을 체계적으로 받았고 중국 전통문화를 매우 깊이 이해했기 때문에 중국 전통문화를 비판할 때 급소를 정확하게 지적할 수 있었다. 또한 그는 다른 신문화운동의 지도자들이 미치지 못하는 사유방식과 언어적 매력이 있었다. 그래서 그의 문화 주장은 더욱더 선동성이 있었으며 수많은 청년들이 받아들일 수 있었다. 그가 『신사조의 의의(新思潮的意義)』에서 쓴 한 단락을 살펴보자.

"전통문화를 비판할 때 지녀야 할 태도는 몇 가지가 있다.

1) 풍속과 습관이 전해져 내려온 제도에 대해서 '이러한 제도는 현재에도 여전히 존재해야 할 가치가 있는가'라고 물어야 한다.

2) 고대부터 전해져 내려온 성현의 가르침에 대해서 '이러한 말들은 오늘날에도 여전히 옳은 말인가'라고 물어야 한다.

3) 사회에서 모호하게 공인된 행위와 신앙에 대해서 '모두가 인정하는 것은 틀릴 수 없는 것인가. 사람들이 어떻게 한다고 해서 나도 그렇게 해야 하는 것인가. 이것보다 더욱 좋고, 더욱 타당하며, 더욱 효과 있는 다른 방법은 없는가'라고 물어야 한다. 니체는 요즘 시대는 '모든 가치를 새롭게 평가해야 하는' 시대라고 했다. '모든 가치를 새롭게 평가해야 한다.'는 말은 비판적인 태도를 가장 잘 해석한 것이다."[15]

---

14) 『李大釗文集』, 상권, 560쪽.

15) 胡适, 『胡适文存』, 1권, 4권.

이 같은 겸손하고 온화한 언어 표현은 겉으로 보면 화력이 결핍되어 그다지 강력해 보이지 않지만 청년을 계몽시켜 구문화를 등지게 하는 방면에서 우위와 천두슈가 지녔던 강렬한 문자보다 더욱더 구동력이 있었다. 주의할 것은 후스가 "모든 가치관을 새로 평가해야 한다."라는 니체의 말을 인용했다는 점이다. 프리드리히 니체는 19세기 말의 비이성주의 철학자였으며, 반전통적인 학설로 서양 문화계를 뒤흔들었다. 전통에 대한 태도에서 후스는 니체의 영향을 받았으며, 니체의 반전통주의 정신으로 중국 전통문화의 가치를 다시 평가했다. 그가 생각하기에 중국의 문제는 중서 두 문화의 조화를 통해서 해결할 수 있는 게 아니다. "조화는 인류가 선천적으로 지닌 게으름 병 때문에 나타나는 경향이다." 중국의 미래는 낡은 것을 타파하고 새로운 것을 세우는 것이며, 철저하게 구문화를 비판하는 과정을 통해야만 비로소 건전한 마음으로 서양 문화를 받아들일 수 있다.

앞에서 이야기했던 몇 사람의 문화 영웅과 비교하면 루쉰은 한층 더 이른 시기에 구문화를 비판했다. 루쉰은 청소년 시절에 이미 공부자의 사상에 매우 큰 반감이 있었다. 그는 "공맹의 책은 내가 가장 먼저 읽었으며 또한 가장 많이 알고 있다. 그렇지만 나와는 아무런 상관없는 것 같았다."[16] 라고 회고했다. 그가 1902년에 일본으로 유학을 떠났던 이유도 "공부자와 그의 제자들에게 절망했기 때문이었다."[17]

그는 일본 유학 때 '입인(立人)'과 '계몽(啓蒙)'에 관한 견해를 발표했는데, 중국이 가장 먼저 해야 할 일은 계몽이라고 했다. 그에 따르면 사람들을 계몽하고 영혼을 구제해야만 비로소 가치가 있으며 민족도 강성해질 수 있다. 그리고 사람을 계몽하고 영혼을 구제하려면 유가 전통에서 벗어

---

16) 魯迅, 『寫在(墳)后面』.

17) 魯迅, 『且介亭雜文二集 · 在現代中國的孔夫子』.

나 반전통적인 심리 상태로 다시 민족문화의 체계를 확립해야 한다.

전통문화의 폐단을 간파했기 때문에 루쉰 또한 니체가 제기한 "모든 가치를 새롭게 평가해야 한다."라는 반전통적인 주장을 중시했으며, 니체의 학설은 인류가 생활의 진정한 의의로 매진하도록 선동한다는 데 가치가 있다고 생각했다. 당시 그는 사회를 비판하고 문화를 비판할 때 니체의 영향을 크게 받았다. 그는 진정으로 세계에서 살아가려면 "마땅히 대담하게 말할 줄 알고, 대담하게 웃을 줄 알며, 대담하게 울 줄 알고, 대담하게 성낼 줄 알며, 대담하게 욕할 줄 알고, 대담하게 싸울 줄 알아야 하며, 이러한 저주스러운 곳에서 저주스러운 시대를 쳐부수어야 한다."[18]라고 호소했다.

그는 문화를 건설하는 것은 총체적이기 때문에 철저하게 전통을 부수고 철저하게 '저주스러운 시대'와 고별해야 한다고 생각했다. 그는 문화 조화론과 문화 절충론에 반대했으며 "아침에 허리 굽혀 인사하고 저녁에 악수하는 것" 같은 선배 선생들의 문화 주장은 "문을 걸어 잠그고 다시 구습에 얽매이는 것이다."[19]라고 생각했다. 그가 보기에 삼강오상(三綱五常)이 위주인 봉건문화는 쓸모없는 것을 남겨놓았을 뿐이었다. 중국이 스스로 새로워지는 것은 전통과 고별하고 쓸모없는 것을 깨끗하게 없애는 것이지 전통을 수리하고 보수하는 일이 아니다. 이것이 바로 "쓸모없어진 것이 비극이 아니라 쓸모없는 것을 수리하고 보수하는 선례가 비극이다."[20]라는 것이다.

신문화운동가에서 보면 그들의 최종목적은 쓸모없는 것을 깨끗하게 제거하는 것이 아니라 새로운 문화를 건설하는 것이다. 그들이 전통과의 고별을 결심한 이유는 전통이 새로운 문화를 건설하는 데 심각한 장애가 된

18) 『魯迅全集』, 제3권, 34쪽.

19) 위의 책, 제1권, 409~410쪽.

20) 위의 책, 제1권, 298쪽.

다고 생각했기 때문이다. 천두슈는 명확하게 "민주를 옹호하려면 부득이하게 예교·예법·정절·구 논리·구 정치에 반대해야 한다. 과학을 옹호하려면 부득이하게 구 예술과 구 종교에 반대해야 한다. 민주를 옹호하려면 과학을 옹호해야 하며 부득이하게 구 전통과 구 문학에 반대해야 한다."[21] 라고 했다. 이전의 수많은 학자, 특히 문화보수주의자들은 신문화운동을 평가할 때 언제나 구 문화를 파괴하는 측면만 보았으며 이러한 파괴가 파괴를 위한 파괴가 아니라 새로운 문화를 창조하기 위해 반드시 필요한 전제이며, 신문화운동의 대변인들이 문화를 비판하는 것은 실질적으로 중국이 새로운 길을 가기 위한 유일한 통로임을 알지 못했다.

'민주'와 '과학'은 신문화운동의 두 깃발이며 진보사상가들이 추구하는 이상이고 민족을 부흥할 유일한 대법이었다. 왜냐하면, 그들이 보기에 서유럽 각국이 강대한 이유는 민주와 과학이라는 두 개의 큰 기둥에 의지하기 때문이다. 천두슈는 다음과 같이 제기했다.

> 근대의 유럽이 다른 민족보다 우월한 이유는 과학의 부흥 때문이지 인권설이 있었기 때문만은 아니다. 인권과 과학은 자동차의 두 바퀴와 같다. 오늘날은 과학이 날마다 새로워지므로 무릇 한 가지 일을 일으키고 하나의 사물을 상세하게 하려면 과학의 법칙을 따라서 그것의 옳고 그름을 판단하지 않을 수 없다. 과학의 법칙을 따르는 효과는 사람들의 사상이 이성을 따르고 미신을 타파하며, 주관적인 판단으로 일을 처리하는 기풍이 없어지는 것이다.[22]

민주와 과학은 예전부터 중국 사회에서 결핍되었다. 중국의 미래는 민

---

21) 『陳獨秀文章選編』, 상, 317쪽.

22) 『青年雜志』, 7권, 1호.

주로 전제를 대신하고 과학으로 구습을 대신하는 것이다. 민주와 과학을 실현할 수 있는 열쇠는 사람의 사상과 관념을 현대화하는 것이다. 그래서 신문화의 영웅들은 백성의 영혼을 구제하는 것과 개성을 해방시키는 것을 특별히 중시했다. 봉건 윤리가 "예교(禮教)로 사람을 죽인다."라고 하는 이유는 국민의 개성이 거대한 전제주의의 문화에 묻혀 사라지기 때문이다. 따라서 신문화와 신사상의 기초는 개성의 해방과 개성의 자유이다. 천두슈가 "인간의 모든 행위는 자아가 중심이다. 이를 상실하면 그들은 무엇을 이야기할 수 있겠는가?"[23]라고 한 것과 같다.

천두슈 등은 '자아'를 강조하고 개성의 해방을 강조했지만 개인주의를 강조하지 않았다. 그들에게서 '자아'와 대립하는 것은 봉건적인 가정과 국가의식이고, 개성의 자유와 대립하는 것은 '노예도덕'이며, 개성 해방의 요지는 봉건예교의 속박에서 벗어나는 것이다. 이것은 일종의 인도주의 정신이며 그 사상형태는 문예부흥시대의 인문주의 정신과 비슷하다. 다른 점은 유럽에서 인문주의와 상반되는 것은 전제적인 신권(神權)이었으며, 중국에서 인도주의와 상반되는 것은 사람을 잡아먹는 예교(禮教)이다.

반전통의 깃발과 신문화운동의 좌절

신문화운동의 의의는 인도주의를 널리 알리고 민주와 과학정신을 널리 알렸다는 데 있으며 서양 근대 초기의 사상운동과 비슷하다. 그렇지만 서양의 문예부흥과 그 후의 계몽운동은 역사적인 승리를 얻었지만 중국의 신문화운동은 성공하지 못했으며 오늘날의 중국인은 여전히 이러한 방면

23) 『陳獨秀文章選編』, 상, 103쪽.

에서 노력하고 있다. 이처럼 두 문화운동이 차이를 드러내게 된 내재적인 원인을 찾는 것은 백여 년간의 중국 사상문화사를 반성하는 데 매우 큰 의의가 있는 과제이다.

앞에서 제기했던 것처럼 근 백 년의 중국 문화가 잘못된 방향으로 나아가게 된 이유를 살펴보면 여러 가지 복잡한 국제적인 원인이 뒤엉켜 있다. 중국에 불리한 외부요소의 개입이 없었더라면 20세기 말의 중국 지식인들은 문화의 발전 방향을 둘러싸고 소모적인 논쟁을 할 필요가 없었을 것이다. 오늘날 대륙학자들의 토론은 여전히 5·4운동 전후에 전개된 문화 논쟁의 주제를 벗어나지 못하고 있으며 토론의 깊이 또한 예전을 따라가지 못하고 있다. 신문화운동의 사상영수들은 대부분 두터운 국학 기초와 비교적 계통적인 서학지식을 갖추었으며 비교적 정확하게 전통문화와 서양문화를 인식하고 있었다.

그러나 문화 불모지에서 근 반세기 세월을 살아온 오늘날 사람들은 구학의 기초가 결핍되었을 뿐만 아니라 서학도 수박 겉핥기식으로 이해하는 수준이기 때문에 5·4운동 시기 선현들이 이룩하지 못한 업적을 완성한다는 것은 사실상 매우 어렵다. 그러나 100여 년의 역사가 우리에게 가장 좋은 학문이 되며 오늘날 사람들의 부족한 학력을 충분히 메워 줄 수 있다. 더구나 20세기 말을 사는 우리는 지식이 풍부해질 때를 기다려서 선현들이 못다 이룬 일에 종사할 시간적 여유가 없다. 우리는 신세기가 도래하기 전에 문화의 발전 방향에 관한 문제가 해결되기를 희망하며, 또 우리 민족이 참신한 문화의 모습을 가지고 새로운 세계로 매진할 수 있기를 희망한다. 이러한 목적에 도달할 수 있는가 없는가의 열쇠는 여전히 역사가 지닌 내재적인 발전논리가 어떠한지에 있으며 문화인의 작용은 그러한 목적에 더 빨리 도달할 수 있게 노력할 뿐이다.

위에서 언급한 문제, 즉 외부 환경의 불리한 요소가 개입한 것 외에 어째서 중국 신문화운동은 근대초기 서양의 사상운동처럼 성공하지 못했는지를 토론해 보자. 대체로 보면 그 원인은 네 가지다.

첫째, 서양 문예부흥시기의 인문주의자가 반대한 것은 중세기의 신권(神權)이었으며 고대 그리스·로마의 문화 전통이 아니었다. 반대로 고대의 전통으로 되돌아간다는 기치를 내걸고 신권에 반대했다. 다시 말하면 그들이 반대한 것은 중세기의 전통이었으며 그들이 되돌아가려고 한 것은 고대의 전통이었다. 중국의 상황은 이와 다르다. 중국의 유가 전통은 계속해서 계승되어 발전했으며 단절된 적이 없다. 유가학설은 춘추시대의 공자가 창시했지만, 공자는 자기 학설의 권위를 수립하기 위해 요(堯)·순(舜)·우(禹)·탕(湯)·문(文)·무(武)·주공(周公)을 성현의 사당에 모셨다. 그 후 전국시대의 맹자, 한대의 동중서(董仲舒), 송대의 주희(朱熹)를 지나 오늘에 이르기까지 지속하고 있다.

이처럼 수천 년간 일관된 사상체계를 유지해 온 유가 전통은 반전통적인 그 어떤 행위도 인정하지 않았으며 모두 전체 전통을 버리는 것이라고 치부했다. 캉유웨이가 옛것에 의탁해서 현실을 개혁하려는 탁고개제의 방법으로 사회개혁을 시도했지만 그는 역사를 충분히 인식하지 못했음을 드러냈다. 역사상의 공자는 그가 묘사한 것처럼 변법유신의 교주가 아니었으며 유가학설 역시 중국이 가난하고 낙후된 상태에서 벗어나게 할 적극적인 요소를 갖추지 않았다. 그러므로 신문화운동은 전체적으로 전통을 부정해야 한다고 결정했던 것이다.

둘째, 서양의 문예부흥은 인권으로 신권을 반대했고 개성을 해방시켜 봉건전통의 질곡(桎梏)에서 벗어나려고 했지만 인문주의 사상가들은 하느님에 반대하지 않았다. 18세기 계몽사상가들 또한 마찬가지였다. 게다가 민주와 과학은 깊은 단계에서 보면 하느님의 신앙에 어긋나는 게 아니다. 하느님의 빛은 보편적으로 두루 비치기 때문에 하느님 앞에서 모든 사람은 평등하다. 이러한 종교적 평등관은 고대 그리스 로마의 민주정치에서 나왔으며 또한 근대 서양인의 정치 관념과 법권 관념에 영향을 미쳤다.

과학은 신학과 충돌하는 부분이 있지만 동시에 내재적 통일성을 지닌다. 신학과 과학은 어떤 의의에서는 같은 목적이 있으며, 그것이 체현하는 것은 자연·사회·인생에 대한 형이상학적 사고이다. 그렇기 때문에 수많은 과학자들이 독실한 신앙을 지니고 있음을 볼 수 있다. 민주와 과학이 발전함으로 인해 서양은 중세기에서 근대로 넘어가게 되었지만 그 사이에 신앙의 공백기는 없었다. 서양인은 민주를 쟁취하고 과학을 발전시키는 과정에서 하느님을 부정하거나 그것에 반감을 품은 적이 없었다. 오히려 민주와 과학이 발전한 이후에도 여전히 하느님이 없어서는 안 된다고 생각했다.

볼테르(Voltaire, 1694~1778)는 "설령 하느님이 없어진다 하더라고 또 다른 하느님이 날조되어 나타난다."라고 했다. 그렇지만 중국인의 종교의식은 희박하다. 한대 이후 불교와 도교가 있었지만 불교와 도교는 중국 사상사에서 주도적 위치를 차지하지 못했다. 유학이 종교의 기능을 대신했다고 하더라도 지상신이 없었으며 백성 가운데 서양 사람들이 하느님을 숭배하는 것처럼 열광적으로 유학을 숭배한 사람이 없었다. 더욱 중요한 것은 유학은 일종의 도덕 학문이며 그것이 제공하는 '인(仁)'의 경지는 비록 형이상학적인 의의를 포함하지만 하느님 신앙과는 구별된다.

유가학설은 시공간을 초월하는 사고가 없으며 시공간의 제약을 받지 않는 전지전능한 자도 없다. 그래서 근본적인 의의에서 말하면 유학은 민주정신, 과학정신과 모순된다. 바꾸어 말하면, 유학과 민주·과학은 서로 다른 문화체계에 속하기 때문에 전통 유학에서 민주와 과학을 전개할 수 없다. 이처럼 민주와 과학을 발전시키려면 반드시 유학의 현대 의의를 부정해야 하는 대가를 치러야 한다.

셋째, 서양은 문예부흥에서 프랑스대혁명에 이르기까지 근 3세기라는 오랜 세월을 보냈다. 다시 말하면 개성을 해방하기 위한 서양인의 노력은 매우 오랜 세월 동안 계속되었다. 이것과 비교하면 중국 신문화운동의 기간은 너무 짧았다. 1915년에 시작해서 20년대 초에 끝났으니 몇 년에 불과했다. 5·4운동 이후에도 신문화는 계속 영향을 미쳤으며 적지 않은 진보 문인들이 여전히 신문화를 부르짖었지만 당시의 특수한 문화배경에서 그들의 부르짖음은 큰 효과를 보지 못했다. 사상을 계몽하는 것은 무력으로 사변을 일으키는 것과 달리 짧은 시간 안에 효과를 보기 어렵다. 그것은 문화인의 깨달음에서 시작하지만 문화인의 사상을 사회 하층에서 실현하려면 시간이 필요할 뿐만 그것을 실현할 문화적 토양이 더욱더 필요하다.

5·4운동 전후의 중국은 이러한 조건이 모두 충족되지 않았다. 공자의 사당을 부수고 민주와 과학을 발전시켜야 한다는 것은 진보 문인들의 생각일 뿐이었다. 신문화운동이 기세등등하게 전체 사회로 확산되었다 하더라도 총체적으로 말하면 그렇게 큰 영향을 미치지 못했다. 일반 백성들이 알고 있는 것은 여전히 공부자와 맹부자였으며 천두슈 교수, 후스 박사가 누구인지 아는 사람은 드물었다. 게다가 천명대로 살아가는 게 습관이 되어버린 중국인에게 민주는 꼭 필요한 것이 아니었다. 왜냐하면 그것이 밥을 먹여주고 옷을 입혀주지 않기 때문이다.

중국 백성들은 예전부터 정치에 열정이 많지 않았으며 누가 통치하든 또는 어떤 방법으로 통치하든 생명에 위협이 되지 않는다면 별다른 흥미를 보이지 않았다. 그들에게는 황제이든 총통이든 그렇게 큰 차이가 없었다. 심지어 그들은 근본적으로 민주정치가 무엇인지 알지 못했다. 그들은 천명대로 살아가는 데 익숙해져 있었으며 머리를 조아리고 명령을 듣는 데 습관이 되어 있었다. 그런 사람들에게 주인 노릇을 하라고 하면 오히려 어색해하고 어떻게 해야 좋을지 알지 못한다. 왜냐하면 우상숭배에 익숙한 사람은 우상이 쓰러지면 오히려 모종의 상실감을 느끼기 때문이다.

신문화운동이 광범위한 군중의 지지를 받지 못했기 때문에 전통적인 봉건예교와도 다르고 신문화운동이 고취하던 서양 문화와도 다른 새로운 사조(마르크스주의)가 중국에 유입되어 쉽게 뿌리를 내릴 수 있게 되었으며, 이러한 사조의 영향을 받은 국민들은 신문화운동이 나라의 정세에 맞지 않는 것처럼 보였기 때문에 쉽게 받아들이지 못했다.

역사는 원래 시간적인 속성을 띠고 있다. 역사는 시간 속에서 발전할 뿐만 아니라 역사가 발전하려면 충분한 시간이 필요하다. 20세기 초 중국의 신문화운동 같은 역사적인 사건과 연계하면 이러한 사건이 시간이 부족했기 때문에 이상적인 결과가 나타나지 않았음을 알 수 있다. 신문화운동이 반세기 동안 지속되었다면 현대 중국의 역사는 어떤 모습일까. 물론 가설의 전제조건이 충분하지는 않지만 우리들은 이러한 가설을 통해 더욱더 합리적으로 근대 중국의 역사를 이해할 수 있다.

넷째, 중세기와 비교하면 문예부흥시기의 사상가들 또한 반전통적이었다. 그러나 그들이 가졌던 반전통의 도구는 바로 전통이었으며 그들 자신의 전통이었다. 왜냐하면 근대 이탈리아인, 프랑스인, 독일인이나 영국인은 그리스인과 로마인을 선조로 생각했기 때문이다. 후대인이 선조의 문화유산을 계승하는 것은 매우 합리적이다. 따라서 고대문화로 중세문화에 반대하고 중세문화의 폐허 위에 고대문화를 부흥하는 것은 타당하지 않다고 할 수 없다.

20세기 중국인은 이와 같지 않았다. 그들에게 있었던 반전통의 도구는 서양 문화였으며 중국에 정착시키려 했던 민주와 과학 또한 서양 문화였다. 민족 감정은 여기에서 쉽게 풀 수 없는 응어리가 생겼다. 당시 중국의 정세에 따르면 민족을 부흥시키려면 반드시 서양 문화를 받아들여야 했다. 그러나 서양 문화는 필경 외국 문화이다. 외국 문화로 본 민족의 문화를 대체하는 것은 수많은 사람이 바람직하게 생각하지 않았다.

게다가 아편전쟁 이후 서양 문명이 중국에서 쉽게 뿌리내릴 수 없었던 두 가지 결정적인 원인이 있었다. 하나는 앞에서 이야기했던 것처럼 유구한 역사와 심오한 전통을 지닌 중국 문명은 내재적인 발전의 논리가 있기 때문에 서양 문명이 한 번 부딪쳐서 쉽게 넘을 수 있는 것이 아니었다. 다른 하나는 서양 문명은 무력적인 침략을 따라 들어왔기 때문에 처음부터 국민의 반감을 불러일으켰다. 절대다수의 중국인은 역사를 깊이 있게 고찰하지 못했기 때문에 세계 역사의 필연적인 규율을 보지 못했으며 중국 미래의 발전을 제대로 전망하지 못했다. 그들이 본 것은 단지 서양인의 군사침략과 경제약탈, 인격적인 모욕이었으며 이러한 대가를 지급하지 않으면 고유한 전통에서 새로운 길을 개척할 수 없다는 도리를 살피지 못했다.

물론 서양인의 야만적인 행위에 격분하는 것은 도의상 당연하며 일종의 애국주의적인 감정에서 비롯된 것이라고 볼 수 있다. 이러한 감정은 언제 어디에서든 모두 이해할 수 있고 동정할 수 있다. 그러나 이해하고 동정하는 것과 이성적인 사고는 별개이다. 역사적인 수많은 사건 가운데 도의상 충분히 이해하고 동정할 수 있지만 역사 발전에 장애가 된 사건이 매우 많았다. 대다수 국민이 서양 문명을 배척하려 했기 때문에 신문화운동의 운명이 순조로울 수 없었으며, 진보사상가들은 부득이하게 전통을 부정하고 전반적으로 서양 문화를 받아들이는 극단적인 방법(문화보수주의자들이 보기에)을 취할 수밖에 없었다.

그렇지만 신문화운동이 전통을 부정한 것은 중국 역사상 매우 큰 의의가 있지만 동시에 신문화운동이 실패하게 된 원인이었다. 전통은 옛사람들이 남겨준 문물제도와 사상규율일 뿐만 아니라 일종의 정신역량이다. 물질적이고 제도적인 전통은 한 차례의 혁명으로 하룻밤 사이에 파멸시킬 수 있지만 정신역량이 되는 전통은 단시간에 제거할 수 있는 게 아니다.

그 이유는 문화학적으로 보면 정신역량이 되는 전통은 권위와 우상의 의미를 지니기 때문이다. 그것은 옛사람들이 후세 사람들에게 정해준 문화 규범일 뿐만 아니라 후세 사람들이 의지하는 마음의 안식처이다.

사람들은 권위와 우상을 필요로 한다. 권위와 우상은 사람들의 혼란한 심리를 안정시킬 수 있다는 데 그 의의가 있으며, 마치 한 알의 진정제와 같다. 게다가 사람들은 대부분 생각하기 싫어하는 병이 있다. 그들은 앞사람들이 개척해놓은 길을 가려고 하며 스스로 고생해서 새로운 길을 개척하려는 사람은 매우 드물다. 앞사람들이 만들어놓은 집에서 살아가기를 원하며 집이 낡아 바람이 새고 곧 허물어질 것 같아도 스스로 노력해서 새집을 지으려고 하는 사람은 매우 적다. 집은 단순히 거처하는 곳을 의미할 뿐만 아니라 정신적인 고향을 의미하기 때문이다.

폭풍우처럼 거셌던 신문화운동은 사실상 정신적인 고향 같은 낡은 집에서 벗어나게 하는 운동이었다. 적지 않은 논자들이 천두슈·후스 등은 덮어놓고 파괴하기만 했지 새로운 것을 건설하지 않았다고 생각한다. 이러한 관점은 역사적인 사실에 들어맞지 않는다. 신문화운동은 파괴와 건설을 동시에 진행했다. 한편으로 국민들이 낡은 집에서 벗어나게 하고, 다른 한편으로 국민들에게 새로운 집을 건설해 주려고 노력했다. 다만 새로운 집은 민주와 과학이라는 두 기둥이 버팀목이 되고 건축의 풍격이 전통적인 양식과 큰 차이가 있었기 때문에 수많은 사람이 낯설게 느껴 받아들이려고 하지 않았다. 그들 가운데 일부는 정신적인 황무지로 내몰렸으며, 천두슈·후스 등이 제공한 청사진을 따라 새로운 집을 건설하려고 하지 않았을 뿐만 아니라 원래 있던 집으로 돌아가려고도 하지 않았다. 다른 일부는 옛것을 그리워하는 마음에서 원래의 집으로 되돌아가려고 했으며 또는 원래의 집에 의거해서 새로운 집을 건설하려고 했다.

제2장

현대 서양의 문화 위기와 신유학이 나타나게 된 국제 환경

동학의 서쪽 이동과 중국 문화에 대한 서양인의 초보적 인식

장 자크 루소(Jean Jacques Rousseau)는 "사람의 지식에 관한 것은 가장 유용한 학문이며 가장 난해한 학문"이라고 했다. 이 말은 문화인으로서 사람은 모순적이라는 것이다. 인류는 복잡한 문화로 말미암아 항상 어떤 문화를 따라야 할지 몰라 갈팡질팡한다. 각 민족문화가 서로 교류할 때 이 같은 구체적인 상황이 나타난다. 한편으로 인간은 생물계의 한 부류이기 때문에 '인류'라고 부른다. 인류는 서로 이해하고 화평으로 나아가려는 희망이 있다. 이는 각 민족문화가 서로 교류하고 융합할 수 있는 전제다. 그러나 인류는 종족성과 민족성이 있기 때문에 민족문화 혹은 종족선입견의 영향을 받아 언제나 민족의 이익을 위해 움직이며, 다른 민족에 대해 적의를 품고 있다. 왜냐하면 '민족'이라는 개념은 이익집단의 대명사이기 때문이다.

그러나 각 민족이 자기 민족의 이익을 위해 항상 적대적인 상태에 있는 것은 아니다. 반대로 민족의 이익에 대한 관심은 각 민족이 서로 배우고 교류하는 원동력이 된다. 인류는 모두 행복한 생활을 누리려는 열망이 있다. 행복한 생활은, 첫째 물질적인 방면에서, 둘째 제도적인 방면에서, 셋째 정신적인 방면에서 나타난다. 어떤 민족이 어떤 한 방면에서 다른 민족보다 못하다고 느끼면 불가피하게 다른 민족의 문화를 도입하려는 욕구가 나타난다. 이것은 문화발전의 필연적 규율이다.

대체로 역사가 유구한 민족은 모두 심오한 문화 전통과 영예로운 문화 성과를 지녔다. 기나긴 역사발전의 과정에서 각 민족은 이미 독특한 문화 품격과 체계적인 문화 노선을 형성했지만 그중에는 어느 정도 결핍된 부분이 있다. 자기 문화와 비교될 다른 문화를 접하지 못하는 상황에서 어쩌면 스스로 만족했으며 결핍된 부분을 느끼지 못했을지도 모른다. 그러나 자기 문화와 비교될 다른 문화가 나타나기만 하면 자연적으로 자기의 문화체계를 다른 문화와 대조하며 자기도 모르게 자기 문화를 보완해서 미래 문화의 새로운 방향을 정하게 된다.

그렇지만 한 민족이 다른 민족문화를 해석하고 평가하기는 쉽지 않다. 특히 심오한 전통을 지닌 두 문화가 만났을 때 서로 해석하고 평가하기는 더욱더 어렵다. 수많은 문화현상은 그 문화계통에서 생활하는 인재만이 진의를 파악할 수 있으며 이방인들은 그것의 오묘한 이치를 이해하기 어렵다. 중국의 문인화(文人畵)를 예로 들면, 예술 수준이 최고 경지에 도달했다고 하더라도 서양의 경매시장에서는 높은 가격으로 팔 수 없다. 그 원인은 앵그르·고흐 등의 예술 조예가 중국의 서위(徐渭)·팔대산(八大山) 등보다 높아서가 아니라 서양 사람들이 중국 문인화에 스민 필묵정취와 불도(佛道)의 경지를 이해하지 못하기 때문이다.

중국의 예술 앞에서 그들은 대부분 비전문가일 뿐이며 진정한 예술 가치를 체험할 수 없다. 그러나 인류는 행복을 추구하고 낭만이 매우 풍부한 생물이기 때문에 생소한 물건일수록 더욱 쉽게 흥미를 느끼고 맹목적으로 숭배한다. 이러한 점 또한 문화가 전파되고 교류하게 되는 하나의 규율이라고 볼 수 있다. 근대의 중국인이 서양 문화를 대할 때와 서양인이 중국 문화를 대할 때 이런 심리 상태였다.

세계의 다른 민족과 비교하면 중국 문명은 본토성과 자족성이 가장 강하다. 서양 세계는 지중해의 편리한 교통 덕분에 고대부터 문화의 변위가 빈번했다. 그리스인은 동방의 이집트와 서아시아 문화를 받아들여 그리스 문명이 고대 세계에서 가장 찬란한 문명이 되게 했다. 로마인은 그리스 문화를 받아들였으며 전쟁을 통해 이집트와 서아시아로 전파했다. 그 후에 아랍 세력이 확장됨에 따라 동방 세계에서 보존하던 그리스 문화의 성과가 다시 서양으로 전파되었으며, 이로 말미암아 서양인은 천여 년 동안 잃어버렸던 그들의 고대문화를 다시 찾을 수 있게 되었고, 문예부흥으로 중세기의 신권문화를 부정하게 되었다.

고대 인도 문명은 인도의 하류에서 시작되었으며, 고고학자들은 '인더스 문명'이라고 부른다. 고고학의 발굴에서 보면 그것은 매우 수준 높은 문명이었다. 기원전 15세기 전후에 인더스 문명은 갑자기 멸망했다. 바로 이때 아리안인이 북방에서 침입해 다시 인도 문명을 건설했다. 인도인은 종교를 독실하게 믿으며 대부분의 문화유형은 종교 신앙이 주축이 된다. 그들은 최초에 브라만교(Brahmanism)를 신봉했으며 그 후 불교·힌두교와 이슬람교를 믿었다. 알렉산드로스 대왕이 동쪽을 침입함에 따라 불교문화는 명확한 그리스적 색채를 띠게 되었다. 이후의 이슬람교는 아랍인들 쪽에서 들어왔다.

중국은 먼 동쪽에 위치하고 있었다. 서쪽에는 높고 험준한 산이 있고 동쪽에는 넓은 바다가 있어 근대 이전까지 줄곧 폐쇄되어 자족하는 문화구조를 가지고 있었다. 불교의 유입과 본토의 지역적인 문화교류가 있었지만 문화의 주맥이 끊어진 적이 없었다. 때문에 중국인은 외부세계를 제대로 이해하지 못했으며 서양인 또한 고대부터 중국 문명에 관심을 가졌지만 중국을 신화에 나오는 세계처럼 여겼다.

서양 사람이 중국 문명을 가장 먼저 접촉한 시기가 언제였는지는 아직까지 해결하지 못한 어려운 문제이다. 일부 서양학자의 견해에 따르면 고대 그리스의 귀족들은 비단옷을 입었다. 그 증거는 출토 또는 보존된 그리스의 예술작품에 있다. 예술작품에 나오는 수많은 인물의 의복이 촘촘하고 투명하며, 재질이 부드럽고 격식이 우아하고 아름다운데 이는 비단과 관련 있는 작품임에 의심할 여지가 없어 보인다. 어떤 학자는 단지 중국에서 이러한 옷을 제조할 수 있었다고 인정했다.[1] 개인적 소견으로는 이런 추측은 근거가 부족한 것 같다. 그리스인들의 의복이 얇고 부드러우며 투명하다고 해서 반드시 견직물로 보기는 어렵다. 그리스인들이 견직물로 짠 제품을 중국에서 가져갈 수 있었다면 반드시 고대작가의 글에 반영되었어야 한다. 그러나 고대 그리스와 로마의 수많은 사학가·문학가·박물학자 등의 작품에서 이와 관련한 기록을 찾아볼 수 없다.

그렇지만 그리스인은 기원전 5세기경에 동방에 견직업으로 유명한 국가가 있음을 알았으며 '세레스(Seres)'라고 불렀다. 세레스는 '명주' 또는 '누에'라는 뜻이다. 대체로 로마제국 시기에 중국 견직물이 서양시장에서 팔리기 시작했다. 로마의 플리니우스(Plinius)는 『박물지(*Natural History*)』에서 "세레스국은 수림에서 가는 명주를 생산하는 것으로 유명하다. 회색 명주는 나무 위에서 자라며, 물에 적신 후 부녀자들이 다시 손질해서 아름

---

1) 리차드(G. M. A. Richter), 『希臘的絲綢(*Silk in Greece*)』, 『美國考古學報』(AJA), 1929, 27~33쪽; 리차드(G. M. A. Richter), 『希臘藝術手册(*Handbook of Greek Art*)』, London, 1959, 460쪽; 미너스(E. M. Minus), 『斯基泰人和希臘人(*Scythians and Greeks*)』, Cambridge, 1913, 204쪽 참조.

다운 비단을 짠다."라고 썼다.

2세기 로마의 역사학자 플로리스(Flores)가 쓴 『사기(*The Records of the Grand Historian*)』에 따르면 아우구스투스 시대에 세레스인은 "사자를 파견해 진주와 말을 바치면서 로마와 맹약을 체결할 것을 요구했다."고 한다. 아우구스투스 시대는 중국의 서한(西漢) 말과 비슷한 시기이다. 당시 한나라의 영토가 광활하여 중앙아시아 일대와 무역왕래를 했지만 사자를 로마에 파견해 "진주와 말을 헌납했다."는 말은 믿을 수 있는 것이 아니다. 로마제국은 당시 세력이 강대했고 영토가 유럽·아프리카·아시아까지 미쳤으나 만약 중국과 맹약을 맺으려 했다면 반고(班固)는 이러한 역사적인 사건을 반드시 『한서(漢書)』에 기록했을 것이다. 사실상 근대사회 이전에 서양인이 중국에 흥미를 느꼈던 까닭은 주로 수공업 제품, 특히 견직물과 자기 때문이었다.

세계예술사에서 중국의 공예품은 2천여 년 동안 세계 최고의 자리에 있었다. 예술품은 귀족들의 생활 사치품이다. 서양 사회는 신분 등급이 엄격했으며, 귀족은 세습특권과 가산이 있었을 뿐만 아니라 부분적인 통치권이 있었으며 봉지를 다스릴 수 있었다. 따라서 노동에 종사할 필요가 없었다. 그들은 대부분의 생활을 오락과 심심풀이로 허비했으며 중국의 섬세하고 아름다운 공예품은 매우 좋아하는 놀이기구나 관상품이었다. 게다가 '세레스'는 매우 먼 지역에 있으며 꼬박 4년을 가야 비로소 도착할 수 있다고 생각했다. 그들의 눈에 세레스인은 "눈이 푸르고 머리가 붉은" 신비한 존재였다. 왜냐하면 그들은 중앙아시아와 서남아시아의 어떤 민족을 통해 면사를 공급받았으며 그들을 통해 중국을 이해할 수 있었기 때문이다.

서양인은 마테오리치(Matteo Ricci) 덕분에 중국 문화를 비교적 많이 이해할 수 있었다. 마테오리치는 1582년에 처음 중국에 왔다. 그는 마카오에서 한문을 배웠고, 이후에 광저우(廣州) 조경(肇慶)에 가서 선교했으며 마지막에 베이징으로 갔다. 장이기(張爾岐)의 『호암한화(蒿庵閑話)』에 따르면 "마테오가 처음 광저우에 도착해 배에서 내릴 때 머리를 깎고 어깨를 노출했는데 사람들은 서양에서 온 스님인 줄 알았다. 절에 도착했을 때는 손사래를 치면서 절하려고 하지 않았으며 "저는 유자입니다."라고 했다. 그는 추관(僦館)의 연사(延師)가 되면서 유가의 책을 읽기 시작했으며 1, 2년이 되기도 전에 '사서오경'의 대의를 통달했고, 이후에 조정에 들어가 경사(京師)가 되었다." 마테오는 매우 총명한 사람이었다. 그는 시대의 정황을 잘 알았기 때문에 유학을 빌려 예수를 전파했을 뿐만 아니라 아주 짧은 시간에 한문을 깨우쳤고 유학경전을 세밀하게 익혔다. 마테오는 베이징에서 세상을 떴지만 그가 쓴 『중국방문기(*De Christiana Expeditione apud Sinas Suscepta ab Societate Iesu*)』는 서양 세계에 큰 영향을 미쳤다.

마테오의 뒤를 이어 수많은 서양 사람이 중국에서 선교했는데 그중에서 유명한 프랑스인 트리고(Nicolas Trigault, 1577~1629)와 벨기에인 페르비스트(Ferdinand Verbiest, 1623~1688), 독일인 아담 샬(Johann Adam Schall von Bell, 1592~1666), 포르투갈인 세메도(Alvaro Semmedo, 1585~1658) 등이 있었다. 그들은 고국으로 돌아간 뒤에도 동방 문화와 관련된 책을 썼으며 계속해서 중국의 상황을 보도했다. 트리고의 『중국전교사(*History of Chinese mission*)』, 세메도의 『중화제국사(*History of Chinese Empire*)』 같은 책은 모두 17세기의 서양에 큰 영향을 미쳤다. 이때부터 선교사들이 중국을 이야기하기 시작했으며 일반 백성들도 중국은 매우 아름다우며 신비로운 국가라고 인식하기 시작했다.

고대와 중세기의 서양 사람들이 주로 중국의 공예품에 관심이 있었다면 이때는 주로 중국의 유가학설에 깊은 관심이 있었다. 마테오가 세상을 떠난 지 얼마 되지 않아 어떤 사람은 그가 전파한 중국의 유가도덕학설을 높이 평가했다. 알레니(Giulio Aleni, 1582~1649)는 『태서 이 선생 행적(*Matteo*

Ricci Travels)』에서 "마테오는 중국의 사서를 서양의 문자로 번역해서 본국으로 부쳤으며 국민들은 그것을 읽고 즐거워했다. 중국의 고서를 알고 그것의 진정한 의미를 알게 된 것은, …… 모두 마테오의 공덕이다."라고 썼다.

17세기 중엽 『대학』, 『중용』, 『논어』가 라틴어로 번역되어 프랑스·영국 등지에서 출판되었다. 1687년 쿠플레(Philippe Couplet, 1623~1693)는 세 가지 번역본을 한 권으로 묶어 『중국철학가 공자(*Confucius Sinarum Philosophus*)』라는 제목으로 파리에서 재출간해 강렬한 반향을 불러일으켰다. 그해 6월에 파리의 한 『학술보』에 베르니에(Bernier)라는 사람이 "중국인은 덕행, 지혜, 신중, 신의, 성실, 충직, 공손, 인자, 정직, 예의, 장중, 겸손 등 모든 면에서 다른 민족보다 우월하며, 보는 사람들은 언제나 황홀함을 느끼게 된다."라고 썼다.

당시 서양 사람들이 보기에 중국의 정부는 가장 좋은 정부이고 중국의 도덕은 가장 좋은 도덕이었다. 그들은 공자의 '위정재인(爲政在人)'의 격훈과 부자자효(父慈子孝)의 규범을 좋아했다. 그들의 눈에 중국은 질서정연하고, 위아래가 한마음이며, 정부와 민간이 화합하는 국가였으며, 인재 선발을 중시할 뿐만 아니라 가정과 국가를 하나로 연결해 가정을 다스리듯 나라를 다스리는 국가였다.

당시 서양 사람이 중국의 유가사상을 추종한 또 하나의 중요한 이유는 공자의 학설을 자연신론으로 여겨 그들의 사상을 계몽하는 도구로 삼았기 때문이다. 18세기 영국철학가 데이비드 흄(David Hume)은 "공자의 제자들은 천지에서 가장 순수한 자연신론의 신도"[2]라고 했다. 더욱 구체적으

2) 흄(D. Hume), 『論迷信與宗教狂熱』, 『論文與隨筆(*Treatises and Sketches*)』에서 볼 수 있음, 1760년, 131쪽.

로 말한 것은 20세기 초 영국학자 스티븐(Leslie Stephen, 1832~1904)이 『18세기 영국사상사(*History of English Thought in the Eighteenth Century*)』에서 쓴 것이다.

> 그들은 기독교를 신봉하는 국가는 세계에서 매우 작은 부분을 차지함을 알고 있다. 세계의 수많은 사람이 기독교 국가를 들어본 적이 없다. 기독교에서 보면, 기독교의 교의를 알면 영생을 누릴 수 있으며 이러한 교의를 모르면 한없는 고통을 받아야 한다. 그러나 수많은 사람이 근본적으로 이런 교의를 모른다. 예를 들면 중국인이 모른다. 그래서 중국인 처지에서 보면 이런 교의는 달나라에 있는 것처럼 그들과는 아무런 상관이 없다. 그렇다면 중국인은 무한한 고통을 받아야만 하는가. 중국인이 무한한 고통을 받지 않는다면, 그리고 기독교인들과 마찬가지의 행복을 누리며, 그들처럼 순수하고 선량하다면 기독교의 교의는 현세나 내세에 반드시 필요할까. 정통 기독교의 교의에 따르면 수많은 중국인의 상황은 말이 되지 않는다. 이는 놀라운 사실이다. 그래서 18세기에 '자연신론'을 주장한 사람들은 이런 사실을 이용해서 끊임없이 정통 기독교를 공격했다.

또 문화교류는 다음과 같은 중시할 가치가 있는 두 가지 현상이 있다. 첫째, 다른 민족의 문화를 인식할 때 호기심 같은 심리가 있으며, 공리적인 목적이 있다. 사람들은 호기심 같은 심리로 문화의 특징에 관심을 보이며, 공리적인 목적으로 자기 민족에게 결핍된 부분에 관심이 있다. 특히 이역문화를 국민에게 소개할 때 대부분 자기 민족에게 결핍된 우수한 성분을 소개한다.

둘째, 다른 민족문화를 인식할 때 언제나 그들이 접촉하는 문화 측면 또는 사회 측면에 따라 각기 다르게 인식한다. 귀족들이 접촉하는 것은 대부분 상층사회와 엘리트문화이며, 평민들이 접촉하는 것은 사회 하층과 대중문화이다. 저마다 접촉하는 면이 다르므로 다른 민족문화를 전면적으로 이해하기 어렵다.

19세기 말에서 20세기 초에 서양에서 유학한 중국학생 가운데서 이러한 현상을 볼 수 있다. 양무운동(19세기 후반)이 시작되면서 중국이 파견한 유학생들은 대부분 부잣집 자제였다. 그들은 서양의 유명 고등학부에서 공부했으며 대부분 사회상층과 엘리트문화를 접촉했다. 그러나 1920년대의 유학생, 특히 프랑스 유학생들은 대부분 고생하면서 공부했으며 주로 사회하층과 대중문화를 접촉했다. 따라서 두 부류의 유학생들이 서양 사회를 인식할 때 큰 차이가 나타났다. 전자는 서양 문화의 우수한 부분을 보았으며 이를 중국에 이식하려고 했다. 후자는 서양 사회의 부정적인 현상을 느꼈으며 새로운 문화를 통해 서양 문화의 중국 유입을 저지하려고 했다.

마테오 이후 중국에 들어온 선교사들이 중국을 인식할 때의 상황도 이와 마찬가지였다. 그들이 중국에서 가장 먼저 만난 서적은 주로 유가 경전이었다. 유가 경전은 문장만 보면 확실히 매우 아름다운 인생의 경지를 그려내고 있다. 그러나 유가사상이 중국 사회의 발전에 부정적인 영향을 미쳤음을 서양인은 분명하게 알 수 없었다. 그들은 『대학』, 『중용』, 『논어』 등을 서양에 소개했으며, 중국에 한 번도 와본 적 없는 서양 사람들이 인식하는 중국은 더욱더 유가전적에서 구상하는 문화의 모습이었다. 게다가 유가전적에서 구상하는 수많은 이상적인 문화 청사진은 확실히 서양 사람이 가지고 있지 않은 것들이었다. 그렇기 때문에 수많은 서양 사람들이 자연스럽게 중국 문화에 호감을 느끼게 되었다.

지적할 필요가 있는 것은 20세기 이전 중국 문화에 대한 서양 사람의 태도는 단순하지 않았다는 점이다. 다시 말하면 중국 문화를 흠모하는 이도 많았지만 중국 문화를 비판하는 사람 또한 많았다. 둘을 비교하면 비판하는 사람이 더욱 많았다. 학자들은 전도사들이 고취하는 중국 문화 우월론에 동감하지 않았다. 이유는 간단하다. 중국 문화가 서양 문화보다 우월하다면 어째서 중국인은 줄곧 우매하고 낙후한 상태에 있는가.

18세기 초에 조지프 로키어(Joseph Norman Lockyer, 1836~1920)가 강희(康熙)년에 발생한 중서 역법논쟁(曆法論爭)을 예로 들어 중국인은 천문학·화약·인쇄술을 발명했지만 실질적으로 사회는 그렇게 발전하지 않았다고 설명했다. 1737년 『자연신교의 구약(自然神教的救葯)』이 서양 세계에서 베스트셀러가 되었다. 이 책은 기독교문화를 중심으로 중국 문화와 서양의 중국 문화 숭배자들을 비판했다. 저자는 익명으로 "들리는 바에 따르면 중국인은 이성을 강구하고 세계에서 가장 총명한 사람이라고 하는데 설마 그들이 이성 10파운드를 얻었고 세계의 다른 민족이 모두 합해서 1파운드만 얻었겠는가. 사실 중국인은 우상숭배자이며 적지 않은 우상이 있고 아직도 새로운 우상을 만들고 있다."라고 비판했다. 이 무명의 저자에 따르면 우상숭배는 가장 어리석은 행위인데 어떻게 서양의 기독교신앙과 중국인을 함께 논할 수 있겠는가.

18세기에 중국 문화를 가장 심하게 비판한 사람은 유명한 작가 대니얼 디포(Daniel Defoe)였다. 그는 『로빈슨표류기』에서 중국 사람들을 흐리멍덩하고 쓸모없는 사람으로 묘사했다. 이 여행기는 세 부분으로 이루어졌는데 중국 독자들은 첫째 부분만 알고 있으며 둘째, 셋째 부분을 아는 사람은 그리 많지 않다. 첫째 부분에서는 주로 로빈슨의 서양표류기를 다루었다. 둘째 부분에서는 동방표류기이며 그중에 중국표류기가 있다. 셋째 부분은 로빈슨의 감상을 서술하나 것이며 그중에 중국 사람과 중국 문화에 대한 비평이 있다. 둘째 부분에서 디포가 로빈슨의 어조를 빌려서 쓴 두 단락을 보자.

중국인의 교만은 그야말로 돌이킬 수 없는 지경까지 도달했는데 단지 곤궁해야만 이런 지경까지 도달할 수 있다. 곤궁함과 교만함이 함께해서 중국인의 비극을 형성했다. 나는 미주의 벌거벗은 야만인이 중국인보다 더 행복하다고 생각한다. 왜냐하면 원래 아무것도 없는 사람들은 고난을 형성할 수 없기 때문이다. 중국인은 태만하고 무례하며, 죽어도 체면을 차리려고 한다. 말로 다 표현할 수 없지만 주로 그들의 의복과 집에서 나타나며 수많은 하인과 노예에서 나타난다. 우스꽝스러운 일이 또 있는데, 그들은 자신 이외에 세계의 모든 사람들을 깔본다고 한다.

그처럼 초라하고 어리석은 사람들이 거만하고 독단적이고 사리를 분별하지 못하는 것을 보면 그야말로 어떤 것들이 나를 더 난처하게 만드는지 모르겠다. 그들은 기지(机智)가 있다고 하지만 사실 기지는 존재하지 않는다. 이러한 상황에서 나와 친구 시몬은 이보다 더 우스꽝스러운 일은 없다고 생각한다.[3)]

당시의 서양은 중국 문화의 유입을 막기 위해 『군자잡지(*Esquire magazine*)』, 『매월평론(*Monthly review*)』 같은 영향력이 큰 간행사에서 중국 문화를 비판하는 문장을 계속해서 게재했다. 그 외에도 루소·몽테스키외 같은 저명한 사상가들은 그들의 저작에서 중국의 전제제도와 유가 문화를 비판했다. 볼테르의 중국 문화 숭배에 적지 않은 사상가들이 "공허한 상상을 하고 있으며", "마땅히 있어야 할 역사 지식이 결핍되었다."라고 비난했다.

17~18세기는 서양 문화가 왕성하게 발전하던 시대였다. 서양인은 자기의 이성문화와 과학문화에 확실한 신념이 있었으며, 그들의 문화가 가장 좋고 새로울 뿐만 아니라 세계의 다른 민족이 자기 문화를 발전시키기

---

3) 範存忠, 『中國文化在啓蒙時期的英國』, 上海外語教育出版社, 1991년, 44~48쪽.

위해 반드시 따라야 한다고 믿었다. 그러나 19세기에서 20세기에 이르러 상황은 근본적으로 변했다. 서양 세계에서 이성과 과학에 대한 회의가 나타났으며 '유럽 중심론'의 문화관이 흔들렸다. 서양 사람들은 이때부터 자기 문화에 대한 믿음을 잃고 비유럽세계를 향해 정신의 양식을 찾기 시작했다.

하느님의 죽음과 현대 서양인의 정신기아

조지프 니덤(Joseph Needham)은 "서양인의 사상은 일반적으로 세계는 하나의 자동기계라는 것과 세계는 하느님이 창조했다는 신학 사이에서 동요하고 있다."[4]라는 의미심장한 말을 했으며, 이것을 "유럽 특유의 정신분열증"이라고 불렀다. 근대 서양 문화는 문예부흥과 종교개혁을 통해 중세기에서 벗어났다. 앞에서 말했듯이 문예부흥시대의 사상가들은 하느님에 반대하지 않았으며 그들이 가졌던 비판의 칼은 중세기의 교회와 스콜라철학을 겨냥했다.

반대로 하느님신앙이 여전히 그들의 영혼 깊숙이 뿌리 박혀 있었다. 그 이유는 하느님신앙은 '인생의 끝은 어디인가', '세계의 최고 원칙은 무엇인가'라는 인류가 고대부터 생각해오던 두 주제와 밀접한 관련이 있기 때문이다. 근대 과학은 계시신앙에 어긋나는 것처럼 보이지만 실질적으로 그것과 일치하며, 모두 자연과 인생에 대한 최후의 원인을 추궁한다. 하느님의 본체를 증명하고 과학을 탐색하는 것은 상당 부분 같은 일을 하고 있는 것이라고 할 수 있다. 과학이 진보함으로 인해 이성이 싹트고 발전하게

4) 沈小峰, 『普里高津與耗散結構理論』, 陝西科技出版社, 1982년, 233쪽.

되었다. 이성은 본질적으로 말하면 과학적 이성이다. 이로 말미암아 근대 사상가들이 이성을 사용해서 중세기의 우매함을 극복하려고 했지만 이성 자체가 여전히 하느님신앙과 밀접한 관계가 있는 결함이 있게 되었다.

서양 근대 사상가들에게 이성은 반봉건의 깃발이었을 뿐만 아니라 일종의 역량이었으며, 구체적으로 신앙과 상대적인 인식능력이었다. 사람들은 그것을 통해 우매함에서 벗어날 수 있었고 노예상태에서 벗어날 수 있었다. 그러나 일종의 인식능력인 이성은 근대과학의 성과에 뿌리를 두며, 과학지식의 보편성과 자연규율의 인과성은 그것에 반박할 수 없는 권위를 주었다. 이성의 토대는 사물의 인과관계나 사물의 본성이다. 이성의 지상권위는 사실상 과학의 지상권위이다. 그래서 이성과 과학이 요구하는 것은 세계를 절대적인 질서가 있는 것으로 간주하는 것이다. 세계는 절대적인 질서가 있다는 사상이 결과적으로 하느님신앙과 과학신앙 또는 이성신앙이 하나가 되게 했다.

중세기 신학자들은 자연과 사회는 모두 하느님의 손이 조작하고 하느님의 전지전능함이 세계만물의 질서정연함을 보장한다고 생각했으며, 근대 사상가들은 자연과 사회현상은 내재적 인과관계를 맺고 있으며 또 최후의 원인이 있다고 생각했다. 이렇게 생각하기 때문에 인생·사회·자연을 고찰할 때 하느님을 이 세 가지의 이론적인 근거로 삼았다. 이것은 비코(G. Vico)에게는 '하느님의 의지'이고, 칸트에게는 '대자연의 은밀한 계획'이며, 헤겔에게는 '절대이념'이고, 뉴턴에게는 '제1역학'이다.

계몽사상가의 눈으로 보면 엄격한 자연법칙과 인과관계가 존재하기 때문에 사람들은 이성을 운용해서 세계를 인식할 수 있다. 사람이 자연계의 한 분자라면 다른 자연물과 마찬가지로 반드시 엄격한 자연법칙과 인과율의 제약을 받는다. 볼테르는 "전체 자연계의 모든 행성이 영원한 법칙을 따라야 한다면 5척쯤 되는 작은 동물은 이러한 법칙에 아랑곳하지 않고 완전히 하고 싶은 대로 하는데 그것은 정말 이상하다."[5]라고 했다. 라메트리(La Mettrie)는 간단명료하게 "사람은 기계다."[6]라고 했다. 계몽사상가들은 원래 이성으로 종교의 권위를 부정하고 우상을 타파하려고 했지만 그들의 환호성 속에서 이성이 권위와 우상의 주인공이 되어가는 것을 느끼지 못했다. 바꾸어 말하면 이성은 새로운 신앙과 새로운 우상으로 변했다. 모든 것을 이성으로 평가했으며 이성은 의심할 바 없이 하느님과 같은 위치에 놓이게 되었다.

계몽사상가들의 구호에 따르면 이성을 숭상하는 것은 사람이 개성의 자유를 발양하고 자아의 가치를 지키는 것이다. 그러나 이성은 새로운 권위와 우상이 되어 사람들이 개성의 자유를 누리지 못하게 했을 뿐만 아니라 보편적으로 비치는 이성의 광채 속에서 자아를 잃어버리게 했다. 20세기 과학자 버트(E. A. Burtt)가 "예전 사람들이 생활하는 세계는 색채·음운과 꽃향기가 풍부했고, 즐거움·애정·아름다움과 선함이 넘쳐흘렀으며, 화목이 가득하고 창조성이 풍부했다고 생각했는데 현재의 세계는 소리도 없고 색채도 없으며, 냉담하고 경직되고 무미건조하며, 수량으로 측량할 수 있는 세계, 기계의 톱니바퀴가 굴러가는 것처럼 수학적 방법으로 정확하게 계산할 수 있는 세계로 변했다."[7]라고 한 것과 같다. 계몽사상가들은 원래 이성은 자유를 보장하며 이성이 있기 때문에 자유가 있다고 생각했다. 그러나 자유와 이성은 상충하는 양극에 속해 있다. 이성을 지나치게 숭배하고 이성을 최고의 원칙으로 간주하는 것은 모두 자유원칙을 부정하고 자유정신을 제한하는 것이다.

---

5) 댐피어(E. Dampier), 『科學史及其與哲學和宗教的關系』, 商務印書館, 1979년, 280쪽.

6) 라메트리(La Mettrie), 『人是機器』, 商務印書館, 1979년, 20쪽.

7) 버트(E. A. Burtt), 『近代科學的形而上學基础(*The Metaphysical Foundations of Modern Science*)』, New York, 1925, 236쪽.

이성주의 사조는 초기 자본주의 사회가 발전할 때의 인문주의 정신을 대표하며, 그것이 체현하는 것은 자본주의 문화에 대한 서양인의 낙관적인 견해이다. 그러나 역사의 수레바퀴가 19세기에 이르렀을 때 서양 문화는 번거로운 상황을 맞이했다. 첫째, 노사관계 긴장으로 사회주의 운동이 신속하게 발전했으며, 특히 마르크스의 학설은 노동자계급을 무장시켜 근본적으로 자본주의 제도를 뒤엎으려고 했다. 둘째, 자본주의 경제가 계속된 위기를 맞이하면서 수많은 문화인들이 근본적으로 자본주의 문화체계를 회의하기 시작했다. 셋째, 세계 각지의 교류가 증가하면서 비유럽 문화가 대량으로 서양에 소개됨으로 인해 서양 사람은 하느님이 없고 과학이성이 결핍된 외국 문화도 서양 문화와 마찬가지로 가치가 있음을 인식하게 되었다. 이 같은 몇 가지 원인으로 서양의 문화인들은 자신의 문화에 대한 믿음을 잃었으며, 이로 인해 비이성주의 사상운동이 시작되었다.

비이성주의 사상운동을 일으킨 대표적인 인물은 쇼펜하우어(Arthur Schopenhauer)와 니체이다. 쇼펜하우어는 천성이 괴팍하고 도도했다. 헤겔과 동시대 사람이며 그와 함께 베를린대학에서 교편을 잡았다. 당시 서양 세계에서 헤겔은 '올림퍼스 산의 제우스'로 칭송받았으며 그의 철학은 근대 이성주의 철학의 경전이라 일컬어졌다. 쇼펜하우어는 헤겔의 성공을 시기했을 뿐만 아니라 헤겔철학의 허위를 증오했다. 헤겔의 사상은 4분의 3은 쓸모없고 4분의 1은 케케묵은 소리라고 욕했으며, 헤겔의 제자와 그를 숭배하는 자는 '유린당한 대학생'이라고 헐뜯었다.

쇼펜하우어의 철학적 영감은 자연에서 나온 것도 아니고 이성에서 나온 것도 아니며 사람의 감성생명에서 나왔다. 쇼펜하우어에 의하면 사람의 생명본질은 이성에 있는 게 아니라 의지에 있다. 이성은 존재하긴 하지만 그것은 생명의 본질이 아니라 일종의 표상이다. 이성과 의지의 관계에서 의지는 원생(原生) 형태이고 이성은 차생(次生) 형태이며, 이성은 의지에 의존하고 의지를 위해 존재하며, 의지는 이성의 제약을 받지 않는다. 그는 "의지와 이성을 완전히 구분하는 것은 나의 학설이 이전의 모든 학설과 구별되는 중요한 부분이다."라고 했다.

의지란 무엇인가. 여기에 관해 쇼펜하우어는 "의지 자체는 무의식적이다. 그것은 감성의 충동과 생명의 고동소리이며, 원인이 없고 맹목만 있다."라고 했다. 의지는 무의식적인 충동이기 때문에 의지 앞에서 규범, 이성, 법칙 등은 모두 쓸모없다. 그는 칸트가 '절대명령'을 도덕의 근원으로 보는 것에 동의하지 않았으며 그것은 "신학도덕을 개조한 것"이며 "억지로 만들어 몹시 어색한 대체물"이라고 생각했다. 도덕의 제1동력은 의지이며 "의지는 무엇이 원인인지 모르고 무엇이 결과인지도 모른다." 의지는 자유이며 의지에는 어떠한 율령도 존재하지 않는다. 그래서 세상 사람들이 말하는 도덕규범, 이성법칙 등은 의지와 큰 차이가 있다. 의지를 고취하려면 반드시 규범과 이성을 침묵시켜야 한다.

쇼펜하우어는 비참하고 고달픈 철학자였다. 그는 동방의 부처를 특별히 숭상했으며 고(苦)를 근본으로 하는 불교철학이 세계의 진리라고 생각했다. 그가 부처와 다른 것은, 그는 '고'라는 글자에서 출발해서 인류를 생각하는 이타주의(利他主義)를 얻어낸 것이 아니라 의지를 확장해서 극단적인 개인주의를 일으켰다. 그는 생명의지의 첫 번째 요구는 자아를 보존하는 것이고, 끊임없는 행복·향락·유쾌함을 추구하는 것이 생명의지의 움직임이며, 생명의지를 움직이게 하는 장력은 이기주의라고 생각했다. 이기주의의 충동에서 자신을 세계의 중심으로 간주하며 자기의 이익을 위해 타인을 해치는 것을 꺼리지 않고 자기의 생존 권리를 위해 세계를 파멸하는 것을 꺼리지 않는다.

이기주의를 드러내는 것에서 시작해서 쇼펜하우어는 극도로 비참하고 고통스러운 인생의 모습을 그려내었다. 인생에 대한 쇼펜하우어의 추론을 따르면 사람이 이기적인 이유는 욕망이 있기 때문이며 욕망이 있는 이유는 고통과 불만족이 있기 때문이다. 그래서 고통이 시작 단계이며 생명의 본원과 같은 의의가 있다. 게다가 인생은 즐거울 때가 있지만 쾌락은 순간적이고 비현실적이며, 쾌락이 올 때는 일시적인 기쁨을 안겨주지만 갈 때는 오랜 기간의 고통을 남긴다. 따라서 쾌락 자체는 좋은 일이 아니며 고통의 원천이다. 쇼펜하우어의 결론은 인생은 바로 고통이라는 것이다.

그러나 헤겔의 이성주의 철학이 지배하던 19세기 상반기에 쇼펜하우어의 비이성주의 철학은 이목을 끌지 못했으며, 진정으로 이성주의 철학에 타격을 준 사람은 니체였다. 니체는 쇼펜하우어와 같은 기질이었으며 성격도 비슷했다. 그는 신학에 반대했고 심지어 하느님조차 인정하려 들지 않았다. 철학 방면에서 플라톤 이후 천여 년 동안 계속된 합리론을 호되게 비판했으며, 특히 18~19세기의 이성주의 철학체계를 맹공격했다. 종교 방면에서 "신은 죽었다."라고 외쳤으며 기독교 전통이 이미 종결되었다는 사망통지서를 발부했다. 도덕면에서 노예근성을 지닌 전통적인 인격을 비난했으며 인류의 가치체계를 새롭게 확립했다. 니체가 보기에 이성주의 철학자는 모두 "창백한 개념 동물"이며 "거북이처럼 감각기관을 움츠려 넣고 모든 사물과 접촉을 끊어버린다." 게다가 니체는 근대 이성주의 철학과 중세신학은 밀접한 유대관계가 있음을 깊이 깨달았다.

'이성'은 하느님의 제2형상에 지나지 않는다. 니체의 철학에서 유일하게 진실한 세계는 현실세계이며, 현실은 활력이 넘치는 세계이다. 어떤 이성·규율·본질·신의 뜻 등 초자연적인 것은 모두 선교사형의 철학자가 근거 없이 날조한 것이다. 사람은 기계가 아니므로 엄격한 이성의 원칙에 따라 생활할 수 없다. 반대로 사람은 이성의 원칙에서 해방되어야만 개성을 발전시키고 자아를 실현할 수 있다.

니체의 철학은 철저한 반전통주의 철학이다. 그의 철학은 전통이 존재할 수 있는 그 어떤 이유나 여지를 남기지 않는다. 역사는 허구일 뿐이며, 진보적이지 않고 발전적이지 않을 뿐만 아니라 쓰레기더미처럼 도처에 타락과 부패와 악취가 충만하다. 따라서 그의 임무는 인류를 역사의 쓰레기더미에서 건져내는 것이며 역사의 쓰레기더미를 깨끗하게 청소하는 것이다. 그래서 모든 문명성과와 역사상의 모든 사상가·예술가·도덕가는 풍자의 대상이 되었다. 그는 다음과 같이 말했다.

> 나는 그들이 그들의 교단과 고대의 오만함이 자리하고 있는 모든 곳을 뒤엎게 했다. 나는 그들이 위대한 도덕가·성자·시인과 구세주를 비웃게 했다. 나는 그들이 음울한 철인과 검은 유령처럼 나무 위에 앉아 있는 설교자를 비웃게 했다. 나는 그들의 무덤 위에, 심지어 송장과 독수리 곁에 앉아 모든 과거와 과거의 썩어 문드러지고 쇠잔한 영광을 비웃는다.[8)]

니체가 문명을 적대시한 까닭은 모든 문명은 허황하고 죄악이 충만하며, 세계의 진리를 제한하고 억압할 뿐만 아니라 아름다운 모습으로 세계를 꾸며 사람들이 빠져들게 하고, 그곳에 빠져드는 과정에서 인성(人性)을 잃어버리고 생명의 나무를 떠나며, 낙관적으로 무덤으로 향하게 한다고 생각했기 때문이다. 그는 예전의 인류 문명을 '물감 통'에 비유했으며, 그것의 기능은 생동감 넘치는 인류를 각종 색깔과 모양으로 색칠하고, 기호를 표시하고, 가면을 씌우는 것이다. 그러나 사람의 내장과 사람의 정신, 피와 살을 은밀하게 뽑아 갔다고 생각했다. 니체가 보기에 문명을 만든 인류는 살아 있다고 말하기보다는 차라리 죽었다고 하는 편이 더 나으며 심지어 죽은 사람의 처지보다 더 엉망이다. 그는 다음과 같이 말하고 있다.

---

8) 니체, 『査拉斯圖拉加是說』3권, 『新旧匾額』.

> 나는 지옥에서 과거의 유령들과 함께 일하기를 희망한다. 지옥의 주민들은 그대들보다 내용이 더 있지 않는가! 오늘날의 사람들아! 내 마음속의 고통은 벌거벗은 그대들의 모습도 참을 수 없고 옷을 입고 있는 그대들의 모습 또한 참을 수 없는 것이다.[9)]

니체의 철학은 파괴와 건설을 다 같이 중시한다. 그는 모든 가치를 다시 평가하려 했으며 동시에 인류에게 새로운 생명의 의의를 주려고 했다. 이것이 니체가 쇼펜하우어와 다른 부분이다. 쇼펜하우어에게는 고통만 있을 뿐이며 다른 출구가 없다. 그러나 니체는 고통에서 새로운 가치신념인 주신(酒神, 그리스 신화에서는 디오니소스, 로마 신화에서는 바쿠스) 정신을 찾았으며, 주신 정신과 태양신 정신에 대한 대립적인 사고 가운데 이성을 파괴하고 가치를 새롭게 건설하려는 신념을 품었다.

태양신인 아폴로는 광명의 상징이며 이성의 상징이다. 니체의 말을 빌리면 그것은 우리에게 내재하는 꿈의 세계의 아름다운 형상을 지배한다. 아폴로 정신과 대립하는 술의 신인 디오니소스 정신은 생명의 소동이다. 주신이 제사하는 의식 가운데 사람들은 미친 듯 술을 마시고 마음대로 취하며 아무런 구애나 구속도 받지 않는다. 이때 사람들은 격정과 충동만 있으며, 자신을 잊은 경지에서 이성이 존재할 수 있는 그 어떤 여지도 남겨두지 않는다. 바로 주신 정신을 추종함으로써 니체는 '초인'의 학설을 구상했다.

'초인'이란 무엇인가. 니체는 『비극의 탄생』에서 매우 긴 문장으로 이를 해석해 놓았다. 초인의 품격은 전통과 하느님을 초월하고 현존하는 모든 것을 초월한다. 그것은 낡은 규율을 가치의 표준으로 삼지 않으며 자신

9) 니체, 『查拉斯圖拉如是說』 2권, 『文明之邦』.

을 존재 의의로 삼는다. 그것은 진리를 위해서 애태우지 않으며 자아생명을 주된 의미로 삼는다. 그것은 과거 이성주의의 광채를 깨뜨리고 "멀리 날아간 미덕이 다시 대지로 돌아오게 하고 육체로 돌아오게 하며 생명으로 돌아오게 한다."

서양 사상사에서 니체의 학설은 물리학의 '코페르니쿠스 혁명' 같은 것이었다. 19세기 말 반전통주의, 비이성주의를 주장한 철학자는 니체 외에도 베르그송 · 딜타이(Wilhelm Dilthey, 1833~1911) · 키르케고르 등이 있었지만 진정으로 서양 사람을 놀라게 한 사람은 니체뿐이었다. 니체가 가장 먼저 서양 사람들이 전통적인 문화이상주의의 꿈에서 깨어나게 했다.

'코페르니쿠스 혁명' 같은 니체의 문화이론은 인류에게 좋고 나쁜 두 측면의 가치를 안겨 주었으며 서양 문화 역시 니체의 학설이 제기된 이후 전면적인 위기로 빠져들었다. 이러한 문화의 변화와 니체의 학설이 서양 사람에게 안긴 심리적 부담은 내가 1991년에 출판한 『신론(神論)』에서 아래와 같이 간략하게 논술했다.

니체는 철학을 신학 또는 준신학에서 해방시켰으며, 인류를 허황한 꿈에서 사회현실로 돌아오게 했다. 이러한 코페르니쿠스식 혁명은 사람들에게 일종의 참신한 가치체계를 안겨주었다. 사람들은 다시는 하느님의 노예가 아니었으며, 권위에 예속되고 규범에 절대적으로 복종하는 자가 아니었다. 인간의 사상과 행위를 속박하는 신조와 도덕규범 등은 모두 유리를 깨뜨리듯 파멸시켰으며 남은 것은 사람의 본능 · 충동과 열광뿐이었다. 이렇게 된 것은 니체의 공적이며 죄과이다.

그는 새로운 가치체계를 창립했지만 사람들은 이러한 새로운 가치체계에서 자신의 위치를 찾기가 어려웠다. 그는 '초인'의 인격모델을 창립했지만 '초인'은 줄곧 세상을 초월할 수 없었다. 혹독한 사회현실 앞에서 '초인'은 의지할 데가 없었으며 어찌할 바를 몰랐다. 이때부터 사람들은 집을 떠난 아이처럼 황야에서 목적 없이 쓸쓸히 방황했으며, 규범이나 격식도 없었고 안식처도 없었다. 그는 주신 정신 아래 새로운 문화를 건설하려고 했으나 새로운 문화는 탄생하자마자 전면적인 위기로 빠져들었다.

동방을 향해서: 아득함에서 실낱같은 희망

서양 문화사에서 니체가 서양 사람들을 정신적인 고향에서 정신적인 황야로 내몬 것은 의심할 바 없이 서양 문화가 큰 변화를 시작하는 계기가 되었다. 그러나 1차 세계대전이 없었더라면 문화의 변화 속도는 느렸을 것이다. 문화가 변할 때 가장 깊은 단계의 변화는 가치의 변화이며, 가치의 변화는 늘 위에서 아래로 향하는 방식을 채택한다. 다시 말해 문화가 변할 때마다 가장 먼저 원래부터 존재하던 문화가치의 부정적인 측면을 느끼는 사람은 예지능력을 가진 사상가들이다. 그들은 느낌을 통해 사고하며 자신의 생각을 세상 사람에게 알려준다.

그러나 인류는 모순적인 생물이다. 언제나 진보를 희망하고 언제나 새로운 생활을 바라지만 동시에 옛것을 그리워하는 강렬한 정서가 있으며 사상과 행위가 나태한 결점이 있다. 이로 말미암아 새로운 사상, 특히 철저하게 반전통적인 사상을 대중이 보편적으로 받아들이게 하려면 반드시 오랜 시간이 지나야 한다.

19세기 이전에 서양 사람들이 중세기의 신권과 전통적인 전제왕권에서 벗어날 때 오랜 기간이 걸렸다. 그러나 20세기 초의 상황은 달랐다. 니체가 "신은 죽었다."라고 선언하고 "모든 가치를 새로 평가해야 한다."라고 제기한 지 얼마 되지 않아서 전체 서양 세계는 전면적인 신앙 위기와 문화 위기로 빠져들었다. 이처럼 서양 세계가 전면적인 위기로 빠져드는 데 촉진제 역할을 한 것이 바로 초연으로 가득한 1차 세계대전이었다.

역사학자들의 입장에서 1차 세계대전이 20세기 초에 일어난 것은 내재적인 원인이 있으며 조금도 이상한 게 아니다. 그러나 일반인들이 보기에 대전은 너무 갑작스러웠으며 수많은 사람들이 희생되고 막대한 경제적 손실을 일으킨 전쟁의 결과는 받아들이기 어려웠다. 서양인은 원래부터 '말일(末日)'에 대한 공포 심리가 있다. 그들은 전쟁이 남긴 참혹한 장면을 보면서 '말일'이 도래한 것 아닐까 생각했으며, 더 나아가 서양 문화가 절망적인 상태까지 도달했다고 느꼈다.

1918년 7월, 1차 세계대전이 끝나던 전날 밤 독일의 유명 중학교 교사 슈펭글러(Oswald Spengler)가 『서구의 몰락(*Der Untergang des Abendlandes*)』을 출판했다. 이 책은 편폭이 크고 문장이 난해했는데도 서양에서 큰 반향을 불러일으켰으며 몇 년 사이에 10만 권 넘게 팔렸다.[10] 왜 이해하기 어려운 슈펭글러의 책이 이처럼 많은 독자들을 보유하게 되었을까. 그 이유는, 첫째 슈펭글러가 묘사한 서양 문화의 미래는 사람들이 내다볼 수 없는 경관이었으며 당시 보편적으로 품었던 '말일'의 느낌에 부합했다. 둘째, 서양 문화가 몰락하게 된 원인에 대한 슈펭글러의 해답은 새로웠고, 과거에 보편적으로 견지하던 문화관과 차이가 컸다. 그의 해답은 공교롭게도 당시 상황과 일치했다.

아우구스티누스시대부터 시작해서 서양인은 역사의 발전과정에 줄곧 낙관적이었으며 역사는 직선으로 발전한다고 믿었다. 이러한 역사관은 다윈의 진화론과 결부되어 19세기 후반기에 극치로 발전했다. 19세기에 쇼펜하우어, 니체 등 몇몇 철학자를 제외한 대다수 서양 사람은 한편으로 인

10) 드래이(W. Dray), 『關于歷史的几種觀点(*Perspectives on History*)』, London, 1980년, 100쪽.

류는 이상 사회를 향해 끊임없이 진화하고 생활은 나날이 좋아진다고 믿었으며, 다른 한편으로 자본주의 제도는 인류 최신의 문명 성과이며 전 세계 다른 민족문화의 발전을 선도한다고 생각했다. 그래서 강렬한 '유럽중심주의'의 정서를 지녔으며 서양 문화를 전 세계에 전파하는 것은 인류 역사 발전의 규율에 부합하는 필연적인 단계라고 생각했다.

그렇지만 슈펭글러가 쓴 『서구의 몰락』은 근본적으로 서양 사람이 예전에 지녔던 아름다운 꿈을 깨뜨렸다. 슈펭글러의 역사관은 일종의 문화형태사관(文化形態史觀)이다. 그에게 '인류'는 공허한 명사, 생물학적인 개념일 뿐이다. 인류에게 보편적인 역사는 존재하지 않으며 존재하는 것은 하나하나의 문화일 뿐이다. 전체 세계 역사의 무대에서 체현되는 것은 다원적인 문화이며 일원적인 발전 도식이 아니다. 게다가 슈펭글러는 각종 문화는 가치상 모두 동등하며 고저와 우열의 구분이 없다고 생각했다. 그는 이전의 세계 역사를 이집트 문화·바빌론 문화·인도 문화·중국 문화·고전 문화(그리스·로마 문화)·이슬람 문화·멕시코 문화·서양 문화의 여덟 가지 문화로 구분했다. 각종 문화는 모두 폐쇄적이고 자족적이며 독특한 성격을 띠고 있다. 아래의 문장은 슈펭글러의 문화형태사관을 집중적으로 서술한 것으로 볼 수 있다.

> 모든 문화는 저마다 자신의 관념·성정·생명·의지·느낌이 있으며, 스스로 소멸하는 과정이 있다. 그러나 애석하게도 지금까지 이러한 오묘함을 간파할 수 있는 사람이 없었다. 그중에서 문화·민족·언어·진리·천신과 지신·풍경 등은 상수리나무와 소나무같이, 꽃잎과 가지와 잎사귀같이 건강하게 자란 이후에 반드시 쇠락하는데 단지 쇠락하는 '인류'만 없다. 모든 문화는 스스로 발전할 가능성이 있다. 그것은 흥기하고 성숙하고 부패하는 과정이 지나가면 다시는 되돌아오지 않는다. 모든 문화는 스스로 발전하는 형식이 있기 때문에 세

상에 한 종류의 소조, 한 종류의 회화, 한 종류의 수학, 한 종류의 동물학만 있는 게 아니라 수많은 종류가 있는 것이다.[11)]

슈펭글러의 역사관은 상대주의적이며 숙명론적임을 알 수 있다. 그에게 문화는 하나의 유기체이며 각자 흥망성쇠의 필연적인 운명을 지녔다. 그리고 서양 문화의 미래가 비관적인 이유는 그것의 형식이 이미 수명을 다했기 때문이다. 여덟 종류의 문화 가운데 일곱 종류가 이미 소멸했거나 또는 소멸하고 있다면 서양 문화 역시 장차 소멸하게 되는 과정을 피할 수 없다. 그는 심지어 서양 문화가 몰락하는 시기는 2200년 이후라고 예언하기도 했다.

이러한 문화이론은 서양인의 심령을 크게 동요시켰다. 그렇지만 어떤 민족도 자기 문화가 쇠락해서 없어지는 것을 원하지 않으며, 정신적으로 의지할 곳이 없어지는 것을 원하지 않는다. 문화는 본래 인류의 공공기물이며 모든 민족이 서로 교류할 수 있다. '유럽중심주의'의 문화우월감이 더는 존재하지 않게 되고 자신들의 문화에서 희망을 찾을 수 없었기 때문에 자연스럽게 비유럽 문화, 특히 중국 문화로 시선을 돌렸으며, 이민족 문화를 도입해서 서양 문화의 위기를 극복하려고 했다. 이러한 마음 상태는 량치차오의 『구유심영록(歐游心影錄)』과 루소가 중국에서 한 몇 차례의 강연에서 엿볼 수 있다.

량치차오는 1918년에서 1920년 초에 이르기까지 유럽 각국을 시찰했다. 당시 유럽은 1차 세계대전을 겪은 후였으며, 과거의 번영했던 모습이 전쟁의 화염 속으로 사라지고 보이는 것은 처참한 광경뿐이었다. 사람들은 갑작스런 재앙 속에서 어디를 가야 하고 무엇을 따라야 할지 몰랐으며, 사상

11) 슈펭글러, 『西方的沒落』, 黑龍江敎育出版社, 1988년, 20쪽.

이 엇갈렸고 정신은 혼란스러웠다. 서양 사람의 정신 상태에 대해 량치차오는 단번에 열 가지 '모순'을 예로 들었으며 서양 사람이 중국 문화에 의지해서 정신적인 고뇌에서 벗어나려고 얼마나 고심했는지를 써내려갔다.

(이러한 모순은) 양 극단에서 따로따로 발전했으며 발전이 빠를수록 더욱 충돌하는 국면이었다. 없애려고 해도 없앨 수 없었고 조화하려고 해도 조화할 수 없었다. 갖가지 회의, 갖가지 실망은 모두 이와 같았다. 이런 국면을 그들은 '세기말'이라고 했다. 이 말의 뜻은, 좁게 해석하면 섣달 그믐밤에 크고 작은 회계장부들을 분명하게 계산하도록 압박받지만 두서가 복잡해서 어디에서부터 어떻게 계산해야 할지 모르는 것과 같다. 넓게 해석하면 세계의 마지막 날이며, 문명이 없어지는 때가 곧 임하는 것이다.

유럽에 도착한 이후 이러한 비관적인 논조를 끝없이 들었다. 미국의 유명한 신문기자 시몬과 나눈 한담을 기억한다. 그는 내게 "당신은 중국에 돌아가서 어떤 일을 할 생각입니까, 혹 서양 문명을 가지고 돌아가려는 것 아닙니까?"라고 물었다. 나는 "그것은 매우 자연스러운 것입니다."라고 답했다. 그는 한숨을 쉬며 "아! 불쌍하여라! 서양 문명은 이미 파괴되었습니다."라고 했다. 나는 "당신은 미국에 돌아가서 무엇을 할 생각입니까?"라고 물었다. 그는 "저는 돌아가서 대문을 걸어 잠그고 계속 기다릴 것입니다. 당신들이 중국 문명을 가지고 와서 우리를 구제해주기를 기다릴 것입니다."라고 대답했다. 나는 그가 고의로 조롱하는 줄 알았다. 그 후에 곳곳에서 이런 말을 듣고 비로소 그들 가운데 먼저 깨달은 인사들은 한없는 위기감을 품고 있음을 알게 되었으며, 그들의 물질문명이 사회의 위험한 현상을 초래하는 근원임을 깨달았다.[12]

---

12) 『飮冰室專集』 之二十三.

서양 철학사에서 루소는 존경받는 사상가이다. 그가 오묘한 철학사상가에다 유려한 문필가여서가 아니라 인도주의자이자 인류의 운명과 미래에 큰 관심을 둔 인물이었기 때문이다. 루소는 1920년에 중국에서 강연했다. 당시 중국은 국난이 거듭되었지만 같은 시기의 서양만큼 혼란한 상황은 아니었다. 루소는 중국 문화에 특별한 호감이 있었기 때문에 중국에서 강연할 때 중국 문화의 우수함을 칭송했을 뿐만 아니라 본국으로 돌아간 후에도 계속 문장을 발표해 서양 사람이 왜 중국인을 존중해야 하며 왜 중국 문화를 받아들여 서양 문화의 결점을 보완해야 하는지 설명했다.

루소가 보기에 중국 민족은 도덕으로 나라를 세운 민족이며, 화평을 사랑하고 화목한 인생을 살아가는 민족이다. 그는 "중국인은 태어나면서부터 다정하고 용서하는 태도가 있다. 그들은 사람들에게 예의 바르며 다른 사람들 또한 그들에게 예의 바르기를 희망한다. 중국인은 세계에서 가장 강대한 민족이 되더라도 그들이 자유롭기만 하면 통치하는 것을 원하지 않는다."[13]라고 했다. 또 루소는 중국인은 '게으른' 결점이 있지만 이 결점이 바로 서양 사람이 배워야 할 점이라고 생각했다.

왜냐하면 게으르고 타성적인 사람에게 경쟁은 있을 수 없으며, 경쟁이 없으면 사람 사이의 투쟁이 없어지기 때문이다. 루소가 보기에 중국 문화 가운데 가장 우수한 부분은 당연히 공자의 유학이다. 그는 공자는 동시대의 그 어떤 사상가보다 위대하다고 생각했다. "중국 문화사를 보면 그가 생활하던 시대에서 현재에 이르기까지 그의 발자취가 보이지 않는 때가 없다. 공자는 덕(德)을 숭상하고 덕을 실천했으며 이러한 것이 중국의 전통이 되었다. 이러한 도덕 전통 아래에서 생활하는 중국인은 자연히 기독교 전통 아래에서 생활하는 서양인보다 더 행복하다."[14] 루소는 『중서문화의

13) 루소, 『中西文化之比較』, 『羅素論中國文化』, 水牛出版社, 1988년, 20쪽.

비교(中西文化之比較)』 마지막에서 다음과 같이 말하고 있다.

> 나는 중국에 갔을 때 공부를 가르치러 갔다. 그러나 하루하루 지날수록 가르치려는 생각이 사라졌고 배우려는 생각이 더 많아졌다. 나는 오랫동안 중국에 머물고 있는 유럽인들 가운데 이런 태도는 매우 일반적임을 발견했다. 그러나 중국에서 생활한 지 얼마 되지 않았고 이익을 도모하려는 유럽인들 가운데 이런 태도를 지닌 사람은 매우 적었다. …… 왜냐하면 중국인은 우리가 오랫동안 중시하던 공업 같은 것을 중시하지 않았기 때문이다.
>
> 그러나 지혜와 아름다움을 중시하는 사람들, 순수하게 인생을 즐기려는 사람들은 중국에서 지혜롭고 아름다운 인생을 찾을 수 있으며 정신이 없고 혼란한 서양과 비교해서 찾을 수 있는 것이 더 많다. 그렇기 때문에 그들은 이런 국가에 사는 것을 즐거워한다. 그러나 나는 중국이 우리들의 과학지식에 감사의 뜻을 표시하기 위해 그들이 지닌 관대한 태도와 깊은 생각과 고요한 심경을 우리에게 나누어 주기를 희망한다.[15]

---

14) 루소, 『東方和西方有關幸福的理想』, 『羅素論中國文化』, 水牛出版社, 1988년, 1~10쪽.
15) 『羅素論中國文化』, 23~24쪽.

제3장

동방 사회를 구할 수 있는 세 가지 길

세기의 갈림길에 서 있는 동방 사회의 3대 사조

근대 세계사의 주류는 자본주의 발전사이다. 그것은 서유럽 봉건사회의 모체에서 탄생했으며 나타나자마자 무정하게 모체를 삼켰다. 게다가 그 세력을 세계 각지로 뻗쳐나갔으며 인류 역사의 질서를 다시 배치했다. 이런 세계사의 운동을 마르크스는 『공산당선언』에서 훌륭하게 묘사했다. 이 묘사는 우리가 근대 세계사를 인식하는 데 도움이 될 뿐만 아니라 '중국 문화의 발전 방향'을 둘러싸고 전개된 근대 중국의 문화 논쟁을 어떤 관점에서 바라보아야 하는지 생각하는지에도 도움이 된다. 세계사 운동에 대한 마르크스의 이해가 가장 정확한 이해라고 할 수는 없지만 사상의 대가로서 그의 이해는 매우 주도면밀하다.

> 자본가계급은 세계 시장을 개척해 모든 국가의 생산과 소비가 세계적인 성격을 갖추게 한다. 반대파들이 안타까워하든 말든 자본가계급은 공업의 발굽 아래 민족의 기초를 뿌리 뽑았다. 이로 말미암아 오래된 민족 공업은 파괴되었으

며 지금도 날마다 파괴되고 있다. 민족 공업은 새로운 공업 때문에 배제되었으며 새로운 공업을 건립하는 것은 모든 문명국가의 생사와 관계되는 일이 되었다. 새로운 공업이 가공하는 것은 본지의 원료가 아니라 매우 먼 지역에서 온 원료이다. 그러한 상품은 본국에서 소비될 뿐만 아니라 동시에 세계 각지에서 소비된다. 낡은 것, 국산품으로 수요를 만족시키던 것은 새로운 것, 매우 먼 국가와 지역에서 온 상품으로 수요를 만족시키게 되었다. 과거의 지역적·민족적으로 자급자족하던 단절된 상태 대신 모든 민족이 서로 교류하고 의존하는 상태가 나타났다. 물질적인 생산뿐만 아니라 정신적인 생산에서도 마찬가지다. 각 민족의 정신 상품은 공공의 재산이 되었다. 민족적 편파성과 배타성은 있을 수 없게 되었으며 수많은 민족과 지역에서 하나의 세계적인 문학이 형성되었다.

자본가계급은 생산도구를 신속히 개선하고 교통을 편리하게 함으로써 모든 민족, 심지어 가장 미개한 민족까지 문명으로 말려들게 했다. 그들의 저렴한 상품은 모든 장애물을 무너뜨리고 미개인들의 완강한 외국 적대 심리를 누그러뜨리는 무기로 사용된다. 그들은 모든 민족이 — 멸망하기를 원하지 않는다면 — 자본가계급의 생산방식을 채용하도록 강요하며, 그들이 문명제도를 도입해서 자본가가 되게 압박한다. 한마디로 그들은 자기의 모습대로 자기를 위해 하나의 세계를 창조한다.

자본가계급은 농촌이 도시의 통치에 예속되게 한다. 거대도시를 만들어 농촌보다 도시의 인구가 더 많이 증가하게 하며, 대부분의 주민이 농촌 생활에서 벗어나 도시로 향하게 한다. 자본가계급은 농촌을 도시에 종속시키는 것과 같이 미개화 국가와 반개화 국가를 문명국가에 종속시키고, 농경민족을 자본가계급 민족에 종속시키며, 동양을 서양에 종속시킨다.[1)]

---

1) 『馬克思恩格斯選集』, 제1권, 254~255쪽.

자본가계급은 서양에서 나타났으며 전 세계로 퍼져나갔다. 그래서 마르크스가 묘사한 세계 역사의 운동은 실질적으로 근대 서양 문명이 세계 각지에서 정착하는 과정이며 간단하게 서화 과정 또는 자본주의화 과정이라고 할 수 있다. 게다가 마르크스의 관점에서 이러한 과정은 '경제규율'에 따라 결정되며, 이러한 과정이 체현하는 것은 인류 역사의 진보적인 모습이다. 이러한 이유 때문에 마르크스는 영국인의 인도 식민통치에 대해 한편으로는 도의상의 질책을 했지만 다른 한편으로는 역사적인 의의를 긍정했다. 「영국제국의 인도에서의 통치」라는 글에서 마르크스는 다음과 같이 말하고 있다.

> 영국이 인도에서 조성한 사회혁명은 완전히 비열한 이익을 위해서 시작되었으며 이러한 이익을 도모하는 방법에서도 매우 어리석었다. 그러나 문제는 여기에 있는 것이 아니라 아시아의 사회 상황에서 근본적인 혁명이 일어나지 않는다면 인류는 자기의 사명을 완성할 수 있는가에 있다. 불가능하다면 영국은 얼마나 많은 죄행을 저지르게 되든 간에 혁명을 조성할 때 역사의 비자각적인 도구를 사용할 것이다. 우리 개인의 감정에서 보면 오래된 세계가 붕괴되는 상황은 매우 괴롭지만, 역사의 관점에서 보면 괴테와 함께 '고통이 쾌락의 원천이라면 고통 때문에 상심할 필요가 있는가?'라고 소리 높여 노래 부를 권리가 있다.[2]

그렇지만 자본주의 사회제도는 탄생할 때부터 그다지 이상적이지 않은 모습을 드러냈다. 따뜻하고 정감이 넘쳐흐르는 전통사회의 인간관계를 찢어놓았으며 인간관계가 순수한 금전관계로 변하게 했다. 과거에는 정치권

---

2) 앞의 책, 제2권, 68쪽.

력과 신분 세습이 모든 것을 결정했지만 현재는 금전이 결정한다. 금전을 추구하면서 사회 경쟁이 격렬해지고 계급 분화가 격렬해졌으며 그와 대항하는 큰 무리의 노동자계급이 나타났다. 자본주의의 생산관계와 사유재산 제도는 노동자와 자본가 양쪽이 동일한 경제 목적을 가지고 동일한 이익을 취하기 어렵게 했다. 당시의 자본가는 노동자를 착취함으로써 재산을 축적했으며 노동자계급은 자본주의 제도를 뒤엎어야 비로소 그들에게서 벗어날 수 있다고 생각했다. 더욱 중요한 것은 신흥 자본가계급은 거시적으로 전체 사회경제를 계획하고 통제하지 못했기 때문에 늘 '생산 과잉의 역병'을 발생시켜 주기적인 경제공황을 야기했다. 마르크스는 위의 분석에 기초해서 자본주의의 조종(弔鐘)이 이미 울렸다는 결론을 얻었으며 노동자계급이 연합해서 자본주의 사회제도를 무덤으로 보내야 한다고 호소했다.

오늘날 자본주의의 발전 과정을 회고해보면 마르크스와 다른 결론을 얻어낼 수 있다. 마르크스가 죽은 지 이미 100여 년이 넘었으며 사회주의의 실험이 20세기 초에 시작되었지만 사실상 자본주의는 수명을 다해 역사의 무대에서 사라진 것이 아니라 오히려 나날이 안정적으로 발전하며 발전 속도가 빨라지고 있다. 게다가 마르크스의 예언이 의지했던 두 가지 주요 근거, 즉 피할 수 없는 경제위기와 완화할 방법 없는 노사관계는 20세기의 자본주의 제도에 그다지 위협이 되지 않는 것처럼 보인다. 20세기 후반기에 들어선 이후 대규모 경제위기가 다시는 나타나지 않았으며 노사관계도 이전처럼 위험 수위까지 긴장이 고조되지 않았다. 자본주의 세계의 문화인들이 문화에 대해서 이런저런 비평을 제기하기는 했지만 총체적으로 말하면 여전히 자본주의 제도가 전통 봉건주의 제도보다 우월할 뿐만 아니라 새로 나타난 사회주의 제도보다 우월하다고 생각한다.

역사는 긴 시간을 두고 평가해야 한다. 하나의 역사적인 사건이나 사회사조는 오랜 시간이 경과한 후에야 비로소 분명하게 평가할 수 있다. 근대 자본주의의 잔혹성·야만성과 그것으로 말미암아 나타난 이런저런 폐단은 자본주의가 처음 나타날 때 겪어야 했던 불가피한 고난이었으며, 머지않아 관 속으로 들어가리라는 징조는 아니었다. 사실상 새로 흥기한 문명 형태인 자본주의는 걸음마를 시작하자마자 한 번의 곤두박질 때문에 죽음을 맞이해야 할 운명이 아니었다.

당연히 이렇게 인식할 수 있는 것은 100여 년의 세계사가 우리에게 준 지혜 덕분이다. 다시 말하면 19세기에는 오늘날 같이 객관적이고 분명하게 자본주의를 인식할 수 없었다. 당시 사람들은 자본주의의 모든 폐단, 특히 주기적으로 나타나는 경제위기는 이러한 사회제도가 운명을 다했음을 의미하는 것으로 보았다. 그들은 자본주의가 시작되는 시점을 끝나는 시점으로 간주했으며 막 걸음마를 배우기 시작한 어린아이를 노년기에 접어든 노인으로 생각했다는 것을 알아야 한다.

그러나 어떻게 말하든지 간에 마르크스 학설의 영향 때문에 사회주의는 19세기 중엽 이후 거대한 사조가 되었다. 서유럽의 무산계급이 깨어났을 뿐 아니라 계속해서 동방 각국의 노동자와 일반 대중 역시 사회주의에 매력을 느끼고 깊이 빠져들었다. 특히 소련의 10월 혁명 이후 사회주의는 이상이 아니라 현실로 나타났으며, 이로 말미암아 인류 역사의 무대에서 두 가지 주의·제도가 서로 대치하는 국면이 형성되었다.

의미심장한 것은 사회주의사상은 서유럽에서 시작되었지만 그 결과는 서유럽 각국에서 실천된 게 아니라 상대적으로 빈곤하고 낙후한 동양 사회에서 성장할 토양을 찾았다는 점이다. 왜 이러한 결과가 나타났을까. 이렇게 될 수밖에 없었던 역사적 원인과 논리적 관계가 존재하는 것은 아닐까. 이는 매우 의미 있는 이론 문제라고 할 수 있다. 그러나 애석하게도 자본주의 진영 학자뿐만 아니라 사회주의 진영 학자들조차 오늘날에 이르기까지 만족할 만한 해답을 내놓지 못하고 있다. 몇 세기 동안 대부분의 사람들은 사회주의 실천이라는 새로운 사건을 감정적으로 평가하고 비방하거나 찬양했으며, 인류 사상사 방면에서 이성적으로 되돌아본 사람은 매우 드물었다.

다시 말하면 서유럽에서 흥기한 사회주의 사조가 동양 사회에서 폭넓은 군중의 지지를 받았지만 모든 사람들이 받아들인 것은 아니었다. 특히 사회 상층은 이러한 사조에 강렬한 거부감을 느꼈다. 왜냐하면 마르크스가 설계한 청사진을 보면 새로운 사회제도가 되는 사회주의는 반전통적이기 때문이다. 그것은 자본주의 문명에 반대할 뿐만 아니라 봉건주의 전통문명에도 반대한다. 바꾸어 말하면 사회주의 사조가 흥기한 이후 동양 사회의 전통문명은 두 세력의 도전을 받게 되었다. 하나는 자본주의이고 다른 하나는 사회주의이다. 전통을 고집하는 수많은 동양 사람들이 보기에 두 세력은 모두 전통에 저촉되었다. 게다가 이 두 세력은 무력적인 방식으로 전파되었다. 자본주의는 식민통치를 통해 무력적인 수단으로 그 문명을 동양 세계에 전파했다. 사회주의운동은 민족적인 충돌을 야기하지는 않았지만 마찬가지로 폭력에 의지했으며 혁명이라는 방식으로 기존 사회질서를 부정했다. 민족정서에 저촉되고 계급 충돌을 야기할 수 있다는 두 가지 우려 때문에 동양의 수많은 문화인들은 자본주의 유입에도 반대했고 사회주의 전파에도 반대했다. 그들이 보기에 전자는 '서화' 과정이었고 후자는 '소련화' 과정이었지만 그 실질은 같았으며 모두 전통문화를 침범하는 것이었다.

이처럼 19세기 말에서 20세기 초 동양 사회에서는 세 가지 사회 사조가 대립했다. 즉 자본주의, 사회주의, 전통을 보호하는 동방문화주의이며 홍콩과 타이완 학자들은 이것을 자유주의, 급진주의, 보수주의라고 불렀다. 당시 정세에서 보면 앞의 두 사조가 의심할 바 없이 우세한 위치였다. 왜냐하면 자본주의는 몇 백 년 동안의 발전을 통해서 인류 문명의 최신 성과로 여겨졌고 사회주의는 대중의 폭넓은 지지를 받았으며, 특히 농민계급의 지지를 많이 받았기 때문이다. 다른 한편으로 동양의 각국은 대부분 심오한 문화 전통이 있었으며 전통은 사람들이 쉽게 떠날 수 있는 것이 아니었다. 그래서 어떻게 전통을 이용해서 다른 두 사조에 대항할지는 보수주의자들이 반드시 생각해야 하는 문제가 되었다. 분명한 것은 서양 문명의 충격으로 전통문화의 폐단이 이미 빠짐없이 폭로되었기 때문에 원래의 전통을 그대로 회복하는 것은 불가능해졌다. 다른 두 문명을 소홀히 하고 덮어놓고 전통문화만 고집하는 것은 분명 현명한 선택이 아니었다. 현명한 선택은 서양 문명을 어느 정도 인정하거나 부분적으로 받아들이고 동시에 전통문화가 미래 문화의 주체가 되도록 보장하는 것이었다. 인도 타고르의 동방문화주의와 중국의 동방문화파 및 이후의 신유학은 이러한 역사적 환경을 바탕으로 나타났다.

타고르의 동방문화주의

자와할랄 네루는 『인도의 발견』에서 "타고르가 인도 정신에 미친 영향, 특히 계속해서 몇 대에 걸친 영향은 사람들을 놀라게 하는 것이다. 그는 동양과 서양의 관념을 하나로 융합하기 위해 다른 어떤 인도인보다 일을 많이 했으며, 인도 민족주의의 기초를 광범위하게 다졌다."[3]라고 했다.

타고르는 인도의 시인이자 노벨 문학상 수상자이다. 그는 1861년 북인도 카슈미르의 정통 브라만교 가정에서 태어났다. 타고르는 매우 어릴 때부터 부모님의 영향을 받아 홀로 사색하고 세속을 따르지 않는 풍격을 형

3) 네루(J. Nehru), 『印度的發現』, 世界知識出版社, 1956년, 446쪽.

성했다. 그는 자연과 동포, 민족을 열렬히 사랑했다. 비록 서양 문화의 영향을 받았지만 어떻게 하면 인도 사람들이 서양 문명의 질곡에서 벗어나게 하고 민족문화가 자강의 길로 가게 할수 있을까를 일생 동안 생각했다. 그는 30세 때 민족자치운동에 투신해서 강연을 하고, 시위를 조직하고, 애국주의 가사를 썼으며, 민족주의의 상징인 '브라마사마지(Bramo samaj)' 의식을 창도해서 거행했다. 그는 민족공업을 발전시키고 향촌을 건설하고 농민을 일깨우는 방법으로 민주자치를 실현해야 한다고 호소했다.

20세기 초 몇 년 동안은 인도의 민족주의 운동이 발전하기 시작한 초기였으며 민족자치에 대한 타고르의 이상이 너무 높았기 때문에 실패할 수밖에 없었다. 그 후 얼마 지나지 않아 그는 영국과 미국에 머물면서 서양 현대문명의 갖가지 폐단을 목격했으며, 인류의 전망이 그리 밝지 않음을 깊이 깨달았다. 이때부터 그는 좁은 의미의 민족본위주의자가 아니라 세계적인 사상가가 되어 전체 인류의 운명에 관심을 기울였다. 그는 서양 문명에 철저하게 실망한 후 시야를 완전히 동양으로 돌렸으며 동양 문명이 미래 세계에서 구세주 역할을 해줄 것으로 기대했다.

20세기 초 중국 문인들과 마찬가지로 타고르 역시 동양문화주의를 주장할 때 동서 문화의 특질을 비교하고 마음과 사물의 관계를 비교하는 것에서 시작했다. 그는 서양 사람이 추구하는 것은 물질문명의 발전이고 동양 사람이 희망하는 것은 정신문명의 완전함이라고 생각했다. 그래서 현대인의 생활에서 과학의 가치를 중시했지만 과학과 인생을 비교하면 인생이 과학보다 더욱 중요하며, 과학은 인류에게 물질적인 만족을 줄 뿐 인생의 의의 문제를 충분히 해결하지 못한다고 생각했다. 사람이 사람 노릇을 하려면 먼저 지켜야 하는 것은 정신이다. 정신이 안주할 곳이 없으면 과학이 아무리 발전하더라도 사람들에게 복음을 전할 수 없다. 그래서 타고르는 수많은 문학 작품에서 자연의 아름다움, 애정의 아름다움, 신앙의 아름다움을 노래했다.

1920년대에 타고르는 서양 각국을 여행하면서 수많은 철학가·문학가·정치가들과 광범위하게 접촉했으며, 동양 문화를 전 세계에 알리고 동양의 지혜를 사용해서 맹목적으로 과학을 추구하고 물질적 욕망을 추구하는 서양 사람들을 계몽해 위기에 처한 서양 문명을 구제하려고 했다. 후위즈(胡愈之) 선생이 쓴 「타고르와 동서 문화의 비판(泰戈爾與東西文化之批判)」에 따르면 1921년 전후 타고르는 스위스·독일 등을 다니면서 강연했는데 "도처에서 성대한 환영을 받았으며 강연을 듣는 사람이 수천, 수만에 이르렀다." "헐겁고 소매가 긴 옷을 입은 엄숙한 인도 철인은 전쟁 이후 폐허가 된 중앙 유럽에 와서 전란으로 의지할 곳을 잃고 정처 없이 떠돌아다니는 사람들에게 동양의 고요하고 평화로운 복음을 깨닫게 하여 고통을 덜어주었다."[4] 타고르는 강연할 때 서양 문화의 쇠퇴와 몰락을 반복해 강조했으며 서양 문화는 동양 문화를 받아들여야 몰락을 면할 수 있다고 했다. 그는 서양 문화의 위기는 우연이 아니라 심원한 역사적 근원이 있다고 생각했다. 유럽 문화는 그리스 문화에서 시작되었으며 그리스 문화는 성곽에서 발전했다. 그래서 유럽 문화는 모두 "벽돌과 견고한 담으로 만들어진 요람에서 성장했다." 이러한 문화의 특징은 '분열과 정복', '권력 점유'이다. 따라서 서양에서는 대대로 전쟁이 끊이지 않았고 경쟁이 그치지 않았으며, 사람과 자연, 사람과 사람은 줄곧 대립하는 상황에 처한다. 그러나 동양 문화는 이와 다르다. 동양 문화에서는 하늘과 사람이 하나 되고 자연과 사람이 일체가 되어 사람 사이에 마찰이 없고 자연과 사람은 서로 대치하지 않으며, 인류 최고의 지혜와 인생의 원만함을 체현한다.

타고르가 세계 각지에서 강연할 때 동서 문화에 관해 내린 기본 정의는

4) 『五四前后東西文化問題論戰文選』에서 볼 수 있음, 中國社會科學出版社, 1985년, 380쪽.

중국 신문화운동 시기의 전통파 인물인 두야취엔(杜亞泉)의 문화 이론과 매우 비슷함에 주목해야 한다. 『동방잡지(東方雜志)』를 편찬한 두야취엔은 동양 문명을 '정적 문명', 서양 문명을 '동적 문명'으로 개괄했다. 1920년 미국을 여행하던 타고르는 뉴욕에서 중국의 펑유란(馮友蘭) 선생과 동서 문화에 관해 대담했는데 그때 그는 이 같은 문화관을 충분히 드러내었다.

타고르가 생각하기에 동서 문화의 차이는 '선진과 낙후의 차이'가 아니라 '종류의 차이'다. "서양에서 삶의 목적은 '활동(Activity)'이고 동양에서 삶의 목적은 '실현(Realization)'이다. 서양은 활동과 진보를 이야기하지만 목적이 없기 때문에 활동은 점점 균형을 잃어간다. 현재는 단지 재부의 증가만 이야기하며 모든 일에서 '양(量)'적 증가만 추구한다. 그래서 각 나라는 자기 나라의 이익만 생각하며 서로 충돌하는 것이다."[5] 타고르가 보기에 동(動)과 정(靜)은 모두 중요하다. 정이 있고 동이 없으면 타성이 되고 동이 있으면서 정이 없으면 모래 위에 건물을 짓는 것과 같다. 그래서 "동양이 서양을 구제할 수 있는 것은 '지혜(Wisdom)'이며 서양이 동양을 구제할 수 있는 것은 '활동(Activity)'이다."

타고르는 1924년에 중국에 왔다. 그때 그는 쉬즈모(徐志摩) 등의 수행을 받아 상하이(上海)·항저우(杭州)·난징(南京)·지난(濟南)·베이징(北京)·타이위안(太原)·우한(武漢) 등지를 다니면서 30여 차례 공개 강연을 했으며 간단한 좌담회와 기자회견을 했다. 이때 동방문화주의에 대한 자신의 주장을 계통적으로 중국인에게 일러주었으며, 분명한 태도와 진지한 어구를 담은 강연은 서양 각국에서 한 강연보다 더욱 심오했다.

4월 12일 타고르는 상하이에 도착하자마자 자신이 중국에 온 목적은 중국인을 일깨워 서양 문화에 저항할 수 있게 돕는 것이라고 분명하게 밝혔

5) 馮友蘭, 『與印度泰戈爾談話』, 『五四前后東西文化問題論戰文選』에서 볼 수 있음, 387쪽.

다. 그는 중국 신문기자에게 다음과 같이 말했다.

> 내가 이번에 중국에 온 목적은 동양사상과 고유한 아시아 문화의 부활을 제창하는 데 있다. …… 동양의 청년들 가운데 고대부터 내려오는 동양의 문명을 말살하고 서양 문화의 사상을 추구하며 애써 흡수하려는 자가 있는데 사실은 매우 잘못되었다. …… 서양 문화는 물질을 추구할 뿐이며 심령에는 결함이 매우 많다. 이런 현상은 서양 문화가 유럽 전쟁에서 파산한 사실로 분명하게 알 수 있다. 그것은 자만에 의거하는 문화의 온상이며 날마다 서로 죽이고 서로 미워하기를 되풀이하며, …… 인류가 파괴되는 국면을 야기하며 인류가 화평으로 나아갈 광명을 주지 못한다. 오히려 동양 문명이 더 건전하다.[6]

20세기 초 동양 사회의 3대 사조였던 사회주의가 인도 문화에 가한 충격은 강력하지 않았다. 그래서 타고르는 사회주의에 적의가 있지 않았으며 10월 혁명 이후의 소련에도 오히려 호감이 있었다. 또한 레닌의 지도 아래 이룩한 러시아 혁명의 성과를 흠모했으며, 특히 소련의 평등정신과 민족주의 정신을 지지했다. 그에게 동양 문화에 위협을 조성하는 것은 사회주의가 아니라 서양의 자본주의였다. 우리가 알고 있듯이 당시 인도는 이미 300여 년간 식민통치를 받고 있었으며 영국인들의 민족차별과 억압을 받고 있었다. 이러한 역사 때문에 인도사람은 불가피하게 서양 문명에 적의와 편견을 가지게 되었으며, 민족주의의 대변인이었던 타고르도 자연스럽게 이 같은 적의와 편견을 가질 수밖에 없었다. 그는 상하이·베이징·난징 등지에서 강연하면서 20세기 인류 문화의 위기는 모두 서양 문명이 야기했기 때문에 그 죄과를 모두 서양 문명에게 물어야 한다고 재차

6) 『泰戈爾與中國新聞社記者談話』, 『晨報』, 1924년 4월 14일.

강조했고, "물질주의를 타파하고", "처참한 역사를 야기한 물질의 마귀와 대항할 것"을 호소했으며, 중국인이 "모든 정신문명을 희생시켜 서양의 물질문명과 바꾸려 한다면 그럴 만한 가치가 없음을 알아야 한다."라고 경고했다. 게다가 동서 두 문화의 차이를 다시는 "종류의 차이"로 보지 않았으며 "선진과 낙후의 차이"라고 간주했다. 그러나 그가 보기에 서양이 동양보다 선진적인 것이 아니라 오히려 동양이 서양보다 우월했다. 이것은 그가 제기한 인류의 '제3세계' 이론에서 잘 나타난다. 그는 인류 사회를 야만 시대, 물질문명 시대("체력과 지력의 전쟁 시대"라고 했다), 정신문명 시대("더욱 밝고, 더욱 심오하며, 더욱더 광활한 세계"라고 했다)의 세 가지 역사 시기로 구분했으며, 현재의 서양 사회는 두 번째 시기에 처했고 동양 사회는 이미 세 번째 시기로 접어들었다고 생각했다.[7] 그래서 동양인의 사명은 서양 문명을 받아들여 동양 문명의 결점을 보완하는 게 아니라 인애(仁愛)의 마음에서 출발해서 동양 문명의 슬기로움을 이용해 재난에서 허덕이는 서양인을 구제하는 것이라고 생각했다.

타고르가 중국에서 한 강연은 중국의 사상문화계에 큰 영향을 미쳤다. 그의 강연은 량치차오와 쉬즈모 등에게 높은 평가를 받았으며 천두슈·취추바이(瞿秋白)·궈모뤄(郭沫若)·원이둬(聞一多)·마오둔(茅盾) 등 수많은 진보 문인들의 예리한 비판을 받았다. 량치차오는 유럽 여행에서 돌아온 후 타고르와 심리 상태가 같았다. 그는 타고르가 이야기한 중국에서 동양 문화로 서양 문화에 대항해야 한다는 주장은 매우 좋은 일이라고 생각했으며 베이징에서 타고르를 환영하기 위해 준비한 집회에서 특별 강연을 했다. 그러나 량치차오는 당시 중국 문화계에서 명망이 높은 선배 학자에 속했으며 타고르에 대한 그의 칭송은 사람들의 시선을 모으기 위한 언사에

7) 『泰戈爾對京學界演說』, 『晨報』, 1924년 4월 29일.

불과했다. 그와 비교해서 쉬즈모의 칭송은 더욱 명확했다. 그는 타고르를 "태산의 일출", "위대하고 보편적으로 비치는 광명"이라고 비유했을 뿐만 아니라 타고르가 중국에서 동양 문화를 살렸으며, "우리에게 한없는 위안을 주었고, 응어리가 져 막힌 심령의 원천을 개발해주었으며, 우리가 노력해야 할 방향과 표준을 가르쳐주었으며, 현대의 방자한 행위를 교정해주었으며, 옛 사람을 보고 싶어 하는 우리의 마음을 어루만져주었으며, 과도기에 당황해서 어찌할 바 모르는 우리의 감정을 풀어주었으며, 우리가 동정하고 사랑하는 마음을 넓힐 수 있게 해주었으며, 우리가 완전한 꿈의 세계로 들어가게 인도해주었다."[8]라고 생각했다.

타고르가 중국에서 동양 문화 우월론을 선양한 것은 당시 중국의 사회주의 운동에 불리하게 작용했음은 의심할 여지가 없다. 그래서 타고르가 중국에 온 후 당시 수많은 진보 문인들은 번번이 글을 써서 그의 문화 주장을 비판했다. 궈모뤄는 타고르의 문화관은 중국 민족의 부흥에 조금도 도움이 되지 않으며, "유산계급과 유한계급의 모르핀과 야자술밖에 될 수 없다."라고 주장했다. 마오둔은 "동양 문화를 높이 재창하는 타고르를 환영할 수 없다."라고 명확하게 표명했으며, 천두슈는 타고르의 동양 문화 부활 주장은 추상적이고 공허하다고 생각했다. 왜냐하면 중국이 시급히 해결해야 할 사회 진보의 문제를 해결할 수 없기 때문이다. 취추바이는 타고르와 공맹은 한통속이며 모두 중국을 봉건예교사회로 되돌려놓으려 한다고 생각했다.

타고르가 중국에서 선양한 동양 문화 우월론은 량수밍이 창시자인 신유학 사조에 직접적인 영향을 미쳤다. 신유가는 그들과 타고르의 연원 관계를 언급하지 않았지만 사실은 그들이 제기한 동양 문화에 대한 수많은

---

8) 徐志摩, 『泰戈爾來華』, 『小說月報』, 제14권, 제9호에 기재되었음.

견해는 모두 타고르의 사고 맥락을 따라서 발전했다.

중국의 동방문화파

역사는 연구자의 고찰 대상으로서 가설될 수 있다.

과거 인류 사회의 발전 과정을 보면 인류는 끊임없이 진보하고 끊임없이 발전하는 생물임을 알 수 있다. 기나긴 역사 이전의 사회는 말하지 않고 몇 천 년의 문명사만 보더라도 적어도 인류는 농업사회에서 공업사회에 이르는 비약과 민족문화에서 세계 문화에 이르는 비약을 거쳤다. 이 두 비약을 전체 인류의 역사에서 고찰하면 의심할 바 없이 인류 발전의 필연적인 결과이다. 그러나 그런 결과가 각 민족에게 언제 어떤 방식으로 나타나는지는 어느 정도의 우연성이 있다.

중국 문명은 자기의 발전 논리가 있다. 그중에서 생활하던 국민들은 불편함을 느끼지 않았으며 오랜 기간 동안 거대한 사회 변혁을 진행해야 한다고 생각해본 적이 없었다. 오늘날 사람들이 전통문화의 수많은 폐단을 지적할 수 있지만 고대인이 보기에 중국 문화는 이상적인 문화였다. 예를 들어 오늘날 사람들은 종법제(宗法制)와 전제주의(專制主義)정치는 인생을 억압하고 자유평등을 부정한다고 인식하지만 고대인들은 의식하지 못했다. 그들이 군주는 높고 백성은 낮으며, 윗사람은 높고 아랫사람은 낮으며, 부모는 높고 자식은 낮다고 생각하는 것은 자연스러웠으며 사회를 화합하는 이상적인 모델이었다. 그들은 변태적인 화합 사회에서 예교(禮敎)의 희생물이 되었으며 심지어 복종이 바로 희생임을 근본적으로 의식하지 못했다. 그들은 자신이 원래 비천한 백성일 뿐이며 태어날 때부터 황제의 수레를 끌어야 한다고 믿었으며, 자신이 생각해야 하는 것은 어떻게 하면 수레를 잘 끌 수 있는가이지 수레를 끌어야 할지 말아야 할지는 아니라고 믿었다.

다시 말하면 서양 문명이 유입되지 않았더라면 전통적인 중국 문명은 오늘날에도 여전히 원래의 궤도에서 발전하고 있을 것이며, 설령 어느 정도 변화가 있더라도 전통문화의 일부분을 수리하고 보충할 뿐이었을 것이다. 그렇지만 각 민족문명의 폐쇄적인 국면이 타파되기만 하면 선진 문명을 대표하는 서양 문화가 반드시 전파되어 들어올 것이다. 이렇게 되는 것은 문화발전의 필연적인 규율 때문이며 인력으로 저지할 수 없다. 그러나 서양 문명은 19세기 중엽부터 세계로 전파되기 시작한 것이 아니라 콜럼버스 항해 이후 얼마 지나지 않아서 대규모로 전파되었다. 인도에 있는 영국의 '동인도회사'가 바로 1600년에 설립되었다. 동인도회사를 설립할 때와 같은 시기 또는 그 후 얼마 지나지 않아서 영국인이 중국 연안에 북상해서 중국에 인도에 있는 것과 비슷한 식민지 거점을 설립하려 했다고 가정한다면 근 300여 년의 중국 역사는 다른 모습이었을 것으로 생각해볼 수 있다. 첫째, 이때 중국과 서양이 정면으로 충돌했다면 서양이 패배했을 수도 있으며 중국인은 인도인처럼 쉽게 모욕을 당하지 않았을 것이다. 당시 중국의 해상 역량이 서양보다 약했다고 볼 수 없다. 이 사실은 콜럼버스가 아메리카를 탐험할 때와 정화(鄭和)가 서양을 탐험할 때의 상황을 비교하면 분명하게 알 수 있다. 다시 말하면 정면충돌이 발생한 시기가 19세기가 아니라 16세기나 17세기였다면 중국인은 이후에 있었던 서양인의 무력 침략에 반드시 대비했을 것이며 그렇게 속수무책으로 당하지는 않았을 것이다. 둘째, 서양인이 16세기나 17세기에 중국인에게 패했다면 중국과 서양의 문화 교류 방식은 분명 한층 온화했을 것이다. 한편으로 서양인은 중국인 앞에서 거만할 수 없었을 것이며, 중국인의 자존심을 상하게 하지 못했을 것이다. 다른 한편으로 서로 간에 무력적인 협박이 없기 때문에 서양 문명을 적대시하는 중국인의 태도는 아편전쟁 이후처럼 완강하지는 않았을 것이며, 민족적인 정서로 인해 서양 문화를 중국 전통문화와 대립하는 것으로 생각하지 않았을 것이다. 또한 중국의 현대화 과정 또한 간섭을 많이 받지 않고 한 걸음 한 걸음 앞으로 나아갔을 것이다.

더 나아가면 중국과 서양의 정면충돌이 19세기에 발생했더라도 그러한 사실은 20세기의 중국 역사가 실제 결과처럼 그렇게 될 수밖에 없었음을 설명하지 못한다. 실제로 양무운동(洋務運動)에서 무술변법(戊戌變法)·신해혁명(辛亥革命)·신문화운동(新文化運動)에 이르기까지 중국의 현대화 과정은 험난했다고 할 수 있지만 논리적으로 원만하게 발전했다고 할 수 있다. 특히 신문화운동이 시작하자마자 갑자기 중단되지 않았다면 오늘의 중국은 현재 같은 모습은 아니라고 생각해볼 수 있다.

그렇지만 역사는 언제나 사람들이 희망하는 대로 흘러가지 않으며 어떤 우연한 요소가 원래의 역사 진행 과정을 끊어버릴 수 있다. 20세기 초 20년간의 중국 역사를 말하면 우연한 요소는 1차 대전과 러시아의 10월 혁명이며, 특히 이 두 가지 우연한 요소는 우연히도 같은 시기에 일어났다.

서양의 역사를 말하면 1차 대전 폭발에는 내재적인 원인이 있다. 하지만 폭발 시기는 우연한 요소에 따라 결정되었다. 우리는 1차 대전이 1941년에 폭발할 수밖에 없었다고 설명할 어떤 논거도 없다. 대전 폭발하기 전에 전쟁의 징조가 분명히 있었지만 오스트리아 황제가 사라예보를 방문해서 총살당하는 일이 없었더라면 대전이 그해에 터졌을 것이라고 말하기는 어렵다. 다시 가설을 설정해서 전쟁이 터진 시기가 1914년이 아니라 1924년, 즉 레닌이 세상을 떠난 해라고 가정하면 이 10여 년 내지 이후의 세계 역사는 크게 달라질 수 있었으며, 중국의 신문화운동 또한 시작하자마자 끝날 운명은 아니라고 단정할 수 있다. 1차 대전과 중국 신문화운동의 두 역사적인 사건이 거의 동시에 발생했기 때문에 1차 대전의 비극적인 결과와 서양인이 지녔던 말일의 심리 상태가 서양 문화를 환영하는 중국 신문화운동에 불리하게 작용할 수밖에 없었다. 앞에서 언급했듯이 당시 중국의 전통을 고집하던 수구 인물들은 1차 대전이라는 역사적인 사실을 가지고 신문화운동을 공격했으며, 원래 서양 문화에 호감이 있던 사람들 또한 서양 문명에 반대하기 시작했다. 량치차오가 대표적인 예이다.

역사의 우연함은 또한 1차 대전 시기에 러시아에서 10월 혁명이 일어났으며 레닌이 성공적으로 인류의 첫 번째 사회주의 국가를 창립했다는 데 있다. 인류 사상사에서 사회주의가 이상에서 현실로 넘어온 것은 필연적인 결과였다. 그러나 이 과도기적인 전환점이 도대체 언제 어디서 발생하는지 역시 수많은 요소에 따라서 결정되는 것이다. 우리는 마찬가지로 인류 역사상 첫 번째 사회주의 국가가 러시아에서 나타나지 않으면 안 되었다고 설명할 그 어떠한 논거도 가지고 있지 않다. 러시아에서 나타날 수밖에 없었던 이유를 설명할 수 있다 하더라도 반드시 1917년에 나타날 수밖에 없었던 이유는 설명할 수 없다. 10월 혁명이 성공하기까지는 레닌이 중요한 역할을 했다. 다시 말하면 1917년 이전의 러시아는 레닌이라는 인물이 없었더라면 또는 레닌이 1870년에 태어나지 않고 1880년이나 1890년에 태어났더라면, 1924년에 죽지 않고 1914년이나 1904년에 죽었더라면 1917년에 일어난 10월 혁명이 성공할 수 있었다고 상상하기 어려우며, 10월 혁명의 포성으로 말미암아 마르크스-레닌주의가 중국에 전파될 수 있었음은 더욱더 상상하기 어렵다.

러시아 역사에서 레닌이라는 인물이 없었더라도 레닌과 비슷한 인물이 나타나 레닌의 역할을 대신해서 당시의 역사 추세에 순응했으리라고 말할 수 있을 것이다. 이와 같이 역사를 생각한다면 완전히 헤겔로 돌아가는 것이며, 역사의 발전 과정에서 역사 인물들의 주체적인 작용을 소홀히 하는 것이다. 역사는 자체적인 규율이 있지만 예정된 길을 가는 것은 아니다.

러시아 역사에서 레닌이 없었더라도 레닌과 비슷한 인물이 나타날 수 있었음은 배제할 수 없지만 레닌과 비슷한 사람은 어쨌거나 레닌이 아니다. 그의 인생·인격·사상이나 혁명을 지도하는 구체적이고 상세한 부분은 레닌과 완전히 같을 수 없으며, 그가 러시아 혁명 과정에서 맡을 배역과 미칠 수 있는 실질적인 영향력 또한 레닌과 큰 차이가 있었을 것이다.

1차 대전과 러시아 혁명이 우연히 같은 시기에 일어나지 않았다면 중국의 신문화운동은 어떤 결과를 낳았을까? 당시에 1차 대전만 일어나고 러시아 10월 혁명이 일어나지 않았더라면 신문화운동은 수구파 인물의 도전에만 직면했을 것이다. 70여 년의 역사를 깊이 인식해보면 당시 중국에는 옛 전통을 유지하려는 사람들이 우세하지 않았으며 진보 문인들이 민주와 과학이라는 두 구호를 광범위하게 받아들이고 있었음을 알 수 있다. 서양 문화의 위기가 나타났고 이러한 위기가 중국 지식인들이 미래의 문화를 선택하는 데 상당한 영향을 미쳤다고 하더라도 선택할 수 있는 제3의 문화가 없었다면 그들은 서양 문화를 선택할 수밖에 없었을 것이다. 그 이유는, 서양 문화를 선택하지 않으면 전통으로 돌아가는 길만 남게 되며, 이미 깨달은 중국 지식인들이 다시 전통의 길로 되돌아가게 하는 것은 불가능하기 때문이다.

이것은 하나의 상황이다. 다른 상황은 당시에 10월 혁명만 일어났고 1차 대전이 일어나지 않았더라면 신문화운동은 전통주의와 사회주의의 도전을 받았다고 하더라고 그렇게 많은 위협을 느끼지 않았을 것이며 주춤하지는 않았을 것이다. 왜냐하면 전통주의와 사회주의의 역량이 강대해진 이유는 1차 대전과 그것의 영향으로 신문화운동이 분열되었기 때문이다. 바로 대전 이후 서양 문명의 참혹한 상황을 목격했기 때문에 신문화운동의 핵심 인물과 신문화운동에 호감이 있었거나 중립적이던 사람들이 전통주의 쪽으로 향한 것이 아니라 사회주의 쪽으로 돌아서게 되었으며, 이로 인해 서화파는 우세한 상황에서 순식간에 열세에 처했고 5·4운동 전후의 중국 사상문화계 또한 순식간에 두 세력이 대치하는 상황에서 세 세력이 맞서는 상황으로 변했다.

이상과 같은 생각에서 우리는 신문화운동이 일찍이 역사의 무대에서 사라진 이유는 자신의 생명력이 강하지 않아서 또는 중국의 정세에 부합하지 않아서가 아니라 외부 환경(유일한 원인은 아니더라도) 때문임을 알 수 있다. 이는 건강한 아이가 원래는 씩씩하고 튼튼하게 자랄 수 있었는데 뜻밖의 재난이 찾아와 본의 아니게 요절한 것과 같다. 이런 비유는 우리의 생각을 도와줄 수 있을 뿐 적합한 예는 아니다. 그러나 분명한 것은 1차 대전과 10월 혁명이 없었다면 중국의 신문화운동은 그렇게 빨리 끝나지 않았을 것이다.

최근에 유행하는 하나의 관점인데, 신문화운동이 일찍 끝나게 된 이유는 '구국'과 '계몽'이라는 두 가지 시대적인 과제 가운데 결과적으로 구국이 계몽을 압도했기 때문이라고 생각하는 것이다. 이 견해는 심오해 보이지만 사실은 매우 천박한 견해이며, 당시 중국이 안고 있던 두 과제 사이에 아무런 모순이 없으며, 구국과 계몽은 하나를 얻으면 하나를 버려야 하는 관계가 아님을 인식하지 못하는 것이다. 계몽은 사상문화 운동을 말하지만 궁극적인 목표는 중국을 부강하게 하는 것이다. 오로지 부강해져야만 진정한 의미의 구국을 이야기할 수 있다. 환자를 예로 들면 먼저 진찰하고 병을 고쳐야 한다. 병을 치료하고, 신체가 건강해지고, 정신이 진작되어야만 다른 사람의 공격에 대항할 수 있다. 치료받지 않고 병약한 몸으로 적에게 대항한다면 헛되게 목숨을 버리는 것과 같다. 바로 국민이 병약한 상태였기 때문에 10년 후 작은 나라 일본이 거침없이 쳐들어와 승승장구할 때 중국 영토 대부분이 일본인의 태양 깃발 아래 넘어갔다. 항일전쟁 시기 중국인은 끊임없이 투쟁하면서 일본군에게 심각한 타격을 주었지만 당시의 국제 환경이 아니었다면 중국인은 8년 만에 항전을 끝낼 수 없었을 것이다.

게다가 우리는 당시 구국과 계몽을 함께 진행할 수 없었다고 설명할 그 어떤 논거도 없다. 열강의 중국 쟁탈 때문에 국민들은 서양을 적대시했지만 이러한 태도는 이때부터 가지게 된 게 아니라 아편전쟁 이후부터 이미 존재했었다. 특히 패전의 대가로 몇 차례 영토를 할양해 배상한 사실이 국민을 더욱 격분하게 만들었다. 그렇지만 이러한 것은 중국이 현대화로 향하는 데 걸림돌이 되지 않았다. 그런데 왜 신문화운동 시기에 구국을 위해 계몽을 희생하려고 했던가.

인류는 두 가지 역사를 가지고 있다. 하나는 현실적 역사이며 다른 하나는 가능적 역사이다. 가능과 현실은 지극히 복잡한 관계다. 역사 영역에서 현실적인 것이 모두 합리적이지는 않으며 가능성의 공간은 현실성의 공간보다 더 크다. 이렇게 보지 않으면 인류의 역사는 하느님에게 가서 답안을 찾아야 한다. 대륙학자들은 언제나 '역사의 선택'이라는 개념을 즐겨 사용하며 모든 역사 현상은 이러한 개념을 사용해서 분명하게 해석할 수 있다고 생각한다. 그들이 모르는 것은 '역사의 선택'이라는 점은 인류 역사의 발전 방향이 미리 정해져 있음을 의미하는 게 아니라는 점이다. 그렇지 않으면 '역사'는 사람의 역사가 아니라 '역사'의 역사가 된다. 사실상 역사는 사람에 의해서 선택되며 역사 활동의 주체 또한 언제나 사람이다. 사람은 유한한 존재이며 쉽게 실수를 범할 수 있고 쉽게 잘못된 길을 갈 수 있다. 특히 사회가 급변하는 시기에 더욱 쉽게 잘못된 선택을 하게 된다. 혹은 당시에는 정확한 선택이었다고 할 수 있지만 이후의 역사가 잘못된 선택이었을 증명하게 된다. 그래서 '역사의 선택'이라고 하기보다 '선택된 역사'라고 하는 것이 더 낫다. 인류의 역사는 사람들이 끊임없이 자기의 발전 방향을 선택하는 과정이다.

위에서 서술한 견해가 틀리지 않았다면 우리가 다시 당시의 문화 사조가 어째서 두 진영이 대치하는 상황에서 세 세력이 맞서는 상황이 되었는지, 어째서 그 후 전통주의 세력이 오히려 크게 증가했는지, 어째서 1920년대 초에 출현한 신유학이 오늘날에도 여전히 큰 영향을 미치는지를 분석해보면 예전에 우리가 가졌던 수많은 엇갈린 견해를 이해하는 데 도움이 될 것이다.

먼저 천두슈·리다자오 등이 어째서 서양 문명을 받아들여야 한다고 주장하다가 사회주의 이론의 대변인이 되었는지 살펴보자.

앞에서 말한 것처럼 20세기 중국의 사상문화사에서 천두슈는 매우 중요한 인물이다. 그는 신문화운동의 지도자였을 뿐만 아니라 『신청년』을 창간하고 진보 문인들을 단결시켜 봉건전통에 대한 비판을 대대적으로 전개했다. 그가 지니고 있었던 모든 속박을 타파하는 정신과 사람의 마음을 움직이는 문필로 인해 청년 세대들은 전통 예교의 질곡에서 해방될 수 있었다. 그는 민주와 과학의 두 무기를 사용해야만 비로소 진부한 전통을 타파하고 중국의 참신한 미래를 개척할 수 있다고 분명하게 제기했으며, "서양식의 새로운 국가를 건설하고 서양식의 새로운 사회를 조직해야만" 비로소 국가의 생존을 보장할 수 있다고 생각했다. 역사 방면에서 그는 다윈의 진화론을 추종했으며 "진화의 일반적인 규칙은 적응하는 자는 생존한다. 무릇 주위의 상황에 순응하여 스스로 적절한 상태에 처하지 못하는 자는 당연히 멸망한다."라고 생각했다. 도덕 방면에서 순자의 성악설(性惡說)과 서양의 공리주의를 추종했고 이기주의와 개성의 발전이 같은 뜻이라고 생각했으며 "이기주의는 굳건하여 쉽게 흔들리지 않는 주의"[9]라고 깊이 믿었다. 정치사상 방면에서 그는 서양의 민주제도를 추종했으며 중국이

9) 『記陳獨秀君演講詞』, 『新青年』, 제3권, 제3호.

먼저 해결해야 할 문제는 "평등과 인권이라는 새로운 신앙"을 건립하는 것이라고 생각했다. 부강을 추구하는 방면에서 과학으로 나라를 부강하게 해야 한다고 주장했으며 중국의 교육은 반드시 서양을 본받아 "자연과학적 지식과 일상생활의 기술을 중시해야 한다."[10]라고 생각했다. 총괄적으로 말하면 천두슈는 중국 문화의 새로운 출구를 찾으려면 전면적으로 서양 문화의 세례를 받아야 한다고 생각했다.

그렇지만 『신청년』 창간 이후 4년이 지나기도 전에 천두슈는 자신의 문화 주장을 바꾸었으며 자본주의를 전파하는 자에서 사회주의를 선전하는 자로 변했다. 1919년 1월 그는 차이위안페이(蔡元培)의 「노동은 신성하다(勞工神聖)」, 리다자오(李大釗)의 「서민의 승리(庶民的胜利)」 등 사회주의사상을 선전하는 글을 『신청년』에 발표했다. 같은 해 12월에 「베이징 노동계에 고함(告北京勞動界)」을 썼으며 분명한 색채로 자본주의 사회를 비판하기 시작했다. 이때부터 천두슈는 계속해서 글을 발표해 사회주의가 중국에 전파되는 데 큰 영향을 미쳤다. 그는 서양의 민주는 '유산계급'과 '공상계급'의 민주이고 민주정치는 '금전정치'이기 때문에 중국 인민이 추구해야 할 목표가 될 수 없으며, 중국인이 요구하는 것은 '무산계급'과 '노동계급'의 민주이며 이러한 민주만이 수많은 사람을 행복하게 할 수 있다고 생각했다. 1920년 루소가 중국에서 강연할 때 그는 중국 문화를 칭송했으며 다른 한편으로 중국 사람은 마땅히 서양 사람에게 과학기술을 배워야 한다고 했다. 천두슈는 루소에게 보낸 공개편지에서 "중국이 공업과 교육을 발전시켜야 한다는 것은 틀린 말이 아니지만 서양 사람에게 배워야 하는 게 아니라 사회주의의 길을 걸어야 한다."라고 반박했다. 특히 1922년 7월에 발표한 「마르크스학설(馬克思學說)」은 천두슈가 이미 중국공산당 초창

10) 陳獨秀, 『近代西洋教育』, 『新青年』, 제3권, 제5호.

기의 중요한 이론가로 변했음을 보여주는 지표가 되는 문장이다.

리다자오는 천두슈보다 먼저 러시아 10월 혁명의 영향을 받았다. 이전에 그는 "전력을 다해 서양 문명의 장점을 받아들여 정체된 중국 문명의 빈곤함을 구제해야 한다."라고 강력하게 주장했다. 그 원인은 중국의 고대문화는 찬란한 부분이 있지만 폐단이 더 많으며 게다가 근대로 발전할수록 사회 발전에 장애가 되는 부분이 많다고 생각했기 때문이다. 그는 "중국 문명의 질병은 이미 열이 가장 높은 단계에 도달했으며 중국 민족의 운명은 목숨이 끊어지기 직전까지 도달했다."[11]라고 했다. 그래서 청년들이 "전력을 다해 서양 문명을 연구하고 서양의 학설을 받아들여야 한다."라고 호소했다. 왜냐하면 "서양 문명이 중국 문명보다 우월한 위치에 있다."고 생각했기 때문이다. 이와 같이 그는 서양 문명을 찬양했지만 동시에 사회주의사상이 그의 마음속으로 스며들었다. 1918년 11월, 그는 천안문 앞에서 '서민의 승리'라는 제목의 연설을 했다. 얼마 지나지 않아 다시 「볼셰비즘의 승리(Bolshevism的勝利)」라는 글로 "러시아의 혁명은 천하를 놀라게 하는 시작일 뿐"이라고 예언했으며 "미래의 세계를 한 번 보면 반드시 붉은 깃발의 세계일 것"이라고 했다. 리다자오는 이처럼 사상이 변한 원인을 다음과 같이 설명했다.

> 오늘 그것을 이야기하면, 동양 문명은 쇠퇴하여 정지된 가운데 있으며 서양 문명은 물질문명 속에서 생명이 완전히 지쳤다. 세계의 위기를 구하기 위해 제3의 새로운 문명이 궐기하지 않으면 이러한 험난한 절벽을 넘을 수 없다. 소련의 문명이 충분히 동서를 이어주는 임무를 맡을 수 있다. 그리고 동서 문명이 진정으로 조화를 이루기 위해서 결국은 두 문명의 각성이 반드시 필요하다.[12]

---

11) 李大釗, 『東西文明根本之異点』, 『言治』계간, 제3권.

역사적으로 사회주의는 매우 오래된 사상이다. 서양 사회에서는 플라톤에서 시작해서 중세기의 천국설을 지나 근대 초기의 공상적 사회주의에 이르러 결국 매우 영향력 있는 사회사상으로 발전했다. 그렇지만 마르크스 이전에 사회사상은 일부 사상가들의 환상에 머물렀을 뿐이다. 몇몇 사상가들이 작은 범위에서 이러한 사상을 실천하려고 했지만 모두 실패했으며 마르크스만이 자신의 혁명 이론을 통해 이상에 머물던 사회주의를 현실에서 실천할 수 있게 했다.

모든 인류는 이상사회를 동경한다. 그렇기 때문에 사회주의사상이 중국에 유입된 이후 쉽게 전파될 수 있었다. 실질적인 사상을 이야기하면 사회주의는 사회 하층의 이익을 대표한다. 그것은 무착취와 무억압을 강조하고 유산계급을 무산계급으로 만들어 일반 백성과 같은 생활을 하게 한다. 이 사상은 오랫동안 억압받던 노동자들에게는 일종의 복음 같았다. 천두슈·리다자오 등은 원래 민주와 자유를 동경했었는데 그들은 사회주의 사회의 민주가 자본주의 사회의 민주보다 더 광범위하고 더 실재적이라고 생각했다. 그래서 '유럽화'를 주장하다가 '러시아화'를 선전했으며 사회주의사상이 중국에 신속하게 전파되도록 했다.

다음에는 동방문화파의 세력이 끝임 없이 증가하게 된 상황을 살펴보자.

'동방문화파'는 신문화운동 시기 서화에 반대하고 동양 문화를 제창한 문화보수주의 사상 유파이다. 대표적인 인물은 두야취엔(杜亞泉)·량치차오·첸즈시우(錢智修)·천지아이(陳嘉異)·우푸(吳宓)·메이광디(梅光迪)·장스자오(章士釗)·량수밍(梁漱溟)·장쥔마이(張君勱) 등이다. 그들은 완고파와 달리 전통을 보호하려고 했지만 동시에 새로운 문화를 받아들이려고 했으며, 서양의 과학기술 등을 배워야 한다고 했다. 천두슈·후스 등은 신해혁

12) 李大釗, 『東西文明根本之異点』, 『言治』계간, 제3권.

명 이후 중국이 수많은 좌절을 겪게 된 원인은 유교라고 생각했기 때문에 직접적으로 공자의 사당을 무너뜨리려고 했다. 그러나 동방문화파 인사들은 위안스카이(袁世凱)가 시도한 복벽제제(復辟帝制)의 사상 근원이 공자유학에 있음을 살피지 못했고 사회도덕이 보편적으로 상실하게 된 원인은 서학을 도입했기 때문이라고 생각했으며 유학을 부흥해야 사회의 올바른 기운이 전도되지 않게 할 수 있다고 생각했다. 쳰즈시우의 말을 빌리면 "오늘날의 중국을 구하려면 침체된 도덕을 제창해야 된다."[13]이다.

어떤 교과서는 동방문화파는 모두 옛것을 배웠지만 제대로 알지도 못하고 덮어놓고 공맹을 말하는 구식쟁이라고 했다. 사실은 그렇지 않다. 그들은 대부분 신식교육을 받았으며 적잖은 사람들이 외국에서 유학했다. 그렇기 때문에 서양 문화를 잘 이해하고 있었고 물질적인 방면에서 서양 문화를 받아들여야 한다고 생각했다. 『동방잡지(東方雜志)』의 편집자인 두야취엔을 예로 들어 보자. 그는 중국의 발전을 위해 서양인의 뒤에서 한 걸음씩 따라갈 필요가 없으며, 중국 문명과 서양 문명은 '성질의 차이'가 있을 뿐이지 '수준의 차이'가 있는 것이 아니라고 생각했다. "서양 문명은 짙은 술과 같고 중국 문명은 담백한 물과 같으며, 서양 문명은 살진 고기 같고 중국 문명은 거친 푸성귀 같다." 그에게는 1차 대전이 서양 사람들에게 재난을 가져다준 근본적인 원인은 서양 문명 자체가 문제 있기 때문이다. 그래서 국민들에게 자신조차 보호하지 못하는 서양 문명을 부러워할 필요가 없다고 호소했다. 그는 『정적 문명과 동적 문명(靜的文明與動的文明)』에서 다음과 같이 말하고 있다.

최근 몇 년 동안 우리나라 사람들은 서양 문명의 모든 것을 부러워해 군국대

---

13) 錢智修, 『消極道德論』, 『東方雜志』, 제4권, 제4호.

> 사에서 일상적인 사소한 것까지 서양을 모방하지 않는 것이 없으며 자국의 고유한 문명에는 주의를 기울이지 않는다. 그러나 유럽 전쟁이 발생한 이후 서양의 모든 국가는 과학이 발명한 예리한 무기로 계속해서 동포를 살해하고 있다. 이러한 비참하고 격렬한 상태는 우리나라의 역사에서 없었을 뿐만 아니라 세계에서도 유례가 없었다. 우리는 서양 문명을 회의하지 않고 그것을 모방하는 자를 볼 수 있지만 도덕 방면에서 또는 업적 방면에서 우리에게 믿음을 보여주는 사람을 볼 수 없다. 우리는 지금부터 맹종하는 태도를 바꾸어 문명의 진정한 가치가 어디에 있는지 살펴야 한다.[14)]

그렇지만 두야취엔은 맹목적으로 외래문화를 배척하지는 않았다. 그는 중학(中學)이 본위가 되어야 한다고 했지만 서양 문명의 우수한 성분을 객관적으로 인정했다. 『정적 문명과 동적 문명』에서 "두 문명이 발생시키는 효과를 이야기하면 동적 사회의 개인은 모험심과 진취적인 성질이 풍부하여 늘 각 방면으로 받아들이고 생산한다. 그러므로 생활은 나날이 풍요로워진다. 정적 사회의 개인은 오직 내부의 절약에만 주의하고 외부로 발전하지 않는다. 그러므로 생활은 나날이 가난하고 인색해진다."라고 했다. 그러나 두야취엔이 보기에 부유한 사람은 부유한 사람의 고뇌가 있고 가난한 사람은 가난한 사람의 안락함과 여유가 있다. 그렇기 때문에 마음 상태를 보호하고 그 가치를 보호하기만 하면 가난하지만 편안하고 여유로운 생활 또한 나쁘지 않다.

1차 대전 이후 자본주의와 사회주의의 협공에서 두야취엔은 사회주의를 유가의 대동사상과 연관시켰지만 서양 문명의 공격에는 대대적인 반격을 가했다. 그는 『신청년』의 필자들이 "모든 낡은 습관을 뒤엎으려고 하는

---

14) 杜亞泉, 『靜的文明與動的文明』, 『東方雜志』, 제13권, 제10호.

것"은 완전히 감정적인 충동에서 그렇게 하는 것이라고 비판했으며 전통을 상실하게 된 책임을 천두슈, 후스 등에게 떠넘겼다. 그가 보기에 신문화운동은 "낡은 집을 불태우고 남루한 옷을 찢어버리자"고 주장하지만 사실상 사람들에게 새집과 새 옷을 가져다 줄 수 없다.

두야취엔은 신문화운동 시기 동방문화파의 핵심 인물이었다. 그의 사상은 어느 정도 변화가 있었지만 공맹유학을 보호하려는 태도를 계속 견지했다. 그와 비교해서 량치차오·장쥔마이 등의 사상 변화는 더욱 심했다. 그들이 동방문화파 쪽으로 향한 주요 원인은 유럽을 여행하면서 받은 느낌 때문이라고 할 수 있다. 그 둘의 사상 변화는 다음에 상술하겠다. 여기에서 제기할 것은, 그들(특히 량치차오)이 동방문화파로 돌아선 것은 3대 문화 사조가 뿌리를 내렸던 국면에서 동방문화파에게 대대적으로 힘을 실어주는 계기가 되었다. 특히 량수밍의 『동서 문화 및 그 철학』은 동방문화파의 세력이 더욱 강해지게 했다.

신문화운동 전후 한동안의 역사를 살펴보면 자본주의 문명, 사회주의 이상과 비교해서 동방문화파와 이후의 신유가가 구상한 문화모델은 사실상 현대 중국의 발전을 위해 설계된 제3의 길로 여겨졌다. 그들은 서화에도 반대했고 소련화에도 반대했으며, 서양 문명은 이미 절망적인 지경까지 도달했기 때문에 중국의 폐단을 치유할 수 없을 뿐만 아니라 스스로도 지킬 수 없다고 생각했다. 그들이 보기에 러시아에서 전해진 사회주의사상은 파시즘이었으며 국민들이 받아들여서는 안 되었고 중국의 위난을 구하는 처방약이 되어서는 더더욱 안 되었다. 량치차오는 사회주의 학설은 유럽의 모순을 완화하는 데 좋을 수는 있겠지만 "중국에 가져온다면, …… 나는 가장 먼저 반대할 것"이라고 했으며, "유행하고 있는 사회주의는 결국 폭력적인 수단을 사용할 뿐"[15]이라고 했다. 장쥔마이·쉬푸콴·머우쭝산 등의 신유가는 사회주의 사조를 더 강하게 비판했다. 그들은 오늘날 중국대륙이 낙후한 원인은 사회주의체제 때문이며, 홍콩 등지에서 도덕이 타락한 이유는 자본주의 문화 때문이라고 생각했다.

의미심장한 것은 동방문화파와 신유가는 원래 마르크스주의·사회주의와 적대 관계였고 서화론에도 반대했지만 서양 문명에 대한 태도는 아주 겸손했다. 그들은 서양 문명의 장점을 인정했을 뿐만 아니라 서양의 과학기술을 배우고 서양식 민주화를 실행해야 한다고 했다. 게다가 감정적인 언사로 서화파를 비판하기도 했지만 대부분 이론적인 측면의 비판이었다. 그렇지만 사회주의에 대해서는 그 어떤 토론의 여지도 남겨두지 않았다. 그들이 보기에 사회주의는 전통의 대적(大敵)이었고 민족 재난의 근원이었으며 옳은 것이 하나도 없었다. 쉬푸콴은 「역사 문화와 자유 민주 – 우리들을 욕하는 자들에 대한 회답(歷史文化與自由民主 – 對于罵我們者的答復)」에서 "중국에서 철저하게 역사 문화를 반대한 것은 사상 방면에서는 법가와 공산주의이며, …… 정치 방면에서는 포악한 진나라와 오늘날의 공산당"이라고 했으며 "철저하게 역사 문화를 반대하는 것은 공산주의·허무주의·다다이즘(dadaisme)이며 이런 정책을 관철한 것은 소련 집단이다. 이러한 사실은 대뇌를 사용해서 생각할 필요가 없으며 명확한 경험 사실을 통해 인정할 수 있다."[16]라고 했다.

그러나 근래에 사회주의로 나라를 세운 대륙의 학계에서 오히려 신유학을 환영하고 있다. 겉으로 보기에는 신유학 연구가 순수 학술 활동에 속하는 것처럼 보이지만 실제로는 분명한 도구적인 목적이 있다. 솔직하게 말하면 서양 문화를 비판하는 신유학의 사상 역량을 빌려 기성 전통을 보호하려는 것이며, 혹은 신유학의 화력을 빌려 기성의 질서를 위협하는 서양

---

15)『飲冰室專集』之二十二.

16) 徐復觀, 『學術與政治之間』, 學生書局, 1985년, 534쪽.

문명에 대항하기 위해 신유가들이 아무리 사회주의를 비난하더라도 그것에 상관하지 않는다고 할 수 있다. 이러하기 때문에 홍콩과 타이완의 일부 학자들은 신유학이 대륙의 의식 형태에 이용되어서는 안 된다고 했다.

물론 최근에 몇몇 연구자는 확실히 순수 학술적인 목적으로 연구 활동에 종사한다. 그러나 그들의 연구 활동으로 두 가지 결과가 나타났다. 하나는 국민들이 학문적인 면에서 신유학을 인식하게 되었다는 점이며, 다른 하나는 신유학을 인식하게 됨으로써 이미 역사가 된 동방문화주의 사조가 다시 일어나게 되었다는 점이다.

1992년 베이징대학의 지셴린(季羨林) 선생은 「21세기: 동방 문화의 시대(二十一世紀: 東方文化的時代)」라는 단문을 썼는데 이 글은 최근 대륙 동방문화주의 사조의 선언서라고 볼 수 있다. 그의 이론은 각 문명은 모두 흥망성쇠의 과정을 겪는다는 토인비의 문명형태사관에서 나왔다. 그는 동양 문화와 서양 문화의 관계는 30년은 동양 문화가 흥기하고 30년은 서양 문화가 흥기하는 관계라고 생각한다. 다시 말하면 서양 문화는 아주 오랫동안 영광을 누렸기 때문에 지금은 마땅히 동양 문화가 빛을 발할 때라는 것이다. 그의 결론은 "21세기에 이르러 30년간 흥기했던 서양 문화는 차츰 동양 문화에 자리를 내어주며 인류 문화의 발전은 하나의 새로운 시기로 접어든다."[17]라는 것이다. 지셴린의 견해는 타당성이 부족하다. "30년은 동양이 흥기하고 30년은 서양이 흥기한다."라는 논리에 따르면 동양 문화는 21세기 또는 그 후에 한동안 영광을 누린 다음 영광의 자리를 다시 서양 문화에 양보해야 하지 않는가? 계속 이렇게 나아가면 동서 문화의 관계는 서로 자리를 주고받는 단순한 관계가 되고 마는 것 아닌가. 다시 말하면 지셴린은 토인비의 사상을 자기 사상의 토대로 삼았지만 사실 토인비

---

17) 『文匯報』에서 볼 수 있음, 1992년 3월 10일.

에 대한 이해는 하나를 알고 둘은 모르는 것이다. 토인비는 역사 숙명론자 또는 순환론자가 아니다. 이것이 그와 슈펭글러의 근본적인 차이점이다. 슈펭글러는 문화의 생성 논리에 따라 각 문화는 모두 소멸하는 필연이 있다고 생각했다. 토인비는 그렇지 않았다. 그는 역사에 낙관적인 견해가 있었으며 서양 문명에 대한 믿음이 충만했다. 지셴린은 주로 인도 문화를 연구했기 때문에 동양 문화에 직업적인 호감이 있었다. 그러나 "전통적인 인도 문화가 어떻게 21세기에 다시 흥기할 수 있겠는가"라고 묻는다면 내 생각에 그는 믿을 만한 답을 제시하기 어려울 것이다.

지셴린 같은 예에서 간접적으로 알 수 있는 것은 최근에 중국학자들이 신유학에 관심을 가지게 된 이유는 진지하게 연구하는 몇몇 학자를 제외한 대다수 학자들의 의식에 동방문화주의가 내재해 있으며 "한족과 이민족을 구분하는" 전통적인 심리가 있기 때문이다. 그들은 전통이 현대화를 추진할 수 있는 효과가 있는지 없는지에 상관하지 않으며 유일한 목적은 국민들의 민족 감정을 움직여 서양 문화의 유입을 저지하고 기존의 사회 질서를 보호하는 것이다. 그것은 실질적으로 신문화운동 전후에 두야취엔 · 량치차오 · 장쥔마이 등이 채용했던 방식과 같다.

내편 1

제4장

신유가의 선현: 캉유웨이와 량치차오

캉유웨이의 유학 재건

허린(賀麟) 선생은 『50년 이래의 중국철학(五十年來的中國哲學)』에서 캉유웨이의 철학을 다음과 같이 평가했다.

> 강 씨는 50년 전(1891)에 광저우(廣州) 장흥(長興)의 만목초당(萬木草堂)에서 강학을 시작했다. 그는 한 학파의 종사로, 사상·정치·예교의 대 개혁가로 자임했다. 그의 평생 사상을 종합하면, 그는 급진적인 개혁가에서 완고한 수구파로 변했지만 그가 일생 동안 심혈을 기울였고, 그의 사상 성향과 비교적 부합하며, 일관되게 마음에 담아두었던 학파는 육왕심학(陸王心學)이었다. 그가 만목초당에 있을 때 양임공(梁任公)과 천첸치우(陳千秋)에게 학문을 가르치던 방침 역시 육왕심학을 가르치는 것이었다. 평소 문장을 쓰고 이론을 내세울 때 대부분 '육경(六經)을 주입하는' 정신을 바탕으로 했으며, 경문(經文)을 운용해서 자신의 주관적인 의견을 발휘했다. 논자는 그의 『신학위경고(新學僞經考)』를 '고증학 중의 육왕'이라고 했는데 참으로 적절한 말이다. 그의 『대동서(大同書)』에

나타나는 수많은 대담하고 강렬한 이상, 예를 들면 가족을 없애고, 함께 살고 함께 생산하며, 국가의 차별 · 인종의 차별 · 생김새의 차별 · 종족의 차별 · 계급의 차별 등등을 타파해야 한다는 주장 역시 왕학(王學) 말에 유행한 광폭한 어떤 파와 비슷하며, 그가 말년에 제기한 '불인(不忍)'은 그 자신이 창조한 명칭이지만 '불인'은 맹자의 측은지심(惻隱之心), 양명의 양지설(良知說)과 비교적 비슷하다.[1])

이 같은 허린 선생의 말은 육왕심학을 근본으로 하는 신유학이 일찍이 캉유웨이의 사상 속에 있었음을 우리에게 분명하게 가르쳐준다. 20세기 초 량수밍이 『동서 문화 및 그 철학』을 출판하면서 신유학이 일종의 문화철학으로서 사상문화계에 등장했지만 갑작스러운 일은 아니었으며 일찍부터 그 사상의 근원이 있었다. 이러한 사상의 근원은 장즈둥의 '중체서용(中體西用)'론까지 거슬러 올라갈 수 있다. 그러나 이러한 부분을 비교적 많이 서술한 사람은 캉유웨이 · 량치차오 · 탄쓰퉁(譚嗣同) · 장빙린(章太炎)이다. 특히 전통을 어떻게 보호하고 서양의 방법을 어떻게 도입하는지를 다룬 캉유웨이와 량치차오의 이론은 이후의 신유학과 직접적인 관계가 있었다.

캉유웨이는 이학(理學) 전통의 가정에서 태어나 유가사상의 영향을 받으며 자랐다. 그는 공자와 맹자를 숭상했으며 말하는 것이 성인 같아 사람들은 그를 '성인 캉유웨이'라고 불렀다. 1876년 18세가 되었을 때 주지우장(朱九江) 문하에서 가르침을 받았다. 주지우장은 광둥(廣東) 지방의 유명한 유학자였다. 그는 고증학(考證學)에 실증을 느끼고 의리(義理)에 몰두했으며 학문은 '송명이학'에 기반을 두었다. 캉유웨이는 스승을 공경했으나 그가 중시하는 학문은 스승과 달랐다. 주지우장은 정주학(程朱學)을 중심

1) 賀麟, 『五十年來的中國哲學』, 遼寧教育出版社, 1989년, 3쪽.

으로 육왕학(陸王學)을 운용했으나 캉유웨이는 오직 육왕학을 좋아했으며, 유명한 승려들과 교제하기도 하고 불교 경전에 깊이 빠져들기도 했다. 왜냐하면 육왕심학과 불교의 의리는 서로 통하는 부분이 있기 때문이다.

그러나 캉유웨이가 육왕심학과 불학을 좋아한 이유는 자신의 심성을 안정시키기 위해서가 아니라 천하를 경영하고 위난에 빠진 중국을 구제하기 위해서였다. 왜냐하면 육왕심학과 불학은 심성 수양 이외에도 위기에 빠진 민족을 구제할 적극적인 방면이 있었기 때문이다. 아편전쟁 이후 국난이 거듭되면서 국민들은 심리적인 상처를 입었고 의기소침해졌으며 국가와 민족은 구제할 수 없는 상태에 도달한 것 같았다. 육왕심학과 불학은 마음의 작용을 중시하고 능동적인 정신을 강조했기에 자연히 혈기왕성한 청년들의 사랑을 받았다. 이것 또한 아편전쟁 이후 몇십 년간 불학과 육왕심학이 갑자기 흥성한 이유다.

캉유웨이는 '천하를 경영하려는' 원대한 뜻이 있었기 때문에 젊었을 때 한편으로는 전통으로 돌아가 육왕심학과 불학 속에서 정신 역량을 추구했으며 다른 한편으로는 서양의 학문에서 나라를 구할 방법을 찾으려고 시도했다. 그는 1879년 『서국근사회편(西國近事滙編)』, 『환유지구신록(环游地球新錄)』 등의 책을 읽으면서 시야를 넓혔다. 이후 홍콩을 유람하면서 "아름답고 화려한 서양인의 궁실, 깨끗하고 잘 정돈된 도로, 엄격한 치안"을 보고 "서양인이 국가를 다스리는 법도는 예전에 오랑캐를 본 것처럼 보아서는 안 된다."고 생각했다. 이때부터 서양의 서적을 대량으로 구입해 서학을 두루 익혔으며, 자신의 오묘한 깨달음에 의거해서 외래의 서학과 전통의 구학을 혼합해 자신의 문화 이론을 형성했다.

캉유웨이는 1890년부터 제자를 모집했는데 량치차오와 천첸치우(陳千秋)라는 걸출한 두 제자를 얻었다. 이듬해에 광저우 장흥에서 정식으로 만목초당이라는 강습소를 열어 강학을 시작했으며 학생들은 계속해서 늘어났다. 캉유웨이는 학생들에게 '육왕심학'을 가르쳤으며 "송나라와 명나라는 심학(心學)을 발휘 사대부들에게 크게 보충해주는 바가 있었다."라고 생각했다. '보충해주는 바가 있었다.'하는 것은 당시 문인들에게 결핍되었던 자강불식(自强不息) 정신을 보충해주었다는 것이다. 캉유웨이가 책을 읽고 강학을 한 것은 단순히 학문 자체를 위함이 아니라 학문의 역량을 빌려 나라를 부강하게 하려는 뜻이 있었음을 알 수 있다.

이 해에 캉유웨이는 『신학위경고(新學僞經考)』와 『공자개제고(孔子改制考)』를 썼으며, 시대의 요구에 따라 유가 경전을 다시 해석하고 공자를 다시 평가해 강렬한 반향을 불러일으켰다. 량치차오는 캉유웨이의 『신학위경고』와 『공자개제고』가 사회에 미친 영향을 다음과 같이 회고했다.

> 『신학위경고』는 간행된 이후 큰 영향을 미쳤는데, 첫째 청학(淸學) 정통파의 입지를 근본적으로 흔들어놓았다. 둘째, 모든 고서는 반드시 새로 검토하고 가치를 평가해야 했다. 이 사실은 사상계에 휘몰아친 거센 폭풍 같았다. 『공자개제고』는 화산이 불을 뿜고 대지가 진동하는 것 같았다.[2)]

이 두 책이 출판됨으로써 캉유웨이는 19세기 말 중국 문화계에서 사상의 영수 지위에 올랐다. 탄쓰퉁은 그를 존중하여 "부처가 세상에 나왔다."고 했으며 탕차이창(唐才常)은 "당대 최고의 인물"이라고 했다.

그러나 19세기 말 10여 년간 캉유웨이가 중요한 위치에 서게 된 것은 그의 사상이 지닌 호소력 때문이 아니라 그의 정치 활동 때문이다. 1888년 그는 청(淸) 조정에 상소문을 올려 "기존 법을 바꾸고, 민정을 살피고, 좌우를 물리칠 것"을 요구했다. 1895년에 다시 회시(會試)[3)]에 참가한 130명

---

2) 『飮冰室專集』 之三十四.

의 거인(擧人)[4]들과 연합해 상소문을 올렸으며, 청 정부에 "조서를 내려 천하의 기운을 바르게 하고, 도읍을 옮겨 천하의 근본을 정하고, 군사를 훈련시켜 천하의 세력을 강하게 하고, 법을 바꾸어 천하의 법이 되게 해야 한다."고 요구했다. 이후에도 몇 차례 상소문을 올려 낡은 제도를 새롭게 고쳐야 한다는 변법유신(變法維新)을 계통적으로 주장했으며, 청 정부에 서양의 정치·경제 모델에 따라 중국을 개조하고 "민권을 일으키고", "의원을 설립하고", "헌법을 제정할 것"을 요구했다. 1898년 캉유웨이와 그의 학생 량치차오 등은 정식으로 역사의 큰 무대에 올라 변법을 거행했지만 실패했다. 광서제(光緖帝)는 체포되었으며 육군자(六君子)는 죽임을 당했다.

백일유신(百日維新) 이후 캉유웨이는 청 조정이 몰락하고 전통이 크게 위축되는 형세에서 무술변법 이전의 급진적인 태도를 바꿔 한 사람의 개혁가에서 전통을 보호하는 사상 영수가 되었다. 그는 신해혁명 이후 잡지 『불인(不忍)』을 편찬하고 공교회(孔敎會)를 창립했으며, 공교회의 회장이 되어 공자를 존중하는 사회 분위기를 형성함으로써 폭동을 잠재우고 질서를 회복하려고 했으며, 고유한 문화의 정수를 존중함으로써 사회의 질서와 국가의 법기를 바로잡으려고 했다.

앞에서 말했듯이 캉유웨이는 어릴 때부터 유가 문화의 영향을 깊이 받았다. 특히 육왕심학을 통해 천하를 바로잡으려는 포부를 품었고, 공자의 사상이 국민의 영혼을 구제할 사상이라고 인식했다. 그에 따르면 공자의 사상은 시대에 뒤떨어진 것이 아니라 오히려 현대사회의 정신적 지주가 될 수 있다. 역대 유생들이 공자와 맹자의 학설을 왜곡했기 때문에 변질되어 케케묵고 시대에 뒤떨어지는 것이 되었다. 이렇게 생각하기에 캉유웨

3) 명청(明淸) 시대에 향시(鄕試)에 합격한 거인(擧人)들이 참가 할 수 있는 3년마다 실시하는 과거시험. — 옮긴이

4) 명청 시대에 향시(鄕試)에 합격한 사람. — 옮긴이

이는 일생 동안 유학을 부흥하고 공자를 다시 평가하는 일을 했으며, 전력을 다해 유학 전통을 시대 상황과 결합하려고 했다. 이러한 것은 주로 네 가지 분야에서 나타난다.

첫째, 공자를 다시 평가했다.

아편전쟁 이전에는 '한학(漢學)'이 흥성했으며, 학자들은 고증학을 중시했고 훈고학에만 몰두했다. 그렇기 때문에 의리를 돌아보는 사람이 적었으며 유가의 핵심인 '경세치용(經世致用)'의 전통을 잊어버렸다. 아편전쟁 이후 공자진(龔自珍)과 웨이위안(魏源)이 "경학으로 나라를 다스려야 한다."고 주장했지만 이목을 끌지 못했다. 게다가 공자진과 웨이위안은 경학으로 나라를 다스릴 방법을 생각해내지 못했다. 캉유웨이도 일찍부터 '육왕의 학문을 좋아했지만' 경학에서 나라를 다스릴 방법을 찾아내지 못했다. 1889년에서 1890년 초에 이르기까지 캉유웨이는 금문경(今文經) 대사 랴오핑(廖平)과 알고 지냈으며, 랴오핑이 쓴 『지성편(知聖篇)』과 『벽유편(辟劉篇)』을 읽고 크게 계몽되었다. 이때부터 구설을 완전히 버리고 옛것에 의거해서 제도를 새롭게 고치는 탁고개제를 추구하게 되었으며, 짧은 시간 동안 『신학위경고』를 써서 금문경의 명예를 회복하고 이후에 추진할 제도를 개혁해서 나라를 부강하게 하려는 변법도강(變法圖强)의 취지에 부합하지 않는 요소를 깨끗하게 제거했다.

『신학위경고』에 나타나는 캉유웨이의 주요 관점은 (1) 서한 시기에 고문경(古文經)은 없었다. 고문경은 단지 왕망(王莽) 시기에 유흠(劉歆)이 위조했을 뿐이다. (2) 진(秦)나라가 유가 경전을 불태울 때 육경을 훼손하지 않았다. 육경은 진 왕조를 위해 설립된 14박사가 보존했으며 후세에 전해졌다. (3) 육경은 원래 전서체(篆書體)이며 경학사에서 금고문(今古文)에 두 종류의 글자체가 있다고 하는 것은 근거가 부족하다. 캉유웨이가 이처럼 변론하게 된 이유는 건가학파(乾嘉學派)[5]를 뒤따르려 함이 아니라 진정한 공자를 찾기 위해서였으며, 변법도강의 취지에 부합하는 공자를 찾기 위해서였다. 그래서 연이어 『공자개제고』를 써서 공자를 '개제(改制)'의 교주로 숭상했다.

게다가 캉유웨이는 공자뿐만 아니라 노자·묵자 등도 고대 '개제'의 교주라고 생각했다. 캉유웨이가 여러 교주를 신봉한 이유는 공자의 지위를 진일보 긍정하기 위해서였지만 사실상 고대의 제자백가 가운데 공자의 사상적 지위를 실추시키는 것이었다. 량치차오는 "캉유웨이가 전력을 다해 공자를 추대했지만 공자와 제자가 동일한 동기, 동일한 목적, 동일한 수단으로 학파를 창립했다고 보는 것은 이미 공자와 제자를 같은 대열에 두고 보는 것이다."[6]라고 했다.

둘째, 유학의 현대적 의의를 강조했다.

캉유웨이가 『신학위경고』와 『공자개제고』를 쓴 목적은 위에서 말한 것처럼 공자를 다시 평가하는 것이었으며, 다른 하나는 유학의 현대적 의의를 강조하고 유학과 현실 사회를 결부시키는 것이었다. 이는 그의 변역(變易) 사상과 삼세설(三世說)에서 집중적으로 체현된다. 그는 다음과 같이 말했다.

> 변하는 것은 하늘의 도이다. 하늘에는 낮이 있고 밤이 없을 수 없으며, 겨울이 있고 여름이 없을 수 없다. 하늘은 잘 변함으로써 오랫동안 지속될 수 있다. 화산이 쇠를 녹이고 푸른 바다가 밭이 되고 세월이 지나 호수가 되며 땅은 잘 변해서 오랫동안 지속될 수 있다. 사람은 어린아이에서 성인이 되고 노인이 되

5) 18세기는 청대(淸代) 학술이 매우 성행하던 시기였다. 건가학파(乾嘉學派)는 건륭(乾隆), 가경(嘉慶)시기에 나타난 학술유파로 학문을 연구할 때 고증(考證)의 방법을 가장 중시한 학파이다. 양주학파(揚州學派)가 건가학파의 중요한 분파이다. — 옮긴이

6) 『飮冰室專集』 之三十四.

며, 형체 · 색깔 · 모양이 하나도 변하지 않는 것이 없으며 변하지 않는 때가 없다. …… 그러므로 공자의 『역(易)』은 변역(變易)이다.[7)]

공자는 글을 쓸 때 오직 변역을 중시했으며, …… 능히 이것을 알면 공자의 책을 읽을 수 있다.[8)]

캉유웨이는 '변역'을 강조하기 때문에 『역(易)』과 『춘추(春秋)』를 특별히 추종했다. 왜냐하면 "『역』은 잘 변해서 오랫동안 지속될 이치를 궁구하며, 『춘추』는 삼통(三統)의 법을 세워 후왕에게 전했다."고 생각했기 때문이다. 그는 '변역'에는 일정한 규율이 있다고 보았다. 역사 영역에서는 혼란한 '거란세(據亂世)', 비교적 안정적인 '승평세(升平世)', 평화로운 '태평세(太平世)'의 세 단계로 발전하며, 정치 영역에서는 군주전제 · 군주입헌 · 민주공화의 세 단계로 발전한다.

캉유웨이는 본래 "하늘은 변하지 않고 도 또한 변하지 않는다."는 완고파의 논조를 겨냥해서 '변역'을 강조했다. 이러한 관점은 이후의 신유학에 큰 영향을 미쳤다. 전통 유학과 현대인의 생활은 시간적으로 상당한 거리가 있다. 유학의 현대적 의의를 강조하려면 반드시 이 거리를 단축하거나 없애야 하며, 방법은 유학의 비폐쇄성을 강조하고 '변역'이라는 교량을 이용해서 유학과 현대인의 생활을 연결시켜 서로 통하게 하는 것이다. 다시 말하면 유학이 나날이 새로워지는 인생 학문이라면 끊임없이 새로운 환경에 적응할 수 있으며 사람들에게 가치의 원천을 끊임없이 제공할 수 있다.

셋째, 심성학(心性學)을 중시했다.

캉유웨이는 청년 시절부터 육왕의 '심성학'을 좋아했다. 그러나 무술변

7) 康有爲, 『進呈俄羅斯大彼得變政記序』.

8) 康有爲, 『萬木草堂口說』.

법의 전과 후에 캉유웨이가 육왕을 중시한 이유는 다르다. 무술년(1898) 이전에 육왕을 중시한 이유는 육왕의 학문이 백성의 마음을 움직이고 정신을 분발시켜 위기에 처한 나라를 구할 수 있다고 생각했기 때문이다. 그러나 변법이 실패한 이후 '심성학'을 강조할 때는 주로 심성을 수양하는 방면에 치중했다. 그는 "오늘날 우리 국민을 재난 속에서 구제하려면 먼저 도덕적인 마음을 일으켜야 하고, 먼저 경외하는 마음이 생기도록 해야 하며, 성실하고 공경함이 있도록 해야 한다."[9]라고 했다. 이때 『불인』을 창간하고 공교회를 창립한 목적은 유가 도덕을 부활시키기 위함이었다. 그는 공교가 국교가 된다면 "인심은 돌아갈 곳이 있고, 풍속은 방향이 있으며, 도덕은 안정되고, 교화는 표준이 있게 된다."라고 생각했다. 그는 「공교를 국교로 삼는 것은 하늘의 뜻에 부합하는 것이다(以孔教爲國教配天義)」라는 글에서 공교를 "나라의 혼"으로 높였으며 "우리는 어째서 만 리를 통일한 대국이 될 수 있었으며, 우리는 어째서 수많은 사람이 함께 사는 큰 민족이 될 수 있었으며, 우리는 어째서 5천 년의 문명을 보존할 수 있었는가?" 그 이유는 "나라의 혼이 우리를 주재해서 정신이 오랫동안 피폐해지지 않았기 때문이다."라고 했다.

넷째, 유학을 서학과 접목시켰다.

캉유웨이가 정치적으로 실천하려고 한 것은 전통에 의거해서 현실을 개혁하고 서양식 정치·경제제도를 실행하는 것이었다. 캉유웨이는 중국 전통과 외래문화를 모두 필요로 했기 때문에 부득이하게 서양의 학술로 유가 경전을 다시 해석할 수밖에 없었다. 그는 민주는 서양인만이 가지고 있는 것이 아니며 중국의 유가학술에 일찍부터 존재했었다고 생각했다. 『맹자』에는 "백성이 가장 귀하고, 사직은 그다음이며, 군주가 가장 가볍

---

9) 康有爲, 『中國學會報題詞』.

다."라는 말이 있다. 캉유웨이는 이것이 바로 고대 중국인의 민주라고 생각했다. 그는 다음과 같이 말했다.

> 백성이 주인이 되고 군주는 객이 되며 백성이 주인이 되고 군주는 종이 된다. 그러므로 백성이 귀하고 군주가 천함을 분명하게 알 수 있다. 모든 백성이 모여 선거하는 것이 민주이며 미국과 프랑스의 총통 같은 것이다. 총통이 여러 관료를 임명하고 여러 관료가 일반 관리를 임명하여, 이른바 농민이 천자가 될 수 있고 천자가 제후가 될 수 있으며 제후가 대부가 될 수 있다. 오늘날 프랑스·미국·스위스와 남미 각국이 모두 그것을 행하여 대동의 세계에 가까우며, 천하가 공공의 소유가 되고 어진 이와 능력이 있는 이를 뽑는다. 맹자는 일찍이 그것을 발명했다.[10)]

캉유웨이는 서양인의 평등관은 『맹자』에 나오는 "만물이 모두 나에게 구비되어 있다."는 것과 같으며, 더 나아가 서양인이 주장하는 '모든 사람은 평등하다.'는 말은 전통 유학에 나오는 "사람들은 모두 요순이 될 수 있다."는 말과 같은 것이라고 생각했다.

대의제 또한 서양인만 가지고 있는 것이 아니며 『상서(尙書)·홍범(洪範)』에서 말한 "관료들과 상의하고 다시 서민들과 상의했다."는 것과 『반경(盤庚) 상』에서 "반경이 명령해서 대중들이 조정에 모이게 했다."라고 한 것이 고대 중국에 있던 대의제의 증거라고 생각했다.

이상의 몇 가지 분석에서 알 수 있듯이 캉유웨이의 사상은 유가 전통을 새로 건설하는 것이다. 탁고개제를 실행하고, 공교회를 설립하고, 『대동서』를 저술한 것은 모두 새로운 형세에서 전통 유학을 현실에 부합하는 사

---

10) 康有爲, 『孟子微』, 1권.

상으로 전환하기 위해서였다. 그렇지만 장쥔마이의 『신유가사상사(新儒家思想史)』를 읽으면 다음과 같은 말을 발견할 수 있다.

> 캉유웨이는 스스로 유가 전통을 보호하는 자라고 생각한다. 그를 반전통주의자 대열에 포함시키면 그는 이상하게 생각할 것이며 이 책을 읽는 독자 역시 이상하게 생각할 것이다.[11)]

장쥔마이는 신유가의 대표 인물 가운데 한 사람이다. 그는 캉유웨이와 량치차오를 천두슈·후스와 마찬가지로 반전통주의자로 간주했으며, 천두슈와 후스의 반전통은 자각적인 것이며 캉유웨이와 량치차오의 반전통은 비자각적인 것이라고 했다. 이 말은 이해하기 어려워 보이지만 자세히 보면 일리 있다. 장쥔마이의 생각에 따르면, 첫째 공자를 다시 평가하고 탁고개제를 실행한 것은 사실상 공맹유학에 큰 실례를 범하는 것이었다. 둘째, 공교회를 창립하는 것은 사실상 유학을 서양의 기독교와 동등한 것으로 보는 것이며 유학의 내재적 가치를 희생시키는 것이었다. 게다가 유학을 부흥하는 것과 군주제를 연계해 유학에 내포된 민주적 의미를 손상시켰으며 이로 말미암아 천두슈·후스 등이 유학을 맹렬하게 공격하는 결과를 초래했다. 셋째, 『대동서』의 '대동'이라는 두 글자는 유가 경전에서 나왔지만 그것을 해설한 방식과 묘사한 이상향은 오히려 불교적이었다. 게다가 『대동서』가 유행함으로써 이후에 공산주의가 중국에서 실현될 적당한 환경이 조성되었다. 장쥔마이는 공산주의와 전통 유가는 물과 불처럼 서로 융합할 수 없는 것으로 보았다.

우리는 장쥔마이와 기타 신유가들이 캉유웨이의 사상이 그들과 관계있

---

11) 張君勱, 『新儒家思想史』, 弘文館出版社, 1986년, 584쪽.

다고 인정하든 않든 간에 위에서 서술한 네 방면의 분석에서 보면 그는 의심할 바 없이 구전통을 보호하는 사람이며, 그의 수많은 견해가 모두 이후에 나타난 신유학의 전주곡이 되었다고 할 수 있다. 그러나 신유가와 비교해서 캉유웨이는 전통을 깊이 고찰하지 못했을 뿐만 아니라 어떤 도구적인 목적에 집착했다. 이 점은 그가 전통을 그리워했지만 전통에 대한 형이상학적인 사고가 결핍되었으며, 그가 관조한 것은 대부분 유가 문화의 제도적인 측면이었고 유가 도덕이 어떻게 세상을 구하고 사람을 편안하게 할 수 있는지는 깊이 있게 고찰하지 않았음에서 나타난다.

량치차오: 반전통주의자에서 전통주의자로

중국 백여 년의 역사에서 량치차오(梁啓超)의 이름은 늘 캉유웨이와 함께했으며 사람들은 간단하게 '캉량(康梁)'이라고 불렀다. 사실 무술년(1898) 이후 량치차오와 캉유웨이의 사상은 큰 차이를 보인다. 캉유웨이는 공교를 보호하려는 열망이 있었기 때문에 사상이 극단적인 방향으로 나아갔으며 시대에 걸맞지 않은 일을 했다. 그러나 량치차오의 정수리에는 줄곧 한 조각 이성의 구름이 드리워져 있는 것 같았다. 그는 민족의 운명을 생각할 때도 언제나 전통 지식인처럼 지나치지도 않고 미흡하지도 않는 중용의 태도를 견지했으며 감정적인 충동 때문에 한쪽으로 치우치지 않았다. 유럽 여행에서 서양 문화의 처참한 상황을 목격하면서도 전통을 맹목적으로 숭배하는 광적인 열기를 나타내지 않았다. 이렇기 때문에 전통문화에 대한 견해는 캉유웨이보다 이성적이었고 국민들이 더욱 잘 받아들일 수 있었으며, 이후 신유학에 미친 영향 또한 캉유웨이보다 컸고 더욱 직접적이었다.

량치차오는 유가 전통의 가정에서 태어났다. 그는 4세 때부터 사서오경을 읽었으며 자라면서 『사기(史記)』, 『좌전(左傳)』, 『통감(通鑑)』 등을 읽었고 9세 때 팔고문(八股文)을 지을 수 있었다. 1980년 량치차오는 천첸치우(陳千秋)와 함께 캉유웨이 문하에 들어가 만목초당에서 공부했다. 당시 캉유웨이의 가르침은 육왕심학 위주로 불학을 융합하는 형식이었으며 이로 말미암아 량치차오도 육왕의 학문을 특별히 추앙하게 되었다. 이 사실은 그의 『덕육감(德育鑑)』「입지편」을 보면 알 수 있다. 무술변법 이전에 그의 사상은 기본적으로 캉유웨이와 일치했으며 주로 중국의 제도문화 건설에 치중했다.

무술년 이후 유신이 실패하자 량치차오는 실 끊긴 연처럼 이국 타향을 표류했다. 그는 일본에서 프랑스의 계몽사상가 루소의 저작을 접촉하고 기뻐했으며 "암실에서 햇살을 보는 것 같고 공복에 술을 마시는 것처럼 정신이 새로워졌다."[12]라고 느꼈다. 변법은 실패했지만 중국을 개조하려는 량치차오의 원대한 꿈은 변하지 않았다. 1899년 「파괴주의(破壞主義)」라는 글에서 중국의 낙후된 상황을 변화시키려면 반드시 큰 파괴의 과정을 거쳐야 한다고 했으며 프랑스혁명의 방식을 중국 혁명의 표본으로 삼아야 한다고 주장했다. 그는 "복잡하게 뒤얽힌 문제를 명쾌하게 처리하려면 단번에 뒤엎어야 한다." 이렇게 해야 "옛것을 그리워하는 수많은 무리들이 눈만 동그랗게 뜬 채 아무 말도 하지 못하게 할 수 있다. 그 근거지를 잃으면 그리워하고 싶어도 그리워할 수 없으며 그 후에 진보의 길을 달릴 수 있다."라고 호소했다.

량치차오는 국외에서 보고 들은 것과 변법이 실패한 원인을 분석함으로써 국민은 국가가 부강해질 수 있는 근본이며 중국이 나약하고 가난한

---

12) 『梁啓超選集』, 부록 "生平活動表."

근본적인 원인은 국민의 소질이 높지 않고, 공중도덕이 결핍되었고, 지혜가 열리지 않았기 때문이라고 생각했다. 먼저 백성의 지혜를 열고, 백성의 도덕을 새롭게 하고, 백성의 실력을 고취하는 방법을 강구하지 않으면 "나날이 배와 대포를 구입하고, 나날이 철로를 건축하고, 나날이 광업을 개발하고, 나날이 서양식 훈련을 하더라도 똥통에다 비단을 수놓고 썩은 나무에 용을 새기는 것처럼 성과가 없을 뿐만 아니라 더욱 잘못될 뿐" 이라고 했다. 그는 국민을 계몽하기 위해 일본 요코하마에서 『신민총보(新民叢報)』를 발간했다. 『신민총보』는 격월간 잡지로 주로 서양 근대의 진보사상을 소개했다. '신민'의 주요 내용은 서양의 근대 학술을 통해 국민의 평등의식을 일깨우고 노예 같은 무감각한 상태에서 깨어나게 하는 것이었다. 량치차오는 중국 국민의 소질이 높지 않은 이유는 수천 년간 지속된 전제주의 통치 문화와 봉건 계급제도에 있다고 생각했기 때문이다.

1903년 량치차오는 캐나다, 미국 등지를 방문하면서 서양의 민주제도에 매료되었으며, 서양인의 자유와 평등을 부러워한 한편 중국 백성이 전제왕권과 봉건예교의 압박에서 신음하는 것을 괴로워했다. 량치차오는 보스턴에 있는 화교들에게 한 연설에서 "중국사람 중에 자기의 정신을 보호하려는 사람이 거의 없으며, 양 떼처럼 자신을 통치하는 사람에 의해 계급제도 가운데로 쫓겨 들어간다." 라고 했으며, "일어나라! 가서 그대들의 자유와 통치자와 평등한 그대들의 권리를 쟁취하라. 우리는 이미 머리를 조아려 절하는 전통을 폐기했다. 황후의 관원이 다가올 때 땅에다 입을 맞추고 이마에 묻은 흙을 닦을 필요가 없다. 통치자는 신하와 백성보다 높을 수 없으며 모든 사람이 평등한 대열 가운데 있다." 고 했다. 량치차오의 연설은 화교들의 열렬한 박수를 받았다. 다음 날 보스턴 언론에서는 "동방의 안토니우스(Antonius)가 중국인들이 어떻게 노예 상황에 처했는지를 알려주었다."[13]라고 썼다.

신문화운동 이전에 량치차오는 이성이 풍부하고 계몽 열정이 가장 뜨거운 사상가였다. 그가 '신민'을 주장하는 것은 실지로 10여 년 이후에 일어난 신문화운동의 전주곡이었다. 그는 "천하를 일깨우는 것"을 자신의 임무로 삼았으며 "수천 년간 쌓인 묵은 습관"을 쓸어 없애기로 결의했다.

그러나 '신민'이 어떻게 가능한가. 당시 중국 국민은 전통 예교에 깊이 물들어 있었으며 노예로 살아가는 것이 습관이 되어 있었다. 노예 상태로 살아가는 것이 습관이 되어버린 사람 가운데 자신이 노예 상태에 처해 있음을 의식할 수 있는 사람은 드물며 이러한 상태를 바꿔보려고 생각하는 사람은 더욱 드물다. 때문에 '신민'은 어려울 수밖에 없다. 그렇지만 량치차오는 역사를 낙관적으로 바라보는 사람이었다. 그는 정치체제를 바꾸고, 서학을 도입하고, 전통 사상을 총체적으로 비판하면 "중국인의 정신을 개조하고 국민의 영혼을 단련시키는" 목적에 도달할 수 있다고 깊이 믿었다.

전통적인 정치체제를 바꾸는 것은 량치차오가 무술년 이전에 품었던 목표였다. 그러나 무술년 이전에 량치차오가 중시한 것은 제도문명이었지만 무술년 이후에는 정치체제가 국민의 소질과 직접적인 관계가 있음을 인식하게 되었다. 서양에는 국민이 있고 노예가 없으며 중국에는 노예가 있고 국민이 없다. 국민은 민주적 권리를 누리며 노예는 민주적 권리를 누릴 수 없다. 그가 보기에 사람은 '도덕적인 존재'일 뿐만 아니라 '정치적인 존재'이다. 자기의 민주적 권리를 버린다면 스스로 죽음을 선택하는 것과 다를 바 없다. 그래서 이상적인 정치체제는 법률적 수단을 통해서 국민의 민주적 권리를 보장하는 것이다. 국민의 민주적 권리를 보장해야 국가는 부강해지고 안정될 수 있다. 이는 량치차오가 다음과 같이 말한 것과 같다.

---

13) 레븐슨(J. R. Levenson), 『梁啓超與中國近代思想』, 四川人民出版社, 1987년, 91~93쪽.

> 국가는 나무와 같고 권리사상은 뿌리와 같다. 뿌리가 튼튼하면 가지가 뻗고 우뚝 자라 꽃잎이 무성해지지만 뿌리가 약하면 반드시 시들어 죽으며, 질풍과 폭우를 만나면 더 빨리 가지가 부러지고 꽃잎이 떨어진다. 그렇지 않으면 가뭄과 무더위가 심해져 누렇게 시드는 것은 시간문제이다. 국민이 권리사상이 없으면 외환을 만난 것과 같으며, 고목이 비바람을 만난 것과 같으며, 외환을 만나지 않으면 무더위를 만나는 것과 같다.[14)]

량치차오는 중국인의 노예근성은 두 단계로 표현할 수 있다고 보았다. 하나는 '몸의 노예'이고 다른 하나는 '마음의 노예'이다. '몸의 노예'는 전제주의 정치권력과 전통 예교의 질곡에 묶여 사람의 몸이 자유롭지 않은 것이다. '마음의 노예'는 스스로 기꺼이 노예가 되는 것이며 권력과 부귀에 빌붙어 스스로 즐거워하는 것이다. 량치차오는 '마음의 노예'가 '몸의 노예'보다 더 비극적이며 노예 상태에서 해방되기가 더 어렵다고 생각했다. 그래서 중국에서 민주정치를 실행하려면 먼저 '마음의 노예'를 제거해야 하며, '마음의 노예'를 제거하지 않으면 '몸의 노예'는 더 타파하기 어렵다고 생각했다. 그러나 량치차오는 '몸의 노예'를 타파하고 '마음의 노예'를 제거하는 것을 동시에 진행할 수 있다고 생각했다. 전자는 전제주의 정치체제를 뒤엎어 민중이 마땅히 가져야 할 권리를 되돌려주는 것이며, 후자는 개성을 발양하고 '도덕 혁명'을 일으키는 것이다.

량치차오는 전통문화가 국민의 심신을 위축시킨다고 생각했기 때문에 전통문화에서 '신민'할 처방약을 찾지 않았다. 그는 시각을 서양으로 돌렸으며 서양의 근대 학술을 받아들여 백성의 지혜를 열고, 백성의 도덕을 새롭게 하고, 백성의 실력을 고취할 수 있다고 생각했다. 그는 무술년 이후

14)『飮冰室專集』之四.

서학 연구에 시간과 정력을 많이 쏟았으며 최선을 다해 국민들에게 소개했다. 장쥔마이는 이 같은 량치차오를 다음과 같이 평가했다.

량치차오는 국민들이 서양의 과학·철학 및 정치제도를 연구하고 가능한 한 객관적으로 유학 전통을 관찰하도록 권고했다. 중국인이 사상을 개방해서 각종 학설과 구체적으로 실현된 사상관념을 받아들이기를 희망했다. 그래서 모든 사람이 그를 서양 사상을 받아들이고 현대 생활의 안목으로 중국 전통의 가치를 재평가하는 기초를 견고히 한 선구자라고 인정하는 것이다. 량치차오가 없었다면 중국인은 그렇게 빨리 변화를 받아들이지 못했을 것이다.[15)]

더 주의할 것은, 량치차오는 전면적으로 서양 학술을 받아들이고 소개했으며 "서학은 중국에서 근원한다."거나 "중국에서 고대부터 있었다."는 말을 받아들이지 않았다. 그는 다음과 같이 말하고 있다.

현재 공교를 보호해야 한다고 말하는 자는 근세의 새로운 학문이나 새로운 이론을 받아들이면서 "어떤 것은 공자가 이미 알고 있었던 것이다. 어떤 것은 공자가 이미 말한 것이다."라고 한다. …… 그러나 진정으로 새로운 학문이나 이론을 따르는 것이 아니라 공자가 말한 것과 비슷하기 때문에 귀담아두는 것이다. 그들이 좋아하는 것은 공자에 있으며 진리에 있는 것이 아니다. 『사서육경』을 두루 살펴보고 비교할 만한 부분을 찾지 못하면 분명한 진리라고 하더라도 따르려 하지 않는다. 내가 동조하는 것을 어떤 사람이 "공자는 이렇게 말하지 않았는데"라고 하면 감히 그에 동조하려 하지 않는다. 이렇게 되면 우리 국민에게 진리를 선물할 수 없다. 그래서 내가 싫어하는 사람은 글재주만 부릴 줄

15) 張君勱, 『新儒家思想史』, 598쪽.

아는 천박한 유자이며 걸핏하면 서학이 중학에서 근원한다고 말하는 자이다. 그들은 새로운 것을 창조한다고 하지만 사실상 옛것을 지키는 것이며 사상계의 노예근성을 조장하고 확대할 뿐이다.

고서의 한마디 한마디를 모아 오늘날의 뜻에 억지로 갖다 붙이면 두 가지 폐단이 쉽게 발생할 수 있다. ① 이를테면 실증주의는 겉과 속이 부합하고 훌륭하다. 그러나 이치에 맞지 않는 말을 억지로 끌어들인 부분이 다소 있기 때문에 국민들의 부정확한 관념을 야기하기 쉬우며, 억지로 해석하고 원래의 뜻을 왜곡해 폐단만 늘어난다. 예를 들어 예전에 입헌과 공화를 말한 자는 우연히 경전에 있는 어떤 글자와 어떤 구절이 입헌, 공화 등의 의미와 조금 비슷한 것을 보고 즉시 그것을 모아 득의양양하면서 이것은 우리 고유의 것이라고 했다. 사실 오늘날의 공화입헌제도는 구미에서도 백여 년 전에 나타난 것이며 고대의 그리스 로마에도 없었던 것인데 우리나라에서는 말할 필요가 없다. 비교할 수 없는 것을 억지로 비교한 말은 광범위하게 전파되어 수많은 사람들의 안목과 사상이 억지로 비교한 문구에 구속되어 입헌공화는 단지 이와 같을 뿐이라고 생각하게 되며 그것의 진정한 의의를 추구하지 못하게 된다. …… 이러한 고질적인 습관은 국민이 실학을 연구하는 데 장애가 될 수 있다. ② 사람들에게 이러한 제도를 실행하도록 권고하면서 "우리의 선현들이 예전에 실행했던 것"이라고 하며, 이러한 학문을 연구하도록 권고하면서 "선현들이 예전에 연구한 것"이라고 한다. 이렇게 하면 사람들에게 쉽게 주입할 수 있다. 그렇지만 빈번히 이렇게 가르치면 그들의 말을 의심해 실행하지 않게 되며, 그들의 말을 의심해 그렇게 연구하지 않게 된다. 무형 가운데 고질적인 견해와 자만적인 습관이 증가해 좋은 점을 선택하고 따르는 안목을 가로막게 된다.[16)]

---

16) 『飮冰室專集』 之三十四.

량치차오의 견해는 스승 캉유웨이를 겨냥한 것이다. 앞에서 서술했듯이 캉유웨이는 서양의 민주정치는 신선한 것이 아니며 우리 선조들이 이미 가지고 있었던 것이라고 생각했다. 그는 『맹자』에 나오는 "백성은 귀하고, 사직은 그다음이며, 군주는 가볍다."는 말과 "농민이 천자가 될 수 있다."라는 말 등을 중국 고대 민주정치의 증거로 보았다. 여기에서 량치차오의 긴 두 문장을 인용한 이유와 독자들이 인내심을 가지고 모두 읽어주기를 희망하는 이유는 캉유웨이의 사상과 대조되기 때문이 아니라 우리가 고대 중국의 정치와 유가 덕치에 관한 이후 신유가들의 사상을 인식하는데 도움을 주기 때문이다. 왜냐하면 수많은 신유가들이 캉유웨이와 마찬가지로 중국 고대의 민본사상을 민주정치로 보기 때문이다. 최근에는 수많은 대륙학자들 또한 이 같은 잘못된 견해를 가지고 있다. 심지어 학식이 풍부한 역사학자도 주대(周代)의 '공화행정'을 중국 역사상의 제1공화국이라고 했으며 시간 낭비를 아까워하지 않고 긴 문장으로 그것을 고증하려 했다.

지금까지 살펴보았듯이 5·4운동 이전의 량치차오는 반전통의 투사였으며 20세기 초의 몇 년 사이에 형성된 그의 수많은 사상이 이후 신문화운동의 전주곡이었음을 알 수 있다. 그렇지만 20세기 초 중국은 정치가 동요하고 사상이 혼란했으며 문화는 질서를 잃었다. 량치차오는 이렇게 혼란한 시대에서 사고했으며 시대의 발전을 따라 자기의 사상 지향점을 끊임없이 조정했다. 그는 "오늘의 나로 예전의 나를 부정하는 것을 꺼리지 않는다."라는 유명한 말을 남겼다. 시시각각 민족의 운명을 생각하는 사상가로서 이렇게 정해지지 않은 사상 역정은 고통스럽다. 항상 진보적인 사상가들이 민족운동의 선구적인 역할을 담당했으며 그들의 사상은 민족의 운명과 직접적인 관련이 있었다. 량치차오의 사상이 180도로 변했기 때문에 신문화운동은 일찍 운명을 다했으며 동시에 동방문화파의 진영이 확고해지고 이후에 신유학이 나타나는 사상 기초가 다져졌다고 해도 지나친 말이 아니다.

량치차오의 사상이 크게 변하게 된 주요 원인은 앞에서 분석한 1차 대전과 이로 말미암아 형성된 서양인의 위기의식이다.

1918~1920년 봄까지 량치차오는 장쥔마이 · 딩원장(丁文江) 등 여섯 학자들과 서양 각국을 시찰했다. 당시 유럽은 전쟁의 처참한 상황이 막 종결된 상태였으며 모든 곳이 황량했고 백성들은 슬퍼하고 있었다. 량치차오는 본래 서양 문명이 중국인에게 새로운 생활을 가져다줄 것이라고 생각했었다. 그러나 전쟁 이후 서양 사회의 처참한 상황과 절망에 빠진 사람들의 모습을 보면서 마음이 흔들렸으며 서양 문명에 크게 실망했다. 눈앞에 펼쳐진 서양 문명은 절망적인 단계까지 도달해 자신조차 구제하기 어려운데 어떻게 비유럽 국민들에게 정신적 풍요로움을 안겨줄 수 있겠는가. 량치차오는 서양 문명이 이 지경까지 도달한 된 이유는 겉으로는 전쟁 때문이지만 실질적으로는 서양 문명이 지닌 약점 때문이라고 생각했다. 그의 『구유심영록(歐游心影錄)』에 나오는 분석을 살펴보자.

첫째, 량치차오는 사회 사조는 정치 현상의 배경이 되며 사회 사조가 건전하지 않으면 반드시 국가정치와 인간관계의 폐단이 나타난다고 생각했다. 유럽 전쟁이 일어난 원인이 여기에 있다. 한편으로 지나친 개인주의 때문에 약육강식의 경쟁체제가 나타났으며, 여기에 다윈의 진화론이 더해져 '생존경쟁 · 우승열패'의 여덟 글자가 사회관계의 준칙이 되어 모두 자기만을 생각하고 황금을 숭배하고 권력을 숭상하게 되었다. 다른 한편으로 진화론과 개인주의 때문에 '생계상의 자유주의'가 나타났으며 전통적인 도덕은 상실되었다. 특히 니체 철학이 유행하면서 서양인의 도덕관념은 더 약화되었다. 량치차오는 "이번에 일어난 세계 대전쟁의 기원은 사실상 여기에 있으며 각국 내부에서 장차 일어날 계급 대 전쟁의 기원 또한 사실상 여기에 있다."[17]라고 했다.

둘째, 량치차오는 대전이 폭발한 것은 '과학'의 힘 때문이라고 생각했다. "당시 과학 만능을 찬양하던 사람들은 과학으로 말미암아 황금세계가 곧 도래하리라 기대했다. 현재 그들의 희망이 이루어진 것처럼 보인다. 백 년간에 이룩한 물질적 진보는 지난 3천 년간 획득한 것보다 몇 배나 더 된다."[18] 그러나 과학이 서양 사람에게 행복을 안겨준 것이 아니라 오히려 재난을 안겨주었다. 과학으로 인해 사람들은 물질세계를 중시하게 되었고 기계적 인생관이 나타났기 때문이다. 이러한 인생관을 지닌 수많은 사람들이 이 세상을 살아가는 유일한 목적은 자기의 이익을 위해 서로 강탈하고 경쟁하는 것이다. 1차 대전은 이러한 목적을 달성하기 위해 벌어진 것이다. 그의 추리는 다음과 같다.

> 지금 사상계의 가장 큰 위기는 이러함 점에 있다. 종교와 구철학은 이미 과학 때문에 의미가 없어졌으며 '과학'은 인(仁)이 일어나지 못하게 한다. 과학적 실험으로 우주의 새로운 대원리를 발명하려고 하며, 대원리는 말하지 않더라도 각 분야의 소원리가 나날이 발전하고 있다. 오늘 진리라고 생각하는 것은 내일 잘못된 견해가 되며, 새로운 권위는 수립할 수 없고 옛 권위는 회복할 수 없게 되었다. 그래서 전체 사회 인심은 회의·침울·두려움으로 빠져들게 되었으며 방향을 잃은 배가 안개를 만난 것처럼 앞으로 어떻게 살아야 좋은지 모르게 되었다. 이렇기 때문에 향락주의와 강권주의가 점점 세력을 얻게 되었다. 죽은 이후에 천당이 없으므로 살아 있는 몇십 년 동안 최대한 즐기게 되며, 선악에 대한 책임이 없으므로 나의 수단으로 나 개인의 욕망을 최대한 충족해도 무방하

---

17) 『飮冰室專集』 之二十三.

18) 梁啓超, 「歐洲心影錄節錄」, 『飮冰室合集』 第7冊, 專集之二十三, 中華書局, 1989년, 12쪽.

다. 그렇지만 누리려는 물질의 증가 속도는 욕망의 팽창과 비례하지 않으며, 그것이 균형을 이루게 할 방법이 없다. 어떻게 해야 좋은가. 자기의 역량으로 자유롭게 경쟁하는 것은 사실대로 말하면 약육강식이다. 오늘날 무슨 군벌 무슨 재벌 하는 것은 모두 이러한 노선에 따라 나타났다. 이번 세계대전은 이 때문에 발생한 것이다.[19]

셋째, 량치차오는 위에서 서술한 원인 때문에 서양인은 보편적으로 정신적 공허함을 느끼고 몸과 마음을 의탁할 근거지를 잃어버렸다고 생각했다. 각종 주의, 각종 학설이 여기저기에서 일어나 사람들은 무엇을 따르고 무엇을 선택해야 할지 모르게 되었다. 전통적 가치관은 각종 현대 사조의 충격에서 더는 존재할 수 없게 되었으며 사람들은 돌아갈 집이 없는 사람처럼 보였다. 량치차오가 생각하기에 사람이 사람 노릇을 하려면 물질세계만 필요한 것이 아니라 영혼을 기탁할 안식처가 더 중요하다. 이렇기 때문에 인류는 종교와 철학을 필요로 한다. 그러나 현재의 유럽에서는 종교 신앙이 회의를 받을 뿐만 아니라 수많은 철학자 또한 '과학자들의 깃발 아래 투항했으며' 사람들에게 남은 것은 정신 공백뿐이다. 그래서 현재의 서양인은 보편적으로 '세기말'의 공포감이 있다.

이상과 같은 생각으로 량치차오는 유럽인이 가졌던 과학 만능의 꿈은 이미 파괴되었다는 결론을 내렸다. 게다가 적잖은 유럽인이 깨어나기 시작했으며 다시는 그들의 문화를 숭배하지 않고 오히려 동양 문화가 그들을 구제해주기를 희망한다고 생각했다. 량치차오는 다음과 같이 적었다.

사회당 명사 몇 분과 한담을 나누었다. 그때 나는 "온 세상 사람들이 모두 형

19) 『飮冰室專集』 之二十三.

제이다." "모자람을 걱정하지 말고 균등하지 않음을 걱정해야 한다."라는 공자의 말을 이야기했으며 계속해서 정전제도(井田制度)를 이야기했고 묵자의 '겸애(兼愛)'와 '침병(寢兵)'을 이야기했다. 그러자 모두 일어나 "당신의 집에 이런 보배가 있는데 숨겨놓고 우리에게 조금 나누어 주지 않는 것은 참으로 면목 없는 일이지 않는가!"라고 했다.[20)]

량치차오는 유럽 여행을 하면서 중국 문명은 쓸모없는 것이 아니라 우수하고 전망 있는 문명이라고 믿게 되었다. 서양 사람이 이처럼 부러워하는데 왜 우리 스스로 그것을 버리려고 하는가. 그래서 청년들이 분발해 민족문화를 토대로 위기에 처한 사람을 구제하고 전체 인류를 행복하게 만드는 책임을 져야 한다고 했으며, 이러한 책임을 지지 않는 것은 조상에게 면목 없는 짓이고 동시대 인류에게 면목 없는 짓이며 또한 자기에게 면목 없는 짓이라고 강조했다. 그는 청년들에게 "일어나라! 가라! 대해의 맞은편에 수많은 사람들이 물질문명의 파괴 때문에 시름하며, 살려달라고 애절하게 부르짖으며 그대들이 와서 구제하기를 기다리지 않는가!"[21)]라고 호소했다.

량치차오는 문학적 기질이 풍부한 천재였으며, 문필이 유창하고 말하는 것이 생동감 있었을 뿐만 아니라 필치는 언제나 정감 있었고 사람을 움직이는 힘이 있었다. 그는 1920년에 『구유심영록절록(歐游心影錄節錄)』을 상하이의 『신보(晨報)』에 연재했으며, 계속해서 글을 쓰고 강연하면서 서양인이 가졌던 과학 만능의 꿈이 파괴되었다는 소식을 전했다. 우리는 량치차오가 유럽을 여행하기 이전에는 신문화운동이 왕성하게 전개된 시기

20) 앞의 책.
21) 위의 책.

였으며 수많은 문화인, 특히 청년들이 과학과 민주를 민족의 '구세주'로 생각하고 있었음을 안다. 당시 학술계에서 명망 높았던 량치차오가 서양 물질문명과 과학이성이 이미 파괴되었다고 선언한 것은 의심할 바 없이 당시의 사상문화계에서는 폭탄선언 같았다. 후스는 다음과 같이 말하고 있다.

> 중국이 변법유신을 말한 이후부터 신인물이라고 자처하는 사람들 가운데 공개적으로 '과학'을 비방하는 사람이 없었으나 중화민국 89년(1990) 양임공 선생이 『구유심영록』을 발표하면서 과학이 중국 문자 속에서 정식으로 '파괴' 선언을 받게 되었다.
>
> 『구유심영록』 발표 이후 중국에서 과학의 존엄성이 이전보다 훨씬 못해졌다. 일반적으로 활동을 하지 않던 노선생들은 즐겁게 "유럽의 과학은 파괴되었다. 양임공이 이렇게 말씀하셨다."라고 외쳤다. 우리는 양 선생의 말이 최근에 동선사(同善社) 오선사(悟善社)가 유행하게 된 것과 어떤 직접적인 관계가 있는지는 말할 수 없다. 그러나 양 선생의 말이 국내에서 확실히 반과학 세력을 대신해서 적잖은 위풍을 조장했다고 할 수 있다. 양 선생의 명망과 언제나 정감 있는 그의 문장 때문에 독자들이 쉽게 그의 영향을 받게 되었다.[22)]

량치차오가 중국 문화로 서양인을 구제해야 한다고 주장한 이유는 그가 서양에서 몇몇 사회당 인사들에게 예를 든 중국의 가보인 "온 세상 사람들이 모두 형제이다." "모자람을 걱정하지 않고 균등하지 않음을 걱정해야 한다."라는 것과 '겸애(兼愛)'와 '침병(寢兵)' 등등이 서양 사람에게 결핍되었다고 생각했기 때문이다. 당연히 량치차오는 중국 문화의 우수한

---

22) 胡适, 「科學與人生觀」 序, 『胡适文存』, 2집, 2권.

점은 이러한 몇 부분에만 있는 게 아니라고 생각했다. 그가 보기에 서양 문화가 절망적인 단계까지 도달한 근본적인 이유는 인생의 의의를 상실했기 때문이다. 그러나 중국 문화의 특질은 인생의 의의를 보호하는 데 있다. 이러한 기본 사상은 량치차오가 유럽을 여행한 이후의 문장과 강연에서 분명하게 드러난다. 그는 중국 문화의 가치를 설명하기 위해 의흥(宜興)의 자사호(紫沙壺)를 예로 들었다.

> 차를 타면 첫 번째 차의 '정(精)'이 주전자 안에 스며들게 된다. 차를 다 마시고 다시 타면 원래 남아 있던 '정'이 작용해서 차의 맛을 더욱 좋게 한다. 여기에서 말하는 '정'이 바로 문화와 같은 것이며, 그것은 가치가 있다. 인류 문화가 차의 '정'과 다른 것은, 차 속에 있는 '정'의 작용은 자연현상이며 문화는 사람에게 있는 마음의 작용이다. 그러나 두 가지는 서로 통하는 부분이 있으며 모두 과거에 남아 있는 큰 힘은 변하지 않는다는 '업력불변(業力不變)'의 일반적인 규율을 따른다.[23)]

량치차오의 이러한 비유와 문화에 대한 정의는 국민들에게 문화는 가치 있는 것이며 가치 있는 것은 소멸되지 않고 끊임없이 이어지며 점점 더 원만해짐을 가르쳐준다. 여기에서 가장 중요한 것은 '마음'이다. 왜냐하면 "반드시 인류의 자유의지가 선택하고 창조한 것이 비로소 가치 있는 것이라고 할 수 있기 때문이다." 이를 설명하기 위해서 그는 우주만물을 자연계와 문화계로 분류했다. "자연계는 인과(因果)가 지배하는 영역이며 문화계는 자유의지가 지배하는 영역이다." 이렇게 생각하기 때문에 량치차오는 유가학설을 추종했다. 그는 유학이 서학과 다른 점은, 서학은 외부 행

23) 『飮冰室專集』 之三十九.

위에서 내부를 인식지만 유학은 내성(內聖)에서 외왕(外王)을 전개하는 것이라고 생각했다. 그의 『유가철학(儒家哲學)』에 나오는 한 문장을 보자.

> 유가철학의 범위는 광범위하지만 힘써 배워야 할 부분은 『논어』에 나오는 자신을 수양해서 백성을 편안하게 한다는 '수기안인(修己安人)'의 한마디로 개괄할 수 있다. 그것을 배우는 가장 큰 목적은 『장자』에 나오는 안으로는 성인의 덕행을 구비하고 밖으로는 왕도정치를 실행해 백성의 삶을 풍요롭게 한다는 '내성외왕(內聖外王)'의 한마디로 개괄할 수 있다. 자신을 수양하는 '수기(修己)'의 공부를 최고로 하는 것은 성인의 덕행을 구비하는 '내성(內聖)'의 경지에 도달하는 것이며, 백성을 편안하게 하는 '안인(安人)'의 공부를 최고로 하는 것은 왕도정치를 실행해 백성의 삶을 풍요롭게 하는 '외왕(外王)'의 경지에 도달하는 것이다. 그 순서는 『대학』에서 말한 것이 가장 간명하다. 사물의 이치를 궁구하고〔格物〕, 사물의 이치를 깨닫고〔致知〕, 뜻을 성실하게 하고〔誠意〕, 마음을 바르게 하고〔正心〕, 자신을 몸을 닦는 것〔修身〕이 자신을 수양하는 '수기' 및 성인의 덕행을 구비하는 '내성'의 공부이다. 가정을 바로잡고〔齊家〕, 나라를 잘 다스리고〔治國〕, 세상을 평화롭게 하는 것〔平天下〕이 백성을 편안하게 하는 '안인' 및 왕도정치를 실행해 백성의 삶을 풍요롭게 하는 '외왕'의 공부이다. …… 인격을 순수함에 이르기까지 단련하는 것이 바로 성인의 덕행을 구비하는 '내성'이다. 인격을 보편적으로 확대하는 것이 바로 왕도정치를 실행해 백성의 삶을 풍요롭게 하는 '외왕'이다. 유가에서 말하는 수많은 말과 학문을 닦는 각종 방법은 모두 이러한 점으로 귀결된다.[24)]

주의할 것은, 량치차오는 유학을 비판하는 것과 유학을 보존하는 것을

---

24) 『飮冰室專集』 之一百零三.

약을 먹는 것과 밥을 먹는 두 가지 일과 비교했다. 그가 생각하기에 유학 가운데 확실히 정체되어 부패한 성분이 있으며 마땅히 비판을 해야 한다. 이는 마치 사람이 병에 걸리면 약을 먹는 것과 같다. "그러나 약은 어디까지나 약이므로 밥으로 간주해서 먹으면 안 된다."[25] 량치차오가 보기에 유학에 있는 수많은 것들이 시간을 초월해 어떤 시대에도 적용되는 것이다. 이것이 바로 "내성의 전부, 외왕의 일부분이 절대 시대성을 함유하지 않는다."라는 것이다. 그는 후스 등이 중국 전제정치의 죄과를 유가의 몸에 덮어씌운 것에 큰 불만이 있었으며 "유가철학 역시 민권을 신장하는 학문이고 전제를 보호하는 학문이 아니며, 억압에 반항하는 학문이고 백성을 노예가 되게 하는 학문이 아니라고 할 수 있다. 그래서 역대 유학대사는 군주의 사주를 받지 않았을 뿐만 아니라 늘 군주의 박해를 받았다. 도둑의 죄를 유가의 몸에 덮어씌우려는 것은 실로 억울한 일이다."[26]라고 했다.

이 같은 유학의 죄과를 해명하는 량치차오의 언사를 그가 20세기 초에 주장한 신민설(新民說)과 연관시켜 말한다면 빈틈이 있음을 알 수 있다. 유학이 일종의 도덕철학이며 또한 중국 문화의 주류라면 국민들이 '마음의 노예'가 된 것에 대해서 직접적인 책임을 져야 한다. 그 자신이 애초에 '신민덕(新民德)'을 재창했던 것은 구도덕을 버리고 서양 문명의 평등자유 정신을 사용해 국민들의 위축된 영혼을 구제하기 위해서가 아니었던가.

량치차오는 일생 동안 이성적인 사고를 견지해 사상이 극단적인 방향으로 나아가지 않았지만 시인의 기질이 충만했기 때문에 깊이 있는 철학적 사고가 부족했다. 그는 눈앞의 상황에 쉽게 좌우되었으며 자신의 관념과 주장을 쉽게 바꾸었다. 어떤 관념과 주장은 잘못된 것이 아닌데도 눈앞

25) 앞의 책.
26) 위의 책.

의 상황과 충돌하면 자신의 관념과 주장을 바꾸려고 했지 상황 그 자체에 문제가 있는지 없는지를 규명하려고 하지 않았다. 그는 자신과 캉유웨이의 차이점에 대해 "유위는 선입견이 너무 많고 계초는 선입견이 너무 없다. 일할 때도 그렇고 학문을 연구할 때도 그렇다."[27]라고 했다. 역사는 복잡하며 모든 것이 합리적인 것은 아니다. 한 사상가가 과거를 잘 인식하지 못하고 미래를 잘 예측하지 못하며, 역사 현상의 포로가 되어 역사 현상의 변화를 따라 빈번히 자신의 사상 성과를 버린다면 결국 역사의 증인으로서 역사책에 남게 될 뿐이며 심태사학(心態史學)의 고찰 대상으로서 가치가 있을 뿐이다. 사상가의 가장 큰 특징은 '독립'이라는 두 글자에 있으며, 권위와 지위에 구속되지 않고 역사 현상에도 연루되지 않는 것이다. 수많은 역사 현상은 겉으로 보면 동일한 것으로 보이지만 내포하는 뜻은 별개이다. 1차 대전이 서양 사람에게 상처를 남겨준 것은 사실이다. 그러나 서양인은 왜 그중에서 교훈을 얻고 문화를 수정해서 다시 발전하지 못하겠는가. 유구한 전통을 가진 민족문화는 '자사호'에 있는 '정'과 같이 소멸되지 않고 점점 더 원만해진다는 통례를 따른다면 서양 사람들은 왜 그들의 문화에 있는 '정'을 사용해서 더 원만한 문화를 이룩하지 못하겠는가. 반드시 알아야 하는 것은 서양인의 과학 숭배와 다윈의 진화론 및 각종 비이성주의 문화철학은 주로 세계대전이 일어나기 100여 년 전에 나타난 일인데 그들은 왜 기독교 전통과 근대 초기의 인문주의 정신에 의거해서 문화의 품격을 새로 만들지 못하겠는가.

지금에 와서 보면 량치차오가 유럽을 여행한 이후 서양 문화에 내린 평가는 잘못된 평가라고 할 수 있다. 과학이성과 물질문명은 1차 대전 때문에 파괴되지 않았으며, 전체 서양 문화 또한 이로 말미암아 그 운명을 다

27) 『飮冰室專集』 之三十四.

하지 않았다. 반대로 대전 이후의 중국과 서양을 보면 서양 사람이 중국 문화를 필요로 했던 게 아니라 오히려 서양 문화를 대대적으로 중국에 전파했다. 그들은 서양 문화에 대한 위기감을 느꼈고 중국 문화도 가치가 있음을 인식하기 시작했지만 70여 년 동안 중국 문화를 조금도 받아들이지 않았다. 그들은 예전대로 생활하고 예전대로 발전하고 있으며, 중국인은 예전대로 외국 문물을 숭배하고 예전대로 물질문명의 유혹에서 벗어나려고 발버둥치고 있다.

제5장

제1대 신유가사상 비판

량수밍의 신공학(新孔學)

5·4운동 이후 동방문화파의 핵심 인물 가운데 가장 중요한 사람은 량치차오와 량수밍(梁漱溟)이며 대표작은 량치차오의 『구유심영록』과 량수밍의 『동서 문화 및 그 철학』이다. 량치차오는 두 가지 원인으로 당시 사회에 영향을 미쳤다. 하나는 문화계에서 차지하는 지위와 명망 때문이며, 다른 하나는 언제나 정감 있는 필력과 사람의 마음을 움직이는 연설로 서양 문명을 동경하는 문인들에게 가한 따끔한 경고와 충고 때문이다. 량수밍은 깊이 있는 사고와 통찰력 그리고 계통적인 문화 주장으로 당시 사회에 영향을 미쳤다. 량수밍은 량치차오의 영향을 받았지만 그가 제기한 문제와 문제에 대한 해답은 당시의 사상문화계에서 아주 참신한 것이었다. 량수밍은 민족문화의 새로운 발전 방향을 제시했는데 이는 이후의 모든 신유가 선생들이 끊임없이 고심하고 개척하려던 하나의 노선이 되었다. 이러하기 때문에 신유가는 량수밍을 그들의 시조로 본다.

그렇지만 량수밍이 존경받는 현대 유학자가 된 이유는 그가 독특한 사상을 가지고 있거나 신유가의 시조이기 때문이 아니라 일생 동안 "나라를 잘 다스려 세상을 평화롭게 해야 한다."는 유가의 신조를 엄격히 준수했으며 성인의 품격을 가지고 중국 문화계에 우뚝 서있었기 때문이다. 그의 위대함은 사상의 심오함에 있다기보다는 인격의 역량에 있다고 할 수 있다. 그는 권위를 두려워하지 않았고 어떤 악조건에서도 자신의 신념을 굽히지 않았으며, 강렬한 구국의식이 있었고 언제나 국가민족의 운명에 관심을 가졌다. 추구하는 것에 집착하고 거리낌 없이 생활하는 시대에 걸맞지 않은 품격은 마치 중세기의 성인 같았다. "우리가 나서지 않으면 백성은 어떻게 하는가?"라는 메시아 정신과 남에게 구속되지 않고 소신대로 행동하는 성인의 품격이 백 년 가까운 중국 역사에서 그의 독특한 지위를 확립시켰다.

량수밍은 유가 전통의 가정에서 태어났지만 주로 서구식 계몽교육을 받았다. 6세 때 부친 량지(梁濟)는 『지구운언(地球韻言)』을 주었으며 세계정세와 각국의 역사지리를 이야기해주었다. 7세 때 중서소학당(中西小學堂)에 들어가 영문 교과서를 읽기 시작했으며, 이후 몽양학당(蒙養學堂)에 들어가 진보 인사들의 가르침을 받으면서 서양의 과학과 문화를 접촉했다. 청년 시절에는 베이징 순천중학(順天中學)에서 공부했으며 량치차오가 제기한 '신민설'의 영향을 깊이 받았다. 또한 사상이 급진적이었으며, 중국 문제를 근본적으로 해결하려면 서양인의 사상을 도입해 중국인의 사상을 개조하고 사회 전체에 새로운 인생관과 가치관을 건립해야 한다고 생각했다. 그는 이러한 목적을 이루기 위해 경진동맹회(京津同盟會)에 참여해 정치활동을 시작했으며, 한동안 급진적으로 사회주의에 빠져들기도 했다. 그러나 신해혁명으로 중국 문제가 해결되지 않았을 뿐만 아니라 사회가 더욱 혼란한 국면으로 빠져들었다. 이러한 상황에서 량수밍은 자신이 추구하던 것이 환영에 지나지 않음을 인식하기 시작했으며 인생의 문제는 정치적인 열정으로 해결할 수 있는 것이 아님을 깨달았다.

량수밍은 선천적으로 시대의 고난을 애탄하고 국민의 고통을 불쌍히 여기는 기질을 타고났다. 그는 어릴 때부터 인생의 고락 문제를 사색했으며 속세에서 세상을 구할 방법을 찾을 수 없었기에 불교의 출세 사상으로 기울었다. 그러나 량수밍이 불학을 좋아하게 된 이유는 캉유웨이와 량치차오가 불학을 좋아한 이유와 다르다. 캉유웨이와 량치차오가 불학을 깊이 공부한 이유는 불학의 의리가 사람들의 마음을 진작할 수 있으며, 빈곤하고 연약한 중국의 상황을 변화시키는 데 유리하다고 생각했기 때문이다. 그러나 량수밍이 불학으로 전향한 이유는 주로 불가 생활을 하면서 세상을 구하고 사람을 제도하는 석가의 참뜻을 깊이 토론하고 인생의 고락 문제를 해결하기 위해서였다. 량수밍은 20세가 되었을 때 정식으로 불문에 마음을 의탁하고 채식하면서 불가 생활을 시작했다.

량수밍은 몇 년간의 불문 수양으로 얻은 바가 많았다. 차이위안페이가 칭찬한 불리(佛理) 문장인 『구원결의론(究元決疑論)』을 쓸 수 있었을 뿐만 아니라 진정으로 자기를 배양해 큰 깨달음을 얻었으며, 세상을 제도하려는 석가의 품격을 갖추게 되었다. 량수밍은 1917년 차이위안페이의 초빙으로 베이징대학 철학과 강사가 되었다. 당시 그는 "석가와 공자의 사상을 명확하게 말하기 위해 여기에 왔다."는 입장을 분명하게 밝혔다. 베이징대학은 신문화운동의 본거지였으며 선생과 학생 가운데 서화파가 절대적인 우세였다. 이런 상황에서 량수밍이 강의한 것은 인도철학이었기 때문에 심리적 부담이 있었을 것이다. 베이징대학에서 강의를 시작한 지 얼마 지나지 않아 그는 불가 생활에서 공가 생활로 돌아오기 시작했으며 불가의 의리를 탐구하는 것에서 방향을 바꾸어 중국 문화의 발전문제를 고찰하기 시작했다.

량수밍의 일생에서 가장 중시할 시기는 어쩌면 5·4운동 전후의 몇 년

일지도 모른다. 이 시기에 불교에서 유교로 전향하는 인생의 전환을 완성했으며 큰 성과를 남겼다. 특히 『동서 문화 및 그 철학』을 출판해서 중서 문화 논쟁의 선두에 서게 되었다. 그는 말년에 『동서 문화 및 그 철학』을 쓰면서 처음에는 천두슈·후스 등과 대립할 생각이 없었으며 "동서 각 학파의 학설을 평판(評判)하고 오직 공자의 철학을 발휘하려고 했다."라고 회고했다. 그는 "한 학파의 사상은 모두 특수한 모습, 특수한 정신이 있기 때문에 사람들이 그것을 발휘할 때 사회에 도움이 되는 것이기만 하면 서로 협력해서 일을 완성할 수 있다."[1]고 보았기 때문이다. 게다가 천두슈·후스 등은 얻기 어려운 좋은 친구이며 "그대들이 앞에서 노력하면 나는 큰 소리로 그대들을 격려할 것이다."라고 여러 차례 표명했다. 또한 자신이 "끊어진 학문을 계승하고 태평시대를 여는" 과업을 성취하려는 것은 천두슈·후스 등이 "공자의 사당을 부수려고 하는 것"과 모순되지 않으며 모두 중국 문제를 잘 해결하기 위한 것이라고 생각했다. 그렇지만 『동서 문화 및 그 철학』은 문화계와 청년 학생 사이에서 거대한 반향을 불러일으켰다. 당시 량수밍은 젊고 학술적 성과도 부족했지만 그의 이름은 "현재의 가장 위대한 중국인"을 뽑는 여론조사표에 나타났으며[2] 일본인과 서양인 또한 그에게 큰 관심을 보였다. 리단천(李石岑)의 말에 따르면 『동서 문화 및 그 철학』은 "발행 이후 일 년도 채 되지 않아 이와 관련된 백 편에 가까운 논문이 발표되고 열 몇 권의 소책자가 발간되어 그와 대대적으로 필묵 논쟁을 전개했다. 이렇게 한번 소란스러워지자 그의 책은 의외로 12개국의 문자로 번역되었다."[3] 상황이 이렇게 되자 후스 등은 부득이하게 말을 하기 시작했다. 『동서 문화 및 그 철학』에 나타나는 량수밍의 견해는 분명 서화

1) 『梁漱溟問答錄』, 湖南出版社, 1992년, 40~41쪽.
2) 朱語禪, 「北大二十五周年紀念日"民意測量"之分析」, 『新民國』, 14권.
3) 李石岑, 「評(東西文化及其哲學)」, 『民鐸』, 3권, 3호.

론자들의 견해와 상반되기 때문이었다. 후스의 문필은 신랄하고 날카로움으로 유명하다. 그는 량수밍의 책은 "모두 진의가 분명하지 않은 흐리멍덩한 말이다." "주관과 선입견으로 뒤덮였으며 지나치게 독단적이다."라고 비판했다. 이 같은 후스의 도전적인 발언에 대해 량수밍은 한편으로 문장을 써서 반격했고 다른 한편으로 계속해서 동서 문화의 문제를 탐구해 자기의 문화 주장을 완성시켜 나갔으며, 『인심과 인생(人心與人生)』, 『중국문화요의(中國文化要義)』 등의 저서를 출판했다.

그렇지만 량수밍은 순수한 학술 연구에 종사하는 학자가 되려고 하지 않았으며, 공자의 사상을 분명하게 말하려고 한 것 또한 공자를 대신해서 그의 명예를 회복시켜 주기 위해서가 아니었다. 그의 마음은 언제나 시대의 수레바퀴에 묶여 있었으며 그의 학술 또한 언제나 도구적인 색채를 띠고 있었다. 그렇기 때문에 그가 공자의 사상을 분명하게 말하려고 한 것은 옛 관습이나 제도를 회복하기 위해서가 아니라 새로운 것을 시작하기 위해서였으며, 미래에 새로운 중국을 건설하기 위해서였다. 이러한 도구적인 색채를 띠는 학술 사상은 대체로 공자에서 시작되었다. 공자가 사사로운 욕망을 극복하고 예를 회복해야 한다는 '극기복례(克己復禮)'를 창도하고 고대의 전설에 나오는 요임금과 순임금을 사람들의 행위 본보기로 삼은 것은 마찬가지로 옛 관습이나 제도를 회복하기 위함이 아니라 혼란한 중국을 치유할 신약을 처방하기 위해서였으며 "예악이 붕괴된" 문화병을 치유하기 위해서였다.

순수 학술에 얽매이지 않았기에 량수밍은 이후에 향촌건설운동을 실천할 수 있었다. 그가 실행한 향치(鄕治)는 사실상 그의 문화철학을 사회에서 실천한 것이었다. 그렇기 때문에 향치의 실패는 어느 정도 그의 문화철학이 실패했음을 증명한다.

량수밍은 1949년 이후 대륙을 떠난 펑유란·허린 등과 달리 대륙에 남은 신유가이다. 그의 두드러진 특징은 젊었을 때 품었던 문화 주장이 근본적으로 변하지 않은 점이다. 문화대혁명 후기 전국적으로 린뱌오(林彪)와 공자에 대한 비판운동이 전개되던 '비림비공(批林批孔)'의 세월에 공자의 사상을 분명하게 말할 수는 없었지만 그는 여전히 공자 학설을 사회와 인생을 사고하는 이론 근거로 삼았다. 이러한 사상 성향이 취할 만한지 아닌지에 상관없이 타인을 의식하지 않고 주체적인 사상을 가지고 행동한 량수밍의 정신은 중시할 가치가 있다. 이런 정신은 본래 문화인이 마땅히 가져야 할 정신이기 때문이다.

아래에서 네 가지 방면에서 량수밍의 문화철학이론을 분석하고 그가 제기한 새로운 문제와 이러한 문제에 대한 해답을 살펴보자.

◗ 중국 · 서양 · 인도 문화의 세 노선

아편전쟁 이후 서양 문명의 충격이 점점 심해지자 중국 사대부 계층에서 중서 양쪽의 문명을 비교하기 시작했으며 이로 말미암아 '중체서용'의 문화관이 나타났다. 신문화운동 시기에 동방문화파와 서화파 역시 동양 문명과 서양 문명을 비교하면서 격렬한 논쟁을 벌였다. 다시 말하면 량수밍 이전에는 문화를 비교할 때 주로 동서 또는 중서 두 문화를 비교했지만 량수밍은 사람들의 일반적인 사고 방향과는 달리 인도 문화를 개입시켜 세 가지 문화를 비교했다. 그의 대표작인 『동서 문화 및 그 철학』이 이 같은 문화 비교 이론의 기초이다.

량수밍이 생각하기에 문화는 한 민족의 생활양식일 뿐이며[4] 민족의 생활양식을 결정짓는 것은 '의욕'이다. 각 민족의 문화가 서로 다른 이유는

4) 梁漱溟, 『東西文化及其哲學』, 商務印書館, 1987년, 79쪽.

'의욕'이 다르기 때문이다. 그의 추론에 따르면 인생은 '의욕'의 활동과 표현이며, 생활 과정은 '의욕'이 불만족에서 만족에 이르고 다시 불만족에 이르는 과정이 끊임없이 반복되는 것이다. 문화는 한 민족의 생활양식이기 때문에 문화의 차이는 심오한 것이 아니라 인류의 생활 가운데 표현되는 '의욕' 또는 '의욕'과 외부 환경 사이의 모순을 해결하는 방법이 다른 것이라고 할 수 있다.

이러한 기본적인 생각에 따라 량수밍은 일류 문화를 세 유형으로 분류하고 '3노선'이라고 불렀다. "제1노선은 의욕이 앞으로 향하는 것이 근본정신이고, 제2노선은 의욕을 조절하고 중용을 지키는 것이 근본정신이며, 제3노선은 의욕이 뒤로 향하는 것이 근본정신이다."[5] 량수밍은 이 세 가지 문화 노선을 각각 서양·중국·인도 문화의 노선이라고 했다.

량수밍이 생각하기에 서양인은 의욕이 앞으로 향하기 때문에 민주와 과학을 일으켰으며, 앞의 것은 서양 학술상의 특별한 정신이고 뒤의 것은 서양 사회상의 특별한 정신이다. 그리고 중국인은 의욕을 조절하고 중용을 지키기 때문에 민주와 과학을 일으키지 못했다. "의욕을 조절하고 중용을 지킨다."는 것은 "어떤 문제를 만나면 그것을 해결해서 국면을 바꾸려 하지 않고 이러한 상황에서 스스로 만족을 구하려고 하는 것이다."[6] 이를 설명하기 위해 량수밍은 간명하고 이해하기 쉬운 예를 들었다. 예컨대 한 사람이 작고 허름한 방 한 칸에 거처하게 되면, 서양 사람이라면 다른 방으로 바꾸어서 살 것이다. 중국 사람이라면 방을 바꾸려는 생각을 하지 않고 자신의 생각을 바꾸어 어떻게 하면 의욕을 조절할지를 생각하고, 마음이 만족하는 대로 작고 낡은 방에서 계속 살 것이다.

5) 梁漱溟, 앞의 책, 15쪽.
6) 梁漱溟, 위의 책, 54쪽.

량수밍은 중서문화의 이러한 차이는 사람과 외부 환경의 관계에 대한 중국인과 서양인의 차이로 귀결시킬 수 있다고 생각했다. 서양인과 외부 환경의 관계는 "대립 있는" 관계이고 중국인과 외부 환경의 관계는 "대립 없는" 관계이다. 그렇기 때문에 서양인은 자연과 사람 사이의 대립을 야기하고 사회관계에서 사람의 개성을 중시하며, 중국인은 자연과 사람의 융합을 야기하고 사회관계에서 사람의 개성을 중시하지 않는다. 인도인이 추구하는 "의욕이 뒤로 향한다."를 량수밍은 "인도인은 서양인처럼 행복을 추구하지도 않고 중국인처럼 분수에 만족하지도 않으며 노력해서 이러한 생활을 벗어나려 한다. 의욕이 앞으로 향하지도 않고 중도를 지키지도 않으며 몸을 뒤척여 뒤로 물러나려고 하며 최대한 의욕을 줄여나가려고 한다."[7]라고 해석했다.

위에서 언급한 세 가지 문화 노선의 기본적인 내용을 보면 량수밍은 서양 문화를 가장 추종하고 중국 문화가 그다음이며 인도 문화는 맨 마지막인 것처럼 보인다. 그렇지만 량수밍의 구체적인 논술을 보면 상황은 정반대이다. 그에 따르면 "의욕이 앞으로 향하는" 서양인이 체현하는 것은 물질문화이다. "의욕을 조절하고 중용을 지키는" 중국인이 체현하는 것은 윤리문화이다. "의욕이 뒤로 향하는" 인도인이 체현하는 것은 종교문화이다. 이 세 가지 문화는 유형의 차이가 있을 뿐만 아니라 선후의 차이가 있다. 다시 말하면 문화의 '3노선'은 세 단계가 있으며 그중에서 가장 높은 단계가 종교문화이고 윤리문화는 그다음이며 물질문화가 맨 마지막이다. 이 세 가지 문화에 대한 량수밍의 구체적인 분석을 살펴보자.

량수밍은 과학으로 서양 문화와 중국 문화가 다른 이유를 이야기하면 서양인은 과학을 중시하고 중국인은 예술을 중시하기 때문이라고 생각했

---

7) 梁漱溟, 『東西文化及其哲學』, 商務印書館, 1987년, 66쪽.

다. 서양인은 과학을 중시한 결과 학술이 분리되어 학문이 있게 되었고 또한 기술이 있게 되었으며 학문과 기술이 따로 발전했다. 그러나 예술을 중시하는 중국인은 학문과 기술을 분리하지 않았기 때문에 결과적으로 기술 또한 발전하기 어렵다. 또한 서양인은 '새로운 지식'을 중시하고 창조를 중시한다. 그러나 중국인은 '다양한 지식'을 중시하고 창조가 적다. 서양인은 실험적인 과학의 방법을 중시하며 중국인은 직각적인 예술의 방법 또는 현학(玄學)적인 방법을 중시한다. "현학은 언제나 현재 상태의 견해를 바꾸지 않고, 통째로 보고, 전체적으로 보며, 사물을 있는 그대로 본다. 과학은 언제나 현재 상태의 견해를 바꾸고, 형태를 바꾸어 보려고 시도하며, 분석하고 해석해서 보며, 어떤 사물을 있는 그대로 보지 않고 다른 것을 가지고 그것을 보려 한다."[8] 량수밍이 보기에 중국의 수많은 학문은 "근본적으로 과학이 아니며 완전히 현담(玄談)이다." 위에서 말한 차이 때문에 량수밍은 중국 문화에 의지하면 과학을 발전시킬 수 없다고 생각했다. 그는 다음과 같이 말하고 있다.

> 서양이 우리들과 접촉하지 않았다면 중국은 완전히 문을 닫고 외부세계와 교류하지 않았을 것이며 다시 삼백 년, 오백 년, 천 년이 지나더라고 기선·기차·비행기·과학 방법과 민주정신 같은 것은 나타날 수 없을 것이다. 이 말은 중국인은 서양인과 같은 길을 가지 않았음을 말하는 것이다. 왜냐하면 걸음이 느려 사람들보다 몇십 리 늦게 가더라도 같은 길을 가면 몇 걸음 적게 가더라도 천천히 계속 가면 언젠가는 따라잡게 되지만, 각자 다른 길을 가면 얼마나 멀리 가든 간에 서양인이 도달한 지점에는 결코 도달할 수 없기 때문이다.[9]

---

8) 梁漱溟, 앞의 책, 28쪽.
9) 梁漱溟, 위의 책, 65쪽.

그러나 량수밍은 이 때문에 서양 문화가 취할 만한 것이라는 결론을 내리지 않았다. 그가 보기에 서양인은 과학 방면에서 다른 민족보다 앞서 있으며 수많은 성과를 이룩했지만 "과학으로 인해 정신면에서 상처를 받고 생활면에서 고통을 받게 되었다." 왜냐하면 그들의 문화는 전체적으로 보면 '생명 본능'에 위배되는 문화이기 때문이다.

> 서양인이 이러한 태도를 힘써 유지한 이후 언제나 외부 환경을 개조함으로써 자신의 만족을 추구했으며, 모든 것을 밖에서 구하고 안에서 구하지 않았으며, 다른 사람에게서 구하고 자기에게서 구하지 않았다. 자연계와 마주하면 자연계를 개조했으며 사회와 마주하면 사회를 개조했다. 그래서 자연을 정복했고, 권위를 정복했으며, 기물 역시 나날이 새로워졌고, 제도 또한 나날이 새로워졌다. 개조하고 또 개조하고 나날이 새로워지고 또 새로워졌다. 사회를 개조함에 이르러 더욱 크게 개조하여 이상세계가 출현하는 듯했으나 이 길은 절망적인 지경에 다다랐다.[10)]

이 문장에서 말하는 '이상세계'는 그가 말한 "의욕을 스스로 조절하고 중도를 지키는" 중국 문화이다. 그래서 인류의 문화에는 장차 근본적인 변화가 일어날 것이며 "제1노선에서 제2노선으로 변하고 서양의 태도가 중국의 태도로 변할 것이다."라고 예언했다. 그가 보기에 중국 문화는 '생명 본능'에 부합하는 문화이며, '생명 본능'을 위배하는 것에서 '생명 본능'에 부합하는 것으로 나아가는 것은 인류 문화의 필연적인 발전 단계이기 때문이다.

량수밍은 인생에서 해결해야 할 문제는 세 가지가 있다고 생각했다. 첫

10) 梁漱溟, 『東西文化及其哲學』, 商務印書館, 1987년, 167쪽.

째 사람과 사물의 관계이고, 둘째 사람과 사람의 관계이며, 셋째 삶과 죽음의 관계이다. 이 가운데 서양인이 해결하려고 한 것은 첫 번째 문제이고, 중국인이 해결하려고 한 것은 두 번째 문제이며, 인도인이 해결하려고 한 것은 세 번째 문제이다. 이 세 가지 문제를 해결하는 방식은 과학과 윤리와 종교이다. 그래서 인도인의 문화가 가장 높은 단계의 문화이다. 그러나 량수밍은 서양인에게 중국 문화의 길을 가도록 권고했지만 중국인에게 인도 문화의 길을 가도록 권고하지 않았으며 "세 번째 태도를 제기하는 것은 아직 너무 이르다."고 생각했다. 왜냐하면 인도 문화는 일종의 귀족 문화이며 생계가 안정적인 사람들이 비로소 그런 측면의 노력을 할 수 있기 때문이다. 다시 말하면 "오직 이후의 세계에 모든 사람들의 생계가 안정적일 때 비로소 그런 측면의 노력을 할 수 있으며, 자신으로부터 그리고 사회로부터 방해를 받지 않는 것이다. 인도 문화가 인류 문화 가운데 부자연스러운 이유가 여기에 있다. 다른 두 문화의 단계를 경과한 이후에 비로소 순조롭게 이러한 문화의 단계가 진행된다."[11]

량수밍은 인류 문화를 '3노선'으로 구분한 이유는 인류 문화를 가지런하게 정리하기 위해서가 아니라 인류가 생활하면서 조우하는 문제는 실제로 이 세 단계가 있을 뿐이며 인류 문화가 이 세 단계를 따라 발전하는 것은 필연적인 과정이기 때문이라고 했다. 여기에서 알 수 있는 것은, 량수밍은 인도 문화를 세 번째 단계에 놓았지만 세상 사람들이 불가 생활을 하도록 권유하지 않았으며, 중국인이 자국의 문화를 중시해야 하고 서양 문화를 앙모할 필요가 없다고 한 이유는 문화 발전의 필연적인 노선에서 보면 중국 문화가 서양 문화를 향해 나아가는 것이 아니라 반대로 서양 문화가 중국 문화를 향해 나아가는 것이기 때문이다.

---

11) 梁漱溟, 앞의 책, 201쪽.

◗ 중국 문화의 조숙

중국 문화를 연구할 때 량수밍이 채택한 것은 문명의 기원을 찾는 방법이었다. 즉 문명의 기원을 밝히는 것에서부터 중국 문화의 특질을 이야기했으며 중국 문화의 장점과 단점은 모두 이른 시기부터 존재했던 것이라고 생각했다. 이것이 그의 '중국 문화 조숙(中國文化早熟)'설이다. 『중국문화요의』에서 량수밍은 '문화 조숙'을 다음과 같이 해석하고 있다.

> 서양 문화는 신체에서 출발해서 서서히 마음으로 발전했으며 중국 문화는 직접 마음에서 나와 전체 국면에 영향을 미쳤다. 전자는 순서대로 진행하는 것이며 후자는 조숙이다. '문화 조숙'은 바로 이런 뜻이다.[12]

인용문만 보면 '문화 조숙'이 도대체 무슨 뜻인지 알기 어렵다. 그러나 '3노선'과 연관 지으면 분명하게 알 수 있다. '3노선'에 따르면 인류는 반드시 과학문화 · 윤리문화 · 종교문화의 세 단계를 경과한다. 이 세 단계는 점차적으로 진행되며 한 가지를 뛰어넘어 다른 한 가지로 진행될 수 없다. 그러나 중국 문화는 과학문화 단계를 경과하지 않았으며 문명의 초기에 한순간에 두 번째 단계로 진입했다. 량수밍은 중국의 문제는 여기에서 비롯된 것이라고 생각했다. "예를 들면 한 사람의 심리 발육이 신체 발육과 상응하는 것과 같으며 또는 심리가 신체의 발육을 따라 발육하는 것과 같은 것이라고 할 수 있다. 그러나 중국은 총명한 아이처럼 신체가 완전하게 발육하지 않았는데 지혜가 일찍이 개발되었다. 즉 지혜가 일찍 개발되어 오히려 신체 발육을 억압했으며 다시 불건전한 신체 발육으로 인해 결국

12) 梁漱溟, 『中國文化要義』, 學林出版社, 1987년, 267쪽.

은 지혜가 원만하고 양호하게 발육하지 못했다."[13] 그는 이와 같이 중국 문화의 지혜가 일찍 개발되어 심신이 모두 건전하지 않은 것을 '5대 병'으로 개괄했다.

1) "유치: 중국 문화는 성숙한 문화지만 형태 방면에서 때로는 유치함을 드러낸다."
2) "노쇠: 중국 문화는 본래 삶의 흥취가 매우 풍부하며 어떤 문화와 비교해도 부족한 부분이 없었지만 뒤로 갈수록 삶의 흥취가 점점 엷어졌다."
3) "실행하기 어려움: 서양 문화는 신체에서 출발했기 때문에 현실에 매우 부합한다. 중국 문화는 마음에서 나왔기 때문에 이상이 사실보다 지나침을 면할 수 없으며 실행하기 어려운 문제가 있다."
4) "소극적인 것에 빠져 다시는 전망이 없다."
5) "애매하고 호쾌하지 않다."

구홍밍(辜鴻銘) 등과 같은 동시대 수구파 인물과 달리 량수밍은 덮어놓고 전통문화의 단점을 두둔하지 않았으며 오히려 비판했다. 심지어 천두슈와 후스보다 더 깊이 있게 전통문화의 단점을 인식했다고 할 수 있으며 특히 전통문화에 민주와 과학이 결핍된 것을 가슴 아파했다. 게다가 서양의 과학과 민주는 중국인이 마땅히 배워야 하는 것이라고 명확하게 주장했다. 이런 점에서 자신을 천두슈·후스 등의 '동반자'로 간주하고 그들은 모두 같은 일을 하며, 중국 문화의 출로를 모색하려 한다고 생각했을 것이다. 그러나 량수밍의 전체 문화이론은 서양 문화를 받아들이는 게 아니라 배척

13) 梁漱溟, 앞의 책, 297쪽.

하는 것이며, 중국의 전통문화를 비판하는 게 아니라 보호하는 것이다.

◗ 중국문화요의

중국·서양·인도의 세 문화 노선 가운데 량수밍이 선택한 것은 중국 문화이다. 중국 문화 중에서 그가 중시한 것은 유가 문화이다. 그가 인류 문화를 '3노선'으로 구분한 근거는 중국의 유가 문화에 있다고 할 수 있다. 다시 말하면 그가 손에 쥐고 있던 문화 평가의 척도는 유가의 도덕이었다. 그는 이런 척도로 서양 문화는 치유할 수 없는 병이 있으며 가장 높은 단계의 인도 문화 역시 '생명 본능'에 위배되는 것이라고 평가했다.

량수밍은 "의욕을 조절하고 중도를 지키는" 중국 문화의 우수한 점은 서양 문화와 인도 문화의 폐단을 바로잡을 수 있는 것으로 생각했다. 그의 분석에 따르면 중국의 형이상학은 고유의 문제가 있으며 문제를 해결할 방법도 있다. 중국인은 고대부터 변화하는 추상적인 도리를 이야기했으며 구체적인 문제를 이야기하는 경우는 드물었다. 예를 들면 중국인이 말하는 금·목·수·화·토의 오행은 추상적인 의미에서 말한 것이다. 그러나 서양인이 말하는 수·화의 두 요소와 인도인이 말하는 지·수·풍·화의 네 요소는 구체적인 물질을 가리킨다. 어떤 문제를 해결할 때 중국인은 추상적인 이치로 경험 사물을 추론하는 게 아니라 먼저 이치를 깨달은 기초 위에서 직각(直覺)에 의지해 문화의 내재적인 본질을 파악한다. 량수밍은 중국인의 이러한 형이상학설은 모든 학파들이 공유하지만 집중적으로 체현한 것은 『주역』이며 가장 잘 발휘한 사람은 공자라고 생각했다.

량수밍이 중국의 형이상학을 중시한 이유는 순수한 철학 연구를 위해서가 아니라 유가 문화의 형이상학적인 근거를 분명하게 밝히기 위해서였다. 그는 "공자학파의 인생철학은 완전히 형이상학에서 발생한 것임을 분명하게 보았다. 공자의 말은 모두 형이상학을 이야기하는 것이다."[14]라고 했다. 게다가 량수밍이 보기에 공자의 형이상학설과 윤리학설은 나누어지는 것이 아니다. 윤리는 형이상학설을 실현하는 것이며 그것과 하나가 되는 것이다. 공자의 학설에서 인생은 끊이지 않고 유행하는 본체이고, 사람의 생활은 그것으로 가는 가장 적당하고 합당한 도로이며, 그것의 본질은 변화이고 흐름이다. 이러한 변화와 흐름 가운데 인생은 반드시 중도를 지키고 조화를 이룩해야 한다. 이것이 바로 맹자가 말한 생각하지 않아도 알 수 있는 '양지(良知)'와 배우지 않아도 할 수 있는 '양능(良能)'이며 공자에게서는 '인'이라는 글자로 체현된다.

량수밍은 공자의 '인'은 예리한 직각이라고 생각했다. 공자가 세상 사람들에게 "인을 추구하도록" 권고한 것 역시 직각의 예리함을 직접적으로 가리킨다. 공자는 '인'을 해석할 때 다양한 의미를 부여했지만 본래 취지는 '직각'이라는 두 글자에 있다. 즉 직각에 맡기면 어떤 환경에도 잘 적응하고 만족하며 이런 심리 상태에서 활기 넘치는 경지가 나타난다. 량수밍의 이해에 따르면 이런 경지는 "활력이 넘치면서도 온화하고 평온한" 심리 상태이다.

량수밍은 공자가 제창한 "활력이 넘치면서도 온화하고 평온한" 경지는 인류가 가진 몸과 마음의 관계를 근본적으로 해결할 수 있다는 데 위대한 의의가 있다고 생각했다. 그가 보기에 몸과 마음의 관계를 처리하는 문제는 인류를 괴롭히는 가장 어려운 문제이다. 그 이유는 다음과 같다.

> 인류의 생활이 이지(理智)의 경지로 들어간 이상 앎과 행위 사이에는 큰 간격이 있다. 이런 간격이 큰 사람들은 앎을 떠나서 행동하고 단지 지식을 얻기 위

14) 梁漱溟, 『東西文化及其哲學』, 商務印書館, 1987년, 120~121쪽.

해 알려고 한다. 이런 감정면에서 사람은 크게 울 수도 있고 크게 웃을 수도 있으며, 기쁘고 화가 난 감정을 겉으로 드러내지 않을 수도 있다. 그들의 행위는 오랫동안 지속될 수 있고 일관되게 뜻을 굽히지 않을 수 있지만 생각을 드러내지 않을 수도 있으며 결국은 침묵하고 숨을 죽인다. 몸과 마음이 완전히 일치하는 것이 아니다. 특히 사람들은 자각적인 내면생활이 있기 때문에 시시때때로 몸과 마음의 모순과 충돌을 느낀다.[15)]

중국·인도·서양인은 몸과 마음의 모순과 충돌을 해결하는 방법이 각기 다르다. 대체로 말하면 서양인은 신체의 욕구를 무시하고 감각기관의 만족을 추구하며 공리주의를 신봉한다. 인도인은 반대로 신체의 욕구를 억제하고 금욕주의를 추구한다. 단지 중국의 유가학설만이 몸과 마음이 대립이 없고 안과 밖이 막힘없는 인생을 추구해 공리주의의 폐단도 바로잡을 수 있고 생명 본성을 억압하는 금욕주의의 폐단도 바로잡을 수 있다.

량수밍이 생각하기에 공자의 인생 도리는 원래 가장 좋은 것이었는데 애석하게도 제대로 실현되지 못했으며, 후대의 유생들에 의해 공자 학설의 진정한 의미가 왜곡되고 유린되었다. 그렇기 때문에 현재 가장 시급한 것은 다른 나라에서 새로운 인생 태도를 배우는 게 아니라 공자 학설의 진정한 모습과 진정한 의의를 회복하는 것이다. 이것은 중국이 새로운 문화를 건설하기 위해 반드시 필요하며, 이렇게 해야 중국 사회는 새로운 희망이 있다. 바로 이렇게 생각하기 때문에 량수밍은 공자의 사상을 명확하게 말하려는 생각을 계속해서 견지했다. "명확하게 말한다."는 것은 후대 유생들에 의해 왜곡된 것을 명확하게 밝히고 공자 학설의 참뜻을 찾아주는 것이다.

---

15) 梁漱溟, 『人心與人生』, 學林出版社, 1984년, 105쪽.

그렇지만 량수밍이 보기에 후대 유생들이 공자 사상의 진정한 의미를 왜곡했지만 서양 학술·인도 불교와 비교하면 그래도 유학이 가장 취할 만하다. 그는 "공자의 인생은 아직 실현되지 않았지만 우리가 보려는 중국의 인생은 여전히 인생의 제2노선이다."라고 했다. 그가 비교한 문화 3노선 가운데 "의욕을 스스로 조절하고 중도를 지키는 것"이 특징인 제2노선은 어떻게 말하든 간에 당시 중국인이 마땅히 선택해야 할 길이다. 이러한 점을 설명하려고 량수밍은 다음과 같은 세 가지 방면에서 논증했다.

첫째, 물질생활 면이다. 량수밍이 생각하기에 "중국인은 공자처럼 인생을 깨닫고 스스로 만족하는 삶을 살지는 못했지만 어떤 것을 적극적으로 추구하거나 적극적으로 얻으려고 생각한 적은 드물었다." 그들은 분수에 만족할 줄 알았으며, 눈앞에 있는 것을 누리려고 했지만 지나친 욕망을 품지 않았다. 그래서 물질생활 면에서 간단하고 소박한 삶을 살았으며 발명과 창조를 많이 하지 않았다. 량수밍은 이러한 점이 중국인의 부족한 부분이며 그 결과 "물질문명이 발전하지 않았다."고 생각했다. 또한 그는 "물질 면에서 진보하지 않은 것은 단순하게 물질 면에서만 진보하지 않은 것이 아니라 모든 문물제도 또한 이로 말미암아 개발될 수 없었다."는 것을 보았다. 그렇지만 량수밍은 말을 바꾸어 물질문명이 발달하지 않은 것은 중국인의 부족한 면이기도 하지만 다른 한편으로 그들에게 "매우 큰 행운"이었다고 생각했다. 여기에 대한 구체적인 논술을 살펴보자.

> 백여 년간 지속된 서양의 경제 변천은 겉으로 보면 화려해 보이지만 그 내면 깊은 곳에 사람들의 고통이 숨어 있다. 중국인은 그러한 고통을 받지 않았다. 비록 중국인의 차가 서양인의 차보다 못하며 중국인의 배가 서양인의 배보다 못하며, …… 중국인이 거처하는 곳과 누리는 것이 모두 서양인의 것보다 못하지만 물질 면에서 중국인이 누리는 행복은 확실히 서양인보다 많다. 우리의 행복

과 즐거움은 우리가 능히 누릴 수 있는 면에 있으며 누리려는 물건에 있는 것이 아니다. …… 아름다운 옷을 입는다고 해서 반드시 즐거운 것은 아니며, 해진 옷을 입어도 즐거울 수 있다. 중국인은 자연과 융합하고 즐기는 태도로서 조금 있으면 조금 누린다. 그러나 서양인은 끊임없이 새로운 것을 추구하기 때문에 정신적 고뇌를 야기하게 되었고, 얻는 것이 많더라도 충분히 누리지 못한다.[16)]

둘째, 사회생활 면이다. 량수밍은 중국인은 유가 예법의 속박으로 "수천 년간 각종 권위에서 해방되어 자유를 얻지 못했으며, 개성이 펼쳐지지 않았고 사회성 역시 발달하지 않았다. 이것은 중국인이 인생 면에서 서양인에게 가장 미치지 못하는 부분"이라고 생각했다. 그러나 량수밍은 이 부분을 이야기할 때 말을 바꾸어 중국인에게 개성의 자유가 없는 것은 나쁜 일이 아니며 오히려 좋은 일이라고 생각했다. 서양인은 "사람과 사람 사이에 분명한 구분을 지으려고 한다. 입을 열면 권리와 의무, 법률관계를 이야기하고, 누구와 누구든 간에 분명하게 계산하려고 하며, 심지어 부모와 자식, 부부 사이에도 이와 같다. 이러한 생활은 합리적인 생활이 아니라 고통스러운 생활이다." 그러나 중국인은 이와 다르다. "그들은 사람과 나 사이에 그 어떤 구분도 짓지 않고, 권리와 의무를 이야기하지 않으며, 효도 · 공경 · 예의 · 양보 등의 교훈이 도처에 가득하다. 가정생활과 사회생활 등에서도 곳곳에서 인정미를 느낄 수 있고, 냉담하고, 적대시하고, 계산하는 모양이 없다."[17)]

셋째, 정신생활 면이다. 량수밍 이전에 전통을 보호하고자 했던 수많은 사람이 서양 문명은 물질문명이고 중국 문명은 정신문명이며 두 가지를

---

16) 梁漱溟, 『東西文化及其哲學』, 商務印書館, 1987년, 151~152쪽.

17) 梁漱溟, 위의 책, 152~153쪽.

비교하면 후자가 전자보다 우위에 있다고 생각했다. 그러나 량수밍은 그들과 달리 중국인은 정신생활 면에서 실패했다고 생각했다. 그는 다음과 같이 말하고 있다.

> 중국인이 지닌 사람과 자연이 융합하는 모습과 태연자약하며 즐기는 물질생활 태도는 실로 옳으며 매우 고귀하다. 서양인과 비교하면 하나의 진정한 승리라고 할 수 있다. 중국인이 지닌 사람과 사람이 융합하는 모습과 순박하고 인정이 두터우며 양보하는 사회생활 태도는 확실히 옳으며 고귀하다. 서양인과 비교하면 하나의 진정한 승리라고 할 수 있다. 정신생활 면에서는 열거할 게 거의 없다. 종교 면에서 보면 단지 저급한 동기에서 시작한 복을 구하고 오래 살기를 기원하는 생각뿐이며 서양 종교 같은 사랑을 숭상하는 위대한 정신이 거의 없다. 시가(詩歌)·사부(詞賦)·희곡(戲曲) 같은 문학은 비록 슬기롭고 정교한 부분이 많지만 위대한 기개, 두터운 사상과 진정한 감정이 적다. 음악·회화 같은 예술에 대해 나는 깊이 알지 못한다. 개인적인 생각으로는 예술 방면에서 고귀한 부분이 있지만 우연히 나타난 것으로 보이며 보편적으로 유행한 문화가 아니었다. 지식을 중시하는 과학은 전혀 없다. 철학 면에서도 뛰어난 부분이 있지만 대부분 사람들이 그런 생애를 살지 않았다. 사회에서 일반적으로 존재하는 것은 모호하고 졸렬한 사상뿐이다. 여러 면에서 살펴보면 정신생활 면에서 중국인은 좋은 점을 실행하지 못했다.[18)]

량수밍은 중국인의 정신생활을 거의 전반적으로 부정했기 때문에 물질생활과 사회생활의 두 방면을 평가할 때처럼 말을 크게 바꾸지 않았으며, 정신생활 면에서는 공자에게서 좋은 점이 많이 이루어졌으며, 공자가 제

---

18) 梁漱溟, 앞의 책, 153쪽.

창한 정신생활은 "종교 같으면서도 종교가 아니며, 예술이 아니면서도 예술 같은" 생활이었으나 애석하게도 "일반 사회에서 유행하지 못했다."고 강조했다.

위에서 언급한 세 방면에 관한 량수밍의 견해는 자기의 학설을 그럴듯하게 꾸미려고 한 모순이 있음을 어렵지 않게 알 수 있다. 중국인이 사람과 자연, 사람과 사람 사이의 대립을 야기하지 않고 스스로 즐거움을 얻을 수 있다면 그 자체가 바로 정신생활에서 '진정한 승리'를 이룩한 것이며 실패한 생활이 결코 아니다. 정신생활이 성공할지 아닐지를 판가름하는 열쇠가 '대립하는가' 또는 '대립하지 않는가'에 있다는 것은 량수밍 문화철학의 핵심 내용이다. 그가 중국인이 정신생활 면에서 성공하지 못했다고 하는 것은 사실상 자기의 문화 주장을 부정하는 것과 같다.

그러나 이러한 점은 량수밍이 사상 면에서 작은 실수를 한 것일 뿐이라고 할 수 있다. 그의 전체적인 문화철학 체계에서 보면 중국 유가의 정신생활은 성공적인 것이기 때문이다. 그 근거는 『중국문화요의(中國文化要義)』에서 개괄한 "도덕으로 종교를 대신한다."는 것과 '이성지상주의'이다.

량수밍이 생각하기에 인류 문화의 대다수는 도구 수단·방법 기술·조직 제도 등이다. 그러나 이런 것이 인류 문화의 대다수를 차지하지만 종속적인 성분에 불과하다. 인류 문화의 중심을 차지하고 주체가 되는 것은 인생 태도와 가치판단이다.[19] 그것은 사람이 살아가면서 취해야 할 것과 버려야 할 것, 좋은 것과 나쁜 것, 옳은 것과 그릇된 것이 무엇인지를 결정한다. 각종 문화의 모습이 서로 다른 이유는 사람들의 인생 태도와 가치판단이 다르기 때문이다. 인생 태도와 가치판단은 모든 문화 현상에 포함되어 있으며, 특히 종교·도덕·풍속·법률에 포함되어 있다. 그러나 "초기에는

---

19) 梁漱溟, 『中國文化要義』, 學林出版社, 1987년, 95~96쪽.

종교에 포함되어 있었으며 도덕·풍속·법률에는 이후에 포함되기 시작했다. 그렇기 때문에 인류 문화는 종교에서 시작될 수밖에 없었으며 종교가 중심이 되었다." 그래서 량수밍은 "종교 문제는 실질적으로 중서문화의 분수령이 된다."[20]라고 제기했다.

서양에서 종교의 기원은 오래되었으며 아주 오랜 시기 문화의 중심에서 있었다. 그러나 근대 문명의 충격으로 인해 종교는 과거와 같은 영향과 기능을 상실하게 되었으며 현대인의 곤혹스러움이 나타나게 되었다. 량수밍은 이러한 과정을 다섯 가지 방면으로 개괄했다.

첫째, 과학이 발달하고 지식이 미신과 환상을 대신하게 되었다.

둘째, 자연을 정복하려는 위력이 강해지고 인류의 의지가 굳세어졌다.

셋째, 이성적 비판정신이 풍부해지고 불합리한 신앙은 점점 용인하기 어려워졌다.

넷째, 사람과 사람은 서로 의지하고 떨어질 수 없는 구조가 이미 경제면에서 구축되었으며, 사회질서는 정치에 따라 유지된다. 이때 문화의 중심은 도덕·예속 및 법률로 점점 이동했다.

다섯째, 생활 경쟁이 격렬해지고 물질문명의 유혹이 많아졌으며 인생은 외부를 대하느라 숨 돌릴 겨를도 없고 모든 것이 모호하고 혼탁해졌다.[21]

중국 문화는 종교에서 시작했지만 얼마 지나지 않아 그 중심이 종교가 아닌 공교(孔教)로 옮겨졌다. 종교 신앙의 실질은 "자신에 대한 믿음을 버리고 타인을 믿는 것이며, 자신의 힘을 버리고 타인의 힘에 의지한다."는

---

20) 梁漱溟, 앞의 책, 95쪽.

21) 梁漱溟, 위의 책, 97쪽.

데 있다. 공자 이후 중국 문화가 나아간 길은 확실히 이와 다른 길이었으며 도덕으로 종교를 대신하는 길이었다. 그것은 사람의 자각(自覺)·자신(自信)·자력(自力)을 강조하며 어떤 외재적인 역량에 의지해 사람들이 선한 길로 나아가게 하는 것이 아니다. 또한 '공교'는 인생을 체험하는 것이고 마음속에서 우러나오는 것이며, 외재적 역량을 빌리는 것이 아니기 때문에 사람들은 외부 환경의 간섭을 받지 않고 인생을 지킬 수 있으며 사회의 화합을 보장할 수 있다.

'공교'가 어떻게 종교를 대신해서 인류 문화의 대 사명을 완성할 수 있을까 하는 문제에 대해 량수밍은 '공교'는 일종의 '이성지상주의'이기 때문에 가능하다고 생각했다. "공자는 이성을 숭상했고 이성을 깊이 믿었으며, 그는 사람들의 이성을 일깨워주려고 했을 뿐만 아니라 '생활이 완전히 이성화된 사회'를 실현하려고 했다."[22] 량수밍이 보기에 사람은 본능에 의지해서 살아가는 게 아니며 사람이 사람일 수 있는 이유는 본능 이외의 '이지(理智)'가 있기 때문이다. 사람의 '이지'는 생명 본능을 초탈하며 어떤 사물에도 흥미를 나타내지만 반드시 생활 자체를 위한 것은 아니다. 예를 들면 진실한 마음을 추구하고 선한 마음을 좋아하는 것은 생활에서 출발할 필요가 없다. 그러나 량수밍은 또한 이지와 이성은 다른 것이라고 생각했다. "이지는 반드시 고요한 상태에서 조성되며 이후에 그것이 발휘되어 뜻밖에 사사롭지 않은 감정(Impersonal feeling)이 일어나는데, 이것이 바로 이성이다." 이는 이지와 이성이 서로 관련 없는 두 가지 형태이거나 우열의 구분이 존재하지 않음을 말하는 것이 아니다. 량수밍이 생각하기에 "이성과 이지는 마음이 각기 다른 두 방면으로 작용한 것이다. '지(知)'의 방면을 '이지'라 부르고 '정(情)'의 방면을 '이성'이라 부르며 이 두 가

22) 梁漱溟, 『中國文化要義』, 學林出版社, 1987년, 109쪽.

지는 본래 밀접하게 연관되어 있다."[23]

그렇지만 량수밍은 이지와 이성을 언급할 때 다시 말을 바꾸어 두 가지의 차이를 집중적으로 분석했다. 그가 생각하기에 리(理)에는 두 가지가 있다. 하나는 '물리(物理)' 이고 다른 하나는 '정리(情理)' 이며 '물리' 를 중시하는 것을 '이지' 라고 하며 '정리' 를 중시하는 것을 '이성' 이라고 한다. 중서문화는 바로 여기에서 나누어진다. 즉 서양인은 물리를 중시하고 이지를 중시하며, 중국인은 정리를 중시하고 이성을 중시한다. 전자는 사물을 강조하며 후자는 사람을 강조한다. 서양인은 과학을 발달시키고 학술을 진보시켰지만 오히려 사람들이 의지할 수 있는 정신적인 안식처를 잃어버렸다. 그들은 이지가 성행함으로써 오히려 이지에 의해 상처를 입었다. 그러나 중국인은 서양인과 대조적인 상황을 형성했다. 중국인은 사람이 중심이 되는 삶을 살아가고 화합을 강조한다. 이것이 이성이다. 동물은 서로 '대립하는' 상황에 처했으며 동물 가운데 유일하게 인류가 '대립하는' 상황에서 '대립하지 않는' 상황으로 발전할 수 있다. '대립하지 않는' 상황이 되어야만 서로 화합할 가능성이 있다. 그렇지만 화합 여부는 인류 자신에게 달렸으며, 인류 자신의 깨달음이 있어야만 비로소 화합을 이끌어낼 수 있다. 내심을 추구하지 않고 외재적인 역량만 추구한다면 결국 인류의 화합이라는 하나의 큰 목적에 도달할 수 없다. 량수밍이 생각하기에 중국문화의 내재적인 정신은 중국인이 진정으로 인생의 의의와 가치를 보고 자신의 깨달음에 의거해서 "끊이지 않고 자각적으로 그가 본 리(理)를 실천한다."는 데 있다.

23) 梁漱溟, 앞의 책, 127쪽.

◗ 향치 이론과 이상국 모델

량수밍이 자신을 "사상이 있으며 또한 사상에 의거해서 행동한 사람"[24]이라고 스스로 평가한 것에서 알 수 있듯이 그는 사상가이자 실천가였다. 그는 일생 동안 "옛 중국을 인식하고 새로운 중국을 건설한다."라는 목표를 가지고 살아갔다. 그가 중국·서양·인도 문화를 비교하고 중국 민족의 내재적인 가치를 강조한 것은 맹목적으로 외세를 배척하기 위해서도 아니며 캉유웨이처럼 공자를 존중하고 경서를 읽어야 한다는 존공독경(尊孔讀經)을 강조하기 위해서도 아니었다. 문화문제에 대한 량수밍의 사고는 과거 지향적이 아니라 미래 지향적이다. 다시 말하면 그가 문화 문제를 탐구한 목적은 "중국 미래 문화의 올바른 발전 방향은 무엇인가?"라는 질문에 대답하기 위해서였다. 『동서 문화 및 그 철학』 출판 이후 얼마 지나지 않아 량수밍은 한편으로 계속해서 문화철학 이론을 탐구했으며, 다른 한편으로 자신의 문화 주장을 이용해서 중국의 현실을 개조하려고 했다. 우리는 당시 중국 사회에서 서양 사조와 사회주의 사조가 양립했음을 알고 있다. 량수밍이 보기에 이 두 사조는 중국 문제를 해결할 수 없으며 중국의 국정에 부합하지 않았다. 그에 따르면 중국 사회는 두 가지 큰 특징이 있다. 하나는 심오한 유가 전통이 있다는 것이고, 다른 하나는 농업인구가 주체가 된다는 것이다. 그러나 서양의 자본주의와 소련의 사회주의는 이 같은 중국 사회의 특징에 부합하지 않는다. 그가 보기에 서양인(소련인을 포함해서)은 폭력적인 혁명을 채택할 수 있지만 중국인은 그렇게 할 수 없다. 왜냐하면 중국인은 세계에서 이성을 가장 숭상하는 민족이며, 조화와 중도를 지키는 것을 미덕으로 생각하고, 선한 행위를 원하며 폭력을 부끄

24) 梁漱溟, 『中國文化要義』 자서, 學林出版社, 1987년.

러워하기 때문이다. 그는 "국민들이 공산당에 의해 오도되어 투쟁으로 중국 문제를 해결하려고 하지만 오히려 더 혼란해질 뿐이며 좋은 결과가 있을 수 없다."[25]라고 했다. 여기에서 량수밍은 폭력을 숭상하는 마르크스주의나 소련의 사회주의 모델을 중국에 가져와서는 안 된다는 것을 국민들에게 말하고 있다. 다른 한편 전력을 다해 서양 자본주의 사회 모델을 모방하는 것에 반대했으며, 중국 문화와 서양 문화는 넘을 수 없는 경계로 막힌 두 길 위를 달리는 차와 같기 때문에 중국인이 서양을 배우려고 한다면 결과는 "자신의 본분을 잊고 함부로 남을 흉내 내다가 자신이 가지고 있던 오랜 전통마저 다 잃어버릴 뿐"이라고 생각했다.

량수밍은 중국 사회의 특수성을 분석한 근거로 중국의 미래는 "자가의 정신을 인정하고 자가의 길을 찾아가는 것'이라고 주장했다. '자가의 길'은 그가 전력을 다해 개척하려고 했던 향치(鄕治)의 길이다. 그는 이런 길은 서화와 다르고 소련화와도 다른 '제3의 길'이라고 생각했다.

량수밍은 제3의 길을 개척하기 위해 심혈을 기울였다. 그는 베이징대학의 교사직을 사직하고 남북의 각 성을 두루 다니면서 자신의 문화 주장을 실천에 옮겨 진정으로 중국 사회를 발전시킬 새로운 길을 개척하려고 시도했다. 량수밍은 1927년 리지선(李濟深)의 지원을 받아 광둥에서 '향치'를 실험적으로 시행했으며, 같은 해에 향치 강습소를 열었는데 청중이 천여 명이 되었다. 1929년에 난징·상하이·허베이·산시 등지를 연이어 시찰했다. 다음 해에 허난으로 가서 허난 향치학원을 설립하는 일에 참여했다. 그는 이 학원의 교무장을 맡았고 친히 강의했으며 동시에 『향치월간(鄕治月刊)』을 인수해서 편집을 주관했다. 1930년 산둥 추평(鄒平)에서 정식으로 향촌 건설 실험 구역을 창립해 지도자를 양성했으며 범위를 넓혀나갔다.

25) 梁漱溟, 『中國民族自救運動之最后覺醒』, 北平村治月刊社, 1932년, 142쪽.

이러한 실험 구역은 한동안 14개 현에 이르는 광범위한 지역에 설치되었다. 이 기간에 량수밍은 향치 실천에 전력을 다했으며, 다른 한편 『중국 민족자구운동의 최후 각성(中國民族自救運動之最后覺醒)』과 『향촌 건설 이론(鄕村建設理論)』 등의 저작을 써서 중국 사회의 특수성을 분석하고 이를 통해 향촌 건설 또는 중국 사회가 앞으로 나아가야 할 필연의 길과 유일한 길을 논증하려고 시도했다.

량수밍의 이론과 실천에서 보면 그의 향치는 사실상 새로운 이상국이며 정확하게 말하면 중국 유가의 대동사상이 문화 기초가 되는 유토피아이다. 『향촌 건설 이론』의 서두 부분에서 량수밍은 직접적으로 "우리의 옛 사회는 이미 가장 깊은 곳까지 붕괴되었기 때문에 반드시 처음부터 다시 만들어야 한다. 여기서 전개된 사회는 모든 것이 새로운 조직이며 인류가 예전에 가지고 있지 않았다."[26]라는 견해를 제기했다. 량수밍은 다음과 같은 몇 가지 특징으로 자신의 이상국을 개괄하고 있다.

1) 생산 자료는 모두 국가의 소유가 되게 하고 생산과 분배를 고르게 실행한다. 생산품을 풍족하게 해서 사람들이 먹고 입는 것을 다시는 걱정하지 않게 한다.

2) 농촌이 먼저이고 도시가 나중이며 농업이 먼저이고 상공업이 나중이다. 먼저 농업을 발전시켜야 도시와 농촌의 차별이 없어진다.

3) 사람이 주체가 되고 사회는 화합하며, 경쟁이 없고 물질이 사람을 통치하는 일이 없다.

4) 윤리가 본위가 되며, 개인의 권리가 보호받고 개인의 가치가 실현된다. 또한 고도의 민주와 자유를 향유하며 동시에 사회조직의 윤리화를 실

26) 梁漱溟, 『鄕村建設理論』, 鄒平鄕村書店, 1937년, 2쪽.

현하여 전체 사회가 대가족처럼 따뜻한 사회가 되게 한다.

5) 사람들은 모두 사회 공공의 사무에 참여할 권리와 의무를 가지며, 지도자는 민선으로 선출되어 현인정치와 대중정치를 실행한다.

6) 정치와 종교가 하나가 된다. 법률과 폭력을 숭상하지 않고 새로운 예속으로 그것을 대신한다. 새로운 예속이란 전체 사회의 의식 형태이며 사람들이 마땅히 준수하고 따라야 할 정치규범이다.

량수밍은 자신이 설계한 이상국에 대해 낙관적인 견해가 있었으며, 진정으로 이런 단계에 도달할 수 있다면 "아름답고 선한 문이 여기에서 열리고 죄악의 문이 여기에서 닫히는 것과 같다."[27]라고 생각했다. 량수밍이 산둥에서 실천한 향치는 기본적으로 그가 구상한 이상국 모델에 따른 것이다.

량수밍은 향치 이상은 "여러 가지 면에서 마르크스와 공산당의 영향을 받았다."고 했으며 "자본주의에 반대하고 사회의 일체성을 완성하려고 한 것에서 말하면 우리의 향촌 건설은 일종의 사회주의이다."[28]라고 했다. 량수밍은 청년 시절에 한동안 사회주의를 동경했으며 『사회주의 수언(社會主義粹言)』이라는 소책자를 써서 수십 부나 인쇄했다. 그러나 10월 혁명 이후 중국은 소련화의 길을 가서는 안 된다고 생각했으며 국민을 폭력 혁명으로 떠밀어서는 안 된다고 생각했다. 량수밍은 본래 강렬한 구세 의식을 지닌 사람이었다. 그렇기 때문에 1920~1930년대의 혼란한 사회정세에서 자연스럽게 자기의 문화 주장에 따라 중생을 제도하는 길을 가려고 했다.

그의 기본적인 생각에 따르면, 중국 민중의 생활은 초라하고 문맹자가

---

27) 梁漱溟, 앞의 책, 286쪽.
28) 梁漱溟, 위의 책, 433쪽.

많을 뿐만 아니라 지식인 계층은 사리사욕에만 관심 있기 때문에 정치에 관심을 둔 사람은 적었다. 중국이 시급하게 해결해야 할 첫째가 기본적인 생계 문제이며, 둘째가 교육 문제이다. 농촌이 부흥하고 산업이 발달하고 국민이 풍요롭게 생활해야만 민주정치의 길로 나아갈 수 있다. 다시 말하면 기본적인 생계 문제를 해결하지 않고 국민의 소질이 향상되지 않은 상황에서 지나치게 일찍 '민주'를 이야기하는 것은 타당하지 않다. 다른 한편 중국인의 심리 특징은 "주어진 상황에서 스스로 만족하는 것"이며 경쟁의식이 없다. 일반 백성의 인생은 현실에 만족하며 살아가는 것이며 외부 환경을 바꾸어보려고 생각하는 사람은 적다. 그렇기 때문에 민족의 심리를 바꾸는 것 또한 필요했다. 그러나 그는 서양인의 '대립하는' 인생관을 도입하는 것에 반대했다. 그가 의지한 것은 여전히 전통의 '공교'이며, 중국인의 소극적인 인생관은 공자유학 때문에 형성된 것이 아니라 후대의 유생들이 공자의 학설을 왜곡했기 때문에 백성들이 나아가야 할 방향을 잃어버렸다고 생각했다. 그에 따르면 '공교'가 제창한 것은 본래 적극적인 인생이었다. 현재 중국인이 해야 하는 것은 교육을 통해 전통을 선양하고 '공교'에 내재한 적극적인 성분을 분명하게 밝혀 국민들이 분발해서 부강을 도모하도록 격려하는 것이다. 그의 향치가 교육을 중요하게 생각하는 이유가 여기에 있다.

이상은 량수밍의 문화 주장과 그가 문화 주장을 운용해서 "옛 중국을 개조하고 새로운 중국을 건설하는 것"을 실천한 대체적인 내용이다. 량수밍은 "주체적인 사상을 가지고 행동한" 사람이었지만 동시에 수많은 방면에서 자기의 사상을 제대로 장악하지 못했으며 모순이 많았음을 쉽게 알 수 있다. 그는 "나는 '학문을 위해 학문을 탐구한 것'이 아니다. 나는 중국 문제의 자극을 받았으며 간절한 뜻은 중국 문제를 해결하는 것이었기 때문에 역사와 문화의 근원을 끝까지 밝히려고 했다. 나는 애초에 어떤 '사회 발전사', 어떤 '문화철학'을 구상하지 못했다."[29]라고 한 적이 있다. 량수밍의 학술 생애를 보면 그가 전심전력을 다해 연구한 것은 인도철학뿐이며 중국 전통학문에 대한 견실한 기초가 결여되었을 뿐만 아니라 서학에 대해서도 전반적인 이해가 부족했다. 특히 중국과 서양 양쪽의 문화발전사를 이해하고 해석할 때 수많은 부분이 주관적인 생각에서 나온 것이었다.

예를 들면 중국은 이성이 일찍 개발되어 '문화 조숙'을 야기했다고 생각했지만 사실상 서양도 마찬가지다. 문명의 초기에 중국과 서양은 모두 신권 시대에서 이성의 각성 시대에 이르는 과정을 거쳤다. 시간적으로도 대체로 비슷하며 모두 기원전 5세기 전후에 일어났다. 중국은 공자가 대표적이며 서양은 소크라테스가 대표적이라고 할 수 있다.

또 예를 들면, 그는 중국·서양·인도의 문화를 '3노선'으로 구분했으며, 서양인은 그리스·로마 시대에 제1노선으로 향했기 때문에 과학이 발전했지만 로마 후기 물질문명의 발달로 육체적인 욕망이 극에 달하고 풍속이 퇴폐해졌으며 사람들은 어쩔 수 없이 기독교를 빌려 국면을 수습했고 이로 말미암아 문화가 제3노선으로 접어들었다고 생각했다. 다시 말하면 서양인의 과거 역사는 제1노선과 제3노선 가운데서 순환했으며 유독 제2노선의 과정이 없었다. 그러나 실제로 "조화와 중용을 지키는 것"이 특징인 제2노선의 문화는 서양인에게 결핍되지 않았다. 소크라테스·아리스토텔레스·키케로 같은 대사상가들은 모두 중용의 도를 강력히 주장했다. 그리스의 아테네와 공화 시기의 로마가 도시국가를 건설한 근본 원칙이 "조화와 중용을 지키는 것"이었다.

다시 예를 들면, 량수밍은 서양 문화의 특징은 "의욕이 앞으로 향하는

---

29) 梁漱溟, 『中國文化要義』 자서, 學林出版社, 1987년.

것"이라고 생각했다. 바꾸어서 말하면 중국과 인도 문화는 모두 "의욕이 앞으로 향하는 것"이 아니다. 이러한 설명은 독단적이다. 어떤 민족이든 모두 "의욕이 앞으로 향하는" 특징이 있으며 인도 또한 마찬가지다. 설령 인도 사회는 발전이 원만하고 종교가 성행하지만 "의욕이 뒤로 향한다."는 특징으로 인도 사회를 개괄할 수 없다. 량수밍의 '3노선'에 따라 중국의 공맹유학을 보면 그것을 어떤 노선에 두고 보더라도 모두 부합한다. 그것이 "조화와 중용을 지키는 것"이라고 해도 틀린 말은 아니지만 의욕이 "앞으로 향한다."거나 "뒤로 향한다."고 해도 어찌 틀린 말이라고 하겠는가. 공자가 "하늘이 무슨 말을 하겠는가. 사시가 운행하는 것에 근거하여 온갖 생명과 물질들이 나타나는데 하늘이 무슨 말을 하겠는가"라고 한 것과 "흘러가는 것이 이와 같이 밤낮을 쉬지 않는구나"라고 한 것, 『역전(易傳)』에서 "만물이 끊임없이 생장한다."라고 한 것 등은 모두 "앞으로 향한다."는 뜻이다. 그리고 유가가 선조의 관습법을 숭배하고 정성을 다해 성인의 품격을 지키는 것 등은 모두 "뒤로 향하는 것"을 표현한다.

량수밍이 제기한 문화 주장의 요지는, 중국의 전통 중에는 우수한 성분이 있으므로 새로운 문화를 건설하려면 서양 세계에서 새로운 문화를 건설할 역량을 찾을 필요가 없으며 전통에 숨겨진 보물을 발굴하기만 하면 된다는 것이다. 그러나 동시에 근대 서양 문명의 우수한 점을 인정했으며 물질문명의 유혹에 저항하기 어렵다는 것을 인정했다. 이에 근거해서 그는 중서문화 가운데 취해야 할 것과 버려야 할 것에 대해 두 가지 원칙을 정했다. 하나는 "서양 문화를 전반적으로 받아들여 근본적으로 고쳐야 한다."는 것이며, 다른 하나는 "비판적으로 중국 원래의 태도를 드러내어야 한다."는 것이다. 다시 말하면 서양 문명을 기꺼이 받아들일 수 있지만 반드시 "중국 원래의 태도"에 따라서 새롭게 고쳐야 한다는 것이다. 솔직히 말하면 이는 유가 전통이 중심이 되어 서양의 물질문명을 받아들여야 한다는 장즈둥의 '중체서용'과 같다. "중국 원래의 태도"는 공맹유학의 인생관을 말한다. 그러나 량수밍에 따르면 중서문화는 원래 서로 다른 두 도로 위를 달리는 차와 같이 영원히 함께 갈 수 없다. 그렇다면 어떻게 "중국 원래의 태도"로 서양 문화를 바꿀 수 있는가. 분명한 것은 이 문제에 량수밍은 원만한 답안을 제시해줄 수 없다는 점이다. 장쥔마이는 다음과 같이 비평한 적이 있다.

> 량 선생은 한편으로 세계 미래의 문화는 중국 문화의 부흥이라고 하면서 다른 한편으로 중국은 마땅히 서양 문화를 받아들여야 한다고 했다. 두 측면의 말이 어떻게 어울릴 수 있는지 나는 분명하게 이해할 수 없다. 문화는 안과 밖의 두 측면이 있다. 서양에는 지식을 사랑하는 정신이 있었기 때문에 오늘날의 과학문명이 있게 되었다. 지식을 사랑하는 정신을 버리고 중국인의 유유자적하는 삶을 취했다면 과학문명이 발생할 수 있었을까는 의문이다. 설령 발생할 수 있었다고 하더라도 오늘날 같은 서양의 상공업 조직이 나타날 수 있었을까 또한 의문이다.[30)]

량수밍은 중국의 '공교'는 인생의 고난을 해결할 근본 대법이며 "중국 원래의 태도"라는 것은 후대의 "식견 좁은 학자"들에 의해 왜곡되기 이전의 원래 유학이라는 신념이 있었다. 동시에 그는 원래의 유학은 흔적도 없이 사라졌고 왜곡된 유학과 유학의 저열한 상품이 중국 문화의 주류가 되었다고 반복해서 설명했다. 그뿐만 아니라 제2문화 노선은 공맹의 진의에서 벗어난 유학이 주체가 되는 문화 노선이다. 량수밍은 여기에서 풀기 어려운 문제를 후대인에게 제시했다. 그는 전력을 다해 원래의 유학을 부흥

30) 張君勱, 『中西印哲學文集』, 學生書局, 1981년, 224쪽.

시키려고 했으며 또한 인류의 미래는 제2문화 노선을 가는 것이라고 생각했다. 물론 량수밍이 명확하게 지적한 미래의 제2문화 노선은 "중국 원래의 태도"를 사용해서 새로 개조한 유학 전통이 중심이 되는 문화 노선이다. 그러나 문제는 사람들이 어떻게 "중국 원래의 태도"로 새롭게 개조한 문화 노선을 갈 수 있는가이다. 『동서 문화 및 그 철학』 출판 이후 얼마 지나지 않아서 리단천은 량수밍의 주장은 현실적이지 않은 문화이상주의라는 견해를 제기했으며, "지금 공자 철학은 잠시 제창할 필요가 없으며 '진짜 공자', '가짜 공자'라는 시비를 논할 필요가 없다. 왜냐하면 비판적으로 '공자 원래의 태도'를 끄집어내려고 하면 반드시 수많은 '공자 원래의 태도가 아닌 것'이 나타나며 그렇게 되면 '공자 원래의 태도가 아닌 것'의 역량이 '공자 원래의 태도'보다 더 커진다."[31]고 생각했다. 리단천이 보기에 공자의 진의가 왜곡된 것은 당연히 공자의 불행이다. 그러나 현재 공자를 대신해서 그의 사상을 분명하게 말하려고 한다면 시대에 걸맞지 않으며, 그 결과는 공자 한 사람에게는 행운이겠지만 전체 중국인에게는 불행한 일이다. 왜냐하면 공자를 대신해서 그의 사상을 분명하게 말하려고 한다면 반드시 "가짜 공자"가 기회를 타서 다시 나타날 것이기 때문이다.

량수밍 이전에 중서문화 논쟁이 전개될 때 대부분 논자들은 중서 양쪽의 문화를 유형이 다른 두 문화로 간주했으며, 가장 영향력이 있었던 것은 앞에서 언급한 '정적 문명'과 '동적 문명'의 분류법이다. 두 문화의 유형이 다르기 때문에 어떤 논자는 중국의 미래를 위한 처방약으로 '조화론'을 제기했다. 서양 문화의 적극적인 성과와 중국 전통문화의 우수한 성분을 융합하고 이것을 이용해야 현재의 중국인은 새로운 문화의 길을 갈 수 있다고 생각했다. 량수밍은 이러한 견해에 단호하게 반대했다. 그는 조화론

---

31) 李石岑, 「評(東西文化及其哲學)」, 『民鐸』, 3권, 3호.

자들은 문화의 표면적인 현상만 보았을 뿐이고 문화의 내재적인 정신을 보지 못했으며, 한 문화의 내재적인 정신은 마음대로 취하고 버릴 수 있는 것이 아님을 보지 못했다고 생각했다. 량수밍의 견해는 틀린 게 아니라고 할 수 있다. 문화를 도입하는 것은 확실히 상점에서 물건을 사듯 마음에 들면 선택하고 마음에 들지 않으면 선택하지 않는 것과 다르다. 문화는 그것의 내재적인 구성과 계통이 있다. 문화를 교류하고 전파할 조건이 성숙되기만 하면 우리가 좋아하는 것은 자연히 들어오며 좋아하지 않는 것도 따라서 들어온다. 사람들은 선택할 자유가 있지만 선택하기 싫은 것도 함께 들어올 수 있다. 게다가 두 문화의 계통이 다르면 반드시 전면적인 충돌이 발생하며 그 결과 반드시 한쪽이 승리하고 다른 한쪽이 패배한다. 여기에 확실하게 조화는 존재하지 않는다. 이러한 과정 가운데 새로 들어온 문화가 원래의 모습을 잃는 것은 당연하지만 그것과 본토 문화의 관계는 조화의 관계가 아니다.

량수밍은 조화론에 반대했지만 중국 문화가 서양 문화에게 자리를 내어줄 수 없으며 국민이 반드시 "중국 원래의 태도"를 엄격히 지키고 이러한 태도로 서양 문화를 개조해야 한다고 생각했다. 그는 "미래의 문화는 명확한 하나의 태도이다. 현재의 형세에서 미루어 보아도 명확하게 바뀐 하나의 태도이며 바뀐 것은 확실히 과거 중국인의 태도이다."라고 했다. 량수밍이 이런 견해를 견지한 이유는 중서문화는 두 종류의 다른 노선이라고 생각했기 때문이다. 두 노선은 유형의 차이가 있을 뿐만 아니라 더욱 중요한 것은 단계의 차이가 있다. 중국인이 제1노선을 경과하지 않았지만 서양인은 반드시 제1노선에서 제2노선으로 들어가야 한다. 그래서 량수밍은 "세계의 미래 문화는 중국 문화의 부흥이다."[32]는 것을 굳게 믿었다. 량

32) 梁漱溟, 『東西文化及其哲學』, 商務印書館, 1987년, 199쪽.

수밍은 또한 중국 문화가 조기에 성숙했기 때문에 중국인은 제1노선을 가지 않고 "중도에 방향을 바꾸어 제2노선으로 가게 되었다."고 인정할 수밖에 없었다. 그러나 "인류 문화가 제1노선을 경과해야 한다면 어떻게 제1노선을 뛰어넘어 순조롭게 제2노선을 갈 수 있겠는가." 미래의 문화에서 제1노선과 제2노선의 관계를 어떻게 처리하는가 하는 문제에 량수밍은 믿을 만한 답안을 제시하지 못했다. 다시 말하면 그는 제1노선 위에 있는 서양인이 제2노선으로 진입할 통로를 제공하지 못했을 뿐만 아니라 제2노선 위에 있는 중국인이 제1노선 위에 있는 서양인의 문명 성과를 받아들이고 동시에 그들의 문화 전통을 보호할 방법을 제공하지 못했다.

량수밍이 일생 동안 탐구한 것은 두 가지 문제였다. 하나는 민족의 부흥이라는 '중국 문제'였고, 다른 하나는 가치의 추구라는 '인생 문제'였다. 그는 말년에 "내가 14세 때 중학교에 입학한 이후 진보적인 하나의 마음이 내가 두 가지 문제를 끊임없이 추구하도록 부추겼다. 하나는 '사람은 왜 사는가?'라는 인생 문제였으며, 둘은 '중국은 어디로 가야 하는가?'라는 사회 문제, 즉 중국 문제였다."[33]라고 회고했다. 이 두 문제의 해답을 찾는 것이 백여 년간 진행된 중서문화 논쟁의 핵심이었다고 할 수 있다. 단지 량수밍만이 이 문제를 고민한 게 아니라 그와 동시대를 살았던 수많은 사상가들이 모두 이 문제를 고민했으며, 1980년대에 이르기까지 문화 논쟁은 여전히 이 두 문제를 둘러싸고 전개되었다. 단지 사상가들이 사색하는 방식과 문제를 보는 시각이 달랐을 뿐 목적은 분명히 같았다. 바로 어떻게 하면 중국 문제를 해결하고 인생 문제를 해결할 수 있는가였다.

량수밍의 문화 주장이 지닌 모순은 이 두 문제를 해결하기 위해 두 가지 문화철학을 이용했다는 점이다. 중국 문제를 해결하기 위해 그가 채용한

33) 『梁漱溟問答錄』, 湖南出版社, 1992년, 15쪽.

것은 문화상대주의이다. 그는 중국 문화가 서양 문화에 미치지 못하는 게 아니라 서양 문화와 다르기 때문에 중국인은 반드시 본 민족문화의 특수성을 인식해야 하며 서양인의 뒤에서 맹목적으로 따라갈 필요가 없다고 생각했다. 그러나 인생 문제를 해결하기 위해 그가 채용한 것은 문화절대주의이다. 그는 세 가지 노선은 세 가지 순서와 세 가지 단계가 있기 때문에 중국인이 서양인을 배울 필요가 없을 뿐만 아니라 오히려 서양인이 필연적으로 중국 문화의 길을 가야 한다고 생각했다. 다시 말하면 그의 문화 이론은 중국·서양·인도의 세 문화 노선을 '공시성(共時性)'으로 간주함과 동시에 '역시성(歷時性)'으로 간주했다. '공시성'은 문화다원론이다. 공시성이 강조하는 것은 민족문화의 특수성이기 때문에 민족문화가 자강(自强)·자주(自主)·자존(自尊)해야 한다는 결론을 도출하게 되고 반드시 이역 문화를 국경 밖으로 배척하게 된다. '역시성'은 문화일원론이다. 역시성이 강조하는 것은 인류 문화의 보편성이며 반드시 각 민족문화는 전파와 동화의 가능성이 있다는 결론을 도출하게 된다. 그러나 량수밍이 강조한 문화 보편성은 공맹의 인생철학이 인류 전체에 대해서 구비하는 보편적인 가치이며 그가 중국 문화에 대해 낙관적인 견해를 가진 있는 이유는 바로 여기에 있다. 또한 량수밍의 문화 주장은 서양 문화의 거센 충격에서 민족문화를 보호하고 구세주처럼 민족문화를 서양에 전파해 아직 제1노선에 머물러 있는 서양인을 구제하려는 생각이다.

장쥔마이의 신현학(新玄學)

1920년대 문화보수주의 진영에는 량치차오와 량수밍 외에 또 한 사람의 중요한 인물인 장쥔마이(張君勱)가 있었다. 지금 대륙의 청년들은 장쥔마이가 과학을 반대하고 현학을 제창한 사람으로 알고 있으며, 많은 사람들이 그를 "현학 귀신"이라고 부른다. 하지만 장쥔마이는 량수밍과 마찬가지로 인생의 문제를 깊이 고뇌했으며 큰 업적을 남긴 사상가이다. 그는 1940년대 이전에 대륙에서 량수밍 · 슝스리 등과 신유학의 사상 기초를 견고하게 다졌을 뿐만 아니라 대륙을 떠난 이후 홍콩에서 탕쥔이(唐君毅) · 머우쭝산 · 쉬푸콴 등과 사상 집단을 형성해서 신유학을 새로운 단계로 발전시켰다. 게다가 뛰어난 외국어 실력 덕분에 서양철학을 깊이 연구할 수 있었으며 중서철학을 비교 연구하여 중국 문화의 특질을 파악해냈다. 이러한 측면은 량수밍과 슝스리 등이 미치지 못하는 부분이다.

장쥔마이는 1887년 상하이 보산현(寶山縣)에서 태어났다. 그는 어릴 때부터 전통적인 유학 교육과 서양식 교육을 동시에 받았다. 6세 때 사설 공부방에 입학해서 『논어』를 읽었으며, 12세 때 상하이 강남제조국(江南制造局)의 광방언관(廣方言館)에 입학해서 영문, 수리 등을 배웠고 『삼통(三通)』을 읽었다. 17세 때 량치차오가 쓴 「진단학원의 미래를 보다(觀震旦學院之前途)」라는 글의 영향을 받아 스스로 학비를 마련해 진단학원에 입학했으며, 그곳에서 라틴어와 서양철학, 서양 역사를 배웠다. 이후에 장사(長沙), 상덕(常德)으로 가서 중학 교육에 종사했다. 그 후 1906년에 일본으로 가서 고등사범학교 이화부(理化部)에 입학했으며 반년 후 법정(法政)으로 전공을 바꾸었다. 같은 해 겨울에 량치차오와 함께 정문사(政聞社)를 설립했으며 이때부터 학술과 정치를 병행하는 인생 노선을 걸었다.

장쥔마이는 젊을 때부터 중국의 민주 건국에 큰 관심이 있었다. 그는 1909년 8월 와세다대학에서 『헌정신지(憲政新志)』를 창간했으며, 신해혁명 이후 보산현 의회의 의장에 임명되었고, 1912년에 농상부(農商部) 비서에 임명되었다. 그해 가을에 『소년중국(少年中國)』을 발간했으며, 문장을 써서 위안스카이(袁世凱)를 공격했다. 이듬해 유럽으로 가 베를린대학에서 유학을 시작했으며, 정치학, 국제법 및 독일철학 등을 전공했다. 1915년 위안스카이가 황제가 되려고 한 사실을 듣고 런던의 『잡지』에 글을 실어 위안스카이의 매국 행위를 고발해 유럽을 놀라게 했다. 위안스카이가 황제가 된 이후 장쥔마이는 즉시 본국으로 돌아와 위안스카이를 타도하는 운동에 투신했다. 같은 해에 총통부 비서에 임명되었으나 얼마 지나지 않아 사직하고 베이징대학의 교수가 되었다. 1919년의 이른 봄에 량치차오·딩원장(丁文江)·장바이리(蔣百里) 등과 유럽을 고찰했다.

장쥔마이는 유럽을 고찰하는 동안 량치차오와 마찬가지로 세계대전 이후 서양 문명의 처참한 상황과 퇴폐해진 서양 인문주의의 위기를 직접 보고 중국 전통문화의 미래 전경에 낙관적인 견해를 가지기 시작했다. 그는 독일의 대철학가 루돌프 오이켄(Rudolf Eucken)에게서 인생철학을 배웠다. 오이켄은 그에게 "유심론을 이야기할 필요가 없고 유물론 역시 이야기할 필요가 없으며 어떻게 자기 인생을 굳건하게 만드는지가 가장 중요하다."라고 했다. 1921년 오이켄과 공동으로 『중국과 유럽의 인생 문제(中國與歐洲的人生問題)』라는 책을 썼으며 같은 해에 라이프치히에서 출판했다. 1921년 초에 철학가 한스 아돌프 드리슈(Hans Adolf Driesch)가 중국에 와서 각 대학에서 강연할 때 드리슈의 통역을 맡았다.

장쥔마이는 1923년 칭화대학에서 그 유명한 「인생관(人生觀)」을 발표하고 강연했는데 이때부터 한바탕 '현학 논쟁'이 일어났다. 장쥔마이는 인생 문제는 자연과학이 해결할 수 있는 게 아니며, "인생관의 특징은 주관적·직각적·종합적·자유의지적·단일성적이며, 오직 이 다섯 가지 특징이 있기 때문에 과학이 아무리 발달하더라도 인생관의 문제는 과학이 해결할 수 있는 게 아니며 오직 인류 자신에 의지할 뿐이다."[34]라고 했다. 그가 강

34) 張君勱, 「人生觀」, 『中西印哲學文集』, 臺灣學生書局, 1981년, 913쪽.

연한 내용이 『청화월간(清華月刊)』에 발표된 이후 딩원장의 「현학과 과학(玄學與科學)」이라는 문장이 발표되었다. 딩원장은 장쥔마이가 과학과 인생을 대립시켰는데 사실은 과학을 오해한 것이라고 생각했다. 딩원장에 따르면 "과학의 목적은 개인의 주관적인 선입견을 배제하는 것이며, …… 사람들이 모두 인정하는 진리를 추구하는 것이다. 과학의 방법은 사실의 진위를 판별하는 것이며, 참된 사실을 뽑아내어 상세하게 분류하고 그런 다음에 그들의 질서 관계를 추구하고 가장 간단명료한 말로 그것을 개괄하는 것이다. 그래서 과학적 만능, 과학적 보편, 과학적 이해는 그것의 재료에 있는 게 아니라 방법에 있다."[35] 딩원장의 문필은 신랄했으며 장쥔마이를 "현학 귀신이 몸에 붙었다."라고 조롱했다. 그의 문장을 한번 보자.

> 현학은 참으로 무뢰한 귀신이다. …… 유럽에서 2천여 년 동안 떠돌아다니다가 최근에 빌어먹을 곳이 없어지자 돌연 거짓 간판을 꾸며 새로운 간판으로 내걸고 우쭐대며 중국에 와서 공공연히 사기를 치고 있다. 그대들이 믿지 못한다면 장쥔마이의 '인생관'을 한번 보라! 장쥔마이는 저자의 친구이며 현학은 과학의 적이다. 현학 귀신이 장쥔마이의 몸에 붙어 있기 때문에 과학을 공부하는 사람들은 부득이하게 그를 칠 수밖에 없다. 그러나 치는 것은 현학 귀신이지 장쥔마이가 아니다. 독자들은 오해하지 않길 바란다.[36]

딩원장의 글 때문에 장쥔마이는 이때부터 '현학 귀신'이라는 호칭를 얻었다. 딩원장을 반격하기 위해 장쥔마이는 『인생관과 과학을 다시 논해 정재군에게 답한다(再論人生觀與科學幷答丁在君)』와 『과학의 평가(科學之評價)』

---

35) 丁文江, 「玄學與科學－評張君勱的"人生觀"」, 『努力周報』, 제48, 49기에 연재.
36) 丁文江, 위의 책, 제48, 49기에 연재.

등의 문장을 써서 계속해서 자기의 문화 주장을 논술해 나아갔다. 장쥔마이와 딩원장은 친구 사이였다. 그들은 함께 량치차오를 따라서 유럽을 고찰했으며 두 사람 모두 당시 문화계에서 영향력 있는 인물이었다. 그렇기 때문에 문화계는 그들의 논쟁을 중시했으며 국내의 수많은 학자들이 그 논쟁에 참여했다.

학술 논쟁은 장쥔마이가 의도한 게 아니었다. 그의 포부는 중국에서 민주정치를 건립하고 결국 봉건전제정치의 잔재를 없애는 것이었다. 그래서 칭화대학에서 「인생관」을 강연한 후 얼마 지나지 않아 상하이에서 자치학원을 열었으며, 1925년 국립정치대학으로 개명하고 학교장이 되었다. 1년 후 학교는 국민당 정부의 손에 넘어갔으며 장쥔마이는 부득이하게 퇴임한 후 서재에 머물면서 정치학 이론 연구에 종사했고, 해럴드 래스키(Harold Joseph Laski, 1893~1950)가 쓴 『정치규범(*A Grammar of Politics*)』을 번역 출판했으며 정치 다원화를 주장했다. 몇 년 뒤에 옌칭대학(燕京大學)의 교수에 초빙되어 헤겔철학을 강의했다. 동시에 국사당(國社党)을 창립하고 재생사(再生社)를 조직했으며 잡지 『재생(再生)』를 발행했다. 1934년 광저우에서 다시 학해서원(學海書院)을 열어 『내일의 중국 문화(明日之中國文化)』를 강연했으며 정신자유가 특징인 민족문화가 미래의 중국 민족이 정치·학술·예술 등 모든 방면에서 발전할 기초와 원칙이 될 것으로 생각했다. 몇 년 후 빈번하게 정치활동을 하면서도 『민족 부흥의 학술 기초(民族復興之學術基础)』, 『입국의 도(立國之道)』를 출판해서 계통적으로 자신의 신유학사상을 논술했다.

1939~1940년 사이 장쥔마이는 윈난(云南) 따리(大理)에서 민족문화서원(民族文化書院)을 창립하고 원장이 되었으며, 문장을 써서 후스의 서화론 사상을 비판했다. 그는 공자가 중국 문화의 기석이 되어야 하며 후스가 "공자의 사당을 타도해야 한다."고 제창하는 것은 중국 문화정신을 깊이 인식

하지 못했기 때문이라고 생각했다. 1941년 쑹아이링(宋靄齡)이 개를 비행기에 태워 충칭(重慶)으로 운반한 사실이 알려지면서 서남연합대학에서 학생운동이 일어났는데 그때 국민당 정부는 학생운동을 막후에서 지시한 사람으로 장쥔마이를 지목했다. 그래서 2년 동안 충칭 남쪽 기슭의 왕산(汪山)에 은거하면서 오로지 학술에만 몰두했으며 민족문화서원은 다시 중단되었다. 1940년대에 장쥔마이의 정치적 지위가 나날이 높아졌으며 그의 정치사상이 광범위하게 전파되었다. 그는 1945년에 제1차 유엔총회에 참석했으며 유엔헌장 조직의 상무위원으로 천거되어 중국 정부를 대표해서 유엔헌장에 서명했다. 같은 해 초에 영국으로 가서 저명한 역사학자이자 사회활동가인 토인비를 만났다. 1949년 행정원 원장직을 두 차례 거절하고 같은 해 11월 마카오에서 인도로 건너갔으며 이때부터 말년의 해외 강연이 시작되었고 신유학운동을 재창하는 학술 생애가 시작되었다.

1958년 탕쥔이·머우쭝산·쉬푸관 등과 연합해서 「중국 문화를 위해 세계 인사들에게 삼가 알리는 선언(爲中國文化敬告世界人士宣言)」을 발표했는데 이것이 그 유명한 '신유가 선언'이다. 그는 그해 7월부터 시작해서 오스트레일리아인의 원조를 받아 서독·영국·인도·일본 등지를 기행하면서 유가 부흥을 주제로 한 '세계 강연'을 했으며 연이어 「신유가 철학사상의 기본 범주(新儒家哲學思想之基本範疇)」, 「유가 윤리학의 부흥(儒家倫理學之復興)」 등의 문장을 발표하고 『중국철학가 - 왕양명(中國哲學家 - 王陽明)』, 『신유가사상사』 하편(『신유가사상사』 상편은 1957년에 미국에서 출판) 등의 저작을 출판했다. 1969년 병으로 세상을 떠났다.

장쥔마이는 "철학으로 인해서 정치를 잊지 않았으며 정치로 말미암아 철학을 잊지 않았다."고 스스로 말한 것처럼 일생 동안 학술과 정치를 병행했다. 그가 일생 동안 품었던 학술 목표는 유학 부흥이었으며, 정치 목표는 민주입헌 정치체제를 건립해서 중국 사회의 현대화를 실현하는 것이었다. 장쥔마이는 이 두 방면에서 탁월한 성과를 이룩했다고 할 수 있다. 나아가서는 백성과 민족을 위해 헌신하고 평화로운 세상을 만들기 위해 노력했으며, 물러나서는 인생 문제를 생각하고, 제자들을 받아들이고 강학을 했으며, 책을 쓰고 이론을 내세웠다. 이런 인생 노선은 2천여 년 전에 공자와 맹자가 걸어갔던 인생 노선이며 그 정신 또한 공자가 유가 제자들에게 요구한 정신이었다.

앞에서 서술했듯이 장쥔마이는 유럽을 여행하던 시기부터 인생 문제를 생각하는 철학의 길을 가기 시작했다. 그가 철학의 길로 전향한 이유는 오이켄 문하에서 수학했기 때문이 아니라 당시 국내외 정세로 인해 부득이하게 인생의 의의와 가치문제를 생각하게 되었기 때문이다. 이러한 변화에 그는 다음과 같이 회고하고 있다.

> 양임공과 우리는 파리를 떠나 각국을 여행했다. 우리가 독일 남부의 유명한 도시 뮌헨에서 베를린에 도착했을 때 그는 갑자기 먼 동양에서 유명한 유럽의 철학자 두 사람을 떠올렸다. 한 사람은 프랑스의 베르그송이었으며 다른 한 사람은 독일의 오이켄이었다. 그는 오이켄을 방문해도 무방하지 않을 것이라고 말했다. 오이켄과 처음 만났을 때 그의 진실한 태도 때문에 그의 철학에 지대한 흥미를 가지게 되었다. …… 1920년 양임공은 고국으로 돌아가고 나는 예나로 거주지를 옮겨 오이켄에게서 철학을 배웠으며 철학사와 기타 철학과 관련된 책을 읽었다. 이때의 만남이 내가 사회과학에서 철학으로 전환하게 된 가장 큰 계기가 되었다고 할 수 있다.
>
> 오이켄과의 만남은 하나의 직접적인 자극이었으며, 평소 여러 가지 상태가 나의 하의식에 있었다. 이를 두 가지로 나누어서 말하면, (갑) 사실 방면의 두 자극이 나를 국내외의 현재 상황에 만족하지 못하게 했다. (을) 이론 방면의 자극이 나를 사회과학에 만족하지 않고 철학으로 전환하게 했다.[37]

사실 방면의 두 자극 가운데 하나는 중화민국 성립 이후 국내 정치는 사람들의 뜻대로 이루어지지 않고 국회의원 선거에서 당선되기 위해 뇌물을 쓰는 현상이 나타난 것이다. 그래서 장쥔마이는 "한 국가에서 먼저 인민의 지식력과 도덕력을 충실하게 해야만 그러한 다음에 좋은 정치가 있을 수 있다."고 생각했다. 다른 하나는 파리평화회의가 국제관계에서는 강권만 있고 보편적인 도리는 없음을 분명하게 보여준 것이다. 그래서 장쥔마이는 "국가가 막강한 병력이 없으면 외교는 쓸모없는 말이며 국제공법은 더욱 쓸모없는 말이다."라고 생각했다. 그는 "한 민족이 나라를 세울 수 있는 가장 기본적인 역량을 탐구하려고 결심했으며, 그것이 도덕력이든 혹은 지식력이든 또는 경제력이든 간에 이러한 방면에 전심전력을 다했다."

이론 방면의 자극도 두 가지로 나뉜다. "하나는 과학의 분과성이며, 다른 하나는 각 과학 중의 추상 역정이다." 장쥔마이는 무릇 과학은 그것의 연구 범위, 즉 '분과성'이 있다고 생각했다. 과학은 여러 가지 분과가 있기 때문에 자기 분과의 범위에 있는 문제를 잘 해결하지 못한다. 예를 들어 정치학을 공부한다고 해서 반드시 정치 문제를 잘 해결할 수 있는 것은 아니다. 여기에 비추어 보면 과학을 만능으로 여기는 견해는 학술상의 신화에 불과하다. 게다가 장쥔마이는 각 과학에는 일종의 '추상 역정(Abstraction)'이 있다고 생각했다. 과학을 믿는 사람은 언제나 그것을 이용해서 서로 관련되는 사물을 분석하며 '추상 역정'에 따라 사물의 본질을 드러낼 수 있다고 깊이 믿는다. 장쥔마이가 보기에 이 또한 학술상의 신화이다. "경제학에서 경제인이라고 하는 사람은 인류는 이기심이 있으며 그의 행동은 '최소의 노력으로 최대의 효과를 얻는다.'는 원칙에 근거한다고 생각하며, 인류의 경제 행위는 이기심 이외에 다른 기초를 필요로 하지 않는

---

37) 張君勱, 『中西印哲學文集』, 66~67쪽.

것 같다." 그렇지만 장쥔마이는 이기심 이외에도 지식수준, 근면성과 타성의 경향, 도덕 수양 등 기타 수많은 요소들이 경제행위에 영향을 미치는 것으로 보았다.

바로 위에서 서술한 여러 방면의 고려로 인해 장쥔마이는 특별히 오이켄의 인생철학을 마음에 간직했으며 또한 오이켄 철학의 한계를 인식하는 것에서 출발해서 칸트철학과 신칸트주의 철학을 연구했다. 장쥔마이는 그들의 학설에서 과학의 한계를 보았을 뿐만 아니라 인생과 사회에서 정신생활이 가지는 가치를 보았다. 그가 고국으로 돌아간 이후 강연한 『인생관』에 내포된 철학적 사고는 기본적으로 독일에서 형성된 것이다.

장쥔마이는 『인생관』 강연에서 과학과 인생관의 대립을 다섯 가지로 개괄했다.

첫째, "과학은 객관적이고 인생관은 주관적이다."

둘째, "과학은 논리적 방법이 지배하고 인생관은 직각(直覺)에서 시작한다."

셋째, "과학은 분석적 방법에서 시작하고 인생관은 종합적이다."

넷째, "과학은 인과율이 지배하고 인생관은 자유의지적이다."

다섯째, "과학은 대상의 동일한 현상에서 시작하고 인생관은 인격의 단일성에서 시작한다."[38)]

장쥔마이가 과학과 인생관의 대립을 강조한 취지는 국민들이 민족문화정신을 보호하고 서양 물질문명의 유혹에서 본심을 잃지 않고 영혼을 상실하지 않게 하기 위해서였다. 그는 서양 문명을 예로 들어 "과학의 쓰임

38) 張君勱, 앞의 책, 909~912쪽.

이 오직 밖으로 향하는 데만 전념한 결과 실험실과 공장이 나라에 가득해졌다. 아침에 일을 시작하면 저녁에 마치며, 인생은 기계와 같고 정신적으로 위안을 받을 곳이 없어졌다. …… 한 국가가 공업과 상업에만 편중하는 것이 정당한 인생관이 될 수 있는가, 정당한 문화가 될 수 있는가는 유럽인들에게 이미 큰 의문이 되었다."[39]라고 했으며, 또한 "근 3백 년의 유럽은 지나치게 이지를 믿고 물질을 믿었다. 이런 현상은 유럽 전쟁에서 극에 달했으며 이로 말미암아 오늘날의 대반동(Great Anarch Revolt)이 형성되었다. 나라를 삼키고 바다를 개통시킨 이후 물질 방면에서 무력적인 정책을 썼으며 정신면에서 과학 만능을 믿었다. 시간을 두고 고찰하면 "물질의 권위가 극에 달해 그 형세가 바뀌었다."고 할 수 있다. "대반동", "물질의 권위가 극에 달해 그 형세가 바뀌었다."는 것은 서양 사람들이 원래 가졌던 과학 만능의 망상에서 깨어나기 시작했으며, 물질을 중시하는 것에서 정신을 중시하는 것으로 바뀌었고, 외부를 추구하는 것에서 내부를 성찰하는 것으로 바뀌었으며, 과학을 숭상하는 것에서 '신현학'을 숭상하는 것으로 바뀌었음을 말한다. "신현학의 특징은 인생은 자유롭고 기계의 지배를 받지 않는다는 것을 말하며, 자유의지를 발휘하는 것을 말하며, 인류의 행위가 우주의 실재에 참여할 수 있는 것을 말한다."[40]라고 했다.

서양 문명의 발전 상황에서 이야기하면 장쥔마이가 말하는 '신현학'은 19세기 말에서 20세기 초에 유행한 각종 비이성주의 사조를 가리킨다. 그러나 그가 중서문화를 비교 연구할 때 운용한 '신현학'은 중국 문화의 유학 전통이었다. 그가 생각하기에 중국의 나라를 세우는 도는 정신적인 만족에 있지 물질적인 즐거움에 있지 않으며, 자급하는 농업에 있지 이익을

39) 張君勱, 『中西印哲學文集』, 913~914쪽.
40) 張君勱, 위의 책, 955쪽.

도모하는 상공업에 있지 않으며, 덕으로 교화해서 평등한 사회를 이룩하는 데 있지 종족이 분립되는 데 있지 않다. 중국 유가사상은 내면의 수양을 강조한다. 공자에게는 자신을 바르게 하는 '정기(正己)'의 가르침이 있으며 맹자에게는 "자기에게서 구한다."는 말이 있다. 장쥔마이는 중국이 개방된 이후 유럽 문명이 조수처럼 밀려들어와 국민들이 물질문명의 영향을 깊이 받았기 때문에 '내면생활'을 추구하는 것은 어려운 일이 되었다는 것을 보았으며 이럴수록 더욱 '내면생활'을 제창할 필요가 있다고 생각했다. 그는 다음과 같이 말하고 있다.

> 쇄국과 농업 시대에도 "자기에게서 구한다."라는 말로 한 국가의 풍속과 정치를 수정하려고 하는 것은 쉽지 않았는데 오늘날 같은 개방된 국가와 상공업 시대에 이러한 학설은 더욱 귀담아 받아들이기 어렵다. 그렇지만 나는 삼중그물(유럽 문명의 국가주의, 상공업 정책과 자연과학 지식을 가리킴)이 실지로 인류의 미래에 큰 위험이 됨을 인식했으며, 이로 말미암아 전력을 다해 내면생활의 수양을 제창해야 함을 한층 더 깨달았다.[41]

장쥔마이와 량치차오는 함께 유럽을 고찰했으며 그들이 본 것과 느낀 것, 생각하는 것은 거의 일치했다. 그는 량치차오와 마찬가지로 서양의 과학문명은 파괴되었으며 지금은 중국 문화의 가치를 부각시킬 때라고 생각했다. 그는 『과학의 평가(科學之評價)』에서 자신이 과학과 인생관을 비교 연구한 의도는 "이후의 발전 노선을 인식하고 앞 사람들의 전철을 다시 밟지 않게 하기 위해서였다."고 분명하게 밝혔다. 그에 의하면 한 민족, 한 국가가 형이상학 방면을 망각하고, 정신 방면을 망각하고, 예술 방면을 망각하

41) 張君勱, 앞의 책, 971쪽.

면 반드시 위험한 경지로 향하게 된다. 형이상학·정신·예술의 세 방면은 중국 전통에 있는 귀중한 보물이기 때문에 민족을 부흥할 수 있는 대법을 찾으려면 근본적으로 외부에서 찾을 필요가 없으며 최선을 다해 '내면생활'을 해나가면 전통문화의 정신 역량에 의거해서 강국의 길로 갈 수 있다.

이러한 생각에 근거해서 장쥔마이는 현재 중국 문인들이 학술을 연구할 때 가장 중시해야 하는 것은 전통문화에서 사람들이 '내면생활'을 할 수 있게 도와주는 정신 자원을 발굴하는 것이라고 생각했다. 이런 동기에서 그는 60만 자에 이르는 『신유가사상사』를 썼다. 그에 따르면, 첫째 중국은 유가의 천하이며 중국인의 인생관은 대부분 공자의 영향을 받았다. 그렇기 때문에 중국 문화를 연구할 때는 반드시 유가사상이 주체가 되어야 한다. 둘째, 서양인이 중국 유가사상을 연구할 때 공자·맹자 등의 선진철학은 알지만 진한(秦漢) 이후의 발전 상황을 아는 사람은 적다. 그래서 공자와 맹자 이후의 유가를 반드시 세계에 알려야 한다. 셋째, 중국 유가사상사에서 송명이학은 중요한 발전기이다. 특히 이 시기의 신유가는 공맹의 전통을 이어받아 심성학(心性學)을 강조하고 '내면생활'을 강조했으며, 한학자들이 고증을 중시하고 의리를 경시한 것과 다르다. 게다가 중국 유학을 부흥하고 서양인을 구할 수 있는 것은 송명 이후의 '심성학'이다.

유학 부흥의 필요성과 '심성학'의 가치를 설명하기 위해 장쥔마이는 중국의 사상문화를 네 가지 특징으로 개괄했다.

첫째, 철학 방면에 대한 중국인의 관심은 도덕 가치 방면에 집중된다. 그들은 사람은 우주의 중심이며 사람과 사람의 관계는 사상가들이 가장 먼저 고려해야 하는 것이라고 생각했다. 공자가 제자들에게 "집에서는 부모에게 효도하고, 나가서는 어른을 공경하며, 말을 조심하고 약속을 잘 지키며, 두루 많은 사람을 사랑하되 어진 사람을 가까이하라. 그렇게 하고도 남는 힘이 있으면 공부를 해야 한다."고 한 것은 이상적인 인간관계를 만들라고 가르친 것이다. 이밖에도 유가는 서로 다른 사회 구성원들에게 저마다 다른 도덕규범을 적용했다. 예를 들면 "군자는 군자다워야 하고, 신하는 신하다워야 하며, 부모는 부모다워야 하고, 자식은 자식다워야 한다."는 것과 같다. 게다가 우주를 사고할 때 중국인이 채용한 것은 일종의 목적론적 세계관이다. 이런 세계관이 도리어 중국인이 도덕 가치 방면에 더욱 관심을 가지게 했다.

둘째, 중국인은 도덕 가치를 중시하며 동시에 세계에 대한 형이상학적인 사고가 결핍되지 않았다. 그러나 중국인의 형이상학적인 사고는 이성주의적인 색채가 강하며 초자연주의적 색채를 띠지 않는다. 그들은 하늘이 도덕의 근원이라고 생각하며 또한 음과 양의 두 힘 또는 그것의 변화로 하늘과 도덕의 관계를 해석한다. 형이상학적 이성주의 색채 때문에 중국인은 공자와 맹자 때부터 천지 사이에 있는 만물의 객관적인 존재를 긍정했다. 『대학』에서 말한 "만물은 본말이 있으며 모든 일은 시작과 끝이 있다."는 것이 이러한 의미이다. 장쥔마이는 불교 또한 이성주의적인 색채를 띠고 있다고 생각했다. 예를 들면 부처는 제자들에게 그들의 신앙이 마땅히 이성에 기초해야 한다고 했다. 그러나 "중국인은 불교보다 더 이성주의적이다." 중국 사상가들은 형이상과 형이하 사이에는 차이가 없으며 차이가 있다면 정도의 차이일 뿐 근본적인 차이가 아니라고 생각했다. 이것이 "형이하의 것은 모두 형이상으로 귀속시킬 수 있으며 형이상의 모든 것은 이 세계의 현상으로 해석할 수 있다."[42]는 것이다.

셋째, 중국인이 가장 관심을 기울인 부분은 심령을 통제하는 부분, 즉 적극적으로 '내면생활'을 하고 심성학문에 열중하는 것이다. 고대부터 중국인은 심령이 언제나 물질적인 욕망과 편협한 생각에 가려진다는 것을

42) 張君勱, 『新儒家思想史』, 34쪽.

느꼈기 때문에 "마음을 깨끗하게 하는 것"을 도를 얻는 선결조건으로 간주했다. 이기적인 생각을 버리기만 하면 마음은 치우침이 없어지고 밝아지며 예지력을 구비하게 된다. 주돈이의 '무욕(無欲)', 주희의 '치지(致知)'와 '전심(專心)', 왕양명의 '지행합일(知行合一)'은 모두 마음을 다스려 잡념에 흐트러지지 않아야 함을 강조한다.

넷째, 중국인은 몸소 노력해서 실천함을 중시하고, 도(道)를 더욱 확대하고 발전시키는 것을 중시한다. "사람이 도에 뜻이 있고 도에 헌신하기를 원한다면 가장 먼저 해야 하는 일은 자기가 믿는 원칙을 실천에 옮기는 것이며 …… 스스로 노력해서 실천하는 것은 자신의 가정생활에서 그리고 국가에 그 의무를 다하는 가운데 구체적으로 나타난다."

예를 들면 금전을 탐하고, 색욕을 즐기며, 명리를 숭상하는 것은 자연히 도를 깨우치는 데 이롭지 않다. 화를 내고, 폭력을 쓰며, 큰소리로 떠들고, 말이 많은 것 등의 어질지 않은 행위는 마찬가지로 도를 체득하는 데 장애가 되며, 마찬가지로 최선을 다해 회피해야 하는 것이다. 그러므로 공자는 "뜻있는 선비와 어진 사람은 그 삶을 구하기 위해 '인'을 저버리지 않으며 스스로 몸을 죽여 '인'을 이룬다."[43]라고 했다.

1922년 초, 장쥔마이는 유럽에서 돌아와 중화교육개진사(中華教育改進社)에서 "유럽 문화의 위기 및 중국 신문화의 경향(歐洲文化之危机及中國新文化之趨向)"이라는 강연을 했다. 강연 중에 드러난 전쟁 이후 유럽 문화에 대한 그의 분석은 량치차오의 『구유심영록』과 량수밍의 『동서 문화 및 그 철학』에서 드러난 견해와 거의 차이가 없었다. 그는 청중에게 "내가 한마디로 제군에게 아뢰겠는데 제군은 이상하게 생각하지 말기 바란다. 유럽 문화에서 이미 위기가 나타나기 시작했다."라고 분명하게 말했으며, 계속해

43) 『論語 · 衛靈公 篇』, "志士仁人, 無求生以害仁, 以殺身以成仁."

서 그 원인을 세 가지로 분석해 유럽 문화가 위기로 빠져든 원인은, 하나는 사상의 변동 때문이며, 둘은 사회조직의 동요 때문이며, 셋은 유럽 전쟁 때문이라고 분명하게 지적했다. 그러나 장쥔마이는 유럽 문화가 반드시 중국 문화의 길로 향할 것이라는 량수밍의 결론에 동의하지 않았다. 그는 "량 선생은 세계의 미래 문화는 중국 문화의 부흥이라고 단정한다. 나는 그의 용기를 매우 높이 평가한다. 그러나 오늘날 정신을 가다듬고 신문화를 창조할 때 자기의 문화가 어떠한지를 알지 못하면서 '세계 문화는 중국 문화의 부흥'이라고 단정하는 것은 너무 섣부른 생각이라고 볼 수 있다."[44]고 했다. 장쥔마이 생각에 현재 중국인에게 가장 시급한 것은 서양인이 중국의 길을 가야 하는지 아닌지에 관심을 가지는 것이 아니라 자신이 마땅히 어떤 길을 가야 하는지에 관심을 가지는 것이다. 이것을 위해서 그는 네 가지 방침을 제시했다.

1) 오늘 이후 신문화의 방침은 우리 스스로 결정해야 하며 우리 민족의 정신 위에서 스스로 실행해야 한다. 서양인이 어떻게 한다고 해서 우리도 그렇게 한다면 꼭두각시가 되는 것이고 줏대 없이 남을 흉내 내는 꼴이 되는 것이며 이러한 것은 문화라고 할 수 없다. "서양인이 그들의 문화에 실망하더라도 우리는 그들에게 관여할 필요가 없으며 우리가 도대체 어떤 문화를 필요로 하는지 스스로에게 물어보아야 한다."

2) 중국의 구문화는 부패가 극에 달했기 때문에 "외래문화를 받아들여 그것의 폐단을 바로잡아야 한다." 그렇기 때문에 서양인의 인생관 가운데 개인의 독립정신, 정치 방면의 민주주의, 과학 방면의 실험 방법 같은 것을 가능한 한 수입해야 한다. 이러한 것을 수입하지 않으면 중국 문화는

44) 張君勱, 『中西印哲學文集』, 224쪽.

활력이 없어진다.

3) "현재의 사람들은 비판적인 정신으로 공교와 같은 우리나라의 구학설을 대하지만 비판적인 정신으로 서양 문화를 대하는 자는 매우 드물다. 내가 생각하기에 가능한 한 수입해야 하지만 득실을 따져보는 것을 병행해야 한다. 중국인이 가진 인생관의 좋은 점은 드러내고 나쁜 점은 배척해야 하며 서양 문화에 대해서도 마찬가지다."

4) "문화는 언제나 근원이 있고 조리가 있다. 이후에는 막연하게 서양 문화, 동양 문화라고 말해서는 안 된다. 서양 문화는 물질 방면에서, 정신 방면에서 받아들여야 하는 것을 하나하나 열거해야 하며, 중국 문화는 보존해야 하는 것을 하나하나 열거해야 한다. 그렇지만 동서 문화의 본말이 각각 다르다. 예를 들면 서양인은 철저함을 즐겨 말하고 중국인이 겸용(兼容) 또는 중용(中庸)을 즐겨 말하며, 서양은 분명하게 경계 짓기를 좋아하고 중국인은 포용을 좋아한다. 이 두 정신은 이후에 반드시 대격전을 한차례 치를 것이며 승부가 분명해지는 날이 중국 문화의 근본정신이 결정되는 날이다."[45)]

장쥔마이는 중국이 신문화를 건설할 때 민족문화를 따르면서 서양 문화로 민족문화의 부족함을 보충해야 한다고 생각했기 때문에 전심전력을 다해 서양 학술을 소개했다. 그는 오이켄, 베르그송·드리슈·루소 등을 추종했을 뿐만 아니라 근대의 칸트·헤겔과 20세기의 하이데거·사르트르 등을 소개했으며 중국 학술계가 서양 학술을 이해하는 데 크게 공헌했다.

그러나 이러한 사실이 장쥔마이가 문화조화론자임을 말해주는 것은 아니다. 중서 학술 사이에서 그가 치중한 것은 중국 전통문화였다. 그가 서

45) 張君勱, 『中西印哲學文集』, 225~226쪽.

학을 소개한 목적은 국민에게 사람이 주체가 되고 마음이 본위가 되는 문화를 강조하는 경향이 세계적인 조류임을 인식시키기 위해서였다. 우리는 그가 소개한 서양 철학자들의 사상 경향에서 이러한 점을 분명하게 볼 수 있다. 이밖에도 그가 소개한 오이켄·베르그송 등의 사상은 모두 반과학주의적이고 반물질문명적이다. 이러한 점을 제기하는 것은 중요하다. 왜냐하면 장쥔마이의 문화관은 본질적으로 중국의 '심성학'을 발양해서 서양의 과학주의와 물질문명의 유입을 제지하려는 목적이 있기 때문이다.

그러나 문제는 바다가 개방되어 서양의 과학주의와 물질문명이 조수처럼 밀려들어오는데 유가의 '심성학'으로 그것의 유입을 막아내는 게 가능한가 하는 점이다. 또한 선진적인 서양 문명을 도입하지 않는다면 어떻게 전통문화에서 중국의 현대화를 이룩할 방법을 찾아낼 수 있는 것인가 하는 점이다. 이에 대해 장쥔마이는 다음과 같이 대답하고 있다.

> 일반 사람들의 마음속에서 '유가'라는 글자가 대표하는 것은 구학설 또는 구규범이며, '현대화'라는 글자가 가리키는 것은 낡은 것에서 새로운 것으로 변하는 것이며 혹은 새로운 환경에 적응하는 것이다. 그렇지만 사람들이 유가사상의 근원을 깊이 연구해보면 유가사상은 분명 어떤 원칙에 근거하고 있음을 알 수 있다. 예를 들면 이지의 자주, 지혜의 발전, 사고와 반성의 활동 및 질의와 분석의 방법 같은 것이다. 이 견해가 틀리지 않다면 유가사상을 부흥시킴으로써 일종의 새로운 사상 방법을 야기할 수 있으며, 이러한 새로운 사상 방법은 장차 중국 현대화의 기초가 될 수 있다.[46)]

이러한 사상을 설명하기 위해 장쥔마이는 자신의 이해에 의거해서 현

46) 張君勱, 앞의 책, 579쪽.

대화는 단지 민주와 과학이라는 두 가지 뜻만 있는 게 아니라 '마음의 작용'이 없으면 과학은 발전할 수 없으며 민주는 실현할 수 없다고 생각했다. 그가 보기에 '마음의 작용'은 역사의 범주에 속하기 때문에 시대를 따라서 변하지만 동시에 전통 가운데 깊이 뿌리를 두고 있다. 그러므로 "현대 과학과 고대 사상은 모두 '사상의 합리성'이라는 원칙에 근거한다." 예를 들어 유럽의 역사에서 문예부흥·과학 발전·종교개혁·전제군주와 민주정치의 흥기는 모두 유럽이 현대화를 향해 나아간 이정표다. 그리고 이러한 역사적 사건이 발생한 원인은 유럽인의 사상 변화와 밀접한 관계가 있다. 장쥔마이는 "내 생각에 기본적으로 사람들의 이지자주(理智自主)가 현대화의 진정한 동력이다. 이것은 각기 다른 영역에서 알 수 있다. 종교에서는 양심의 자유라고 부르며, 철학과 과학에서는 이성론과 경험론이라고 하며, 정치와 경제에서는 인권과 자유경쟁이라고 한다. 저마다 다른 영역에서 다르게 표현되지만 그것은 모두 동일한 근원에서 나왔으며 그 근원은 사람의 마음 또는 사상의 합리성이다."[47]라고 단언했다. 다시 말하면 장쥔마이가 생각하기에 인류의 역사가 계속해서 발전한 이유는 모두 사상의 변화 때문이다. 따라서 현대화를 추진할 때 가장 중요한 것은 사상이다.

분명한 것은, 바로 위에서 서술한 견해에서 보면 장쥔마이 또한 '사상', '이지의 자주'와 현대화의 관계를 제대로 해결하지 못하고 있다. 사상이 역사의 범주에 속하며 시대의 변화를 따라서 변한다면, 사상은 현대화 과정에서 길잡이 역할을 할 뿐이며 고대의 사상이 반드시 현대화의 동력이라고 할 수 없다. 게다가 현대화 자체가 사상의 현대화라는 의미를 내포한다. 사상의 현대화는 사상을 새롭게 바꾸는 것이지 구사상을 계승하는 것이 아니다. 장쥔마이는 교묘한 방법으로 이러한 근본적인 문제를 해결하

47) 張君勱, 『中西印哲學文集』, 581쪽.

려고 했다. 그는 다음과 같이 말하고 있다.

> 우리는 유럽의 현대 사상은 그리스 사상의 연속이며 그리스 철학은 현대 사상의 기초임을 알게 되었다. 유럽에서도 이러한데 중국은 어째서 예전부터 있었던 기초를 사용하지 못하는가?[48)]

장쥔마이는 이러한 사고의 방향을 따라서 현대화에 유리한 유가사상의 성분을 다음과 같은 몇 가지로 개괄했다.

> 이지의 자주, 마음의 작용과 사상, 덕성학설, 우주의 존재, 현상과 실체 또는 도(道)와 기(氣), 이러한 것은 모두 유가사상의 기본관념인데 우리는 어째서 중국 사상을 부흥하는 데 이용할 수 있다고 말하지 못하는가?[49)]

근대 서양사에 대한 장쥔마이의 오해(유럽의 현대사상은 그리스 사상의 연속이 아니며 그리스 철학은 현대 사상의 기초가 아니기 때문)는 지적하지 않더라도 그는 중국의 전통 사상에서 여전히 전통과 현대화 사이의 연결고리를 찾지 못하고 있다. 이지의 자주, 마음의 작용 등은 현대사회에서 소홀히 할 수 없는 부분이지만 반드시 고대문화에서 발굴해야 사람들이 보유할 수 있는 게 결코 아니다. 그의 말처럼 이러한 것은 사람들이 원래부터 가지고 있으며 모두가 공유하는 것이라면 반드시 고대인에게 가서 찾을 필요가 있는가. 또한 그러한 것을 위해 유학을 부흥해야 할 필요가 있는가.

당연히 장쥔마이는 논리적인 모순을 알아차리지 못했으며 그가 단호하

---

48) 張君勱, 앞의 책, 581쪽.
49) 張君勱, 위의 책, 586쪽.

게 믿었던 것은 "유가사상을 부흥하는 것은 현대화의 뜻에 어긋나는 게 아니라 더 안정적이고 견실한 기초 위에서 현대화를 건립할 수 있게 한다."[50]는 것이다.

우리는 장쥔마이가 『신유가사상사』 등을 저술하고 세계 각지에서 강연하면서 유학의 가치를 알렸지만 형이상학적인 측면에서 그의 노력은 성공적이지 못했다고 할 수 있다. 그는 풍부한 서학 기초가 있었지만 중국 전통문화의 정신을 이해할 때 체계적이지 않은 모습을 보였다. 이와 비교해서 정치학설 및 중국의 정치가 나아가야할 길을 찾기 위해서 그가 보여준 행동은 더 오묘하다. 그는 유학 전통과 현대 민주정치를 하나로 묶었을 뿐만 아니라 미래의 중국을 위해 한 폭의 수정적인 민주정치를 구상했다.

장쥔마이가 늘 "철학 때문에 정치를 잊지 않았으며 정치 때문에 철학을 잊지 않았다."고 한 것은 학문적 사고를 할 때 정치에 각별한 관심이 있었음을 말해준다. 그의 과현논쟁(科玄論爭)은 겉으로 보면 정치와 관련 없는 것처럼 보이지만 사실상 자신의 정치학설을 철학적으로 표현한 것이다.

장쥔마이는 오이켄과 베르그송 철학의 영향을 받았지만 그들의 사상이 직각 통찰을 호소하기 때문에 사상의 보편적인 상태를 잃게 됨을 깊이 깨달았다. 그의 문장을 살펴보자.

> 오이켄과 베르그송이 제창한 자유의지 · 행동 · 변화의 철학은 내가 좋아하지만 그들은 변화가 있음을 알고 변하지 않는 것이 있음을 몰랐으며, 흐르는 것이 있음을 알고 감추어진 것이 있음을 몰랐으며, 행동을 알고 시비를 판별하는 지혜를 몰랐으며, 기이한 산봉우리와 돌출한 산수에 의해 평탄하고 탄탄한 대로는 보지 못했다. 오이켄은 언제나 정신생활을 잊지 않았으며 베르그송은 말년

50) 張君勱, 『中西印哲學文集』, 596쪽.

에 도덕의 근원에 관한 저작을 섰지만 그들은 지식과 도덕이 문화에 잠재된 고요한 요소 가운데 하나임을 보지 못했다."[51]

오이켄과 베르그송 철학의 편면성을 보았기 때문에 장쥔마이는 칸트 철학에서 사상의 근거를 마련했다. 칸트는 지식론 면에서 합리적인 해석을 했을 뿐만 아니라 지식과 도덕을 다 같이 중시했기 때문이다. 장쥔마이는 칸트 철학에서 중국 전통학술의 의의가 존재함을 보았던 것이다. 그는 다음과 같이 말하고 있다.

> 2~3백 년 이래 서양 사람들은 심리 방면에서 지식에 치중할 줄만 알았으며, 지식이 진보할수록 인류의 행복은 무한해진다고 생각했다. 그렇지만 두 차례 대전 이후 유럽과 미국 사람들은 지식에만 의지해서는 행복해질 수 없으며 오히려 세계의 말일을 재촉함을 깊이 깨달았다. 그래서 일어난 것이 과학의 사회적 임무를 토론하는 것이었다. 그것을 설명하면, 지식을 사용할 때는 사람에게 이로워야 하고 사람에게 해가 되어서는 안 된다는 것이다. 그래서 도덕의 가치가 중요하며 그 중요함을 세계가 인식하는 것이다. 예전에 칸트는 『순수이성』을 써서 지식을 비판했으며 동시에 『실천이성』을 써서 도덕의 유래를 설명했다. 칸트가 두 책을 모두 중시한 것은 유가가 인애와 지혜를 함께 중시하고 불가가 자비와 지혜를 함께 수양하는 노선과 부합한다.[52]

장쥔마이는 칸트의 도덕철학에서 사람은 목적이며 도구나 수단이 아님을 인식했다. 다시 말하면 사람의 인격은 태어나면서부터 지닌 천부인권

---

51) 張君勱, 앞의 책, 44~45쪽.
52) 張君勱, 위의 책, 44쪽.

이기 때문에 정부는 공민의 인격을 존중하는 기초 위에서 입법 또는 행정을 시행해야 하며, 그들을 하찮은 백성이나 노예로 여겨서는 안 된다고 생각했다. 그래서 민주정치는 "천부인권의 이치로 전제정치를 뒤엎고 인류의 존엄에 부합하는 정치를 건설하는 것"이라고 했다.

우리가 알고 있듯이 중국 고대에는 민주정치라고 할 수 있는 게 없었으며 천부인권 사상은 더욱 없었다. 그렇지만 장쥔마이는 중국의 유학과 민주정치를 연결하고 유가의 가치를 부각하려고 중국에는 고대부터 민주자유사상이 있었다고 생각했으며 심지어 서양 근대의 민주정치 또한 중국에서 전해진 것이라고 단언했다. 그의 서술을 보자.

> 국민들은 이러한 학설이 어디에서 왔는지 아는가? 서양은 근년에 전문가의 연구를 거친 이후 그것이 유가에서 나왔음을 알게 되었다. 천주교 십자회에 소속된 어떤 사람이 중국에 와서 공맹의 책을 읽고 라틴어로 번역해 유럽에 붙였다. 그들은 우리나라에서 오직 천리설(天理說)과 인성설(人性說)을 발견했으며 신시설(神示說)이 있다는 것을 듣지 못했다. 그래서 이성설(理性說)이 유럽에서 유행했으며 마침내 화이트헤드와 칸트가 이성에 의거해서 종교를 비평하였고 또한 이성으로 윤리학의 기초를 세웠으며, 계속해서 이성설을 정치조직에까지 확대해서 천부인권설이 있게 되었다. 군중이 치안을 위해 정부를 조직했으며 정부는 인민에게 봉사하는 기구로 일정한 제약을 받는다. 정부는 폭력을 사용할 수 없지만 사람들이 폭력을 사용하는 것도 허락하지 않는다. 인민이 이 단체의 주인이며, 평등한 권리로 법률을 제정해서 정부와 인민이 함께 지키게 했다. 질서가 바로잡히면 안전해지고, 평등이 있게 되며, 자유가 있게 된다고 할 수 있다. 그 말은 『맹자』「고자(告子) 상편」에서 '시경에서 하늘이 사람을 내리시니 사물마다 이치가 있도다. 백성은 타고난 천성이 있으니 그러므로 아름다운 덕행을 좋아한다고 했다. 공자께서도 이 시를 지은 사람은 아마도 도리를 잘 아

는 게로다. 사물에는 반드시 법칙이 있으며 백성들은 타고난 천성이 있으니 그러므로 아름다운 덕을 좋아한다고 하셨다.' 고 말한 것에서 유래했다. 서양인은 이 문장을 읽고 세상의 만사만물을 이해하게 되었고 제도를 정하게 되었다. 이렇게 정한 제도는 사람의 천성에서 나온 것이기 때문에 도덕이라고 하며 이성이라고 한다. 이로써 그것을 확대하여 이성종교론이 있게 되었고, 이성정치론이 있게 되었고, 천부인권이 있게 되었으며, 학술 방면의 자연법칙론이 있게 된 것이다. 토머스 제퍼슨이 프랑스에 있을 때 이미 이러한 문장이 있었으며 그가 돌아가서 독립선언서에 기록했다. 알 수 있는 것은 천부인권은 우리의 옛 전통이며 해외에서 2~3백여 년이나 오랫동안 남아 있다가 오늘날 마치 집을 떠난 나그네처럼 고향으로 돌아오려고 하고 있다. 저쪽 서양은 유가의 말을 채택해서 민주를 건립했는데 우리는 어째서 서양의 민주를 유가에게 돌려주지 못하는가?[53]

이와 같은 긴 문장을 인용한 것은, 장쥔마이가 유달리 극단적이긴 하지만 그의 생각이 신유가들의 일반적인 마음 상태를 충분히 표현하기 때문이다. 그는 '천부인권' 이 단지 "우리의 옛 전통" 일 뿐만 아니라 중국에서 멀리 서양 각국까지 퍼지게 되었다고 생각했다. 서양의 민주정치는 "우리의 옛 전통" 에 의거해서 발전한 것이며 미국의 '독립선언' 역시 『맹자』가 출처가 된다. 심지어 장쥔마이는 서양인의 민주정치의 근원이 중국에 있을 뿐만 아니라 그들이 이룩한 근대의 모든 문명 성과는 중국 유가사상의 기초 위에서 건설되었다고 생각했다. 그가 보기에 서양의 근대 문명은 세 가지 운동에서 나왔기 때문이다. 하나는 종교개혁, 둘은 과학기술 혁명, 셋은 민주정치이다. 인용문에서 그는 이 세 가지 운동은 모두 중국 유학이

53) 張君勱, 『中西印哲學文集』, 386쪽.

촉진했다고 귀결시켰다.

인용문을 읽고 나면 장쥔마이는 유학을 지나치게 편애했기 때문에 이성적인 사고가 결여되었다고 생각할 수 있다. 전통과 현대의 관계를 강조하기 위해 그는 서양 현대 사상이 직접적으로 그리스 철학에서 근원했다고 인정했으며 더 나아가 서양인은 고대 그리스에서 문화의 보물을 발굴할 수 있으며 중국인은 자연히 공자와 맹자의 학설에서 나라를 세우는 도를 찾을 수 있다고 추론했다. 어떤 때는 근대 서양 문명이 직접적으로 문예부흥에서 발단했다고 명확하게 표명하기도 했다. 그는 1948년 청두대학(成都大學) 강연에서 다음과 같이 분명하게 말했다.

> 우리는 현대의 문명이 세 가지 운동에서 나왔음을 알고 있다. 하나는 종교개혁, 둘은 과학 발전, 셋은 민주정치이다. 이 세 가지 운동은 유럽의 문예부흥 시기에 '사람의 발견'을 통해 일어났음을 모두가 알고 있다. '사람의 발견'을 통해 일어났다고 말하는 이유는, 중세에는 단지 미신(迷信)과 신도(神道)만 믿었으며 '사람'을 중시하지 않았으나 '사람의 발견' 이후 수많은 문학자들이 사람의 위대함을 찬양하기 시작했으며, 이때부터 사람은 영웅적 기개와 그 자체로 가치를 지니고 있음을 깨닫기 시작했기 때문이다. 사람은 생각을 가지고 있고 재능을 가지고 있으며, 시비를 판별할 수 있고 진위를 분명하게 알 수 있다. 게다가 사람의 가치는 군주전제 정치체제가 말살할 수 있는 게 결코 아니다.[54)]

다시 말하면, 장쥔마이의 서술에서 서양 문명의 근원은 세 가지가 있다. 그러나 그가 어떤 상황에서 어떤 근원을 채용하는지는 자기의 필요에 따라 결정한 것으로 보인다. "육경을 나에게 주입하는" 방법은 수많은 신유

---

54) 張君勱, 『中西印哲學文集』, 245쪽.

가에게서 모두 나타나는 것이다. 이러하기 때문에 그들의 전체적인 문화 주장은 언제나 자기모순 같은 인상을 남긴다. 장쥔마이는 유가학설에서 민주정치의 사상 전통을 찾았기 때문에 그의 정치철학은 대부분 유가사상에 근거한다.

10월 혁명 이후 장쥔마이는 한동안 레닌의 사회주의에 호감을 보였으며 "레닌은 공산주의 이론가일 뿐만 아니라 대지도자의 자격을 구비한 사람"[55]이라고 생각했다. 하지만 얼마 지나지 않아 소련의 사회주의에 반감을 가지기 시작했으며 "마르크스가 계급으로 민족국가를 타파하려고 생각한 것은 일종의 망상"[56]이라고 생각했다. 동시에 장쥔마이는 서양의 민주정치 모델을 중국으로 가져오는 것에도 반대했다. 왜냐하면 봉건 전제정치의 억압을 받는 중국 국민은 민주의식이 부족해 의회정치의 길을 갈 수 없으며, 서양의 민주정치는 경제방임주의의 기초에서 건립된 것으로 본질적으로는 부유한 사람들의 정치라고 생각했기 때문이다. 그렇기 때문에 장쥔마이는 소련식과 서구식 정치를 극복할 '수정적 민주정치'를 제기했으며 이를 독재정치와 의회정치를 초월하는 '제3의 정치'라고 했다.

'수정적 민주정치'의 핵심 내용은 개인의 권리와 자유를 중시하는 정치를 국가의 이익을 개인 위에 두고, 당파의 이익 위에 두는 정치로 바꾸는 것이다. 장쥔마이가 생각하기에 '수정적 민주정치'는 서양의 민주정치와 비교해서 "불공정한 발전과 분배를 제거할 수 있고 재부가 한쪽으로 치우치는 현상을 막을 수 있으며", 효율이 떨어지고 정치 역량이 분산되는 의회민주정치의 폐단을 극복할 수 있다. 또한 다당 분쟁과 일당 전제정권의 폐단을 제거할 수 있으며 중국의 민정과 국정에 더욱 부합하게 할 수 있

55) 張君勱, 『讀六星期之俄國』, 『改造』, 제3권, 제1호.
56) 張君勱, 『我們所要說的話』, 『再生』 잡지 창간호.

다. 왜냐하면 장쥔마이는 국가권력과 개체의 자유를 적당하게 나누기는 어려운 문제임을 깊이 깨달았기 때문이다. 다시 말하면 중국 같은 사회에서 국가권력과 개체의 자유를 평형한 위치에 두는 것은 어렵다. 먼저 국가권력을 강조해야만 개체의 자유가 보장된다.

이 같은 장쥔마이의 '수정적 민주정치'는 '국가사회주의'라고 부를 수도 있다. 그는 『재생(再生)』 제1권 제2기에 기재한 「국가민주정치와 국가사회주의(國家民主政治與國家社會主義)」에서 "민주정치를 실현하기 위한 두 가지 조건이 있다. 하나는 안정적인 국내 환경이며, 둘은 국민의 독립적이고 자유로운 심리 상태이다. 그러나 이 두 조건은 국가사회주의의 체제에서 구비할 수 있다. 이런 체제 아래 정치 방면에서 전문화·안정화·민첩화·통일화를 실행할 수 있고 경제 방면에서 계획경제 형식을 채용할 수 있으며, 사람들이 모두 교육을 받게 할 수 있다."고 명확하게 제기했다. 장쥔마이는 이렇게 해야 민족은 활로가 생기고, 국민은 자유를 보장받으며, 사회의 공공도덕이 보호받고, 정권 교체가 순조롭게 진행될 수 있다고 생각했다.

분명한 것은 장쥔마이의 '수정적 민주정치'는 유가의 정치학설에 근거한다는 것이다. 맹자는 "양양왕(梁襄王)이 '천하는 어떻게 정해질까요?'라고 묻자 하나의 국가로 통일될 것입니다."[57]라고 했다. '하나'는 원래 대일통(大一統) 사상이다. 장쥔마이는 '민주'라는 두 글자를 그에 포함시켜 '수정적 민주정치'라는 아름다운 이름을 붙였다.

이러한 정치에 국가라는 '하나'의 기능만 있다면 국민의 '민주'는 어떻게 실현하고 어떻게 체현할 수 있을까? 특히 국가가 계획경제를 실행하면 반드시 전국의 재산을 국가의 소유로 귀결시켜야 하며 사회 생산에는 초

---

57) 『孟子 · 梁惠王章句上』, "天下郡乎定? 曰定于一."

경제적인 통제를 실행해야 한다. 이렇다면 국가권력을 장악한 사람이 자기가 가진 권력으로 민주정치를 위협하지 않는다는 것을 어떻게 보장할 수 있을까? 이에 대해서 장쥔마이는 납득할 답안을 제시하지 못했다. 그의 답안은 『맹자』에 나오는 "백성이 귀하고 사직은 그다음이며 군주는 가볍다."는 사상과 "국민들이 모두 죽여도 된다고 말하면 그러한 다음에 죽여야 한다."는 사상에서 나왔다. 그러나 문제는 현대의 민주정치를 다시 맹자의 구상에 따라 관철시킨다면 왜 2천여 년 동안 중국인은 줄곧 전제주의의 압박에서 생활해야 했는가. 유학 전통에 일찍부터 민주정치의 보물이 있었다면 어째서 유학 전통이 위주인 중국 문화에서 민주정치는 없었고 줄곧 전제정치만 있었는가. 그 이유는 유가 전통이 전제주의 정치문화와 밀접한 관계가 있었기 때문이 아닐까.

슝스리의 신유식학(新唯識學)

현대 신유가사상사에서 슝스리(熊十力)는 매우 중요한 인물이다.

슝스리가 생전에 미친 영향은 량수밍과 장쥔마이보다 못했을 뿐만 아니라 그보다 10살이나 적은 펑유란보다도 못했다. 그는 현실을 떠나 오로지 학문에만 몰두했으며 대부분의 수준 높은 문장은 제한된 학술범위에서 찬탄을 받았다. 뚜웨이밍(杜維明)은 다음과 같이 슝스리를 평가한 적 있다.

> 슝 씨는 유가의 '도'에 대한 자신의 견해를 위해 외롭고 쓸쓸하게 일생을 투쟁했다. 그는 소박했을 뿐만 아니라 사람들과 어울리기를 싫어했으며, 심지어 기이한 유학대사였다. 그는 극소수의 절친한 친구와 제자가 있었을 뿐이다. 어떤 사람은 호기심 때문에 가끔 그의 강학을 들으러 왔다.[58]

량수밍과 펑유란은 학술전통을 형성하지 않았지만 슝스리는 사상 실력을 갖춘 문인들을 발굴했다. 탕쥔이와 머우쭝산 등이 직접 영향을 받은 사람이었다. 왕선산(王船山) 이후 중국 철학계에서 가장 큰 성과를 이룩한 사람은 슝스리라고 할 수 있다. 또한 현대중국 보수주의 철학가로서 인류사상사에 기록될 가장 자격 있는 사람은 슝스리라고 할 수 있다. 세계철학에 대한 그의 공헌은, 동양의 지혜에 의거해서 인류생명의 귀의처와 영혼의 안식 문제에 대한 새로운 답안을 제시했다는 점이다. 중국철학에 대한 그의 공헌은, 탕쥔이와 머우쭝산 같은 대철학자를 배양해서 신유가의 명맥이 계속 이어지게 했을 뿐만 아니라, 더 중요한 것은 정밀한 형이상학적 사유구조를 구축해 신유학이 발전할 수 있는 사상적 기초를 다져주었다는 점이다.

더욱 찬양할 만한 것은, 슝스리는 량수밍, 장쥔마이와 동시대 사람이며 그들과 같은 문제를 사고했지만 학술논쟁에는 뜻이 없었으며 각종 문화사조가 패권을 장악하기 위해서 벌인 필묵논쟁에는 흥미를 가지지 않았다는 점이다. 그는 자신의 상아탑에 전력을 다했으며 마치 영성을 구비한 큰 거미처럼 쉬지 않고 자신의 사상망을 엮어 나아갔다. 그래서 그의 사고는 비교적 덜 극단적이며 비교적 덜 감정적인 경향에 의해 자기학설의 사상적 가치를 손상시켰다. 이러한 현상은 현대 신유가의 대열에서 매우 드물었다.

슝스리는 후베이 황강(黃岡) 사람이다. 본명은 계지(繼智)이고 자는 자진(子眞)이며 호는 십력(十力)이다. 1920년 이후 호를 이름으로 대신했으며 황강일옹(黃岡逸翁), 칠원노인(漆園老人)이라는 호가 더 있다. 그의 부친은 시

58) 杜維明, 「探索眞實的存在: 略論熊十力」, 『近代中國思想人物論保守主義』, 時報文化出版事業公司, 1985년, 335~336쪽.

서(詩書)를 충분히 읽었으나 부귀공명을 누리지 못했고 일생을 궁핍하게 살면서 글방을 열어 향촌 자제들에게 정주이학을 가르쳤다. 슝스리는 어릴 때부터 부친에게 사서오경을 배웠다. 10세가 되던 해에 부친상을 당했지만 큰형을 따라 낮에는 일하고 밤에는 공부하면서 경사자집(經史子集)을 두루 읽었다. 16세 때부터 이웃 기수현(圻水縣) 하(何) 씨 마을의 허빙리(何炳藜)의 문하에 들어가 공부하기 시작했다. 하 씨는 슝스리 부친의 친한 친구였으며 인품과 지식을 두루 갖춘 문인이었다. 슝스리는 그의 문하에서 생활하면서 크게 발전했으며 하 씨의 두터운 사랑을 받았으나 이후 끼니를 굶을 정도로 궁핍해져 학업을 중단할 수밖에 없었다.

슝스리는 스승과 작별한 후 낡은 절에 기거하면서 서당을 열고 강학을 했으며, 진백사(陳白紗)의 책을 읽고 나서 "혈기를 지닌 육체는 내가 아니며 이러한 마음과 이러한 이치〔理〕가 진정한 나임을 문득 깨달았다." 이때부터 독특한 풍격의 사유방향이 싹텄다. 게다가 왕선산, 고염무(顧炎武)의 저작을 읽으면서 "혁명의 뜻을 품게 되었으며 과거에 종사하지 않고 우창(武昌)의 개자영(凱字營)에 사병으로 들어가 군사혁명을 도모했다."[59] 1904년 친구인 왕한(王漢), 허쯔신(何自新)과 더불어 송쟈오런(宋敎仁) 등과 협력해 우창에서 과학강습소를 조직했다. 2년 이후 황강 군계강학사(軍界講學社)의 설립을 계획하고 혁명을 도모했으며 이후 평례(萍醴) 봉기 사건이 누설됨에 따라 고향에 은거했다.

신해혁명 이후 슝스리는 혁명의 공로가 인정되어 후베이 도독부(都督府)의 참모에 임명되었다. 그러나 얼마 지나지 않아 장시성(江西省) 덕안현(德安懸)으로 이사를 가 농사를 짓고 책을 읽으면서 생활했다. 이때 슝스리는 혁명노선에 크게 실망했으며 "당원들은 권력만 다투고 이익만 추구하며

59) 熊十力, 『十力語要』, 明文書局, 1989년, 432쪽.

혁명은 언제나 좋은 결과가 없었다."라고 생각했으며 "대중은 어리석고 무지하기 때문에 불행해진다."는 것을 알게 되었다. 그래서 "학술에 전력을 다해 사람들을 일깨울 것"을 결심했다. 1918년『웅자진심서(熊子眞心書)』를 출판했으며, 차이위안페이가 서문을 써 "웅자의 학문은 백가를 관통하고 유교와 불교를 융합했다."라고 했다. 이때부터 슝스리는 벼슬의 뜻을 접고 학문에 전심전력을 다했으며 국민의 정신생명을 고양시키기 위한 새로운 길을 찾아내려고 했다. 이게 바로『십력어요(十力語要)』에서 "학술의 한 길에 뜻을 두려고 결심한 것은 35세 때였다. 그때가 일생의 대 전환점이 되었으며 다시 태어나는 시기였다."라고 한 것과 같다. 그러나 당시 슝스리는 공맹유학을 추종하지 않았다. 그는 "유학자는 이익을 말하지 않지만 사사로운 이익을 도모하는 자들에게 쉽게 이용된다."고 생각했으며, "맹자는 가난한 자가 벼슬을 해야 한다고 했고, 공자는 3개월 동안 자기를 알아주는 군주를 찾지 못해 몹시 당황했다고 말했다. 그들의 말은 편파적이진 않았지만 이러한 부분을 가장 쉽게 사람들이 이용하며, 그래서 사람들은 기꺼이 유교를 신봉하는 것이다."[60]라고 했다. 그가 보기에 유학은 가장 쉽게 사람들의 사사로운 이익을 위해 이용되는 학문이다.

1920년 슝스리는 난징 지나내학원(支那內學院)에 들어가 불학대사 오우양징우(歐陽竟無)에게 유식학(唯識學)을 배웠다. 그는 내학원에 들어간 후 밤낮을 가리지 않고 학원에 소장된 불전을 모두 읽었으며 진보가 매우 뚜렷했다. 얼마 지나지 않아『유식학개론(唯識學概論)』을 썼으며 오우양대사의 높은 평가를 받아 대중부(大衆部)에서 상좌부(上座部)로 승격했다. 지나내학원에서 생활한 2년 동안 슝스리의 학식은 크게 진보했을 뿐만 아니라 유식학을 깊이 연구함으로써 학술취향이 바뀌었다. 그는 불교의 의리에

60) 熊十力,「心書」,『新唯識論』, 中華書局, 1985년, 7쪽.

의지해서는 세상 사람을 구제할 수 없으며 몸과 마음을 의탁할 길은 유학이 근본이어야 하며 『대역(大易)』이 원천이어야 한다고 인식했다. 이러한 인식 아래 불교에서 유교로 들어가기 시작했고 유식학을 비판하는 길로 나아갔으며, 결국 『신유식론(新唯識論)』(원래 이름은 『경론(境論)』)을 쓰게 되었다.

1922년 겨울, 량수밍이 『동서 문화 및 그 철학』을 출판하고 장쥔마이가 『인생관』 강연을 할 무렵 슝스리는 차이위안페이의 초빙으로 베이징대학의 강사가 되어 유식론을 강의했다. 1932년 『신유식론』 문언문(文言文)[61]본이 정식으로 출판될 때까지 십여 년 동안 슝스리는 베이징대학, 우창대학(武昌大學), 난징 중앙대학에서 교편을 잡았다. 이때는 슝스리의 사상이 나날이 성숙해졌으며 또한 전력을 다해 그의 철학 체계를 구축하던 시기였다.

『신유식론』 문언문본의 출판은 슝스리가 불학에서 유학으로 전향했음을 상징한다. 이 책은 출판 이후 학술계의 큰 관심을 받았으며 사람들은 "근년의 가장 기이한 책"이라고 했다. 마이푸(馬一浮)가 머리말을 썼으며 "십력은 사물을 살피는 데 능숙하고 이치 판별에 뛰어나 뚜렷하지 않는 것을 분명하게 밝히고 언어로 정밀하게 묘사했다. 일찍이 불법을 선양하고 유식(唯識)을 깊이 탐구하면서 도리에 어긋난 부분을 깨닫기 시작했으며, 십 년간 깊이 탐구해서 결국 『경론(境論)』을 썼다. 본적(本迹)을 분명하게 밝혀 하늘과 사람을 관통하고 고대와 현대를 포괄했으며, 평범한 문장이지만 내용이 심오하다."[62]고 찬양했다. 슝스리의 『신유식론』은 불가 본래의 종지가 아닌 것으로 자기의 독립적인 형상을 완성했기 때문에 오우양

61) 5·4운동(五四運動) 이전에 통용되던 고한어(古漢語)를 기초로 한 문언이며 문화(文話)라고 한다. 반의어는 백화(白話)이다. ― 옮긴이

62) 熊十力, 『新唯識論』, 中華書局, 1985년, 39쪽.

징우 사도들의 공격을 받았다. 오우양대사는 "성인의 말씀을 훼손하고 버리는 데에서 생각해 보면 오직 자진(子眞)이 가장 특출하다."라고 했으며, 제자 류헝루(劉衡如)는 스승의 뜻을 받들어 『파신유식론(破新唯識論)』을 썼다. 그는 문장에서 직접적으로 슝스리는 "옳고 그름을 혼란시키고 함부로 바꾸고 수정해서 오늘날의 뜻있는 학자들이 진정으로 배울 것이 없게 되었고 의거할 곳이 없게 되었다."[63]고 비난했다.

그러나 『신유식론』 문어문본을 쓸 때 슝스리는 여전히 불가의 공부를 하고 있었다. 그가 "중국의 유가와 도가의 뜻을 잡다하게 취하고 인도에 있는 불교 이외의 다른 종교의 말을 광범위하게 채용했지만" 근본적으로 여전히 불가의 '종지'를 따랐다. 그는 『파「파신유식론」(破「破新唯識論」)』에서 그의 이론과 불법은 서로 위배되는 게 아니라 불문사상을 쇄신한 것일 뿐이며 바로 2천여 년 전에 대승불교가 소승불교를 쇄신한 것과 마찬가지라고 재차 강조했다.

> 과거 대승의 여러 스승들은 외교(外敎)를 융합해서 불도를 더욱 광범위하게 발양했다. 소승의 스승들은 대승을 불설(佛說)로 인정하지 않았지만 그들 또한 '무아(無我)'를 표지 삼아 수행했다. 오늘날 이 논문 또한 '무아'에 위배되지 않는데 어떻게 종(宗)에 위배되는 죄가 있다고 억단하는가.[64]

『신유식론』 문언문본을 쓰게 된 원래 취지에서 보면 당시 슝스리는 신유가라기보다는 신불가라고 할 수 있다. 왜냐하면 그가 중시한 것은 불학을 갱신하는 것이지 유학을 재건하는 것이 아니었기 때문이다.

---

63) 熊十力, 『新唯識論』, 中華書局, 1985년, 213쪽.

64) 熊十力, 위의 책, 161쪽.

『신유식론』 문언문본 출판 이후 슝스리는 한동안 산둥 추평(鄒平)으로 피신해 량수밍의 향촌건설 연구원의 농장에서 생활했다. 두 사람은 절친한 사이였으며 함께 많은 생각을 나누었다. 그 후 남북으로 두루 다니면서 베이징대학, 복성서원(復性書院), 면인서원(勉仁書院)에서 강의했으며 『유학명상통석(儒學名相通釋)』, 『중국역사강화(中國歷史講話)』, 『독경시요(讀經示要)』 등을 출판했다. 슝스리는 1938년부터 『신유식론』을 백화문(白話文)으로 고쳐 쓰기 시작해 1944년에 출판했다. 백화문본 『신유식론』의 출판은 슝스리의 철학사상이 또다시 새로운 시기로 접어들었음을 보여주는 지표가 된다. 그 책은 문언문본에서 고쳐 쓴 것이지만 그의 사상경향은 분명한 변화가 나타났다. 슝스리 자신이 "『신론(新論)』의 문언문본은 『역(易)』을 불학에 융합시킨 것과 같으며 백화문본은 핵심이 『역』에 있다."라고 한 것과 같다. 다시 말하면 이전 슝스리는 주로 유교와 도교사상으로 불학을 개조하려고 했지만 이때는 불교의 의리로 유학을 새로 해석하려고 했으며, 정식으로 신유학사상체계를 형성했다.

1949년 이후 다시 베이징대학의 교수가 되었으며 1954년 퇴임하고 상하이에 거주하면서 전심전력을 다해 저술에 몰두했다. 육왕심학(陸王心學)으로 돌아가 『원유(原儒)』, 『체용론(體用論)』, 『명심편(明心篇)』, 『건곤연(乾坤衍)』 등을 연이어 출판해 유학의 내성(內聖)학에서 외왕(外王)의 도를 전개하려고 시도했으며 계통적으로 신유학의 이론체계를 완성했다. 1968년 정치박해 때문에 상하이 훙커우의원(虹口医院)에서 83세를 일기로 생을 마감했다.

슝스리는 일생 동안 글을 쓰고 이론을 세웠으며 의지하는 데 없이 스스로 자신의 품격을 이룩했다. 대중들이 잘 알지는 못했지만 일부 사상계의 문인들은 줄곧 그를 경모했다. 해외의 제자들은 비보를 듣고 그의 임종은 "중국 문화의 장성이 무너진 것과 같다."라고 생각했으며 장중한 추도회를 열어 현대중국 문화의 거성이 떨어졌음을 몹시 안타까워했다. 그는 오늘날까지 국내외에 많은 영향을 미치고 있으며 사람들은 "금세기에 가장 큰 창조성을 구비한 사상가", "세계 철학계가 공인하는 철인", "천백 년 이래 우리나라 학술계에서 보기 드문 학자"라고 불렀다.

슝스리는 동시대의 문화인들과 마찬가지로 일생 동안 중국 문화 또는 중국 사회의 올바른 발전 방향은 무엇인가를 고찰했다. 이러한 문제는 20세기 중국 사상계가 직면했던 시대적 난제였으며 또한 혈기 있는 문화인이라면 간과할 수 없는 문제였다. 전원목가(田園牧歌)식의 생활이 끝나고 각종 현대 사조의 충격으로 전통은 점점 가치를 상실했으며, 인심은 나날이 경박해지고 사회는 질서를 잃었고, 문화는 위기로 빠져들었다. 수많은 사람들은 자아를 상실했고 정신은 의탁할 곳이 없었다. 이러한 상황에서 문화인이 마땅히 해야 하는 것은 문화의 올바른 발전노선을 설정하는 것이다. 문화의 올바른 발전노선을 설정하지 못하면 다른 노선의 발전은 기대하기 어렵다. 이러하기 때문에 5·4운동 시기의 문화 영웅들은 신문화의 깃발을 내걸고 반전통주의자라는 죄명을 뒤집어쓰면서까지 국민들의 영혼을 진단하려고 했다.

슝스리는 이러한 환경에서 중국 문화의 운명을 생각했다. 그가 생각하기에 문화는 우수한 점도 있지만 반드시 결점도 있다. "동양 문화는 오늘날에 이르러 그 독성이 다 폭로되었으며 고유의 우수성이 발양되기를 기다리는데 우리는 여기에 주의하지 않을 수 없다. 서양 문화의 우수성은 분명하게 드러났으며 인류를 이끄는 것은 탐욕과 분노, 어리석음과 방자함뿐이기 때문에 역시 취할 수 없다."[65] 그는 문화인의 책임은 천하의 근심을 걱정하는 것이며 동시에 뚜렷한 의식을 견지해서 눈앞의 득실에 미혹

65) 熊十力, 『十力語要』, 155쪽.

되지 않는 것이라고 생각했다. "무릇 세상을 초월하는 도량이 없는 사람은 반드시 세상을 초월하는 지식이 없다. 세상을 초월하는 지식이 없으면 진리를 궁구하기에 충분하지 않다. 진리를 분명하게 알지 못하기 때문에 이러한 사람은 눈앞의 득실에 미혹된다. 되는 대로 세속만 좇아가며 감히 대중의 생각을 거슬러 자기의 주견을 가지려 하지 않는다. 자기의 주견이 없기 때문에 사람들 사이에서 구차하게 살아갈 수는 있지만 공덕을 이루고자 하는 힘이 없다."[66)]

슝스리는 중국 문제를 해결하는 열쇠는 부국강병에 있는 게 아니라 '신앙'이라는 두 글자에 있다고 인식했다.

> 오늘날 중국인의 생활이 빈곤하고 생활의 내용이 지극히 공허하다. 그러므로 어떤 일을 만나면 모두 속이고, 기만하고, 이기적이고, 비겁하고, 염치없고, 비천하고, 굴욕적이고, 작은 이익을 탐내며 거시적인 계획이 없다. 대략 청(淸) 말 이래 왁자지껄한 논쟁이 빈번했지만 신앙은 이미 모두 없어졌다.[67)]

그에 따르면 청 말 이래 신앙이 거의 없어진 이유는 서학의 충격으로 전통적인 가치관을 상실했기 때문이다. 그래서 후스 선생이 주장한 것처럼 전반적으로 서양 문명을 도입한다면 그것은 근본적으로 중국 문제를 해결하는 것이 아니다. 현재 중국인이 필요로 하는 것은 과학이 아니라 현학이다. 그는 다음과 같이 말했다.

> 반드시 알아야 하는 것은 살아 있는 생물의 생활 역량은 모두 보이지 않는 곳

---

66) 熊十力, 앞의 책, 155쪽.
67) 熊十力, 위의 책, 147쪽.

에 잠재된 세력이 그렇게 만드는 것이며 지식으로 해석할 수 있는 것이 아니다. 무형의 역량은 마음으로 세계를 관찰하는 '반관(反觀)' 능력이 없는 사람은 이해할 수 없다. '반관' 공부는 오직 사람만이 할 수 있다. 사람의 영혼이 신성하다면 '반관' 공부는 더욱 정밀해지고 더 깊이 꿰뚫을 수 있다. 일반 사람들은 수준 높은 '반관' 공부를 할 수 없으며 금수 또한 깨우칠 수 없다. 근대 학술은 '객관'을 중시하고 '반관'을 경시하며 물리 방면에서는 어느 정도 구별할 수 있지만 우주의 진리와 인생의 진리를 체험하는 데는 날이 갈수록 소원함을 느끼며 혼미한 상태에 빠진다.[68]

우리는 '현학'의 현대의의를 중시하는 것은 슝스리부터 시작된 것이 아니며 이전에 량수밍과 장쥔마이가 이러한 문화 주장을 제기했음을 알고 있다. 그러나 량수밍과 장쥔마이는 중국 문화의 본체론을 그다지 논술하지 않았으며 형이상학과 형이하학, 이성과 감성, 우주와 인생의 구별과 융합을 그다지 중시하지 않았다. 그들은 문화를 비교할 때 중국 문화의 가치를 더 많이 부각시켰으며 중국 문화의 형이상학적 기초를 심도 있게 탐구하지 않았다. 그러나 슝스리는 철학을 '본체에 관한 학문'으로 간주했다. 그는 공맹 이후의 한학과 인도의 유식학 또는 콩트에서 발단된 서양 실증주의 철학이 관심을 가진 것은 우주와 인생의 갖가지 자질구레한 상황이며 '인생의 근본'과 '우주의 기원'을 드러내지 않았다고 생각했다. 그에 따르면 "공자의 내성학을 연구할 때 반드시 인생론과 우주관의 모든 방면에서 경전의 뜻을 헤아려야 한다." 왜냐하면 철학의 근본 임무는 본체를 분명하게 드러내는 것이기 때문이다.

중국 유학은 역대로 도덕철학 혹은 윤리학으로 여겨졌다. 왜냐하면 공

68) 熊十力, 『十力語要』, 146쪽.

자 이후의 유생들이 주로 중시한 것은 인간관계와 개체의 수양문제이며 형이상학적인 고도에서 유가학설을 전개한 사람이 적었기 때문이다. 장쥔마이는 유학을 칸트의 '실천이성'에 비교해서 중국 사상문화의 특징은 칸트가 말한 '순수이성'이 결핍된 것이라고 생각했다. 량수밍은 민족정신을 강조했지만 그가 강조한 민족정신은 하나는 위로 향하는 마음(덕성을 추구하는 마음)을 강하게 하는 것이고, 둘은 서로간의 정을 두텁게 하는 것이기 때문에 모두 덕성수양에 관한 것이다. 그는 "유가는 언제나 우주인생을 찬탄했고 언제나 사람을 귀중하게 보았다. 특히 유가는 언제나 사람을 신뢰했으며 사람을 문제 삼아 어떤 방법을 찾으려고 한 적이 없다."[69]고 했다. 량수밍은 유가사상의 본체론적 측면을 소홀히 했기 때문에 슝스리의 사상방식에 그다지 동의하지 않았다. 그는 슝스리는 문화에 대한 철학의 의의를 지나치게 강조하기 때문에 유가사상을 우주론과 본체론 속에 두고 번민했으며, '자신을 돌이켜 성찰하고', '하늘이 부여한 본성을 다하는' 유가사상의 대의에 위배된다고 생각했다. 량수밍이 보기에 '내심을 성찰하고', '본성을 다하는 것' 등 유학의 기본적인 요구는 사람의 생명을 체험하고 실천하는 것이지 순수철학적인 언어로 표현하고 체계를 구축하는 것이 아니다.

슝스리가 본체를 중시한 이유와 그것이 중국 문화를 건설하기 위한 기초라고 생각한 이유를 알기 위해서는 슝스리의 철학에서 무엇이 '본체'인지를 분명하게 파악해야 한다.

슝스리는 독특한 사유방식과 철학언어로 '본체'를 이해하고 있다. 본체에 대한 그의 이해는 "본체란 무엇인가?"라는 질문에서 시작되는 게 아니라 "본체란 아무것도 아니다."라는 비판적인 질문에서 시작된다. 그는 불

---

69) 梁漱溟, 『中國文化要義』, 學林出版社, 1987년, 133쪽.

학이 의리를 설명할 때 이용하는 '차전(遮詮)'의 방식을 따라 본체에 대한 세상 사람들의 '정견(情見)'을 타파한다. 그는 다음과 같이 말하고 있다.

> 우리는 불가철학이 '수사(修辭)'에 매우 엄밀함을 알고 있다. 그들의 언설은 '차전(遮詮)'과 '표전(表詮)'의 구분이 있다. '표전' 같은 언설 방식은 설명하려는 사물이나 도리를 직접적으로 밝힌다. 예를 들면 암실에 의자가 있으면 그 안에 의자가 하나 있음을 모르는 사람에게 직접적으로 방 안에 의자가 하나 있다고 말한다. 이러한 언설방식이 '표전'이다. '차전' 같은 언설 방식은 설명하려는 사물이나 도리를 직접적으로 밝히지 않으며 단지 어떤 방법을 강구해서 다른 사람이 미혹되거나 집착하는 부분에 암시를 주어 그가 스스로 말할 수 있게 하는 것이다. 앞의 예를 다시 들면, 사물을 제대로 분별하지 못하는 사람이 암실에 있는 의자를 사람이라고 착각하고 유령이라고 착각한다면 이때 우리가 미혹된 그를 일깨우려면 "사람이라면 마땅히 어떠한 모습일 것인데 이 암실에 있는 형상은 결코 사람이 아니다."라고 해야 한다. 또한 유령이라면 "그것은 반드시 변화를 예측할 수 없을 것이다. 그러나 이 암실 속의 형상은 결코 유령이 아니다."라고 해야 한다. 이와 같이 여러 가지 표현법으로 그의 미혹된 부분을 타파해주지만 그러나 직접적으로 암실에 있는 것이 의자라고 밝히지 않으며 기어코 그 스스로 그것이 의자임을 깨닫게 한다. 이러한 언설 방식이 '차전'이다.[70]

여기에서 알 수 있는 것은 슝스리가 채용한 불학의 '차전'은 실지로 부정과 비판이 특징인 사유방식이다. 그에게서 이러한 사유방식은 현학 또는 형이상학적 사유가 결핍되어서는 안 된다. 왜냐하면 모든 학문이 궁구하는 '리(理)'는 하나는 '지일의리〔至一的理〕'이며 다른 하나는 '분수의리

70) 熊十力, 『新唯識論』, 中華書局, 1985년, 299쪽.

〔分殊的理〕'이기 때문이다. '지일의리'는 만물에 두루 미치는 실체이며 형상이 없고 방위가 없으며 처음부터 존재하는 것이다. "형상이 없고 방위가 없어 마치 아무 곳에도 존재하지 않는 것 같지만 그러나 처음부터 존재하는 것이기 때문에 오히려 존재하지 않는 곳이 없다." 그것은 지극히 현묘하고 또한 지극히 미미하여 언어로 표현하기 어렵다. "왜냐하면 모든 명칭과 개념은 우리가 실질적인 생활에서 하나하나의 사물을 응용하기 위해 생겨난 것이기 때문이다. 그러므로 모든 사물을 명칭과 개념으로 해석하지 않을 수 없다. 이게 바로 명칭과 개념이 흥기한 원인이다. 우리가 문자의 본뜻을 시험 삼아 조사해 보면 모든 것이 실물을 표시하는 것이다. 문자가 나날이 증가하고 점점 추상화되더라도 언제나 마음속의 경상(境相)을 표시하는 것으로 여전히 한계가 있으며, 거친 색채를 벗어날 수 없다. 우리가 사물을 표현하는 명칭과 개념으로 사물을 초월하는 리(理)를 표현하기는 어렵다."[71] 다시 말하면 사람들이 일상적으로 사용하는 '명칭'과 '개념'은 모두 구체적인 사물의 형상 또는 실제 사물에서 나온 것이며 '지일의리'는 형상이 없고 방위가 없기 때문에 구체적인 사물의 형상을 지칭하는 명칭과 개념을 사용해서 그것을 지칭할 수 없다. 그래서 슝스리는 "그대가 리(理)를 하나의 사물로 간주해서 보려고 생각하고 그것이 무엇인지 직접적으로 표시하려고 생각한다면 그것은 참으로 무의미한 언사이다."라고 했다.

슝스리가 말한 '지일의리'는 우주만물의 본체이며 실체라고 할 수 있다. 그에게서 본체는 언어를 사용해서 표현하기 매우 어려우며 마치 노자가 "도는 언어를 사용해서 그것을 도라고 부를 수 있지만 그것은 영원한 도가 아니며, 이름은 언어를 사용해서 그것을 이름이라고 부를 수 있지만

71) 熊十力, 앞의 책, 300쪽.

그것은 이미 영원한 이름이 아니다."라고 한 것과 같으며, 장자가 "아는 사람은 말하지 아니하고 말하는 사람은 알지 못한다."라고 한 것과 같은 것임을 알 수 있다. 그러나 이는 본체가 언어를 사용해서 표현할 수 없음을 말하는 게 아니다. 왜냐하면 언어는 사람들이 사물을 인식하는 경로이기 때문이다. 언어의 지칭 기능이 없다면 지식 전수가 불가능할 뿐만 아니라 사물 인식 역시 불가능하다. 그러나 언어를 통한 사물 인식은 한계가 있다. 그것은 사람이 사물을 인식하는 일종의 도구일 뿐이며 인식하는 것과 인식의 대상은 상당한 거리가 있다. 슝스리는 언어로 대상을 묘사하는 것은 추측해서 사물을 인식하는 '양지(量知)'의 안목을 사용해서 사물을 보는 것이라고 생각했다.

> 양지(量智)는 본래 외부를 향해 사물을 보면서 발전하는 것이다. 왜냐하면 우리는 일상생활의 우주에서 감각기능이 느끼는 바를 모두 자기 마음 이외에 실재하는 자연사물로 간주해서 판별하고 추리하기 때문이다. 양지는 이렇게 해서 발전되었다. 그래서 양지는 외부를 향해 이치를 탐구하는 도구이다. 이런 도구를 일상생활의 우주, 즉 물리적인 세계에서 사용한다면 당연히 부당하다고 할 수 없지만 그것을 신중하게 사용하지 않고 형이상학적인 문제를 해결하려고 할 때 사용하며, 본체를 외재하는 자연사물로 간주해서 그것을 탐구한다면 매우 잘못된 것이다.[72)]

슝스리에 따르면 오늘날 철학을 공부하는 사람은 모두 '양지'에 의거해서 본체를 추측하는 잘못을 범하고 있다. 사실상 본체를 인식하는 것은 '양지'가 아니라 '성지(性智)'이다. '성지'는 '진정한 자기 깨달음'이다. 이

---

72) 熊十力, 『新唯識論』, 中華書局, 1985년, 254쪽.

깨달음은 감각적인 경험을 벗어나지 않지만 본질상 직관에 의거해서 스스로 깨닫는 것이며, 막힘이 없고 완전무결하며, 천지만물을 낳고 수많은 사물을 발생시키는 근원이다. 또한 사람의 생명과 우주의 대생명은 원래 별개가 아니기 때문에 우리는 '성지'에 의거해서 본체를 증명할 수 있고, 진리는 외부에서 구할 필요가 없음을 확신하며, 생활이야말로 무궁무진한 보물창고임을 자각한다.

본체와 사람의 생명은 둘이 아니기 때문에 슝스리가 불교의 '차전' 법을 이용해서 먼저 제기한 명제는 '본체는 외부 사물이 아니다.'라는 것이다. 그가 생각하기에 예전의 철학자들은 본체를 이야기할 때 대체적으로 본체를 사람들의 의지에 의거해서 존재하는 것이 아니라고 간주했으며, 이지작용에 의거해서 진리를 탐구할 수 있다고 믿었다. 이러한 이유로 철학자들은 각자 자신의 생각을 이용해서 "일종의 경지를 구상했으며", "유심론이든 유물론이든 갖가지 이론은 모두 외부를 향해 사물을 탐구하는 태도로 추측해서 각자 비현실적인 본체를 건립했다." 그에 따르면 본체는 나의 마음을 떠나 외부에 존재하는 게 아니기 때문에 본체를 외부에 독자적으로 존재하는 것으로 간주하는 것은 매우 잘못된 것이다. 그러나 이것 또한 '본체'와 '나의 마음'은 서로 연관 있는 두 사물임을 말하는 게 아니라 하나로 융합된 것이며, 즉 "우리의 본심이 바로 내 몸과 천지만물이 함께 구비하는 본체"라는 것을 가리킨다.

다시 말하면 맹자가 말한 "만물은 모두 내 안에 구비되어 있다."라는 것이고 정자(程子)가 말한 "인자는 만물과 혼연일체가 된다."라는 것이며 왕양명이 말한 "마음 밖에 다른 사물이 없다."라는 것이다. 슝스리는 만물이 내 마음을 떠난 게 아니라고 간주할 때 비로소 인생의 가장 높은 이상이 실현된다고 생각했다. 왜냐하면 이러한 경지에서 자기가 작고 보잘것없는 존재가 아님을 느끼고 만물과 대립하지 않음을 느끼기 때문이다. 이러하지 않고 만물을 자기 마음 이외에 독립적으로 존재하는 경지로 간주한다면 바깥의 만물과 안의 작은 나는 서로 대립해 오히려 전체 생명을 계속해서 분열시키며, 이러한 것은 매우 불합리하고 가련한 일이다.

게다가 슝스리는 마음 밖의 사물은 본체가 아닐 뿐만 아니라 사유 활동을 통해서 획득하는 '공상(共相)' 또한 본체로 볼 수 없다고 생각했다. 그 이유는 다음과 같다.

> 우리의 사유작용은 일상적인 경험에서 발전하며 언제나 경험하는 곳에서 그 형상을 드러낸다. 그러므로 '공상(共相)'을 사유할 때 역시 사물의 요상(要相)을 드러낸다. 본체를 사유할 때 완전히 형상을 잊지 못하면 직접 본체를 체득할 수 없으며 자신이 나타내는 형상을 반연해서 생각할 뿐이다. 반드시 알아야 하는 것은, 본체는 '공상'으로 볼 수 없다. '공상'으로 보는 것은 바로 마음에서 드러나는 일종의 형상이다. 이러한 형상은 이미 물화된 것이며 참된 실체가 드러난 것이 아니다. 그래서 본체는 미리 생각할 수 있는 것이 아니라고 말한다.[73)]

"미리 생각할 수 없다."는 것은 "인식할 수 없다."는 것이다. 여기에서 슝스리가 『신유식론』을 쓸 때 칸트를 그다지 이해하지 못했지만 칸트와 같은 일을 하고 있음을 알 수 있다. 칸트에서 '물자체(物自體)'는 인식할 수 없는 것이며 사람들이 인식할 수 있는 것은 '현상(現象)'이다. '현상'은 단지 '물자체'가 밖으로 드러난 형식일 뿐이며 '물자체'와 상당한 거리가 있다. 슝스리의 '본체'도 마찬가지로 인식할 수 없는 것이고 사람들이 '양지(量智)'에 의거해서 획득하는 것은 지식일 뿐이며 본체가 아니다.

그렇지만 '본체'가 내 마음을 떠나서 존재하는 게 아니라면 어떻게 본

---

73) 熊十力, 『新唯識論』, 313쪽.

체를 인식할 수 있을까. 위의 문장에서 제기했듯이 슝스리는 본체를 인식하는 것은 '양지'가 아니라 '성지(性智)', 즉 '진정한 자기의 깨달음'이라고 생각했다. '진정한 자기'가 본체이다. 이러한 해석은 현묘해 보이지만 또한 강한 신비주의인 색채를 띤다. 그러나 슝스리에서 보면 도리는 간단하다. 본체가 내 마음을 떠나지 않는다면 본체를 인식하는 것은 '증회(證會)'이지 '사의(思議)'가 아니며, 즉 본체를 외물로 간주해서 인식하는 게 아니다. 여기에서 인식의 주체와 객체는 혼연일체하며 두 가지를 대립시켜서는 안 된다. 그는 다음과 같이 말하고 있다.

> 증회(證會)는 그 뜻을 말하기 어렵다. 깨달음의 주체와 깨달음의 대상이 은연중에 계합해서 능히 분별할 수 없는 것을 증회라고 한다. 이러한 경지는 반드시 모든 실상(實狀)을 깨끗하게 제거하고 고요하고 더없는 성지(性智)에 직접 맡겨두고 언제나 앞에 나타나게 해야 도달할 수 있다. …… 여태껏 유자들이 말한 하늘과 합덕(合德)하는 경지가 증회의 경지이다. 우리가 하늘과 하나 되는 경지에 도달하면 무궁한 온오(蘊奧)를 만들어 낼 수 있고, 고요하며 형체가 없고, 밝고 깨끗한 경지에서 자신을 돌이켜 저절로 깨우칠 수 있으며, 자기의 생각으로 외부를 추측해서 함부로 그러함을 단정하지 아니한다. 사의(思議)를 사용해서 변화를 추측하는 것은 그것을 외부의 도리로 간주해서 추측하는 것이므로 주관적인 판단으로 사물을 추측하는 것이라고 한다. 이러한 증회의 경지는 이러한 도리가 나의 바깥에 있는 게 아님을 보고 묵묵히 저절로 깨우치는 것이므로 주관적인 판단으로 사물을 추측하는 자와 결코 같은 길이 아니다. 증회야말로 학문의 가장 높은 경지다.[74]

74) 熊十力, 앞의 책, 356~357쪽.

슝스리의 '증회'는 딜타이(Wilhelm Dilthey)의 '체험'과 비슷하다. 1883년 딜타이는 『인문과학도론(*Introduction to Human Sciences*)』을 출판했다. 이 책은 현대 서양철학의 반과학주의의 선언으로 여겨진다. 딜타이는 자연과학은 해석하고 설명만 할 수 있을 뿐이며 사람과 그 역사는 체험을 필요로 한다고 생각했다. 경험세계에서 주체와 객체는 하나로 융합된다. 다시 말하면 경험은 체험자의 체험대상이 아니라 체험이 경험 가운데 존재하는 것이다. 주체와 객체가 대립하는 사유모델로 경험과 체험을 구분하고 생활의 경험적인 성분은 가려내어 그것을 관념·체계·규율 등등으로 상승시킨다면 생활의 활기 또한 사라진다.

슝스리에 따르면 '증회'의 근본은 내 마음속의 본심을 추구하는 데 있으며 내 마음 바깥의 사물을 추구하는 데 있지 않다. 내 마음 바깥의 사물을 추구하는 것은 사물을 객체화된 대상으로 간주하고 '외부를 향해 사물을 추구하는' 태도를 사용해서 추측하게 된다. 그러나 '증회'는 주체와 객체의 대립이 없다. 여기에서 만물과 내 마음 사이에 경계가 없고 장애가 없으며, 모든 것이 자연스럽고 일체가 된다. 슝스리의 이해에 따르면 '증회'의 과정(정확하게 말하면 '과정'은 없다)은 일종의 생명의식이며 생명체험이라고 할 수 있다. 슝스리는 생명은 매우 중요한 것이라고 생각했다. 자기의 생명이 우주 본체이며 이 두 가지가 합쳐져서 '대생명(大生命)'이 된다. '대생명'은 분석할 수 없으며 나눌 수도 없다. 그러므로 내외 구분이 없고 주객 구별이 없다. 그래서 본체를 인식하려면 생명을 파악하는 것이 가장 중요하다. '생명'은 생리적이고 물리적인 성질을 의미하는 게 아니며 그것은 내 몸의 주체인 '본심'이다. 본심을 자각하는 것은 우주만물을 자각하는 것이다. 왜냐하면 "내 마음과 만물의 본체는 둘이 아니고 나누어지는 게 아니기 때문이다." 이러한 관계는 다음과 같다.

마음을 넓게 해서 자기를 잊고, 고요하지만 공(空)이 아니고, 생성하지만 소유하지 않으며, 지극히 성실하여 쉬지 않는 실리(實理)를 깨달으면 이것은 나와 만물이 함께 품부 받아 생겨난 것이므로 나와 만물이 함께 갖추고 있는 진정한 본성이 된다. 이 진정한 본성이 나 자신에게 존재하며 항상 허령불매(虛靈不昧)하여 나 자신의 주재자가 되므로 또한 본심이라고 한다. 그러므로 본심은 사실 나 자신만이 가진 게 아니라 나와 만물이 혼연일체가 되는 진정한 본성이다. 그러므로 내 마음으로 되돌아가면 만물의 본체를 얻는다.[75]

슝스리는 '하늘과 사람이 하나 되는 것'과 '하늘과 사람이 융합하는 것'을 강조했기 때문에 현학과 과학 사이에서 현학의 의의를 부각하는 것에 치중했다. 그는 과학의 작용을 부정하지는 않았지만 과학의 만능을 믿는 것에 단호하게 반대했다. 이러한 점에서 장쥔마이와 완전히 일치한다. 차이가 있다면 장쥔마이는 '어째서 과학은 인생을 설명할 수 없는가'에 전력을 다했고 슝스리는 '어째서 인생은 과학으로 설명할 수 없는가'에 전력을 다했다. 다시 말하면 장쥔마이는 과학의 한계성을 알리는 데 치중했으며 슝스리는 인생의 특성을 설명하는 데 치중했다. 슝스리는 과학 만능주의자들이 현학은 조금의 가치도 없다고 여기는 것은 사실 현학에 대한 무지 때문이라고 생각했다. 대체적으로 말하면 현학과 과학은 서로 다른 두 진리이며 과학은 사물의 지식에 관한 것이고 현학은 본체에 대한 깨달음이다. 현학적 진리가 없으면 과학적 진리는 돌아갈 곳 또는 의지할 곳이 없다. 왜냐하면 "현학적 진리는 실체의 대명사이고 과학적 진리는 사물 간의 법칙을 말하며, 전자는 절대적 진실이고 후자의 진실성은 경험세계에 국한되기 때문이다."[76]

---

75) 熊十力, 『新唯識論』, 252쪽.

슝스리가 과학과 현학, '양지'와 '성지'를 구별한 이유는 사람들을 일깨워 '외부세계를 향해 사물을 추구하는 태도'로 인생과 중국 문화 전통을 대하지 않게 하기 위해서였다. 그는 '마음'을 대상화하고 과학으로 생명의 본원을 속박하는 데 반대했으며, 생명은 만물의 본원이고 기초이며 인생의 의의는 생명의 가치를 체험하는 데 있으며 마음 밖의 사물을 추구하는 데 있지 않다고 생각했다. "항상 창조하고 항상 새로워지는 것을 생(生)이라고 하며 스스로 창조의 근본이 되는 것을 명(命)이라고 한다." "우리가 알고 있는 자기 생명이 우주의 본체이기 때문에 안에 내 몸이 있고 바깥에 우주가 있을 수 없다." 다시 말하면 생명의 가치는 본체를 추구하는 데 있으며 물화된 세계를 추구하는 데 있는 것이 아니다. 아래의 문장은 생명의 가치를 추구하는 데 대한 슝스리의 총체적인 견해를 대표한다.

> 필사적으로 밖을 향하고 끝내 근본으로 돌아가지 않으면 이러한 해로움은 이루 다 말할 수 없다. 참된 본성은 밖에 있는 게 아닌데 하나의 외부 세계를 날조해서 진실을 거스르고 스스로 잘못을 범하는 것이 그 해로움의 첫 번째이다. 용기를 추구하는 것은 외부를 탐함에서 생겨난다는 것은 틀린 말이 아니다. 외부를 탐내는 정서는 공리(公利)를 가지고 있는 것과 같다. 악의 근원이 잠복해 있으며 어디까지 미칠지 알 수 없는 것이 그 해로움의 두 번째이다. 근본으로 돌아가면 사물이 자기에게 귀속되게 할 수 있으며, 자기의 위치에서 만물을 화육하여 공덕을 광대하게 할 수 있다. 외부를 동경하면 대립적인 감정이 생겨난다. 재앙의 조짐이 잠복해 있는데 어떻게 자기의 위치에서 만물을 화육할 수 있겠는가? 이것이 그 해로움의 세 번째이다. 외부를 탐내는 자는 안이 부족하여 전적으로 용기 추구에만 의지하는 것을 자신의 생명으로 여긴다. 이른바 머무

---

76) 熊十力, 『十力語要』, 明文書局, 1989년, 174쪽.

름도 없고 끝도 없이 끊임없이 전개한다는 말은 듣기는 좋지만 전개한다는 것은 외부를 탐내는 감정에 의지해서 그 추구하는 바를 북돋울 뿐이다. 필경 그 내부가 공허해져 스스로 참된 근원을 끊게 되어 진정한 전개를 할 수 없는 것이 그 해로움의 네 번째이다.[77]

이상은 본체에 대한 슝스리의 기본적인 견해이다. 그러나 '차전'으로 본체를 해석한 것은 슝스리 철학의 토대가 될 뿐이며 이러한 토대 위에 체계가 더욱 엄밀한 철학구조가 있다. 이 구조는 중국 유가 문화에 대한 찬양과 밀접한 관련이 있다. 아래에서 네 가지로 나누어 계속 살펴보자.

▶ 체용불이(體用不二)

슝스리는 그의 철학은 "체용불이로 종을 세웠다."고 했으며 『신유식론』은 "근본적으로 '체용'을 발명하기 위해서 쓴 것"이며 "이 책의 근본 문제는 '체용'을 벗어나지 않는다."고 했다. 그의 말에서 '체'와 '용'은 슝스리가 가장 관심을 가진 두 범주임을 알 수 있다. 그의 전체 철학체계는 모두 '체용불이'라는 네 글자로 짜여졌다.

'체(體)'와 '용(用)'은 본래 오래된 중국 전통철학의 범주이다. 『순자(荀子)』「부국(富國)」편에 "만물은 우주 가운데 함께 존재하지만 형체〔體〕는 각각 다르며, 그것들은 주동적으로 사람들이 필요로 하는 것에 영합하지 못하지만 모두 쓸모〔用〕 있는 것이다."[78]라는 말이 있다. 그러나 두 범주는 역사시기마다 의미가 서로 달랐다. 대체적으로 선진(先秦)시대에 '체'는 주

77) 熊十力, 『新難識論』, 581쪽.

78) 『荀子 · 富國』, "萬物同宇而異體, 無直而有用爲人."

로 형체를 가리켰으며 '용'은 용도를 가리켰다. 진한(秦漢) 이후 특히 위진(魏晋) 현학(玄學)시기에 '체'는 '실체'의 의미를 구비하기 시작했다. '용'은 '체'와 상대적인 의미로 말했으며 구체적으로 말하면 '체'의 작용, 기능 및 외재적인 표현을 가리켰다. '체'가 없는 '용'은 없으며 '용'이 없는 '체' 또한 없다. 왕선산은 "용은 반드시 체가 있으며 그 이후에 용이라 할 수 있다."고 했으며 "용은 체의 용이며 분리될 수 없는 것"이라고 했다. 서양철학사에서 '체'와 '용'의 관계는 대체적으로 본체와 현상의 관계와 같다.

그러나 숑스리는 『신유식론』에서 '체'와 '용'을 서양철학에서 말하는 본체와 현상으로 간주했으나 이 두 가지는 차이가 있다고 지적했다. 왜냐하면 서양철학자들은 본체와 현상을 두 세계로 간주했지만 숑스리는 '체'와 '용'은 분리되는 것이 아니며 '체가 바로 용'이고 '용이 바로 체'라고 생각했기 때문이다.

> '현상'을 말하지 않고 '용(用)'을 말하는 이유는 현상계는 만유를 통칭하는 것이기 때문이다. 만유는 실지로 본체에 의거해서 나타나는 작용이며 가설된 갖가지 명칭이다. 그러므로 작용을 벗어나서 따로 존재하는 실질적인 사물을 현상계라고 할 수 없다. 그래서 '현상'을 말하지 않고 '용'을 말하는 것이다.[79]

숑스리에 따르면 중국철학은 '체용불이(體用不二)'의 전통이 있으며 특히 왕선산의 철학에 경전적인 표현이 있지만 동시에 사람들은 체용분수(體用分殊)라는 잘못된 견해를 가지고 있다. 특히 불교철학과 근대에 유입된 서양철학은 언제나 '체'와 '용'을 '두 종류의 세계'로 간주했으며 이 두 가지는 나눌 수 있는 것이라고 생각한다. 숑스리가 보기에 이런 잘못된 견

79) 熊十力, 『新難識論』, 465쪽.

해의 유해는 단지 철학에만 있은 게 아니라 인류의 가치문제 및 중국 문화의 발전 방향과 직접적인 관련이 있다. 왜냐하면 세상 사람들이 전통을 떠나고 도덕을 소홀히 하게 되고 심성을 잊어버리는 가장 근본적인 원인은 '용'을 본체를 떠나서 존재하는 것으로 간주하기 때문이다. 이런 이유 때문에 외부세계를 추구하고 물질세계를 추구하는 것이다. 슝스리가 일생 동안 심혈을 기울여 '체용'이라는 두 글자 위에서 문장을 쓴 목적은 세상을 구하고 사람들을 편안하게 하려는 대업을 관철시키기 위해서였다.

슝스리에 의하면 '체'는 방위가 없고 형체가 없으며 모든 리(理)를 구비하고 모든 선(善)을 함유하고 있다. '용'은 "본체가 유행한 것이고 본체가 발현된 것이다." '체'는 고요하고 강건하며 '용'은 끊임없이 만물을 창조하고 끊임없이 변화한다. 이렇게 '끊임없이 창조하고 끊임없이 변화하는 것'이 바로 '체'의 유행이고 '체'의 발현이며 '체'의 '작용' 또는 '기능'이라고 부를 수도 있다. 이 두 가지의 관계는 '바닷물'과 '물거품' 관계와 같다. 그는 다음과 같이 말하고 있다.

> '체'와 '용'은 원래 둘이 아니지만 나눌 수 있으며 나눌 수 있지만 여전히 둘이 아니다. 그러므로 바닷물과 물거품으로 비유할 수 있다. 바닷물이 모든 물거품을 형성하지만 하나하나의 물거품이 각기 자신의 '체'를 가지고 있는 것이 아니다. 그러므로 물거품과 바닷물은 본래 둘이 아니다. 둘이 아니지만 하나하나의 물거품은 각기 그 형상을 가지고 있다고 할 수 있으며 그래서 물거품과 바닷물은 결국 구분할 수 있다. '체'와 '용'은 본래 둘이 아니지만 여전히 구분할 수 있다는 뜻이 바로 이와 같다. 물거품의 형상은 천차만별이지만 각각의 물거품은 모두 바닷물이 '체'가 되기 때문에 물거품과 바닷물은 여전히 둘이 아니다. '체'와 '용'은 나눌 수 있지만 여전히 둘이 아니라는 뜻 역시 이와 같다. '체'와 '용'의 뜻은 언어로 표현하기 어렵기 때문에 예를 든 바닷물과 물거품의

비유가 가장 편리하다. 학자는 이러한 비유로 마땅히 사람들을 일깨워야 한다. 철학자는 눈앞에 나타나는 끊임없이 변화하는 온갖 형상이 서로 관련 있는 완전한 '체'라고 승인할 수도 있고 이것이 실재라고 생각할 수도 있다. 이렇게 생각하는 사람은 사실상 형상이 있다는 것만 알고 형상의 본체가 있다는 것을 승인하지 않는다. 이는 마치 어린아이가 해안가에서 물거품만 보고 바닷물이 있음을 모르는 것과 같다.[80]

이 문장에서 슝스리는 '체'와 '용'은 하나이면서 여러 가지이며 나누어지면서도 나누어질 수 없는 관계라고 재차 강조한다. '용'은 많고 '체'는 하나이며 '용'은 수많은 형상이며 '체'는 수많은 형상의 주재자이다. 동시에 "체용은 나누어질 수 있지만 또한 나누어질 수는 없다." 나누어질 수 있다는 것은 '체'가 주재자가 되고 '용'이 만물을 창조한다는 것이다. 나누어질 수 없다는 것은 체와 용은 동일한 사물의 두 가지 방면이며 나눌 수 있는 두 가지 사물이 아니라는 것이다. 슝스리는 그것을 '둘로 나눌 수 없는 사물'이라고 했다. 왜냐하면 "체를 말하면 용이 체 안에 있으며, 용을 말하면 체가 용 안에 있기 때문이다."

슝스리가 '체용불이'를 이야기하고 '체'는 '용'을 떠날 수 없고 '용'은 '체'를 떠날 수 없다고 강조했지만 그의 사상에서 보면 '체'와 '용'은 상대적이며 나누어지는 것이다. 왜냐하면 그가 '체용불이'를 강조한 목적은 '체'의 중요성을 강조하기 위해서이지 '체'와 '용'을 동등한 위치에 놓기 위해서가 아니기 때문이다. 그의 체용론에서 '체'는 원생(原生) 형태이고 모든 사물의 근본이 되며 '용'은 '체'에서 파생되는 것은 아니지만 '체'를 벗어나서 독립적으로 존재할 수 없다. 여기에서 결정되는 것은 사람들이

80) 熊十力, 『新難識論』, 466쪽.

'세용(勢用)'을 추구할 때 밖에서 추구할 필요가 없고 근본으로 돌아가 내심에서 추구하면 되는 것이다. 이것이 그가 말한 "어리석은 자는 '용' 밖에서 '체'를 찾고 현명한 자는 '용'이 바로 '체'라는 것을 안다."[81]는 것이다.

◗ 흡벽성변(翕闢成變)

슝스리의 책을 읽을 때 가장 중요한 것은 중서문화 논쟁이 격렬하게 전개되던 20세기의 문화배경에서 슝스리 사상의 근본적인 의미를 파악하고 그의 철학적 언어에 내포된 문화적 의미를 보아야 한다. 이것을 분명하게 하지 않으면 『신유식론』 같은 정미하고 오묘한 저작을 이해하기 어렵다. 다시 말하면 슝스리 철학의 수많은 범주, 계속해서 반복되는 논증, 현묘하고 또 현묘한 서술은 실질적으로 서학에 저항하고 유학이 골간인 중국 전통문화정신을 찬미하는 것과 관련 있다. '체용불이'설도 그렇고 '흡벽성변(翕闢成變)'설 또한 그렇다.

슝스리는 본체는 '용'에 의해 드러나며 본체의 '용'은 바로 변동하는 것이라고 생각했다. 변동은 『역경』에 나오는 '끊임없이 생장하고', '끊임없이 변화한다.'는 것이다. '끊임없는 변화'는 '흡'과 '벽'의 변동에 의해서 이루어진다. 그는 이것을 '행(行)'이라고 했다.

'행'은 본래 불교의 용어이다. 불교는 마음과 사물의 모든 현상을 '행'이라고 부른다. '행'은 두 가지 뜻이 있는데 하나는 '천류(遷流)'이고 다른 하나는 '상상(相狀)'이다. '천류'는 '변화'라는 뜻으로 마음과 사물의 현상이 시시때때로 변하는 것을 가리킨다. '상상'은 마음과 사물이 그 변화의 과정 가운데 위장해서 나타나는 모습을 가리킨다. 예를 들면 번갯불처럼 "그

81) 熊十力, 『十力語要』, 315쪽.

것이 번쩍이는 과정 가운데 그 형상을 위장해서 드러내는 것"과 같다. '행'의 본뜻이 '변화'이기 때문에 불교에서는 모든 사물은 늘 변해 한 모습으로 머물러 있지 아니한다는 '제행무상(諸行無常)'의 교의가 있다. 슝스리도 '제행무상'을 말했지만 불교의 '제행무상'과는 차이가 있다. 불교는 "모든 것은 변화해서 일정한 모습이 없다."라고 하지만 슝스리의 『신유식론』은 우주론의 관점에서 '행'을 대했다. 그가 생각하기에 모든 '행'은 자체(自體)가 없으며 "단지 매우 생동적이고 활발하며, 끊임없이 변화하는 과정 중에 있으며, 이러한 끊임없는 변화를 대용유행(大用流行)이라고 한다."

'행'은 '끊임없이 변화하는 것'이라는 말은 문제의 절반을 이야기한 것이다. 문제의 다른 절반은 '행'은 끊임없이 변화하지만 그 변화는 어떤 법칙을 따르고 있다는 것이다. 슝스리에 따르면 '행'이 따르는 법칙은 서로 상반되면서도 서로 의지하는 '상반상성(相反相成)'이다. 다시 말하면 중국 전통철학이 말하는 '진퇴(進退)'와 '강유(剛柔)'이며 『주역』에서 말하는 "한 번 음하고 한 번 양하는 것을 도라고 한다."는 것이다. 슝스리는 상반상성의 법칙을 '흡벽성변'이라고 했다.

> 변화는 한편으로 말하면 한 번 '흡'하고 한 번 '벽'하는 것이다. 이 말에서 '한 번'이라는 글자는 활동하는 기운〔動勢〕의 차이를 나타낼 뿐이다. '벽'은 일종의 활동하는 기운일 뿐이며 '흡' 또한 활동하는 기운일 뿐이다. '흡'과 '벽'은 자체(自體)가 있다고 할 수 없으며 먼저 '흡'이 있고 나중에 '벽'이 있다고 할 수도 없다. 다른 한편으로 변화는 시작하자마자 끝난다. 바꾸어 말하면, '흡'과 '벽'은 모두 시작하자마자 끝나기 때문에 오래된 기운의 작용〔勢用〕이 보존되지 않으며 시시각각 오래된 기운이 사라지고 새로운 기운이 생겨난다.[82]

---

82) 熊十力, 『新唯識論』, 317쪽.

슝스리에 의하면 본체는 원래 형상(形相)이 없고 질애(質碍)가 없으며 청정하고 강건하다. 그 변화는 단순한 세용(勢用)에서 시작되는 것이 아니라 반드시 '섭취(攝聚)'의 작용이 있다. 이런 적극적인 섭취가 만물이 생장하고 변화하는 근원이다. "섭취를 통해 형성된 형상의 동세(動勢)를 '흡'이라고 한다." 그렇지만 '흡'의 세용이 작용할 때 동시에 다른 일종의 세용이 존재하는데 이것이 '벽'이다. '흡'과 '벽'은 서로 '대립하면서' 또한 '대립하지 않는' 것이다. 오직 대립해야만 변화의 가능성이 있으며 오직 대립하지 않아야만 자성을 지킬 수 있다. 슝스리가 말한 '흡'과 '벽'은 『주역』에서 말한 '음'과 '양'이며 '흡벽'이 변화해서 만물을 낳는다는 것 또한 노자가 "하나가 둘을 낳고, 둘이 셋을 낫고, 셋이 만물을 낳는다."라고 한 것과 같다.

그러나 슝스리가 말한 '흡벽성변'은 『주역』과 『노자』에서 말한 것과 같은 의미만 있는 것이 아니다. 슝스리는 '흡벽'을 만물과 연관시켜 '흡'은 사물이며 '벽'은 마음이라고 생각했으며, '흡'은 외부 사물을 이루고 '벽'은 자성을 지킨다고 생각했다. 그는 『신유식론』에서 다음과 같이 말하고 있다.

> '벽'은 반드시 '흡'을 기다린 이후에 운용되며 '흡'은 반드시 '벽'을 기다린 이후에 유행하는 것을 볼 수 있으니 그 주제함이 있음을 알 수 있다. 만약 '벽'만 있고 '흡'이 없다면 망망하고 아득하여 다시는 사물이 존재할 수 없게 된다. …… 또한 마땅히 알아야 하는 것은, '흡'만 있고 '벽'이 없다면 완전히 물화(物化)되어 우주는 빳빳하게 굳어 죽은 사물이 될 뿐이다. 죽은 사물이 된다면 그것은 자유로운 역량과 작용이 없어진다. 바꾸어 말하면 주재하는 뛰어난 기능이 없다면 기계일 뿐이다. 그렇지만 사실상 우주는 막힘없이 유행하는 전체이다.[83]

83) 熊十力, 앞의 책, 321쪽.

여기에서 알 수 있는 것은 슝스리의 '흡벽성변'설의 귀결점은 '심물(心物)'이라는 두 글자에 있으며, 이른바 '정신문명'과 '물질문명'의 대치중에 있다. 그래서 명확하게 "하등생물에서 고상한 인류에 이르기까지 우리는 '벽'의 세용이 점점 확대되어 '흡'의 모든 사물을 통괄 지배하는 것을 볼 수 있다."고 제기했으며 또한 "우리는 마음과 사물의 문제에 대해서 어떻게 이러한 법칙을 망각하고 마음을 사물의 방면에 포함시킬 수 있는가?"[84] 라고 했다. 이처럼 '흡벽성변' 설은 단순한 우주론 학설이 아니며 강렬한 윤리적 색채를 띤다. 그가 한 번 '흡'하고 한 번 '벽'해서 변화를 이룩한다는 '흡벽성변(翕闢成變)'을 '벽'이 주가 되고 '흡'이 종속된다는 '벽주흡종(闢主翕從)'과 사물이 마음을 따라 움직인다는 '물수심전(物隨心轉)'으로 변화시켜 분명하게 드러내고자 했던 것은 '마음'이다. 그는 '벽'을 '우주의 마음', 즉 우주만물이 생장하고 변화하는 원동력이라고 생각했으며 사군자(士君子)의 인격을 상징하는 것이라고 생각했다. 이러한 인격이 중시하는 것은 '물화되지 않는 것'이며 '사물을 변화시키면서도 사물의 변화를 따르지 않는' 품덕이며 그것이 강조하는 것은 마음과 사물의 관계에서 도덕주체의 덕성자각이다. 그의 '흡벽성변'설은 우주법칙이라고 말하지만 사실상 윤리법칙이며 우주의 생성변화를 해석하는 것이라고 말하지만 사실상 유가의 심성학을 위한 형이상학적 근거를 마련하는 것이다.

◗ 습심과 본심

슝스리의 철학에서 '체용불이'설은 그의 본체론을 반영하고 '흡벽성변'설은 그의 우주론을 반영한다. 그러나 슝스리의 철학에는 본체론과 우

84) 熊十力, 『新唯識論』, 323~324쪽.

주론의 배후에 더욱 큰 의미를 구비하는 '심성론'이 있다.

심성론을 중시하는 것은 현대 신유가의 가장 두드러진 특징이며 또한 중국 전통 유학의 특징이기도 하다. 그러나 슝스리의 심성론은 선철들과 비교해서 더욱 주도면밀하고 더욱 체계적이다. 그는 심성으로 심성을 이야기한 것이 아니라 우주론, 본체론과 연계시켜 이야기했으며, 혹은 우주론과 본체론을 심성론의 형상학적 기초로 삼았다고 할 수 있다. 이러하기 때문에 그의 심성론은 본체론, 우주론과 매우 밀접한 관련이 있다.

슝스리의 심성론은 자신이 말한 것처럼 "요지는 본심(本心)과 습심(習心)의 큰 차이를 궁구하는 데 있다."[85] 그가 생각하기에 사람은 태어나면서 선천적인 기질을 가지고 있으며 이미 독립체가 되기 때문에 스스로 모든 '선한 행위'와 '선하지 않는 행위'를 조작할 수 있다. '행(行)'은 한편으로 처음부터 끝까지 항상 은밀하게 변화하는 가운데 있으며 잠시도 멈추는 때가 없다. 다른 한편으로 그것은 항상 변화하는 가운데 있지만 그 변화하는 가운데 "여세(余勢)가 발생해서 내 몸 중의 어떤 곳에 숨어 있으며 드러나지는 않지만 끊임없이 잠재되어 흐른다." 마치 한 사람이 예전에 했던 어떤 일이 의식에 잠재되어 흐르며 이후에 그때의 고락과 득실을 회상하는 것과 같다. '여세'의 '여(余)'는 과거의 활동이 남아 있는 결과이고 '세(勢)'는 일종의 작용력이다. '여세'는 과거의 활동이 사람들의 의식구조에 남아 계속해서 영향을 미치는 일종의 작용이다. '습심(習心)'[86]이 바로 '여세'에서 생겨난다.

85) 『明心篇』, 上海龍門書局, 1959년, 1쪽.

86) 습심(習心)은 외부사물에 의해 오염된 마음, 감각기관을 통해 얻게 되는 생각 혹은 인식작용이다. 본심(本心)은 외부사물에 의해 오염되지 않은 순수한 마음, 양지양능(良知良能)과 같은 선천적으로 지닌 인식능력이다. — 옮긴이

이러한 끊임없이 잠재되어 흐르는 여세(余勢)가 습(習)이 되며, 습이 드러나 의식세계에 들어가 새로운 활동에 참여해서 습심(習心)이 된다. 사람은 태어나면서 모두 본심이 있고 태어나서 독립체가 되기 때문에 모두 습심이 있다. 잡다하게 오염된 습은 작은 나에서 기인하며 선한 습은 본심에 의거해서 생겨난다. 사람은 태어나면서 독립체를 이루며 독립체는 자기의 권능이 있기 때문에 쉽게 드러나는 세(勢)에 의해 잡다하게 오염된다. 그러나 본심은 필경 소멸되지 않으며, 선한 습 역시 때로는 발하는 것이 쉽지 않다. 사람은 태어나서 본심의 영명함을 지키고 언제나 새로운 선습(善習)을 창조하고 잡다하게 오염된 오래된 악습(惡習)을 바꾸고 본심의 선단(善端)을 확충하고 나날이 광대하게 해야 한다. 인도(人道)가 여기에서 생겨나고 인극(人極)이 여기에서 성립된다.[87]

슝스리는 '습심'과 '본심'은 선과 악의 차이가 있지만 '습심' 또한 '본심'에서 비롯되는 것이라고 생각했다. "습심은 형기(形氣)의 영명함에서 근원하고 본심에서 발용되므로 감각기능에 의지해서 나타나지 않을 수 없으며, 감각기능은 그것에 의지해서 감각기능의 영명함으로 변한다. 그러므로 형기의 영명함이라고 하는 것이며, 형기가 본원이 되고 영명함은 그것이 발하여 드러난 것이라고 하지 않는다. 형기의 영명함이 발하여 습관〔習〕을 형성하고, 습관이 형성되면 다시 형기의 영명함과 하나로 어우러져 객관사물〔境物〕을 좇아간다. 이를 습심이라고 한다."[88] 다시 말하면 '습심'이 나타나는 원인은 사람의 감각기관과 관계있다. 그 관계는 본심의 영명함은 반드시 감각기관의 도움을 받아 드러난다는 것이다. 그러나 일단 감각기관의 도움을 받으면 감각기관은 언제나 그것이 부딪치는 상황을

87) 『明心篇』, 자서.

88) 熊十力, 『新唯識論』, 253쪽.

좇아가기 때문에 그 결과 반드시 본심의 영명함이 잘 드러나지 않게 되며 이대로 계속 나아가면 사람들에게 '악습'이 생긴다. 그래서 슝스리는 "습심은 사물화된 것이며 사물과 서로 의존하기 때문에 사물을 초월해서 사물을 다스리는 주재자가 될 수 없으며, 여기에서 망령됨이 생겨난다."고 했다. 바꾸어 말하면 악이 특징이 되는 '습심'은 선천적인 것이 아니라 사람들의 '잘못된 견해와 잘못된 앎'에 의해서 야기된다. 그리고 '잘못된 견해와 잘못된 앎'은 사람들이 '외부를 향해 사물을 탐구하는 태도', 즉 '양지(量智)'로 우주와 인생을 인식하기 때문에 나타난다.

슝스리는 감성생명을 가진 사람이 '습심'을 가지게 되는 것은 불가피하다고 보았다. "우리의 생활내용은 습기(習氣)가 아닌 것이 없다. 우리의 일상 우주 또한 습기가 아닌 것이 없으며, 습기가 생명이라고 할 수 있다." 그래서 명대의 유학자 당일엄(唐一菴)이 "육신이 생긴 이후부터 골수를 관통하는 것은 모두 습심의 운용이다."라고 한 말에 동의했다. 게다가 인류의 선한 마음이 소멸되는 이유는 "습심의 힘이 너무 크게 작용하기 때문"이라고 인식했다. 이것이 『신유식론』 백화문본에서 "중생은 단지 나쁜 습기에 의해 주관되기 때문에 습기가 생명이 되고 본래의 생명이 도리어 부식되는 것"[89]이라고 한 것과 같으며, 또한 『십력어요』에서 다음과 같이 말한 것과 같다.

> 인생은 본래 좋은 것이며 나쁜 것이 조금도 혼합되지 않았다. 인생이 좋지 않은 이유는 그것이 형(形)에 속박되고 습(習)에 얽매여 우주와 단절되고 이로 말미암아 본래의 좋은 것을 잃어버렸기 때문이다. 인생은 사회에서 탐욕·잔혹·우둔함·불결함·비열함·세월을 헛되게 보냄·난잡하고 무질서함 등의 갖가

89) 熊十力, 앞의 책, 461쪽.

지 나쁜 습기(習氣) 속에서 호흡하며, 그의 생명은 모두 이러한 나쁜 습기에 의해 얽매이고 가려졌다. 사람이 조금만 나약하면 자기의 생명을 발전시킬 수 없으며 나쁜 습기가 그의 생명을 손상시킨다. 가령 나쁜 습기가 진실로 그의 생명이 되고 주인장이 된다면 그는 형상이 존재하더라도 정신은 오래전에 죽은 것이다.[90]

그렇지만 슝스리에 의하면 '습심'의 힘이 매우 크게 작용해서 심지어 어떤 사람들의 생명이 되었지만 그렇다고 해서 '습심'이 '본심'을 대체할 수 있다거나 '본심'이 '습심'을 극복할 역량을 상실했음을 가리키는 것이 아니다. 그는 인류에게 '본심'은 사람들이 마땅히 보호해야 할 생명본체이며 '습심'은 단지 '물화된 마음'이며 잘못된 견해와 잘못된 앎에서 연기하는 것이라고 거듭 밝혔다. '본심'이 비로소 도덕의 원칙이고 이성의 원칙이며 생명 자체의 원칙이다. 이는 도가에서는 '도심(道心)'이고 불교에서는 '법성심(法性心)'이며, 공자에서는 '인(仁)'이고 왕양명에서는 '양지(良知)'가 된다. 그것은 원래 생명의 근원이며 선천적으로 구비하는 것이다.

슝스리는 '체용불이'와 '흡벽성변'에서 발전시켜 '본심'과 '습심'은 나누어지면서도 나누어지지 않는 것이라고 생각했다. 나누어진다 함은 '본심'과 '습심'은 '체'와 '용'의 관계이기 때문이며 나누어지지 않는다 함은 '본심'과 '습심'은 둘이 아니기 때문이다. 사람은 원래 우주의 대생명과 일체가 되며 우주의 '성(性)'이 사람의 '본심'이다. '본심'이 '습심'을 제거하는 본능은 생기 넘치는 전체 우주생명에서 나온다. 그는 "사람과 만물은 형체가 각기 다르지만 생명은 혼연일체가 되며, 사람의 본심은 언제나 작은 나의 사사로운 욕망과 사사로운 마음에 의해 가려지지 않으며 널리 만

90) 熊十力, 『十力語要』, 486쪽.

물과 고락을 함께한다."[91]고 제기했다. 즉 사람은 본래 끊임없이 생성하고 변화하는 우주의 큰 흐름과 일체가 되며 우주의 성(性)이 사람의 본심에서 체현됨을 말한다. 이 관계를 슝스리는 다음과 같이 말하고 있다.

> '체'는 '용'으로 드러나며 아무 근거 없이 떠다닐 수 없다. 그러므로 그것이 운동해서 흡(翕)하며 그 힘을 왕성하게 사용해서 사물을 생성한다. 그러나 본체의 성질이 한결같기 때문에 물화되지 않고 스스로 사물을 생성하며, '체'는 '용'에 의거해서 자성력(自性力)을 드러낼 뿐이다. 그러므로 사물은 '본체'가 자성력을 드러내는 도구일 뿐인데 본체가 어찌 물화되어 '자성'을 지키지 못하겠는가?[92]

슝스리는 숙명론자가 아니다. 그는 '본심'이 '습심'을 타파하는 '자성'을 구비했다고 강조했으며 사람들의 도덕실천을 중시했다. 그가 본심의 근성을 강조한 이유는 사람들이 선을 추구할 수 있으며 자기의 세력에 의거해서 '습심'을 제거할 수 있음을 설명하기 위해서였다. 왜냐하면 본심은 강건하며 끊임없이 생성하고 변화하는 생생불식(生生不息)이기 때문이다. '생생'이 강조하는 것은 변화이며 덕성주체가 끊임없이 위로 정진하는 것이다. 그러므로 슝스리는 "조화의 큰 덕을 인이라 한다."고 했다.

'인(仁)', '도심(道心)', '양지(良知)' 등으로 본심의 범주를 확정한 것은 슝스리학설의 윤리의의를 반영한다. 슝스리가 사람들의 '습심'을 제기한 이유는 인생의 악을 드러내기 위해서가 아니다. 반대로 그의 학설은 '선(善)' 또는 '덕(德)'을 강조한다. 그가 인생의 악을 게시한 이유는 세상 사람들이

91) 『明心篇』, 198쪽.

92) 熊十力, 『新唯識論』, 546쪽.

물질문명에 구속되어 도덕을 상실하고 정신적 빈곤을 야기하기 때문이다. 이와 상응하여 '습심'과 '본심'의 관계를 강조한 이유는 세상 사람들에게 일종의 희망을 주기 위해서 또는 세상 사람들에게 인생의 악한 면을 이길 역량을 주기 위해서라고 할 수 있다. 왜냐하면 '본심'이 사람들에게 내재하는 덕성본체이고 사람들이 성현의 인격을 이룩할 내재적 근거라면 사람들은 모두 '본심'을 통해 물질의 구속에서 벗어날 수 있으며 모두 전통 유학이 설계하고 있는 도덕이 충만한 사회로 돌아갈 수 있기 때문이다.

여기에서 우리는 기독교의 원죄설을 생각하지 않을 수 없다. 슝스리가 기독교사상의 영향을 받았는지 아닌지 말하기 어렵지만 '습심'과 '본심'을 설명할 때 드러나는 논리적 추론은 기독교의 원죄설과 유사하다. 기독교 신앙에서 사람은 하느님의 창조물이다. 하느님은 완전무결하고 전지전능한 자이기 때문에 그의 창조물 역시 완전하다. 그러나 현실에서 사람은 완전하지 않으며 수많은 죄악을 가지고 있다. 이런 논리적 모순을 극복하기 위해 기독교 신학자들은 '에덴동산'의 신화와 '원죄설'을 생각해냈다. 그들의 이론에서 하느님이 창조한 인류는 본래 가장 좋고 가장 완전한 것이다. 이러하기 때문에 하느님은 절대적인 법칙을 따르는 기타 생물과 달리 그들에게 자유의지를 주었고 그들이 스스로 선택하고 창조할 권리를 주었다. 그러나 인류는 자유의지가 있기 때문에 죄를 짓기 시작했다. 최초의 행위는 뱀의 꼬드김을 받아 금단의 열매인 선악과를 몰래 따먹은 것이다. 이때부터 '원죄'가 있게 되었다. 인류에게 '원죄'는 선천적인 게 아니라 후천적이다. 그것은 잘못된 견해와 잘못된 지식 때문에 나타났으며 외부사물의 유혹으로 말미암아 야기되었다. 그러나 인류가 짊어진 '원죄'는 구제받을 희망이 없는 것이 아니다. 인류는 모두 하느님의 백성이며 계속해서 하느님의 보살핌을 받기 때문이다. 하느님은 선의 대명사이며 선의 실체이다. 하느님이 존재하기 때문에 인류는 반드시 사악한 면을 극복하고 결국 하느님의 품안으로 돌아가게 된다. 그러나 이 과정은 숙명론적 과정이 아니라 인류의 덕성자각을 요구한다. 인류는 악을 선택할 자유의지가 있지만 또한 자유의지에 의거해서 '원죄'를 씻을 수 있다.

인생철학 및 역사철학 방면에서 기독교의 원죄설은 사람의 마음을 극도로 고무시키는 이론이다. 인류는 자유의지가 있지만 '원죄'를 씻기 위해 사회생활에서 끊임없이 정진하고 끊임없이 선을 추구해야 한다. 그러나 슝스리는 하느님에 의지해서 철학기초를 다지지 않았다. 그는 온 힘을 다해 '본체', '본심', '우주의 마음', '덕성생명(德性生命)' 등의 범주를 밝힘으로써 기독교와 같은 논리고도에 도달했으며, 그 논증은 더욱 정밀하고 근엄하다. 바로 이러한 의의에서 이 절의 서두에서 왕선산 이후 중국철학계에서 가장 큰 사상적 성과를 이룩한 사람이 슝스리라고 말했다. 그의 사상에는 사람과 외재하는 절대자(예를 들면 하느님) 사이의 대립이 존재하지 않는다. 특히 중요한 것은, 사람들은 역대로 유학은 심오한 사상이 아니며 단지 도덕윤리를 설교하는 것이라고 생각했는데 슝스리가 엄밀한 형이상학적 사상체계를 수립해서 불교, 기독교사상과 접목시켰으며 동시에 유가사상을 불교·기독교사상과 동등한 고도에 올려놓았다.

◗ 내성과 외왕

슝스리는 『원유(原儒)』의 재판본 서문에서 "대역(大易)의 도는 내성(內聖)과 외왕(外王)을 일관하고, 천지처럼 광대하여 하늘과 땅을 뒤덮고 있으며, 사시와 같이 변통하며 변화가 무궁하다. 큰 것을 역(易)이라 하며 그 뜻은 바다와 같이 넓고 심오하다."고 했다. 슝스리는 불학을 연구하고 『신유식론』을 썼으며 불교의 의리를 새롭게 해석하여 유학의 의리를 발양하려고 했다. 그러나 불학의 '성공상공(性空相空)'에 만족하지 않았기 때문에 다시

『역경』으로 돌아와 '생생(生生)'과 '대용유행(大用流行)'의 사상을 빌려 공자의 인도(仁道)를 발휘했다. 슝스리에 의하면 유학사상은 중국에서 줄곧 주도적인 위치를 차지하고 있으며 불교와 도교사상의 압박이 있었지만 수천 년 동안 사상의 주도적인 위치가 한 번도 흔들린 적이 없었다. 바로 이렇기 때문에 유학사상은 매우 심원한 기초가 있다고 할 수 있다. 특히『역경』의 사상은 우주변화의 원칙으로서 인간사에 응용되어 '내성외왕(內聖外王)'의 이론계통을 건립했으며, 그것은 지극히 면밀하고 지극히 심오하며, 지극히 선하고 지극히 아름답다고 할 수 있다. 그래서 슝스리는 말년에『원유』,『건곤연(乾坤衍)』 등의 책을 써서 직접적으로 유학의 대의를 게시했으며 다시는 불학의 힘을 빌릴 필요가 없었다. 그는 공자를 추종했으며 공자가 50세에『역』을 읽은 이후 창립한 사상체계는 중국 사상문화의 가장 귀중한 보배라고 생각했다.

앞에서 말했듯이 슝스리는 우주론과 본체론을 이야기했지만 이 두 가지는 그의 심성론을 위해 존재하며 그의 윤리학설을 위해 존재한다. 그는 공자의 '인'을 우주 인생의 본체로 보았으며 '사람의 덕〔人德〕'을 '하늘의 덕〔天德〕'과 같은 위치에 올려놓았고, 불교와 유교의 윤리학설은 모두 본체라는 도덕 가치의 원천에서 발원한 것이라고 생각했다. "공자가 추구한 인과 부처가 발현한 자비심은 모두 본체에서 나왔다." 그러나 불교와 비교해서 공자유가는 우수한 점을 더욱 많이 가졌다. "불가의 대승은 언제나 반인생적인 경향을 바꾸지 않았다." 다시 말해 불학은 사회윤리를 대자대비(大慈大悲)한 불성(佛性)에 귀결시키지만 인생을 구현하는 길은 단지 출세(出世)의 길뿐이다. 그래서 슝스리는 불학의 윤회설은 사람들이 본성을 잃게 하며 "인생의 가치를 조금도 모르는 것"이라고 했다. 슝스리는 도가에 대해서도 비판적이었다. 그는 노자가 말한 '도' 역시 세상 사람들에게 편안하게 생활할 수 있는 유용한 방법을 제공하지 못했다고 생각했다. 슝스리는 불교와 노장사상의 장점과 단점을 분석하면서 공자를 각별히 추종했다. 왜냐하면 공자는 육경을 집대성했으며 "육경은 광대하여 포괄하지 않는 바가 없으며, 과학사상·민치사상 등 육경은 모두 그 단서를 시사한다."[93]고 생각했기 때문이다. 그는 『논어』에 나오는 '충(忠)'과 '신(信)'을 인격의 독립으로 보았으며, "내가 인하고자 한다면 바로 인이 드러난다."[94]는 것을 개성의 자유로 보았고, "인을 실천할 때는 스승에게도 양보하지 않는다."[95]는 것을 법률 앞에서는 모든 사람이 평등한 것으로 간주했다. 또한 "공자의 생각을 알게 되면 인생은 숭고한 가치와 풍부한 의의가 있음을 깨닫는다. 특히 세계에 대한 헛된 감상이 있을 수 없으며 저절로 개조하려는 용기가 생긴다."[96]고 했다.

세계에 대해 "저절로 개조하려는 용기가 생긴다."는 말이 가리키는 것은 공자의 내성외왕의 사상이다. 슝스리가 생각하기에 공자의 '외왕'학설은 본래 매우 분명했으나 후대의 유생들에 의해 매몰되었다. 즉 "여진(呂秦), 유한(劉漢) 이래 근 3천 년간 이 문제를 제기한 자가 없었다. 여진은 분서갱유(焚書坑儒)로 유학을 훼손했고, 한대(漢代) 사람들은 육경을 어지럽히고 공자를 구실 삼아 군주제를 보호했으며 공자의 외왕학은 근본적으로 훼손되고 단절되었다."고 생각했다. 그래서 슝스리는 송명이학에 대해서도 비판적인 태도를 견지했다. 한편으로 송명유가가 공맹도통을 계승한 공이 있음을 인정했지만 다른 한편 그들은 여전히 불교와 노자의 구속에서 벗어나지 못했으며 공맹 전통에 있는 '강건한 덕', '끊임없이 변화하는 오묘한 도'에 대한 깨달음이 결핍되었다고 지적했다. 왕양명에 대해서도

---

93) 熊十力, 『讀經示要』, 南方印書館, 1945년, 149쪽.

94) 『論語 · 述而』, "我欲仁, 斯仁至矣."

95) 『論語 · 衛靈公』, "當仁不讓于師."

96) 熊十力, 『新唯識論』, 348쪽.

마찬가지의 태도였다. 그는 왕양명이 유가사상의 발전에 지대한 공헌을 했지만 그 또한 "결국 두 사람(석가와 노자 - 인용자)의 성분이 지나치게 많았으며 이로 말미암아 후학이 광선(狂禪)으로 향하게 되었다."[97]고 했으며, 또한 왕양명은 내성 방면에서 괜찮은 문장을 썼지만 외왕 사상이 부족했다고 했다.

부정할 수 없는 것은, 슝스리는 왕양명을 비평했지만 육왕심학의 영향을 깊이 받았다. 이 점은 슝스리뿐만 아니라 거의 모든 현대 신유가에서 볼 수 있다. 그는 머우쭝산에게 보낸 편지에서 다음과 같이 말했다.

> 유자의 학문은 오직 양명(陽明)이 공맹을 잘 계승했다. 양명은 천(天)·명(命)·성(性)·심(心)·리(理)·지〔知: 양지(良知)의 지(知)이며 지식의 지(知)가 아니다〕·물(物)을 하나로 융합했다. 이것은 깊이 탐구할 만한 것이다. 정주(程朱)는 조리가 없으며 단지 심성(心性)을 구별하는 것에서 심(心)과 리(理) 역시 구별했고 심(心)과 물(物) 또한 구별했다. 양명의 중요한 점, 심오한 점은 그것을 연구하는 자가 알지 못했을 뿐만 아니라 그것을 계승한 자 또한 누가 그것의 전부를 알겠는가![98]

이 말의 의미는 예부터 왕양명의 학설은 그 자신만이 모든 것을 알았고 오묘한 곳을 이해하고 있었다는 점이다.

그러나 슝스리는 중국 유가의 '외왕'을 강조했지만 서양인이 지닌 '외왕'의 적극적인 의의를 섭취해야 함을 부정하지 않았다. 그에 따르면 중국의 외왕학은 일찍부터 존재했지만 그것을 발양하지 못했기 때문에 근대에

---

97) 熊十力, 「略論新論旨要: 答牟宗三」, 『學原』, 제2권, 제1기.
98) 熊十力, 『十力語要』, 290쪽.

와서 과학기술이 낙후하고 정치가 암울해졌다. 바로 이런 면에서 중국인이 서양인에게 미치지 못하는 것이다. 그래서 슝스리는 "중국과 서양의 인생태도는 모름지기 시기적절하게 조화해야만 부족한 점을 면할 수 있다."고 했다. 어떻게 하는 것이 조화의 법인지에 대해서는 중국 유학의 '도통(道統)'을 보존하고 동시에 서양의 '실용학문'을 받아들여야 한다고 주장했다. '도통'을 버릴 수 없는 이유는 그것이 영구불변한 보물이기 때문이다. 여기에서 알 수 있는 것은, 슝스리의 장황한 언설을 "중국 문화의 발전 방향은 무엇인가"라는 구체적인 문제에 적용하면 여전히 중국의 전통사상으로 서양의 학술을 운용해야 한다는 장즈둥의 주장과 마찬가지다. 이런 사상의 함정은 슝스리 한 사람만이 빠져나가지 못한 게 아니라 거의 모든 현대 신유학자도 빠져나가지 못했다. 오늘날에도 세상 사람들은 여전히 한 사람 한 사람씩 이런 함정으로 빠져들고 있다. 그 이유는 백여 년간 서양 문명은 비약적으로 발전했으며 게다가 조수처럼 국내로 유입되어 일상생활의 모든 것이 전반적으로 서양화되었기 때문이다. 귀머거리와 벙어리도 모두 서양 문화의 우월성을 알며 그것을 받아들이는 것은 불가항력적임을 안다. 이런 상황에서 전반적으로 외세를 배척하고 다시 국가의 문을 걸어 잠그는 것은 매우 어리석은 행위일 뿐만 아니라 사실상 불가능하다. 전통을 그리워하는 사람들이 할 수 있는 것은 장즈둥이 했던 진부한 말을 반복하는 것일 뿐이며 이것 외에는 다른 방법이 없다.

슝스리는 중국은 반드시 자기의 내성(內聖) 공부에 의지해야만 외왕(外王)을 전개할 수 있다고 강조했다. 그러나 문제는, 만약에 이러하다면 중서 문화를 조화시킬 필요가 있는가. 서양 사람들의 '실용학문'을 배울 필요가 있는가. 바꾸어 말하면, 서양을 배울 수 있다면 서양 문명은 이미 선진적이며 그것을 받아들여 편하게 사용할 수 있는데 어째서 다시 2천여 년 전의 공자와 맹자로 돌아가 그들에게서 새로운 문화를 발굴하려 하는가. 논리적으로 더욱 말이 되지 않는 것은, 슝스리 철학의 핵심명제인 '체용불이'를 문화문제에 응용한다면 그것이 강조하는 것은 문화의 체계성과 일체성이다. '체'는 '용'을 떠날 수 없고 '용'은 '체'를 떠날 수 없다. 그렇다면 문제는, 만약 '체용불이'라고 한다면 어떻게 서양 사람의 '실용학문'을 받아들이면서 동시에 그들의 문화정신을 배척할 수 있는가. 바꾸어 말하면, 이렇게 할 수 있다면 '체용불이'라는 명제는 어찌 위증이 아니겠는가.

제6장

제2대 신유가사상 비판

펑유란의 신이학(新理學)

현대 신유가 중에서 펑유란(馮友蘭)은 비교적 특수한 인물이다. 그 이유는, 첫째 육왕심학의 영향을 받지 않았고 정주이학의 영향을 받았다. 둘째, 자각을 강조하지 않았고 이성을 강조했으며 논리적으로 유학을 해석했다. 셋째, 1949년 이후 그의 사상은 분명한 변화가 나타났으며 신유가에서 유가사상의 비판자가 되었다가 말년에 다시 초기의 사상으로 돌아가는 경향이었다.

다른 신유가와 비교해서 펑유란은 위에서 서술한 대로 몇 가지 사상적 특징이 있었지만 여전히 현대 신유가의 대표 인물이라고 할 수 있다. 그의 주요 저작은 모두 1949년 이전에 출판되었으며 중국 사상계에 가장 큰 영향을 미친 것 또한 1930년대와 1940년대에 형성된 '신이학(新理學)'이다. 그래서 그의 신유가사상을 연구할 때 마땅히 1930년대와 1940년대에 형성된 신이학사상이 주요 고찰대상이어야 한다.

펑유란은 자는 지생(芝生)이며 1895년 허난 당현(唐縣)의 선비 집안에서 태어났다. 부친 풍태이(馮台異)는 광서(光緖)왕조 때 진사(進士)가 되었다. 모친 역시 글을 짓는 일에 능통했으며 펑유란은 어릴 때부터 좋은 가정교육을 받으면서 자랐다. 1908년 마흔두 살의 풍태이는 병으로 인해 충양(崇陽)에서 별세했으며 이때부터 펑유란은 모친에게서 가르침을 받았다. 『시경』, 『역경』, 『좌전』은 모친이 친히 가르쳤다. 1905년 상하이에서 중국 공립학교가 창립되었다. 이 학교는 유명했으며 후스가 이 학교를 졸업했다. 펑유란은 1912년에 입학했으며 졸업 후 1915년에 베이징대학 철학과에 입학했다. 1918년 베이징대학을 졸업한 이후 허난의 일중등전과학교(一中等專科學校)에서 교편을 잡았다. 이듬해 공비유학생 자격을 얻어 미국 컬럼비아대학 연구원에 입학해서 박사학위를 공부했다.

당시 저명한 철학가 듀이와 몬터규가 컬럼비아대학에서 교편을 잡고 있었으며 그들은 펑유란에게 큰 영향을 미쳤다. 그러나 서양철학을 광범위하게 접촉한 이후 펑유란은 베르그송의 철학을 가장 추종했다. 우리는 베르그송 철학이 20세기 초 중국 사상계에 매우 큰 영향을 미쳤음을 안다. 량수밍을 예로 들면, 그의 문화철학은 다분히 베르그송의 생명철학과 직각주의의 기초 위에서 건립된 것이다. 펑유란은 베르그송의 직각주의를 찬미했으며 베르그송의 직각은 중국 묵가의 '친지(親知)', 유가의 '내성'과 유사하다고 생각했다. 그러나 펑유란은 자신의 독특한 견해를 가지고 베르그송의 '직각'을 이해했으며 베르그송은 '직각'을 강조했지만 분석을 부정하지 않았다고 생각했다. 베르그송에 대한 이해는 이후에 창립한 자신의 '신이학' 체계에 큰 영향을 미쳤다.

1923년 펑유란은 박사과정을 마치고 고국으로 돌아왔으며 그다음 해에 컬럼비아대학은 박사학위를 수여했다. 그는 몇 년 동안 중저우대학(中州大學), 광저우대학(廣州大學), 옌칭대학(燕京大學), 칭화대학(清華大學)에서 교편을 잡았으며 박사논문을 고쳐 쓴 『인생철학(人生哲學)』을 출판했다. 이 책의 원명은 『인생이상의 비교연구(人生理想之比較硏究)』이며 『천인손익론(天人損益論)』이라고도 한다.

『인생철학』은 펑유란의 20년대 주요 저작이며 이 시기의 사상경향을 집중적으로 반영한다. 그가 베이징대학에서 공부할 때 국내에서 전개된 중서문화와 관련된 대 토론이 청년 펑유란을 깊이 매료시켰다. 그는 미국에서 유학할 때 세계를 여행하던 도중 뉴욕에 잠시 머물던 타고르를 예방한 적이 있었다. 타고르는 전 세계에서 명성을 날리고 있었으며 동양문화주의의 대표 인물이었다. 그는 타고르를 만났을 때 "중국의 고대문명은 매우 훌륭하지만 현재 시대에 맞지 않는 것 같다. 근년 들어 우리에게 일종의 새로운 운동이 일어나는데 중국의 낡은 것, 철학·문학·미술 및 모든 사회 조직을 새로 고쳐 현대 세계에 적응하려고 한다. ……"[1)]라고 했다. 여기에서 나타나는 펑유란의 어투에서 신문화운동에 대해 나름대로의 견해가 있었으며 후스 등의 방법에 동의하지 않았음을 알 수 있다. 그래서 그는 타고르와 담화를 나눈 이후 "현재 동양에서 제일가는 인물이 동서 문명에 대해 이러한 견해가 있는데 이것은 우리가 마땅히 알아야 하는 것"이라고 했으며 또한 "중국이 현재 공론하고 있는 서양의 도리, 민주와 과학은 모두 지나치게 과장되고 현실에 부합되지 않는다. 어떻게 중국을 그렇게 변화시킬지를 이야기하는 사람은 매우 적다. 이것과 형식적이고 무미건조한 팔고책론(八股策論)이 무슨 차이가 있겠는가"[2)]라고 했다. 펑유란이 비판한 '공론'만 일삼는 사람들은 주로 동방문화파 이외의 서화파와 마르크스주의자를 가리키며, 동방문화파의 어조로 다른 두 파를 비판했음을 알 수 있다.

---

1) 馮友蘭, 『三松堂學術文集』, 北京大學出版社, 1984년, 11～12쪽.

2) 馮友蘭, 위의 책, 14～15쪽.

『인생철학』 역시 문화 비교 문제를 다루었지만 그 깊이와 영향은 량수밍의 『동서 문화 및 그 철학』과 함께 논할 수 없다. 펑유란은 이 책을 쓸 때 량수밍 사상의 영향을 깊이 받았다. 또한 펑유란은 량수밍보다 두 살이 적지만 그의 사상이 영향을 미친 시기는 거의 한 시대가 뒤처진다. 펑유란이 베이징대학 철학과에서 공부할 때 량수밍은 이미 교편을 잡고 있었다. 더욱 주의할 것은 량수밍은 펑유란의 철학에 거의 관심을 가지지 않았다는 점이다. 그렇지만 펑유란은 량수밍의 문화 주장에 깊은 관심이 있었으며 미국에서 유학할 때 『동서 문화 및 그 철학』의 서평을 컬럼비아대학의 『철학 잡지』에 실어 서양 사람들에게 량수밍의 문화철학을 소개했다. 그의 박사논문(이후에 논문을 고쳐 완성한 『인생철학』)은 직접적으로 량수밍 사상의 영향을 받은 것이다.

량수밍은 인류 문화를 세 가지 문화, 즉 '계속해서 의욕을 추구하는' 서양 문화, '의욕을 조절하고 중용을 지키는' 중국 문화와 '의욕을 줄여 나가는' 인도 문화로 분류했다. 펑유란 또한 문화를 '손도(損道)', '익도(益道)', '중도(中道)'의 세 가지로 구분했다. '손도'는 자연을 중시하고 문명을 반대하는 것이다. "인위가 좋지 않은 것의 근원이 된다. 사람들은 문명으로 스스로 즐거워하지만 인생의 고뇌를 모르는 것은 이 때문이다. 여기에 따라 말하면 반드시 현재를 버리고 원시로 돌아가야 한다." 이 문화는 량수밍이 말한 '의욕을 줄여 나가는' 문화임을 알 수 있다. 펑유란은 노자의 사상을 이러한 종류에 귀결시켰으며 '세속적인 지식과 총명함을 버리고', '세속에서 말하는 인의(仁義)를 버리고', '세속적인 제도와 이로움을 버리고' 인간 본연의 천진하고 순박함으로 돌아가는 노자의 사상이 '손도'의 철학이라고 생각했다. '익도'는 인위를 중시하고 노력해서 앞으로 나아가며 인생의 분투를 지나치게 강조한다. 이 문화관에 따르면 "현재의 세계는 좋지 않은 점이 있지만 과거보다는 상당히 좋아졌다. 그러나 여전히 고뇌하는 이유는 우리가 아직 진보하지 않았으며 문명이 아직 지극한 경지에 도달하지 않았기 때문이다. 우리의 행복은 모두 부유한 미래에 있는 것이지 이미 사라진 과거에 있는 것이 아니다. 이를 따른다면 우리는 반드시 전력을 다해 창조해서 인력으로 자연을 이겨내고, 또 전력을 다해 분투해야 미래의 낙원이 '천성(天城)'이 아닌 '인국(人國)'에 있게 된다."[3] 이 문화는 량수밍이 말한 '계속해서 의욕을 추구하는' 문화라고 할 수 있다. 펑유란은 묵자의 사상을 이러한 종류에 귀결시켰으며 운명을 부정하고 사람의 힘을 숭상하는 묵자의 사상이 '익도' 철학이라고 생각했다.

펑유란은 '손도'와 '익도'는 모두 극단적인 인생태도이고 모두 결함이 있으며 '중도(中道)'가 이 두 가지를 조화할 수 있다고 생각했다. 그것은 "자연과 인위는 본래 서로 충돌하지 않으며 사람들은 자연을 보조하기 때문에 자연을 파괴하지 않는다. 현재 세계가 가장 좋으며 현재의 활동이 가장 즐겁다고 생각한다."[4] 이 문화는 량수밍이 말한 '의욕을 스스로 조절하고 중용을 지키는' 문화와 비슷하다. 펑유란은 중국의 유가사상이 전형적인 '중도' 철학이라고 생각했다. 유가는 자연과 인위를 하나로 보며, 우주의 진화는 하나의 끝이 없는 과정이며 끊이지 않고 생장, 변화하는 과정임을 강조한다. 그래서 유가학설에서는 변하지 않은 완전한 경지가 없으며, 경지의 완전함은 사람들의 수행이 완전해짐을 따라서 완전해진다. 이렇기 때문에 유가는 '유위(有爲)'를 버리지 않고 '무위(無爲)'를 주장하지 않는다.

펑유란의 문화이론은 량수밍과 다른 점이 있다. 량수밍은 '3노선'을 각각 서양 문화, 중국 문화, 인도 문화로 구분해서 불렀으나 펑유란은 '손도', '익도', '중도'는 동서 문화 속에서 고르게 체현되며 어떤 문화를 구별

---

3) 馮友蘭, 『人生哲學』, 商務印書館, 1926년, 20쪽.

4) 馮友蘭, 위의 책, 20쪽.

해서 지적하는 것이 아니라고 생각했다. 예를 들면 중국은 '중도'의 유가가 있으며 '손도'의 도가와 '익도'의 묵가가 있다. 서양 또한 이러하다. 플라톤과 쇼펜하우어의 철학이 '손도'이고 데카르트·베이컨·피히테 등의 철학이 '익도'이며 아리스토텔레스와 헤겔의 철학이 '중도'이다.

이상은 20년대 펑유란의 문화이론이다. 이 시기 펑유란의 문화이론은 성숙하지 않았지만 그가 중국의 유학에 특별한 호감이 있었음을 알 수 있다. 이러한 호감은 30년대까지 지속되었으며 신이학의 사상기초가 되었다.

『인생철학』은 출판 이후 사회에서 그다지 큰 반향을 불러일으키지 못했다. 펑유란 자신도 당시 매우 떠들썩했던 문화 논쟁에 참여하지 않고 중국철학사 연구에 전력을 다했으며 수년간의 노력 끝에 결국 『중국철학사(中國哲學史)』 상·하편을 완성했다. 이 책이 출판되면서 펑유란의 이름이 비로소 세상에 알려졌다. 허린 선생은 30년대에서 40년대 중국철학사의 가장 특출한 성과 하나는 후스의 『중국철학사 대강(中國哲學史大綱)』이고, 둘은 펑유란의 『중국철학사』이며, 셋은 탕용퉁(湯用彤)의 『양한위진남북조불교사(兩漢魏晋南北朝佛敎史)』라고 했다.

펑유란의 회고에 따르면, 철학사를 쓸 때 새로운 방법으로 고대철학을 연구하려고 했다. 그의 이전에는 철학사를 말할 때 '고대사를 믿는' 방법으로 말한 것이 아니라 '고대사를 의심하는' 방법으로 말했다. '고대사를 믿는 방법'은 전통적인 방법이며 '고대사를 의심하는 방법'은 후스의 방법이다. 후스는 『중국철학사 대강』을 쓸 때 듀이의 실용주의 방법을 채용해 고증(考證) 방면에서 노력했다. 그는 고증을 통해 고서에 있는 믿을 수 없는 성분을 찾아내려고 노력했으며 이는 확실히 철학사 연구의 새로운 풍조를 연 것이다. 그러나 미흡한 점은, 그는 책을 쓸 때 지나치게 고대사를 의심하는 방법에 치우쳤다. 예를 들면 그는 노자철학을 쓸 때 노자의 '무(無)', '무위(無爲)', '무명(無名)'을 썼지만 노자의 '도'를 잊어버렸으며,

공자철학을 쓸 때 '충서(忠恕)', '정명(正名)'을 썼지만 공자의 '인'을 이야기하지 않았다. 다시 말하면, 후스는 덮어놓고 고대사를 의심했으며 요임금·순임금·우임금을 회의했을 뿐만 아니라 선진제자조차 회의했으며, 공자·노자·묵자·장자·맹자·순자·한비자 등의 책은 거의 한 부분도 믿을 곳이 없다고 생각했다. 펑유란은 '고대사를 믿는 것'은 안 되지만 '고대사를 의심하는 것'도 안 되며 가장 좋은 것은 '고대사를 해석하는 것'이라고 생각했다. "고대사를 해석하는 것은 이 두 가지 태도의 절충적인 형태이다."[5]

펑유란은 철학을 연구할 때 먼저 '비추어서 이야기하고' 그다음에 '이어서 이야기해야 한다.'라고 말했다. '비추어서 이야기하는 것'은 철학사를 연구하는 것이다. 그러나 반드시 알아야 하는 것은, 펑유란은 철학사를 쓸 때 비교적 냉정하고 객관적인 태도를 취했지만 이러한 것이 그가 철학사를 연구할 때 주관적인 경향이 전혀 없었음을 말하는 게 아니다. 사실 그가 『중국철학사』를 쓸 때 량수밍이 처음 베이징대학에서 교편을 잡았을 때와 같은 심리 상태였다. 다시 말하면 량수밍과 마찬가지로 공자사상의 진의를 분명하게 밝히려는 심리 상태였다. 펑유란은 공자와 이후의 유생들을 대하는 태도에서 량수밍처럼 애증이 분명하지는 않았지만 기본적인 경향은 일치했다. 그러나 펑유란의 우수한 점은 중국철학과 서양철학의 비교를 통해 유가사상의 지위를 부각시켰다는 것이다. 예를 들면 공자를 소크라테스와 비교했으며 "소크라테스가 죽은 이후 그 학파는 플라톤과 아리스토텔레스가 더욱 발전시켜 서양철학의 정통이 되었으며, 공자의 학파 역시 맹자와 순자가 더욱 발전시켜 중국철학의 정통이 되었다."[6]라고 생

5) 馮友蘭, 『三松堂學術文集』, 334쪽.

6) 馮友蘭, 『中國哲學史』, 中華書局, 1984년, 78쪽.

각했다.

그 밖에 펑유란은 주희가 대표가 되는 이학(理學)을 매우 중시했다. 그가 생각하기에 전통 유학은 '덕행을 쌓는 것'을 중시했고 '학설을 세우는 것'을 소홀히 했으며, '논리관'을 중시했고 '우주관'을 소홀히 했다. 그래서 엄밀한 철학체계를 전개하지 못했으며, 특히 인식론과 논리방면에서 결점을 드러냈다. 그러나 송명이학이 홍기하면서 상황이 변했다. 도학자들은 논리인생을 중시했을 뿐만 아니라 계통적인 우주론을 형성했다.

'이어서 이야기한다.'는 철학사를 토대로 인생을 이야기하고 현실사회를 이야기하는 것이다. 그는 『중국철학사』를 쓸 때 학술적인 목적이 있었지만 동시에 역사를 쓰는 것은 현실을 위한 봉사라는 인식을 하고 있었다. 펑유란은 당시의 문화배경에서 철학의 가장 시급한 사명은 세상 사람들에게 편안하게 생활할 수 있는 근거지를 제공하는 것이라고 생각했다. 펑유란은 『중국철학사』에서 다음과 같이 말하고 있다.

> 모든 사람이 현재의 철학자가 수립한 도리가 옳다고 인정하지 않으며, 예전의 철학자가 수립한 도리 역시 틀렸다고 인정하지 않는다. 그래서 철학을 연구할 때 한편으로는 철학사를 연구해서 반드시 각각의 대 철학계통이 세계 및 인생에 대해 수립한 도리를 보아야 하며, 다른 한편으로는 반드시 실질적인 세계 및 인생을 직접 관찰해서 스스로 도리를 세워야 한다. 그러므로 철학사는 철학을 연구하는 자에게 매우 중요하다.[7)]

펑유란은 '스스로 도리를 세우려는' 큰 포부가 있었기에 『중국철학사』를 쓴 이후 곧바로 자신의 철학체계를 구축하기 시작했으며 '신이학' 체계

7) 馮友蘭, 『中國哲學史』, 17쪽.

를 형성하게 되었다.

30년대에서 40년대 중반까지 펑유란은 놀라운 속도로 『신이학(新理學)』, 『신사론(新事論)』, 『신세훈(新世訓)』, 『신원인(新原人)』, 『신원도(新原道)』, 『신지언(新知言)』을 출판했으며, 이 여섯 권을 간단하게 '정원육서(貞元六書)'라고 불렀다. 펑유란은 이러한 저작에서 중국 전통철학과 서양 신실재론의 방법을 운용해서 독특한 철학체계인 '신이학'을 창립했다. 논술의 편리를 위해 먼저 '정원육서'를 간단하게 소개해보자.

『신이학』은 펑유란 철학체계의 강령이 되는 저작이다. 펑유란은 철학은 "인류의 정신생활을 반추하는 것"이라고 생각했다. 그가 말하는 인류의 정신생활은 좁은 의미의 정신생활이 아니라 자연·사회·인생의 세 부분을 포함한다. 『신이학』은 펑유란 철학체계의 강령이 되기 때문에 자연히 이 같은 세 부분을 언급한다. 그는 다음과 같이 말했다.

> 『신이학』은 이(理)와 기(氣)를 이야기했는데 이는 자연방면에 관한 것이고, 역사와 사회를 이야기했는데 이는 사회방면에 관한 것이며, 성인을 이야기했는데 이는 개인방면에 관한 것이다. 이후에 쓴 다섯 책에서는 사회와 개인방면을 비교적 많이 이야기했고 자연방면을 비교적 적게 이야기했다. 『신이학』은 자연방면을 비교적 많이 이야기했으며, 『신이학』의 자연관은 『신이학』 가운데 드러난다.[8)]

『신사론』이 주로 이야기하는 것은 사회역사관과 문화관이다. 그러나 이 책의 수많은 부분에서 인류 문화의 '공상(共相: 보편, universals)'과 '수상(殊相: 특수, particulars)'의 관계를 이야기하고 있다. 펑유란은 과거 문화 논

8) 馮友蘭, 『三松堂自序』, 三聯書店, 1984년, 247쪽.

쟁이 전개될 때 관점의 차이와 견해의 차이가 있었던 이유는 문화의 '수상'과 '공상'의 관계를 파악하지 못했기 때문이라고 생각했다. 『신사론』은 이러한 이론 문제를 해결하기 위해 쓴 것이다.

『신세훈』은 주로 청년들의 수양 문제를 이야기하고 있다. 이 책은 『신사론』과 『신원인』 사이에 썼지만 자신도 그다지 중시하지 않았다. 평유란은 말년에 "이 책이 이야기하는 것은 주로 처세술이다. 어떤 철학적인 의의가 있다고 할 수 없으며 경지 또한 높지 않다. 단지 공리를 추구하는 사회에서 살아가는 사람들에게 필요한 일종의 성공지침서이며 기억할 만한 가치가 없다."[9]고 했다. 평유란이 매우 긴박했던 저술활동 와중에 어째서 자신조차 중시하지 않는 책을 썼으며, 이 책이 연이어서 쓴 『신원인』과 사상적으로 어떤 관계가 있는지는 연구할 가치가 있는 작은 주제이다.

『신원인』이 말하는 것은 인생철학이다. 평유란의 말에 의거하면 "이 책이 이야기하는 것은 사람이 사람 노릇을 할 수 있는 도리이다."[10] 평유란은 철학의 최종 목적은 인류에게 이상적인 정신경지를 제공하고 사람들이 이런 경지로 매진하도록 인도하는 것이라고 생각했다. 20년대에 그는 『인생철학』에서 철학은 "좋은 것을 추구하는 학문"이라고 했다. '좋은 것을 추구하는 학문'은 바로 선(善)을 추구하는 학문이다. 바꾸어 말하면 철학의 사명은 사람들이 "실제적인 인생 이외에 이상적인 인생을 추구하게 하는 것이다." 이렇기 때문에 철학과 과학을 구분했으며 "과학은 사람들의 적극적인 지식을 증가시킬 수 있지만 사람들의 경지를 향상시킬 수 없으며 철학은 사람들의 경지를 향상시킬 수 있지만 사람들의 적극적인 지식을 증가시킬 수 없다."[11]고 생각했다.

---

9) 馮友蘭, 『三松堂自序』, 260쪽.

10) 馮友蘭, 위의 책, 260쪽.

11) 馮友蘭, 위의 책, 269쪽.

『신원도』는 간단한 철학사이며 『신원인』의 속편이라고 할 수 있다. 이 책의 기본사상은 모두 『신원인』과 일치하며, 『신원인』의 기본적인 사상을 이용해서 다시 쓴 한 편의 철학사라고 할 수 있기 때문이다. 이 책의 주안점은 철학사를 쓰는 방법을 통해 신이학 사상의 지위를 확립하는 것이다. 펑유란은 이 책에서 "그의 신이학은 송명이학을 이어서 이야기한 것이지만 송명이학보다 우위에 있다."고 했다.

『신지언』은 철학 방법론을 토론한 책이다. 당시 철학계의 어떤 사람은 펑유란의 '신이학'은 결코 창조적인 것이 아니며 서양의 빈 학파(논리실증주의 학파)를 그대로 모방한 것이라고 생각했다. 펑유란이 이 책을 쓴 이유는 '신이학'이 빈 학파와 다름을 증명하기 위해서였다.

아래에서 '정원육서'에 의거하고 펑유란과 관련 있는 기타 논저를 참고해서 '신이학'이 어떻게 유학 전통을 재건하려고 시도했는지 살펴보자.

분석적 현학

'신이학'은 정주이학과 신실재론이 결합된 산물이다. 정확하게 말하면 신실재론의 논리분석 방법을 이용해서 정주이학을 재건한 결과물이다. 펑유란은 컬럼비아대학에서 박사학위를 공부할 때 신실재론의 철학자 몬터규의 문하에서 수학했으며 신실재론 철학의 영향을 깊이 받았다. 신실재론은 19세기 말에서 20세기에 성행한 철학 사조이며 실증주의의 중요한 유파이다. 이 학파의 철학자는 철학적 방법은 바로 과학적 방법이라고 생각했다. 과학적 방법은 분석을 중시하고 종합을 중시하지 않는 논리분석 방법이다. 이 학파의 철학에서 보면 세계는 일원적인 전체가 아니라 무질서한 다원적 집합체이다. 그러므로 부분에서 전체를 알 수 없는 것이며, 형이상학적인 의의를 중시할 수 없다. 형이상학을 배척하는 전통은 본래 실증주의 철학의 공통적인 특징이며 실증주의의 창시자인 콩트에서부터 이러한 전통이 있었다. 콩트에 의하면 과학은 사실을 서술할 수 있지만 사실을 설명할 수 없으며, 단지 그러하다는 것을 알지만 그렇게 된 까닭을 모른다. 이러한 능력범위를 초월해서 어떤 본질, 규율, 제1원인 등의 문제를 계속해서 묻는다면 현실적이지 않을 뿐만 아니라 사람들의 인식능력이 미치지 못하는 부분이다. 따라서 형이상학은 조금도 의의가 없다.

신실재론은 철학적 방법을 과학적 방법으로 보며 논리분석의 방법을 이용해서 철학문제를 해결해야 한다고 주장한다. 왜냐하면 신실재론의 철학자가 보기에 "철학의 임무는 근본적으로 전문지식의 임무와 다르지 않다. 철학과 전문지식은 동일한 평면에 있으며 또는 동일한 영역에 있다. 두 가지의 차이는 정도의 차이일 뿐 종류의 차이가 아니다. 이런 차이는 실험물리학과 이론물리학, 동물학과 생물학, 또는 법학과 정치학의 차이와 같다."[12] 펑유란은 신실재론의 주장을 받아들이기는 했지만 완전히 동의하지는 않았다. 그는 한편으로 신실재론의 논리분석방법이 취할 만하며 특히 중국 철학사를 다시 쓰는 데 도움이 되는 부분이 있다고 생각했다. 그는 "철학은 순수한 관점에서 이지적으로 경험을 분석, 총결 및 해석한 이후에 사리에 부합하는 말로 설명하는 것이다."[13]라고 했다. 다른 한편 펑유란은 신실재론이 철학적 방법을 완전히 과학적 방법이라고 간주하는 것은 타당성이 부족하다고 생각했다. 과학과 철학의 차이는, 과학이 연구하는 대상은 우주에 있는 일부분의 진실이고 철학이 사고하는 것은 우주의 전체이며 특히 사회와 인생을 포함한다. 따라서 과학의 영역에서는 형이상학을 배제할 수 있지만 철학의 영역에서는 형이상학을 도외시할 수 없다.

12) 홀트(Edwin Bissell Holt) 외, 『新實在論』, 商務印書館, 1980년, 48쪽.
13) 馮友蘭, 『新理學』, 商務印書館, 1947년, 4쪽.

그의 신이학은 과학적 방법으로 형이상학을 개조하고 과학으로 유가학설을 설명하는 것이다. 바로 이러하기 때문에 그의 신이학을 '분석적 현학'이라고 부르는 것이다. 펑유란이 신실재론을 유학 전통을 개조하는 방법으로 사용한 이유는 신실재론과 정주이학은 서로 일치하는 부분이 있으며, 이 두 가지는 '공상'과 '수상'의 관계를 중시한다고 보았기 때문이다.

신실재론은 철학을 연구할 때 논리분석의 의의를 중시한다. 이 학파는 논리분석을 통해 전체 사물에 잠재된 원소를 추출해낼 수 있으며, "공상은 독립한다."라는 결론을 얻어낼 수 있다고 생각한다. '공상'은 '수상'보다 우선하며 '수상'은 반드시 '공상'을 획득한 이후에 이해할 수 있다. 서양 철학사에서 '공상'을 중시하는 철학은 대부분 이성주의 철학(넓은 의미에서)이며 '수상'을 중시하는 철학은 대부분 비이성주의 철학이다. "공상이 수상보다 우선한다."라는 신실재론의 학설은 신칸트주의의 '개별론'에 반대하고 또한 베르그송의 '직각론'에 반대하는 것이다. 그것은 베르그송의 '직각론'은 실지로 철학의 독단론이며 철학을 위해 하나의 방법론적 기초를 제공하지 못한다고 생각했다.

펑유란도 '공상'을 중시했다. 신실재론이 '공상'을 강조한 것이 베르그송의 '직각론'을 비판하려는 목적이 있었다면 펑유란이 '공상'을 강조한 것은 량수밍 문화철학을 수정하려는 목적이 있었다. 량수밍은 베르그송의 철학을 이용해서 공자유학을 '생명화'했으며 직접적으로 유가의 인생은 '직각인생'이라고 제기했다. 펑유란은 『인생철학』에서 이 같은 량수밍의 인생관에 동의하지 않았으며, 의욕은 '인성(人性)'의 한 부분이지만 지나치게 미흡하기 때문에 '인성'에 어긋나며, 이성의 조화를 통해 원만하고 치우침이 없는 인생경지에 도달할 수 있다고 생각했다. 그래서 유가의 인생은 '이성 인생'이라고 생각했다.

그렇다면 '이성 인생'은 어떻게 가능한가. 우주인생이 '공성(共性)'이 없고 '개성(個性)'[14]의 확장을 방임한다면 '이성 인생'의 경지에 도달할 수 없다. 이성은 우주인생 가운데 반드시 존재하는 '공상'에 의해서 보장받을 수 있다. 게다가 '공상'이 '수상'보다 우선해야만 인생은 규범이 있게 되고 비로소 추구할 의의가 있게 된다. 평유란의 신이학은 이러한 전제 아래 구축되었다.

그가 생각하기에 사람들의 경험세계에서 사물은 모두 '각자 그러함'이 있으며, 산은 산이고 물은 물이다. 이 산과 저 산이 같지 않고 이 물과 저 물이 같지 않지만 이 산과 저 산은 모두 산이며 이 물과 저 물은 모두 물이다. 사람들이 이와 같이 인식하는 이유는 사물을 대할 때 언제나 각각의 사물을 유형〔類〕에 따라 구분하는 분류의 작업을 하기 때문이다. 이 '유형'이 바로 '공상'이다. '유형'이라는 '공상'이 있기 때문에 사람들이 사물을 대할 때 중시하는 것은 '어떤 유형의 사물'이지 어떤 구체적인 사물이 아니다.

평유란의 철학에서 '유형'은 하나의 기본적인 범주일 뿐이며 핵심적인 범주가 아니다. '유형'은 단지 사물의 '각자 그러함'을 설명할 수 있을 뿐이며 어째서 '각자 그러한지'는 다른 범주로 설명해야 되는데 이것이 바로 '리(理)'이다. 평유란은 "신이학은 우리가 말하는 '리'를 이야기하는 학문이다. 이학이 우리가 말하는 '리'를 이야기하는 학문이라면 이학은 최고 철학의 철학이라고 할 수 있다."[15]고 했다.

평유란은 '리'를 이해할 때 '리'는 "모종의 사물이 모종의 사물이 되는 이유이다."라고 했다. 예를 들어 사각형의 '리'는 "사각형이 사각형인 이유이다. 다시 말하면 모든 사각형의 물체가 그렇게 된 까닭이 리(理)이다. …… 이 사각형이 사각형의 모습을 하는 이유는 모든 사각형의 물체가 의

14) '공성(共性)'은 '보편성(普遍性)'과 같은 개념이고 '개성(個性)'은 '특수성(特殊性)'과 같은 개념이다. — 옮긴이

15) 馮友蘭, 『新理學』, 2쪽.

거하는 원인이 그것이 사각형이 되게 하며, 이것이 사각형의 리이다." 펑유란은 '리'는 우주의 본체인 '진제(眞際)'에 잠재된 '공상'이라고 생각했다. '진제'는 '실제'와 상대적이다. '진제'는 '리'로 가득 찬 본체계이며 '실제'는 구체적인 사물로 가득 찬 현상계이다. 그래서 '리' 역시 본체론적인 의미에서의 '리'이다. 송대 유학자들이 말한 "'리'는 요(堯)를 위해 존재하는 것도 아니고 걸(桀)을 위해 소멸되는 것도 아니며", "천지가 있기 전에 '리'만 있었다."는 것이 바로 이러한 단계에서 말한 것이다. '리'는 본체론적인 의의를 구비하기 때문에 시공간을 초월하고 어떤 제약도 받지 않으며, 동정(動靜)이 없고 형적(形迹)이 없다. 그것은 생겨나지도 않고 없어지지도 않으며 항상 변함없이 영원히 존재한다.

위에서 서술한 '리'의 특징으로 인해 사물의 '극(極)'이 결정된다. 펑유란은 여기에서 더 확대시켜 수많은 '리'가 전체 세계의 '태극(太極)'이 된다고 생각했다. 그는 "우리는 수많은 '리'를 하나의 전체로 생각할 수 있으며 이 전체가 '태극'"이라고 했다. 그렇기 때문에 '태극'은 또한 '대전(大全)'이라고 부를 수 있다. '대전'은 '존재하는 모든 것'이고 '철학에서 말하는 우주이며', '신비하고 오묘하며, 언어로 말할 수 없는' 가장 높은 관념이다. '대전'은 범주 방면에서 말하면 실제세계보다 크고 논리 방면에서 말하면 실세세계보다 우선한다. 그래서 세계의 본원이며 "고요하고 형체가 없으면서도 우주에 존재하는 온갖 사물과 모든 현상을 두루 포괄한다."

펑유란의 태극관념은 송대 유학의 태극관념과 일치한다. 그가 '태극'을 세계의 전체로 여기는 것은 주희가 "천지만물을 다스리는 리가 바로 태극이다."라고 한 것과 같다. 그러나 송대 유학과 다른 것은 펑유란은 '태극'을 간단하게 본체개념으로 보는 것에서 끝낸 것이 아니라 '태극'을 수많은 '리'의 전체로 여겼으며, 더 높은 측면에서 사물의 '공상'을 개괄하고 '수상'과 '공상'의 관계를 고찰했다. 송대 유학은 "태극이 운동해 양을 낳고 정지해 음을 낳는다."고 했으며, 사람들은 모두 하나의 '태극'이 있으며 사물 또한 모두 하나의 '태극'이 있다고 생각했다. 펑유란은 '태극'은 수많은 '리'의 전체이기 때문에 하나의 사물은 수많은 '리'에 의거해서 형성되며, 사람마다 모두 하나의 '태극'을 가진 것이 아니고 사물마다 모두 하나의 '태극'을 가진 것이 아니라고 생각했다. '태극'이 모든 '리'의 전체라면 가장 높은 단계의 '공상'이며 그것에 의해서 사물의 다양성과 '리'의 다양성이 결정된다.

'류(類)'에서 '리', '태극'에 이르기까지 펑유란은 일련의 정교한 형상학설을 구축했다. 그러나 '진제'로서의 '리'가 '실제'의 사물에서 어떻게 표현되는가. 펑유란은 "리가 있으면 반드시 기가 있다."고 생각했으며, '기'가 이 전환을 완성하는 '절대원소'라고 생각했다. '원소'는 상대와 절대의 두 가지 뜻이 있다. '상대원소'는 어떤 종류의 '리'에 의거해서 어떤 종류의 성질을 구비하는 간단한 사물을 가리킨다. 벽돌과 기와는 집의 원소이며 이것이 '상대원소'이다. '기'는 '절대원소'이다. 그것은 이름도 없고 형체도 없으며, 불가사의하고 언어로 표현할 수 없으며, 무명의 혼돈상태라고 할 수 있다. 펑유란은 "우리의 계통 가운데 '태극'은 매우 명확하며 현묘한 '기'는 매우 혼돈적이다."[16]라고 했다.

펑유란은 "하나의 구체적인 사물은 반드시 두 가지 의지하는 바가 있다. 하나는 따르는 바이며 다른 하나는 의거하는 바이다. 그 따르는 바는 '리'이며 그 의거하는 바는 '기'이다."[17]라고 생각했다. 다시 말하면 사물은 '리'를 떠날 수 없고 또한 '기'를 떠날 수 없다. '기'는 단지 이론상에서 사물의 현실성을 보장하며 사물을 규정하는 성질과는 아무런 관련이 없기

16) 馮友蘭, 『新理學』, 71쪽.
17) 馮友蘭, 위의 책, 75쪽.

때문에 펑유란은 '기'는 사물이 의거하는 '무극(無極)'이라고 생각했다. 그는 "우리가 말하는 '기'는 '무극'이라고 할 수 있으며", "우리가 말하는 '현묘한 기'는 자신이 어떤 표준이 되지 않고 반드시 '리'에 의거해서 표준이 되며, 자신은 '극한(極限)'이 없으며 반드시 '리'가 '극한'이 된다."[18] 라고 했다. '리'와 '기'는 운동하는 가운데 서로 결합해서 만물을 파생시킨다. 이 과정이 '무극'에서 '태극'이 만들어지는 과정이며, '도체(道體)'라고도 부른다. 그러므로 펑유란은 "도체는 모든 유행을 총괄한다."라고 했다.

◗ 문화유형설

펑유란은 순순한 학술적인 흥미 때문에 유학 전통을 개조하고 신실재론을 이용해서 전통철학을 재해석한 것이 아니다. 그에 따르면 철학의 대종지는 "세상을 위해 마음을 먹고, 백성을 위해 목숨을 걸고, 옛 성인을 위해서 끊어진 학문을 잇고, 후세를 위해 태평시대를 연다."[19]는 것이다. 20세기에 살았던 펑유란은 앞에서 서술한 량수밍·장쥔마이·숑스리와 같은 심리 상태와 사명감이 있었다. 그는 민족의 재난과 백성들의 고통을 근심했으며, 청년 시절부터 백성을 편안하게 하고 세상을 구제하려는 포부가 있었다. 그가 타고르를 만나고, 량수밍을 추종하고, 『인생철학』을 쓴 이유는 모두 국민들이 편안하게 살 새로운 길을 찾기 위해서였다. 그는 공자·맹자와 같은 인격을 가지고 스스로 근면했으며, 자기의 철학을 중국 문화를 건설하기 위한 이론지침서로 삼으려고 했다. 여기에 대해 그는 분명하게 말한다.

---

18) 馮友蘭, 앞의 책, 73쪽.
19) 馮友蘭, 『新原人』, 자서.

항전시기, 생사존망의 관건시기에 하늘과 사람의 관계를 알고, 고대와 현대의 변화를 통달하고, 내성(內聖)과 외왕(外王)의 도를 밝히면 어찌 그것을 국가를 태평스럽게 하고 수많은 백성이 편안하게 살 수 있게 하는 방법으로 삼을 수 없겠는가? 그런 경지에 도달하지 못하더라도 마음은 그런 경지를 동경한다. 능히 할 수 있다고 할 수 없지만 학문을 통해 그런 경지에 도달하기를 희망한다.[20)]

"신이학은 가장 현묘한 철학이지만 그것이 이야기하는 것은 여전히 내성외왕의 도이다."[21)] 다시 말하면 펑유란이 '신이학'을 창립한 목적은 당시 지식인들이 보편적으로 관심을 가졌던 문화문제, 특히 어떻게 서양의 충격을 대하고 어떻게 전통을 보호하는가에 회답하기 위한 것이었다. 이러한 목적에서 출발해서 펑유란은 신이학 이론에서 직접적으로 '공상'과 '수상'이 핵심인 '문화유형설'을 추론해 내었다. 펑유란은 다음과 같이 말하고 있다.

하나하나의 사물을 우리는 개체라고 부른다. 하나하나의 개체는 수많은 유형〔類〕에 속하며 수많은 성(性)이 있다. 그러나 하나하나의 개체가 가진 수많은 성은 서로 같지 않다. 그래서 개체는 특수하며 수상(殊相)이라고 부른다. 한 유형의 리(理)는 바로 이러한 유형의 사물이 공통적으로 따르는 것이다. 그래서 리는 공공(公共)의 것이며 공상(共相)이라고 한다.[22)]

다시 말하면 개별 사물이 가진 여러 가지 성질로 말미암아 개별 사물 간에 차별성이 나타나는 것이며, 이로 인해 사물의 '수상'이 체현된다. 한 종

---

20) 馮友蘭, 『新原人』, 자서.

21) 『新原道』, 121쪽.

22) 馮友蘭, 『新事論』, 商務印書館, 1940년, 1~2쪽.

류의 사물에 있는 '리'는 그 종류에 속하는 사물의 개체가 반드시 공유해야 하며, 이것이 사물의 '공상'이다. '공상'의 존재로 인해서 사물의 유형이 결정된다. 평유란은 문화문제를 고찰하려면 '수상'과 '공상'의 관계를 잘 파악해야 한다고 생각했다. 문화는 인류의 창조물이기 때문에 '개체(個體)'와 '유형〔類〕'이라는 두 성질이 있다. "개체의 문화를 이야기하는 것은 역사이고 문화의 유형을 이야기하는 것은 과학이다." 문화의 유형은 또한 단계적인 구분이 있다. 한편으로, 문화는 사람의 문화이기 때문에 전체 인류 문화를 하나의 유형으로 볼 수 있다. 다른 한편, 문화는 사람들이 서로 다른 역사조건에서 창조했기 때문에 각기 다른 문화유형으로 구분할 수 있다. 다시 말하면 하나의 문화가 다른 하나의 문화와 구별되는 이유는 각자 자신의 특질이 있기 때문이며 이러한 특질로 인해 서로 다른 문화유형이 나타난다.

평유란은 예전의 문화 논쟁이 일치된 결론을 내릴 수 없었으며 각 학파의 의견이 서로 달랐던 이유는 문화의 '수상'과 '공상'의 관계를 잘 파악하지 못했기 때문이라고 생각했다. 그에 따르면 문화의 유형을 구분하는 것은 신선한 학설이 아니며 고대부터 이미 문화의 유형을 구분하고 있었다. 고대인이 말한 '오덕(五德)', '삼세(三世)', '삼통(三統)' 등의 학설이 상당한 정도로 문화유형과 관련 있는 학설이다. 고대인들은 진한(秦漢) 이전에는 문화를 '주(周)나라 사람의 문화', '은(殷)나라 사람의 문화', '초(楚)나라 사람의 문화'로 구분했으며 한대(漢代)에는 '금덕(金德)의 문화', '목덕(木德)의 문화', '수덕(水德)의 문화', '화덕(火德)의 문화', '토덕(土德)의 문화'로 구분했는데 이러한 것은 모두 문화의 유형을 가리킨다. 평유란이 보기에 20년대 사람들은 모두 서양 문화와 중국 문화를 간단하게 대하는 실수를 범했으며 줄곧 서양과 동양이 가진 지역적인 한계를 깨뜨리지 못했다. 문화는 모두 여러 방면의 성질을 구비하며 수많은 유형에 속하기 때문에 문화를 대할 때 가장 중요한 것은 그중에서 어떤 것이 중요하고 어떤 것이 덜 중요하며, 어떤 것이 본질적이고 어떤 것이 비본질적인지를 구분하는 것이다. 예를 들어 유형의 관점으로 서양 문화를 대하지 않으면 장님이 소의 전체를 만지는 것처럼 진정으로 그 문화의 진의를 파악할 수 없고 그 문화의 특수성을 볼 수 없다. 서양 문화를 하나의 개체로 간주해서 배우려면 마치 소의 전체를 먹으려고 하는 것과 같이 근본적으로 불가능하다. "하나의 개체를 전체로 간주해서 보면 그것을 배울 수 없으며, 하나의 개체를 배울 수 없음은 '소의 전체'를 먹을 수 없는 것과 같다."[23] 그러나 서양 문화를 배울 때 '유형'의 관점에서 출발하면 우리 스스로 선택할 기준이 생긴다. 그는 다음과 같이 말하고 있다.

> 유형의 관점에서 서양 문화를 보면 서양 문화가 우수한 이유는 그것이 서양 문화라서가 아니라 모종의 문화이기 때문임을 알 수 있다. 주의해야 하는 점은 하나의 특수한 서양 문화가 아니라 바로 문화의 유형이다. 이 유형의 관점에서 서양 문화를 보면 각양각색의 수많은 성질 가운데 어떤 것이 이 유형에 대한 주요한 성질이며 어떤 것이 이 유형에 대한 우연한 성질인지를 말할 수 있고 지적할 수 있다. 그 주요한 성질은 우리가 반드시 취해야 하며 그 우연한 성질은 우리가 취할 필요가 없다.[24]

펑유란은 서양 문화뿐만 아니라 중국 문화에 대해서도 마땅히 이상과 같은 관점으로 대해야 한다고 주장했다. 중국 문화 역시 여러 종류의 유형이 있으며 '주요성질'이 있고 또한 '우연한 성질'이 있다. 우리가 취해야

---

23) 馮友蘭, 『新事論』, 10쪽.
24) 馮友蘭, 위의 책, 15쪽.

하는 입장은 그중에서 '우연한 성질'을 보류하고 '주요성질'을 제거하는 것이다. 왜냐하면 근대 중국의 곤혹스러웠던 상황이 중국 문화의 '주요성질'이 현대화에 적응하지 못함을 충분히 증명해주었기 때문이다. 상대적으로 서양 문화에 대해서는 '주요성질'을 취하고 '우연한 성질'을 버려야 한다. 평유란에 의하면 서양 문화의 '주요성질'은 공업문화이다. 그는 다음과 같이 말하고 있다.

> 이른바 서양 문화는 공업문화의 유형을 대표하며, 그중의 분자가 무릇 공업문화와 관련 있는 것은 모두 관계있고 그 나머지는 모두 관계없다. 우리가 배우려면, 배워야 하는 것은 공업문화이지 서양 문화가 아니다. 예수교 같은 것은 공업문화와 관련 없으며 배울 필요가 없음을 알 수 있다.[25)]

이 같은 평유란의 문화 주장은 하나의 이론 문제를 잘 해결해야만 국민들이 받아들일 수 있다. 그가 서양 문화의 '주요성질'을 취하고 중국 문화의 '주요성질'을 버려야 한다고 주장한 것은 80년대 중국에서 나타난 '서체중용(西體中用)'의 문화관과 같다. 이 문화관은 사실상 서양 문화가 중국 문화보다 우월하다고 생각하는 것이며 '전반서화(全般西化)'와 오십보백보의 차이이다. 다시 말하면 서양 문화의 '주요성질'을 가져온다는 것은 중국 문화의 민족성을 잃어버리는 것과 같다. 평유란은 이 문제를 해결하기 위해 중국이 서양 문화의 '주요성질'을 취해 문화의 전환을 완성하면 중국 문화의 '주요성질'이 바뀌는 것이지 중국 문화가 소멸되는 게 아니라고 생각했다. 평유란이 이처럼 생각하게 된 이유는, 이러한 방향에 따라 중국 문화를 변화시키면 중국 문화의 어떤 유형이 다른 유형으로 변하는 것이

---

25) 馮友蘭, 『三松堂學術文集』, 391~392쪽.

며 중국 문화가 다른 문화로 변하는 게 아니라고 생각했기 때문이다.[26)]

펑유란은 중국이 서양 문화의 '주요성질'인 공업화를 받아들여야 한다는 필요성을 논증하기 위해 현대의 세계 민족과 세계 사람을 두 종류의 민족과 두 종류의 사람으로 분류했다. 하나는 경제적으로 선진적인 민족과 '도시인'이다. 둘은 경제적으로 낙후한 민족과 '향촌인'이다.[27)] 그는 두 종류의 민족과 두 종류의 사람이 실질적으로 체현하는 것은 두 가지 문화, 즉 '생산사회화의 문화'와 '생산가정화의 문화'라고 생각했다. 만약 중서 문화를 말하면 전자가 서양 문화이고 후자가 중국 문화이다. 펑유란은 또한 이 두 문화의 차이는 유형의 차이, 정도의 차이, 선진과 낙후의 차이라고 인식했다. 그래서 중국인이 서양인을 배우는 것은 공업화를 배워 '향촌인'에서 '도시인'으로 변하고 '생산가정화의 문화'에서 '생산사회화의 문화'로 변하는 것이라고 했다.

이상에서 알 수 있는 것은 펑유란이 주장한 '문화유형설'은 모순점이 매우 많다는 것이다.

첫째, 펑유란이 서양 문화의 '주요성질'을 채용하고 또한 중국 문화의 기초를 잃어버리지 않아야 한다고 주장하는 것은 사실상 사리에 어긋나는 논리이다. 서양 문화의 '주요성질'을 받아들인다면 반드시 중국 문화의 본위성이 위협을 받는다. 설령 그가 말하는 서양 문화의 '주요성질'이 공업문화이며 물질적인 측면에서 말한 것일지라도 공업화된 문명이 국내로 유입되기만 하면 반드시 전통문화를 위협한다. 다른 한편 일단 중국 문화의 주요성질이 사라지면 그 후의 중국 문화는 여전히 중국 문화라고 할 수는 있지만 필경 전통적인 의미의 중국 문화가 아니다. 한걸음 더 나아가면 전

26) 馮友蘭, 『新事論』, 17쪽.

27) 馮友蘭, 『三松堂學術文集』, 388쪽.

통적인 의미의 중국 문화가 존재하지 않는다면 그 자신이 심혈을 기울여 구축한 '신이학'도 그 의의를 잃어버린다. 왜냐하면 '신이학'을 구축한 목적은 중국 전통문화를 보호하고 유학 전통을 재건하는 데 있기 때문이다.

둘째, 펑유란이 서양 문화를 '생산사회화의 문화' 형태에 귀결시킨 것 또한 타당성이 부족하다. 근대 서양 문화는 자본주의 문화이며 자본주의 문화는 그 자체가 체계성 있는 문화이다. 내재적인 질서가 있고 완전한 성질이 있으며 '생산사회화'라는 한마디로 개괄할 수 없다. 게다가 그는 서양 문화의 '주요성질'을 '공업화'라는 세 글자로 정의했다. 공업화는 자본주의 문화가 가진 여러 명제 가운데 하나이며 그것의 '주요성질'이 아니다. 자본주의는 일종의 문화형태이면서 동시에 새로운 시대정신이다. 그것은 정신문명과 물질문명으로 구분할 수 없다. 펑유란이 서양 문화 중에서 '공업화'를 받아들이고 다른 방면을 배척해야 한다고 주장한 것은 마치 상점에서 물건을 고르는 방법과 같은 것이라고 할 수 있다. "중국이 서양 문화 가운데 '공업화'를 받아들이면서 동시에 기타 문화를 배척하는 것이 어떻게 가능한가"라고 묻는다면, 펑유란은 우리가 믿을 수 있는 대답을 할 수 없을 것이다. 한 민족의 문화가 변할 때는 여러 방면으로 변한다. '향촌인'이 '도시인'으로 변하는 것과 마찬가지다. '도시인'이 '향촌인'과 다른 점은 거주하는 곳과 생활수준이 다른 것 외에도 '도시인'은 도시인의 기질과 품격이 있으며 '향촌인'은 향촌인의 기질과 품격이 있다. 두 사람의 차이는 정신적, 물질적인 모든 면에서 나타나며 문화의 전체적인 면에서 차이가 나타난다. 다시 말하면 펑유란이 중국 문화의 변화는 '향촌인'에서 '도시인'으로 변하는 것이라고 생각했다면 반드시 이러한 변화는 표면적이거나 부분적인 게 아니라 전체적이고 계통적임을 승인해야 한다.

셋째, 펑유란이 문화의 민족성과 시대성을 통일시키려고 시도한 것도 현실적이지 않으며 문화학의 원리에 위배된다. 그의 문화이론은 사실상 두 가지 문화사관을 채용하고 있다. 하나는 진화사관이며, 다른 하나는 그에 따라 수정된 문화형태사관이다. 이 둘은 서로 융합할 수 없는 문화이론이며 실지로 조화와 통일의 가능성이 없다. 진화사관은 문화의 시대성을 강조하며, 각 민족의 폐쇄적 국면이 타파된 이후 인류 문화는 반드시 일체화된 길로 발전하며, 어떤 민족도 다시는 자기의 문화만을 고집할 수 없다고 생각한다. 문화형태사관은 각 민족문화는 자기의 특색이 있고 자기의 생명정신이 있기 때문에 설령 문화교류가 있더라도 민족문화의 특색과 생명정신은 시종 변할 수 없는 것이라고 생각한다. 서로 융합할 수 없는 두 문화이론은 펑유란의 손에서 도구적인 색채를 띠기 시작했다. 그가 '도시인'과 '향촌인'을 논할 때 채용한 것은 진화사관이며 중국 문화의 본위성을 보호해야 한다고 주장할 때 채용한 것은 문화형태사관이다.

◗ 인생 경지설

펑유란은 철학의 기능은 "쓰임이 없으면서도 큰 쓰임이 있는 것"이라고 했다. 신이학은 '최고 철학의 형이상학'이지만 실제적인 의의는 오히려 현실적이며, 즉 세상 사람들에게 하나의 새로운 인생의 길을 제시하는 것이다. 그에 따르면 사람들이 문화문제를 토론하는 것은 본질적으로 인생 문제를 토론하는 것이다. 인생 문제는 철학자들이 해결해야 하는 과제이다. 철학자는 사람들의 본질과 사람들의 가치를 떠나서 그 어떤 것도 이야기할 수 없다. 그들의 관심은 반드시 시대와 긴밀하게 연관되고 인류영혼의 율동과 긴밀하게 연관되어야 한다.

사람이란 무엇인가. 이 문제는 일반적인 사람에게는 문제가 되지 않지만 철학자에게는 심오하고 현묘한 문제이다. 고대부터 수많은 사상 대가들이 이 문제에 대답하려고 시도했다. 예를 들어 아리스토텔레스는 "사람은 정치적 동물"이라고 생각했고 근대 이성주의자들은 "사람은 이성적 동물"이라고 생각했으며, 헤르더는 "사람은 역사적 존재"라고 생각했고, 마르크스는 "사람은 모든 사회관계의 총화"라고 생각했다. 사람에 대해 이처럼 다양한 해석이 있는 이유는 이 문제가 그만큼 심오하고 중요하기 때문이다. 철학이 사람과 관계되는 학문이라면 철학자들은 가장 먼저 사람의 본질을 해석해야 한다.

펑유란도 마찬가지다. 그가 건립한 '신이학'은 사람들의 현실 생활과 관련 있기 때문에 자연히 사람의 본질을 규정하지 않을 수 없다. 그는 사람의 본질을 다음과 같이 규정하고 있다.

> 사람은 어떤 동물인가? 우리는 사람이 자각적인 동물이며 또는 비교적 고도의 깨달음이 있는 동물이라고 할 수 있다. "인생이란 무엇인가?"라고 묻는다면 인생은 깨달음이 있는 생활이며 혹은 비교적 고도의 깨달음이 있는 생활이라고 할 수 있다. 이는 사람이 금수와 다른 이유이며 사람의 생활이 다른 동물의 생활과 다른 이유이다.[28]

펑유란의 문장은 "사람은 깨달음이 있는 동물"이라는 한마디로 개괄할 수 있다. 그에 따르면 사람이 깨달음이 있는 이유는 심령(心靈)을 가졌기 때문이다. 사람의 특성이 마음의 깨달음에 있다면 생활의 의의를 획득하려면 반드시 마음의 영명(靈明)함을 충분히 발휘해서 인생을 깨달아야 한다. 철학의 용도는 합리적으로 사람의 '성(性)'과 사람의 '리(理)'를 게시하고 사람들이 '리'와 '성'에 따라 생활하게 인도하는 것이다. 다시 말하면 사람의 '성'을 다하고 사람의 '리'를 따르게 하는 것이다.

---

28) 馮友蘭, 『新原人』, 15쪽.

평유란의 '신이학'에서 사람의 '성'을 다하고 사람의 '리'를 따라야 한다고 하는 것은 도덕, 윤리적인 의의에서 말한 것이다. 그래서 "깨달음은 도덕을 구성하는 하나의 중요한 부분"이라고 했으며, '깨달음'의 이론에 근거해서 '인생 경지설'을 제기했다. 이와 관련하여 그는 다음과 같이 말했다.

> 우주인생에 대한 사람들의 깨달음 정도가 각기 다르기 때문에 사람들에 대한 우주인생의 의미 또한 각기 다르다. 사람들의 우주인생에 대한 깨달음의 차이로 말미암아 사람들에 대한 우주인생의 의미가 다르며 사람들의 경지가 달라진다.[29]

'깨달음'의 정도에 근거해서 평유란은 인생을 네 경지, 즉 '자연경지', '공리경지', '도덕경지', '천지경지'로 나누었다.

'자연경지'에 있는 사람들은 완전한 자연인이다. 그들은 우물을 파서 물을 마시고, 밭을 갈아서 먹고살며, 지식이 많지 않고, 하늘의 법칙을 따르며, '내'가 있다는 것을 모를 뿐만 아니라 '사람의 리'와 '사회의 리'가 있음을 모른다. 그들은 완전히 습관을 따라 살아간다. 이 경지의 사람은 자신이 무엇을 해야 하고 무엇을 하지 말아야 하는지에 대한 생각이 없으며 그들의 경지는 "하나의 혼돈과 같다."

'공리경지'에 있는 사람들의 행위는 모두 자기만을 위한 행위이고 이기적인 행위이며, 자기의 재산을 증가시키고, 자기의 사업을 발전시키며, 자기의 영예를 증진시키는 행위이다. 이 경지에 있는 사람들은 어느 정도의 깨달음이 있지만 깨달음은 매우 낮은 단계에 속한다. 그들은 사람들이 따

29) 馮友蘭,『新原人』, 57쪽.

르는 '생물의 리' 또는 '동물의 리'를 깨달았을 뿐이며 '사람의 리' 또는 '사람이 사람 노릇을 할 수 있는 어떤 것'을 깨닫지 못했다.

'공리경지'보다 더 높은 단계는 '도덕경지'이다. 펑유란은 이 경지에 있는 사람들의 행위는 '의(義)를 행하는 것'이며 그들은 이미 사람의 성(性)을 깨달았다고 생각했다. 이 경지에 속하는 사람들의 인격은 일종의 '현인(賢人)'의 인격이며 가장 큰 특징은 인륜을 다하고 직분을 다하는 것이다. 예를 들면 부모는 부모의 도리를 다하고 자녀는 자녀의 도리를 다하는 것이 바로 '인륜을 다하는 것'이며, 장군은 장군의 도리를 다하고 병사는 병사의 도리를 다하는 것이 바로 '직분을 다하는 것'이다. 펑유란은 모든 사람들이 가진 '인륜'과 '직분'이라는 두 방면의 신분은 '사회의 리'로 말미암아 형성되기 때문에 사람들이 반드시 따라야 한다고 생각했다. 현인의 품격은 자기의 '인륜'과 '직분'을 지키는 것이며 무엇을 하든 간에 사람의 '인륜'을 다하고 사람의 '직분'을 다하는 것이다.

펑유란에 따르면 인생의 가장 큰 경지는 '천지경지'이다. 이 경지에서 우주와 인생이 혼연일체가 된다. 사람들은 하늘을 알고 하늘을 섬기고 하늘과 더불어 즐거워하며, 천지와 하나 되는 경지에 이른다. 일종의 성인의 경지이다. 이 경지와 현인의 경지가 다른 것은, 현인의 경지는 '사회의 전체'를 깨달으며 성인의 경지는 '우주대전'을 깨닫는다. 펑유란은 "지극히 고명하며 도와 중용"이라는 한마디로 이 경지를 개괄했다. 그에 따르면 '지극히 고명하다는 것'은 "하늘과 땅이 하나 되고, 사물과 내가 하나 되며, 내 마음이 곧 하늘의 마음이고, 내 마음이 곧 천지의 마음이 된다."라는 것을 가리킨다. 여기에서는 사물과 나 사이에 막힘이 없으며, 주객의 분별이 없고 모든 것이 원만하며, 지극히 아름답고 지극히 선하다. '도'와 '중용'이 가리키는 것은 인생과 우주대전의 긴밀한 결합이며, 또한 '신이학'이 제창하는 생활원칙이다. 펑유란에 따르면 '천지경지'라는 높은 단계에서 '자연경지'로 회귀하여 네 가지 경지가 하나의 원을 완성한다. 이 경지에서 사람은 하지 않으면서도 하지 않음이 없으며 모든 것이 자연에 순응한다. 그러나 이러한 자연에 순응하는 행위는 사리에 어두운 행위가 아니라 고도의 깨달음을 얻은 이후의 행동이다. 성인이 '인륜'을 다하고 '직분'을 다하며 '성'을 다하고 '리'를 다하는 것은 의도적으로 그렇게 하는 것이 아니라 초연히 세속적인 경지를 벗어나 속된 것에 오염되지 않는 것이다. 따라서 성인은 어떤 일을 하든지 '우주대전'과 합일하는 경지에 도달할 수 있다. 이 경지는 펑유란이 말한 "물을 긷고 나무를 하는 것도 오묘한 도가 아닌 것이 없으며", "군자를 모시고 부모를 모시는 것도 오묘한 도가 아닌 것이 없다."는 것이다.

펑유란은 '천지경지'에 도달해야 인생 문제를 해결할 수 있다고 생각했다. 그의 '신이학'에서 '천지경지는 사람들이 근심 없이 생활할 수 있는 땅'이기 때문이다. 게다가 '천지경지'에 도달하는 길은 종교라는 하나의 길만 있는 게 아니라 비종교적인 학설을 통해서도 성인의 품격을 수련할 수 있으며, 그 대표적인 것이 유가학설이다. 중서철학의 가장 명확한 차이는 "서양철학자들은 언제나 지엽적인 작은 문제를 중시했으며 사람들의 편안한 삶과 관계되는 큰 문제를 이야기하지 않는다." 이러한 문제를 해결하는 것은 본래 철학의 사명인데 서양인은 이 사명을 종교에 떠넘겼다. 중국은 다르다. 공자 이후 철인들이 했던 것은 모두 사람들의 정신경지를 높이는 것이었으며, "철학으로 종교를 대신했다." 펑유란은 중국 유학이 더욱 취할 만한 이유는 '내성'과 '외왕'을 결합해서 '천지경지'에 도달하려고 했으며 '내성'과 '외왕'은 대립하지 않는 것이라고 생각했기 때문이다.

펑유란의 '인생 경지설'은 본래 중국 유가학설에 있는 것이며, 그가 구상한 '천지경지' 역시 역대 유생들이 추구하던 '하늘과 사람이 하나 되는' 경지다. 그리고 '공리경지'라고 부른 두 번째 단계의 경지는 실지로 20세기 초의 서양 문화가 대표되는 인생경지다. 여기에서 전통을 보호하고 서양 문명에 저항하려는 펑유란의 마음상태를 어렵지 않게 알 수 있으며, 동시에 중서문화를 대하는 펑유란의 태도는 매우 모순적임을 알 수 있다. 그는 한편으로 중국 문화를 '생산가정화의 문화'로 보았고 서양 문화를 '생산사회화의 문화'로 보았으며, 이 두 문화의 관계를 낙후와 선진의 관계로 보았다. 게다가 명확하게 중국 문화의 출로는 '생산가정화의 문화'를 '생산사회화의 문화'로 바꾸고 '향촌인'에서 '도시인'으로 변하는 것이라고 제기했다. 동시에 서양 문화를 일종의 공리문화, 즉 인생의 의의를 깨달을 수 없는 낮은 단계의 문화로 보았으며 중국 민족의 문화를 서양 문화보다 높은 단계의 문화로 보았다. 여기에서 문제는 중국인이 이미 인생경지의 가장 높은 단계에 도달했다면 다시 서양을 배울 필요가 있는가. '향촌인'에서 '도시인'으로 변할 필요가 있는가? 물론 펑유란은 경제척도와 가치척도라는 두 가지 척도로 이 물음에 대답하고 있다. 그러나, 첫째 어떻게 경제척도와 가치척도를 분명하게 나눌 수 있을까. 둘째, 어떻게 문화 우월감에 젖어 있는 국민들이 자발적으로 '공리경지'에 속하는 서양인의 물질문화를 배우게 할 수 있을까. 분명한 것은 이 문제는 펑유란이 대답하기 매우 어렵다.

허린의 신심학(新心學)

현대 신유가사상사에서 허린(賀麟)은 량수밍, 슝스리, 펑유란 등처럼 자신의 사상을 계통적으로 배열하지 않았으며 심지어 전문적으로 자신의 신유가사상을 논술한 저작도 없다. 그의 사상은 몇 편의 논문에서 볼 수 있기 때문에 그는 량수밍처럼 문화계에서 큰 관심을 받지 못했으며 슝스리처럼 후학들의 신봉을 받지도 못했다. 그러나 이 사실이 허린의 사상은 특색이 없다거나 자기의 학문적 성향이 분명하지 않음을 말하는 것은 결코 아니다. 허린은 자신의 문장은 "확실히 하나의 일치된 태도, 하나의 중심 사상, 하나의 기본적인 입장과 관점을 대표한다."고 했다. 게다가 허린의 '신심학'이 신유가사상의 새로운 국면을 열었다는 것 외에 두 가지 공헌이 더 있다. 첫째, 최초로 '유가사상의 새로운 전개'라는 명제를 제기했다. 둘째, 현대 신유가사상을 총괄적으로 평론했다. 이 두 가지는 신유학 발전사에서 매우 중요한 의의가 있다. 특히 그는 풍부한 서학 기초가 있었으며 서양철학을 육왕심학과 결합해서 현실적인 의의를 구비하는 유심론체계를 형성했다.

허린의 자는 자소(自昭)이며, 1902년 쓰촨 금당현(金堂縣)의 학자 집안에서 태어났다. 그의 회고에 따르면 어릴 때부터 유가사상의 훈도를 받았으며, 특히 송명이학에 깊은 흥미가 있었다. 그는 1919년 칭화대학의 전신인 칭화학당(淸華學堂)에 입학했다. 유럽에서 돌아온 지 얼마 안 된 량치차오가 강렬한 동방문화주의 정서를 가지고 이 학당에서 교편을 잡고 있었으며 그의 사상이 청년 허린에게 큰 영향을 미쳤다. 9월에 17세였던 허린은 『칭화주간(淸華周刊)』에 「신동학신교풍(新同學新校風)」를 발표해 중국 고유의 미덕과 공자의 충서(忠恕)의 도를 제창했다. 그는 1926년 미국 오클랜드대학에 입학했으며, 같은 해 국내의 『동방잡지』에 「서양 기계인생관의 최근의 논전(西洋机械人生觀最近之論戰)」을 발표해서 분명하게 몇 년 전 현학파의 인생관에 동의하고 과학주의에 반대했다.

허린은 1928년에 오클랜드대학을 졸업하고 같은 해에 하버드대학에 입학했으며 다음 해에 석사학위를 취득했다. 그 후 독일로 가서 독일철학을 공부했다. 유학을 할 당시에 「주희와 헤겔 태극설의 비교관(朱喜與黑格爾太極說之比較觀)」을 썼으며 중국 전통 유학과 독일 고전철학을 융합하려고 했다. 1931년에 귀국해서 베이징대학교 철학과 강사가 되었고 다음 해에 부교수, 1936년 교수로 승진했다. 그가 베이징대학에서 강의했던 것은 주로 서양철학사와 헤겔철학이었다.

허린의 신유학 관점은 주로 40년대에 발표되었다. 그는 같은 시기의 펑유란이 '정원육서'를 저술해서 단번에 방대한 문화철학체계를 구축한 것과 달리 주로 논문 형식으로 견해를 발표했다. 그는 1943년에 논문 몇 편을 엮어 『근대유심론간석(近代唯心論簡釋)』을 출판하고, 4년 후 또 다른 문집인 『문화와 인생(文化與人生)』, 전문저서인 『당대중국철학(當代中國哲學)』을 출판해서 정식으로 '신심학' 이론을 내놓았으며, 이전의 신유가사상을 총괄적으로 평론했을 뿐만 아니라 비교적 계통적으로 자신의 신유가사상을 논술했다.

◗ 신유가사상 평론

허린은 중국 현대의 문화동향과 사상추세를 고찰함으로써 "넓은 의미의 신유가사상의 발전 혹은 유가사상의 새로운 전개는 중국 현대 사조의 주류"[30]라고 생각하게 되었다. 허린이 이와 같이 생각하는 이유는 다음과 같다.

> 정치·사회·학술·문화 등 각 방면의 노력은 모두 신유가사상을 건설하고 신유가사상을 발휘하기 위한 노력이다. 생활 방면에서, 사람들이 세상을 살아가면서, 각종 활동을 하면서 거기에서 신유학자의 인격을 완성하려고 하지 않은 것이 없다. 대부분의 사람은 유가사상을 구비했지만 그 사실을 알지 못하고

30) 賀麟, 「儒家思想的新開展」, 『思想與時代』, 제1기, 1941년.

자각적으로 그것을 발휘하지 못한다. 수많은 사람들이 겉으로는 유가사상에 반대하는 것처럼 보이지만 내심으로는 유가사상을 대표하며 사실상 유가사상을 촉진하고 있다. 자각적으로, 정식으로 신유가사상을 발휘하고 신유학운동을 일으키는 것은 시간상의 문제일 뿐이며 학력이 충분한지 충분하지 않은지의 문제일 뿐이다.[31)]

그래서 허린은 신문화운동은 겉으로 보면 유학을 비판한 것처럼 보이지만 사실은 유가사상의 새로운 전개를 촉진했으며, 신문화운동의 공적은 유가사상을 제창한 증국번, 장즈둥 등의 공적보다 크다고 생각했다. 왜냐하면 증국번, 장즈둥 등이 유가사상을 제창함으로써 구유가사상이 잠시 빛을 발할 수 있게 되었지만 유가사상이 지속적으로 발전할 계기가 되지 못했기 때문이다. 그러나 신문화운동은 '유가의 경직된 부분과 개성을 속박하는 전통의 타락한 부분'을 제거했다. "그들은 결코 공맹의 진정한 정신, 진정한 뜻, 진정한 학술을 타도하지 않았으며, 오히려 전통의 부정적인 부분을 깨끗이 제거하려는 노력으로 인해 공맹과 정주의 진면목이 더 분명하게 드러났다."[32)]

우리는 신문화운동 이후 중국 사상계가 전통파, 서화파, 마르크스주의파로 나뉘었음을 알고 있다. 허린은 전통파에 속하는 신유가를 현대 사조의 주류로 보았으며, 서화파가 공자를 비판하는 것은 사실상 유학의 새로운 발전을 돕는 것이며 의심할 바 없이 서화파와 마르크스학파의 사상적 지위가 한 단계 내려가는 것이라고 생각했다. 사실 1919년에서 1949년에 이르기까지 이 세 파 가운데 어떤 파가 중국 사상계의 '주류'가 되었는지

31) 賀麟, 『儒家思想的新開展』.

32) 賀麟, 위의 책.

는 분명하게 말하기 어렵다. 허린은 유가사상에 대해 특별한 감정이 있었기 때문에 그것을 중국 사상의 '주류'로 보았으며, 자신의 입장에서 보면 량수밍, 슝스리, 펑유란과 그 자신이 자연스럽게 '주류' 중의 주류 사상가가 된다.

허린은 량수밍이 신유학운동에 미친 공헌을 높이 평가했다. 그는 량수밍의 철학은 "비교적 계통적이고 독특한 견해가 있으며, 그의 학설은 유가를 대표하고 동방문화파의 학설을 대표한다."고 생각했으며, 또한 "신문화운동 이후 육왕심학을 제창한 가장 역량 있는 사람은 당연히 량수밍 선생을 추천해야 한다."[33]고 했다. 허린은 서양 사조가 성행하던 시기에 유학을 변호한 량수밍의 정신에 탄복했으며 량수밍의 『동서 문화 및 그 철학』은 "당시 사람들이 전체 동양문화의 미래에 대해 무한한 낙관과 희망을 가지게 했다."라고 생각했다. 그에 따르면 량수밍의 신유학사상 가운데 두 가지 특징이 취할 만하다. 하나는 "'예리한 직각'을 제기해서 공자의 인과 왕양명의 양지를 발휘했다."는 것이며, 다른 하나는 "세계 문화의 변천을 종합적으로 고찰해서 얻게 된 중국 문화의 부흥에 대한 낙관적인 견해"라는 것이다. 허린은 동시에 량수밍의 신유가사상은 이론이 부족하다고 제기했다. 그에 따르면 량수밍이 동서 문화를 비교할 때 여러 사례를 예로 들어 비교했을 뿐 철학적 설명이 결여되었으며 문화철학에 대한 견실한 기초가 결여되었다. 그리고 육왕심학으로 자신의 인생철학을 설명할 때 본체론과 우주론을 매우 적게 언급했다.

허린은 슝스리의 철학을 추종했으며, 슝스리는 "정주와 육왕의 오묘한 이치를 통달하고 유교와 불교를 융합해서 스스로 신유식론을 구축했다. 절대적으로 머물러 있는 본체로 육왕심학을 발휘했고, 흡벽설에 근거해서

---

33) 賀麟, 『五十年來的中國哲學』, 12쪽.

그것을 우주관으로 발전시켰으며, 성지실증(性智實證)을 사용해서 육상산의 반성본심(反省本心), 왕양명의 치양지(致良知)를 발휘했다." 고 생각했으며, 게다가 그를 "육왕심학을 정밀화, 체계화하고 가장 독창적으로 집대성한 자" 라고 칭송했다.

허린은 펑유란의 '신이학' 은 중국철학을 집대성한 부분이 있으며 가장 광범위한 영향을 미쳤다고 생각했지만 기본적으로는 비판적인 태도를 견지했다. 그 이유는 펑유란이 정주를 중시하고 육왕을 경시했으며 정주의 이기설에만 주의하고 육왕의 심성설을 소홀히 한 것은 타당성이 결핍된 것이라고 생각했기 때문이다.

◗ 신심학의 철학기초

위에서 서술한 량수밍, 슝스리, 펑유란의 사상에 대한 허린의 평가를 보면 유가사상 가운데 허린이 가장 추종한 것은 육왕심학이다. 그는 말년에 "나는 해방 이전에 '마음이 만물의 체(體)가 되고 만물이 마음의 용(用)이 되며', '마음이 바로 리(理)' 라는 유심주의의 관점에 동의했다. 그래서 나는 신헤겔주의의 관점으로 헤겔을 이야기했으며, 종종 정주와 육왕의 이학과 심학을 검증했다."[34]라고 회고했다. 허린은 서양철학을 깊이 연구했으며 헤겔철학의 대가이다. 그래서 그는 중국 전통철학을 연구할 때 주로 신헤겔주의에 의거해서 중국철학을 이해했으며 육왕심학과 융합해서 유가사상을 새롭게 해석하려고 했다. "중국철학이든 서양철학이든 철학은 모두 인생의 최고를 표현하는 것" 이기 때문에 어떤 철학이든지 우주와 인생을 이해하는 데 도움이 된다면 "우리는 마땅히 그것들을 인류 공공의 정

34) 賀麟,「康德黑格爾哲學東漸記」,『中國哲學』, 제2집.

신자원으로 보아야 하며, 겸허하고 객관적 태도로 그것을 받아들이고 이해해야 하며, 그것의 우수한 성분을 받아들이고 확실하게 이해해서 더욱 확대 발전시켜야 한다."[35]라고 생각했기 때문이다. 신헤겔주의 철학은 20세기 상반기에 서양에서 유행한 유심론 철학이다. 이 철학유파는 유물론에 반대했을 뿐만 아니라 경험주의와 실증주의에도 반대했다. 그들은 '마음'의 의의를 강조했으며 기타 철학유파의 사상을 받아들여 주관유심론적으로 헤겔철학을 해석했다.

신헤겔주의는 주관유심주의 철학이기 때문에 육왕심학과 비슷한 부분이 많다. 그래서 허린은 이 두 가지 철학전통을 모두 받아들였다. "마음이 곧 리〔心卽理〕라는 것의 리는 내재하는 것이며 외재하는 것이 아니다. 물리(物理)를 인식하든지 성리(性理)를 인식하든지 천리(天理)를 인식하든지 간에 반드시 본심의 리를 인식하는 데서 시작해야 한다. 반성에서 시작하지 않으면 모든 것이 조리가 없어진다."[36] 그는 '마음'은 두 가지 의미가 있다고 생각했다. 하나는 '심리적인 마음'이며 다른 하나는 '논리적인 마음'이다. 심리적인 마음은 '사물〔物〕'이며 논리적인 마음은 '리(理)'이다. 심리적인 마음은 '사물에 의해 지배를 받는 마음'이며 송명이학에서 말하는 '이미 드러난 마음'과 비슷하다. 그러므로 "마음 역시 사물이다." 논리적인 마음은 '초경험적인 정신원칙이며, 경험의 통섭자, 행위의 주재자, 지식의 조직자, 가치의 평가자이며, 심리적인 마음이 성립되는 근거이며', 송명이학에서 말하는 '드러나지 않는 마음'과 비슷하다. '드러나지 않는 마음'은 '드러난 마음'의 본체가 되고 논리는 심리의 본체가 된다. 그러므로 "마음은 사물의 본체가 된다."

---

35) 賀麟, 「中國哲學與西洋哲學」, 『中國現代哲學史資料滙編』, 제3집, 제5권에서 볼 수 있음.
36) 賀麟, 『近代唯心論簡釋』, 獨立出版社, 1944년, 27쪽.

'마음'에 대한 기본 정의에 근거해서 허린은 마음과 사물의 관계는 바로 체(體)와 용(用)의 관계라고 생각했다. 즉 "마음이 사물의 체이고 사물은 마음의 용이며" 혹은 "마음은 사물의 본질이고 사물은 마음의 표현"이라고 생각했으며, "마음은 주재하는 부분이고 사물은 도구적인 부분"이라고 했다. 그러나 마음과 사물은 서로 분리될 수 있는 게 아니며 두 가지는 "영원히 평행한 실체의 두 면이며", 현존하는 모든 것은 마음과 사물이 합쳐진 것이다. 즉 '마음'이 없는 '사물'이 없으며 '사물'이 없는 '마음' 또한 없다. 그는 "마음에 부합하는 것을 실재라고 말하며", "리에 부합하는 것을 실재라고 말하며", "의의 가치에 부합하는 것을 실재라고 말한다."라는 세 가지 명제를 제기했다.

숭스리·펑유란과 마찬가지로 허린이 마음과 사물의 관계를 심도 있게 토론한 이유는 유심과 유물의 문제를 토론하기 위해서가 아니라 "중국 사회의 발전 방향은 무엇인가. 중국 문화를 어떻게 건설해야 하는가?의 문제에 회답하기 위해서였다. '마음'을 강조하는 것은 유가의 가치를 긍정하는 것이며 '사물'을 폄하하는 것은 서양철학을 배척하는 것이다. 허린은 공자가 말한 '인'은 논리적인 의미의 '마음', 본체론적인 의미의 '마음'이지 도덕적인 의미의 '마음'이 아니라고 생각했다. 그는 다음과 같이 말하고 있다.

> 철학에서 보면 '인'은 바로 인애(仁愛)의 근본종지이다. '인'은 천지의 마음이며, '인'은 천지가 끊임없이 생성되는 생명의 기운이며, '인'은 자연만물의 본성이며, '인'은 모든 만물의 생명력이 흐르는 신비한 경지이다. 간단하게 말하면 철학에는 '인'의 우주관, '인'의 본체론이 있다고 할 수 있다. '인'을 벗어나서 본체를 말하고 '인'을 벗어나서 우주를 말하면 무미건조한 기계론에 빠질 뿐만 아니라 암흑천지의 유물론으로 흐른다.[37)]

◗ 유가사상의 새로운 전개

허린에 따르면 중국 문화가 부흥할 수 있는지 없는지의 열쇠는 유가사상이 부흥할 수 있는가 없는가에 있다. 그리고 유가사상이 부흥할 수 있는지 없는지의 열쇠는 "유가의 정신이 주체가 되어 서양의 정신을 이용할 수 있는가 없는가"에 있다. 허린은 개인과 민족이라는 두 측면에서 이에 대한 논술을 전개했다. 한 사람이 생각이 자유롭고 자주적이며, 이성이 있고 정신이 있다면 반드시 자기의 인격이 주체가 되고 중외 고금의 문화를 이용해서 본성을 발휘하고 인격을 신장시킬 수 있다. 한 민족이 생각이 자유롭고 자주적이며, 이성이 있고 정신이 있다면 반드시 "선인들의 유산을 계승해서 문화의 위기에 대처할 수 있다." 그는 다음과 같이 말하고 있다.

> 중국 민족이 유가사상 혹은 민족정신을 주체로 해서 서양 문화를 유학화 또는 중국화하지 못한다면 중국은 장차 문화상의 자주권을 잃게 되며, 문화상의 식민지에 빠지게 된다. 가지각색의 사상, 서로 다른 국가와 서로 다른 민족의 문화가 아무런 기준도 없이 중국으로 유입되어 각자 의지할 시장을 찾고 있으며, 각자 자신의 정복력을 발휘하고 있다. 우리가 유가사상으로 돌아가 그것을 융합하고 통솔하지 않는다면 어떻게 이 무질서하고 복잡한 사상에 대처하고, 함께 협력해서 새로운 국가와 새로운 문화를 건설하는 책임을 짊어지겠는가?"[38]

40년대에 생활했던 허린은 동양의 낙후한 민족에 대한 서양 문화의 충격은 매우 거대하기 때문에 융통성 없이 완고하게 저항만 하는 것은 쓸모

---

37) 賀麟, 『文化與人生』, 商務印書館, 1947년, 6쪽.
38) 賀麟, 『儒家思想的新開展』.

없을 뿐만 아니라 불가능하며, 명철한 대응방법은 개방적인 태도를 가지고 그것이 들어오게 허락하는 것이라고 인식했다. 그러나 이러한 개방적인 태도는 조건이 있고 제한적이다. 즉 국민들이 서양 문화를 받아들일 때 반드시 선택의 과정을 거치고, 체로 한 번 걸러서 외래문화가 아무 기준도 없이 도처에 정착하지 못하게 해야 한다. 그리고 선택의 기준은 바로 전통의 유가 문화이다. 허린의 말을 사용하면 이와 같이 유가 문화의 체로 서양 문화를 선택적으로 받아들이는 것을 '중국화' 또는 '유교화'라고 한다. 허린에 의하면 '중국화' 또는 '유교화'는 위에서 서술한 것과 같은 하나의 의의가 있는 게 아니라 더욱 중요한 것은 외래문화를 중국 유가의 정신에 융화시키는 것이다. 그래서 허린은 초기의 완고파처럼 무턱대고 외래문화를 배척하지 않았다. 그는 서양 문화의 유입은 유가 문화에 해가 되는 게 아니라 오히려 도움이 되며, "도덕 전통을 해방시키고, 비유가사상을 제창하고, 서양 문화와 학술을 받아들이고 파악하는 것은 모두 유가사상의 새로운 발전을 촉진할 수 있다."[39]고 생각했다.

그래서 허린은 중국 문화를 건설할 수 있는지 없는지의 열쇠는 중국인이 철저하게, 그리고 원론적으로 서양 문화를 이해하고 파악할 수 있는가 없는가에 있다고 주장했다. 먼저 알아야만 초월할 수 있고 먼저 이해해야만 정복할 수 있기 때문이다. 서양 문화를 이해할 수 있으면 스스로 서양 문화를 흡수하고 그것을 이용해서 새로운 유가사상을 형성할 수 있으며 새로운 민주문화를 형성할 수 있다. 허린은 "유가사상의 새로운 전개는 서양 문화를 배척해서 건설되는 게 아니라 서양 문화를 철저하게 파악하는 것에서 건설된다."[40]라고 했다.

39) 賀麟, 『儒家思想的新開展』.
40) 賀麟, 위의 책.

그러나 이런 사고 맥락을 따라 깊이 연구해 나아가면 허린은 부득이하게 어려운 문제를 만날 수밖에 없다. 중국 사람을 가장 매료시켰고 중국문화에 가장 큰 충격을 준 것은 서양의 과학문명이며, 허린 또한 "서양 문화의 특수한 공헌은 과학"이라고 인정했다. 신유가(허린 본인을 포함해서)에 따르면 과학문명은 물질문명이며 유가 문화는 정신문명이다. 그래서 본체와 현상은 둘이 아니며, 마음과 사물은 둘이 아니라는 사변을 이용해서 이론상에서 물질문명과 정신문명을 통일시켰지만 '유교화' 또는 '중국화'라는 구체적인 문제에 적용시키면 이러한 사변이 통할 수 있다고 말하기 어렵다. 왜냐하면 과학은 인류 공공의 기물이기 때문에 '유교화' 또는 '중국화'의 단계가 필요 없으며, 중국인은 자각적 또는 비자각적으로 그것을 받아들이기 때문이다. 이러하다면 '유교화' 또는 '중국화'는 공연한 말이 된다. 허린은 이러한 까다로운 문제에 대답하기 위해서 하나의 회피적인 방법을 사용했으며, "우리는 유교화된 과학을 추구할 필요가 없으며 또한 과학화된 유가사상을 추구할 필요도 없다."라고 생각했다. 그에 따르면 과학의 목적은 자연계의 법칙을 연구하는 것이기 때문에 독립적인 영역이 있다. 그렇기 때문에 과학을 신봉하면서 동시에 유학을 신봉한다고 해서 충돌이 발생하는 것은 결코 아니다. 과학을 신봉하는 과학자가 공맹을 숭배하는 사람이 될 수 있다. 그래서 허린은 과학에 의지해서 유학을 변호하는 방법에 비판적인 태도를 견지했다. 당시의 수많은 사람은 유가사상의 지위를 보호하기 위해서 과학이 '중국에서 고대부터 있었다.'는 학설을 선양했으며, 서양 과학문명 가운데 어떤 것은 유가 경전에 이미 있던 것이라고 생각했다. 예를 들어 우생학적 원리에 의거해서 유가가 주장하는 조혼(早婚)은 과학에 부합하는 것이라고 생각했고, 심리학적 사실에 의거해서 첩을 두는 제도는 근거가 있음을 증명하려고 했으며, 심지어 물리화학에 의거해서 『역경』의 태극음양설을 해석했다. 허린은 이런 방법은 모두 유가에서 억지로 과학의 근거를 찾으려고 하는 방법이고 유학을 왜곡하는 방법이며, 이런 방법은 유학을 보호할 수 없을 뿐만 아니라 오히려 유학의 발전에 장애가 되는 것이라고 생각했다.

다시 말하면, 허린은 유학과 과학은 각기 다른 영역이기 때문에 결코 충돌하지 않는다고 생각했다. 이러한 견해에 문제가 있음은 분명하다. 서양에서 과학문명이 발달한 것은 결코 단순한 현상이 아니다. 그것은 서양인의 종교 신앙 및 철학사상과 긴밀한 관계가 있다. 기독교와 근대의 경험주의 및 이성주의 철학이 없었다면 서양에서 과학이 발전할 수 있었을까 상상하기 어렵다. 게다가 과학은 물질세계를 이야기하지만 인류의 생활에서 매우 중요한 부분을 차지하는 것으로 부득이하게 인륜도덕에 영향을 미친다. 신유가가 끊임없이 마음과 사물의 관계를 강조하는 이유는 근대 과학문명이 전통적인 도덕질서를 위협한다고 느꼈기 때문인데 어떻게 유가와 과학을 서로 관계가 없는 두 가지 독립된 영역으로 간주할 수 있겠는가.

허린이 과학을 독립적인 영역에 두었기 때문에 그가 말하는 '신유가사상의 새로운 전개'는 과학의 영역을 고려할 필요가 없다. 그에 따르면 유가사상은 세 방면을 포함한다. 즉 "이학(理學)이 있으며, 사물의 도리를 궁구함으로써 지혜를 탐구한다. 예교(禮教)가 있으며, 의지를 연마함으로써 행위를 규범화한다. 시교(詩教)가 있으며, 정신을 도야함으로써 생활을 아름답게 한다."[41] 그는 '유가사상의 새로운 전개'를 제창할 때 주로 이 세 방면에서 심혈을 기울여 문장을 썼다. 그의 말을 사용해서 표현하면 다음과 같다.

첫째, 반드시 서양의 철학으로 유가의 이학(理學)을 발휘해야 한다. 유가의

41) 賀麟, 『儒家思想的新開展』.

이학은 중국의 정통철학이기 때문에 마땅히 서양의 정통철학으로 중국의 정통철학을 발휘해야 한다. 서양에서 성인이면 동양에서도 성인이며 마음이 같으면 이치도 같다. 소크라테스, 플라톤, 아리스토텔레스, 칸트, 헤겔의 철학은 중국의 공맹·정주·육왕의 철학과 융합해서 민족정신의 새로운 철학을 만들어내고 그것을 발양해서 민족문화의 새로운 위기를 극복할 수 있으며, 이 길은 신유가사상의 발전을 위해 반드시 따라야 할 길이다. 그것은 유가철학의 내용을 더욱 풍부하게 하고, 체계를 더욱 엄밀하게 하며, 조리를 더욱 분명하게 하여 도덕이 가능한 이론기초가 될 뿐만 아니라 과학이 가능한 이론기초가 될 수 있다.

둘째, 반드시 기독교의 정수를 받아들여 유가의 예교를 충실하게 해야 한다. 유가의 예교는 본래 종교의식과 종교정신이 풍부하지만 필경 인륜도덕이 중심이 된다. 종교는 도덕에 열정을 불어넣고 용기를 북돋운다. 종교는 진실한 신앙, 굳건한 정신이 있다. 종교는 박애와 자비가 있으며 인류의 정신에 봉사한다. 종교는 도량이 넓고 현세의 정신을 초탈한다. 기독교 문명은 실지로 서양문명의 골간이며 깊고 세밀하게 서양인의 정신생활을 지배하지만 식견이 좁은 사람들은 이를 소홀히 한다. 종교의 지식인 '하늘'과 과학의 지식인 '사물'이 힘을 합쳐 병진하지 않았다면, 종교정신이 '체(體)'가 되고 물질문명이 '용(用)'이 되지 않았다면 이와 같이 위대하고 찬란한 근대 서양 문명은 나타날 수 없었을 것이다. 감히 단언하건대, 중국인이 기독교의 정신을 받아들이지 않는다면 강하고 힘 있는 신유가사상을 만들어낼 수 없다.

셋째, 반드시 서양의 예술을 이해해서 유가의 시교(詩教)를 발전시켜야 한다. 시가와 음악은 예술의 최고봉이다. 유가는 시교를 특별히 중시하는 종교이며 확실히 심원한 식견이 있다. 모든 예술은 본체계의 심오한 뜻을 나타내기 때문에 모두 활력이 넘치는 정신생활을 구체적으로 표현하며, 미미한 등차가 있을 뿐이다. 건축·조각·회화·소설·희곡이 모두 무한한 미의 가치를 발양하며, 시가 음악과 마찬가지로 모두 민족정신과 시대정신을 표현하기 때문에 그 사이에서 우열이 필요하지 않다. 과거의 유가는 『악경(樂經)』이 유실되어 악교(樂敎)가 중도에 쇠퇴하게 되었으며 시교 또한 쇠미해졌다. 기타 예술 역시 단절되어 그다지 중시되지 못했고 크게 발양되지 못했으며 단지 몇 가지가 도가에 의해서 독점되었다. 그러므로 오늘 이후 신유가를 흥기시킬 때 마땅히 새로운 시교, 새로운 악교, 새로운 예술을 흥기시키는 것과 병진해야 하며 분리할 수 없다.[42]

이 문장은 허린이 시도한 '유가사상의 새로운 전개'의 강령이 되는 표현이며 또한 그가 개괄한 '철학화', '종교화', '예술화'의 세 노선이다.

이 세 노선은 또한 중서문화를 융합하기 위한 세 가지 방면이다. 허린에 따르면 중서문화의 융합이 가능한 이유는 두 문화가 이 세 방면에서 공통적인 부분이 있기 때문이다. 예를 들어 '인'은 유가정신에서 단지 '서로 친하게 여기고 서로 공경하는' 도덕적인 의미로만 체현되는 게 아니다. 시교 방면에서 그것은 "천진하고 순박한 '정(情)'이고, 저절로 드러나는 '정'이며, 감정이 두터워지고 사람과 내가 합일되는 '정'이다." 종교 방면에서 보면 "인은 세상 만물을 구제하고, 천하의 백성을 내 동포로 생각하며, 만물을 나와 같이 여기는 종교 열성이다." '인을 추구하는 것'은 단지 사람과 사물을 대하는 도덕수양일 뿐만 아니라 하늘을 알고 하늘을 따르는 종교공부이다. 유가가 '인'을 '하늘의 덕'으로 여기는 것과 기독교가 최고의 사랑을 하느님의 본성으로 보는 것은 같은 의미이다. 철학 방면에서 보면 " '인'은 바로 인애(仁愛)의 근본종지이며, '인'은 천지의 마음이고, '인'은 천지가 끊임없이 생성되는 생명의 기운이며, '인'은 자연만물의 본성이다." 철학에는 '인'의 우주관, '인'의 본체관이 있다고 할 수 있다.

42) 賀麟, 『儒家思想的新開展』.

다시 '성(誠)'을 예로 들면, 허린은 '성'은 실지로 실리(實理)와 실체(實體)를 가리키며, 실재(實在) 또는 본체(本體)라고 생각했다. 『중용』에 나오는 "진실함〔誠〕이 아니면 만물이 있을 수 없다."라는 것과 『맹자』에 나오는 "만물은 모두 내 안에 갖추어져 있으며 몸을 돌이켜 보는 것이 성(誠)이다."라는 것은 모두 본체론적인 의미에서 '성'을 이해한 것이다. 이는 철학적인 의미의 '성'이며 도덕적인 의미의 '성'이 아니다. 게다가 '성'은 또한 유가사상 가운데 종교적인 의미가 가장 풍부한 글자이며 종교상의 신앙과 비슷하다. 그래서 '성'을 다하면 천지를 움직이고 귀신을 울릴 수 있다. 또한 예술 방면에서 보면 '성'은 생각에 사학함이 없는 사무사(思無邪) 또는 무사사(無邪思)의 시교이며, '성'은 성실하고 순진한 감정이다. 예술가의 천부적인 재능은 '성'을 지키고 '성'을 발휘하는 것일 뿐이다.

그렇지만 '내성외왕'의 함의에서 보면 위에서 말한 세 방면은 단지 '내성'에 속하며 '외왕'에 속하는 일이 아니다. 당대 중국에 대해서 말하면 '외왕'은 과학과 민주라는 두 뜻을 벗어나지 않는다. 허린은 과학을 '독립적인 영역'으로 간주해서 처리했다. 그리고 민주 문제에 대해서 허린은 중국 유가 전통에는 본래부터 민주정신이 있었다고 생각했으며, 그것을 '민치주의'라고 불렀다. 예를 들면 "하늘이 보는 것은 백성이 보며", "하늘이 듣는 것은 백성이 듣는다."는 것과 "백성을 귀하게 여기고 군주를 가벼이 여긴다."는 것 등은 바로 유가의 민주정치 사상이며 서양 근대의 민주정치와 일치하는 것이라고 생각했다. 여기에 의거해서 유가사상을 전제주의 정치의 도구로 간주하는 견해에 반대했다. 게다가 허린은 서양의 저명한 철학가와 정치가, 예를 들면 워싱턴(G. Washington), 프랭클린(B. Franklin), 링컨(A. Lincoln) 등은 "모두 유자의 기상이 있다."고 생각했으며, 그들이 추진한 민주정치는 중국 유가가 말하는 '왕도(王道)'라고 생각했다.

첸무의 신유가사학(新儒家史學)

첸무(錢穆)는 20세기 중국 문화계에서 보기 드문 사학대사이다. 그가 역사학자의 안목으로 유학의 부흥문제를 대하고 서화론자들의 문화 주장을 비판한 것은 앞에서 서술한 몇몇 신유가사상가들과 분명히 구별되는 특징이다. 사학은 사실에 의거해서 말하고 사변적인 색채를 필요로 하지 않으며, 그 사상 역시 심오한 철학적 언어로 표현할 필요가 없다. 그렇기 때문에 첸무의 신유가사상은 철학적 수양이 결핍된 독자들에게 많은 영향을 미칠 수 있었다. 그의 저작이 계속 재판되어 수많은 독자들과 가까이할 수 있었던 이유가 여기에 있다.

첸무는 자가 빈사(賓四)이고 장쑤 우시(無錫)에서 1895년 태어났으므로 펑유란과 같은 나이이다. 그는 어릴 때 부친이 세상을 떠났기 때문에 빈곤한 가정환경에서 자라났으며, 중학교를 졸업한 이후 학업을 계속할 수 없어 완전히 독학으로 학문을 연마했다. 첸무는 어릴 때부터 국가와 민족의 운명에 큰 관심이 있었다. 그의 회고에 따르면 1906년, 11세 때 량치차오의 『중국불망론(中國不忘論)』을 읽고 큰 깨우침을 얻었으며 "암흑에서 한 가닥 빛을 보는 것과 같이 나를 자극했고 격려했으며, …… 당시에 량 선생의 말이 믿을 수 있는 말이기를 희망했으나 량 선생의 말을 진정으로 믿을 수 없었다. 나는 '중국은 망하지 않는다.'는 량 선생의 말을 증명할 수 있기를 희망했기 때문에 비로소 중국의 역사에 주의를 기울이게 되었다."[43] 이때부터 그의 기나긴 사학생애가 시작되었다.

1912년 첸무는 시골의 소학교에서 글을 가르치기 시작했으며 이후 시아먼(廈門)의 사립집미사범학교(私立集美師範學校)와 우시의 성립사범학교

43) 錢穆, 『中國歷史情神』, 서문.

(省立師範學校)에서 교편을 잡았다. 1924년 『동방잡지』에 발표한 『묵변탐원(墨辨探原)』에서 묵가의 겸애(兼愛)와 유가의 인효(仁孝)는 큰 차이가 없다고 생각해 학계의 주목을 받았다. 4년 후 다시 우시 성립사범학교에서 강의했던 내용을 정리한 『국학개론(國學概論)』을 출판했다. 이 책에서 전통을 보존하고 사회기풍을 바로잡아야 한다고 주장했으며 근 몇십 년간의 신학운동은 사실 2천여 년 전에 맹자가 비판한 것처럼 '그 본심을 잃었다.' 라고 예리하게 지적했다. 또한 1930년에 『유향유흠부자연보(劉向劉歆父子年譜)』를 『연경학보(燕京學報)』에 발표했으며, 이 문장에서 캉유웨이가 『신학위경고(新學僞經考)』에서 제기한 고문경학(古文經學)은 유흠(劉歆)에 의해 위조되었다는 관점을 계통적으로 반박해 학계의 주목을 받았으며, 이로 말미암아 진정으로 역사가의 인생 노선으로 접어들게 되었다. 그는 얼마 지나지 않아서 옌칭대학의 강사로 초빙되었고, 이후 베이징대학으로 전임하여 역사학과 부교수가 되었으며 중국통사를 강의했다. 1935년과 1937년에 『선진제자계년(先秦諸子系年)』과 『중국근백년학술사(中國近三百年學術史)』를 출간했다.

항전이 시작된 이후 학교가 남쪽으로 옮겨감에 따라 첸무는 홍콩, 장사(長沙)를 거쳐 남악(南岳)에 도착했으며, 학교가 윈난으로 옮겨감에 따라 광시, 월남을 경유해서 쿤밍에 이르러 시난연대(西南聯大)에서 교편을 잡았다. 그가 강의한 과목은 여전히 중국통사였으며, 1940년에 『국사대강(國史大綱)』을 완성했다. 첸무는 말년에 "내가 『국사대강』 이전에 쓴 문장은 대부분 역사성의 논문에 속하는 것으로 고대인의 억울함을 씻어주기 위해 썼을 뿐이다. 이때 이후의 저서는 대부분 문화성에 속하는 것으로 중국 문화의 부흥을 제창하거나 또는 중서문화를 비교했다."[44]고 했다. 『국사대

44) 錢穆, 「紀念張曉峰吾友」, 『中外雜志』, 제38권, 제12기.

강』은 첸무의 주요 저작이며 출판 이후 각 대학의 역사 교과서로 선정되었고 지금까지 수많은 독자들이 읽고 있다.

1941년 첸무는 쿤밍을 떠나 청두(成都)로 갔으며 그곳에서 '중국 문화연구소'를 주관했다. 1944년 『사상과 시대(思想與時代)』에 『중국 근대유학의 추세(中國近代儒學之趨勢)』를 발표해서 '중국 근대유학'이라는 개념을 제기했으며, 민국 이후 신유가의 발전 상황을 총괄적으로 설명하고 소개했다. 현대 신유가 발전사에서 이 글은 3년 전에 허린이 같은 잡지에 발표한 『유가사상의 새로운 전개』와 같은 의의가 있다.

항전의 승리 이후 첸무는 계속해서 윈난대학, 우시 지앙난대학(江南大學)에서 교편을 잡았으며 1949년에 홍콩으로 갔다. 그는 이듬해에 탕쥔이, 장피지에(張丕介) 등과 함께 홍콩에서 신아서원(新亞書院)을 창립했으며 서원의 사무를 주관했다.

이 서원의 교학 방식은 전통적인 방식이었으며, 20세기 30~40년대까지 '국수(國粹)'를 보호하려고 노력했던 대학자들이 여전히 이러한 방식으로 유학을 전수했다. 예를 들면 1939년에 마이푸(馬一浮)가 쓰촨 러샨(樂山)에서 복성서원(復性書院)을 창립했으며, 1940년에 량수밍이 충칭 베이베이(北碚)에서 면인서원(勉仁書院)을 창립했고, 장쥔마이는 윈난 따리(大理)에서 민족문화서원(民族文化書院)을 창립했으며, 1948년 숑스리의 문인 청자오숑(程兆熊) 등은 장시 연산(鉛山)에서 아호서원(鵝湖書院)을 창립했다. 이 서원들의 종지는 모두 전통문화를 널리 선양하고 유학 부흥운동을 전개하는 것이었다. 첸무 등이 창립한 신아서원의 종지 또한 기타 서원과 마찬가지였지만 조금 다른 것은 완전히 전통적인 형식의 서원이 아니었으며, 서양의 지도교수 제도를 채용하고 동서 문화의 소통을 시도했다. 그러나 본질은 여전히 '중국 전통문화정신의 현대화'를 강술하고, 청년들을 인도해 공맹의 도로 돌아가 서구사상에 오염되지 않게 하는 것이었으며, 종국적으로 영국의 식민지인 홍콩에 유가 문화를 다시 건설하는 것이었다.

신아서원은 초창기에 어려운 상황이었다. 1956년 첸무는 『신아서원개황(新亞書院概況)』의 서문에서 "신아서원을 창립할 당시 경제적 기반이 조금도 없었다. 창립자 몇 분이 기부금을 내어 자금을 마련했으며, 임시로 교실 몇 개를 빌려 밤에 수업하는 형식으로 시작했다. 이전에는 교사들에게 봉급을 지급하지 못했으며 학생들은 학비를 납부할 능력이 없었다. 학교 내부에는 사무원과 일하는 사람이 한 명도 없었으며 모든 것이 선생들과 학생들의 노력으로 유지되었다."고 썼다. 이렇게 어려운 상황에서 첸무는 죽을힘을 다해 싸우는 정신으로 신아서원을 유지했다고 했다. 이 서원은 50년대 이후 해외 신유가의 본 진영이 되었고 '신아정신'으로 응집되어 전통문화를 보호하는 영원히 죽지 않는 정신이 되었다. 1963년 서원은 홍콩 중원대학(中文大學)에 병합되었다. 2년 후 70세의 첸무는 서원 원장직에서 사직하고 콸라룸푸르의 말레이시아대학으로 가서 교편을 잡았으며, 1967년부터 타이완에 기거하면서 저술에만 전력을 다했다.

첸무는 일생 동안 60여 종에 달하는 저술을 썼으며, 경사자집(經史子集)은 깊이 연구하지 않은 부분이 없었다. 그의 주요 저작으로는 『국사대강(國史大綱)』, 『중국 문화도론(中國文化導論)』, 『중국역사정신(中國歷史精神)』, 『장자찬전(庄子纂箋)』, 『중국역대정치득실(中國歷代政治得失)』, 『송명이학개론(宋明理學概論)』, 『인생십론(人生十論)』, 『중국 문화십이강(中國文化十二講)』, 『중국 사상통속강화(中國思想通俗講話)』, 『호상한사록(湖上閑思錄)』, 『세계정세와 중국 문화(世界局勢與中國文化)』, 『중국역사에서 본 중국 민족성 및 중국 문화(從中國歷史來看中國民族性及中國文化)』, 『영혼과 마음(靈魂與心)』, 『중국학술통의(中國學術通義)』, 『중국학술사상사논총(中國學術思想史論叢)』 등이 있다.

그의 신유가사상을 다섯 가지 방면으로 나누어 자세하게 분석해보자.

◗ 신문화운동 비판

신문화운동을 비판하는 것은 첸무의 저작 어디에서나 볼 수 있다. 첸무는 『국사대강』의 '서론'에서 신문화운동 이후의 신파인물을 혁신파라고 불렀고 그들의 사학연구를 혁신파사학이라고 불렀으며, 그들은 역사연구를 중시했지만 사학을 현실과 결부시키려고 노력했으며 이러한 사학 관점은 빠르게 번져나가 사회에 좋지 않은 영향을 미쳤다고 생각했다. 첸무가 보기에 그들이 역사를 연구할 때 '지식을 추구하는 데 급급했고 자료를 묻는 데 소홀히 했으며' 그 결과 '지식은 진실하지 않게 되었고 일의 성과는 한계가 있었으며' 결국 중국 문제를 해결할 수 없었다. 원인은 그들이 역사를 연구할 때 무리하게 현실을 추구했으며, 무책임하게 파괴만 하고 개선을 하지 않았기 때문이다. 더욱 심한 것은 그들은 현실을 개혁하는 태도로 중국의 유구한 역사와 문화 전통을 대했으며, 명목은 역사를 연구하는 것이었지만 오히려 역사를 경시하고 역사를 부정하는 것이었다. 첸무는 역사에 대한 이런 태도는 현실에 이롭지 않을 뿐만 아니라 해가 된다고 생각했다. 그는 "혁명적인 태도로 이전의 역사를 멸시하는 자는 진정한 진보의 적이다."라고 단언했다.

그는 20세기의 중국에 두 가지 문제가 있다고 했다. "하나는 어떻게 서양 문화의 부강한 역량을 배워 국가와 민족을 지탱하는가이다. 다른 하나는 어떻게 서양 문화의 부강한 역량을 배워 분수에 만족하며 생활하는 것이 궁극적인 이상인 농업문화의 정신을 지킬 수 있는가 하는 것이다. 바꾸어 말하면 어떻게 서양 문화를 받아들여 중국 전통문화를 더욱 빛내고 더욱 충실하게 할 수 있는가이다. 첫 번째 문제가 해결되지 않으면 국가와 민족은 근본적으로 존재할 수 없으며, 두 번째 문제가 해결되지 않으면 국가와 민족은 존재할 수 있지만 전통문화는 장차 그 존재 의의를 잃어버리게 된다."[45]

그렇지만 첸무는 이 두 문제를 동등하게 바라보지 않았다. 그의 마음에는 서양 문화를 불신하고 중국 전통문화를 신뢰하는 정서가 있었으며, 중국 문화를 새롭게 하는 것은 다른 나라의 문화형식을 빌리는 것이 아니라 민족문화의 토양에서 공맹유학의 혈맥을 통해 중국 문화에 활력을 불어넣는 것이라고 생각했다. 그에 따르면 신문화운동 이후의 신파인물들은 서학을 받아들여 새로운 길을 개척하려고 했지만 아무런 성과도 없이 헛수고만 한 꼴이 되었으며, 그렇게 된 근본적인 원인은 전통을 배척했기 때문이다. 그가 『국사대강』의 마지막 부분에 쓴 한 단락을 살펴보자.

> 문화와 역사의 특징은 끊임없이 이어지는 것이라고 할 수 있으며, 지속되는 것이라고 할 수 있다. 오직 그것이 끊임없이 이어지고 지속되기 때문에 개성을 형성해서 변하지 않는 것이다. 오직 그것이 개성이 있고 변하지 않기 때문에 생명이 있고 정신이 있다고 할 수 있다. 한 민족이 가진 문화와 역사의 생명과 정신은 모두 그 민족이 처한 특수한 환경, 만나게 된 특수한 문제, 사용한 특수한 노력, 획득한 특수한 성과로 인해 형성된 일종의 특수한 조직이다. 한 민족이 가진 정치제도 역시 그 민족의 전체 문화조직 중에 융합되어 스스로 그 역사성을 가지게 된다. 역사성은 사실적인 문제에 의거해서 지속적으로 진보·발전하는 것을 말한다. 문제는 지역·인사(人事) 등 여러 가지 실제 상황에 따라 각기 다르게 나타난다. 한 민족의 정치제도를 진정으로 개혁하려면 자신의 문제를 새롭게 처리하고 새로운 노선을 개척해야 한다. 자신의 문제를 돌보지 않고 억지로 타인이 창조한 것을 본받아 분별없이 시행한다면 이는 일종의 거짓 혁명이다. 자기 역사문화의 생명과 관계없으면 결국 오래가지 못한다.[46]

45) 錢穆, 『中國文化史導論』, 上海三聯書店, 1988년, 162쪽.

첸무는 한 민족의 역사를 대할 때 중요한 것은 역사의 내재적인 생명력을 보아야 하며 그것이 지닌 병환만을 보고 무책임하게 사형선고를 내려서는 안 된다고 생각했다. 왜냐하면 한 국가, 한 민족의 역사는 생명력도 있고 병폐도 있기 때문이다. 전자는 역사를 추진시키는 '근본 동력'이며, 후자는 '역사가 진보할 때 어쩔 수 없이 조우하는 좌절과 풍파'이다. 인류의 역사는 늘 파도처럼 곡선으로 발전하며 직선으로 발전하기는 불가능하다. 두 민족을 비교 관찰하면 '역사발전의 단계가 한쪽이 올라가면 다른 한쪽이 내려가며, 한쪽이 내려가면 다른 한쪽이 올라간다.' 는 것을 발견할 수 있다. 그래서 역사가 침체기에 접어드는 것은 단계적이며 침체기가 지나간 다음 반드시 왕성한 시기가 도래한다. 중국 민족은 침체기 단계이지만 예전에 왕성한 시기가 있었으며 이후에 반드시 왕성한 시기가 도래한다. 첸무는 신문화운동 이후의 역사학자들은 시야를 당시에만 집중시켜 서양 문명이 상승하고 중국 문명이 하강하는 측면만 보았으며 중국고대의 찬란했던 문명성과와 민족사의 재생능력을 보지 못했다고 비판했다.

> 오늘날 국사를 연구하는 자는 우리의 낙후한 부분과 그들의 발전된 부분만 보고 마음과 정신이 미혹되어 우리는 반드시 낙후하고 그들은 반드시 발전한다고 여긴다. 게다가 한때의 발전과 낙후로써 그들과 우리의 모든 역사를 평가한다. 그러므로 모든 것이 우리를 파괴시키더라도 사람들은 안타까워하지 않는다. 오직 고상(故常)을 모두 버림으로써 타인의 일부분에 다가서려고 희망하며, 변해야 하는 자가 우리이고, 변할 수 있는 자 또한 우리이며, 변화를 이룩하는 자도 여전히 우리라는 사실을 알지 못한다.[47]

---

46) 錢穆, 『國史大綱』, 國主編譯館, 1990년, 698~699쪽.

47) 錢穆, 위의 책, 導論.

쳰무는 병자 한 사람을 예로 들며 병에 걸린 자도 나이고, 병을 견디는 자도 나이며, 병을 극복하고 건강을 회복하는 자도 여전히 나라고 생각했다. 병을 고칠 수 있는지 없는지의 열쇠는 환자 본인이 생명력을 가졌는지 아닌지에 있다. 생명력이 있기만 하면 환자는 건강해질 가능성이 있다. 생명력이 어떠한지 묻지 않고 병을 숨기고 진찰을 거부하며, 치료를 하지 않으면 크게 잘못된 것이며, '생명을 끊음으로써 치료하는 것'은 더욱 불가능하다. 한 민족의 역사도 마찬가지다. 생명력은 고대부터 계속해서 존재하고 병태(病態)는 갑자기 나타나기 때문에 언제나 병태 때문에 그것의 생명력을 보지 못한다. 오늘날 중국의 역사가 침체기에 머물렀음은 부인할 수 없지만 중국이 희망이 없다거나 다시 발전할 가능성이 없다고 할 수 없다. 한 환자가 생명력으로 병마에 저항할 수 있다면 한 민족은 어째서 문화, 역사의 생명력으로 침체단계에서 벗어나 다시 부강해질 수 없겠는가.

병태와 생명력의 관계를 한걸음 더 나아가 설명하기 위해 쳰무는 '생명의 근원'과 '병의 근원'이라는 두 개념을 사용해서 신문화운동 이후의 신파인물은 '생명의 근원을 병의 근원으로 보는' 잘못이 있다고 생각했다. "생명의 근원은 잠재된 근원적인 힘에서 볼 수 있으며 병의 근원은 일시적인 외부감각의 변화에서 발생한다." 그래서 한 민족국가의 생명 근원을 찾으려면 반드시 문화의 기원을 탐구하고 역사의 전체적인 배경을 깊이 살펴야 하며, 병의 근원을 분석하려면 근래의 변화를 고찰하면 된다. 다시 말하면 한 민족이 처한 현재의 곤경을 해결하려면 과거까지 거슬러 올라가서 원인을 찾을 필요가 없으며 전체 역사를 부정할 필요는 더욱더 없다. "생명력을 궁구하고 마음을 다하는 것이 먼저이고 병의 상태를 진단하는 것이 나중이다." 쳰무에 따르면 서양인은 역사를 쓸 때 역사의 연원을 과장해서 이야기하며 걸핏하면 그리스·로마시대부터 역사를 이야기한다. 신파사학자들은 자기의 민족특성을 묻지 않고 무턱대고 남의 처지를 받아들이며 덮어놓고 다른 사람을 모방한다. 그래서 고대로 거슬러 올라가 병의 근원을 찾았으며, 20세기의 재난은 모두 고대인들 때문이라고 생각하고 현대인의 죄과를 고대인에게 떠넘긴다.

그러나 첸무 또한 문화문제를 고찰할 때 신파학자들과 마찬가지로 역사의 연원을 강조했으며 마찬가지로 그가 비판한 서양인의 뒤를 따라갔다. 그는 중국 문제를 해결하는 것은 "철학문제에 속할 뿐만 아니라 역사문제에 속한다. 중국 문화는 중국역사의 전체적인 발전과정에서 표현되기 때문에 역사를 제거하면 문화를 이야기할 수 없다."[48]고 생각했다. 그는 신파인물들이 '병의 근원'이 상고시대부터 시작했음을 살피기 위해 역사를 가지고 문장을 썼다고 비판했지만 그도 역사를 많이 이야기했으며 심지어 번거로움을 마다하지 않고 역사자료를 가지고 전통문화를 보존해야 하는 필요성을 논증했다. 왜냐하면 그에 의하면 역사정신을 긍정해야 비로소 역사문장을 쓸 수 있으며 역사정신을 부정하면 역사문장을 쓸 자격이 없기 때문이다. 그의 시각에서 서화론자들은 역사를 바로보지 못했을 뿐만 아니라 근본적으로 역사지식이 없었으며, 그들은 천진한 생각으로 구호 몇 마디만 외치면 역사를 타도할 수 있다고 생각했다. 1951년 그는 타이뻬이에서 국방부의 고급 장교들에게 한 『역사정신과 사학방법(史學精神與史學方法)』이라는 강연에서 다음과 같이 말했다.

이 50여 년간 솔직하게 말하면 우리는 역사적 지식이 없었다. 이 사실은 우리가 자신에게 돌이켜 물어보면 알 수 있다. 그렇지만 모든 사람들이 한사코 역사를 이론의 근거로 삼으려 하고 한사코 역사를 비판의 대상으로 삼으려 하며, 전력을 다해 역사를 이용하려 하고, 전력을 다해 역사를 타도하려 한다. 역사를

---

48) 錢穆, 『中國文化史導論』, 序言.

타도하는 것이 전체 민족의 생명을 타도하는 것과 같으며 전체 문화의 생명을 타도하는 것과 같음을 모른다.[49]

역사를 민족의 생명과 문화의 생명으로 간주했기 때문에 첸무는 일생 동안 모든 정력을 역사연구에 쏟았으며, 역사의 더미에서 생명력을 설명할 수 있는 것을 발굴하려고 시도했다. 그에 의하면 역사는 타도할 수 없으며 타도하려고 시도해서도 안 된다. 역사와 현재·미래는 서로 결부되어 있으며 분리시킬 수 없다. 과거·현재·미래를 연계시켜 주는 것이 바로 역사가 가진 생명력이다. "새로운 국가는 과거의 역사에서 만들어진다. 새로운 생명은 과거의 기억 가운데 건립된다." 역사를 타도한다면 중국 민족의 생명력을 끊는 것과 같다. 그는 신문화운동 이래의 신사조는 "생명을 버리고 생명을 매장하는 사조"라고 비판했다.

◗ 서양 문화에 대한 평가

첸무는 각 민족문화의 정신은 서로 다르다고 생각했다. 문명 초기 서로 다른 자연환경에 따라서 각각 다르게 형성된 민족문화의 정신은 각 민족의 생활방식과 문화정신에 영향을 미쳐 각 민족의 생활방식과 문화정신 역시 다르게 나타났다. 그에 따르면 인류 문화는 근원부터 조사하면 대체로 유목문화·농경문화·상업문화의 세 종류를 벗어나지 않는다. 유목문화는 지대가 높고 추운 초원지대에서 발원했고, 농경문화는 농사짓기 편리한 하류 평원지대에서 발원했으며, 상업문화는 해안지대 및 근해의 도서에서 발원했다. 이 세 종류의 자연환경으로 말미암아 세 종류의 생활방

49) 錢穆, 『中國歷史精神』, 東大圖書公司, 1990년, 12쪽.

식이 결정되었으며, 세 종류의 생활방식으로 인해 세 종류의 문화유형이 형성되었다. 이 세 종류의 문화는 다시 두 종류로 귀결시킬 수 있다. 유목문화와 상업문화를 한 종류로 볼 수 있으며 농경문화를 다른 한 종류로 볼 수 있다. 유목과 상업은 내부에서 부족한 것을 외부에서 찾으려 하기 때문에 유동적이고 진취적이다. 농경은 자급자족할 수 있으며 외부에서 찾을 필요가 없기 때문에 정적이며 보수적이다.

그는 세계 역사의 발전과정에서 보면 유동적이고 진취적인 유목문화와 상업문화는 좋은 결과를 얻지 못했으며 반대로 정적이고 보수적인 농경문화가 이상적인 결과를 얻었다고 생각했다.

첸무에 따르면 초원지대와 해변지대는 사람들이 의지할 자생의 땅이 부족하며 이런 지대에서 생활하는 사람들은 자연재해의 영향을 많이 받기 때문에 자연을 이기고 극복하려는 강한 욕구가 있다. 단지 인류 자신에 의지해서 자연을 이기고 극복하기가 어렵기 때문에 사람들은 강렬한 도구적 감각을 가지게 된다. 초원민족이 사용한 최초의 도구는 말이었으며 해변민족이 사용한 최초의 도구는 배였다. 말이 없고 배가 없으면 자연을 극복할 수 없고 생존을 도모할 수 없다. 그래서 초원민족과 해변민족은 타인과 자연에 대해 적대적인 마음이 있다. 이런 민족은 세계관이든 인생관이든 모든 면에서 강렬한 대립의식이 있다. 자연에 대해서 말하면 하늘과 사람은 대립하고, 인류에 대해서 말하면 타인과 나는 대립한다. 그래서 자유를 갈구하고, 독립을 쟁취하며, 그 문화의 특징은 침략성이 된다.

또한 유목민족과 상업민족은 언제나 강렬한 재부욕이 있다고 보았다. 소와 양을 번식시키면 언제나 기하급수적으로 증가하며, 하나가 둘을 낳고 둘이 넷을 낳으며, 넷이 여덟을 낳고 여덟이 열여섯을 낳는다. 재부는 두 가지 특징이 있다. 하나는 많을수록 쉽게 많아지며 다른 하나는 많을수록 부족함을 느낀다는 것이다. "소매가 길면 춤을 잘 추고 밑천이 많으면 장사를 잘 한다." 유목민족과 비교해서 상업민족의 재부욕은 더 강렬하다. 그들은 재부를 보석으로 바꾸어 깊이 감출 수 있고, 숫자로 계산할 수 있으며, 물질적인 것을 정신적인 것으로 바꿀 수 있다. 이것이 바로 근대 서양인이 가진 기업정신의 유래이다.

첸무는 농경문화가 유목문화·상업문화와 상대적으로 화합을 추구하는 아름다운 문화라고 생각했다. 농업이 의지하는 것은 첫째는 기후이고, 둘째는 강우이며, 셋째는 토양이다. 이 세 가지는 모두 인력으로 바꿀 수 없다. 그래서 농업민족은 자연을 극복하려는 욕망이 없으며 그들이 가진 것은 사물과 내가 일체가 되고, 하늘과 사람이 서로 어울리며, 분수에 만족하고 본분을 지키는 것이다. 이로 인해 침략성이 아니라 화평이 이 문화의 특징이 되었다. 또한 농업민족과 토지를 연계시키면, 그들은 여기에서 태어나고 여기에서 자라나며 여기에서 죽는다. 그러므로 공간의 확장을 추구하지 않으며 시간이 지속되기를 희망한다. 그다음 농업민족은 저장해 두는 것을 모르고 생산할 줄만 안다. 왜냐하면 생산은 정해진 시기가 있고 정해진 양이 있으며, 한 평의 땅에서 수확할 수 있는 양이 정해져 있기 때문이다. 더군다나 토지가 생산하는 것은 끊임없이 계속된다. 그래서 사람들은 많이 저장하는 것을 원하지 않는다. 곡식과 견직물은 오랫동안 저장하면 부패하기 때문에 많이 저장할 수 없다. 이로 말미암아 농경민족은 재부를 탐하는 심리가 적다. 그들은 분수를 지키고 만족할 줄 아는 전원목가(田園牧歌)식의 생활을 한다.

그렇지만 첸무는 서양 문화(그가 말하는 상업문화)가 조수처럼 전 세계로 퍼져나가면서 농업민족은 가난하고 낙후된 모습을 드러내었으며, 그 충격을 견뎌내지 못하고 계속해서 역사의 거센 물결 속으로 말려드는 것을 보았다. 다시 말하면 민족의 폐쇄된 국면이 타파된 이후 서양 문화는 분명하게 우월성을 드러내었다. 이러한 세계 역사의 형세에서 첸무는 서양 문화의 결점과 중국 문화의 우월성을 설명하기 위해 량수밍의 '3노선' 이론을 채용하고 수정했다.

> 량수밍은 중서철학 및 종교를 이야기할 때 내외(內外)라는 두 글자는 사용하지 않았으며 단지 서양인은 한걸음 나아가고 인도인은 한걸음 물러서며 중국인은 나아가지도 물러서지도 않는다고 이야기했다. 이것은 수사(修辭)에서 문제가 있다. 내가 생각하기에 이 같은 말은 아마 서양은 외부로 향하고 인도불교는 내부로 향하며, 내외의 합일을 추구하는 중국인의 태도가 중용을 지키는 태도라는 의미일 것이다. 내부로 향하고 외부로 향하는 것은 사실상 모두 앞으로 향하는 것이다. 중용을 지키는 중국인의 태도는 그침이 있는 경지이며 그침 없이 앞으로 나아갈 필요가 없다. 나와 량수밍의 의견은 대체적으로 상통하지만 아마도 나의 견해가 더 타당할 것이다.[50)]

이것은 바로 첸무의 '인생 3노선'설이다. 그에 따르면 서양 문화는 '외부로 향하는' 문화이다. 이 문화의 인생관은 재부와 권력을 추구하고, 과학을 중시하며, 마음과 사물을 대립시킨다. 그렇기 때문에 이 문화의 인생관은 인류를 행복하게 할 수 없을 뿐만 아니라 오히려 불행하게 만든다. 여기에 대해 첸무는 몇 가지 측면에서 논증하고 있다.

첫째, '외부로 향하는' 인생노선은 지식을 숭상하고 지식에서 과학으로 발전한다. 과학은 새로운 공업을 발생시키며 새로운 기계를 창조한다. 기계는 원래 사람을 위해 사용하지만 근대 서양 문화에서 "기계는 결국 객체가 되었고 인생을 향해서 독립을 선언했으며, 인생은 기계의 기계로 바뀌었고 기계의 노예가 되었다."

50) 錢穆, 『從中國歷史看中國民族性及中國文化』, 聯經出版事業公司, 1979년, 92~93쪽.

둘째, '외부로 향하는' 인생노선은 외재적인 권력, 즉 하느님을 숭배한다. 그러나 현재는 하느님 역시 "인생을 외면할 수 있으며, 인생을 가로막고 인생을 삼킬 수 있다." 첸무는 "객체화된 권력 또한 일종의 권력이지만 이런 권력은 인류 자신의 권력을 초월한다. 그래서 주체의 힘과 객체의 힘이 서로 격동하고 충돌하고 투쟁하는 것이다."[51]라고 했다.

셋째, '외부로 향하는' 인생노선은 어떤 만족을 얻는 것을 중시하지만 그러한 만족은 결코 인생 문제를 해결하지 못한다. 사람의 욕망은 끝이 없기 때문이다. 반대로 일시적인 만족은 도리어 고통의 원인이다. 첸무의 말을 이용하면 "만족은 순식간에 공허해진다. 유쾌함과 즐거움은 눈 깜짝할 사이에 번민과 고통으로 변한다. 차츰차츰 앞으로 나아가면 끊임없이 허탕 치게 된다. 강한 힘은 검은 그림자에 불과하고 충실한 것은 환영에 지나지 않는다."[52]

첸무가 보기에 '외부로 향하는' 서양인의 인생노선은 '내외의 화합'을 추구하는 중국인의 인생노선보다 못할 뿐만 아니라 '내부로 향하는' 인도인의 인생노선보다도 못하다. '내부로 향하는' 인도인의 인생은 실천하기는 어렵겠지만 사회에 부정적인 영향을 미치지 않으며 인생의 재난을 초래하지 않는다. 왜냐하면 '소탈한 인생'이며 세상과 무관한 인생이기 때문이다. 그러나 '밖으로 향하는' 서양인의 인생은 그 자신의 내재적인 결함이 있다. 이러한 인생은 생명자아의 버팀목을 생명 자체의 밖에 두기 때문에 치유할 수 없는 치명상을 조성하게 된다.[53]

이상에서 알 수 있는 것은, 첸무의 '인생 3노선'은 량수밍의 '문화 3노선'에서 근원하지만 분명한 차이가 있다. 량수밍의 '3노선'에서 보면 인도

---

51) 錢穆, 『人生十論』, 東大圖書公司, 1987년, 3~4쪽.

52) 錢穆, 위의 책, 2쪽.

53) 錢穆, 위의 책, 2쪽.

문화가 가장 높은 단계이고 중국 문화가 그다음이며 서양 문화가 마지막 단계이다. 그러나 첸무의 '3노선'에서 가장 좋은 인생노선은 '내외의 화합'을 추구하는 중국인의 인생노선이며, 인도인의 인생노선이 그다음이고 서양인의 인생노선이 마지막이다. 두 사람은 서양 문화를 가장 낮은 단계에 두는 공통점이 있다.

중국 문화와 인도 문화의 서열 방면에서 첸무의 '인생 3노선'과 량수밍의 '문화 3노선'이 다른 이유는 그의 '문화 삼단계'설에서 찾을 수 있다. 그는 "문화란 무엇인가. 문화는 인생이며 여러 방면의 인생이다."[54]라고 했다. 첸무는 문화를 인생이라고 정의한 이후 인류의 문화를 세 단계로 나누었다. 첫 번째 단계는 물질인생이고, 두 번째 단계는 사회인생이며, 세 번째 단계는 정신인생이다. 그는 다음과 같이 말하고 있다.

> 인생은 반드시 세 가지 세계에 직면해 있다. 첫 번째 단계의 인생은 물질세계에 직면해 있고, 두 번째 단계의 인생은 사람의 세계에 직면해 있으며, 반드시 세 번째 단계의 인생에 도달해야 비로소 마음의 세계에 직면하기 시작한다. 물질세계에 직면해 있는 것을 우리는 물질인생이라고 부르고 사람의 세계에 직면해 있는 것을 우리는 사회인생이라고 부르며 마음의 세계에 직면해 있는 것을 우리는 정신인생이라고 부른다. 인류의 전체생활은 크게 세 가지로 분류되며, 인문 발전의 세 단계, 세 시기와 부합하기 때문에 문화는 위에서 서술한 세 단계가 있다고 말하는 것이다.[55]

첸무는 세 단계의 문화에 대해 중국 문화는 사회인생과 정신인생을 중

54) 錢穆, 『歷史與文化論叢』, 東大圖書公司, 1979년, 2쪽.
55) 錢穆, 위의 책, 8쪽.

시하기 때문에 단계가 가장 높으며, 인도 문화는 단지 정신인생을 중시하고 사회인생을 중시하지 않았기 때문에 그다음 단계이며, 서양 문화는 물질인생을 중시하고 정신인생을 중시하지 않기 때문에 가장 낮은 단계라고 생각했다. 첸무는 이러한 단계가 가장 낮은 서양 문화에 대해 중국 문화로 동화하는 것은 가능하지만 어떤 사람이 주장하는 것처럼 두 문화를 결합하고 이 기초 위에서 새로운 문화를 건설해서는 안 된다고 생각했다. "우리의 오래된 인생관과 권력을 숭상하고 외부를 추구하는 서양의 인생관을 결합하려 한다면 누적된 폐단이 드러나 오히려 현 사회의 방종과 탐오를 형성하며, 욕망이 난무하는 세기말의 가련한 현상이 나타난다."[56] 이렇게 생각했기 때문에 첸무는 서양 문화를 배울 필요가 없으며, 서양 문화 역시 어떤 역량을 가지고 동방민족에 스며들 수 없다고 하는 것이다. 첸무는 다음과 같이 말하고 있다.

> 이미 정점까지 발전한 서양 문화는 하강하기 시작했으며 잘못된 길로 들어서기 시작했다. 그래서 인류를 행복하게 만들 수 없으며 오히려 불행하게 만든다. 이것이 인류에게 분명하게 가르쳐주는 것은, 이 단계의 문화는 이미 오이가 익으면 꼭지는 저절로 떨어지고 공을 세우면 물러나야 하는 시대에 도달했다는 것이다. 1차 대전이 이러한 단계의 문화는 장차 몰락한다는 신호였다.[57]

◗ 중국 문화의 특질에 대한 인식

우리는 백여 년의 중국역사에서 다음과 같은 보편성을 지니는 현상을 매

56) 錢穆, 『人生十論』, 8쪽.
57) 錢穆, 『歷史與文化論叢』, 23쪽.

우 쉽게 발견할 수 있다. 사회보수 세력과 옛 전통을 지키려는 사람들은 대부분 문화형태사관을 신봉하고 역사의 특수성과 문화의 민족성을 강조한다. 중국의 유구한 전통에 대해 특별한 연정이 있던 첸무는 더욱 이러했다.

첸무는 역사가 발전하고 문화 역시 변하지만 발전과 변화는 한 민족 내부의 일이라고 생각했다. 왜냐하면 각 민족의 역사와 문화는 각자 자신의 생명과 자신의 개성이 있기 때문이다. "내가 변해서 다른 사람이 되는 것은 불가능하며 다른 사람 또한 변해서 내가 될 수 없다." 이는 마치 조상으로부터 이어져 내려오는 사람들의 혈통과 같다. 각 세대마다 사람들의 모습과 기질은 약간씩 차이가 있지만 혈통은 바꿀 수 없다. 그러므로 사람에게 가장 중요한 것은 자립이지 다른 사람에게 의지하는 것이 아니다. 한 민족의 문화도 마찬가지다. 그것은 자기의 혈맥이 있고 자기의 내재적인 정신이 있기 때문에 새로운 것을 추구하고 변혁을 추구할 때 자기 민족의 문화 전통을 보호하고 구문화에서 새로운 문화를 전개해야 하며, 타민족의 문화에 의지해서는 안 된다. 그는 다음과 같이 말하고 있다.

> 신중국의 신문화는 옛 중국의 옛 문화 가운데 새롭게 만드는 것이며, 이것을 시작하는 것이 중국 문화가 부흥하는 길이다. 철저하게 옛 중국 옛 문화를 파멸시키고 적막한 땅에서 새롭게 건설하려고 한다면 어찌 중국과 중국 문화의 부흥이라고 할 수 있겠는가. 그러므로 국가를 부흥시키고 문화를 부흥시키고자 한다면 먼저 학술을 부흥시켜야 한다. 새로운 학술은 구학술 중에서 새롭게 부흥시켜야 하며 이것을 시작하는 것이 중국 학술문화가 희망이 있고 평탄해지는 길이다.[58]

58) 錢穆, 『中國學術通義』 序, 學生書局, 1975년.

앞에서 말한 바와 같이 첸무는 신문화운동에 비판적인 태도를 견지했다. 그 이유는 신문화운동은 선조들의 무덤을 파내는 운동이며, 옛 문화와 옛 전통을 버리고 타인에게 의지하며, 맹목적으로 서양 문화를 모방하는 것이라고 생각했기 때문이다. 예를 들면 후스가 제창한 문학혁명이 바로 타인에게 의지하는 방법이며, 덮어놓고 서양 문화를 모방해서 중국의 옛 전통을 잃어버렸으며, 그 결과 함부로 남을 흉내 내다가 자신의 것까지 다 잃어 이도 저도 아니게 되었다고 비판했다.

첸무가 보기에 세계의 다른 민족문화와 비교해서 중국 문화의 기초가 튼튼하고 생명력이 왕성한 이유는 고대부터 '특수한 정신'을 가지고 있었기 때문이다. 그는 그것을 네 가지로 귀결시켰다.

1) 중국 전통문화는 인문정신이 중심이다.
2) 중국 전통문화는 융합과 합일정신을 중시한다.
3) 중국 전통문화는 역사정신을 중시한다.
4) 중국 전통문화는 교육정신을 중시한다.[59)]

첸무는 『국사대강』을 쓸 때부터 시작해서 40여 년간 주로 중국 문화가 가진 이 네 가지의 '특수한 정신'을 선전하고 그것을 명백하게 논술하는 일에 종사했다고 할 수 있다.

첫째, 첸무에 따르면 인생은 우주라는 큰 테두리를 벗어날 수 없다. 그렇기 때문에 초기의 인류는 인생 문제를 고찰할 때 우주계에 관심을 가졌다. 다시 말하면 인류사회 초기의 사상체계는 반드시 우주론과 인생론의 두 부분을 포함하고 있었다. 그러나 우주는 무한하고 인생은 유한하기 때

---

59) 錢穆, 앞의 책, 3~5쪽.

문에 초기의 인류는 자신의 지혜에 의지해서 우주의 신비를 이해하기가 불가능했으며 이로 말미암아 갖가지 종교가 나타났다. 중국의 고대 사상 또한 이러한 단계를 경과했다. "그러나 서주(西周)를 개국한 주공(周公) 시기에 이르러 중국 사상은 새로운 길로 접어들었다."[60]

주공이 개척한 '새로운 길'은 '인문주의'의 길이다. 주공은 하·상 두 나라가 홍기하고 쇠망한 역사를 보면서 '하늘의 뜻〔天命〕'은 영원하지 않고 사람의 운명은 덕행에 달려 있음을 알게 되어 사람의 덕행을 공경하는 '경덕(敬德)'사상을 제기했다. 이 전통이 직접 공자와 맹자에 계승되어 유가문화의 기본정신이 되었다. 유가사상은 '사람'이 중심이며 사람의 본성은 하늘이 부여했으며 사람의 도가 바로 하늘의 도라는 '성도합일(性道合一)'을 강조한다. 그것은 종교가 아니면서도 종교적인 기능을 가졌다. 인·의·예·지·신의 오상(五常)이 바로 종교적인 의미를 내포한다. 그러나 중국인의 종교의식은 서양인과 다르다. 서양인은 '사람' 이외에 다른 대상물, 즉 하느님을 만들었으며 사람과 하느님은 상대적인 관계에 놓여 있다. 중국인은 이와 다르다. 하느님을 숭배하지 않는다. 그들의 마음은 외부를 향하지 않고 내부를 향하며, 자신의 인생체험과 도덕실천을 통해 '하늘과 사람이 하나 되는' 경지에 도달한다. 또한 서양에서 종교와 과학은 서로 대립하는 양극에 처해 있다. 그러나 중국에서는 인문주의 정신이 존재함으로써 종교와 과학이 대립하지 않게 되었다. 유가는 사물의 성(性)을 발휘하는 것을 중시하지만 '사람'이라는 하나의 중심에서 벗어나지 않는다. 이것이 바로 『중용』에서 "자기의 본성을 발휘할 수 있으면 사람의 본성을 발휘할 수 있고, 사람의 본성을 발휘할 수 있으면 만물의 본성을 발휘할 수 있으며, 만물의 본성을 발휘할 수 있으면 만사만물의 화육을 도울 수 있

60) 錢穆, 『世界局勢與中國文化』, 東大圖書公司, 1979년, 90쪽.

다."라고 말한 것이다. 첸무는 "만사만물의 화육을 인정하는 것은 종교정신이고, 사물의 본성을 발휘하도록 요구하는 것은 과학정신이며, 자기의 본성을 발휘하고 사람의 본성을 발휘하는 두 항목으로 돌아가는 것은 바로 유가정신이다."[61]라고 생각했다.

둘째, 첸무는 '화합성'과 '분별성'이라는 두 개념을 사용해서 중서 두 문화의 특징을 개괄했다. 그는 중국 문화는 원래 황하 하류에서 기원했지만 '화합성'으로 인해 점차 장쑤와 저장, 후난과 후베이, 광둥과 광시, 산시, 윈난과 구이저우 등의 지역을 포함하게 되었을 뿐만 아니라 오호(五胡)의 난 역시 중국을 분열시키지 못했으며 이후에 몽골인과 만주인이 중국에 들어왔지만 그들 역시 중국인으로 동화되었다고 생각했다. 그는 중국 문화의 '화합성'을 설명하기 위해 유대인을 예로 들었다. "유대인은 전 세계를 방랑했으며 세계 각국에는 유대인이 있다. 소비에트에도 유대인이 있고 독일에도 유대인이 있으며 기타 국가에 모두 유대인이 있다. 유대인은 당대(唐代)에 이미 중국에 왔으나 중국에는 유대인이 없다." 다시 말하면 유대인은 중국에 오자마자 바로 중국인에 동화되었다. 그래서 "중국인은 화합을 좋아하기 때문에 능히 동화할 수 있다. 서양인은 구분 짓는 것을 좋아하기 때문에 영원히 구분한다."[62]고 했다.

당연히 첸무는 민족관계에 국한되지 않고 여러 면에서 '화합성'을 이야기했다. 예를 들면, 중국인의 혼인가정을 이야기할 때 "중국인의 가정과 서양인의 가정은 대동소이하다. 우리에게 부부가 있으며 그들도 부부가 있다. 우리에게 부모자녀가 있으며 그들도 부모자녀가 있다. 그러나 우리의 가정은 화합성이 분별성보다 많으며, 우리와 비교해볼 때 서양인의 가

61) 錢穆, 『中國文化史導論』, 176쪽.

62) 錢穆, 『人生十論』, 138쪽.

정은 분별성이 화합성보다 많다."[63]고 했다. 다시 예를 들면, 첸무는 중국의 고대정치를 이야기할 때 중국인은 역대로 군주와 신하는 마땅히 화합해야 하고 사회와 민중도 정부와 화합해야 함을 주장했다고 생각했다.

> 중국 고대인이 보는 군주·신하·백성의 분별성은 근대인의 관념처럼 그다지 강하지 않았다. 그러나 근대 중국인은 서양역사의 영향을 받아 우리 중국인은 독립성이 없고 반항성이 없다고 생각하게 되었으며, 심지어 중국역사상 진대(秦代) 이후 반란만 있었으며 혁명이 없었다고 말한다. 중국인이 반란을 일으킨 것은 부득이한 경우였으며 가장 좋은 것은 반란을 일으키지 않는 것이었다.[64]

셋째, 첸무의 저작은 중국의 역사정신을 매우 강조한다. 그러나 이러한 역사정신은 도대체 무엇인가에 대한 그의 설명은 명확하지 않다. 대체적으로 말하면 하나는 역사 지도자정신, 둘은 성도합일(性道合一)정신, 셋은 인문내경(人文內傾)정신, 넷은 지족안락(知足安樂)정신이다. 그러나 첸무의 구체적인 논술에서 보면 중국의 역사정신 중에서 가장 중요한 것은 '역사 지도자정신'이다. 그는 "역사정신은 역사가 끊이지 않고 앞으로 나아가게 지도하는 정신이며, 이른바 지도자정신이라고 하는 것이다."[65]라고 했다. 그의 '역사정신'은 일종의 '대일통(大一統)' 정신임을 알 수 있다. '대일통' 정신은 공간적이며 또한 시간적이다. 공간적으로는 영역의 확대, 민족의 융합 및 다른 민족문화에 대한 중국 문화의 지도적인 위치로 표현된다. 시간적으로는 수천 년간 지속되어온 문화 전통으로 표현된다. 서양 문화는 고대부터 이러한 정신이 없었기 때문에 서양인은 통일된 국가가 없었을

63) 錢穆, 『從中國歷史看中國民族性及中國文化』, 22쪽.
64) 錢穆, 위의 책, 31쪽.
65) 錢穆, 『民族與文化』, 新亞書院, 1962년, 71쪽.

뿐만 아니라 통일된 문화도 없었으며 항상 변화하는 가운데 처해 있었다는 것이다. 먼저 그리스인은 도시국가를 번영시켰지만 그 후 로마의 무력에 정복당했으며, 봉건사회로 진입한 이후 다시 오랑캐가 침입해서 정치가 통일되지 않고 다원화되었으며 현대 국가에 이르러서도 여전히 분열되어 있다. 바로 이런 주마등 같은 변화 때문에 서양은 고대부터 일맥상통하는 문화 전통이 없었다. 그러나 중국은 다르다. 전국시기 2백여 년의 역사를 제외하면 중국은 계속해서 통일된 전통을 유지하고 있었다. 춘추시대, 삼국시대, 5호16국 시대 때조차 중국은 통일된 전통을 잃지 않았다. 첸무는 중국이 정치적인 통일을 이룩할 수 있던 이유는 통일된 문화가 있었기 때문이며 통일된 문화를 가질 수 있었던 이유는 유가사상의 지도자정신이 영향을 미쳤기 때문이라고 생각했다. 위에서 서술한 비교에 의거해서 첸무는 "중국인은 전통을 즐겨 이야기하며 서양인은 근본적으로 전통을 모른다. 시간적으로 이야기하든 공간적으로 이야기하든 그들은 모두 두서가 복잡하며 누구도 누구의 전통을 이어받았다고 승인하려 하지 않는다."[66]고 했다.

넷째, 첸무는 중국 문화가 위와 같은 세 가지 방면의 특징이 있는 주요 원인은 중국 민족이 교육정신을 중시하기 때문이라고 생각했다. 중국 교육정신의 특징은 외향식이 아니라 내향식이며, 사람 됨됨이를 학문보다 중시한다. 다시 말하면 중국인의 교육은 지식을 중시하는 것이 아니라 인생의 의의를 중시한다. 그는 다음과 같이 말하고 있다.

> 세계에서 교육을 가장 중시하는 민족은 중국 민족이다. 중국의 모든 학파는 교육을 가장 중요하게 생각한다. 중국의 학자들은 거의 모두가 교육자이다.

66) 錢穆, 『中國歷史精神』, 22쪽.

…… 공자와 유가는 도덕교육, 인격교육과 인문교육을 가장 중시한다. 그들은 중국 사회에서 '사군자'의 교육을 창조했다. 사(士)는 교육을 받은 사람을 가리키는 것이며 군자(君子)는 교육을 받아 이상적인 도덕인격을 완성한 사람을 가리킨다.[67]

첸무는 또한 교육정신은 모종의 의의에서 말하면 일종의 종교정신이라고 생각했다. 그러나 유가의 교육정신과 서양의 종교정신은 분명한 차이가 있다. 유가는 사람들이 세상을 벗어나도록 가르치지 않고 이 세상에서 성현이 되게 가르친다. 그래서 도덕적이고 인격적이며 문화적이라고 말한다. "사람은 모두 요순이 될 수 있다."라는 것은 중국 전통적인 교육정신의 최고 이상과 최고 신념이다. 이러한 정신이 중국 사회에 큰 영향을 미쳤다. 그것은 사람의 마음을 안정시키고 사회의 화합을 보장한다.

첸무가 보기에 교육은 한 민족문화의 핵심이며 부강의 기초이다. 최근 몇십 년간의 중국 문제는 전통적인 교육정신을 계승하지 않았기 때문에 나타난 것이다. 그는 심지어 대륙의 인민들이 마르크스주의와 사회주의를 신봉하는 이유는 신문화운동이 전통정신을 부정했기 때문이라고 했다. 그는 다음과 같이 말하고 있다.

오늘날의 중국인은 당시 만주인이 가지고 있었던 지식조차 없다. 오늘날의 중국교육은 정신면에서 가장 결핍되는데 서양과 비교해서 결핍된 부분을 말하면 국가교육도 아니고 개인의 자유로운 지식과 직업교육도 아니며 단지 종교교육이 결핍되었다. 중국은 원래 공자의 도가 있었는데 오늘날의 중국인은 기어코 자기를 뒤엎고 다른 사람을 따라가려고 한다. 우리는 기어코 공자의 사당

67) 錢穆, 『中國歷史精神』, 86쪽.

을 쳐부숴야 한다고 외치고 전반적으로 서양 문화를 받아들여야 한다고 외치지만 진심으로 예수교를 받아들이지 못하고 있다. 그래서 공산주의가 들어와 사람들이 마르크스를 숭배하게 하는 것이다.[68]

◗ 전통 심성학의 천명

첸무는 철학자가 아니지만 심오한 철학기초가 있었으며, 중국 전통의 인생철학을 이해할 때 같은 시기의 펑유란과 허린조차 첸무만큼 깊이 이해하지 못했을 것이다. 게다가 심오하고 난해한 형이상학적 논증을 하지 않았고 통속적이고 알기 쉬운 언어로 글을 썼으며 현대어를 말하는 방식으로 심오한 철학적 의미를 표현했다.

그의 견해에 따르면 문화는 인생이며 문화 문제를 토론하는 것은 인생 문제를 토론하는 것이다. 그렇기 때문에 현대의 중국 문제를 해결하려면 근본적으로 인생 문제를 해결해야 한다. 그가 유학을 부흥시키는 데 전력을 다했던 이유는 공맹사상으로 인생의 문제를 해결할 수 있다고 굳게 믿었기 때문이다.

그는 인생 문제를 두 가지 문제로 나눌 수 있다고 생각했다. 하나는 '죽음'의 문제이고 다른 하나는 '나'의 문제이다.

'죽음'을 인생의 가장 큰 문제로 보는 것은 인생관 문제에 대한 첸무의 독창적인 견해이다. 그는 "인생의 가장 큰 문제는 '삶'의 문제에 있는 게 아니라 '죽음'의 문제에 있다. 인생철학, 인생관 등은 사실대로 말하면 모두 '죽음'의 문제에 대답하려는 것일 뿐이다. 이 문제가 해결되지 않는다면, 묻건대 인생 수십 년의 세월이 전광석화처럼 눈 깜짝할 사이에 사라지는데

---

68) 錢穆, 앞의 책, 92쪽.

그 가치는 어디에 있는가. 그 의의는 또한 어디에 있는가"[69]라고 말했다.

다시 말하면 사람은 모두 죽기 마련이기 때문에 마음속에 언제나 죽지 않고 영원히 살고 싶어 하는 공통된 희망과 욕구가 있다. 인류는 이러한 욕구를 만족시키기 위해 종교를 가지고 있다. 종교 신앙에서 영혼과 육체는 서로 다른 두 물질로 영혼은 육체를 벗어나 독립적으로 존재할 수 있으며, 육체가 죽으면 영혼은 다른 세계에 가서 '생명'을 연장할 수 있다. 그러나 종교는 두 가지 결점이 있다. 하나는 과학과 충돌하며, 다른 하나는 현실세계를 소홀히 한다는 점이다. 바꾸어 말하면 기독교와 불교 등의 종교는 모두 삶과 죽음의 문제를 해결하려고 노력하지만 결국 '삶'을 부정한다. 그러나 중국인은 '죽음'이라는 문제에 더 현명하고 더 이성적이다. 첸무는 『좌전』에 실린 숙손표(叔孫豹)가 말한 '입덕(立德)·입공(立功)·입언(立言)'의 여섯 글자는 중국인이 추구하는 불후사상을 고전적으로 설명한 것이라고 생각했다. "덕을 쌓고, 공을 세우고, 언론을 남긴다."라는 이 세 가지 불후의 방식은 모두 현실세계에 있는 것이며 현실세계 밖에 있는 게 아니다. 첸무는 다음과 같이 말하고 있다.

> 덕을 쌓고, 공을 세우고, 언론을 남긴다는 뜻을 추론해보면 사람이 죽은 이후에도 그의 덕행·공적·언론이 여전히 세상에 남아 있는 것이며 이것이 바로 불후이다. 세상에 남아 있다는 것은 명확하게 말하면 후세인의 마음속에 남아 있는 것이다. 동양인은 관념상에서 한편으로는 자신의 영혼을 포기했으며, 다른 한편으로는 다른 사람들의 마음을 장악하는 것으로 보상을 받았다. 동양인의 견해에 따르면 사람의 생명은 마땅히 다른 사람의 마음속에 반영되어야 비로소 가치 있다.[70]

69) 錢穆, 『靈魂與心』, 聯經出版事業公司, 1976년, 23쪽.

먼저 '언론을 남기는 것'을 말해보자. 첸무에 따르면 '언론을 남기는 것'과 불후의 관계는 사람이 죽은 이후에도 그의 언론이 여전히 세상에 남아 있는 것이다. 언론이 세상에 전해질 수 있는 이유는 주로 저술 때문이다. 우리가 지금 기억하는 노자·장자·한비자·플라톤·키케로 등이 저술을 통해 그들의 정신생명을 오늘날까지 보존하고 있다. 그러므로 중국에는 예전부터 "문장은 천고의 일이며 벼슬은 한순간의 영광이다."라는 말이 있다.

'공을 세우는 것'과 불후의 관계는 사람이 죽은 이후에 생전에 이룩했던 칭송받을 만한 공적이 후대인의 기억에 남아 있는 것이다. 예를 들면 지도자들의 창제와, 군인들의 전공, 과학자들의 발명 등등이다.

첸무는 '언론을 남기는 것', '공을 세우는 것'과 상대적으로 중국인이 가장 중시하는 것은 '덕을 쌓는 것'이며, '언론을 남기는 것'과 '공을 세우는 것'은 모든 사람들이 할 수 있는 것이 아니지만 '덕을 쌓는 것'은 필부필부가 모두 할 수 있는 것이라고 생각했다. 그는 다음과 같이 말하고 있다.

> 공을 세우는 것은 좋은 기회가 있어야 되고 언론을 남기는 것은 조건이 성숙되어야 하며 단지 덕을 쌓는 것이 기회와 조건의 제약을 받지 않는다. 그래서 중국인은 덕을 쌓는 것을 가장 중시한다. 물을 긷고 나무를 하는 것은 거의 모든 사람들이 할 수 있는 것이다. 공이 없어도 되고 언론을 남기지 않아도 된다. 물을 긷고 나무를 하는 일에서도 덕을 볼 수 있다.[71]

첸무는 '덕'은 큰 덕과 작은 덕으로 나눌 수 있다고 생각했다. 나라를 다

70) 錢穆, 앞의 책, 9쪽.
71) 錢穆, 『人生十論』, 70쪽.

스리고 천하를 태평하게 하는 것과 같은 것을 큰 덕이라고 하고, 물을 긷고 나무를 하는 것과 같은 것을 작은 덕이라고 한다. 그러나 덕을 쌓는 것과 불후의 관계에서 보면 큰 덕과 작은 덕은 차이가 없다. 왜냐하면 우리가 어떤 지위에서 어떤 일을 하든지 간에 전심전력을 다해 하늘을 우러러 부끄러움이 없고 세상을 굽어보아 거리낌이 없으면 모두 덕행이기 때문이다. 큰 덕은 만물의 성장을 촉진시키고 작은 덕은 강물처럼 끊임없이 흐르며, 뛰어난 말은 그 덕을 칭찬하지 그 힘을 칭찬하지 않는다. 나라를 다스리고 천하를 바로잡는 것과 물을 긷고 나무를 하는 것은 단지 신분과 능력의 차이일 뿐이지 덕의 차이가 아니다.

첸무의 이해에 의거하면 '덕을 쌓는 것'이 불후와 밀접한 관계가 있는 이유는, 그것이 인생과 관련된 다른 하나의 큰 문제, 즉 '나'의 문제와 직접적인 관련이 있기 때문이다.

첸무가 생각하기에 서양인이 추구하는 불후는 영혼에 있기 때문에 하느님과 천국을 중시한다. 중국인이 추구하는 불후는 죽은 이후의 영혼에 있는 게 아니라 살아 있을 때 덕행을 쌓고, 공적을 세우고, 언론을 남기는 데 있다. 덕행·공적·언론이 세상에 전해질 수 있는 이유는 사람은 사회에서 살아가는 사람이기 때문이다. 사회에서 살아가는 사람은 반드시 덕성을 갖추어야만 세상 사람들의 긍정적인 평가를 받는다. '세상을 살아가면서 지켜야 할 도의와 사람의 마음〔世道人心〕'이 이러한 의미이다. 맹자가 '인은 사람의 마음'이라고 한 것 역시 이러한 의의에서 말한 것이다. "인심(人心)에서는 마땅히 인(人)자를 중시해야 하며, 세도(世道)에서는 마땅히 세(世)자를 중시해야 한다." 첸무는 여기에 의거해서 중국의 유가학설은 일종의 '인심교(人心教)' 또는 '양심교(良心教)'라고 생각했다. 그에 따르면 서양인은 일할 때 하느님에 의지하며 중국인은 일할 때 양심에 의지한다. 서양인은 교회가 사람의 마음을 단련시키고 다른 사람의 마음과 교류하는 장소이기 때문에 반드시 교회가 있어야 한다. 중국인은 가정에서 양심을 배양하기 때문에 교회가 필요하지 않으며 교회를 대신하는 것이 가정이다. "중국인의 가정은 사실상 중국인의 교당이다."[72]

첸무는 중국인이 말하는 '세상을 살아가면서 지켜야 할 도의와 사람의 마음'에서 '사람의 마음'은 일반적으로 말하는 '생물적인 마음'이 아니라 '문화적인 마음'이라고 보았다. 인생은 "인류가 가진 문화적인 마음이 서로 비추는 가운데 있다." 사람 개개인의 사사로운 생명은 사사로움이 없는 인류의 '공심(公心)' 가운데 존재한다. 그러므로 중국인은 인생의 불후를 마음에서 찾는 것이며, 즉 사사로움이 없는 인류의 '공심'에서 찾는 것이다. 사람의 생명이 인류의 마음에 남아서 영원히 사라지지 않는다면 바로 불후하는 것이다. 그래서 "진실한 인생은 마땅히 사사로움이 없는 인류의 마음〔公心〕에서 찾아야 하며 작은 나의 사사로운 마음〔私心〕에서 찾아서는 안 된다. …… 만약 타인의 마음에 내가 없다면 나는 어디에 살고 있는 것인가."[73]

전체인류 가운데 진실한 인생을 찾는 유일한 길이 덕행에 있으며, 덕을 행하는 것은 인생을 실천하는 것이다. 그러나 문제는 사람들이 도덕생활을 하는 것은 불후를 추구하기 위해서가 아니라는 것이다. 불후를 추구하는 것을 덕행의 종국적인 목적으로 간주한다면 덕행은 도덕적인 의의를 잃게 되며 종교가 말하는 인생철학과 본질적인 차이가 없어진다. 게다가 사람들이 단지 죽은 이후에 이름을 남기기 위해 도덕생활을 한다면 본질적으로 도덕적인 생활이 아니라 이기적인 행위이다.

첸무는 이 점을 의식했기 때문에 '덕을 쌓는 것'을 인생의 불후를 추구

72) 錢穆, 『靈魂與心』, 28쪽.

73) 錢穆, 위의 책, 30쪽.

하는 중요한 내용으로 간주함과 동시에 우주론과 인식론 방면에서 '덕'을 해석했다. 그는 훈고(訓估)에 근거해서 '덕(德)'을 얻는다는 의미의 '득(得)'으로 해석했다. 그러나 덕이 득이라면 득은 무엇인가? 그것은 천성(天性)을 얻는 것이다. 그는 다음과 같이 말하고 있다.

중국인은 언제나 덕성(德性)을 이야기하는데 덕(德)은 바로 '성(性)을 얻는 것'을 가리키는 것이기 때문이다. 당(唐) 한유(韓愈)는 『원도(原道)』편에서 "이미 충분하기 때문에 밖에서 구할 필요가 없는 것을 덕(德)이라 한다."고 했다. 사람의 천성은 자신이 충분히 갖추고 있으므로 자기 밖에서 구할 필요가 없으며 또한 자기 밖에서 추구할 수 없는 것이다.[74]

그렇다면 왜 '득(得)'은 단지 안에서만 추구할 수 있고 밖에서 추구할 수 없는 것인가. 첸무에 따르면 그 원인은 인생은 모두 '공(空)'이기 때문이다. 인생은 잠깐이며 죽어서도 얻는 바가 없고 살아서도 얻는 바가 없다. 인생은 권력욕·재부욕·식욕·색욕 등의 수많은 욕망이 있지만 결국 '공'에 불과하다. 영예·지위·재부·미색 등은 사람이 한번 죽어 두 다리가 경직되기만 하면 그 모든 것은 뜬구름처럼 사라지며, 그래서 인간세상의 모든 공훈과 업적은 하나의 공(空)에 불과하다. 불교는 이러한 도리를 분명히 알았기 때문에 사람들에게 '공'자를 인식하고 이러한 경지에서 안주하게 했다. 이러한 경지가 '열반(涅槃)'의 경지이다. 그러나 열반의 경지 역시 결국은 '공'이며 여전히 얻는 바가 없다. 세상 사람들이 실정을 모르고 결국 '공'인 이러한 경지에서 무엇인가를 얻으려고 하고 자기의 욕망을 만족시키려 하기 때문에 인생의 각종 어리석음과 죄악을 형성하는 것이다.

---

74) 錢穆, 『中國思想通俗講話』, 求精印務公司, 1962년, 38쪽.

중국의 유학사상은 이와 다르다. 인생은 얻는 바가 있다고 생각한다. 그러나 이러한 얻는 바는 생명과 관련된 것이 아니다. 생명은 반드시 끝이 있기 때문에 얻는 바가 있다고 볼 수 없다. 금전·권력·여색 등 생명 이외의 것은 더욱 얻는 바가 있다고 할 수 없다. 다시 말하면 '득(得)'의 문제에서 중국인은 생명보다 더 고귀한 것이 있다고 생각했는데 이것이 바로 '마음생활'이다. '마음생활'은 자기 자신의 체험이며 외부세계의 자극을 필요로 하지 않는다. 여기에서 '마음'은 본체론적인 의미의 마음이며, '천지의 마음', '사회윤리의 마음'이다. 이와 마찬가지로 도덕은 바깥에서 강요하는 것이 아니라 마음에서 발현되며, 혹은 '마음'의 표현형식이라고 말할 수 있다. '마음'은 도덕생활의 주체이지만 '몸'과 대립하지 않는다. 마음과 몸이 하나 되는 것은 마음과 사물이 하나 되는 것이다. 그래서 유가의 인생철학은 금욕주의를 주장하지 않는다. 맹자가 "식욕과 색욕은 모두 성(性)이다."라고 말한 것 가운데 '성'이라는 글자는 사람의 천성 또는 덕성을 말하며, 천성과 덕성은 유가학설에서 구분이 없다. 그래서 식욕과 성욕도 덕성에 속하며 중요한 것은 그 척도를 파악하는 것이라고 할 수 있다. 이것은 유가학설에서 '공부'라고 한다. '공부'가 강조하는 것은 자기를 돌이켜보고 내심을 관조하는 것이며, 그것이 말하는 것은 일종의 생활체험이다. "그래서 중국인은 인생을 이야기할 때 신앙을 말하는 것을 좋아하지 않고 체험을 말하는 것을 가장 좋아 한다."[75] 체험은 자기의 체험이며 외재적인 구속이 아니다. 이러한 '공부'가 바로 안으로 성인의 품성을 갖추는 '내성(內聖)'이다.

'내성'이라는 이 말에서 '내'와 '성'은 모두 중요하다. '내(內)'는 덕성을 실천하는 과정 가운데 사람들의 주체성을 강조하는 것이고 '성(聖)'은 덕

75) 錢穆, 앞의 책, 42쪽.

성의 경지를 강조하는 것이다. '내성'은 본성을 다해 완전한 사람, 즉 성인이 되는 것이다. 이에 대해 첸무는 다음과 같이 말하고 있다.

> 인생의 과정은 사람이 되는 과정일 뿐이다. 처음부터 끝까지 인생은 사람으로서 해야 할 일을 다 해 사람이 되려는 것이다. 그러나 사람이 된다는 것은 추상적인 사람이 되어서는 안 되며 반드시 구체적인 사람이 되어야 한다. 구체적인 사람이 되기를 원한다면 반드시 자기, 즉 '나'를 완성해야 한다. 내가 나인 까닭은 바로 나의 인품과 덕성 위에 있다. 맹자는 "그가 사람이면 나 또한 사람"이라고 했다. 그가 한 사람이 될 수 있으면 나 역시 한 사람이 될 수 있다. 추상적으로 말하면 같은 한 사람이며, 구체적으로 말하면 그는 그이고 나는 나이며 그 사이에 다름이 있다. 사람이 되려면 마땅히 끝까지 되어야 한다. 사람이 되는 것을 끝까지 한다는 것은 여전히 인품과 덕성 위에 있다. 이것은 맹자가 말한 '성을 다한다.' 라는 것이다. 성을 다하면 완전한 사람이라고 부를 수 있으며, 부모는 완전하게 그것을 낳고 자녀는 완전하게 그것으로 돌아간다. 완전하게 그것으로 돌아가는 자가 완전한 사람이며 완전한 사람은 바로 성인이다. 성인은 다른 뜻이 아니라 단지 한 사람이 되는 것이며, 바로 그 자신, 즉 내가 되는 것이다. 즉 나의 인품과 덕성 위에서 확실히 한 사람의 모습을 완성하는 것이다.[76)]

첸무는 마음과 사물이 하나 되고, 마음과 몸이 하나 되는 것을 강조했지만 동시에 '몸의 생활'은 '마음의 생활'과 다르다고 생각했다. 식욕과 색욕은 덕성에 속하지만 덕성은 식욕과 색욕에서만 표현되는 게 아니다. 반대로 첸무의 문화 주장은 '몸의 생활'에 반대하고 '마음의 생활'을 고양하는 것이다. 그는 "중국 문화는 마음의 생활과 몸의 생활에 대해서 중용적

76) 錢穆, 『中國思想通俗講話』, 求精印務公司, 1962년, 48쪽.

인 견해를 취한다. 중국 문화의 큰 체계에서 불교의 교의와 과학자들의 발명은 모두 필요한 것이다. 우리는 불교에 대해서 그들이 말하는 몸의 생활은 공이며 의미가 없다는 견해를 받아들일 수 있다. 우리는 과학자들에 대해서 그들이 발명한 것을 받아들여 생활 방면에서 편리함을 누릴 수 있다. 그러나 가장 중요한 것은 마땅히 마음의 생활에 주의해야 한다."[77]라고 했다. '마음의 생활'이라는 것은 종교인생과 다른 유가의 마음 생활이다. 첸무에 따르면 유가의 마음의 생활이 중시하는 것은 '편안함과 즐거움'이다. 그러나 '편안함'과 '즐거움'은 서로 연관되어 있으며, "편안해야 즐겁고 즐거워야 편안하다." 마음이 조금이라도 불안하면 자연히 즐거울 수 없다. 반대로 조금만 즐겁지 않더라도 자연적으로 마음이 편안할 수 없다.

첸무는 사람의 편안함과 즐거움은 물질적으로 풍요로운 생활을 누릴 수 있는가 없는가에 있는 게 아니라 영혼이 안식처를 찾을 수 있는가 없는가에 있으며, 그 방법은 "돌이켜 자기 마음을 구하는 데 있다."고 생각했다. 그는 '공자와 안연의 인격'을 특별히 추종했으며, 그들의 인생은 일종의 예술화된 인생이고 '매우 고명하며 도와 중용에 부합하는' 인생이라고 생각했다. 이러한 인생이 가장 기본적으로 요구하는 것은 우주와 인생을 하나로 합해서 체험하는 것이며, 그 체험의 기초는 바로 '성(誠)'이다. '성' 자는 철학적인 의의에서 말하면 우주론과 본체론적이다. 『중용』에서 "진실함〔誠〕은 만물의 끝과 시작이며 진실함이 없으면 만물이 없다."고 했고, 또한 "진실함은 천지의 도리이다. 진실함으로 인해 도리를 알게 되는 것을 천성이라 하고, 도리를 앎으로 인해 진실해지는 것을 교육이라고 한다. 진실하면 도리를 알게 되고 도리를 알게 되면 진실해진다."[78]고 했

77) 錢穆, 『中國文化十二講』, 44쪽.

78) 『中庸 · 21장』, "誠者, 天地之道也. 自誠明, 謂之性. 自明誠, 謂之敎. 誠則明矣, 明則誠矣."

으며, "진실하면 드러나고, 드러나면 분명해지며, 분명해지면 밝아지고, 밝아지면 사람의 마음을 움직이며, 사람의 마음이 움직이면 변하게 되고, 변하게 되면 만물을 화육하게 된다. 천하에서 가장 진실한 사람이 만물을 화육할 수 있다."[79]고 했다. 첸무는 『중용』의 이러한 말은 도덕본체를 형이상학적으로 게시한 것이며 중국의 인생철학이 단지 윤리학문이 아님을 충분히 설명하는 것이라고 생각했다.

첸무의 설교는 사실상 숭스리가 걸어갔던 형이상학의 길을 가는 것이며, 취지는 형이상학적으로 '내성'의 가치를 긍정하는 것이다. 그에 따르면 유가의 우주관은 하늘의 덕과 인간의 본성이 하나 되는 덕성일원(德性一元)으로 우주와 인생을 관찰하는 '덕성의 우주관'이다. 그것은 하늘과 사람이 하나 되고 우주와 인생이 일체가 될 수 있는 열쇠는 '덕성(德性)'이라는 두 글자에 있다고 강조한다. 사람이 덕성이 없으면 하늘과 땅을 아우르고 사물과 내가 하나 되는 경지에 도달할 수 없다. 그는 "무릇 사물과 나, 삶과 죽음, 하늘과 사람을 아울러 그것들이 하나 되게 할 수 있는 이유는, 그것들은 본래 동일한 문화 가운데 있으며 동일한 덕성을 가졌기 때문이다. 이러한 덕성은 위아래를 일관하고, 하늘과 땅을 통할하며, 사물과 내가 통하게 하고, 삶과 죽음을 관철한다."[80]고 했다.

▶ 전통문화의 부정적인 부분을 위한 변호

첸무는 여러 방면에서 전통문화를 찬양했으며, 분명한 태도와 격렬한 어휘 그리고 새로운 사상과 새로운 문화를 적시하는 태도는 앞에서 서술

---

79) 『中庸 · 23장』, "誠則形, 形則著, 著則明, 明則動, 動則變, 變則化, 唯天下至誠爲能化."
80) 『中國學術思想史論叢』, 271쪽.

한 몇몇 신유가 인물들이 미치지 못하는 부분이다.

량수밍, 장쥔마이, 슝스리, 펑유란, 허린 등도 전력을 다해 유학을 부흥시키고 공문도통을 계승해야 한다고 주장했으며, 새로운 문화와 새로운 사상에 대해 적대적인 태도를 취했지만 중국 전통문화에 가치 없는 것들이 있음을 부정하지는 않았다. 그렇지만 첸무는 중국 고대의 거의 모든 것이 아름답고 이상적이라고 생각했으며, 분명히 가치 없는 것에 대해서도 억지로 이유를 찾아서 변호하려고 했다. 그중에서 그가 전력을 다해 변호한 것은 중국 전제주의 정치문화이다.

20세기에 살고 있는 중국인이 보기에 중국 고대사회가 전제주의 사회였다는 것은 역사적인 상식이다. 그렇지만 첸무는 전력을 다해 이 사실을 부정했다. 그에 따르면 중국 고대사회를 전제주의 사회라고 하는 것은 신문화운동이 만들어낸 신화이다. 고대 중국은 전제주의 사회가 아니었을 뿐만 아니라 오히려 이상적인 민주정치를 시행했다. 그는 이것을 '군주입헌'이라고 불렀다.

이러한 점을 설명하기 위해서 첸무는 '영웅성'과 '집단성'이라는 두 개념을 생각해 내었다. 그에 따르면 서양의 역사는 '영웅성'으로 표현되며 중국의 역사는 '집단성'으로 표현된다. 중국 고대에도 영웅이 있었지만 '영웅성'은 '집단성'에 예속되었으며 중국 문화에서 '영웅성'은 언제나 '집단성'에 의해서 가려졌다. 그가 가장 먼저 예로 든 것은 유방과 항우의 초한(楚漢)전쟁이다. 항우는 일개 무사였으며 영웅이라고 할 수 있었지만 사람을 부릴 줄 몰랐다. 유방은 '영웅성'이 그다지 많지 않았지만 소하, 장량, 한신 등이 그를 보좌했다. 전쟁의 결과는 유방이 승리하고 항우가 패배했다. 또한 동한(東漢) 초의 광무제(光武帝)는 평민의 신분으로 천자가 되었지만 '영웅성'은 그렇게 분명하지 않았으며 그의 모든 업적은 집단에 의거해서 완성된 것이다. 다시 삼국시대의 유비·손권·조조 세 사람을 예로 들면, 유비와 손권은 재능이 그다지 없었으며 모두 부하들에 의지해서 대업을 완성할 수 있었다. 조조는 '영웅성'이 어느 정도 있었지만 그의 업적은 자신의 역량에 의거해서 완성한 것이 아니라 수하에 용맹한 장수와 지략이 뛰어난 신하가 많았기 때문에 완성할 수 있었다. 또한 명(明) 태조 주원장(朱元璋)은 본래 절에서 생활하던 승려였으나 이후에 천하를 얻었다. 그 개인은 기품이 있었지만 집단에 의지했으며, 자신은 단지 집단에 속한 한 사람일 뿐이었다.

첸무는 중국의 '집단성'을 충분히 설명하기 위해서 중국 장기를 예로 들었다. "중국 장기에서 차(車)·마(馬)·포(炮)·사(士)·상(相)·병(兵)은 모두 각자의 쓰임이 있으며, 차·마는 영웅성이 보인다. 그러나 가장 높은 장수는 혼자서는 아무런 쓸모가 없으며 다른 쓸모 있는 것이 쓸모없는 그를 보호하게 한다. 이것은 한 종목의 게임이지만 어찌 중국의 전통 관념을 충분히 표현하는 것이 아니라고 할 수 있겠는가."

위에서 서술한 사례를 통해 첸무는 중국 고대에는 어진 신하와 훌륭한 장수들이 대부분의 무능한 군주를 보좌했기 때문에 전제군주가 없었다고 단정했다. 게다가 중국의 군신관계는 줄곧 화합적인 관계였기 때문에 전제군주가 있을 수 없었다. 국가의 실질적인 권력은 재상이 장악했고 조정의 직권은 분담되었으며 황제가 독점한 것이 아니었다. 한(漢) 무제 시대를 예로 들면 "한 무제 시대의 정부를 전제정부라고 말할 수 없다. 한 무제 당시는 내정(內廷)과 외조(外朝)가 있었다. 재정제도 역시 명백하게 나누어졌으며, 어떤 세수입은 대사농(大司農)에서 관리하고 외조정부가 사용했다. 어떤 세수입은 소부(少府)에서 관리하고 내정황실이 사용했다. 재정대신이 분명하게 나누어졌는데 정치제도 방면에서 어떻게 황제 한 사람에 의한 전제정치라고 할 수 있는가."[81] 여기에 기초해서 첸무는 일반적이지 않는 견해로 '인권'이라는 두 글자를 이해하게 되었다. 그가 생각하기에 "중국에서는 본래부터 '인권'이라는 두 글자가 없었다. 중국인은 단지 인성(人性) · 인정(人情) · 인도(人道) · 인품(人品)을 이야기했을 뿐이며 인권을 이야기하지 않았다." 인권을 이야기하지 않았기 때문에 중국 고대의 군신관계는 직위가 다를 뿐이었으며 권력의 크고 작은 구분이 없었다. "군주 또한 하나의 직분이었고 신하도 하나의 직분이었다. 단지 군주의 자리가 신하의 자리보다 높다고 이야기할 뿐이며 군주의 권력이 신하의 권력보다 높다고 이야기하지 않는다."[82)]

첸무는 또한 고대 중국에는 정치제도가 있었고 군주들이 마음대로 정치할 수 없었기 때문에 고대 중국을 전제사회로 볼 수 없다고 생각했다.

오늘날 중국의 전통정치는 왕위를 세습하고 선거를 하지 않았다고 하는데 틀린 말이 아니다. 그러나 다른 하나의 제도가 진한(秦漢)에서 청(淸) 말까지 이어졌으며, 역대로 약간의 변화가 있었지만 대체적으로 일관되게 계승되었다. 당(唐)대의 두우통전(杜佑通典) 이하 삼통(三通) · 구통(九通) · 십통(十通)은 모든 정치제도, 즉 납세는 어떠하고, 군복무는 어떠하고, 선거는 어떠하고 등등 모든 방면에 대한 법을 제정하고 있다. 이런 법은 위에서 아래에 이르기까지 역대로 일관되게 계승되었으며, 그래서 통이라고 하는 것이다. 이것이 바로 중국인의 통사(通史)이다. 나는 『중국역대정치득실(中國歷代政治得失)』이라는 소책자 한 권을 가지고 있다. 이 책은 한 · 당 · 송 · 명 · 청 5대의 제도를 구통(九通)의 책에서 찾아내어 그 깊은 뜻을 간단하게 적어 놓았다. 여러분이 이 작은 책을 한 번 읽어보면 중국의 전통정치가 제왕전제인지 아닌지 알 수 있다. 내가 생각하기에 서양의 관념에 비추어서 중국 전통정치를 말하면 군주입헌이라고 할

81) 『中國學術思想史論叢』, 58쪽.

82) 위의 책, 73쪽.

수 있을 뿐이며 군주전제라고 할 수 없다.[83]

첸무에 따르면 신문화운동 이후의 신파인물들이 2천여 년의 중국 고대사회를 전제사회라고 말하는 이유는 그들이 '전제(專制)'라는 두 글자를 혁명을 제창하고 청(淸) 정부를 뒤엎을 때 선전의 구호로 사용했으며 일시적인 이로움을 위해 사용했기 때문이다. "그러나 먼 곳에서 바라보면 역사를 왜곡하고 사실을 말살하며 오직 한순간의 편리를 위해 사용하는 선전은 이로움보다 해로움이 많다."[84] 첸무는 고대사회를 전제주의 사회로 간주하는 데 반대했기 때문에 쑨원이 이끌었던 신해혁명에 매우 부정적이었다. 그는 『국사대강』에서 "중국의 신해혁명은 모든 고상(故常)을 뒤엎는 가짜 혁명에 빠진 혐의가 상당 부분 있다."[85]고 분명하게 지적했다. 이 말에 대한 그의 해석을 보자.

> 신해혁명이 쉽게 성공할 수 있던 이유는 만주족을 배척해야 한다고 호소했기 때문이다. 민주공화의 새로운 정치체제는 이론적으로 말하면 우리 전대의 정치이론 및 정치정신에 부합하지 않는 것은 아니다. 그렇지만 실질적인 정치상황에서 말하면 한 국가의 정치제도는 그 국가의 궤도가 있다. 즉 왕실을 말하면, 영국과 일본 같은 나라는 지금까지 여전히 왕실이 있다. 러시아와 오스트레일리아도 당시에는 왕실이 존재했다. 중국은 만주족이 좁은 의미의 부족정권을 유지하고 있다는 이유로 부득이하게 왕실을 전복시킬 수밖에 없었다. 그러나 왕실을 전복시킨다는 이유로 구전통의 정치제도를 모두 뒤엎었다. 당시에 중국은 진(秦) 이후, 즉 왕실이 있었던 이후부터 존재하던 모든 정치제도와 관

---

83) 『中國學術思想史論叢』, 60쪽.
84) 錢穆, 『中國歷史精神』, 11쪽.
85) 錢穆, 『國史大綱』, 699쪽.

습은 대부분 쓸모없는 것이라는 잘못된 견해가 있었다. 그리하여 우리의 옛 전통을 완전히 버리고 우리에게 어울리지 않는 다른 나라의 정치제도를 본받으려고 했는데 이것이 당시의 가장 큰 실수였다. 시험을 치고 자격을 평가해서 인재를 선발하는 것은 중국의 정치제도에서 오랫동안 계승되어온 일종의 객관적으로 사람을 뽑는 표준이었으나 민국 이래 그것을 버리는 것조차 아까워하지 않았다. 만약에 백성의 정치를 이룩하지 못한다면 정부는 부패하고 정국은 혼란해진다.[86]

위 견해에 의거해서 첸무는 1911년 이후 중국 사회의 고난이 거듭되는 이유는 신해혁명이 왕실을 보류하지 않고 고대의 정치전통을 전체적으로 뒤엎었으며 이로 말미암아 인심은 질서를 잃고 사상은 혼란해졌기 때문이라고 생각했다. 그는 신해혁명 이후의 변화를 '문화혁명'과 '사회혁명'으로 개괄했다. "문화혁명의 구호에는 '예교가 사람을 잡는다', '공자의 사당을 쳐부수자', '고서를 화장실에 버리자', '전반적으로 서양 문화를 받아들이자', '한자를 폐지하자'는 것 등이 있다. 사회혁명은 노동자와 농민 등의 무산계급을 조직해서 정권을 탈취하고 소비에트 정부 수립을 사명으로 삼는다." 여기에서 알 수 있는 것은 첸무의 눈에서 '문화혁명'이 가리키는 것은 신문화운동이며 '사회혁명'이 가리키는 것은 공산당의 무산계급 혁명이다. 그는 이 두 가지 혁명 때문에 중국이 몇십 년간 정치가 불안정해졌고 사회는 출로가 없어졌으며, 사상은 극단적으로 향했고 국가와 민족의 원기와 정력이 헛되게 소모되었다고 생각했으며, 이 모든 것은 쑨원 등의 '가짜혁명' 때문에 야기되었고 생각했다.

---

86) 錢穆, 앞의 책, 666쪽.

팡둥메이의 생명정신학(生命精神學)

팡둥메이(方東美)는 시인철학가이다. 정확하게 말하면 시인의 안목으로 인류 역사의 진행과 중국 문화의 운명을 가늠했으며 시적인 언어로 자기의 철학적인 견해를 묘사한 사상가이다. 이러한 시성(詩性)의 지혜는 그를 범상치 않은 경지로 인도했다. 그는 다른 신유가들과 달리 오로지 유가 전통만 가슴에 품고 살지 않았으며 유·불·도 삼교를 동일하게 논했다. 또한 송명이학에 집착하지 않았고 원시유가의 사상적 가치를 더 강조했으며, 단지 중국 전통사상에서 중국 문화를 부흥시킬 대법을 찾은 게 아니라 서양의 전통문화를 중국 문화를 부흥시키는 사상의 보고로 간주했다. 기타 신유가와 비교해서 그는 더욱 넓은 시야와 더욱 넓은 도량을 가졌다. 이러하기 때문에 수많은 논자들이 그를 신유가로 보는 것은 토론할 가치가 있다고 생각한다. 사실상 신유가는 특별한 어떤 것이 아니라 유학의 문화적 가치를 강조하고 유학 전통을 다른 사상전통보다 우위에 둔다면 모두 신유가 사조의 조성부분이라고 볼 수 있다. 팡둥메이는 다양한 사상 전통을 겸용했지만, 첫째 그는 유학 전통을 부정하지 않았을 뿐만 아니라 반대로 다양한 사상을 탐색한 목적은 유학을 새롭게 이해해고 그것의 가치를 알려 현대사회에서 유가사상의 주도적인 지위를 보장하기 위해서였다. 둘째, 그는 중외 사상 전통을 함께 논했지만 그의 사상에서 유학 전통은 기타 전통보다 우위에 있었다. 셋째, 그는 다른 신유가와 마찬가지로 신문화운동 이후의 신사조에 대해 부정과 비판적 태도를 견지했다.

팡둥메이는 이름이 순(珣)이고 자는 동미(東美)이며 1899년에 안후이 퉁청(桐城)에서 태어났다. 그는 어릴 때부터 유가 경전을 두루 읽었을 뿐만 아니라 『장자』 등의 문학작품도 즐겨 읽었다. 14세에 퉁청중학에 입학했으며 4년 뒤에 진링대학(金陵大學)에 입학해 철학을 전공했다.

팡둥메이는 성격이 솔직하고 활달했으며 사회활동에 적극적이었다. 그는 재학 당시 학생자치회 회장, 학생 동아리인 '중국철학회'의 대표, 진링대학 학보인 『금릉광(金陵光)』의 편집총괄을 지냈으며, '소년중국학회'에 가입해서 이 학회에서 주관한 『소년세계』의 편집총괄과 『소년중국』의 편집인을 지냈다. 또한 1921년에 난징에서 개최된 '소년중국' 제1차 대표대회에 참가했는데 당시 회의에 참석한 사람 가운데 훗날 정계와 문화계에서 이름을 날린 장원톈(張聞天), 션쩌민(沈澤民), 까오쥔위(高君宇), 떵중샤(鄧中夏), 윈따이잉(惲代英) 등이 있었다. 듀이가 난징을 방문했을 때 팡둥메이는 '중국철학회'를 대표해서 환영사를 낭독했다. 그는 진링대학 재학 4년 동안 품행이 바르고 성적이 우수하여 스승의 두터운 사랑과 동창들의 존경을 받았으며, 『실험주의』를 번역해서 출판했을 뿐만 아니라 『베르그송 생명철학(柏格森生命哲學)』, 『실재주의의 생의 철학(唯實主義的生之哲學)』, 『제임스의 종교철학(詹姆士底宗教哲學)』, 『국제간 양대 학술단체(國際間兩大學術團體)』 등을 발표했다.

진링대학은 기독교 대학이었기 때문에 학생 대부분이 세례를 받고 입교했다. 그러나 팡둥메이는 입교를 원하지 않았을 뿐만 아니라 여러 차례 학교행정을 비판했기 때문에 교수회의에서 그의 제적을 결정했다. 그러나 해밀턴 박사는 이 결정에 반대했으며 팡둥메이 같은 우수한 학생을 제적시키는 것은 진링대학을 제적시키는 것과 같다고 했다. 1921년 교장 볼드윈은 팡둥메이의 재능을 높이 평가해서 그를 미국에 보내 깊이 있는 연구를 하게 했다. 그는 위스콘신대학에 들어갔으며 중도에 오하이오 주립대학에서 1년간 헤겔철학을 전공한 후 다시 위스콘신대학으로 돌아왔다. 그리고 1924년에 『영미실재주의의 비교연구(英美唯實主義的比較研究)』로 박사논문 답변을 통과했으며 그해 가을에 고국으로 돌아왔다.

귀국한 이후 팡둥메이는 우창사범대학(武昌師範大學)에서 서양철학을 강의했다. 당시 숭스리가 이 학교에서 교편을 잡고 있었는데 그는 숭스리와 두터운 우의를 다졌다. 그는 1925년 '소년중국' 내부가 분열되고 회원들이 동지에서 정치적인 적으로 변하는 것을 보고 한탄했을 뿐만 아니라 정치에서 멀리 떠날 것을 결심했다. 그해 8월에 동난대학(東南大學)으로 가서 철학과 주임이 되었다.

팡둥메이는 "가학(家學)의 연원 방면에서 나는 유가이며, 성품과 기질 방면에서 나는 도가이며, 마음으로 의지하는 종교 방면에서 나는 불가이며, 이 밖에 학문을 연구하는 방법 면에서 나는 서가이다."[87]라고 했다. 리둥팡(黎東方)은 "팡둥메이 선생의 공헌은 그가 일생에서 가장 아름다운 시기를 중국 사상을 서양에 알리는 일에 종사했으며, 또한 유교·도교와 대승불교를 종합해서 중국철학을 다시 건립했고 각종 서양철학의 정수를 흡수해서 중국철학이 더욱 완전하게 한 것이다."[88]라고 말했다.

1937년 중국철학회 제3차 회의에서 그는 예전에 써놓았던 『철학삼혜(哲學三慧)』를 낭독했는데 그때 그리스 문화는 이치에 부합하는 '계리문화(契理文化)', 근세 유럽 문화는 능력을 숭상하는 '상능문화(尙能文化)', 중국 문화는 오묘한 깨달음을 추구하는 '묘성문화(妙性文化)'라고 하여 학계의 큰 관심을 받았다.[89] 같은 해 2월에 『과학철학과 인생(科學哲學與人生)』을 출판해서 그리스·근세 유럽·중국 문화의 특징을 계통적으로 논술했으며, 특히 문화 중에서 생명정신과 생명정조의 의의를 중시한 문장은 내용이 독특하고 우아해서 학계의 높은 평가를 받았다.

---

87) 方東美, 『中國哲學精神及其發展』 부록 1, 聯經出版公司, 1981년, 525쪽.

88) 黎東方, 「國際方東美哲學硏討會閉幕辭」, 『方東美先生的哲學』, 幼獅文化事業公司, 1989년, 19쪽.

89) 劉述先, 「方東美先生哲學思想概述」, 『評新儒家』, 羅義俊 編, 上海人民出版社, 1989년, 467쪽.

1937년, 전면적인 항전이 시작되면서 팡둥메이는 난징중국방송국에서 개최한 『중국인생철학정의(中國人生哲學精義)』라는 방송 강좌에서 총 8강을 강의했다. 당시 그는 중국 민족의 슬기로운 지혜를 설명하고 중국 사상의 높은 경지를 찬송함으로써 국민들의 애국심을 진작시켰다. 이 강좌 이후 『중국인생철학개요(中國人生哲學概要)』가 출판되었다. 얼마 지나지 않아 중앙대학(中央大學)이 충칭으로 이전해감에 따라 팡둥메이는 1948년까지 충칭의 중앙대학에서 교편을 잡았으며, 그사이에 평민교수의 신분으로 장제스(蔣介石)에게 역학·음양학과 헤겔철학을 강의했다. 1948년에 타이완으로 건너가 타이완대학의 철학과 교수를 지냈다. 그 후 여러 차례 미국에서 강의하고 국제학술회의에 참석했으며, 미국대학의 방문교수로 초빙되는 등 서양학계의 각별한 존중을 받았다.

대체적으로 팡둥메이의 철학연구는 세 시기를 경과했다. 청년 시기에는 주로 서양철학을 연구했고, 30년대에서 60년대 초까지는 동서철학을 비교 연구했으며, 생애 마지막의 10여 년간은 완전히 중국철학 방면으로 돌아왔다. 그는 영어실력이 매우 뛰어났다. 그의 학생 펑후샹(馮滬祥)에 따르면 "팡 선생의 중문은 우아하고 그윽하며 영문은 더욱더 고아하고 화려하다. …… 중문의 품격은 송사(宋詞)의 영향을 받았고 영문은 '빅토리아식 영문'의 영향을 받았기 때문에 수많은 영미학자들조차 그에게 미치지 못한다고 찬탄했다."[90] 팡둥메이가 일생 동안 부지런히 저술한 이유는 서양 사람에게 중국의 학술과 사상을 소개하고 전통문화에 대한 국민들의 부정확한 인식을 분명하게 밝혀주기 위해서였다. 그는 서양에 중국의 학술사상을 소개하기 위해 영문으로 수많은 글을 썼으며, 주요 저작으로는 『중국인의 인생관(*The Chinese View of Life*)』, 『인류와 자연의 창조(*Creativity*

90) 馮滬祥, 『殊語傳夏聲: 〈中國人的人生觀〉譯序』, 幼獅文化事業公司, 1989년.

in Man and Nature)』, 『중국철학(*Chinese Philosophy*)』, 『정신과 발전(*Its Spirit and Its Development*)』, 『중국인의 마음(*The Chinese Mind*)』 등이 있다.

1973년 팡둥메이는 타이완대학에서 퇴임한 이후 푸런대학(輔仁大學)의 초빙에 응해 객원교수가 되었으며 1976년에 병으로 사망했다. 타이뻬이의 『철학과 문화(哲學與文化)』는 그를 기념하기 위해 만든 특집 기념잡지이다. 최근에 그의 학생들이 편집한 『팡둥메이전집(方東美全集)』이 여명문화사업공사(黎明文化事業公司)에서 연이어 출판되었다.

팡둥메이는 시인의 기질과 정감이 풍부했으며, 그의 수많은 저술은 힘차게 움직이는 대붕(大鵬)처럼 이상이 고원했고 하늘을 나는 천마처럼 만상을 굽어보았으며, 이지와 정감이 한데 어우러지고 시와 철학이 통하는 일종의 범상하지 않은 미의 세계를 표현했다. 그러나 시인의 기질이 지나쳐 어떤 때에는 문장으로 뜻을 해치기도 했다. 이는 류슈셴(劉述先)이 다음과 같이 말한 것과 같다.

> 둥메이 선생의 글은 현상학적으로 다양한 철학과 문화의 경지를 묘사하기를 좋아했으며, 한편으로는 시인의 정감으로 생명의 정조와 미감을 노래하기를 좋아했다. 그래서 심혈을 기울여 계획한 수많은 방법론적 흔적이 은폐되어 보이지 않는다. 이것은 순수하게 어떤 경지를 만들어 감상하는 것에는 무방하지만 철학적 해석을 하는 것에는 유감스러움을 면할 수 없다.[91)]

91) 劉述先, 「方東美先生哲學思想概述」, 『評新儒家』, 羅義俊 編, 上海人民出版社, 1989년, 460쪽.

◗ 인생 양계육층(兩界六層)설

사람을 연구하는 것은 과거와 현재를 막론하고 철학의 주된 주제이다. 팡둥메이의 문화철학 또한 이 주제를 벗어나지 않는다. 그에 따르면 사람은 물질적인 사람이면서 정신적인 사람이다. 사람과 우주의 관계는, 사람의 생명은 우주만물과 서로 연결되어 있으며 여기에서 다시 올라가 최후에 우주만물을 초월하는 경지에 도달한다. 그 과정은, 사람은 먼저 물질세계를 생활의 출발점으로 보고 생활의 근거와 기초로 본다. 이것은 인생의 구조에서 가장 기본인 '일층구조'이다. 일층구조가 있어야만 사람들은 이 기초 위에서 물질을 생명의 버팀목으로 변화시켜 생명의 정신을 발양할 수 있고, "더욱 높은 의의, 더욱 높은 가치, 더욱 아름다운 이상을 추구할 수 있다." 이렇게 해서 예술세계·도덕세계·종교세계가 있게 된다. 팡둥메이는 다음과 같이 말하고 있다.

> 구조도 속의 보탑(寶塔)형은 물질세계가 기초가 되고 생명세계가 그 위층이 되며 심령세계가 최상층이 되어 이 세 방면으로 인류의 육체·생명·심리를 영혼과 함께 건강하게 배치한다. 그러한 이후에 그 위에서 예술적 이상을 발휘해 예술의 경지를 쌓고, 다시 도덕적 품격을 배양해 도덕의 영역을 건립하고, 예술과 도덕을 통해 다시 생명을 신비한 경지 — 종교의 경지로 향상시킨다.[92)]

'구조도'는 팡둥메이가 쓴 『중국철학의 미래 세계에 대한 영향(中國哲學對未來世界的影響)』에 나온다. 이 '구조도'는 우주를 자연계와 초자연계로 분류하고 다시 자연계를 물리생명, 생리생명, 심리생명으로 나누며, 초자

92) 『方東美演講集』, 黎明文化事業公司, 1978년, 14~15쪽.

연계를 예술생명, 도덕생명, 종교생명으로 나눈다. 팡둥메이는 구조도에서 인생의 단계와 인생이 끊임없이 향상해야 하는 이유를 논증한다. 이에 대한 그의 논술을 살펴보자.

사람은 먼저 물질세계에서 생활하는 '자연인'이며, '자연인'의 가장 큰 특징과 능력은 '행동'이다. 사람은 물질세계가 없더라고 자신의 행동에 의거해서 하나의 물질세계를 창조할 수 있다. 그래서 '자연인'은 동시에 '행동하는 사람'이라고 할 수 있다. 그러나 사람이 단지 행동만 할 수 있다면 완전한 사람이 될 수 없다. "이를테면 우리가 이 생명존재의 영역을 물질 경지에서 진정한 생명의 경지로 상승시키려면 반드시 제2의 능력이 있어야 한다." 이러한 능력을 가진 사람을 '광포한 사람(Homo Dionysiacus)'이라고 부른다. 이러한 사람의 인생은 광포한 인생이며 그들이 취하는 행동은 광포한 행동이기 때문에 그 결과는 반드시 생명을 위험한 경지와 사망의 경지로 인도하게 된다. 그래서 이러한 사람은 반드시 수정을 받아야 하며 그를 교화시켜 '창조적인 사람(Homo Creator)', 즉 '창조적 행위능력이 있는 사람'이 되게 해야 한다. 이러한 사람은 위험한 경지와 사망의 경지로 나아가는 게 아니라 생명정신을 발양해 물질세계에서 생명세계에 이르는 향상의 과정을 완성한다. 그러나 이러한 인생 역시 여전히 부족한 점이 있기 때문에 계속 향상해서 '지식이 합리적인 사람'이 되어야 한다. 이 종류의 사람은 다시는 맹목적인 창조를 하지 않고 "이성적인 표현에 치중해서, 이성의 지도 아래 각양각색의 계통적인 지식을 형성하게 된다."[93]

팡둥메이에 따르면 위에서 서술한 세 단계의 사람을 결합한 것이 '자연인'이다. "자연인은 건강한 신체를 가졌고 위대한 생명 활동력을 가졌으며, 또한 진보적인 세계를 가졌다." 그렇지만 인류는 여기에서 걸음을 멈

93) 『方東美演講集』, 16쪽.

추고 다시 향상하지 않으면 안 된다. 왜냐하면 "우리가 사람을 완전한 자연인으로 발전시키고 심지어 대과학자의 위치에 도달시키더라도 철학 방면의 요구를 충분히 만족시키지 못하고 또한 문화 방면의 요구도 충분히 만족시키지 못하기 때문이다."[94] 다시 말하면 '자연인'의 경지는 단지 형이하의 경지일 뿐이며 인생의 의의는 반드시 형이상의 경지에서 찾아야 한다. 그래서 반드시 '자연인'의 세 가지 생명단계의 기초 위에서 다시 향상해서 제4단계, 즉 '부호인'으로 들어가야 한다. '부호인'은 각종 부호를 운용하고 각종 언어를 창조하며, 이를 통해 하나의 아름다운 예술세계를 창조한다. 시인·화가·문학가·조각가·건축가 등이 '부호인'에 속하는 사람들이다. 그들은 각자 자신의 예술언어와 예술수단을 사용해서 세계를 미화시키지만 이는 형이상학적 세계의 시작일 뿐이다. 왜냐하면 예술세계에서는 아름다움을 표현할 수 있지만 동시에 추함을 표현할 수도 있으며, 이러한 세계는 필경 완전한 세계가 아니며, 가치 방면에서 아름답고 원만함을 대표할 수 없기 때문이다. 우리는 반드시 이러한 세계의 기초 위에서 다시 위로 향상해 더욱 고상한 사람이 되어야 한다. 다시 말하면 우리는 아름다워져야 할 뿐만 아니라 또한 선해져야 하며, 지극히 아름답고 지극히 선해져야 한다. 이렇게 예술가들이 한 단계 더 향상해서 다른 일종의 사람으로 변해야 한다. 이러한 다른 일종의 사람은 고상한 뜻과 순수한 정신인격을 가진 사람, 즉 '도덕인'이다.

'도덕인' 역시 여전히 한계가 있다. 그들은 반드시 한 단계 더 향상해서 '도덕인'에서 '종교인'으로 들어가야 한다. 팡둥메이는 이러한 사람의 경지를 다음과 같이 설명한다.

---

94) 앞의 책, 20쪽.

그는 우주의 모든 비밀을 포괄할 수 있기 때문에 지식 방면에서 철저하게 이해할 수 있고, 행동 방면에서 능히 순응할 수 있으며, 이상 방면에서 자신의 정신요구에 부합할 수 있다. …… 다시 말하면 가장 높은 지혜, 가장 높은 정신이 발현하여 생명이 되면 이러한 생명은 모든 인류, 모든 사물의 생명을 두루 아울러 가장 높은 정신가치를 성취하게 되며, 일종의 도덕생활을 조성하게 된다. 한 사람이 생활 방면에서 물질세계에서 생명경지, 심령경지, 예술경지, 도덕경지로 나아가는 체험을 하고, 이렇게 자신의 생명지위, 생명성취, 생명가치를 한 단계 한 단계 향상시켜 이러한 경지에 도달하게 될 때 그는 진정으로 장자가 말한 '하늘을 대종으로 삼고, 덕을 근본으로 삼고, 도를 드나드는 문으로 삼고, 모든 변화를 초월하는' 성인이라고 할 수 있다. 이러한 사람은 '자연인', '예술가', '도덕인격을 갖춘 사람'에 속하는 것이 아니라 그의 생명은 각 방면을 모두 체험하게 되며, 그의 정신을 향상시켜 가장 고상한 위치에 도달하게 된다. 그러한 곳에 도달한 사람은 보통사람이 아니라 진정한 '대인'이다. '대인'은 그의 전체생명이 전 세계를 포용할 수 있고 전 세계를 통섭할 수 있으며, 또한 전 세계를 좌우하고 지배할 수 있다. 우리는 이러한 사람을 '완전한 사람〔全人〕'이라고 부를 수 있으며, '완전한 사람'의 생명능력을 '완전한 능력〔全能〕'이라고 할 수 있다. 세계의 수많은 문화를 통해서 이러한 사람을 보면 예술이라는 명사로 찬미하기에도 충분하지 않고, 도덕이라는 명사로 찬미하기에도 충분하지 않으며, 세계에 존재하는 수많은 종교의 신성한 가치로 그의 생명을 찬미해야만 비로소 충분하다.[95]

팡둥메이가 생각하기에 가장 높은 단계의 '완전한 사람'과 '종교인'의 인격모델은 중국과 인도, 서양의 고대와 중세에 모두 있었다. 중국의 유가

95) 『方東美演講集』, 21~22쪽.

는 '성인(聖人)'이라고 불렀고 도가는 '지인(至人)'이라고 했으며, 불교에서 인성(人性)을 완성한 이후에 다시 불성(佛性)을 완성한다고 하는 것이 완전한 인격을 이룩한다는 말이며, 기독교에서는 '전능한 사람(God man)'이라고 했다.

문제는 '완전한 사람'이 단지 중국에만 존재하는 게 아니라면 팡둥메이는 왜 '인생의 단계'를 밝히는 방면에서 그렇게 많은 문장을 썼는가. 그 이유는 팡둥메이 역시 앞에서 서술한 몇몇 신유가의 사유 테두리에서 벗어나지 못했기 때문이다. 다시 말하면 그 또한 기타 신유가들과 마찬가지로 근대 서양인의 문명을 물질문명으로 간주하고 그들의 인생을 자연적인 인생으로 간주했으며, 본질적으로 말하면 그 목적은 여전히 서양 문명을 헐뜯기 위한 것이었다. 그에 따르면 사람은 자연적인 사람일 뿐만 아니라 더욱 중요한 것은 문화적인 사람이고 정신적인 사람이기 때문에 정신적인 방면에서 끊임없이 향상하지 않는다면 인생의 의의와 가치는 실현할 수 없다. 서양 문화가 바로 자연세계에 전념하는 과학문화이며, 인생에서 이러한 문화는 기초에 불과한 것이지 인생의 목적이 아니다.

서양인의 과학문화를 비판하기 위해 팡둥메이는 데카르트를 예로 들었다. 그에 따르면 데카르트는 해석기하학과 좌표기하학을 발견한 이후 세계의 모든 사물을 기하학적 구조 위에 두고 엄격한 질서를 표현했으며, 일종의 기계화된 사상모델을 만들어 내었다. 다른 한편으로 수학에서 시작해서 전체 세계를 기계론적으로 추리했으며 인류의 생명 역시 기계화를 따르게 되었다. "이렇게 된 이후 근대에 이르러 수학이 기초가 되어 건립된 각 방면의 물질과학이 장족의 진보를 이룩했지만 20세기의 사람들은 과학에 미혹되었으며, 마치 전체 인류 문화를 결정하는 유일한 요소가 과학인 것처럼 되었다."[96] 데카르트 개인은 매우 깊은 종교적 배경이 있었지만 그의 기계론적 과학 사상이 형성된 이후 종교정신은 점점 사라졌으며,

철학 역시 완전히 개념화되었다. 팡둥메이는 데카르트가 가장 먼저 철학의 지혜를 뒤엎고 그것을 파괴한 사람이라고 생각했다. 왜냐하면 "데카르트부터 시작해서 근대의 과학자들은 도덕 가치와 예술 가치에 중립을 지키기 시작했고 종교 가치에도 중립을 지키기 시작했으며, 모든 가치 차별이 그에 의해서 파괴되었다."[97]고 생각했기 때문이다.

◗ 생명정신 본체론

생명을 강조하는 것은 팡둥메이 철학의 핵심이다. 그는 "철학의 사명은 사람의 생명정신을 향상시키는 것"이라고 했다.

팡둥메이의 사상에서 생명은 형이상과 형이하의 차이가 있다. 형이하의 생명은 자연생명이며 형이상의 생명은 정신생명이다. 앞에서 살펴본 대로 이 두 가지 생명 가운데 팡둥메이가 중시한 것은 정신생명이다. 그에 따르면 생명은 현실세계에 근간을 두며 동시에 "현실세계를 벗어나 숭고한 이상의 경지로 매진하여 현실을 변화시킨다."[98] 따라서 본질적으로 말하면 '초월하면서도 내재하는' 형이상학적인 성격을 구비하고 있다.

쇼(G. B. Shaw)[99]는 "생명에는 두 종류의 비극이 있다. 한 종류는 하고 싶은 대로 하지 못하는 것이고, 다른 한 종류는 하고 싶은 대로 하는 것이다."라고 했다. 팡둥메이 역시 "건곤(乾坤)은 하나의 극장이며 생명은 하나의 비극이다."[100]라고 했다. 그에 따르면 우주는 '생명환경'이며 인생은

---

96) 『方東美演講集』, 17쪽.

97) 위의 책, 19쪽.

98) 方東美, 『中國哲學精神及其發展』, 成均出版社, 1983년, 30쪽.

99) 쇼(Shaw, George Bernard, 1856~1950), 영국의 극작가, 소설가, 비평가, 1925년에 노벨 문학상을 수상했으며, 주요 저서로 『인간과 초인(*Man and Superman*)』(1903)이 있다. ― 옮긴이

'정리(情理)집단'이다. '정리집단'은 "인생은 '정(情)'과 '리(理)'가 결합된 것이며, 정은 '리'로 인해서 존재하고 '리'는 '정'에 의거해서 생겨나며, 오묘하게 연관되어 서로가 원인이 된다."[101]는 것이다. 그러나 팡둥메이의 생명철학에서 '정'은 '리'보다 훨씬 큰 의미가 있다. '정'은 생명의 본질이고 생명은 '정'을 가진 세계이며, 그것의 실질은 '끊이지 않고 창조적으로 진행되는 욕망과 충동'이다. 게다가 생명의 '정'은 생명의 정조일 뿐만 아니라 본체론적인 의미가 있는 문화의 기초이며, '생명은 사상의 근원이고 사상은 생명의 부호'이다. 여기에 대해 팡둥메이는『철학삼혜』에서 고전적인 묘사를 하고 있다.

> 인류는 정(情)을 머금고 태어나고 리(理)에 부합해서 존재하며 생존은 본래 인류의 근본 권리이다. …… 사람은 인식능력이 있으므로, 인식능력이 정을 분별하게 되고 리에 부합하게 됨을 지혜라고 한다.[102]

다시 말하면 '정'과 '리'는 인생지혜의 원천이며 이것이 결합해서 인류의 문화가치를 창조한다. 여기에서 '정'과 '리'는 서로 간에 장애가 되는 것이 아니라 하나로 융합되며, 하나로 어우러져 생명의 신비, 즉 '끊임없이 생성하는 덕'을 구성하게 된다. 게다가 팡둥메이는 생명정신을 오직 인류만 구비한 것이 아니라 우주만상이 여러 가지로 변화하게 되는 내재적인 역량으로 간주했다. 그는 그것을 '보편생명'이라고 불렀으며 '일체의 현상에 감추어진 생명'이라고 생각했다. 왜냐하면 "우주는 기계적인 물질의 장소일 뿐만 아니라 보편적인 생명이 유행하는 곳이기 때문이다." 그는

100) 方東美,『生生之德』, 黎明文化事業公司, 1985년, 34쪽.
101) 方東美,『哲學三慧』, 三民書局, 1987년, 2쪽.
102) 方東美, 위의 책, 3쪽.

"끝이 없는 세계와 우주의 온갖 사물에는 생명이 끊임없이 유행하며, 자연과 사람과 만물이 하나 되어 끊임없이 만물을 생성하는 창조력이 되며, 그것이 생명을 부여한다."[103]고 강조했다.

팡둥메이에 따르면 생명의 신비를 이해하는 데 중국인이 가장 큰 지혜를 가지고 있다. 그리스인의 지혜는 실제적인 곳을 비추고 이치에 부합하며, 그들의 정신은 아름답고 탁월하지만 무형 중에 퇴폐적인 약점이 잠복해 있다. 근세 유럽인은 권위와 능력을 숭상하고 많은 발전을 이룩했지만 심지가 약해 마음이 쉽게 미혹되기 때문에 우주의 참된 도리를 깨닫기 어렵다. 중국고대의 철학자만이 "사물의 생성 변화가 끊이지 않음을 알았고, 도(道)의 본상은 변하지 않음을 체득했고, 큰 덕(德)은 한결같음을 통달했으며, 리(理)의 본상은 천지의 마음에 부합하고 천지의 덕에 어울림을 깨달았다."[104] 팡둥메이는 이 같은 큰 지혜와 큰 깨달음이 있는 중국인의 생명정신 본체론을 '초형이상학'이라고 불렀다.

나는 '초형이상학'의 한 글자로 전형적인 중국본체론을 묘사했으며, 그 이론의 특색은 두 가지가 있다. 한편으로 현실계에 뿌리를 두며, 다른 한편 현실세계를 초월해서 숭고한 이상의 경지로 매진해 현실을 교화시킨다. 그것은 단순한 이분법을 배제하고 '이원론'이 진리임을 부정한다. 이 학파의 형이상학적 안목으로 보면 우주는 그 안에서 생활하는 개인과 온화하게 화합해서 하나의 완전한 입체형식의 통일된 구조를 이룬다. 그중에서 서로 긴밀하게 연관된 갖가지 기본적인 사물을 기초로 해서 다시 여러 가지 복잡한 상층구조를 창건하고, 낮은 곳에서 높은 곳으로 나아가면 직접 맨 위층까지 도달하게 된다. 우리

103) 方東美, 『中國哲學精神及其發展』, 98쪽.
104) 方東美, 『哲學三慧』, 18쪽.

는 모든 현실적인 경험세계의 사실에 의거해서 한 단계 한 단계 올라가며, 가장 위층에 올라가 머리를 들고 하늘 위에 우뚝 서서 지고지상한 이경(理境)의 경지를 지향한다. 동시에 이경의 경지를 관찰해서 얻은 정취에 의거해서 위에서 아래를 내려다보며, 점점 뚜렷해지는 의식에 의거해서 우주존재의 신기함과 오묘함을 자세히 밝히고, 인류생활의 위대한 성과와 함께 그중의 오묘한 부분을 상세하게 묘사하게 된다.[105]

팡둥메이는 이러한 중국의 생명정신 본체론을 '기체주의(机體主義)'라고 했다. 이는 일종의 생명개념이며 사상형식이다. 체(體)와 용(用)은 하나이고 변(變)과 상(常)은 둘이 아니다. 즉 현상이 바로 본체이고 찰나가 바로 영원이다. 이러한 사상형식에서 모든 사물의 형상과 이치가 한데 어우러져 서로 끌어당기며, 하나에서부터 두루 미쳐 모든 것을 관통한다. 팡둥메이는 '소극'과 '적극'이라는 두 특징으로 기체주의의 사상형식을 개괄했다. 소극적인 방면에서 말하면, 첫째 그것은 사물과 나를 상대적이고 절대적인 독립계통으로 보는 것을 부정하며, 둘째 우주만상의 갖가지 변화를 의미가 없고 무미건조한 기계계통으로 전환하는 것을 부정하며, 셋째 끊임없이 변화하는 우주만물을 폐쇄된 계통에 가두어 두는 것을 부정한다. 적극적인 방면에서 말하면, 우주만물을 통섭하고 총괄하며 한 가지 이치로 모든 것을 꿰뚫는다. 만물을 관조할 때 풍부하고 충실한 눈빛으로 대하지 않는 것이 없으며, 추상적이고 공소(空疏)함으로 빠지지 않는다.

팡둥메이가 지적한 '소극'은 우리가 일반적으로 사용하는 '소극'의 의미가 아니다. 기체주의에서 '소극'과 '적극'은 서로 모순되지 않으며, '소극'이라는 뜻이 어떤 결함이 있음을 말하는 것도 아니다. 반대로 그는 중

105) 方東美, 『生生之德』, 283~284쪽.

국 선현들이 가졌던 생명정신 본체론의 가치가 바로 '소극'이라는 두 글자에 있으며, 즉 '소극'적인 특징으로 인해 서양전통이 가진 문화적 폐단을 극복할 수 있다고 생각했다.

◗ 고도심리학

위에서 서술한 두 방면과 관련 있는 것이 팡둥메이가 주장한 '고도심리학'이다. 그는 19세기 말 20세기 초 이래 전체 인류 문화가 구제하기 힘든 상황에 빠져들게 된 원인은 서양인이 심어 놓은 화근 때문이라고 생각했다. 그는 프로이트(S. Freud)의 말을 빌려 17세기 이래 인류는 '삼대타격', 즉 천문학의 타격, 생물학의 타격, 심리학의 타격을 받았다고 했다. 구체적으로 말하면 다음과 같다.

천문학 방면에서, 코페르니쿠스 이전에 사람들은 지구가 우주의 중심이고 사람은 지구상에 있는 만물을 주재하기 때문에 사람이 우주의 중심이라고 생각했다. 그러나 17세기에 이르러 천문학자들이 지구는 단지 태양을 둘러싼 아주 작은 위성에 불과하고, 태양계는 전체 천문계통에서 미미한 먼지 덩어리에 불과하며, 광대한 우주에서 사람의 지위는 먼지 같은 존재라고도 할 수 없음을 발견했다. "그래서 코페르니쿠스 이후 감히 인류가 우주의 중심이라고 말하는 사람은 아무도 없었으며, 사람은 위대하지 않을 뿐만 아니라 매우 보잘것없는 존재에 불과함을 알게 되었다."

생물학 방면에서, 사람들은 예전에 하느님이 사람을 창조했고 하느님은 우주 최고의 정신이라고 믿었으며, 하느님의 창조물인 인류는 큰 자부심을 느꼈다. 게다가 능력과 가치 면에서 사람은 만물의 영장이다. 모든 초목과 금수는 땅에서 자라나거나 기어 다니는데 오직 사람만이 신체를 일으켜 세워 가슴을 당당하게 펼칠 수 있다. 그러나 다윈의 생물진화론이 발표된 이후 인류는 조상이 원래 원숭이였음을 알게 되었고, 원생동물에서 진화해왔음을 알게 되었다. 이에 비추어 보면 사람은 근본적으로 우주 만물의 영장이 아니라 금수의 한 종류일 뿐이다. "이렇게 되어 사람의 고귀한 본성은 금수의 본성이 되고 말았다."

심리학 방면에서, 과거 사람들은 이성주의 심리학적 관점에서 출발해 인류는 대단하며, 풍부한 감정과 강건한 의지가 있을 뿐만 아니라 위대한 사상이 있다고 생각했다. 그러나 근대의 과학심리학 또는 행위심리학은 사람들이 동일한 인격을 구비하고 있다고 보지 않았으며, 사람의 이성을 사상으로 바꾸고 사상을 개념으로 바꾼 다음 사람의 심리를 분석했다. "이렇게 되어 사람의 심령은 기계의 복합체에 불과하게 되었으며, 그것의 구조단위는 원자와 같아졌다."

위에서 서술한 세 가지 타격 가운데 팡둥메이가 중시한 것은 심리학 방면의 타격이다. 그가 '고도심리학'을 제기한 이유는 이러한 타격을 받은 인류에게 건전한 심령을 만들어 주기 위해서이다.

그는 과학심리학과 행위심리학을 '평면심리학'이라고 불렀다. 그에 따르면 이러한 심리학은 인류의 심령과 지능, 재능을 '기계단위'로 보고 그것을 해부책상에 올려놓고 분석한 다음 다시 종합적으로 보완하고 수정한다. 인류는 이러한 번거로움을 겪은 다음 만화경을 보는 심리 상태로 세계를 보게 되었다.

팡둥메이가 보기에 '평면심리학'은 인류에게 하나의 재난 같지만 프로이트의 심리학과 비교하면 작은 재난에 불과하다고 할 수 있다. 다시 말하면 사람의 표면에서부터 내면을 들여다보는 프로이트의 '심도심리학'이 인류에게 가장 큰 재난을 안겨주었다. 왜냐하면 인류는 이러한 심리학적 분석을 거쳐서 인성(人性)의 최후에 존재하는 것은 이성적인 의식이 아니라 심령 뒤에 숨은 잠재의식·하의식·무의식이라고 생각했기 때문이다.

하의식과 무의식적 본능은 비이성적 본능에 지나지 않으며, 특히 성(性)적 본능에 지나지 않는다. 이 말에 비추어 보면 인류는 겉으로는 지능·감정·의지를 통제할 수 있지만 마음 뒤에 숨은 정서, 특히 성적 본능은 근본적으로 통제할 수 없다. 이것은 "이성이 인류의 행위를 지배한다."는 일관된 신념을 파괴했을 뿐만 아니라 "사람은 자신의 완전한 주인이 아니다."라는 관념을 만들어 내었다. "인류는 그의 분석을 경과해서 가장 비이성적인 야수로 변하게 되었다."

팡둥메이는 몇십 년간 세계에서 나타난 갖가지 죄악과 괴이한 현상은 주로 '삼대타격'으로 인한 것이며, 특히 프로이트의 '심도심리학'은 인류를 더욱 깊은 고난의 늪으로 밀어 넣었다고 생각했다. 그는 다음과 같이 말하고 있다.

> 우리가 앞에서 말한 것에 의거하면 근대인은 천문학과 우주론의 타격, 생물학의 타격 및 근대 심도심리학의 타격으로 인해 사람은 위대하지 않고 보잘것없는 존재라고 생각하게 되었으며, 특히 프로이트의 심리학으로 사람을 분석함으로써 사람은 거의 존재하지 않게 되었다. 사람의 본성은 분화된 이후 거의 모두 금수의 본성이 되었으며, 사람은 고귀한 사람이 아니라 저능한 사람이 되었다. 이러한 상황에서 인류의 각종 괴상망측한 모습이 나타났다. 예를 들어 '히피'족이 나타났는데 이들처럼 개인만 망가지고 개인만 타락시키는 것은 그다지 위험한 것이 아니다. 그러나 좀더 나아가 이른바 '나체로 질주하는' 족이 나타났는데 이들에게는 이성이 고귀성을 상실하고 금수의 본성만 남아 있다. 그들은 사람은 왜 금수의 본성을 감추고 있는가라고 생각한다. 왜냐하면 이때에 사람은 이미 종교상의 고귀한 사람이 아니라 러시아 철학가 베르댜예프(N. A. Berdyaev)가 말한 야만인(beast-man)이기 때문이다. 만일 야만인 자격으로 세계에 가서 사람의 활동에 종사한다면 당연히 여러 가지 기괴한 현상이 발

생할 수 있다.[106)]

팡둥메이는 '평면심리학'과 '심도심리학'의 결함을 인식했기 때문에 마땅히 '고도심리학'의 관점에서 사람을 보아야 한다고 했다. 왜냐하면 이러한 심리학으로 사람을 보아야만 사람은 비로소 '진정한 사람〔眞人〕'으로 변할 수 있기 때문이다.

그는 '고도심리학'으로 사람을 보는 인생관은 이전 세계의 3대 문화체계였던 그리스 문화, 인도 문화, 중국 문화에서 근원을 찾을 수 있다고 생각했다. 인도 고대의 문헌인 『우파니샤드(Upanisad)』에 사람은 '대범천(大梵天)'의 화신이라는 이론이 있으며, 그 문헌에서 말하는 '범아합일(梵我合一)'은 중국인이 지닌 '천인합일(天人合一)'의 관념과 매우 비슷하다. 이후 대승불교가 이 관념을 계승해 '불성(佛性)'의 인격을 전개했다. '불성'이 강조하는 것은 사람의 위대성과 존엄성이다. 그리스 문화 역시 이와 같다. 소크라테스와 플라톤은 중국고대의 선철들과 매우 닮았다. 그들은 전체우주를 두 경지, 즉 형이상과 형이하의 경지로 나누었다. 그런 다음 이 두 경지를 다시 세분하여 전체우주를 사다리꼴의 형식으로 구성했다. 현상세계 위에는 수리세계가 있고, 그 위에는 예술영역과 도덕영역이 있으며, 계속해서 위로 올라가 정점에 이르면 정신세계가 있다. 그리스인은 이러한 우주에서 자신이 일종의 정신이고 하나의 영혼이라고 생각했다.

그리스인은 우주를 수많은 단계로 나누고 그런 다음 한 단계 한 단계 위로 상승하며, 계속해서 우주의 정신가치가 절대적으로 참되고, 절대적으로 아름답고, 절대적으로 선한 가치통일의 세계에 도달한다. 정신이 위로 상승하지 못하

106) 『方東美演講集』, 206쪽.

고, 우주에 있는 지극히 선하고 지극히 아름다운 가치통일의 세계를 깨닫지 못한다면 그런 사람은 몸은 그리스인이지만 사람됨의 목적에 도달하지 못한 것이다. 이러한 방면에서 보면 그리스인은 자신이 하나의 영혼이라고 생각하며, 그들의 영혼은 생활과정에서 위로 향하는 정신의의, 위로 향하는 정신가치를 끊임없이 추구하며, 그러한 가치이상과 하나가 된다. 이것이 그리스의 고도문화이다.[107)]

팡둥메이의 사상에서 보면 인도 문화와 그리스 문화는 여전히 결함이 있으며 중국 문화만큼 원만한 문화가 아니다. 그에 따르면 중국의 도가와 유가는 모두 '고도심리학'의 학설이다. 노자는 "하늘도 크고 땅도 크며 사람 또한 크다."[108)]라고 했는데 이 문장을 해석할 때 어떤 판본은 '인(人)'자 대신 '왕(王)'자를 썼다. 왜 '인'자 대신 '왕'자를 썼는가. 팡둥메이는 여기에 중요한 이유가 있다고 생각했다. 갑골문(甲骨文) 또는 종정문(鐘鼎文)의 자형에 의거하면 '왕(王)'자 위에 있는 가로획은 하늘을 대표하고 아래에 있는 가로획은 땅을 대표하며 중간을 가로지르는 획은 사람을 형상한다. 위로는 하늘을 떠받치고 아래로는 땅을 밟고 우뚝 서 있는 사람이며, 장자의 말을 사용하면 "하늘을 대종으로 삼고, 덕을 근본으로 삼으며, 도를 드나드는 문으로 삼는다."[109)]라고 할 수 있다. 이 위대한 인물을 도가는 '진인(眞人)' 또는 '지인(至人)'이라고 한다.[110)]

유가학설은 더욱 정교하다. 『주역』은 '사람'을 '대인'이라고 부르며, 그 품격은 "천지와 같이 만물을 화육하고, 일월과 같이 만물을 두루 비추며,

---

107) 『方東美演講集』, 231쪽.
108) 『老子』, "天大地大人亦大."
109) 『庄子』, "以天爲宗, 以德爲本, 以道爲門."
110) 『方東美演講集』, 226쪽.

사시와 같이 질서정연하고, 귀신과 같이 길흉과 함께 한다. 천시보다 먼저 행동해도 하늘은 부정하지 않으며, 천시보다 나중에 행동해도 하늘의 규율에 따를 수 있다."[111] 팡둥메이의 이해에 비추어 보면, 이 같은 '대인'이라면 "그는 굽실거리면서 무의미한 귀신숭배를 할 필요가 없다. 왜냐하면 그는 귀신의 운명을 장악할 수 있기 때문이다. …… 그는 심지어 하늘의 뜻을 따를 필요도 없다. 그는 가장 높은 위치에서 생명활동을 표현할 수 있으며 이 생명활동의 의의는 하늘조차 부정하지 못한다. 그가 하늘의 뜻을 따라서 수많은 행동을 하면 하늘이 보기에 이 인류의 행동은 적당한 시기에 표현된 것이고 약간의 결점도 없는 것이며, 하늘조차 승인해야 한다. 바로 '천시보다 나중에 행동해도 하늘의 규율을 따를 수 있다.'는 것, 이것이 바로 유가의 '대인'이다."[112]

◗ 문화의 비교와 유가의 귀결점

기타 신유가사상가들과 비교해서 팡둥메이가 가진 독특한 특징은, 그는 '도통(道統)' 개념에 찬성하지 않았다는 것이다. 그는 중국인으로서 마땅히 중국 문화를 보호하려는 '위도(衛道)' 정신이 있어야 하지만 '위도'는 '도통' 관념을 날조해서 자기가 만든 거물에 자신이 걸려들고 스스로 자기의 손발을 묶는 것을 말하는 게 아니라고 생각했다. 그의 문장을 보자.

> 우리는 중국인으로서 당연히 중국 문화 전체를 보호하려는 열성이 있어야 하며 중국 문화를 보호하려는 위도(衛道)의 정신을 나타내야 한다. 그러나 우리

111) 『易經 · 乾卦 · 文言』, "與天地合其德, 與日月合其明, 與四時合其序, 與鬼神合其吉凶, 先天而天弗違, 后天而奉天時."

112) 『方東美演講集』, 227쪽.

는 중국 문화를 보호할 때 학술적인 양심을 드러내어야 한다. 우리는 원시유가 같은 오묘한 사상은 자연히 없어지게 해서는 안 된다. 그러나 이러한 사상과 다르지만 자체가 매우 고상한 가치를 가진 것, 예를 들면 도가사상, 불가사상 같은 것은 우리가 좁은 의미의 위도정신에 의거해서 매우 건강하지 않는 도통관념을 만들어 그것에 나쁜 영향을 미쳐서는 안 된다. 그래서 현대에 문화부흥을 이야기할 때 중국 전체문화의 발전에 유의해야 한다. 무릇 전체 민족문화에 영예롭고 위대한 공헌을 한 사상은 반드시 그것을 긍정하고 좋아해야 하며, 편견을 가지고 잘못된 도통관념에 빠져서는 절대 안 된다.[113)]

팡둥메이에 따르면 문화는 다방면으로 발전하며 각각의 문화는 모두 후대인들이 찬탄할 부분을 제공한다. 마찬가지로 우리가 고대인의 사상문화를 계승하고 새로운 문화를 전개할 때 하나의 문화에 집착해서는 안 되며 마땅히 각종 문화 전통을 모두 중시해야 한다. 분명한 것은 이러한 문화 주장은 잘못된 것이 아니다. 그러나 팡둥메이는 고대의 각종 문화 전통을 구체적으로 분석할 때 이성적적인 태도를 유지하지 못했으며 여전히 문화 본위주의의 테두리에서 벗어나지 못했다. 그가 그리스 문화와 근대 유럽 문화를 소개한 이유는 중국 전통문화의 우수성을 긍정하기 위해서였다. 그가 불교와 도교사상의 가치를 긍정한 이유는 마찬가지로 유가사상이 더 우수함을 사람들에게 인식시키기 위해서였다. 기타 신유가와 비교하면 팡둥메이가 유가 문화를 찬미할 때 각도의 차이, 방식의 차이가 있었을 뿐이며 그 목적은 일치한다고 말할 수 있다. 그는 '도통' 관념에 찬성하지 않았지만 그의 사상 깊은 곳에는 여전히 강한 '도통' 의식이 자리 잡고 있었다.

---

113) 『方東美演講集』, 118~119쪽.

팡둥메이가 일생 동안 진행한 저술과정을 통해서 보면 몇십 년간 규모가 웅대한 사상을 건축하는 일에 종사했다. 그는 인류 문화를 비교해서 중국 문화의 최고 가치를 드러내려고 했으며, 다른 한편으로 중국 문화를 정리해서 유가 문화의 최고 가치를 설명하려고 했다.

30년대에 팡둥메이의 학술연구는 문화 비교의 길로 접어들었다. 『철학삼혜』는 이 시기 이러한 방면의 대표작이다. 그는 이 문장에서 중국 문화, 그리스 문화, 근세 유럽 문화를 세 가지 문화형태로 간주했으며 각각의 문화형태는 모두 그 자신의 문화정신, 즉 '공명혜(共命慧)'[114]가 있다고 생각했다. 민족문화의 차이는 기본적으로 문화정신의 차이이다. 그에 따르면 각 민족은 모두 자기의 철학지혜를 가지고 있다. 지혜는 '본래의 의미'와 '파생적 의미'의 두 가지가 있다. "공명혜는 본래의 의미에 속하고 자증혜(自證慧)[115]는 파생적 의미에 속하며", "공명혜는 뿌리이고 자증혜는 가지와 줄기이다." 그 원인은 '공명혜'는 민족의 천부적인 재능에 의거해서 형성되며 '자증혜'는 개인의 천부적인 재능에 의거해서 형성되기 때문이다. 그래서 한 민족의 문화를 고찰할 때 마땅히 그 민족의 '공명혜'를 보아야 한다. 다시 말하면 세 가지 문화형태는 실지로 세 가지 '공명혜'이다. 즉 "그리스인은 구체적인 지식으로 사물의 진리를 탐구해 실용적인 지혜를 일으켰다. 유럽인은 임기응변적 지식을 사용해서 편리한 지혜를 일으켰다. …… 중국인은 오묘한 깨달음으로 만물이 변하는 이치를 알고, 실용적인 지혜에 의거하고, 임기응변적 기교를 운용해서 평등한 지혜를 일으켰다."[116] 팡둥메

114) 한 민족의 문화정신에 의거해 형성되는 철학지혜를 공명혜(共命慧)라고 한다. — 옮긴이

115) 개인의 깨달음에 의해서 체계를 형성하는 철학지혜를 자증혜(自證慧)라고 한다. — 옮긴이

116) 方東美, 『哲學三慧』, 4쪽.

이는 이 세 가지 문화의 '지혜'가 다른 이유는 각 문화가 가진 지혜의 근원(그는 지혜의 종자라고 불렀다)이 다르기 때문이라고 생각했다.

> 태초에 이름이 있었는데 그 이름은 언어에 부합하고, 태초에 사상이 있었는데 그 사상은 진리를 꿰뚫으며, 이것이 바로 그리스 지혜의 종자이다.
>
> 태초에 권변(權變)이 있었는데 그 권변은 산업이 번성하게 하고, 태초에 능력이 있었는데 그 능력은 역량을 운용했으며, 이것이 바로 유럽 지혜의 종자이다.
>
> 태초에 사랑이 있었는데 그 사랑은 만물의 화육을 도우며, 태초에 총명함이 있었는데 그 총명함은 신묘한 깨달음을 낳았으며, 이것이 중국 지혜의 종자이다.[117)]

지혜의 종자는 싹이 트이기 전에는 민족의 천부적인 재능에 의탁해서 은밀하게 감추어져 민족의 혼이 되어 있지만 일단 싹이 트면 개인의 천부적인 재능을 따라 각자 사상체계를 정립하게 되며, "창조가 끊임없이 계속되어 낡은 것을 버리고 새것을 취하며, 그 세력이 물처럼 넘쳐흘러 서로를 윤택하게 하고, 그 쓰임이 마치 등불과 어우러져 광채를 발산하여 문화이론 구조를 만들게 된다." 이렇게 해서 그리스인은 진리에 부합하는 '계리문화(契理文化)', 유럽인은 능력을 숭상하는 '상능문화(尙能文化)', 중국인은 오묘한 깨달음을 추구하는 '묘성문화(妙性文化)'를 형성하게 되었다. 이 세 가지 문화는 각자 특색을 구비하지만 가장 이상적인 것은 중국인의 '묘성문화'이다.

팡둥메이는 그리스 문화와 근대 유럽 문화의 가치를 긍정하면서도 다른 한편으로 그것의 부족함을 지적했다. 예를 들면 그리스 문화는 위대한

---

117) 方東美, 『哲學三慧』, 4~5쪽.

지혜를 표현하며 아름답고 탁월하여 사람들을 탄복시키지만 문화구성 자체에 약점이 있기 때문에 좋은 상황이 오래가지 못하고 기원전 5세기부터 쇠미해졌다. 그 약점은 그리스인은 '정(情)'과 '리(理)'를 양극에 놓고 각자 한쪽 끝으로 나아가며, 지나치게 이성을 추구함으로써 이성이 팽창하고 감성이 위축되는 결과를 야기했다는 것이다. 팡둥메이는 소크라테스 철학이 이러한 변화의 원인을 제공했다고 생각했다.

> 소크라테스의 큰 실수는 지식을 우주의 진상을 판단하고, 사회의 구조를 분석하고, 인생의 미덕을 가늠하는 유일한 표준으로 삼았다는 데 있다. 지식은 확실히 어떤 상황에 대해 이치를 밝힐 수 있지만 이지(理智)에 의거하면 정(情)을 낳을 수 없으며, 정(情)이 결핍되면 리(理)는 부득이하게 지리멸렬하게 되고, 점점 마르고 시든다.[118]

또한 근세 유럽 문화를 예로 들면 유럽인은 권변과 능력을 숭상하며, 순수한 지혜를 가졌지만 그러한 지혜는 필경 '편의를 도모하는 기교'에 속하기 때문에 폐단이 매우 많다. 그들은 성심껏 물질적인 대우주를 동경함으로써 기독교 전통에서 벗어났으며, 이로 말미암아 신앙은 존재하지 않게 되었고 누구를 따라야 할지 모르게 되었으며, "인간 세상에 의탁해서 고아처럼 태어나 의지할 곳 없이 더욱 쓸쓸함과 처량함을 느낀다." 또한 그들은 과학이성을 지나치게 중시함으로써 "지혜가 과학이성에 매몰되어 오히려 증명할 수 있는 것이 하나도 없게 되었으며 필경 우주의 참된 도리를 깨달을 수 없다."[119] 그다음 그들은 내 마음과 외부 사물은 대립하는 것으

118) 方東美, 앞의 책, 14쪽.
119) 方東美, 위의 책, 17쪽.

로 보기 때문에 "하나의 자아를 설립해서 타인과 다투고, 하나의 가정을 설정해서 다른 이론과 갈등하며, 하나의 방법을 건립해서 심오한 뜻에 어긋난다."[120] 그러나 중국 문화에 대한 팡둥메이의 찬미는 끊이지 않았다. 그는 다음과 같이 말하고 있다.

> 중국인은 원래부터 타고난 재능이 있다. 무릇 형적이 있고 장애가 있는 것을 만나면 집착하지 않고 그것을 탄력적이고 투명한 현상으로 변화시킨다. 우리는 어떻게 하면 물리세계에서 그 실체를 가리고 변화무쌍한 모습을 드러내어 이로 말미암아 세계의 참된 모습이 드러나게 하고, '진실한' 영역이 분명해지게 하고, '선한' 모습이 완성되게 하고, '아름다움'의 창조가 실현되게 할 수 있는지 알고 있다. 이것이 바로 중국인이 지혜 방면에서 드러내는 특별한 능력이다.[121]
>
> 지금까지 중국 민족은, 진정한 중국인이라면 전체세계와 인성이 어린아이처럼 순수하고 깨끗하다고 본다. 중국인은 우주를 대할 때 현실세계를 지향하며 현실 밖의 세계를 지향하지 않는다. 왜냐하면 중국인은 우주를 하나의 가치영역으로 보며, 인성은 충분히 다스릴 수 있으며 버릴 수 있는 것이 아니라고 생각하기 때문이다. …… 우주 전체는 정신과 물질의 결합체이며 이 두 가지가 혼연일체가 되어 더욱 완전한 경지로 매진하며, 보편적인 생명이 우주에 가득 차 만물을 관주하고 그것이 나날이 새로워지게 하고 더욱 완전하게 하며, 끊임없이 가치를 높이고 끊임없이 가치를 충실하게 한다. 우리가 가진 생명의 목적은 이 세상에서 지극히 선한 이상을 착실하게 실현하는 것이지 허망하게 다른 세계를 추구하는 게 아니다. 그래서 처음부터 우리는 반드시 이 세상에서 생명이

120) 方東美,『哲學三慧』, 14쪽.
121) 方東美,『中國人的人生觀』, 幼獅文化事業公司, 1988년, 39쪽.

지니는 고귀한 가치를 이해해야 한다.[122)]

그렇지만 팡둥메이의 눈에서 중국의 유·불·도 삼교는 차이가 있으며, 그 가치 또한 서로 다르다. 중국 문화가 웅장하고 화려하다고 한 것은 중국에 있는 모든 문화가 그렇다는 것이 아니라 외래문화와 비교해서 그렇게 말한 것이다. 그러나 내부의 발전상황에서 보면 차이를 구분할 수 있다.

그는 중국 문화 전통을 원시유가·원시도가·대승불교·송명이학의 4대 주류로 개괄했다.

팡둥메이는 시인의 기질이 풍부한 사상가이기 때문에 도가학설을 매우 좋아했다. 그에 따르면 중국인의 재능은 과학적 이성사유에 맡겨둘 수 없고 종교숭배에도 맡겨둘 수 없으며 초월과 해방의 예술정신에 맡겨두어야 한다. 이렇게 해야만 물질세계의 장애를 제거하고 인생의 가장 높은 경지에 도달할 수 있다. 노자가 대표가 되는 도가학설은 매우 쉽게 사람들이 이러한 자유정신을 실현할 길로 인도할 수 있다. 왜냐하면 도가의 요지는 '유한함을 깨뜨리고 무한함으로 들어가 변화무쌍한 경지에서 거침없이 사방을 내달리는 것'[123)]이기 때문이다. 그것은 사람들이 어떻게 속세에서 순결할 수 있고, 어떻게 혼란함에서 안정을 찾을 수 있으며, 어떻게 서로 쟁탈하는 사회에서 초탈할 수 있고, 어떻게 문화의 과중한 압박에서 편안해질 수 있으며, 어떻게 추악한 인생환경에서 아름다운 생활경지를 도모할 수 있는지를 가르쳐 준다. 예컨대 장자는 자신을 대붕에 비유해서 구만리 위로 부상하여 우주 만상을 체험했으며, 인간세상에서 사람들이 마련해 놓은 각종 생활경지를 하나하나 꿰뚫어 보고 그중에서 고명한 것이 얼

122) 方東美, 앞의 책, 63쪽.
123) 方東美, 『原始儒家道家哲學』, 黎明文化事業公司, 1985년, 184쪽.

마나 있고 어리석은 것이 얼마나 있는지, 밝은 것이 얼마나 있고 어두운 것이 얼마나 있는지를 발견했으며, 기괴한 현상이 얼마나 있는지를 모두 꿰뚫어 보았다.[124)]

그러나 도가는 교묘한 부분이 있지만 취할 수 없는 부분도 있다. 그것은 인간의 고락을 굽어 살필 수 있고 생활의 애환을 초탈할 수 있지만 지나치게 소극적이기 때문에 생명가치의 참된 의미를 실현하기 어렵다. 그의 문장을 보자.

> 도가는 태허(太虛)의 경지에서 노닐고 환상의 영역을 내달리며, 위로는 하늘 끝에 다다라 우주를 꿰뚫어 보고, 직접 '텅 빈 하늘'의 가장 높은 곳에 도달해 가장 청정한 곳에서 유유자적한다. 속세를 깨끗이 씻어버리고 인간세상의 재능이 풍부한 사람들을 인솔해 그들과 함께 노닐며 이리저리 내달린다. 천리를 살피고 위에서 아래를 내려다보며 초연히 인간세상의 슬픔과 기쁨, 이별과 만남, 쓰라림과 고초 및 중생의 곤혹스러운 갖가지 정황을 살피며 유유히 중생의 흥망성쇠를 감탄하지만 우매와 지혜, 망념과 진리, 표상과 본체 사이에서 방랑하며 스스로 벗어나지 못하기 때문에 결국은 진일보해서 원만하고 참되고 진실한 경지에 도달하는 것을 영원히 기대하기 어렵다.[125)]

팡둥메이는 불교에 대해서도 높은 평가를 했다. 그에 따르면 불교는 외래문화이지만 중국의 유교·도교와 부합하는 부분이 많다. 예를 들면 불교의 '불국(佛國)'은 공자의 '대동세계(大同世界)'와 매우 비슷하고, 불교의 '평등사상'은 가르침에서 차별을 두지 않는다는 공자의 '유교무류(有教無

124) 方東美, 『原始儒家道家哲學』, 187~188쪽.

125) 方東美, 위의 책, 167쪽.

類)' 사상과 비슷하며, 사람들은 모두 불성(佛性)이 있다는 사상은 맹자가 말한 "사람은 누구나 요순이 될 수 있다."는 사상과 비슷하다. 이러하기 때문에 중국인은 불교를 받아들일 수 있었다. 게다가 팡둥메이가 보기에 불교가 중국에 전파되어 발전할 수 있었던 까닭은, 그것은 높은 경지의 문화 체계이며 생명의 의의를 추구하는 중국인의 정신과 일치하기 때문이다. 구체적으로 말하면 불교는 자비와 평등이 종지이며 자비와 지혜를 모두 닦아 중생을 교화해서 그들이 정신자유의 왕국으로 귀의하게 한다. 그것은 교(教)·리(理)·행(行)·과(果)·신(信)·해(解)·증(證)을 수행의 근본 법칙으로 삼고, 마음과 사물이 하나이며 부처와 내가 하나임을 강조해서 사람들이 현세의 번뇌를 끊어버리고 열반의 경지로 들어가게 인도한다.

그러나 불교 역시 어떤 종파를 막론하고 모두 한계가 있다. 그것은 세상을 구하려고 시도하지만 그 방식이 취할만 하지 못하기 때문에 결국은 현실인생의 고통을 제거할 수 없으며 특히 20세기 중국인의 고통을 제거할 수 없다.

> 불가는 결국 종교인일 뿐이다. 그들은 매우 높은 철학지혜를 가지고 있지만 그들의 철학지혜는 지혜로운 마음이 고통스러운 마음으로 변하게 하고, 고통스러운 마음이 자비로운 마음으로 변하게 하며, 자비로운 마음이 비통한 마음으로 변하게 한다. 이와 같이 불가는 종교의 정신으로 세계를 구제하려고 한다. 그러나 우리가 현실세계에 있고, 현실세계에서 삶을 강구한다면 어떻게 세계를 구제하겠는가? 우리는 이미 현실의 늪으로 들어왔으며 한번 들어오면 빠져나가지 못하는데 어찌 이 세계를 구제하겠는가?[126)]

126) 『方東美演講集』, 78쪽.

도가도 원만함이 부족하고 불가도 원만함이 부족한데 유가는 어떠한가. 팡둥메이의 주된 사상경향에 의거하면 유가는 원시유가와 송명유가의 두 단계로 나누어지며, 공맹이 대표가 되는 원시유가는 완전무결하고 송명이학은 원만함이 부족하다. 그가 생각하기에 공자의 유학은 풍부한 형이상학적 의미를 내포할 뿐만 아니라 도덕윤리사상의 체계였다. 이것은 바로 『논어』에서 말한 "도에 뜻을 두고, 덕에 의거하고, 인에 의지하며, 예에서 생활한다."[127]라는 것이다. 그렇지만 송명유가는 이러한 방면에서 부족한 점이 있다. 그들은 '예에서 생활한다.'는 관념이 희박했을 뿐만 아니라 그들이 말하는 '도'는 수많은 방면에서 반드시 형이상적인 의미를 내포한다고 할 수 없다. 그들은 '천리(天理)'를 말했지만 '기(氣)'와 결탁했기 때문에 형이상학에서 형이하학로 떨어졌으며 공맹유학의 진의를 손상시켰다.

팡둥메이가 보기에 송명유학이 진정으로 공맹유학의 전통을 계승하지 못한 이유는 송명유가들이 공맹의 원전을 충분하게 연구하지 못했기 때문이다. 그는 류스페이(劉師培)의 말을 빌려 이러한 현상을 '폐학(廢學)'이라고 불렀다. "무엇을 '폐학'이라고 하는가. 유가의 경전을 방치하고 근본적으로 보지 않는 것이다." 그는 송명유가는 "고요히 앉아서 본성을 살피고, 좌선과 명상을 하면서 허울 좋은 몇 마디를 했는데 도대체 어떤 의의가 있는지 정말이지 하늘만이 알 일이다."[128]라고 지적했다.

팡둥메이가 송명유가를 비판하는 것은 사실상 20세기 신유가의 어떤 인물을 비판하는 것이다. 그가 생각하기에 현재 송명이학을 이야기하는 수많은 사람들은 심지어 송대 사람의 책조차 읽지 않았다. "송명 유학자를 모르는 사람들이 자신이 이야기하는 것이 송명이학이라고 생각하는데 사

127) 『論語 · 述而』, "志于道, 据于德, 依于仁, 游于藝."

128) 方東美, 『新儒家哲學十八講』, 黎明文化事業公司, 1985년, 5쪽.

실 그들의 말은 증거가 없는 빈말일 뿐이다. 그들은 정신면에서 한대 유학자만큼 견실하지도 않고 사상면에서 송대 유학자만큼 심오하지도 않으며, 단지 송대 유학자들이 했던 상투적인 말로 듣기 좋은 몇 마디를 했을 뿐이다."[129)]

그는 중국 문화를 건설할 진정한 동력과 원천은 원시유가에 있다고 생각했다. 그러나 팡둥메이가 일반적인 사람들과 다른 것은, 원시유가를 중시했지만 『논어』를 중시하지 않았다. 그가 생각하기에 『논어』는 한 글자 한 글자가 주옥같지만 논리적인 계통성이 결핍되었다. 『논어』는 "우주 전체를 말하지 않았을 뿐만 아니라 본체를 포함하지 않았으며 또한 본체의 가장 높은 근원을 설명하지 않았다. 그것은 덕목론(德目論)을 언급했지만 보편적인 가치론이 없다. 한마디로 인생의 지혜가 충만하지만 여전히 '격언학'의 범위를 벗어나지 못했으며, '견언학'이 어떻게 철학 전체를 대표할 수 있겠는가." 진정으로 원시유가사상을 대표할 수 있는 것은 『상서(尙書)·홍범(洪範)』과 『주역』이다. 전자는 전통을 중시했으며 후자는 창조를 중시했다.

『상서·홍범』에 실린 "주(周)나라 무왕(武王)이 상(商)나라를 토벌한 이후 대현(大賢) 기자(箕子)를 방문한 일"은 매우 농후한 종교적 색채가 있으며 팡둥메이는 이것을 중국의 '계시록'이라고 했다. 그는 『홍범』에 드러나는 사상을 두 계통으로 나누었다. 하나는 '오행(五行)'이며 다른 하나는 '황극(皇極)'이다.

팡둥메이에 따르면 '오행'설의 가장 큰 특징은 우주를 하나의 전체로 보고, 사람은 우주에서 어울리는 짝이 있으며, 자연현상과 인류가 연결되어 하나의 연속적인 전체가 된다는 것이다. 이러한 특징이 이후 중국 사상

129) 方東美, 앞의 책, 5쪽.

의 주류가 되었다. '오행'설을 예로 들면 '오행'은 '오사(五事)'와 짝을 이룬다. '오사'는 "첫째는 풍채이고, 둘째는 말하는 것, 셋째는 관찰하는 것, 넷째는 듣는 것, 다섯째는 생각하는 것이다."[130] 이것은 객관적인 우주에서 인류의 생명으로 들어가는 것이다. 다시 진일보해서 '오사'에 대한 인문적인 이해는 "풍채는 정중해야 하고, 말하는 것은 정당해야 하며, 관찰하는 것은 분명해야 하고, 듣는 것은 밝아야 하며, 생각하는 것은 슬기로워야 한다." "풍채가 정중해야 세상의 기풍이 엄숙해지고, 말하는 것이 정당해야 천하가 잘 다스려지며, 관찰하는 것이 분명해야 이치를 꿰뚫을 수 있고, 듣는 것이 밝아야 계획을 잘 세울 수 있으며, 생각하는 것이 슬기로워야 지혜가 고상해질 수 있다."[131]는 것이다. 이 과정은 "오행설의 초보적인 우주관에서 인생활동으로 발전하고, 다시 도덕적인 상태로, 정신적으로 성숙한 상태로 한 단계 한 단계 발전하는 것이다."[132]

'황극'설의 요점은 '대중(大中)'이라는 두 글자에 있다. 역대로 '황극'을 해석할 때 "황(皇)은 크고 극(極)은 중심이다."라고 했다. 팡둥메이는 '대중'은 '선민(先民)'사상의 종교부호와 철학부호라고 생각했다. '선민'은 우주만상을 하나의 중심에 귀결시키고 그런 후에 초월적 세계로 상승하여 우주의 중심을 발견하고 그것을 가치의 표준으로 삼아서 전체 우주인생을 지배하는 것이다. 이 과정은 중국 사상이 신권숭배에서 이성철학으로 들어가는 과정이다. 그래서 팡둥메이는 "『홍범』편의 '황극'은 추상적인 본체론, 가치론의 표준일 뿐만 아니라 동시에 인류의 현실생활 중에서도 최고의 도덕 표준이 된다."[133]라고 했다.

---

130) 『尙書 · 洪範』, "一曰貌, 二曰言, 三曰視, 四曰聽, 五曰思."

131) 『尙書 · 洪範』, "貌曰恭, 言曰從, 視曰明, 聽曰聰, 思曰睿", "恭作肅, 從作乂, 明作哲, 聰作謀, 睿作聖."

132) 方東美, 『原始儒家道家哲學』, 56쪽.

『홍범』과 『주역』을 비교해서 말하면 팡둥메이는 『주역』의 가치를 더 중시했으며, 『주역』은 유가 문화의 정신을 대표할 뿐만 아니라 중국 문화 전체의 정신을 대표한다고 생각했다. 중국 지혜의 특징은 '끊임없이 만물을 화육하는 덕〔生生之德〕'이며 이것은 『주역』에서 발전되어 나온 것이다. 『주역』 이전에 『연산(連山)』과 『귀장(歸藏)』이 있었다. 『연산』은 '간(艮)'을 으뜸 괘로 하고 『귀장』은 '곤(坤)'을 으뜸 괘로 하며 『주역』은 '건(乾)'을 으뜸 괘로 한다. 게다가 『주역』에서는 '건' 괘를 뒤따르는 것은 '곤' 괘이다. 그것은 '건'을 으뜸으로 하면서도 '건곤'을 함께 만든다. 이러한 변화는 고대 혼인제도의 변화를 반영하는 것일 뿐만 아니라 중요한 것은 선민우주관의 변화를 반영하는 것이다. 상대(商代) 사람들은 '황제〔帝〕'를 숭배했으며 주(周)나라 사람들은 '하늘〔天〕'을 숭배했다. 주나라 사람들에게 이 '하늘'은 바로 우주이다. '건'은 하늘이고 '곤'은 땅이며, 건곤이 교합해서 만물을 화육한다. 그러나 공자 이전의 『주역』은 비록 끊임없이 만물을 화육하는 뜻이 있었지만 우주와 인생은 결코 하나가 되지 않았다. 공자와 그 제자들이 『십익(十翼)』을 저술함으로써 『주역』이 진정한 의미에서 끊임없이 만물을 화육하는 학문〔生生之學〕의 동력과 원천이 되었다. 우주에 생명의 가치와 의의를 부여하지 않는다면 그것은 천문학 또는 물리학적인 의의에서 말하는 객관적인 세계일 뿐이기 때문이다. 공자의 공헌은 우주를 생명과 연관 지어 해석했으며, 진선미(眞善美)의 영역에 올려놓았다는 것이다. 예를 들면 『상전(象傳)』을 쓸 때 "인류의 외재적인 세계를 끌어들여 인류생명의 내부와 심령의 내부에서 그 세계를 보았으며, 그리하여 『상전』에서 세계에 대한 하나의 혁명적인 관념이 나타났다. 바로 외재적 자연계를 예술과 도덕의 정신으로써 승화시켜 아름다움과 선함이 풍부한 가치

133) 方東美, 앞의 책, 79쪽.

세계가 되게 했다."[134] 『문언전(文言傳)』을 쓸 때를 예로 들면, 공자는 사회현상과 자연현상에서 시작해서 인류의 정신생활까지 서술하여 인류가 가진 생명정신의 가치를 해석했으며, 이로 말미암아 도덕적이고 예술적인 가치를 지닌 계통적인 생명철학이 형성되었다. "이와 같은 계통이 일단 완성되자 바로 유가의 사상영역이 나타났다."

이상의 네 가지 방면은 팡둥메이 신유가사상의 주요 내용이다. 그중에서 알 수 있는 것은 그는 도통에 반대하고 심성학이 유학을 부흥시키는 대법이라고 생각하는 것에 반대했지만 전통 유학이 현대 사회사상의 핵심이 되어야 한다는 것에는 반대하지 않았다. 반대로 일생 동안 심혈을 기울인 이론 탐색은 대부분 어떻게 하면 유가사상의 특별한 지위를 드러낼 수 있는가에 대한 자신의 사명을 둘러싸고 진행된 것이다. 그는 동서 문화를 비교할 때 동방 문화의 우수함을 강조하는 데 중점을 두었고, 중외 문화를 비교할 때 중국 문화의 우수함을 강조하는 데 중점을 두었으며, 유·불·도 삼교를 비교할 때 유가 문화를 선양하는 것에 중점을 두었다.

그러나 문제는, 20세기의 중국 문화를 건설할 열쇠는 민주와 과학에 있다는 것이다. 이 두 가지를 실현하지 못한다면 문화 건설은 빈말이 되고 만다. 다시 말하면, 전통의 부흥을 통해 중국의 현대문화를 건설하려고 하더라도 반드시 전통과 현대 사이에 민주와 과학이 주축이 되는 교량을 건설해야 한다. 여기에 대해 첸무 등은 '고대부터 이미 있었다.' 라는 이론으로 부연했으며, 민주와 과학은 원래 전통에 있었기 때문에 단지 전통에서 민주와 과학을 찾아내기만 하면 된다고 생각했다. 팡둥메이는 이처럼 편협한 사상을 가지고 있지 않았다. 그는 주저하지 않고 고대 중국의 정치는 전제정치라고 했으며, 유가사상은 '덕을 바르게 하고 기구를 편리하게 사

134) 方東美, 『原始儒家道家哲學』, 131쪽.

용해서 백성들의 삶을 풍요롭게 해야 한다.' 는 적극적인 성분을 함유하고 있지만 실제적인 곳에 적용해서는 그 본래의 모습을 잃었으며 이로 말미암아 정치가 암담해지고 전제가 횡포하게 되는 국면이 나타나났다고 생각했다. 과학과 종교에 대해 팡둥메이는 중국인이 가진 재능에는 원래부터 과학이성이 결핍되었고 종교열정 또한 결핍되었으며 중국인이 강조한 것은 예술정신과 도덕정신이라고 생각했다.

다시 말하면, 민주와 과학은 중국의 전통에서 원래부터 결핍되었기 때문에 현대 중국인이 중국 문화를 재건설하려면 서양으로부터 민주정신과 과학정신을 도입해야 한다. 그러나 팡둥메이의 모순은, 그는 당시 중국인의 부족함을 보았지만 서양인을 향해 몸을 낮추어 배우기를 원하지 않았다. 생명철학이 중심인 그의 전체적인 문화이론에서 보면 서양의 과학문명과 민주정치는 이미 파괴되었음을 알 수 있는데 이러한 사상은 여전히 량수밍, 장쥔마이, 슝스리 등의 사상 맥락과 같다.

팡둥메이에 따르면 근대 서양 문명은 사람을 완전히 소홀히 했으며, 자연계에서 사람의 지위는 한 알의 티끌과 같아졌고 말로 표현할 수 없을 정도로 한없이 작아짐을 느꼈다. "인류는 우주 사이의 매우 보잘것없는 물질로 변했으며, 큰 방면에서 말하면 인류는 자연보다 못하게 되었고 작은 방면에서 말하면 인류는 기계만도 못하게 되었다."[135] 사회생활 방면에서 산업혁명 이후에 나타난 서양의 객관적인 제도는 이미 세 차례의 변화가 있었다. 첫 번째는 개인주의 민주제도이다. 이러한 제도는 개인주의의 팽창을 초래해 자유 민주가 보장을 받을 수 없었을 뿐만 아니라 도리어 사회의 큰 동요를 일으켰다. 두 번째는 사회주의의 출현이며, 세 번째는 나치 혹은 파시즘 출현이다. 이 세 차례의 변화는 한 단계 한 단계 사람의 생명가

135) 『方東美演講集』, 194쪽.

치를 박탈했으며 인류를 고통의 바다로 밀어 넣었다.

위에서 서술한 인식에 기초해서 팡둥메이는 서양 문화에 의거해서는 인류가 직면한 현실적 고난을 해결할 수 없으며 유일하게 믿을 수 있는 문화토대는 중국에서 찾아야 한다고 생각했다. 1973년 타이뻬이 경신문교학원(耕莘文教學院)에서 강연한 『중국철학의 미래 세계에 대한 영향(中國哲學對未來世界的影響)』과 1974년 복흥강(復興崗) "전국확대정전회의(全國擴大政戰會議)"에서 강연한 『현재 세계사조 개요(當前世界思潮概要)』에서 이러한 문화 주장을 집중적으로 묘사했다.

그러나 중국의 전통문화에 민주와 과학의 종자가 없다면 그중에서 어떻게 민주와 과학의 외왕 사업을 전개할 수 있는지 묻는다면, 혹은 민주와 과학이 주체가 되는 서양 문화가 이미 파산되었다면 우리가 서양에서 배울 수 있는 것은 어떤 것이 있는지 묻는다면, 분명한 것은 이것은 팡둥메이가 대답할 수 있는 문제가 아니다. 이러하기 때문에 그는 중국 문화를 부흥시키기 위해 일생 동안 학술활동에 전념했지만 그의 저술은 도대체 어떻게 중국 문화를 부흥시켜야 하는지에 대해서는 매우 적게 언급하고 있다.

제7장

제3대 신유가사상 비판

탕쥔이의 인문종교학(人文宗教學)

50년대 이후 홍콩과 타이완에서 신유학 발전에 가장 큰 공헌을 한 사람은 탕쥔이(唐君毅)라고 할 수 있다. 그는 신아서원(新亞書院) 건설에 심혈을 기울였을 뿐만 아니라 수많은 저작을 남겼으며 그의 사상체계는 다른 어떤 학자들보다 방대하다. 그는 백가를 두루 읽었고 중서 학술을 통달했으며, 유학으로 귀종하여 본심의 영명(靈明)함을 잃어버린 국민들에게 새로운 노아의 방주를 제공하려고 시도했다. 그래서 그 사람, 그의 학문은 농후한 종교적 색채를 띠고 있다. 그 사람을 말하자면, 그는 다른 신유가보다 더욱 구슬픈 마음 상태를 가지고 있었다. 유럽과 미국 문화가 전통문화를 쓸어 없애고 국민들이 계속해서 고상(故常)을 버리고 무조건 서양 문화를 따라가는 현상에서 그는 구슬픈 심경을 가졌다. 그의 학문을 말하자면, 모든 저서는 하나하나의 문자가 모두 "세상을 위해 마음을 먹고, 백성을 위해 목숨을 걸고, 옛 성인을 위해 끊어진 학문을 잇고, 후세를 위해 태평시대를 연다."는 종교적 사명을 품고 있었다.

그렇지만 탕쥔이는 일생 동안 어떤 종교에도 귀의하지 않았다. 그가 마음으로 신봉한 것은 공자의 인교(仁教) 혹은 인문교(人文教)이다. 그의 사상, 그의 경지, 그의 행적과 업적은 모두 우리에게 평생을 고행 속에서 살다간 불타를 생각하게 하며, 피를 흘리며 십자가에 못 박혀 죽은 예수를 떠올리게 한다. 그는 신아서원을 만들었고, 인문정신을 제창했으며, 중외 학술을 소통했고, 수많은 저술을 남겼다. 또한 그는 '인자형(仁者型)'의 기개와 고명한 인품을 겸비했으며, 시대의 고난을 애탄하고 국민들의 고통을 불쌍히 여기는 마음은 진정한 신앙을 가진 사람만 가질 수 있는 마음이다. 타이완 중앙대학의 쩡자오쉬(曾昭旭)가 말한 것과 같이 "탕 선생이 인생철학과 종교체험 방면에서 드러낸 측은의 정은 그의 인격학문 가운데 사람들을 가장 감동시키는 부분이다. …… 그의 정신은 항상 태고의 경지를 동경했으며, 이것은 바로 가장 높은 종교경지이다. 그는 매우 진실한 문화의식으로 영원히 중국 문화에 효도하려고 했으며, 이것은 바로 가장 진지한 종교의식이다. 그는 매우 진실한 심정으로 모든 종교도와 비종교도를 대했으며, 이것은 바로 종교행위에 가장 가까운 것이다."[1)]

탕쥔이는 1909년에 쓰촨 의빈(宜賓)에서 태어났으며 어릴 때부터 유가 문화의 훈도를 깊이 받았다. 부친 탕디펑(唐迪風)은 불교로 귀의해 불학대사 오우양징우(歐陽竟無)의 문하에서 가르침을 받았으며, 유학에도 깊이 있는 연구를 해 그가 쓴 『맹자대의(孟子大義)』가 세상에 전해지고 있다. 모친 진(陳) 씨 또한 문학에 재능이 있었으며 그의 저작으로 『사복당유시(思復堂遺詩)』 5권이 있다. 탕쥔이는 어릴 때부터 엄격한 가정교육을 받았다. 6세 때 『노자』를 외웠고 10세 때 『설문해자』를 암송했다. 12세가 되었을 때 청두의 성립제일사범부속소학교(省立第一師範附小)에 입학했으며 그다음 해

---

1) 曾昭旭, 「唐君毅先生之生平與志業」, 『近代中國思想人物傳 保守主義』, 451쪽.

에 충칭연합중학(重慶聯合中學)에 입학했다.

충칭연합중학교는 쓰촨에서 유명한 중학교였으며 저명한 학자 멍원통(蒙文通)이 이 학교에서 교편을 잡고 있었다. 그때는 5·4운동이 일어난 지 얼마 지나지 않았을 때였기 때문에 청년학생들이 개성의 자유를 추구하고 민주와 과학을 동경하는 것이 사회적 기풍이었다. 그러나 탕쥔이는 일반 사람들과 심리 상태가 달랐다. 그는 다음과 같이 회고하고 있다.

> 나는 충칭에 있을 때 잡지와 새로운 서적을 즐겨 보았다. 당시의 사상조류는 진보와 진화를 숭상하고, 개인의 자유와 권리를 제창하고, 인생은 마땅히 행복을 추구하고 욕망을 만족시켜야 한다고 주장하는 것이었으며, 이로 말미암아 중국의 구문화와 유가 전통을 타도하려는 분위기가 형성되었는데 이러한 것은 원래 소년들이 쉽게 받아들일 수 있는 사상이었다. 그러나 나는 이러한 문장을 보면서도 다른 한편으로는 알 수 없는 회의와 반감이 나타났다. 나는 15세쯤 되었을 때 욕망을 필요로 하지 않고 행복과 개인의 자유와 권리를 필요로 하지 않는, 오히려 범속을 초탈하려는 극단적이고 반시대적인 다른 인생관을 품게 되었다.[2)]

1926년 탕쥔이는 베이징 중어대학(中俄大學)에 입학했으며 얼마 지나지 않아서 베이징대학으로 전학하여 후스·량치차오·량수밍 같은 일류 학자들의 강연을 들었다. 그는 베이징대학에 있을 때 량수밍 사상의 영향을 깊이 받았고 그의 인격에 고무되었으며, 서양 박사 후스에 대해서는 좋은 인상을 가지고 있지 않았다. 이듬해 베이징대학을 중퇴하고 1년간 집에서 생활한 이후 1928년에 다시 난징 중양대학 철학과에 입학해서 팡둥메이, 쭝

2) 唐君毅, 『中華人文與當今世界』 下冊, 學生書局, 1988년, 445～446쪽.

바이화(宗白華)의 가르침을 받았다. 당시 슝스리와 탕용퉁(湯用彤)이 이 학교에서 강의했으며 슝스리와 탕쥔이는 이때부터 스승과 제자의 연분을 맺었다. 그는 중앙대학에 있을 때 팡둥메이에게 서양학술을 배웠으며 칸트, 헤겔, 피히테의 철학을 매우 좋아했다.

1932년 탕쥔이는 중앙대학을 졸업하고 고향인 쓰촨으로 돌아가 중학교 교사가 되었으며 그다음 해에 중앙대학으로 돌아와 조교생활을 시작했다. 그 후 4년이 지나서 강사가 되었고 다시 4년이 지나 부교수가 되었으며 다시 4년이 지나 교수로 승진했다. 그는 중앙대학에서 교편을 잡은 기간 동안 슝스리의 영향으로 인생관 및 철학사상을 기본적으로 정립하게 되었으며 "정신생활이 지극한 자가 성인이 되고 부처가 된다."는 것을 깨닫게 되었다. 1943년에 『중서철학의 비교논문집(中西哲學之比較論文集)』을 출판하고 그다음 해에 『인생의 체험(人生之體驗)』과 『도덕자아의 건립(道德自我之建立)』을 출판해 도덕자아가 중심이 되는 자신의 철학사상을 명확하게 표명했다. 탕쥔이는 1947년에 난징을 떠나 우시 지앙난대학(江南大學)으로 갔으며, 1949년 봄에 첸무와 함께 광저우로 내려가 화교대학의 교수가 되었고, 그해 8월에 다시 홍콩으로 갔다. 그는 중국 문화의 생명정신을 계속해서 이어가기 위해 첸무, 장피지에 등과 홍콩에서 신아서원을 창립했다. 그는 서원을 창립하고 교무장과 철학과 주임을 맡았으며 한동안 수학과 주임을 맡기도 했다. 또한 신아문화강좌를 개설해 5년간 모두 139차례의 강좌를 열었다. 이런 강좌형식은 당시 보수성향의 학자들이 공맹유학을 전파할 수 있는 중요한 매개체가 되었으며 또한 해외신유학의 정신적 근거지가 되었다. 신아서원의 창립부터 발전에 이르기까지 가장 큰 열정을 쏟아 부은 사람은 첸무와 탕쥔이였으며 당시 사회에 가장 큰 영향을 미친 사람 역시 이 두 사람이었다. 그렇기 때문에 신아의 학생들은 첸무를 '성인(聖人-공자를 지칭)'으로 보았고 탕쥔이를 '아성(亞聖-맹자를 지칭)'으로 보았다.

탕쥔이는 신아서원에 있던 시기에 가장 풍부한 성과를 이룩했다. 연이어 『중국 문화의 정신가치(中國文化之精神價值)』, 『심물과 인생(心物與人生)』, 『인문정신의 새로운 건설(人文精神之重建)』, 『문화의식과 도덕이성(文化意識與道德理性)』, 『중국인문정신의 발전(中國人文精神之發展)』, 『철학개론』, 『인생의 체험 속편(人生之體驗續篇)』 등을 출판했다. 1963년 신아서원은 중원대학(中文大學)에 병합되었으며 탕쥔이는 철학과 주임과 문학원 원장이 되었다. 머우쭝산의 말에 따르면 신아서원이 중원대학에 병합된 이후 탕쥔이는 연합체제를 보호하고 신아서원의 교학과 행정의 독립을 유지하기 위해 항상 이른바 '가짜 양놈'들과 대립했으며 이러한 대립은 연합체제가 폐기되고 신아서원의 이사회 전체가 사직할 때까지 계속되었다.

탕쥔이가 신아서원에 있을 때 이룩한 업적 가운데 주목할 가치가 있은 것은 장쥔마이, 머우쭝산, 쉬푸콴과 연합해서 발표한 『중국 문화를 위해 세계 인사들에게 삼가 알리는 선언』이다. 이 문장은 발표된 이후 서양 문화계에서 비교적 큰 반향을 불러 일으켰으며 탕쥔이는 이로 말미암아 국제철학계의 조명을 받기 시작했다.

신아서원이 중원대학에 합병된 이후에 탕쥔이는 『중국철학원론 · 도론편(導論篇)』, 『중국철학원론 · 원성편(原性篇)』, 『중국철학원론 · 원도편(原道篇)』, 『중국철학원론 · 원교편(原教篇)』, 『생명존재와 심령경지(生命存在與心靈境界)』 등의 수많은 저작을 썼다.

탕쥔이는 저술활동과 신아서원의 과중한 업무 때문에 병환이 찾아와 1976년 홍콩에서 생을 마감했다.

탕쥔이의 신유가사상은 규모가 웅장하고 내용이 면밀하여 단지 수만여 글자로 그를 평가하기는 불가능하지만 몇 가지 중요한 방면에서 그의 사상 특색 및 토론할 만한 부분을 살펴보자.

◗ 생명의 세 방향과 심령의 아홉 경지

사람의 생명과 심령의 경지를 약간의 등차로 나눌 수 있다는 것은 현대 신유가들의 기본적인 사상맥락이다. 그들이 중국 문화와 공맹, 정주, 육왕을 사모한 이유는 생명에 관한 각 민족의 학문 가운데 오직 중국 유학사상의 경지가 가장 높고 현대인의 정신적 요구에 가장 부합한다고 생각했기 때문이다. 량수밍의 '문화 삼노선', 슝스리의 '습심과 본심', 펑유란의 '인생 사 경지', 첸무의 '인생 삼노선', 팡둥메이의 '인생 두 경지와 여섯 단계'는 모두 이러한 주제를 둘러싸고 제기되었다. 그러나 지금까지 이러한 학설을 최고의 단계까지 발전시킨 사람은 탕쥔이이다. 그가 인생의 말년에 쓴 80만 자에 이르는 방대한 『생명존재와 심령경지』가 전문적으로 이런 학설을 논술한 것이다. 그 논제는 바로 '생명의 세 방향'과 '심령의 아홉 경지'이다.

먼저 '생명의 세 방향'을 이야기해 보자.

탕쥔이에 따르면 사람의 생명과 심령활동은 기본적으로 세 가지 길과 세 가지 방향이 있다. 생명과 심령의 세 방향은 근본적으로 보면 정(情)의 세 방향이며 '심령과 생명의 삼 의향 혹은 삼 지향'이라고도 부를 수 있다. 생명과 심령의 활동상황에서 이야기하면 '앞에서 뒤로 나아가고, 안에서 밖으로 나아가며, 아래에서 위로 나아가는' 세 방향이라고 할 수 있다. 그 반대의 상황에서 말하면 '뒤에서 앞으로 되돌아오고, 밖에서 안으로 되돌아오며, 위에서 아래로 되돌아오는' 세 방향이라고 할 수 있다. 합해서 말하면 전후 · 내외 · 상하의 방향을 서로 왕래하는 것이다. 그래서 이 세 방향은 공간의 세 방향이면서도 또한 공간의 세 방향에 국한되지 않는다고 볼 수 있다.[3] 이러한 생명의 세 방향은 생명과 심령 자신의 활동운율과 박자에 의거해서 '순관(順觀)의 경지', '횡관(橫觀)의 경지', '종관(縱觀)의 경지'

로 나눌 수 있다. 탕쥔이는 다음과 같이 말하고 있다.

생명과 심령활동의 전과 후는 주관적인 심리 상태가 순서대로 계속 이어지는 것을 말한다. 주관적인 심리 상태 중의 사상과 언설이 전후가 일치하고 관통하는 부분을 추구하는 것은 생각과 언설 중의 이성이라고 하며, 논리 중의 이성이라고 한다. 생명과 심령활동이 안에서 밖으로 향하는 것은 객관적인 사실을 아는 것이다. 사람이 사상과 객관적인 사실이 서로 일치하고 통하는 부분을 추구하는 것은 지식 중의 이성이라고 한다. 생명과 심령활동이 주관적이고 객관적인 현실사물 위에서 아래에서 위로 향하는 것은 사상 중의 목적이상이라고 한다.[4)]

탕쥔이는 이 세 가지를 분별해서 '객관의 경지', '주관의 경지', '주관과 객관을 초월하는 경지'라고 불렀다. 다시 말하면 전후의 방향은 '주관의 경지'이고 내외의 방향은 '객관의 경지'이며 상하의 방향은 '주관과 객관을 초월하는 경지'이다. 그리고 이 세 방향, 세 경지는 각각 세계와 인생에 대한 사람들의 세 가지 견해와 체험을 대표한다. 즉 사람의 생명과 심령활동이 앞에서 뒤로 나아갈 때 깨달음의 '주체'가 가장 중요하고, 안에서 밖으로 향할 때 깨달음의 '객체'가 가장 중요하며, 아래에서 위로 향할 때는 깨달음의 '쓰임'이 가장 중요하다. 체(體, 주체), 상(相, 객체), 용(用, 쓰임) 이 세 가지는 나누어질 수 있으면서도 합해져서 하나가 될 수 있다. 나누어져서 각자가 의의를 구비하게 되며 합해지고 융합해서 혼연일체 된다.

탕쥔이가 '생명의 세 방향'을 제기한 목적은 '심령의 아홉 경지'는 등차가 있으며, 등차가 형성되는 원인은 사람들마다 생명정신을 장악하는 정

3) 唐君毅, 『生命存在與心靈境界』 上册, 學生書局, 1986년, 39쪽.

4) 唐君毅, 위의 책, 41쪽.

도가 다르기 때문이라는 것을 설명하기 위해서이다. 구체적으로 '심령의 아홉 경지'를 살펴보자.

제1경지는 만물이 각기 차이가 있는 경지인 만물산수경(萬物散殊境)이다. 이 경지는 사물의 개체를 보는 경지이며, 이 경지에서는 사람의 생명심령활동이 그 자신의 체·상·용을 보지 못한다. 다시 말하면 이 경지에 있는 사람은 밖을 관조할 수 있지만 안을 관조하지 못하고 타인을 깨닫게 할 수 있지만 스스로 깨닫지 못한다. 생명심령활동이 안에서 밖으로 향하며 마치 문을 열고 방을 나와 외부세계의 만물만상을 보는 것과 같다. 이와 같이 그가 본 것은 사물의 개체이기 때문에 '만물이 차이가 있는 경지'라고 부른다. "무릇 개체사물에 대한 세상의 모든 역사와 지리 지식, 개인이 스스로 생존을 도모하고 개체를 보존하려는 욕망은 모두 이러한 경지에서 근원하며, 개체주의의 지식론·형이상학·인생철학은 모두 이러한 경지의 철학으로 귀결된다."

제2경지는 종류에 의거해서 변화를 이룩하는 경지인 의류성화경(依類成化境)이다. 이 경지는 사물의 종류를 보는 경지이며, 이러한 경지는 '만물이 차이가 있는 경지'에서 발전되어 나온 것으로 다시는 개체를 관조하지 않고 개체를 종류에 귀결시켜 그것의 물상(物相)을 보며, 종류에서 드러나는 실체를 봄으로써 변화를 이룩한다. 그렇기 때문에 '종류에 의거해서 변화를 이룩하는 경지'라고 부른다. "무생물류, 생물류, 인류 등의 사물에 관한 모든 지식, 사람이 스스로 종류를 늘리려는 생식의 욕망으로 가정을 이루고 민족을 이루는 일, 사람이 습관에 의거해서 행동하는 생활과 인류 사회의 직업이 갖가지 종류로 나누어지는 것은 모두 이 경지에서 근원한다. 종류가 근본이 되는 모든 지식론·형이상학·인생철학은 모두 이 경지의 철학으로 귀결된다."

제3경지는 작용이 순서대로 운행되는 경지인 공능서운경(功能序運境)이다. 이 경지는 사물의 인과관계를 보는 경지이며, 이 경지의 요의는 한 사물이 '종류에 의거해서 변화를 이룩하는 경지'를 보는 것에서 더 나아가 그것과 다른 사물과의 인과관계를 보는 것이다. 사람은 사물을 사용하는 수단으로 목적에 도달하기 때문에 반드시 사물의 인과관계를 궁구해야 한다. 이렇게 해야만 사물의 작용 및 그 운행 순서의 규율을 볼 수 있다. 그렇기 때문에 '작용이 순서대로 운행되는 경지'라고 한다. "모든 세상은 사물의 인과관계가 중심이 되며, 종류가 중심이 되는 자연과학과 사회과학의 지식, 예를 들면 물리학, 생리학, 순수사회과학의 이론이 세상의 중심이 되는 것이 아니다. 사람이 어떻게 자연사회에서 생존할 수 있는가와 관계되는 응용과학의 지식 및 사람이 사물의 인관관계를 수단으로 자연사회에서 생존하려는 목적에 도달하려는 행위와 자기의 이름을 알리고 싶은 마음, 사업을 이룩하고 싶은 마음은 모두 이 경지에 근거한다. 인과관계를 전문적으로 논하는 모든 지식론, 오직 인과관념에 의지해서 건립된 형이상학과 공리주의의 인생철학은 모두 이 경지로 귀결된다."

제4경지는 감각이 서로 받아들이는 경지인 감각호섭경(感覺互攝境)이다. 이 경지는 사물의 주체와 객체를 관조하는 경지이며, 이 경지의 요의는 먼저 객체의 물상을 알고 이 물상이 존재하는 시간과 공간, 즉 감각에 내재해서 일어나는 자각적인 심령을 알고 더 나아가 이성을 이용해서 존재하는 모든 물체가 각자 감각할 수 있는 하나의 '주체'가 있음을 아는 것이다. 수많은 '물체의 주체'와 '감각의 주체'가 서로 끌어당기면서도 각자가 독립해서 존재하기 때문에 '감각이 서로 받아들이는 경지'라고 부른다. "모든 주관적인 느낌으로 인해 가지게 되는 사람의 기억, 상상의 지식, 경험적인 심리학 중의 몸과 마음의 관계에 대한 지식, 시간과 공간의 질서관계에 대한 일반적인 지식 및 개체가 소속된 종류 이외의 사물에 대한 사람의 순수한 감성적 흥미, 욕망과 신체 동작으로 말미암아 서로 감응하고, 자연스럽게 서로 모방하고 인정하여 사회의 기풍을 형성하는 일과 경험을 진술하는 언어 표시는 모두 이러한 경지에서 근원한다. 마음과 몸의 관계, 감각·기억·상상과 시간·공간관계에 관한 모든 지식론, 마음과 몸의 이원론 혹은 유신론(唯身論), 범심론(泛心論)의 형이상학과 감각경과 상응해서 생존을 도모하는 인생철학은 모두 이 경지로 귀결된다."

제5경지는 허령한 세계를 관조하는 경지인 관조능허경(觀照凌虛境)이다. 이 경지는 사물의 의의를 관조하는 경지이며, 이 경지의 요의는 사람은 구체적인 물상의 구속에서 벗어나 순수한 본상의 세계와 순수한 의의의 세계를 발견할 수 있으며, 게다가 언어문자의 부호로 표시할 수 있다. 이 순수한 본상과 의의 세계는 허령한 심령으로 관조해서 드러나기 때문에 '허령한 세계를 관조하는 경지'라고 부른다. "사람들의 순수한 본상과 순수한 의의에 대한 직관으로 인해 나타나는 모든 지식, 예를 들면 문자의 뜻에 대한 자신의 지식, 자연·문학·예술의 아름다움을 이해하는 지식, 형수(形數)에 관한 수학과 기하학의 지식, 논리학 중에서 명제의 옳고 그름의 관계에 관한 지식, 철학 중에서 우주와 인생의 의의에 관한 지식과 순수하게 감상하고 관찰하는 사람들의 생활태도는 모두 이러한 경지에서 근원한다. 철학 중에서 순수한 본상과 순수한 의의에 대한 직관을 중시하는 현상학적 지식론과 순수한 본상의 존재론적 지위를 토론하는 형이상학, 예를 들면 플라톤 철학의 핵심적인 의의와 탐미주의의 인생철학이 모두 이 경지로 귀결된다."

제6경지는 도덕을 실천하는 경지인 도덕실천경(道德實踐境)이다. 이 경지의 요의는 순수한 의의세계를 현실생활에 적용시켜 도덕이상을 형성하고 도덕인격의 완성을 이룩하는 것이기 때문에 '도덕을 실천하는 경지'라고 부른다. "사람들이 근본적으로 가진 도덕양심, 알고 있는 일반적인 도덕관념, 근본적으로 가진 윤리학과 도덕학 지식 및 사람들의 도덕적인 행위와 생활, 도덕적인 인격의 완성은 모두 이 경지에서 근원한다. '이러한 기타 지식과 다른 도덕적인 양심의 지식'과 관련된 모든 지식론 및 '도덕적인 양심'에 관한 형이상학, 도덕을 중시하는 인생철학은 모두 이 경지로 귀결된다."

제7경지는 유일신으로 귀의하는 경지인 귀향일신경(歸向一神境)이다. 이 경지의 요의는 "일신교가 말하는 주객을 초월하고 주객을 통일하는 신비한 경지를 논하는 것이다."

제8경지는 정신본체와 내가 둘이 아닌 경지인 법아이공경(法我二空境)이다. 이 경지는 진정한 정신본체를 관조하는 경지이며, 이 경지의 요의는 정감이 있는 모든 중생은 집착하는 것이 공(空)이라는 것을 깨달아 모두 부처의 마음과 부처의 경지를 분명하게 드러내어 제도(濟度)를 받을 수 있음을 말한다.

제9경지는 하늘의 덕이 유행하는 경지인 천덕유행경(天德流行境)이다. 이 경지는 '본성을 다하고 천명을 세우는 경지'라고도 부른다. 이 경지의 요의는 "유교의 주관적인 본성을 다하고 객관적인 천명을 세우며, 주체와 객체를 관통해서 본성과 천명이 유행하는 대질서를 완성해서 성덕(性德)의 유행이 천덕(天德)의 유행이 되게 하며, 주체와 객체, 하늘과 사람, 사물과 나를 관통해서 주체와 객체의 분립을 초월하는 것을 논하는 것이다."[5)]

탕쥔이는 이상과 같은 9경지 중에서 앞의 3경지가 한 조가 되며 우리가 평소에 보는 객관세계라고 생각했다. 우리의 생명심령에서 이 객관세계는 외재적인 것이다. 중간의 3경지가 한 조가 된다. 이 경지는 '자각적인 경지'라고 통칭할 수 있으며 그것이 가리키는 것은 '지식의 경지'이다. 뒤의 3경지가 다시 한 조가 된다. 이 3경지에서 지식은 이미 지혜로 변한다. 그

5) 唐君毅, 『生命存在與心靈境界』 上册, 學生書局, 1986년, 47~51쪽.

것은 일반적인 지식과 같이 주체와 객체가 분리되지 않고 사물과 내가 대립하지 않으며, 지식을 사람의 생활에 운용해서 사람의 생명가치를 완성한다. 그러므로 그것은 단지 학문일 뿐만 아니라 바로 종교이다. 뒤의 3경지 중에서 "첫 번째가 신교(神教)의 경지이고 두 번째가 불교(佛教)의 경지이며 세 번째가 유교(儒教)의 경지이다."[6]

탕쥔이가 생각하기에 심령의 9경지는 종류를 말하면 각자가 하나의 경지가 되며 하나의 종류를 이룬다. 순서를 말하면 앞의 경지가 우선하며, 단계를 말하면 뒤의 경지가 높다. 다시 말하면 이 9경지에서 단계가 가장 높은 것은 공맹유학이다. 왜냐하면 유가학설은 사람의 덕을 성취하면서도 동시에 하늘의 덕이 유행하는 경지를 체험할 수 있기 때문이다. 그것은 일신교로 치우치는 것과 다르다. 예를 들면 서양인의 기독교와 같이 사람의 주체적인 실천 이외에 존엄한 하느님의 객체를 세워놓는 것과 다르다. 또한 시방세계를 두루 다니면서 아집(我執)을 타파하고 법집(法執)을 타파하는 불교와 다르다. 유가는 하늘과 사람의 덕이 하나가 되는 것을 강조하며, 사람의 본성을 다하고 사람의 덕을 완성하는 것을 강조한다. 그러므로 유가의 학설에서는 "천인 · 상하의 경계를 관통하고, 물아 · 내외의 경계를 관통하여 주관과 객관의 대립을 융화함으로써 주관과 객관을 초월하는 경지에 도달한다."[7]

◗ 중서 인문주의의 비교

탕쥔이는 중국 문화의 가장 큰 특징은 인문주의 정신이며 이것이 중국

6) 唐君毅, 『生命存在與心靈境界』, 52쪽.
7) 唐君毅, 위의 책, 156쪽.

문화를 부흥시킬 기초라고 생각했다. 게다가 서양인 역시 인문주의 전통이 있지만 중국의 인문주의와 비교하면 낮은 단계의 인문주의일 뿐이며, 인문주의라고는 하지만 사실상 사람의 생명가치를 실현하지 못한다고 생각했다.

먼저 서양 인문주의에 대한 그의 비판을 살펴보자.

탕쥔이에 따르면 서양 인문주의의 기원은 오래되었지만 처음부터 극복할 수 없는 자체 결함을 가지고 있었다. 왜냐하면 그것은 대부분 대립과 반항의 문화에서 흥기해 각자 극단적인 방향으로 나아갈 수밖에 없었기 때문이다.

프로타고라스는 서양 최초의 인문주의자이며 그가 제기한 '사람은 만물의 척도'라는 명제는 오늘날까지 당연한 이치와 명언으로 받아들여지고 있다. 그러나 탕쥔이가 보기에 프로타고라스의 인문주의는 "지식문화 자체의 가치를 긍정하지 못했고, 지식의 초개인적인 의의 및 이성적인 기초를 인식하지 못했으며, 쾌락과 감정을 초월하는 도덕적 근거를 이해하지 못했다."[8] 왜냐하면 이러한 인문주의는 개인의 지각이 지식이 되고 쾌락주의가 인생의 목적이 되며, 지식 전수가 삶의 수단이 되기 때문이다. 이른바 사람은 '자연적인 사람', '주관적인 사람' 혹은 '직립보행을 하는 사람'이라고 말할 수 있을 뿐이며 '도덕적인 사람', '생명정신을 가진 사람'이라고 말할 수 없다.

고대 그리스의 철학자 소크라테스는 인문주의 사상의 대가로 불린다. 그의 공헌은 사람을 원시 신권의 세계에서 이성의 세계로 인도했다는 점이다. 그의 철학에서 사람은 도덕적인 사람, 이성적인 사람이다. 그러나 탕쥔이는 소크라테스의 인문주의 역시 약점이 있다고 생각했다. 첫째, 소크라

8) 『中國人文精神之發展』, 人生出版社, 1958년, 48쪽.

테스의 '도덕'은 도시국가의 도덕이며 천하 모든 사람의 도덕이 아니다. 둘째, 소크라테스는 부부와 가정의 인문적 의의에 대한 인식이 부족하다. 게다가 소크라테스는 서양 인문주의가 발전할 수 있는 정확한 노선을 제공하지 못했으며 플라톤과 아리스토텔레스 역시 마찬가지다. 플라톤과 아리스토텔레스는 인생을 이해할 때 분석적으로 이해했을 뿐이며 전체적으로 이해하지 못했다. 그들은 각종 지식문제와 논리문제를 토론했지만 역사문화 및 인생의 생명정신에 대한 '통감(通感)'적 이해가 결여되었다. 플라톤의 철학은 '이념'에 기초하고 아리스토텔레스의 철학은 '순수 형식의 하느님'에 기초하며, 이 두 가지 모두 절대적인 객체로서 존재하는 것이다.

학자들을 언제나 서양의 문예부흥을 인문주의 운동이라고 부른다. 당시 사람들은 신본(神本)을 반대하고 인본(人本)을 제창했으며 신권(神權)을 반대하고 인권(人權)을 제창했다. 탕쥔이는 이러한 인문주의 운동 역시 서로 대립하는 상황에서 홍기한 것이기 때문에 마찬가지로 극단적인 방향으로 나아가게 됨을 면할 수 없었다고 생각했다.

> 당시의 학자들은 대부분 자연을 중시했기 때문에 자연인의 신체를 중시했으며, 사람의 자연적인 정감과 욕망, 정치생활 혹은 사회생활 중에서의 명예와 지위 및 사람의 일반적인 재능에 대해서 …… 모두 존중했다. 이것은 중세기의 종교사상에서 드러나는 사람에 대한 관념과 완전히 상반되는 것이다. 서양 중세기의 종교사상은 사람을 하느님의 이미지(Image)라고 생각했기 때문에 사람 자신의 물질적인 육신과 자연적인 감정·욕망 등을 천시하게 되었고, 세속적인 것과 물질적인 자연계의 모든 것을 경시하게 되었으며, 사람들은 반드시 이러한 수많은 것들의 속박에서 초탈해야만 비로소 하느님에게 가까이 갈 수 있다고 생각하게 되었다. 당시의 어떤 신도는 자연의 경관조차 자세하게 보려고 하지 않았으며 그것의 유혹을 받을까 두려워했다. 그러나 문예부흥의 인문주의

사조가 홍기하자 인류는 종교 권위의 속박에서 해방되었으며, 사람들은 자연을 직시하기 시작하고 자연계에 숨은 아름다움을 감상하기 시작했으며, 자연계에 있는 각종 사물의 조리와 구조를 관찰하기 시작했다. 그래서 근대 자연과학의 연구가 나타나기 시작했다.[9]

다시 말하면 중세기의 기독교는 신권으로 인권을 소멸시켰으며, 문예부흥의 인문주의는 반대로 사람의 종교정신을 완전히 경시하고 무턱대고 자연에 관심을 가지고 자연을 관찰하고 연구하는 데 전력을 다했기 때문에 이후 자연과학이 왕성하게 발전하는 과정에서 사람의 주체성과 가치를 망각하게 되었다.

탕쥔이는 문예부흥 이후의 서양 인문주의를 계승한 것은 독일의 낭만주의이며, 레싱 · 헤르더 · 빙켈만 · 괴테 · 실러가 대표적인 인물이라고 생각했다. 낭만주의는 범신론적 색채를 지녔으며, 사람에 대한 이해는 문예부흥시기보다 더욱 진보했다. 왜냐하면 문예부흥시기의 사상가들은 사람을 자연적인 사람, 정욕이 충만하고 재간과 역량이 충만한 사람으로 보았지만 낭만주의 사상가들은 사람을 '신'과 통할 수 있는 사람, 보편적인 정신생명, 보편적인 자연생명과 통할 수 있는 사람으로 보았기 때문이다. 그러나 탕쥔이가 보기에 이러한 인문주의도 결함이 있기는 마찬가지다. 그 이유는 이 시기의 인문주의도 당시의 대립적인 문화에서 일어났기 때문이다.

탕쥔이는 20세기의 서양 인문주의를 과학적 인문주의 · 종교적 인문주의 · 존재주의적 인문주의 세 종류로 구분했다.

그에 따르면 과학적 인문주의는 사실상 자연주의이며 인문주의가 아니다. 과학적 원리와 방법을 이용해서 사회를 해석하고 인생을 해석하는 것

9) 唐君毅, 『中華人文與當今世界』, 下冊, 46쪽.

은 인문주의의 본뜻에 완전히 위배된다. 게다가 이러한 인문주의는 생물진화론의 사회학적 관점을 견지하며, 과학의 발전에 의거해서 인류는 끊임없이 진보하여 자연을 개조할 수 있고 사회를 개조할 수 있으며, 초자연적인 것을 믿을 필요가 없다고 믿는다. 이렇게 되어 인문적인 것은 점점 작아지고 과학의 마력이 점점 커졌으며 그 결과 인문은 과학의 희생물이 되었다.

종교적 인문주의는 과학적 인문주의를 겨냥해서 흥기한 것이며 마리탱과 베르댜예프가 종교적 인문주의의 대표적인 인물이다. 그들이 생각하기에 과학기술의 방법을 사용해서 자유 민주사회를 창조할 수 있더라도 이러한 사회는 인류의 이상적인 사회가 아니다. 왜냐하면 자유 민주사회에서는 사람들의 일상적인 사회생활을 성취할 수 있지만 사람들의 정신생활과 영적생활을 향상 혹은 심화시킬 수 없기 때문이다.

현대사회에서 인류가 직면하는 문제는 낙후한 기술의 문제 또는 불완전한 사회조직의 문제가 아니라 지나치게 세속화되고 물화되어가는 문제이다. 그래서 타락한 인류가 구원을 받기 위해서는 하느님의 품으로 돌아가지 않으면 안 되는 것이다. 탕쥔이는 이러한 인문주의에 대해서도 마찬가지로 비판적 태도를 견지했으며, 그것은 사람들의 정신생명까지 걱정하지만 하느님을 인문주의의 기초로 여기기 때문에 여전히 중세기 신학의 사상맥락에서 벗어나지 못하는 것이라고 생각했다.

탕쥔이의 이해에 따르면 존재주의적 인문주의는 키르케고르가 헤겔철학을 비판하면서 발단이 되었다. 헤겔철학은 인류정신의 모든 것을 객관적이고 외재적인 것으로 변화시켜 추리했으며, 사람을 객관적인 대상으로 변화시켜 사람이 주체성을 상실하도록 했다. 존재주의 철학자들은 사람은 추상적인 사람, 부호화된 사람이 아니라 개성이 있고 피와 살이 있는 사람이라고 주장한다. 사람을 중시하려면 반드시 사람의 감성생명을 중시해야 하며, 우주인생 가운데 사람의 주체성을 인정해야 한다. 그러나 탕쥔이는 존재주의적 인문주의도 인류에게 계속해서 향상할 수 있는 명확한 인생의 길을 제시하지 못했다고 지적했다. 이 학파의 철학은 이성주의의 부호화된 세계에서 인류를 구제하려고 시도했지만 오히려 인류를 희망의 길로 인도한 것이 아니라 타락의 길로 인도하게 되었다. 왜냐하면 그것이 묘사한 인생은 번뇌의 인생이며 무덤으로 향하는 인생이기 때문이다.

서양 인문주의 전통을 고찰한 이후 탕쥔이는 '매우 고명하고 도와 중용에 부합하는' 진정한 인문주의 전통은 중국에 있으며 서양에 있는 것이 아니라고 생각했다. 서양의 인문주의는 줄곧 편협한 길 위에서 진행되었으며 하나의 극단에서 다른 하나의 극단으로 나아갔다. 그러나 중국의 인문주의는 처음부터 편협한 현상이 없었으며 줄곧 하늘과 사람의 덕을 융합하고 하늘과 사람이 하나가 되는 사상궤도 위에서 발전했다. 그래서 그는 "중국 유가의 인문주의는 이미 존재하고 있는 인류의 인문주의사상 중에서 가장 표준적인 것"[10)]이라고 했다.

무엇이 인문주의인가에 대해서 탕쥔이는 다음과 같이 이해하고 있다.

> 인문사상이라고 하는 것은 바로 인성·인륜·인도·인격과 사람의 문화 및 그 역사의 존재와 가치를 전체적으로 긍정하고 존중하는 것이며, 고의로 그것을 소홀히 하지 않고 말살과 왜곡하지 않는 것이며, 사람을 사람 이외의, 사람 아래의 자연물 등과 동등하게 바라보지 않는 사상을 가리킨다.[11)]

그에 따르면 중국 전통사상에는 '인문주의'라는 명사가 없지만 '인문'이라는 관념과 '인문'이라는 사상이 일찍부터 존재했다. 예를 들어 『상서

10) 唐君毅, 『人文精神之重建』, 學生書局, 1974년, 596쪽.
11) 『中國人文精神之發展』, 18쪽.

(尙書)·요전(堯典)』에 나오는 "사방을 꿰뚫어 보고 사려가 통달했으며 관대하고 온화하다."라는 '문사안안(文思安安)'과 『순전(舜典)』에 나오는 "심오한 지혜가 사방을 비추었다."라고 하는 '예철문명(睿哲文明)', 『대우모(大禹謨)』에 나오는 "문덕(文德)의 가르침이 천하에 전해졌다."라는 '문명부우사해(文命敷于四海)'는 모두 하나의 '문(文)' 자를 중시한다. 또한 『주역』에서 "인문을 두루 살펴 천하를 교화시킨다."[12]라고 하는 것과 『예기』에서 "삼년상을 지키는 것은 인류의 생활규범 중에서 가장 아름다운 것이다."[13]라고 하는 것은 직접적으로 '인문(人文)'을 사용한 것이다. 여기에 근거해서 탕쥔이는 "인문이라는 글자는 원래 중국 고유의 것"[14]이라고 단언했다.

탕쥔이가 보기에 중국인의 인문주의 정신은 기원이 매우 오래되었지만 공자에서부터 진정으로 하나의 사상전통이 되었다. 그는 "공자에서 진(秦)에 이르는 이 시기는 중국 인문사상이 자각적으로 형성된 시기라고 할 수 있다."고 했으며 또한 "공자의 일생 사명은 중국 전통의 인문이 중심이 되는 문화를 건설하는 것이다."[15]라고 했다. 공자의 인문정신은 직접적으로 맹자와 순자에 계승되었으며, 약간의 차이가 있지만 기본정신은 유지되었다. 공자는 인격을 중시하고 '인문의 바탕'과 '인문의 덕'을 강조했으며, 맹자는 인성을 중시하고 '마음을 다하고 본성을 다하는 것'을 강조해서 사람의 도와 하늘의 도를 융합했다. 순자는 예악제도를 중시하고 문화제도와 인문세계의 구성을 강조했다. 그러므로 탕쥔이는 "공자는 예악의 뜻을 거듭 이야기했고 맹자는 예악의 근원을 거듭 이야기했다. 순자는 예악제도를 이야기했으며 그러한 연후에 예악제도의 실질적인 효과를 중시했다.

12) 『周易』, "觀乎人文以化成天下."
13) 『禮記』, "三年之喪, 人道之至文也."
14) 唐君毅, 『人文精神之重建』, 學生書局, 1974년, 590쪽.
15) 唐君毅, 위의 책, 24쪽.

이 실질적인 효과는 인문세계를 확립해 천지와 인성을 질서정연하게 하는 것이다."[16]라고 했다.

탕쥔이는 "중국 사상이 서양 사상과 다른 점은 중국 사상은 매우 일찍부터 '사람'의 관념을 특별히 중시했다는 것"[17]이라고 제기했다. 예를 들면 중국의 가장 오래된 경전인 『육경』이 주로 이야기하는 것은 '사람의 도'이며, 유대인의 가장 오래된 경전인 『구약』, 인도의 가장 오래된 경전인 『베다〔吠陀〕』와 『범서(梵書)』가 주로 이야기하는 것은 '신의 도'이다. 또 예를 들면 중국 고대의 경전 중에서 '하늘'은 '인격신'의 뜻을 내포하지만 '하늘'을 이야기할 때 언제나 하늘이 변하는 현상〔天象〕, 하늘이 변하는 시기〔天時〕와 연관 지어 이야기했으며, '역법'을 만들고 '절기'를 분명하게 한 것 역시 '인사(人事)'를 위한 것이었다. 다시 예를 들면 신·자연·사람 중에서 서양인이 가장 중시하는 것은 신이며, 그다음이 자연이고 마지막이 사람이다. 중국인 역시 하늘·땅·사람을 이야기하지만 이 세 가지의 관념은 동시에 나타난 것으로 이른바 경시하고 중시하는 관념이 없었다. 중국인의 관념에서 "하늘도 크고 땅도 크며 사람 또한 크다."

가장 중요한 것은 '사람'을 중시하는 중국인의 관념은 서양인과 같이 어떤 편협한 사상에 대립해서 나타난 게 아니라 "자신의 됨됨이에 대한 자각적인 반성을 통해 나타난 것이다." 사람의 심령이 깨끗할 때 자각과 반성을 통해 스스로 됨됨이를 알게 되며, 천지 사이에서 자립해 '사람의 도'를 세울 수 있다. 여기에 대해 탕쥔이는 통속적인 묘사를 하고 있다.

> '사람의 도'를 세운다는 것은 직선으로 향상하는 방식에 의거해서 이야기한

---

16) 唐君毅, 앞의 책, 26쪽.

17) 『中國人文與當今世界』 下册, 52쪽.

것이다. 사람은 본래 계속해서 성장하고 향상하기 때문에 공자는 '사람의 인생은 곧다.' 고 이야기했다. 생리 방면에서 사람은 '갓난아이' 에서 '어른' 으로 성장하며 정신 방면에서도 수양을 통해 '소인' 에서 '대인' 이 될 수 있다. 사람이 스스로 성장하고 향상하려고 하는 것은 외재적인 사물의 압박에 대한 반항으로 인해 나타나는 것이 아니다. 우리는 중국인의 전통적인 인문수양은 개인의 수양을 통해 소인에서 대인이 되게 하는 것이라고 말한다. 그러나 '대인' 의 의미는 오늘날의 위대한 인물이 아니다. 오늘날의 위대한 인물은 항상 영웅성과 위엄성을 함유하고 있다. 중국의 '대인' 이라는 말은 그렇지 않다. 예를 들어 '부자대인(夫子大人)', '부친대인(父親大人)' 같은 것은 모두 영웅성과 위엄성을 지니지 않는다. 이 '크다' 의 의미는 '심량(心量)' 이 크고 '덕량(德量)' 이 크다는 것을 가리킨다.[18]

탕쥔이는 "사람의 도를 세운다." 를 사람과 하늘의 관계에 반영하면 중국 인문주의의 최고 이상은 '하늘과 사람의 덕을 융합하는 것' 과 '하늘과 사람이 하나가 되는 것' 이라고 생각했다. 왜냐하면 유가는 '사람' 을 볼 때 '현실적인 사람' 으로 보는 것이 아니라 '이상적인 사람' 으로 보며, '평범한 사람' 으로 보는 것이 아니라 '가장 높은 가능성을 지닌 사람' 으로 보기 때문이다. '이상적인 사람', '가장 높은 가능성을 지닌 사람' 으로 사람을 대하면 사람은 소인에서 대인이 될 수 있고 보통사람에서 성인이 될 수 있다. 사람이 일단 자기를 완성해서 대인, 성인이 되기만 하면 천지와 하나가 될 수 있고 만물과 일체가 될 수 있다. 진일보해서 이야기하면 이와 같이 '심량' 과 '덕량' 을 크게 넓히기만 하면 천지와 하나가 되어 사람의 마음은 하늘의 마음과 통하게 된다. 이렇게 되면 종교와 도덕도 하나 되어

18)『中國人文與當今世界』下册, 52쪽.

나누어지지 않는다.

다시 사람과 자연의 관계에서 말하면 탕쥔이는 중국 인문주의는 사람과 자연을 서로 대립하고 서로 장애가 되는 양극에 두지 않는다고 생각했다. 유가사상에 의거하면 사람은 땅에서 생활하고 땅에서 각종 사업을 성취한다. 다시 말하면 "인문이 천하에서 이루어진다." 사람은 위로는 하늘과 통하고 아래로는 땅에 서 있으며, 하늘·땅·사람이 하나가 된다. '형이상의 도'는 사람과의 관계를 통해 '형이하의 기(氣)' 가운데서 표현될 수 있다. 그래서 중국의 인문주의는 종교에 반대할 필요가 없으며 과학에 반대할 필요도 없다.

탕쥔이는 중국 인문주의 전통이 당대(唐代) 이후까지 발전해서 가장 이상적인 사람의 도를 세운다는 송명유가의 '입인극(立人極)' 사상이 되었다고 생각했다. 송명유가는 우주 사이에는 '태극'이 있으며 인간 세상에는 '인극(人極)'이 있다고 생각했다. '극(極)'은 지극히 공정하여 한쪽으로 치우치지 않는다는 뜻이다. 그러나 사람이 어떻게 '지극히 공정한 사람의 도'를 세울 수 있는가. 선진유가는 사람이 소인에서 대인이 되게 가르치며 송명유가는 내심의 찌꺼기를 제거하도록 가르친다. 왜냐하면 찌꺼기는 사람들이 도덕적으로 진보하는 데 방해가 되기 때문이다. 그러나 내심의 찌꺼기를 제거한다는 송명유학의 사상은 서양 인문주의와 다르다. 서양에서 말하는 '대립'은 사람의 마음 밖에 있는 사회문화에 대해서 말한 것이며 송명유가가 말하는 "더러운 찌꺼기를 제거한다."는 것은 내 마음속의 덕성을 수양하는 것을 말하는 것으로 그 사상은 근본적으로 선진유가의 사상과 일치한다. 중국 인문주의사상은 예부터 인류 문화는 사람의 내부에 있는 덕성이 방출하는 찬란한 빛, 즉 "덕성의 광채가 내부에서 움직여 그것이 밖에서 보이는 것"이라고 생각했다.

탕쥔이는 중국과 서양의 인문주의는 모두 유물주의의 위협과 공격을 받게 되었다고 생각했다. 그가 말하는 유물주의는 하나는 '관념상의 유물주의'이며 둘은 '행위상의 유물주의'이다. 전자는 공산주의 세계에서 나왔으며, 국가는 하나의 큰 기계와 같고 개인은 큰 기계의 부속품에 불과하다고 여긴다. 후자는 유럽과 미국의 현대문명에서 나왔으며, 금전이 모든 가치를 가늠하는 유일한 척도라고 생각한다. 이러한 두 유물주의는 하나의 공통점이 있는데 사람의 가치를 사물의 가치와 동일하게 보는 것이다. 탕쥔이는 인류 문화를 새로 건설할 때 관건은 인문주의 사상을 새로 건설해서 사람들이 두 유물주의의 질곡에서 벗어나게 하는 것이라고 생각했다.

그러나 어떻게 현대의 인문주의 사상을 새로 건설할 수 있는가. 이 문제 앞에서 탕쥔이는 매우 모순적이다. 그는 "오늘날 가장 원만한 인문주의 사상은 반드시 중서가 회통한 인문주의 사상"이라고 생각했으며 또한 "중국의 문학예술과 유가의 학문, 인도의 요가 및 불학, 서양 기독교의 영적 생활은 …… 모두 사람들이 자기를 초월하는 공부를 하는 데 도움을 줄 수 있으며, 사람들이 소인에서 대인이 되게 할 수 있다."[19]고 했다. 다른 한편으로 그는 기독교를 높이 평가하지 않았으며 본질상에서 기독교의 종교정신은 반인문적이라고 생각했다. 왜냐하면 첫째, 기독교는 사람의 마음 밖에 하느님을 설립했으며, 둘째 기독교는 '원죄설'을 주장해 사람의 자아성취가 하나의 피동적인 행위로 변하게 했다고 생각했기 때문이다. 게다가 탕쥔이는 근대 이후의 서양 인문주의 전통에 대해서 부정적인 태도를 견지했다. 다시 말하면 그는 '중서의 회통'을 주장했지만 그의 평가에서 서양 인문주의 전통은 이미 회통할 가치를 잃어버렸다. 여기에서 그가 주장하는 인문주의의 부흥은 근거지가 중국에 있음을 알 수 있다. 왜냐하면 그의 인식에서 중국의 유학이 사람들이 소인에서 대인이 되게 하고 보통

19) 『中國人文與當今世界』 下册, 56쪽.

사람에서 성인이 되게 하는 데 가장 적합한 학문이기 때문이다.

◗ 유가 문화의 종교정신

탕쥔이는 『중국 문화의 정신가치』 자서에서 다음과 같이 말하고 있다.

> 나는 당시의 덕망 있는 사람들이 주장하던 중국 문화의 정신에 종교가 없다는 학설을 받아들이지 않으며 오히려 중국의 철학·도덕과 정치의 정신은 모두 원시시대의 하늘을 공경하는 정신에서 직접적으로 전개되어 나왔다는 학설을 주장한다. 중국 문화는 종교가 없는 것이 아니라 종교가 인문에 융합되었다. …… 나는 중국의 종교정신 중에서 천지와 귀신의 관념을 특별히 존중하며, 아울러 그것은 서양 종교정신의 부족한 부분을 보충할 수 있고 또한 중국 미래의 새로운 종교의 기초가 될 수 있다고 생각한다. 내가 생각하기에 중국 문화정신의 진수는 사람에게 있는 '어진 마음〔仁心〕'에 의지해서 자연과 인생을 초월적으로 포괄하고, 이러한 '어진 마음'을 보편적으로 확대해서 자연과 인생을 바라보며, 자연과 인생 가운데 실현해서 인문을 완성한다는 것이다.[20]

이는 탕쥔이의 문화 주장을 대표할 수 있는 말이다. 탕쥔이의 철학체계에서 보면 한 민족의 문화가 원만한지 아닌지의 관건은 그것의 인문정신이 원만한지 아닌지에 달려 있다. 또한 인문정신 중에서 종교정신이 가장 높은 단계에 있으며, 인문정신이 원만한지 아닌지의 관건은 그것의 종교정신이 원만한지 아닌지에 달려 있다. 이것은 탕쥔이 철학의 기본적인 사상맥락이라고 할 수 있다. 바로 이러한 사상맥락으로 인해 그는 중국 유가

---

20) 唐君毅, 『中國文化之精神價值』, 正中書局, 1987년, 7쪽.

문화의 아름다움을 찬양하기 위해 다음과 같은 세 방면의 노력을 했다. 첫째, 인류 문화에서 종교의 의의가 가장 높음을 설명했다. 둘째, 중국 문화정신의 종교성질을 논증했다. 셋째, 각 민족의 종교를 비교해서 중국 유가문화의 종교정신이 가장 높은 단계임을 부각시켰다.

1957년 탕쥔이는 『민주평론(民主評論)』에 『사람의 학문과 사람의 존재(人的學問與人的存在)』를 발표했다. 이 문장에서 사람의 학문을 높고 낮음의 순서에 따라 ① 사람됨의 학문 ② 역사 ③ 문학예술 ④ 철학 ⑤ 사회과학 ⑥ 자연과학 ⑦ 운명학과 논리학의 등의 7가지로 규정했다.[21]

탕쥔이에 따르면 '사람됨의 학문'이 가장 높은 단계에 있는 이유는, 첫째 '사람됨의 학문'은 사람을 사람답게 하는 학문이며, 사람을 사람답게 하는 것은 모든 사업과 공적을 성취할 수 있는 근본이기 때문이다. 둘째, '사람됨의 학문'은 가장 보편성을 구비하는 것으로 인류의 모든 개체가 반드시 중시해야 하는 학문이기 때문이다. 탕쥔이에 따르면 '사람됨의 학문'은 사람들이 도덕생활을 할 수 있게 하고, 도덕생활 중에서 자신의 생명가치를 향상시킬 수 있게 하는 것이다. 사람들이 도덕생활을 통해 자신의 생명가치를 추구하는 것은 원래 정신생활에 속한다. 그리고 정신생활에서 가장 높은 단계는 종교이다.[22]

> 인류의 정신이 객관적인 우주에서 영원한 의의가 없다고 하면 모든 복덕(福德)은 결국 허황함으로 돌아간다. 유물론자 및 사회공리주의자와 반종교적 인문주의자가 이 문제를 말살하는 원인은 그들이 가치를 가지고 있고 복덕을 구비하고 있는 인류의 인격을 아끼고 소중하게 여기는 감정이 없기 때문이다. 사

---

21) 唐君毅, 『中華人文與當今世界』 上册, 91쪽.
22) 唐君毅, 위의 책, 59쪽.

람이 이런 감정을 가지고 있다면 종교 역시 이러한 감정을 저지하지 못할 것이다. 이러한 감정을 가지고 있다면 우리는 모든 살아 있는 사람과 죽은 사람으로 하여금 점점 복덕을 겸비한 인격을 가지게 할 수 있다. 그러나 우리는 또한 자신의 역량이 부족하거나 혹은 자신의 역량을 발휘할 수 없음을 느낄 때 하늘에 기도하고 신령에게 비는 것 또한 피할 수 없다. 오직 종교적 인문주의를 긍정해야만 원만한 인문주의이다.[23]

그렇지만 탕쥔이가 보기에 세계의 수많은 종교는 모두 각자의 정신가치를 가지고 있으며 각 민족의 정신생활에서 상당히 큰 작용을 했지만 각각의 종교를 비교해보면 원만한 정도가 서로 다르다. 대체적으로 말하면 가장 원만한 것은 중국 유가의 종교사상이며 기타 종교, 예를 들어 불교·기독교 등은 어느 정도 결함이 있다.

탕쥔이는 각종 종교를 편리하게 평가하기 위해 단계의 높고 낮음에 따라 종교의식을 열 가지 형태로 나누었다.

1) 자연신을 믿으며 그것을 향해 나의 욕망을 만족시켜주기를 간청하는 종교의식.
2) 유한한 조상신, 민족신 혹은 무한한 초자연신을 믿으며, …… 동시에 그것에 대해서 욕망을 표시하는 종교의식.
3) 내생에 대한 우리의 희망을 만족시켜주기를 신에게 간청하는 종교의식.
4) 세계의 정의를 주관해 줄 것을 신에게 간청하는 종교의식.
5) 영혼의 불후를 추구함으로써 인격을 완성하고, 고행으로써 자기 영혼의 해탈을 추구하는 종교의식.
6) 신을 믿음으로써 욕망을 극복하려는 종교의식.

23) 唐君毅, 『中國文化之精神價值』, 432쪽.

7) 신을 믿지 않고 나에게도 집착하지 않는 종교의식.

8) 인류 혹은 중생의 고통과 죄과를 짊어지며, 초월세계 또는 영원한 세계에서 모든 가치를 보존하고 모든 가치를 실현하는 종교의식.

9) 선지자에 대한 숭배를 통해 인류와 중생의 고통과 죄과를 짊어지는 종교의식.

10) 성현, 호걸 및 개인의 조상, 민족의 조상(민족신)을 숭배하고 그것으로 귀의하는 종교의식.[24)]

물론 탕쥔이는 이 열 가지 형태의 종교의식을 열 가지 종교로 보지는 않았다. 그러나 그에 따르면 이 열 가지 형태의 종교의식 중에서 가장 마지막 단계의 형태가 유가의 종교의식이다. 유가의 종교의식이 가장 높은 단계의 종교의식이며 기타 종교는 모두 이상적이고 원만한 종교가 아니다.

유대교를 예로 들면, 유대교의 여호와는 악을 징벌하는 능력이 있다. 유대인이 유일신 여호와를 숭배하는 이유는 여호와가 유대민족의 적들을 응징하기를 희망하기 때문이다. 그래서 여호와의 초월성이 두드러진다. 사람들은 여호와에게 절대적으로 복종할 뿐이며 자기의 주체성이 있을 수 없다. 여호와는 유대인의 민족정신을 응집시키는 데 중요한 작용을 하지만 개개인의 염원을 일일이 돌보지 못하며 개개인의 입장을 일일이 생각하지 못한다. 그것은 위엄만 있을 뿐이며 친근감이 없다.

회교를 예로 들면, 회교의 교의는 사람들의 주체성을 중시하고 사람들이 자기의 덕성을 가지도록 하지만 그것이 믿는 것은 유일신 알라(Allah), 유일신 선지자이기 때문에 사람들이 하느님에게 가까이 갈 수 있는 길은 알라를 믿는 하나의 길뿐이라는 결점이 있다.

기독교를 예로 들면, 기독교의 하느님은 인애(仁愛)의 상징이며, 하느님

24) 唐君毅, 『文化意識與道德理性』, 學生書局, 1986년, 494~504쪽.

의 정신은 세상을 보살피고 인류를 돌보는 것이다. 그래서 예수는 사람들이 모든 원한을 버리고 천국을 앙모하기를 권유했다. 예수는 하느님의 독생자이며 세상에 내려와 인간을 위해 속죄의 고통을 받았다. 이러한 숭고한 희생정신이 사람들이 강조하는 동정심과 원죄의식을 불러일으켰으며, 인류의 죄악 역시 이러한 감정의 움직임에서 점점 사라졌다. 그러나 기독교의 종교정신은 사람의 주체성을 부정한다. "사람들은 하느님을 믿음으로써 서로의 정신을 융합시켰지만 예수의 정신인격 앞에서 개개인의 주체성은 사라졌고 객관적인 교회집단이 개개인의 주체성을 구속했다."[25] 이로 말미암아 기독교가 지배하던 로마 세계 이후 교회는 타락했고 종교정신은 나날이 경직되었다.

바라문교를 예로 들면, 바라문교의 교의는 '범즉아(梵卽我), 아즉범(我卽梵)', 즉 우주만상의 근원인 '범'은 모든 사물과 사람 가운데 내재한다는 것이다. 이처럼 사람들은 모두 지상신으로 통하는 길을 찾을 수 있다. 그렇지만 교의의 결함은, '범'은 존재하지 않는 곳이 없기 때문에 사람들이 쉽게 '범'과 자연물상을 혼돈하게 되며 이로 말미암아 '범'의 인격성과 정신성이 사라진다.

불교를 예로 들면, 불교는 '존재하는 모든 것〔諸法〕'은 인연에 따라서 생겨나고 그 자성은 '공(空)'이기 때문에 자연물의 실제성을 부정하고 전력을 다해 '아집(我執)'과 '법집(法執)'을 타파해서 '모든 것은 공'이라는 도리를 분명하게 해야 한다고 주장한다. 이러한 교의는 세상 사람들의 자비심을 유발하고 세상 사람들이 부처의 복덕이 끝이 없음을 인식하게 한다. 이 밖에 불교는 인연에 의해 사물이 형성될 때 사람의 정신작용을 강조하기 때문에 공통적인 불심과 불성이 있음을 인정하지 않으며, "중생의 모든

---

25) 唐君毅, 『中國文化之精神價値』, 435쪽.

현상이 투명하여 서로 대치하지 않도록 했다." 그러나 탕쥔이가 보기에 불교 또한 결함이 있다. "불교는 큰 평등과 존재하는 모든 것이 서로 대치하지 않는 가치를 표현하지만 결국 모든 부처와 중생의 세계가 산만해져 통섭하지 못하는 잘못이 있다. 불교가 한 사람의 종교가 될 뿐이며 집단 사회의 인심을 응집하는 종교가 되지 못하는 이유가 바로 여기에 있다."[26)]

중국 유교문화의 종교정신에 대한 탕쥔이의 견해를 살펴보자.

먼저 탕쥔이는 인도인, 서양인과 비교해서 중국인의 종교의식은 비교적 희박하다고 생각했다. 그는 일곱 가지 예를 들어 그 원인을 말하고 있다.

1) 중국 사람들은 매우 비옥한 땅에서 생활하기 때문에 현실적인 생산 활동을 중시하고 이용후생을 중시한다. 생활에서 부딪히는 고난은 그때그때에 해결하려고 하며 사후의 일은 중시하지 않기 때문에 비현실적인 공상을 잘하지 않는다.

2) 역대로 중국인은 덕이 있는 자는 당연히 부귀해지고 덕이 없는 자는 당연히 빈천해진다는 관념이 있다. 이로 말미암아 계급의 대립현상은 분명하지 않으며 사람들 역시 공정한 부분이 결여되었음을 그다지 느끼지 못한다. 사람들 사이에 마찰이 생길 경우 복수의 방법을 통해 해결하기도 하지만 그 원한을 다음 생에까지 가져가지 않는다.

3) 중국인은 역대로 윤리도덕을 중시하고 개인주의에 반대하며, 특히 개인의 행복과 쾌락이 목적이 되는 인생관에 반대한다. 그들은 행복을 사후의 세계에 기탁하고 신령과 부처에게 비는 것보다 자손을 통해 행복을 추구하는 것이 더 낫다고 생각한다. 자손을 중시하면 반드시 영혼불후의 관념이 희박해진다.

26) 唐君毅, 『中國文化之精神價值』, 437쪽.

4) 중국인은 부모와 조상을 섬기고 공경함으로써 부모와 조상의 마음이 나의 마음이 되도록 한다. 그들은 마음은 충실한 것이며 "우리의 마음에서 자신의 생명을 탄생시키는 생명정신이 체현된다."고 생각한다. 이러한 마음상태로 인해 그들은 사망을 중시하지 않고 생명의 영원함과 유구함을 느낀다.

5) 부모와 조상을 섬기고 공경하기 때문에 중국인은 역사문화의식이 풍부하다. 이러한 의식은 사람들이 역사문화를 중시하고 현실생활을 중시하여 실질적인 공훈과 업적에 전력을 다해 오랜 세월 동안 이름을 남길 수 있도록 한다. 영혼이 불후한지 아닌지는 그다지 중시할 만한 것이 아니다.

6) 중국인은 인륜관계를 중시하고 인문사회의 공훈과 업적을 중시하기 때문에 친척·사회·역사에 대해서 강한 책임감이 있다. 이러한 책임감이 강하면 강할수록 영혼불후의 관념은 점점 더 희박해진다.

7) 중국 사상의 주류인 유교와 도교는 모두 신령의 도움을 필요로 하지 않으며, 사람들은 자기의 지혜와 덕성에 의거해서 자신의 심령을 편안하게 할 수 있다고 생각한다.

탕쥔이가 종교를 정신생활의 가장 높은 단계에 두고 또한 중국인의 종교 관념이 희박하다고 생각하는 것은 그가 중국 문화 역시 원만하지 않는 부분이 있다고 생각한 것을 의미하는 것은 아닐까. 상황은 이와 정반대이다. 탕쥔이가 중국인은 종교 관념이 희박하다고 한 것은 종교의 일반적인 의의에서 말한 것이다. 그가 생각하기에 종교에 대한 서양인의 견해에 의거하면 중국인의 종교 관념은 희박하지만 종교의 함의를 넓히면 중국 역시 종교정신이 풍부한 민족이다. 이것은 마치 철학과 같다. 철학에 대한 서양인의 이해에 의거하면 중국철학은 철학이라고 할 수 없지만 중국인 역시 자기의 철학을 가지고 있음은 의심할 수 없는 사실이다.

중국이 고대부터 종교가 있었음을 설명하기 위해서 탕쥔이는 세 방면의 논술을 했다. 첫째, 유가는 도덕실천을 중시하지만 도덕실천은 반드시 신앙에 의거한다. 둘째, 서양인이 철학, 도덕, 종교를 세 가지로 구분한 이유는 이 세 가지의 근원이 다르기 때문이다. 그러나 중국 문화의 근원은 하나이며 "유가의 학문〔學〕과 교화〔教〕는 실지로 철학적·도덕적·종교적인 세 방면의 의의를 함께 구비하고 있다." 서양학술의 분류에 의거하면 '학문'이라고 할 수도 있고 '종교'라고 할 수도 있다. 그것을 '종교'라고 한다면 "마땅히 철학적 지혜를 갖춘 도덕적 종교라고 해야 한다."[27] 셋째, '종교'라는 두 글자의 함의에서 보면 중국 역시 종교가 있다. '종(宗)'은 조상 및 조상에 대한 제사를 가리키며 '교(教)'는 교화를 가리킨다. "유가의 학문은 요순을 본받고 중니(仲尼)를 종사(宗師)로 삼는다. 원래부터 '인을 구한다〔求仁〕'는 것과 같은 종지가 있었는데 중니는 그것으로 교화를 실시했으며 이후의 유가는 그것을 배우는 데 힘썼다. 그래서 유가의 학문과 교화가 종교가 되어 삼교 중의 하나가 되었다. 그것은 '종교'라는 두 자의 원 뜻에 부합하지 않는 부분이 조금도 없다."[28] 여기에 기초해서 탕쥔이는 다음과 같이 말했다.

> 중국 '종교(宗教)'의 두 글자의 원문으로 서양의 종교를 가늠하면 세상에 교훈을 전하는 것이 있으며 종교라고 부를 수 있다. 그렇지만 서양에서 유행하는 종교, 예들 들면 유대교·기독교·회교와 같이 유일신만 믿는 종교를 표준으로 유일신을 믿지 않는 유교·불교·도교를 가늠하면 종교라고 부를 수 없다. 혹은 서양 '종교(Religion)'의 한 글자의 의미로 종교와 비종교의 범위를 정하면 이것은 모두 '종교'라는 두 글자가 원래 중국 고유의 명사이며, 리(理)의 원뜻에

27) 唐君毅, 『中華人文與當今世界』 下册, 64쪽.
28) 唐君毅, 위의 책, 64쪽.

서 파생된 것이며 번역어의 뜻을 통섭함을 모르는 것이다. 주객을 전도하여 줏대 없이 남을 따르고 번역명의 뜻으로 고유한 뜻을 대신해서는 안 된다. 현재 세상 사람들이 동방은 종교가 없다고 말하는 이유는 그들이 마음에서 생각하는 종교는 무의식중에 서양의 선교사들이 말하는 종교에 미혹되었기 때문이다. 이것은 사실 매우 잘못된 것이다.[29)]

탕쥔이에 따르면 유가사상은 기타 종교와 비교해서 특수한 의의가 있는 종교이며 가장 원만한 종교이다. 이것은 주로 "유가의 교화 중에는 신앙을 포함하지 않는 것이 없으며, 유가가 말하는 신앙은 믿는 자의 주체적 자각 방면을 중시하며 신앙의 객체가 자각되는 방면을 중시하지 않는다."라는 것에서 체현된다. 구체적으로 말하면 다음과 같다.

첫째, 기타 종교는 모두 독단적 교의·금욕적 생활·교회조직 같은 도덕실천과 관계없는 신앙을 가지고 있다. 피타고라스의 종교 금식인 콩, 힌두교에서 소를 신물로 보는 것, 유대교와 기독교에서 안식일을 지키는 것은 모두 이러한 부류에 속한다. 그러나 중국 유가의 신앙에는 이러한 것이 없다.

둘째, 기타 종교는 모두 사후의 생애와 사후의 세계를 믿는다. 유가는 사후의 생애와 사후의 세계를 부정하지는 않지만 중시하는 것은 현생에서의 도덕실천과 양지판단이다.

셋째, 기타 종교는 모두 교주 또는 지상신을 시공을 초월하는 영원한 존재로 보지만 유가의 신앙에는 전지전능한 신이 없다. 공자가 "15세에 학문에 뜻을 두었고, 30세에 자립했으며, 40세에 외부사물에 미혹되지 않았고, 50세에 천명을 알게 되었으며, 60세에 사리를 통달하게 되었고, 70세에 하고 싶은 대로 해도 거리낌이 없었다."는 것은 끊이지 않고 진보하는 과정

29) 唐君毅, 앞의 책, 66쪽.

이며 보통 사람들이 행하는 것이다. 이 두 가지를 비교하면 유가사상이 더욱 친근하며, 더욱 쉽게 세상 사람들의 도덕열정을 불러일으킬 수 있다.

탕쥔이는 유가의 구체적인 신앙을 아래와 같은 내용으로 귀결시켰다.

> 인·의·예·지 같은 각종 도덕실천의 도를 믿는다. 사람들은 인·의·예·지를 발현할 수 있는 선한 본성이 있음을 믿는다. 인·의·예·지의 즐거움이 나의 마음임을 믿는다. 사람들이 스스로 이러한 본성과 이러한 마음을 다하기만 하면 현인과 성인이 될 수 있음을 믿는다. 현인과 성인은 배워서 이룩할 수 있다고 믿는다. 또한 세상에 현인과 성인이 있다고 믿는다. 현인과 성인이 인륜의 극치이며 인간의 가장 존귀한 것임을 믿는다. 성현이 사람을 사랑하고 만물을 사랑하는 지극한 덕은 대자연 혹은 상제가 만물을 화육하는 덕과 하나가 됨을 믿는다. 성현의 덕이 유행하는 것과 하늘의 덕이 유행하는 것이 같은 것임을 믿는다.[30)]

탕쥔이가 생각하기에 기타 종교는 사람과 형이상학적 세계 사이에 한 층 거리가 있는 '역도(逆道)'이며 중국의 유가는 하늘과 사람 사이에 거리가 없고 '하늘과 사람이 하나가 되고', '하늘의 덕과 사람의 덕이 융합하는 것'을 추구하는 '순도(順道)'이다. 이러한 신앙계통에서 "사람들이 저절로 드러나는 우리의 성정(性情)을 따르게 되며, 그 마음을 다하고, 그 본성을 알고, 그 감정을 꿰뚫어 봄으로써 자연만물 및 타인과 통하게 되고, 우리는 '본성'을 앎으로써 하늘을 알 수 있다."[31)] 그는 이치를 거스르는 '역도'는 단지 소수 사람들이 행할 수 있기 때문에 승려들이 특수한 계급을

---

30) 唐君毅, 『中華人文與當今世界』 下册, 73쪽.

31) 唐君毅, 『中國文化之精神價値』, 450쪽.

형성하며, 이치를 거스르지 않는 '순도'는 사람들이 모두 행할 수 있으며, 사람들이 생명의 의의를 장악함으로써 소인에서 대인이 될 수 있고 보통 사람에서 성인이 될 수 있다고 생각했다.

바로 하늘·땅·사람이 원만하게 융합되어 서로 간에 막힘이 없음을 긍정하고, 역사문화정신의 의의를 긍정하기 때문에 탕쥔이는 '삼제(三祭)', 즉 천지에 제사 지내고, 조상에게 제사 지내고, 성현에게 제사 지내는 것을 중시했으며, 중국 유가의 '삼제'가 체현하는 종교정신과 가치는 적어도 세계의 기타 종교보다 못하지는 않다고 생각했다. 왜냐하면 그것이 제사 지내는 대상은 물질천지도 아니고 선조와 성인의 영혼도 아니며 하늘과 땅과 사람과 나를 관통하고 고대와 현대를 관통하는 '정신실재'이기 때문이다. "제사를 지낼 때 우리가 추구하는 것은 우리의 생명정신을 늘려 이미 세상을 떠난 초현실적인 조상과 성현 및 전체 천지에 도달함으로써 조상과 성현 및 천지의 덕을 계승하고 받드는 것이다. 우리는 이미 사망한 자를 존재하는 자로 생각하고 생명이 없는 것을 생명이 있는 것으로 존경하여 천지와 사람이 서로 통하게 함으로써 자연과 사람의 관계를 원만하게 한다. 이러한 '삼제' 중에 분명히 오늘날의 사람들이 이야기하는 종교적인 의미가 함유되어 있다."[32]

◗ 인문정신과 중국의 민주와 과학

중국 유가의 종교정신을 찬양하는 것은 '내성' 방면에 속한다. 그렇지만 당시 중국인이 직면했던 것은 '민족'과 '인생'이라는 두 문제였다. 종교는 인생 문제를 해결할 수 있지만 민족을 부강한 길로 인도할 수 없으며, 민주

32) 『中國人文精神之發展』, 383쪽.

와 과학이라는 '외왕' 사업을 전개해낼 수 없다. 근대 중국인이 전력을 다해 추구한 민주와 과학은 원래 서양 문화의 산물이다. 그러나 수많은 신유가들이 이 사실을 인정하지 않았으며 민주와 과학은 '우리의 유물'이라고 생각했다. 탕쥔이는 이 같은 편협한 생각을 하지는 않았지만 다른 각도에서 민주와 과학은 그 자체가 결함을 가졌기 때문에 중국 내지 인류의 문제를 해결하는 데 부족하며 지나치게 찬양할 가치가 없다고 생각했다.

앞에서 서술했듯이 '사람의 학문'에 대한 논술에서 탕쥔이는 과학의 가치를 낮게 평가했다. 그에 따르면 과학은 지식문제와 의식문제를 해결할 수 있지만 인생 문제를 해결할 수 없다. 게다가 모종의 의의에서 말하면 과학정신과 인생 문제는 서로 대립되는 양극이다. 왜냐하면 과학주의와 인문주의는 본질적으로 서로 대립하는 요소가 있기 때문이다. 과학주의가 이지를 사용해서 모든 것을 분석하고 모든 것을 해부해야 한다고 주장하는 것은 의심할 바 없이 인생의 의의를 부정하는 것이며, 인문정신을 부정하는 것이다. 구체적으로 말하면 다음과 같다.

> 과학적 순수 이지주의의 기능은 인류의 모든 것을 과학의 대상으로 변화시켜 연구함으로써 일부 사람들이 자신의 지식을 성취하는 것이다. 그러나 그것의 가장 큰 결점은 바로 사람 자체의 구체적인 내용과 사람의 가치를 완전히 추상화·부호화한다는 것이다. 단순한 이지분석은 최후에 사람들을 가장 큰 허무의 경지로 인도할 수 있다. 이러한 이지주의는 그 자체가 이미 인류를 위협하는 사상이 되었으며 또한 오늘날의 인문주의자들이 전심전력을 다해 그것을 대치할 수 있는 새로운 사상을 모색하는 것이 하나의 과제가 되었다. 이러한데도 그것이 인류의 재난을 해결해 줄 수 있다고 할 수 있는가?[33]

33) 唐君毅, 『中華人文與當今世界』 上册, 57쪽.

탕쥔이는 또한 과학은 가치중립적이며 사람들의 정신을 향상시키고 도덕을 완전하게 하는 데 도움이 되지 않는 결점이 있으며, "사람의 사사로운 욕망을 근절시키지 못할 뿐만 아니라 반대로 사람의 사사로운 욕망이 과학의 연구에 이용된다."[34]고 생각했다.

과학을 가치중립적이며 심지어 인생에 유해한 것으로 간주하기 때문에 탕쥔이는 과학을 발전시켜도 되지만 반드시 더 높은 정신으로 과학정신을 다스려 그것의 부정적인 작용을 극복해야 한다고 생각했다. 그에 따르면 과학정신을 가장 잘 다스릴 정신은 중국 유가의 '인심(仁心)'이다. '인심'이 드러나야 과학의 폐단을 극복할 수 있다.

> 사람들이 '인심(仁心)'으로 과학이성을 주재하지 않고 방임하면 과학이성은 반드시 회의주의와 허무주의로 빠지며, 과학지식과 과학기술을 응용하는 것은 가치가 있으면서도 가치가 없게 된다. 여기에서 중국 문화의 인교(仁敎)가 얼마나 고귀한지 알 수 있다. 이것은 과학에 대한 우리의 큰 슬기로움이다.[35]

탕쥔이는 도덕 결정론자이다. 그의 철학에서 도덕이성이 핵심이 되는 인문정신은 수많은 학문 중에서 가장 높은 단계에 속하는 학문이며 기타 학문을 통섭하는 중대한 사명을 가지고 있다. 그는 인문정신을 가지와 줄기에 비교했으며 기타 학문을 잎과 꽃봉오리에 비교했다. "학문세계의 갖가지 잎과 꽃은 가지와 줄기를 벗어나서 푸르고 붉은 빛깔을 낼 수 없으며, 가지와 줄기를 벗어나면 꽃은 지고 잎은 시든다. 각종 학문은 하나하나가 반드시 직간접적으로 인생의 본원처에 이르러 뿌리를 내리게 된다."[36] 그

34) 『文化意識與道格理性』, 349쪽.

35) 『中國人文精神之發展』, 120쪽.

36) 唐君毅, 『中華人文與當今世界』 上册, 107쪽.

는 민주도 과학과 마찬가지로 인생의 의의를 벗어나서는 그것의 의의를 볼 수 없다고 생각했다. 사람이 가장 높은 목적이고 또한 유일한 목적이다. 모든 문화성과는 사람의 생명정신을 향상시키기 위한 것이기 때문에 반드시 도덕이성이 척도가 되어야 한다.

탕쥔이는 계속해서 도덕이성을 척도로 군주전제·귀족정치·민주정치를 하나하나 비판했다. 사람들은 언제나 민주정치는 귀족정치보다 우수하며 귀족정치는 군주전제보다 우수하다고 한다. 민주정치가 가장 우수하다고 하는 이유는 이러한 제도 아래에서 사람들은 모두 독립적이고 자주적인 권리를 가지기 때문이다. 사람들이 가지고 있는 자주독립의 권리가 많으면 많을수록 정치제도는 그만큼 더 완전해진다는 것이다. 탕쥔이는 이 같은 통상적인 견해와 매우 다른 견해가 있었다. 그는 민주자유의 권리를 누리는 사람의 많고 적음에 따라 정치제도가 완전한지를 가늠해서는 안 된다고 생각했다. 그에 따르면 군주전제에서 군주가 권위를 가진 이유는 백성들이 군권의 가치를 인정하기 때문이며, 귀족정치 하에서 소수 사람이 권위를 가진 이유 역시 대다수 백성들이 귀족정치의 가치를 인정하기 때문이다. 그래서 "군주전제, 귀족정치와 민주정치의 우열은 유권자가 얼마나 많은지로 판단해서는 안 되며 마땅히 권력욕을 얼마나 제약할 수 있는지로 판단해야 한다."[37)]

전체적으로 말하면 탕쥔이는 민주정치가 귀족정치와 군주전제보다 더 우수함을 인정했다. 왜냐하면 귀족정치와 전제정치는 권력욕을 제약하지 못하며 민주정치만이 보편적인 법률로써 사람들의 권력욕을 제약할 수 있다고 생각했기 때문이다. 그러나 탕쥔이는 이 사실이 민주정치는 결함이 없으며 다른 두 정치는 취할 만한 가치가 없음을 말한 것이 아니다. 그 이

---

37) 唐君毅, 『文化意識與道德理性』, 274쪽.

유는 다음과 같다.

첫째, 군주와 귀족의 권력욕은 보편적인 법률의 제약을 받지 않지만 여론과 타인의 충고 및 자아양심의 제약을 받는다. 도덕이성을 구비하는 군주와 귀족은 자각적으로 권력욕을 절제하고 도덕이성에 의거해 정치를 전개함으로써 백성들의 이성의지와 도덕의지에 부합할 수 있다. 이밖에 군주와 귀족은 인민대회를 열어 국사를 토론하고 백성들의 의견을 수렴함으로써 더 큰 효과를 얻을 수 있으며, 어질고 덕망 있는 인재를 선발함으로써 합리적인 정치발전을 보장할 수 있다. 이런 군주전제와 귀족정치는 권력이 집중되는 폐단을 면할 수 있다.

둘째, 군주와 귀족은 대권을 쥐고 있기 때문에 자연히 사회적인 책임감을 가지게 되며 정치를 시행하기 위한 그들의 도덕의식을 증가시킬 수 있다. 예를 들면 백성이 무한한 군주의 권력을 인정하고 자발적으로 자신의 권력욕을 억제하여 군주에게 복종하는 것은 도덕의식을 구비한 군주에게 그 자체가 일종의 사회적인 압력이다. 군주는 "자신이 가진 권력을 생각하면서 자신을 추대한 백성들의 정성을 생각하게 되며, 도덕의식과 정치적 책임감이 더욱 증가하게 된다." 또한 사람들이 소수 귀족들의 권력을 승인하면 "귀족은 권력이 백성으로부터 나온다는 것을 생각하게 되어 자신의 품위를 지키려는 마음과 책임감이 증가한다." 바로 이러하기 때문에 "군주전제정치 하의 성현과 군주는 언제나 만민을 보살피려는 기상이 있으며, 귀족정치 하의 귀족 역시 언제나 책임을 지려는 고귀한 정신이 있다. 이러한 것은 민주정치 하의 백성들에게는 결핍된 것이다."[38]

셋째, 민주정치 하에서 백성들은 권력을 추구하는 데 전력을 다하고 권력욕을 증가시킬 수 있다. "이러한 정치제도는 여전히 사람들의 사욕을 위

38) 唐君毅, 앞의 책, 281쪽.

해 이용되며 사람들의 사욕을 위한 도구가 된다."고 할 수 있다. 사람들은 자기의 사욕에 불리할 때 법률적 제재가 엄격하기를 희망하며, 심지어 법률 앞에서 옹졸한 심리 상태를 형성한다. 다른 한편으로 자기의 사욕을 채우기 위해 늘 법률의 빈틈을 뚫고 법률을 왜곡하거나 자기에게 유리한 다른 법률을 만든다. 이러한 제도 하에서 사람들은 자신의 정치적인 의견을 표현할 때 선량한 동기에서 출발해서 의견을 표현할 필요가 없으며 그것이 옳든 그르든 간에 여론절충의 결과만 수용하면 된다. 그렇게 때문에 '최선의 정책'이라고 하기가 매우 어렵다.

다시 말하면, 정치제도 자체에서 논하면 세 가지 정치제도는 모두 결함이 있으며 관건은 사람들의 도덕의식으로 그것을 주제할 수 있는가 없는가에 있다. 군주전제라고 하더라도 덕성을 갖춘 사람이 정치를 한다면 마찬가지로 선한 결과가 나타날 수 있다. 반대로 도덕이성으로 정치를 제약하지 못한다면 민주정치 역시 악한 결과가 나타날 수 있다. 여기에 근거해서 탕쥔이는 "민주정치가 반드시 군주정치보다 좋다고 볼 수 없다."[39]는 결론을 제시했다.

그렇다면 도대체 어떤 정치가 가장 이상적인 정치인가. 탕쥔이가 생각하기에 가장 이상적인 정치는 한편으로 법치와 민치의 합리성을 인정하고, 다른 한편으로 덕치·인치·예치의 정신으로 그것을 통할하는 것이다.

> 반드시 객관적인 법치(法治)와 민치(民治)의 제도가 존재해서 정부 관료의 의지가 약해지는 것을 막아야 하며, 객관성을 회복한 백성들이 이성원칙을 따라 함께 도덕의지를 배양해서 정부 관료가 도덕의지를 촉진하게 한다. 그러한 이후에 중국 과거의 덕치(德治)·인치(人治)·예치(禮治)의 이상이 진정으로 실현

39) 唐君毅, 『中國文化之精神價值』, 486쪽.

될 수 있다. 중국 과거의 철인이 알고 있었던 것은 오직 본질적으로 사람을 교화시켜 모두 성현이 되게 하여 덕치 · 인치 · 예치의 이상을 실현하는 것이었다. 이와 같은 교화의 목적이 달성되면 나라를 다스리는 자는 모두 성군현상이 되고 사람들은 모두 성현이 되어 법률로 사람들의 권리를 제한함으로써 모든 사람들의 권리를 보장한다는 관념은 진실로 필요 없게 된다.[40)]

탕쥔이가 보기에 정치의 근본은 바로 도덕성이며 법률과 민권 등의 관념은 단지 수단일 뿐이다. 일단 사람들이 모두 성현이 되기만 하면 법률과 민권 등의 관념은 필요 없다. 바꾸어 말하면 중국 전통문화의 도덕이성을 발양하기만 하면 정치형식의 문제에 대해 더는 문장을 쓸 필요가 없다. 그래서 그는 중국이 가장 필요한 것은 다급하게 서양의 의회제도와 선거제도를 답습하는 것이 아니라 "원만하고 충실한 중국 교유의 인문정신을 계승하고 그것을 다시 사회문화의 영역으로 전개해서 사회에 각종 사회문화의 역량이 존재하게 하고, 각종 사회단체와 사회조직이 존재하게 하며, 서로 병존하면서도 충돌하지 않게 한다. 그 이후에 중국에서 민주정치가 실행될 조건이 구비되는 것이다."[41)]

◗ 인문정신과 중국 문화의 새로운 건설

탕쥔이는 백성들의 영혼을 구제하려는 종교적 사명감이 풍부한 사상가였다. 특히 홍콩에서 생활한 이후 지식인들이 자각적으로 외국으로 귀화하는 현상을 보면서 중국 민족의 응집력이 이미 사라졌음을 깊이 느꼈으며,

40) 唐君毅, 위의 책, 290쪽.

41) 唐君毅, 『人文精神之重建』, 418쪽.

서양 문명이 중국 문명의 근원적인 곳까지 상처를 입혀 오늘날의 중국인은 신념을 잃었고, 옛 전통을 지킬 수 없을 뿐만 아니라 오히려 서양을 앙모하는 정신적 거지가 되는 것을 통절하게 느꼈다. "마치 정원에 있는 큰 나무가 쓰러져 꽃잎이 우수수 떨어지고 바람이 부는 대로 흩어져 타인의 정원에서 그늘을 찾고 햇빛을 피해 구차하게 생명을 보전하거나 담의 한쪽 모퉁이에서 진흙을 묻히고 수분을 공급받아 자생하기를 희망하는 것과 같다."[42] 탕쥔이가 보기에 유구한 문화 전통을 구비한 중국 민족이 오늘날 이러한 상황에 처하게 된 것은 중국 민족의 큰 비극이라고 할 수 있다.

탕쥔이는 매우 처량한 마음상태로 20세기의 중국 문화를 대했지만 민족문화에 대해 매우 낙관적인 견해가 있었다. 그는 큰 나무가 넘어지고 꽃잎이 흩어졌지만 민족문화의 뿌리는 아직 끊어지지 않았고 지혜의 생명은 아직 사라지지 않았으며, 단지 양지와 정의를 구비한 지식인들이 신념을 충분히 갖추기만 하면 민족과 백성을 구제할 수 있다고 깊이 믿었다. 그러나 가장 큰 관건은 '지혜의 근원'을 이식하고 '지혜의 생명'을 보호하는 것이며, 즉 고유한 전통을 계승하는 기초 위에서 새로운 민족문화를 전개해 나아가는 것이다. 이 '지혜의 근원'과 '지혜의 생명'은 다른 민족과 비교할 수 없는 인문주의 정신이다.

고유한 전통에서 '지혜의 근원'을 이식시키고 '지혜의 생명'을 보호하려 한다면 사람들에 의해 문화보수주의자로 낙인찍히고 갖가지 비난을 받는다. 그러나 탕쥔이는 자신이 문화보수주의자임을 조금도 부인하려 하지 않았으며 오히려 '보수'라는 두 글자는 부정적인 의미가 아니라 사람들이 마땅히 견지해야 할 일종의 태도라고 생각했다. 주택을 예로 들면, 오래된 방일지라도 거처할 가치가 있다면 마땅히 오래된 방을 지켜야 하며 새로

42) 唐君毅, 『中華人文與當今世界』 上册, 12쪽.

이사할 필요가 없다. 또한 걸음걸이를 예로 들면, 모든 사람들은 자기 고유의 자세가 있으며, 자기의 걸음걸이가 특별히 나쁘지 않다면 마땅히 원래의 자세를 지켜야 한다. 다시 친구 사이를 예로 들면, 우의가 다져지기만 하면 함부로 새로운 친구를 좋아하고 옛 친구를 싫어할 수는 없으며, 이 친구가 교제할 가치가 있다면 마땅히 원래의 우정을 지켜야 한다. 탕쥔이는 전통문화에 대해서도 마땅히 이와 같이 보아야 한다고 제기했다. 자신의 문화 전통이 원래부터 우수하다면 그것을 버리고 정신적 거지가 될 필요가 있는가.

탕쥔이는 이 같은 정서를 가지고 최근 수십 년간 중국인이 외국의 역사를 배운 사례를 검토했으며 네 단계로 구분했다. 가장 먼저 일본을 배우려고 한 것은 캉유웨이와 량치차오 등 유신 인사들의 생각이며, 그다음 영국과 미국을 배우려고 한 것은 천두슈·후스 등의 생각이며, 그다음 독일과 이탈리아를 배우려고 한 것은 국민당 인사들의 생각이며, 마지막에 소련을 배우려고 한 것은 공산당 인사들의 생각이다.

탕쥔이에 따르면 이 네 가지는 모두 자신의 민족과 문화에 대한 믿음을 상실하고 기성의 서양 문화를 받아들여 편리하게 중국의 현대화를 이룩하려는 것이며, 오늘날 하나하나 모두 실패했다. 다시 말하면 민족문화의 전통을 본위로 하지 않고 덮어놓고 다른 사람의 방법을 모방하면 반드시 실패하며 역사는 이 사실을 여러 차례 증명했다.

미래의 중국 문화는 어떤 방향으로 나아가야 하는지에 대해서 탕쥔이는 구체적인 방안을 제시하지 못했다. 그의 사상은 모순이 많을 뿐만 아니라 혼란하다. 특히 중서문화의 관계를 어떻게 추리하는지에 대해 명확한 주장을 제기하지 못했다. 그는 서양 문화를 배우지 않는 것은 불가능하다는 것을 깊이 느꼈지만 동시에 거듭해서 서양 문화는 이미 절망의 경지에 다다랐기 때문에 우리가 배울 만한 부분이 그렇게 많지 않다고 지적했다.

게다가 그의 전체적인 문화이론에서 보면 그는 전형적인 문화본위론자이다. 그가 설계한 웅장한 문화철학의 이론구조에서 중국 유가사상은 줄곧 정점의 위치를 차지하고 있다. 량수밍과 마찬가지로 중국 전통문화는 본민족의 문제를 해결해 줄 수 있을 뿐만 아니라 현대의 서양인에게도 매우 필요한 것이라고 깊이 믿었다.

"'우리의 옛 전통'이 이처럼 원만하다면 어째서 국민들은 계속해서 서양 문화를 앙모하며, 중국을 떠나 타국에서 안주하려는 처량한 광경이 계속해서 연출되는 것인가?"라고 묻는다면 탕쥔이는 국민들이 천박하고 방자하기 때문이며, 또는 공리주의를 추구하기 때문이라고 할 것이다. 그러나 문제는 수천만 명의 중국인, 특히 선진적인 지식인들이 계속해서 진보를 추구하고, 새로운 문화, 새로운 사상을 추구하며, 세계 문화의 대조류에 합류하기를 희망하고 있는데 설마 이러한 것을 '천박함'과 '방자함'으로 해석할 수 있는가. 하물며 일종의 문화가 공리와 연계되지 않는다면 이러한 문화의 가치는 어디에서 체현되는가. 20세기의 중국 민족이 공리라는 두 글자를 중시하는 게 잘못인가. 공리를 고려하지 않는다면 국가와 민족은 어떻게 부강해질 수 있는가. 민주와 자유가 없다면 인격의 독립은 어디에서 오며, 정신의 자유는 어디에서 오는가. 과학기술이 없다면 국민들이 누려야 할 최소한의 생계문제를 어떻게 해결할 수 있는가. 어떻게 국민들의 의지를 강하게 하고 국민들의 얼굴이 밝아지게 할 수 있는가. 알아야 하는 것은, 국가 간의 왕래가 나날이 빈번해지는 20세기에 국가가 부강하지 않고 국민이 부유하지 않으며, 정치는 민주가 없고 정신은 자유가 없다면 근본적으로 민족의 존엄과 문화의 본위를 이야기할 조건과 자격이 없는 것이며, 국민들은 여전히 고국을 떠나 타국에 안주하려는 가련한 상황에 처하고, 외래문화의 거지가 되고 만다. 말하자면 매우 얻기 어려운 아큐(阿Q) 정신이라고 할 수 있다.

머우쭝산의 도덕형상학(道德形上學)

머우쭝산(牟宗三)은 『도덕적 이상주의(道德的理想主義)』 수정판 서문에서 "탕 선생의 책은 대부분 중국 문화의 정신과 가치를 정면으로 소통하는 데 치중해 사람들이 중국 문화를 합당하게 이해할 수 있게 했으며, 5·4운동 이후의 부정주의를 바로잡았다. 그러나 나는 …… 중국 문화의 문제점을 해결하는 데 치중했으며 비리고 더러운 것을 깨끗이 제거해 중국 문화가 건강하게 발전할 수 있는 길을 열어 놓았다. 이 두 방면이 서로 어우러져 마침내 『중국 문화선언(中國文化宣言)』을 쓰게 되었다."라고 했다.

머우쭝산과 탕쥔이는 오랫동안 뜻을 같이한 동지이자 친구이며 해외 학인들이 슝스리 이후 신유가사상계의 양대 거장으로 추앙하고 있다. 머우쭝산이 탕쥔이와 다른 점은, 성격이 도도하고 냉담했으며 말투가 신랄하고 독선적이었다. 그는 자유파 사상가들을 힐난했을 뿐만 아니라 량수밍, 슝스리, 마이푸, 펑유란 등 뜻을 같이하는 선배 학자들까지 비판했다. 1990년 12월 '당대신유가 국제연구토론회(當代新儒學國際硏討會)'가 타이뻬이에서 개최되었는데 당시 91세였던 머우쭝산은 주제 강연을 발표했다. 그때 선배학자들은 모두 "충분한 학문적 수양이 결여되었다."라고 비판했다. 예를 들면, 후스는 "중국철학도 모르고 고증도 모르며, 그와 같은 사람이 학술계를 이끌어 간다면 당연히 국가 학술의 복이 아니니다."라고 질책했다. 펑유란의 『중국철학사』는 '쓸모없는 철학'이며, 그는 위진 도가와 수당 불학에 대해서는 '문외한'이며 송명이학에 대해서는 '문외한보다 더 문외한'이라고 욕했다. 량수밍은 "성깔 있고 지혜와 기골이 있지만 애석하게도 그것을 학문으로 연결시키지 못해 결국은 정성을 다해 공상만 한 꼴이 되었으며, 공공연히 한 사람의 인재를 낭비했다."고 말했다. 마이푸는 "문장만 쓸 줄 알고 고상한 선비가 되려고 했지만 학문을 이야기하지 못했다.”고 했다. 슝스리는 “건원성해(乾元性海), 체용불이(體用不二)만 이야기 했으며 마치 천하의 학문이 모두 여기에 있는 듯이 여겼다. 그래서 이후에 썼던 수많은 책은 대체적으로 같은 말만 중복하는 것이었다.”라고 했으며, 또한 “본래 웅 선생의 계획에 의거하면 신유식론(新唯識論)은 마땅히 두 부가 있어야 한다. 상부 『경론(境論)』은 형이상학을 이야기하는 것이고 하부 『양론(量論)』은 지식론을 이야기하는 것이다. 그러나 『양론』은 줄곧 써내지 못했는데 사실은 학문실력이 충분하지 않았기 때문이다.”[43]라고 했다.

우리가 여기에서 머우쭝산의 평가를 소개하는 이유는 선배학자들에 대한 그의 불경함을 비판하거나 또는 교만하고 냉담한 그의 성품을 소개하기 위해서가 아니라 그의 평가에서 간접적으로 현대 신유학발전사에서 그의 사상적 위치가 어느 정도인지를 엿볼 수 있기 때문이다. 앞 사람을 초월하지 못하면서 앞 사람을 비평한다면 터무니없고 황당무계한 짓이다. 머우쭝산이 앞사람의 부족한 점을 비평할 수 있었던 것은 그가 앞 사람들의 기초 위에서 앞 사람들을 초월했기 때문이다. 그는 전통 유학을 위해 계통적인 형이상학적 체계를 구축했을 뿐만 아니라 ‘내성’에서 ‘외왕’으로 통하는 이론을 구축하는 데 전력을 다했다. 그의 사상은 수많은 방면에서 선배학자들 및 친구인 탕쥔이를 넘어서고 있다. 이러하기 때문에 학자들은 ‘인자형(仁者型)’의 철학자라고 불렀던 탕쥔이와 구분해서 그를 ‘지자형(智者型)’의 철학자라고 불렀다.

머우쭝산은 1909년 산둥 서하(栖霞)에서 태어났으며 탕쥔이와 같은 나이이다. 그는 1927년 베이징대학 예과(預科)에 입학했고 2년 뒤에 베이징대학 철학과에 들어갔으며, 『「주역」 방면에서 중국 현학과 도덕철학을 연

43) 牟宗三, 「客觀的了解與中國文化之再造: 當代新儒學國際硏討會主題演講」, 『當代新儒學論文集 · 總論篇』, 文津出版社, 1991년, 2~10쪽.

구함(從「周易」方面硏究中國玄學與道德哲學)』이란 논문을 완성하여 1933년 베이징대학 철학과를 졸업했다.

머우쭝산은 대학을 졸업한 이후 루소와 화이트헤드의 공저인 『수학원리』를 연구한 이후에 『논리전범(邏輯典範)』을 저술했으며 동시에 베이핑에서 『재생』 잡지의 간행에 참여했다. 그는 전면적인 항전이 시작된 이후 연이어서 복성서원(復性書院), 민족문화서원(民族文化書院), 면인서원(勉仁書院)에 머물면서 배우고 가르치는 일을 병행했다. 이 기간 동안 『마음의 비판인식(認識心之批判)』을 저술했으며, 슝스리와 칸트의 영향을 받은 이 책은 머우쭝산이 대륙을 떠나기 이전의 주요 저작이다.

그는 항전시기 충칭에서 탕쥔이, 쉬푸콴과 우의를 다졌다. 특히 탕쥔이와는 뜻과 신념이 일치했으며 허물없이 지냈다. 그는 일찍이 "나는 슝 선생과 함께 지내면서 나의 생명이 실추되지 않도록 분발할 수 있었으며, 탕 선생과 대화를 나누면서 나의 지혜가 다방면에서 계몽을 얻을 수 있었다."[44] 라고 했다. 당시 머우쭝산은 혼란한 시국과 경박한 인심을 보면서 비통함을 느꼈으며 중국 문화의 명맥을 이어가기 위해서 자신의 월급으로 『역사와 문화(歷史與文化)』를 창간했다. 그리고 1949년 봄에 타이완으로 갔다.

1950년부터 머우쭝산은 타이완사범학원 국문과에서 교편을 잡았다. 그는 이 학교에 있을 때 '인문학사(人文學社)'와 '인문우회(人文友會)'를 조직했다. 전자는 교내의 동아리이며 그것의 종지는 어떻게 하면 중국 전통문화의 혜명(慧命)을 계승해서 민족의 출로를 찾을 수 있는가를 토론하는 것이었다. 후자는 스승과 학우들의 모임이었으며 활동장소는 머우쭝산이 거처하는 곳이었다. 그는 이 모임에서 강연을 담당했는데 대부분의 내용은 '내성외왕'의 문제를 벗어나지 않았다. 1956년 타이완사범학원은 사범대

44) 牟宗三, 「文化意識宇宙的巨人: 唐君毅先生」, 『近代中國思想人物論: 保守主義』, 462쪽.

로 승격했다. 당시 머우쭝산은 인사이동으로 인해 동하이대학(東海大學) 중문과로 가서 교편을 잡게 되었으며, 이 학교에서 다시 '인문우회'와 비슷한 학우들의 모임을 조직했다. 1958년 장쥔마이, 탕쥔이, 쉬푸콴과 연합해서 『중국 문화를 위해서 세계 인사들에게 삼가 알리는 선언』을 발표했다.

50년대는 머우쭝산의 정서가 가장 비분했으며 성과 또한 가장 풍부했던 시기였다. 그는 당시의 상황을 다음과 같이 회고하고 있다.

> 이 10년의 시기는 나의 문화의식과 시대의 비감이 가장 격앙되었던 시기였다. …… 국가의 험난함과 바르지 않은 사회풍조를 바라만 보아도 마음이 아프고 비분한 감정이 북받친다. 마음에 쌓인 감정은 순수한 논리적 사고가 중심이 되는 서양철학을 통해 해결할 수 있는 것이 아니며 반드시 가치의 근원을 열 수 있는 공맹의 가르침을 통해 해결해야 한다. 공자와 맹자의 가르침에 깊이 들어가야만 우리의 문화의식이 막힘없이 통할 수 있다. 올바르고 사사로움이 없는 문화의식을 구비해야만 이상을 발휘해서 그릇된 것을 바로잡을 수 있으며, 확고한 믿음을 수립해서 경박함을 제거해야만 불합리한 사회현상을 증오하거나 세상을 업신여기거나 격정적으로 반항하는 생활태도에 빠지지 않게 되고, 분명하지 않은 이지주의에 빠지지 않게 된다. 38년 타이완에 이르렀을 때 이러한 감정이 모두 폭발했으며 10년간이나 지속되었다.[45]

1960년 머우쭝산은 홍콩대학의 초빙을 받아 중국철학을 강의했으며, 2년 이후 탕쥔이 등과 동방인문학회(東方人文學會)를 조직했다. 그 후 1968년에 홍콩 중원대학으로 가서 신아서원 철학과 주임이 되었으며, 1974년 신아서원에서 퇴임한 이후 신아연구소의 교수가 되었다. 다시 2년 이후 타

---

45) 牟宗三, 『道德的理想主義』 수정판 서문.

이완으로 돌아와서 타이완대학과 동하이대학에서 강의를 했으며, 1983년에 타이뻬이 행정원의 문학상을 받았다.

머우쭝산은 대륙을 떠난 이후부터 지금까지 20여 종의 저작을 출판했다. 주요 저작으로 『도덕적 이상주의』, 『역사철학』, 『정도와 치도(政道與治道)』, 『재성과 현리(才性與玄理)』, 『불성과 반야(佛性與般若)』, 『심체와 성체(心體與性體)』, 『현상과 물자신(現象與物自身)』, 『지의 직각과 중국철학(智的直覺與中國哲學)』, 『중국철학의 특질(中國哲學的特質)』, 『중국 문화의 성찰(中國文化的省察)』 등이 있다.

머우쭝산은 학문적 사고가 매우 정밀하고 중서학술에 정통했기 때문에 해외 학술계에서 높은 평가를 받고 있다. 1982년 하와이에서 거행된 '국제주자회의'에서 집중적으로 그의 철학을 토론했으며, 그다음 해에 개최된 '국제 중국철학회' 제3차 회의에서는 참석자들이 그의 사상에 대해 많은 관심을 보였다. 어떤 학자는 그를 슝스리의 철학 사상을 계승한 중국 근현대 철학을 충분히 대표할 수 있는 가장 수준 있는 사람이라고 했다. 그의 철학사상과 문화사상을 구체적으로 살펴보자.

◗ 사실세계와 가치세계

머우쭝산은 서양철학자 중에서 가장 먼저 화이트헤드를 좋아했다. 그는 "화이트헤드는 현대의 물리·수학·논리의 발전에 기인하여 위대한 우주론을 건립했으며, 이것은 확실히 당대 영미 철학가들 가운데 흔치 않은 것이다."[46]라고 생각했다. 그러나 『논리규범(邏輯典範)』을 쓴 이후 화이트헤드의 사상은 결함이 있음을 인식하게 되었다. 그는 화이트헤드의 학설

46) 牟宗三, 『認識心之批判』 서문.

은 "평면적인 범객관주의적 우주론이며 '주체'의 경지에 도달하지 못했다. 비록 가치론의 색채에 물들었지만 가치의 근원이 어디에 있으며 어디에서 나오는지 모른다."고 했으며, 이 학설은 루소의 '사실 일층론'과 '도덕 중립론'보다 못하다고 생각했다. 가치의 근원은 원래 '주체'에 있다. 만약 그것을 돌이켜볼 수 없으면 단지 가치가 방출되는 것만 볼 수 있으며 가치의 근원이 어디에 있는지 알지 못하게 된다. 그는 루소의 학설 역시 '주체'의 의의를 부각시키지 못하는 결함이 있다고 생각했다.

'주체'는 두 가지 의미가 있다. 하나는 '지성주체'이며 다른 하나는 '덕성주체'이다. 머우쭝산은 '주체'가 가진 이 같은 두 의미의 관계를 인식할 때 칸트와 슝스리의 영향을 받았으며, 특히 슝스리의 교화가 중요한 작용을 했다. 정확하게 말하면 그는 칸트철학으로 중국 전통 유학을 해석했으며 유가의 심성학(心性學)으로 칸트철학을 비판했다. 머우쭝산은 다음과 같이 말하고 있다.

> 한 번은 펑유란이 이도교(二道橋)에서 슝 선생을 방문했다. 그때는 펑 씨의 『중국철학사』가 이미 출판되었던 시기였다. 슝 선생은 그와 이것저것 이야기하면서 수시로 "이것은 당연히 그대가 찬성하지 않은 것"이라고 지적했으며, 마지막에 "그대는 양지(良知)가 가정(假定)이라고 하는데 그것을 어떻게 가정이라고 할 수 있는가. 양지는 참으로 진실한 것이며 드러나는 것이다. 이것은 순간적인 자각, 순간적인 긍정을 필요로 한다."고 제기했다. …… 양지가 진실한 것이고 드러나는 것이라는 것은 당시에 들어본 적이 없었다. 이 벼락같은 소리가 나를 일깨웠으며, 사람의 깨달음을 송명유자의 단계까지 이끌어 올려 주었다. …… 슝 선생의 벼락같은 소리 덕분에 직접 중국의 학맥이 부활하게 되었다.[47]

---

47) 牟宗三, 『生命的學問』, 三民書局, 1984년, 136쪽.

머우쭝산은 이 같은 슝스리의 '벼락같은 소리'로 인해 중국 유학을 이용해서 칸트를 이해하고 칸트철학을 이용해서 중국 유학을 이해하는 통로를 찾게 되었다.

칸트는 자기의 철학을 '비판철학', 즉 경험에서 독립해 모든 지식을 추구하는 일반적인 이성능력을 비판하는 철학이라고 했으며, 지식 자체가 가능한가, 그리고 어떻게 가능한가 하는 문제에 대답하려면 반드시 주체의 인식능력을 먼저 인식해야 한다고 생각했다. 그는 세계를 '현상'과 '물자체'로 나누었으며, 사람들이 인식할 수 있는 것은 단지 '현상'일 뿐이며 '물자체'가 아니라고 생각했다. 사물에 대한 인식은 언제나 이미 존재하는 인식형식, 즉 선천적인 감성직관의 형식과 지성의 범주를 가지고 있다. 그가 보기에 하느님이 '물자체'를 인식할 수 있으며 인류는 단지 '물자체'의 피안에 머물면서 시간·공간과 경험적인 한계 속에서 사물의 현상을 인식할 수밖에 없다.

머우쭝산은 칸트가 세계를 '현상'과 '물자체'로 분류한 것은 매우 중대한 철학적 의의를 구비하는 것이라고 생각했지만 동시에 칸트철학은 "물자체를 적극적이고 명확하게 설명하지 못했다."[48]고 지적했으며, "칸트 본인은 분명한 통찰력을 가지고 있지만 그의 표현방식은 분명하고 충분하게 그의 통찰력을 증명할 수 없었다. 아마 그는 근본적으로 그의 통찰력을 확실하게 밝히지 못했기 때문에 그것을 보일 듯 말 듯하게 설명할 수밖에 없었을 것이다."[49]라고 했다.

머우쭝산이 보기에 칸트의 물자체는 사람들이 오해하는 것처럼 '사실상의 원형(현상의 참된 실재)'이 아니며, 그것과 현상의 차이 역시 양적인

48) 牟宗三, 『現象與物自身』, 學生書局, 1984년, 1쪽.
49) 牟宗三, 위의 책, 12쪽.

차이가 아니다. "왜냐하면 '물 자신'은 근본적으로 지식범위에 있는 게 아니며, 지식의 대상이 될 수 없기 때문이다."[50] 그는 물자체는 '고도의 가치관념'이며, 그것과 현상의 관계는 '초월적인 문제'라고 생각했다.

머우쭝산이 물자체를 '고도의 가치관념'으로 이해한 철학적인 기초는 19세기 말 20세기 초에 과학을 자연과학과 정신과학으로 구분한 신칸트주의에서 근원한다. 그는 과학이 직면하는 세계는 '사실세계'와 '현상세계'이고 도덕과 종교가 직면하는 세계는 '가치세계'와 '형이상학적 세계'이며, 칸트가 말한 물자체는 가치세계와 형이상학적 세계에서 말한 것이라고 생각했다. 그는 이러한 것을 인식하는 것은 칸트철학을 이해하는 데 매우 중요하다고 제기했다. 그래서 『현상과 물 자신』에서 칸트가 "물 자신과 현상의 구분은 객관적인 구분이 아니라 주관적인 구분이다. 물 자신은 다른 하나의 현상이 아니라 동일한 대상에 대해서 말한 표상(表象)의 다른 모습일 뿐이다."라고 말한 것을 반복해서 인용했다.

머우쭝산은 위에서 서술한 인식에 근거해서 물자체를 인식하는 것은 지식문제가 아니라 도덕, 윤리 방면의 문제라고 생각했으며, 칸트는 단지 물자체의 소극적인 의미를 보았으며 그것의 적극적인 의의를 보지 못했다고 생각했다. 그는 다음과 같이 말하고 있다.

> 우리가 '물자체'를 하나의 사물로 간주하고 그것을 느낌으로 직각할 수 없는 것이라고 생각하며, 이로 말미암아 우리가 직각의 형식을 벗어날 때 이것은 바로 '물자체'라는 말의 소극적인 의미이다. 우리가 그것을 '느낌으로 직각할 수 없는' 하나의 대상으로 이해한다면 우리는 바로 하나의 특수한 직각형식, 즉 지의 직각(智的直覺) 형식을 미리 설정하게 된다. 이러한 직각은 우리가 구비할

50) 牟宗三, 『智的直覺與中國哲學』, 臺北商務印書館, 1971년, 101쪽.

수 있는 것이 아니며 심지어 그것을 이해할 수 있는 가능성도 없다. (만약에 우리가 이렇게 '물자체'를 이해한다면) 이것은 바로 '물자체'라는 말의 적극적인 의미이다.[51]

다시 말하면 '지의 직각'에 의거해야만 물자체의 적극적인 의의를 체험하고 관찰할 수 있다. 이러한 적극적 의의는 물자체에 축적되어 겉으로 드러나지 않는 도덕이다. 여기에 의거해서 머우쭝산은 "덕행이 지식보다 우선한다."[52]는 명제를 제기했다. 그가 생각하기에 사람의 인생은 '존재'하는 가운데 있고 '행동'하는 가운데 있기 때문에 반드시 주위의 세계와 접촉하게 되며, 그렇기 때문에 '경험지식'이 있는 것이다. 그러나 사람이 먼저 관심을 가져야 하는 것은 자신의 덕행과 품성이다. 왜냐하면 사람의 행동은 먼저 그의 행동이 '실용방면'에서 타당한지 아닌지를 고려해야 하고 계속해서 '도덕방면'에서 타당한지 아닌지를 고려해야 하기 때문이다. 전자는 능력문제이고 후자는 덕행문제이다. 능력이 미치지 못하는 것은 죄악이 아니지만 덕행이 미치지 못하면 매우 쉽게 죄악의 느낌이 생길 수 있다. 그래서 머우쭝산은 "사람이 먼저 의식할 수 있는 것은 덕행이다. 덕행을 되돌아보고 어떻게 덕행을 성취해서 마음을 편안하게 할 수 있는지를 탐구하는 것, 이것이 가장 중요한 문제이며 또한 사람들이 가장 먼저 의식하는 문제이다. 그러므로 지식을 탐구하더라도 먼저 이러한 지식을 탐구해야 한다. 이것은 바로 송명유가가 말한 '덕성의 지(德性之知)'이다."[53]라고 했다.

주목할 필요가 있는 것은, 머우쭝산은 칸트가 물자체에 '소극적 의의'

51) 牟宗三, 앞의 책, 118쪽.

52) 牟宗三, 『現象與物自身』, 學生書局, 1984년, 22쪽.

53) 牟宗三, 위의 책, 21쪽.

를 부여한 그 자체의 의미를 부정하지 않았다는 점이다. 머우쭝산이 생각하기에 '현상'과 '물자체'에 대한 칸트의 구분은 '매우 높고 근원적인 통찰력'을 지녔다. 그것은 칸트가 과학지식의 한계를 지적하고 과학 만능의 신화를 타파했다는 점이다. 우리가 알고 있듯이 신유가는 모두 과학주의에 반대했다는 공통점이 있다. 그러나 머우쭝산은 다른 신유가와 달리 단지 심성학에만 의지하지도 않았고 반과학주의 사상에만 의지하지도 않았으며, 체계가 정밀한 칸트의 철학에 의지해서 과학주의의 근본적인 문제점을 해결하려고 했다. 동시에 그는 칸트의 부족한 부분도 지적했다. 그는 '물자체'는 윤리본체로서 소극적인 것이 아니라 적극적이고 진실한 것이며 능히 '드러날 수 있는 것'이다. 그것은 '의의세계'와 '생명세계'이며 최종적으로 '현상세계'를 결정하고 통섭하는 세계라고 생각했다.

◗ 덕성(德性)의 지(知)와 중국의 원교

머우쭝산이 칸트의 사상에 의거해서 문장을 쓴 목적은 유가 심성학의 형이상학적 근거를 정립하기 위해서였다.

현대 신유가 가운데 머우쭝산이 가장 먼저 유가학설의 형이상학적 근거를 정립하려고 한 것은 아니다. 일찍이 량수밍이 이 방면에서 노력했다. 그러나 량수밍은 이론적으로 깊이 있게 논증하지 못했다. 이 방면에서 가장 큰 공헌을 한 사람은 슝스리이다. 그러나 슝스리 또한 '내성'과 '외왕' 방면에서 결점이 드러났다. 그는 단지 유가의 강건한 덕, 만물을 화육시키는 오묘한 정신을 부각시켰을 뿐이며 그중에서 어떻게 '외왕'을 전개할 수 있는지와 유학에 있는 '외왕'이 오늘날에도 여전히 어울리는지를 깊이 있게 이야기하지 않았다. 머우쭝산의 '도덕 형이상학'은 기본적으로 슝스리의 사상을 계승하며, 슝스리 사상의 기초 위에서 슝스리의 사상을 보충한 것이라고 할 수 있다.

먼저 머우쭝산은 '도덕 형이상학'은 도덕철학이 아니라고 제기했다. 이를 위해 '도덕 형이상학'을 '도덕에 관한 형이상학(Metaphysics of morals)'과 '도덕적 형이상학(Moral Metaphysics)'으로 구분했다. 전자는 도덕문제를 형이상학적으로 연구하는 것이며, 즉 사람들이 일상적으로 말하는 도덕철학이다. 그것의 연구대상은 도덕문제이며 형이상학 자체가 아니다. 후자는 형이상학 자체가 주가 되며, 도덕에서 시작해서 우주본원까지 깊이 들어가 직접적으로 생명가치의 대문을 여는 것이다. 이것은 서양철학의 형이상학체계와 구분된다. 서양인이 말하는 본체 또는 그들이 취하는 지식론, 우주론, 진화론, 실용론은 단지 '현상 철학'의 개념을 설명할 수 있을 뿐이며 도덕실천과 우주본체가 서로 통하게 할 수 없다. 칸트는 '유일한 예외자'로 도덕에서 시작해 본체론과 우주론에 깊이 들어가려고 했지만 성공하지 못했으며, 단지 '도덕적 신학'을 성취할 수 있었을 뿐 '도덕적 형이상학'은 성취할 수 없었다.

머우쭝산의 이해에 의거하면 칸트가 '도덕적 형이상학'을 증명하지 못한 이유는 바로 그는 사람이 '지의 직각'을 가지고 있음을 인정하지 않았으며 사람들을 유한한 범위에 구속했기 때문이다. 칸트는 실천이성의 우선성을 이야기했지만 이러한 우선성은 구체적으로 실현되지 못했기 때문에 그는 '덕성의 지〔德性之知, 도덕적 지식〕'를 말할 수 없었다. 머우쭝산은 "우리는 도덕에서 무한한 마음을 전개하고, 무한한 마음에서 '지의 직각'을 이야기하므로 본체계가 밝게 드러날 수 있다."고 생각했다.

머우쭝산에 따르면 '지의 직각'은 '도덕적 형이상학'을 증명하는 데 가장 관건이 되는 부분이라는 것을 알 수 있다.

앞에서 머우쭝산은 현상과 물자체에 대한 칸트의 구분을 매우 좋아했다고 했지만 칸트를 이해하는 면에서 하나의 발전과정이 있었다. 그가 『마음의 비판 인식(認識心之批判)』을 쓸 때는 단지 감성과 지성의 측면에서 "칸트의 통찰력이 가지는 중대한 의의를 깊이 깨닫지 못했다."고 했지만, 이후에 칸트를 깊이 연구하고 『순수이성비판』과 『실천이성비판』을 번역하면서 결국 칸트철학과 중국 유가의 심성학이 실지로 통하는 부분이 있음을 깨달았으며, 칸트에게서 '도덕 형이상학'을 증명할 사변 방법을 찾을 수 있다고 분명하게 말했다. 그는 다음과 같이 말하고 있다.

> 이 역술과정에서 나는 칸트의 통찰력이 가지는 중대한 의의를 보았고, 또한 지성(知性)의 존유론적 성격은 버릴 수 없음을 보았으며, 내가 충분히 증명할 수 있다고 믿게 되었다. 이것은 칸트 본인도 하지 못한 것이며 적어도 그 표현법으로는 사람들을 신복시키지 못했다. 이 가운데 중요한 관건은 '지의 직각'의 유무에 있다. 칸트에 의하면 '지의 직각'은 하느님에게 속하며 우리가 가질 수 있는 게 아니다. 내가 생각하기에 이것의 영향은 너무 크다. 나는 중국의 철학을 돌이켜보고 만일 칸트의 말로 중국철학을 가늠하면 유교, 불교, 도교를 막론하고 거의 모든 것이 우리에게 '지의 직각'이 있음을 긍정했으며, 그렇지 않으면 성현이 되고, 부처가 되고, 진인이 되는 것은 불가능함을 보았다. 그러므로 '지의 직각'은 하느님에게만 있다고 할 수 없다. 사람은 유한하지만 무한할 수도 있다. 유한한 것은 유한한 것이고 무한한 것은 무한한 것이라고 하는 것은 서양인의 전통이다. 이러한 전통에서 사람들은 '지의 직각'이 있을 수 없다. 그러나 중국의 전통은 이와 같지 않다.[54)]

그렇다면 문제는, 칸트는 하느님만이 '지의 직각'을 가지고 있다고 생각했는데 머우쭝산은 어째서 우리도 마찬가지로 그것을 가지고 있다고 생

54) 牟宗三, 『現象與物自身』 자서, 學生書局, 1984년.

각하는가.

여기에서 관건은 사람에 대한 이해의 차이이다. 칸트에 따르면 사람은 유한한 존재이기 때문에 피안세계의 물자체를 인식할 수 없다. 그러나 머우쭝산이 보기에 사람은 유한한 존재이기도 하지만 무한한 존재이기도 하다. 감성과 지성 방면에서 보면 사람은 유한한 존재이며 도덕 방면에서 보면 사람은 무한한 존재이다. 왜냐하면 도덕실체는 도덕실천의 근거일 뿐만 아니라 동시에 만물을 화육하는 근원이기 때문이다. 이 도덕실체가 바로 '양지(良知)'다. 그는 "양지는 도덕실천의 근거일 뿐만 아니라 존재하는 모든 것의 존유론적 근거이며, 이로써 양지는 형이상학적인 실체적 의의를 구비하게 되는 것"이라고 했으며, 또한 "양지는 우리가 덕행을 실천하는 근거이다. 사물을 말하면 양지는 천지만물의 존유론적 근거이다. 그러므로 주관적으로 말하면 '인심(仁心)'이 서로 통해 하나가 되는 것이며, 객관적으로 말하면 이 하나가 된 '인심'이 일시에 천지만물을 화육하는 근원이 된다."[55]고 했다.

그러나 '양지'가 어째서 도덕실천의 근거가 될 수 있으며 동시에 만물을 화육하는 근원이 될 수 있는가. 머우쭝산은 세 가지 방면에서 이 문제에 대답하고 있다.

첫째, '양지'는 자유의지이다. 자유의지는 절대적이고 무제한적인 것이기 때문에 도덕을 창조하는 근원이 되고 만물을 낳고 기르는 근원이 된다. 칸트가 말하는 도덕행위는 무조건적인 절대명령에 의거해서 행동한 결과이다. "칸트는 무조건적인 절대명령을 내리는 자를 자유의지, 즉 자발적이고 자율적인 의지라고 불렀으며, 중국의 유가는 본심(本心)과 인체(仁體), 혹은 양지(良知)라고 불렀다."[56] 다시 말하면 이러한 '본심'·'인체'·'양

55) 牟宗三, 『從陸象山到劉蕺山』, 學生書局, 1979년, 241쪽.

지'는 절대적인 무한자이다. 그렇지 않으면 무조건적 절대명령이 있을 수 없으며 인류의 도덕행위가 있을 수 없다. 진일보해서 말하면, 양지가 절대적이고 무제한적이라면 그것은 단지 도덕이라는 하나의 영역에 제한된 것이 아니라 만물을 낳고 기르는 본원이 된다.

둘째, '본심', '인체'가 드러나는 것이 도덕실천이기 때문에 사람들은 실질적인 도덕행위 중에서 직접적으로 양지본체가 드러나는 것을 깨달을 수 있다. 이것은 양지가 스스로 드러나는 것이며 외재적인 규약을 필요로 하지 않는다. 바로 이러한 의의에서 사람들은 비로소 무한한 가능성으로 통하는 것이다. 그러나 동시에 양지가 스스로 드러나는 것은 도덕창조의 활동 자체이다. 여기에서 알 수 있는 것은 도덕실천과 양지본체는 분리될 수 없다. 또한 심성본체는 무제한적이고 절대적인 의의를 가지기 때문에 양지는 바로 천지의 마음이다. 왜냐하면 "개인의 도덕창조를 이룩하는 본심과 인체는 언제나 만물을 낳고 기르는 것과 연계되어 하나가 되기 때문이다."

머우쭝산이 보기에 사람들이 '지의 직각'을 구비하고 있음을 인정하는 것과 하지 않는 것, 도덕실천의 형이상학적 의의를 인정하는 것과 하지 않는 것은 중서철학의 가장 큰 차이이다. 그는 이러한 차이를 바탕으로 서양의 기독교를 '이교(離教)'라고 불렀으며 중국의 유학을 '원교(圓教)'라고 했다. 그가 생각하기에 예수의 종교 실천은 도덕실천과 우주본체를 둘로 나누는 것이다. 예수가 하느님을 긍정하는 것은 하느님을 자기 몸 밖에 있는 절대자로 간주해서 참배하는 것이다. 하느님 앞에서 세속의 모든 것은 보잘것없다. 그렇기 때문에 예수가 세상 사람들을 구제하기 위해 자기의 생명을 버리고 십자가에 못 박혀 죽는 비극이 발생한다. 여기에 근거해서 머

56) 牟宗三, 『智的直覺與中國哲學』, 臺北商務印書館, 1971년, 190쪽.

우쭝산은 "예수의 실천은 벗어나는 것이며 그의 가르침도 벗어나는 것이다. …… 벗어나는 종교〔離教〕이기 때문에 세속과 천국은 대립적이며, 원만하지 않고 종합적이지 않은 것이다."[57]라고 했다.

기독교와 달리 중국 유가의 전통정신은 인륜을 다하고 인성을 다하고 인을 실천하는 것이다. 이러한 도덕실천 중에서 드러나는 것은 '인'이라는 하나의 보편적인 원칙이며 형이상학적인 실재이다. "이러한 실재를 드러내는 것은 실천 중에서 이러한 실재를 드러냄을 의미한다. 반대로 말하면, 이러한 실재에 의거하는 모든 실천은 가치 있고, 적극적이며, 이상적인 의의가 있다."[58] 바로 유가의 도덕실천은 적극적이며, 마음과 사물 사이에 막힘이 없고 안과 밖이 막힘이 없기 때문에 '하늘과 사람의 덕이 융합하는' 경지가 있는 것이다. 여기에 대한 경전적인 표현은 『중용』에 나오는 다음과 같은 말이다.

> 오직 천하에서 가장 진실한 사람이 자기의 본성을 발휘할 수 있다. 자기의 본성을 발휘할 수 있으면 모든 사람의 본성을 발휘할 수 있고, 모든 사람의 본성을 발휘할 수 있으면 만물의 본성을 발휘할 수 있으며, 만물의 본성을 발휘할 수 있으면 천지만물의 화육을 도울 수 있고, 천지만물의 화육을 도울 수 있으면 천지와 나란히 할 수 있다.

머우쭝산은 유가의 '원교'가 가장 원만함을 설명하기 위해 '집(執)'과 '무집(無執)'이라는 두 가지 '존유론'을 예로 들어 더 분명하게 설명한다. 두 가지 '존유론'은 '집착하는 존유론'과 '집착하지 않는 존유론'이다. 전

57) 牟宗三, 『道德的理想主義』, 學生書局, 1985년, 40쪽.
58) 牟宗三, 위의 책, 39쪽.

자는 '현상계의 존유론'이라고 할 수 있으며 후자는 '본체계의 존유론'이라고 할 수 있다.

머우쭝산이 보기에 '집착하는 존유론'이 현상계·사실계와 상대적으로 말한 것이라면 그것은 과학적인 의의와 공리적인 의의가 있기 때문에 유한하며 원만하지 않다. 바로 '경험적인 지식'은 인류의 생활에서 소홀히 할 수 없지만 인생에서는 그다지 중요한 게 아니다. 왜냐하면 인생의 의의는 근본적으로 '도덕적인 지식'에 있으며 '경험적인 지식'에 있는 게 아니기 때문이다. 여기에서 그는 근대 이후 과학주의 사조는 "단지 지식만 중시하고 지식을 발전시켰지만 사실상 조리가 없이 시대의 흐름만 따라가 근본을 잊었다."[59]고 비판했다. 구체적으로 말하면 다음과 같다.

> 현대사회에서 유행하는 이지주의는 단지 '경험사실'이 학문의 유일한 대상이라고 인정한다. 이러한 경험사실을 연구하는 기능이 '이지의 분석'이다. 이지주의자는 주체 방면에서 '이지의 분석'만을 승인한다. 이 때문에 그들은 단지 이지일원론(理智一元論), 과학일층론(科學一層論)만을 성취했다. 그들은 주체 방면에서 이지활동 이상의 감정·의지·심령 내지 이지 그 자체의 내재적인 근원을 학문의 대상으로 보지 않으며, 여기에 대학문이 있다고 생각하지 않는다. 이로 말미암아 전체 인생활동의 모든 근원은 인류의 생각이 미치지 못하는 황무지가 되었다. 우리가 그곳을 주의하지 않으면 그곳은 점점 더 황량해지고 점점 더 암담해지며, 인생 역시 점점 더 맹목적이 되고 점점 더 혼란해진다.[60]

머우쭝산은 높은 경지에 속하는 '집착하지 않는 존유론'은 매우 다르다

59) 牟宗三, 『現象與物自身』, 學生書局, 1984년, 22쪽.
60) 牟宗三, 『道德的理想主義』, 學生書局, 1985년, 151쪽.

고 생각했다. 이러한 경지에서 자유롭고 무한한 마음이 원만하게 두루 비치고 신과 감응한다. 여기에서 사람들이 추구하는 것은 생명의 가치이며 마음 밖의 사물이 아니다. 물을 긷고 나무를 베는 것도 오묘한 도가 없는 것이 아니며, 새가 지저귀고 꽃잎이 떨어지며, 산이 우뚝 솟고 냇물이 흐르며, 배고프면 먹고 목마르면 마시며, 여름에 갈포 옷을 입고 겨울에 가죽 옷을 입는 것 또한 '집착하지 않는 경지'의 원만한 깨달음을 체현하지 않는 것이 없다. 이러한 경지는 사람들에게 활짝 열려 있지만 쉽게 도달할 수 있는 곳이 아니다. 그것은 사람들이 집착을 타파하고 하늘을 뜻을 알고 하늘의 뜻을 따를 것을 요구한다. 공자가 "50세에 천명을 알았다."고 한 것은 바로 이 경지에 도달했다는 것이다. 왜냐하면 "공자의 50년간의 행적은 끊임없이 인을 실천함으로써 생명이 더욱 깨끗하고 순수해졌으며, 사상이 더욱 깊고 오묘해졌으며, 도덕인격이 계속해서 발전하고 인생의 경지 또한 계속해서 높아졌으므로 그는 감이 '50세에 천명을 알았다.'고 할 수 있었다."[61]

'집착하는 존유론'과 '집착하지 않는 존유론'에 대한 다음과 같은 결론적인 논술은 머우쭝산의 이론 취지를 매우 잘 체현하고 있다.

> 사물의 유한한 성질과 무한한 성질, 시공간의 제약을 받는 성질과 시공간의 제약을 받지 않는 성질, 변하는 현상과 변하지 않는 현상은 단지 한순간의 기연에 의해 바뀌는 것이다. 집착이 없는 무한한 마음에 대해서 말하면 그것은 무한한 성질, 시공간의 제약을 받지 않는 성질, 변하지 않는 현상이 있으며, 그것은 바로 여(如)이다. 만약 집착하는 유한한 마음에 대해서 말하면 그것이 결정하는 것은 유한한 성질, 시공간의 제약을 받는 성질, 변하는 현상 내지 개념이 결정

61) 牟宗三, 『中國哲學的特質』, 學生書局, 1974년, 39쪽.

하는 각종 현상이며, 그것은 바로 불여(不如)이다.[62]

'여(如)'와 '불여(不如)'는 원래 불교 용어이지만 머우쭝산은 현상과 본체 그리고 현상과 본체에 대한 두 가지 '관념'으로 인해 형성된 두 인생경지를 지칭하는 데 사용했다. 불교의 설법에 따르면 현상은 시공간의 제약을 받는 시공상(時空相), 나타나고 사라지는 생멸상(生滅相), 계속해서 변하는 류변상(流變相)이 있기 때문에 유한한 것이며 참된 것이 아닌 인연의 화합에 의해 나타나는 '가유(假有)'이다. 본체는 시공상·생멸상·류변상이 없기 때문에 무한하고 변함이 없다. 대승불교에는 '일심이문(一心二門)'설이 있다. '이문'은 바로 '진여문(眞如門)'과 '생멸문(生滅門)'이다. '생멸문'은 삶과 죽음이 끊임없이 반복되는 현상계이며, '진여문'은 삶과 죽음이 없는 본체계, 즉 열반세계이다. 그러나 이 두 가지는 또한 바뀔 수 있으며 그 관건은 '집착하는가'와 '집착하지 않는가'에 있다. '지의 직각'에 의지하면 직접적으로 생명의 본원을 드러낼 수 있으며, 열반을 얻어 부처가 될 수 있다. 반대로 번뇌에 사로잡혀 헛되게 집착하여 현상계에 머물면 인생의 참된 도리를 깨닫기 어려우며, 깨달음을 얻어 인생을 구제할 수 없다.

◗ 유학의 제3기 발전

유학의 발전사를 3기로 나누는 것은 본래 현대 신유가의 가장 기본적인 사고방향이다. 그들이 공맹을 말하고 송명유학을 말하는 것은 제1기 유학과 제2기 유학을 말하는 것이며, 현대의 유학 부흥을 말하는 것은 제3기의 유학을 말하는 것이다. 량수밍은 현대의 유학 부흥은 "중국 원래의 태도를

62) 牟宗三, 『現象與物自身』, 學生書局, 1984년, 113쪽.

비판적으로 다시 가져오는 것"이라고 주장했다. 그에 따르면 '중국 원래의 태도'는 진한 이후 식견이 좁은 유학자들에 의해서 왜곡되지 않은 원래의 유학이다. 슝스리가 생각하기에 공자와 맹자 시기의 유가사상은 완전했으며 '내성'의 심오함을 갖추고 있었을 뿐만 아니라 '외왕'으로 통하는 사상이었다. 그러나 "여진(呂秦)이 분서갱유를 일으켜 학문을 훼손하고, 한나라 사람이 육경을 함부로 고치고 공맹을 이용해서 군주제를 보호하려고 했기 때문에 공자의 '외왕'학은 근본적으로 사라졌으며", 현대 유학자들이 할 일을 유학 전통으로 돌아가 '외왕'의 새로운 기상을 전개하는 것이다. 여기에서 그들 역시 유학의 발전단계를 3기로 나누고 있음을 알 수 있다.

이러한 방면에서 팡둥메이의 표현은 더욱 명확하다. 그는 공맹유학을 '원시유학'이라고 불렀으며 송명이학과 함께 유학을 부흥시키기 위해 의지해야 하는 양대 전통으로 간주했다. 그가 생각하기에 원시유학은 웅장하고 화려하며 "사람을 광범위한 예술세계에 펼쳐두고 보는 것이 아니라 형이상학적 세계의 원칙이 지배하는 가운데 집중시켜 두고 그러한 다음 다시 도덕체계 속에 두고 사람을 대했다." 이것은 『논어』에서 말한 "도에 뜻을 두고, 덕에 의거하며, 인에 의지하고, 예에 노닌다."[63]라는 것이다. 그렇지만 송유는 원시유가의 대의에서 벗어났으며 원시유가의 예술정신이 엷어지게 했을 뿐만 아니라 '도(道)'를 '기(氣)'와 결탁시켰기 때문에 유학이 형이상학에서 형이하학으로 떨어지게 했다.

그러나 위에서 서술한 몇몇 신유가는 모두 유학의 발전단계를 3기로 나누는 사고맥락을 따랐지만 그것을 계통적으로 논술하고 설명하지 못했다. 엄격하게 말하면 머우쭝산에 이르러 이와 관련된 작업이 진정으로 전개되

63) 『論語·述而』, "志于道, 据于德, 依于仁, 游于藝."

었다고 할 수 있다.

1948년 머우쭝산은 『중진아호서원연기(重振鵝湖書院緣起)』에서 처음으로 유학발전의 3기설을 제기했다. 그 후 『도덕적 이상주의』, 『역사철학』, 『정도와 치도(政道與治道)』에서 계통적으로 논술했다. 대체적으로 말하면 유학발전의 3기 중에서 각 시기의 특징은 다음과 같다.

"제1기의 형태는 공자·맹자·순자의 사상이 형성된 시기이며, 공자는 성인의 인격을 실천하고 하늘의 덕성과 하나가 되어 큰 성인이 되었다. 이 시기의 유학은 적극적이고, 풍부하고, 건설적이고, 종합적이었다."[64]

"제2기의 형태는 송명유학이 뚜렷하게 드러낸 절대주체의 시기이다. 이 시기의 유학은 비교적 소극적이고, 분석적이고, 생동적이며, 그 효과는 낡은 풍습과 습관을 고치는 것에서 보인다."[65]

"제3기를 발양하려면 반드시 특수한 결정이 있어야 한다. 이 특수한 결정은 대체적으로 두 가지 뜻이 있다고 볼 수 있다. 하나는, 이전의 유학은 도덕형식으로 표현되었지만 오늘날은 그것을 국가형식으로 표현해야 한다. 둘은, 이전의 도덕형식은 천하 관념과 호응했지만 오늘날의 도덕형식은 국가 관념과 호응해야 한다."[66]

머우쭝산이 보기에 중국 문화의 핵심인 유학은 불교와 다르고 서양의 기독교와도 다르다. 그것은 매우 심오한 사상과 형이상학적인 원칙을 가졌지만 단지 하나의 사상 또는 하나의 원칙으로만 표현되는 게 아니라 사회정치 및 일상생활과 긴밀하게 연관되어 있다. 공자와 맹자에서 시작된 유학은 역사와 문화의 토대에서 형성되었으며 또한 역사와 문화의 발전을 위해 사용되었다. 그렇지만 "청나라가 중국에 들어와서 민족의 생명은 왜

64) 牟宗三, 『道德的理想主義』, 學生書局, 1985년, 11쪽.
65) 牟宗三, 위의 책, 11쪽.
66) 牟宗三, 위의 책, 2쪽.

곡되었으며 오늘날까지 건강했던 본래의 모습을 회복하지 못하고 있다." 공맹 이후 유학은 갖가지 도전과 좌절을 겪었지만 지금처럼 큰 재난을 겪은 적은 없었다. 오늘날 중국인이 이성을 상실하고 국가가 방향을 잃게 된 근본적인 원인은 유가사상이 희박해지고 전통이 사라졌기 때문이다. 그렇기 때문에 중국 문제를 해결하려면 반드시 유학 부흥에 심혈을 기울여야 한다.

사람들은 대부분 '복고(復古)'를 부정적인 의미로 받아들이고 있으며 유학을 부흥시키는 것이 '복고'라고 생각한다. 머우쭝산은 탕쥔이와 마찬가지로 '복고'는 부정적인 의미가 아니라 문화건설이라는 긍정적인 의미가 있으며 우리가 마땅히 취해야 할 문화태도라고 생각했다. 그가 생각하기에 현재의 중국 문제는 과학기술이 해결할 수 있는 것이 아니다. 과학기술이 중요하다고 할 수 있지만 한계가 있다. 그것이 대표하는 것은 전문적인 기술지식이며 오늘날 중국인에게 필요한 것은 '지식'이 아니라 민족문화의 생명에 축적된 '지혜'이다. '지혜'와 '지식'은 같은 게 아니다. 역사와 문화의 문제를 해결하려면 반드시 '지혜'에 의지해야 한다. "지혜가 있으면 생각하는 문제가 잘 풀리며, 잘 풀리면 하고자 하는 일을 성공할 수 있게 된다. 이러한 지혜가 없다면 마땅히 해야 되는 일도 하지 못하고 단계가 혼란스러워져 정상적인 궤도에 진입할 수 없으며, 결국 반드시 실패하게 된다."[67] 이러한 '지혜'는 단지 전통문화에서 찾을 수 있으며, 찾는다는 것이 '복고'의 본뜻이다.

머우쭝산이 생각하기에 오늘날의 사람들이 '복고'라는 두 글자를 멸시하며, 역사와 문화를 이야기하지 못하고 전통을 계승해야 한다고 말하지 못하는 이유는 '복고'의 오명을 뒤집어쓰는 것을 두려워하기 때문이다. 사

67) 牟宗三, 『中國文化的省察』, 聯合報社, 1983년, 18쪽.

실 '복고'라는 두 글자는 본래 부정적인 뜻을 가진 단어가 아니다. 예를 들면 "영국에는 보수당과 노동당이라는 대표적인 두 당이 있다. 그러나 누구도 보수당의 보수가 완고하다고 이야기하지 않는다. 영국의 수많은 일들은 모두 보수당이 완성한 것이다."[68)]

또 예를 들면 한대의 동중서는 옛 전통으로 정치·사회제도를 개혁하는 '복고갱화(復古更化)'를 실시했는데 여기에서 말하는 '고(古)'는 하·상·주 삼대의 전통을 가리킨다. 동중서가 제창한 복고는 그 목적이 현재를 다스리기 위한 것이었으며, 즉 진시황이 남겨 놓은 '나쁜 습관, 나쁜 풍기, 나쁜 습속'을 극복하기 위한 것이었다. 그는 "동중서는 하·상·주 삼대가 가졌던 지혜의 전통인 '고(古)'를 회복해서 진시황과 법가의 잔혹하고 비이성적인 '오늘'을 제거했다. 이렇게 보면 복고가 좋지 않는 것은 무엇인가"라고 했다.

게다가 머우쭝산은 "전제군주는 모두 복고에 반대한다."는 매우 신기한 이론을 제기했는데 그 이유는 예전의 전통이 남아 있으면 지식인들이 요임금과 순임금은 당시에 어떠어떠했는데 너는 지금 그렇지 않다고 말할 수 있으며, 우왕·탕왕·문왕·무왕은 당시에 어떠어떠했는데 너는 지금 그렇지 않다고 말할 수 있기 때문이라는 것이다. 그는 진시황이 복고에 반대한 전형적인 인물이며, 분서갱유가 당시 지식인들의 복고운동을 반대한 예라고 생각했다.

어느 정도 역사적 지식이 있는 사람이라면 이 같은 머우쭝산의 견해에 동의하지 않을 것이다. 일당 독재자는 복고에 반대하지 않았으며 오히려 복고운동을 제창했다. 멀리 이야기하지 않더라고 위안스카이가 하나의 예가 된다. 위안스카이는 군주제를 회복하기 위해서 존공독경(尊孔讀經)을 제

68) 牟宗三, 『中國文化的省察』, 聯合報社, 1983년, 19쪽.

창했으며, 복고의 방법으로 자신의 군주제를 확립하려고 시도했다. 이론적으로 말하면 복고는 옛 풍속과 제도를 지키고 선조들의 관습법을 오늘날 사람들의 행위준칙으로 삼는 것이다. 옛것을 회복하는 것이 반드시 새로운 것을 전개하는 것과 대립된다고는 볼 수 없지만 사람들의 의지가 덮어놓고 전통을 지향하고 조상의 관습법을 지향한다면 반드시 사회 진보에 영향을 미칠 것이다. 게다가 '복고'가 옛 질서 보호를 의미한다면 이것은 전제 독재자에게는 중요한 보배가 된다. 왜냐하면 일단 전제독재가 형성되기만 하면 사회가 반드시 지켜야 할 기정질서가 되기 때문이다. 그렇기 때문에 전제독재자는 모두 변혁에 반대하며, 그들은 언제나 사회를 안정시키고 전통문화를 보호한다는 것을 구실 삼아 사람들의 시선을 가로막고 민중의 변혁요구를 제거한다. 특히 각 민족문화의 교류가 광범위해질수록 이러한 상황은 더욱 분명하게 드러난다.

다시 유학 제3기 발전에 관한 문제로 되돌아가 보자. 머우쭝산은 유학의 부흥이 가능한 이유는, 유학이 '변하지 않는 도'이기 때문이라고 생각했다. '변하지 않는 도'는 시대의 발전을 따라서 시시각각 변하는 게 아니라 시대가 변해도 그 시대에 어울리는 보편적이고 영구불변한 원칙 또는 도리가 되며 모든 시대에 적용되는 사상원칙이다. 그는 공자는 춘추시대 사람이지만 그가 남긴 진리는 춘추시대에 국한되는 게 아니라고 제기했다. 다시 말하면 "유가사상은 어떤 특수한 시대의 특수한 사상이 아니다." 그것은 보편적인 진리이기 때문에 고대에만 적용되는 게 아니라 오늘날에도 여전히 적용된다. 시대는 변할 수 있고 역사도 변할 수 있지만 '상도(常道)'는 변하지 않는 것이다. 그는 다음과 같이 말하고 있다.

> 도통을 말하면, 우리가 보기에 하·상·주에서 시작되고 공자에서 창립된 공맹의 전통은 계속해서 송명유학까지 발전했는데 이것이 도통의 단서이다. 이

러한 단서는 때로는 감추어져 있고 때로는 드러나며, 어떤 때에는 작용하고 어떤 때에는 작용하지 않는다. 그러나 그것은 언제나 존재하고 있다. 사실상 이러한 하나의 단서만 있는 것은 아니지만 설령 없더라도 우리는 마땅히 그것을 있게 해야 한다. 그것이 드러나지 않으면 우리는 마땅히 그것을 드러나게 해야 한다. 이것은 우리가 역사적인 회고를 할 때 황제의 자손으로서 마땅히 가져야 할 책임이다. 이것은 우리가 남에게 전가할 수 없는 책임이다. 그것은 민족의 방향이고 민족의 나침반이며, 수학에서 말하는 상수(常數)와 같다. 한 국가와 민족은 상수가 없을 수 없다. 상수가 없다면 오늘은 이렇게 변하고 내일은 저렇게 변하게 되며, 이러한 변화는 일정한 표준이 없게 된다. 변화는 변하지 않는 것의 상대적인 말이기 때문에 상수가 없다면 변수(變數) 역시 변수가 될 수 없다. 그래서 나는 항상 중국 민족을 이야기할 때 이전의 사람들은 지혜가 있었지만 민국 이래 지혜가 없었다고 말한다. 민국 이래 수많은 사람들은 오로지 민족의 상수를 제거하려고 생각했다. 이 세대의 자손들은 참으로 불초하고 너무 타락했다.[69]

머우쭝산이 보기에 유가의 '상도'는 공자에 의해서 창립되었으며 공자에 의해서 완전하게 되었다. 이후의 유학자들이 그것을 널리 알렸지만 언제나 공자가 당시에 정해준 사상원칙에서 벗어나지 않았다. 이것은 구체적으로 다음과 같이 표현된다.

첫째, 공자는 인(仁)과 의(義)를 모두 중시했으며, '인'과 '의'는 수천 년간 중국인의 수양 대법이 되었다. 『논어』에서는 '의'를 자주 말하지 않지만 『춘추』에서는 '의'를 종지로 삼았다. 맹자가 주장하는 인의(仁義)는 공자에서 근원한 것이었다. 그러나 공자와 맹자는 어느 정도 차이가 있다.

69) 牟宗三, 『中國文化的省察』, 聯合報社, 1983년, 25~26쪽.

공자가 『논어』에서 '인'을 말한 것은 일상생활을 말한 것이었고 『춘추』에서 '의'를 말한 것은 당시의 정치생활을 말한 것이었으며, 맹자가 '인의'를 말한 것은 직접적으로 '인성(人性)'을 말한 것이었다. 그러나 두 사람 사이에 모순이 없었으며, 그들이 강조하는 것은 모두 '인의'의 정신적 가치였다. 공자가 '인지(仁智)'를 동일하게 논하고 '성지(聖智)'를 동일하게 논한 것은 모두 사람이 심성수양을 통해 '심성의 완전한 덕'에 도달하도록 하기 위해서였다. 맹자는 공자의 기초 위에서 진일보해서 "마음을 다하면 성(性)을 알게 되고 하늘을 알게 된다."는 도덕 형이상학을 완성했다. 송명 유학자는 이러한 길을 따라서 발전해 나가 '인성(人性)에서 신성(神性)으로 통하게 되었으며' 여기에 의거해서 인류의 이성을 규정했다.

둘째, 공자가 말한 '인의'는 단순한 도덕규범이 아니라 역사문화와 긴밀하게 연관되어 있다. 그래서 중국의 법령제도는 모두 '이성의 객관화' 또는 '객관정신의 표현'이라고 할 수 있다. 『중용』에서 공자는 "요순의 법도를 따르고 문왕과 무왕의 예를 본받았다."[70]라고 한 것과 이후에 제기한 요·순·우·탕·문·무·주공·공자의 계통은 모두 실용이성의 의의에서 말한 것이다. 이것은 "한때 유행했던 말도 아니고 한 학파의 말도 아니며, 진심으로 그렇게 생각하는 것이며, 객관성과 보편성을 구비하고 있다."[71]

머우쭝산은 유학 제3기 발전설의 의미를 두 가지로 개괄했다. "첫째, 순수학술 방면에서, 명수학(名數學)을 흡수해서 최고의 원칙을 충실하게 해야 한다. 둘째, 역사문화 방면에서, 민족국가를 자각적으로 건립해서 보편적인 이성을 풍부하게 해야 하고, 도덕형식에서 국가형식으로 전환해야 하며, 보편이성의 순수한 주체성에서 객관정신을 발전시켜야 한다."[72] 후

70) 『中庸』, "祖述堯舜, 憲章文武."

71) 牟宗三, 『道德的理想主義』, 學生書局, 1985년, 6쪽.

72) 牟宗三, 위의 책, 7쪽.

자는 '인성, 인륜, 역사, 문화'의 여덟 글자로 개괄할 수 있다.

그렇지만 머우쭝산은 이 여덟 글자를 이해할 때 19세기 하반기에 완고파가 주장했던 '오랑캐와 중국의 구분'으로 거슬러 올라가서 "오랑캐와 중국을 구분하는 관념은 유가가 원래부터 가지고 있었던 것"이라고 생각했으며, 또한 "인륜과 인성은 사람과 금수를 구분하는 것이며, 역사와 문화는 오랑캐와 중국을 구분하는 것이다. 이 두 가지 뜻이 유가의 본질이다."[73]라고 했다. 머우쭝산이 '오랑캐와 중국의 구분'을 제기한 이유는 오늘날 유가사상이 희박해진 이유가 세 방면의 타격 때문이라고 생각했기 때문이다. 하나는, 만주족의 타격이며 이로 말미암아 "유가의 근본정신이 완전히 상실되었다." 둘은, 서양 문화의 타격이며 이로 말미암아 "유가의 불씨가 꺼지게 되었다." 셋은, 공산당의 타격이며 이로 말미암아 "마르크스주의를 변치 않는 도로 여기게 되었다." 여기에서 머우쭝산이 말하는 '오랑캐'는 만주족, 서양 문화, 마르크스주의임을 알 수 있다. 그는 유학의 제3기 발전을 이룩하려면 오랑캐와 중국을 구분하는 것은 매우 중요한 작업이라고 생각했다. 바꾸어 말하면, 서화와 소련화의 양대 장애물을 제거해야 유학의 제3기 발전이 비로소 가능해진다.

도통, 학통과 정통

머우쭝산은 도통(道統), 학통(學統)과 정통(政通)을 '삼통(三通)'이라고 했다. '삼통'은 위에서 이야기한 '도덕적 형상학'과 '유학 제3기 발전' 문제와 직접적인 관련이 있다. '삼통'은 유학 제3기 발전의 중심내용이라고 할 수 있으며 머우쭝산의 사상에서 매우 중요한 위치를 차지하기 때문에 하

73) 牟宗三, 『道德的理想主義』, 學生書局, 1985년, 7쪽.

나의 문제로 삼아서 토론해보자.

머우쭝산은 '삼통'을 다음과 같이 간단하게 설명했다.

"첫째, 도통의 긍정이다. 이것은 도덕종교의 가치를 긍정하고 공맹이 개척한 인생과 우주의 본원을 보호하는 것이다.

둘째, 학통의 전개이다. 이것은 '지성주체'로 전환하고 그리스전통을 융합해서 학술의 독립성을 전개하는 것이다.

셋째, 정통의 계승이다. 이것은 정치체제의 발전을 인식함으로써 민주정치가 필연적이라는 것을 긍정하는 것이다."[74]

머우쭝산은 이 세 방면을 인문주의의 기본내용으로 간주했다. 이 점은 머우쭝산이 앞에서 서술한 몇몇 신유가보다 한층 진일보했음을 보여준다. 신유가는 대부분 강렬한 반과학주의적인 정서가 있으며, 과학문명이 주도하는 서양 문명은 인류에게 복음을 가져다줄 수 없을 뿐만 아니라 오히려 재난을 가져다준다고 생각했다. 그러나 머우쭝산은 중국 문화를 새로 건설하고 전통 유학을 빛나게 하려면 학통과 정통의 두 방면을 소홀히 할 수 없다고 생각했다. 머우쭝산은 다음과 같이 말하고 있다.

> 우리가 생각하기에 인문주의 체계는 반드시 세 부분을 포함해야 한다. 첫째, 반드시 도덕, 종교적 학문의 강령 및 그것이 인문제도로 변해 형성된 일상생활의 상궤를 중시해야 한다. 즉 반드시 과학지식 이외에 더 높은 단계, 더 강령적이고 전체적인 성현의 학문이 존재한다는 것을 승인해야 한다. 이러한 방면을 개발하고 계승하는 것을 학문 방면에서 말하면 '도통이 끊어지지 않는 것'이라고 하며, 인문제도 방면에서 말하면 '일상생활의 상궤를 건립하는 것'이라고 한다. 둘째, 반드시 정치생활의 상궤가 되는 민주정치를 생명의 근원이 되는 진실

74) 牟宗三, 앞의 책, 6쪽.

한 사상으로 보아야 하며, 그것의 기본정신과 가치를 밝혀 그것이 실현되도록 해야 한다. 이러한 방면을 개발하고 계승하는 것을 우리는 '정통이 끊어지지 않는 것'이라고 한다. 셋째, 과학은 지식을 대표하며 이것은 생명과 외부세계가 통하게 되는 통로이다. 우리는 반드시 그것의 기본 정신과 특성을 이해해야 하며, 어째서 중국 문화의 생명에서는 논리와 수학, 과학이 나타나지 않았는데 서양 문화의 생명에서는 그러한 것이 나타났는지를 반드시 밝혀야 한다. 이러한 방면을 성립하고 계승해 나가는 것은 '학통이 끊어지지 않는 것'이라고 한다.[75]

머우쭝산은 진일보해서 이 '세 부분'은 이 시대의 인문주의가 반드시 포용하고 받아들여야 하며 "어느 한쪽도 결여되어서는 안 된다."[76]라고 생각했다.

인용문을 보면 머우쭝산의 '삼통'이 이야기하는 것은 신유가들이 항상 이야기하는 '내성외왕'의 문제이다. 우리가 이미 알고 있듯이 현대 신유가 가운데 '내성외왕'의 주제를 둘러싸고 문장을 쓰지 않은 사람은 거의 없다. 유감인 것은, 그들은 '내성외왕'으로 자신의 이론체계를 수립하려고 했지만 어떻게 '내성'에서 '외왕'을 전개할지를 해결하지 못했으며, 결국에는 장즈둥이 주장한 '중체서용'의 진부한 논조에서 벗어나지 못했다. 그러나 문제는 만약 이러한 문제를 원만하게 해결하지 못한다면 신유가의 사상은 실질적인 의의를 잃어버린다. 머우쭝산은 이 점을 인식했기 때문에 끊임없이 해결하려고 노력했다. 그러나 머우쭝산 역시 기타 신유가들과 마찬가지로 이 문제를 원만하게 해결하지 못했다. 그의 사상을 보면 도통·학통·정통 중에서 도통이 다른 두 가지를 통섭하는 지고지상한 위치

75) 牟宗三, 『道德的理想主義』, 學生書局, 1985년, 152쪽.
76) 牟宗三, 위의 책, 152쪽.

에 있으며, 학통과 정통을 전개하는 것은 단지 도통을 발전시키기 위한 토대를 마련하는 것으로 가치를 지닐 뿐이다.

먼저 그의 '도통'을 살펴보자.

'도통'은 도덕종교이며 '도통의 긍정'은 민족문화 중에서 도덕종교가 최고의 가치를 가진다는 것을 긍정함으로써 공맹이 개척한 인생과 우주의 본원을 보호하는 것이다. 도덕종교는 '인도(人道)'의 총근원이며 생명가치의 총근원이다. 인생의 존엄과 인격의 존엄은 모두 그것에서 정립될 수 있다. 그래서 도덕종교는 중국 문화의 '뿌리'라고 할 수 있으며 중국 문화가 끊임없이 생성하고 발전할 수 있는 '원동력'이라고 할 수 있다. 그렇기 때문에 문화의 근원을 찾으려면 마땅히 여기에서 시작해야 한다.

중국 문화에서 종교와 도덕은 분리될 수 없기 때문에 머우쭝산은 종교는 외재적인 미신이 아니며 도덕 역시 외재적인 조문(條文)의 구속이 아니라고 생각했다. 도덕은 생명에 내재하여 계속해서 향상하려는 정(情)으로 본질적으로는 사람이 사람 노릇을 할 수 있는 '절대주체'가 드러나는 것이다. 그것은 인격을 크게 전개하고 심령을 크게 개척해서 사람들이 소인에서 대인이 되게 하고, 보통사람에서 현인과 성인이 되게 한다. 도덕적 수양을 잊어버리면 사람들은 나날이 격이 낮아지고 인생 또한 나날이 위축된다. 이렇게 되면 가치 있는 그 어떤 사업도 이룩할 수 없으며 민주와 과학은 더욱 실현하기 어렵다.

성현의 학문은 도덕종교가 주체가 되지만 도덕종교에 국한되지 않는다. 다시 말하면 도덕종교는 인생의 가치를 분발시키는 학문으로서 반드시 실현되는 부분이 있어야 한다. 이 실현되는 부분을 '인문제도' 또는 '일상생활의 상궤'라고 할 수 있다. 그래서 머우쭝산은 "우리는 오늘날 성현의 학문을 깨우치고 계승해야 하며, 또한 그것을 통해 어떻게 인문제도를 건립할지 깊이 주의해야 한다."[77]고 강조했다. 그러나 이 '인문제도'는 민주와 과학의 의미가 아니라 예의규범·행위준칙 같은 것이다. 과학과 민주는 반드시 '인문제도'의 기초 위에서 건립되어야 한다. 왜냐하면 과학자와 정치가 역시 일상생활이 있기 마련이며, 일상생활이 있다면 일상생활의 상궤를 소홀히 할 수 없기 때문이다. 여기에서 알 수 있는 것은 머우쭝산이 생각하는 도통은 실지로 도덕종교와 인문제도의 두 방면을 모두 포함하고 있다. 그는 다음과 같이 말하고 있다.

> 우리가 오늘날 인문주의를 이야기할 때 먼저 인성(人性)의 각성, 인도(人道)의 각성, 반물화, 반경직화에 주의하고, 사람의 가치 관념을 전개하는 데 주의해야 하며, 그다음에 이러한 각성을 통해 어떻게 인문제도를 건립해서 일상생활의 상궤가 되게 하는지에 주의해야 한다. 이 두 측면을 합한 것이 장횡거(張橫渠)가 말한 "온 세상을 위해 마음을 먹고, 백성을 위해 목숨을 걸고, 옛 성인을 위해 끊어진 학문을 잇고, 후세를 위해 태평시대를 연다."는 것이다.[78]

그러나 머우쭝산은 한편으로 모든 인문 활동은 도덕이성이 객관적으로 드러나는 것이며, 다른 한편으로 역사문화는 도덕이성이 복잡하게 변하는 가운데 실현되는 것이라고 생각했다. 다시 말하면, 도덕이성은 인문세계 중에서 객관적으로 드러나야만 비로소 충실해지고 완전해질 수 있다. 그래서 우리가 도통을 이야기하고 인문주의를 이야기할 때 반드시 "도덕이성을 객관적으로 실천한다는 측면에서 민주정치를 전개하고 긍정해야 한다. 또한 도덕이성이 드러나게 하려면 반드시 정신주체 중에서 '지성주체'를 전개시켜 과학을 성립하고 긍정해야 한다."[79]

---

77) 牟宗三, 『道德的理想主義』, 學生書局, 1985년, 153쪽.
78) 牟宗三, 위의 책, 154쪽.
79) 牟宗三, 위의 책, 184쪽.

머우쭝산은 민주와 과학에 대해 장쥔마이·첸무 등과 같이 "고대부터 이미 있었다."라는 진부한 견해를 가지고 있지 않았으며, 중국 전통문화에는 이 두 가지가 원래부터 결핍되었다고 인정했다. 『역사철학』에서 그는 중국 문화는 "지식 방면에서 말하면 그것은 '지성(知性)' 방면이 결여되었기 때문에 논리, 수학과 과학이 출현하지 않았다. 객관적인 실천 방면에서 말하면 그것은 '정도(政道)'의 건립이라는 방면이 결여되었기 때문에 민주정치가 나타나지 않았으며, 근대화된 국가정치와 법률이 나타나지 않았다."[80]라고 했다. 그는 이러한 현상을 "도통은 있었지만 학통과 정통이 없었다."라고 했다. 그에 따르면 학통과 정통은 '중간 구조물'에 속하는 것으로 비록 가장 높은 경지에 속하지는 않지만 "인간이 가치를 실현하고, 도덕이성을 실현하기 위해서 이러한 중간 구조물이 결핍되어서는 안 된다. 그러나 과거 중국 문화의 생명이 발전하는 과정에서 이러한 중간단계가 결핍되었다."[81]

머우쭝산의 이해에 의거하면 중국 문화의 생명에 '중간단계'가 결핍된 이유는 중국 문화의 특수성 때문이다. 구체적으로 말하면 중국 문화는 '덕성의 지〔德性之知〕'에 편중해서 조성되었기 때문이다.

과학을 예로 들면, 유학자들이 예전에 확정한 문화유형은 도덕과 지식이 하나 되는 인지합일(仁智合一)을 말하지만 인이 주가 되고 지는 예속되는 것이었다. 이러한 문화유형은 '지성'을 개발하기가 매우 어렵다. 왜냐하면 지는 줄곧 성현인격의 직각형태 위에 머물러 있으며, 즉 지혜의 신묘한 작용 형태에서 뚜렷하게 드러나 독립적인 발전을 이룩할 수 없기 때문이다.

---

80) 牟宗三, 『歷史哲學』, 學生書局, 1984년, 191쪽.
81) 牟宗三, 위의 책, 193쪽.

민주정치에 대해서 머우쭝산은 수많은 논술을 했다. 그는 현대인들의 생활에서 민주정치는 중대한 의의가 있음을 깊이 느꼈으며, 동시에 전통적인 '내성'의 학문에서 민주정치를 전개하는 것은 유가사상을 계승하고 전파하는 데 매우 중요한 의의가 있음을 인식했기 때문이다.

먼저 머우쭝산은 정치문제는 마땅히 '정치의 방법'과 '다스리는 방법'의 두 방면으로 나누어서 보아야 한다고 생각했다. '정치의 방법'은 정치기구와 상응해서 말한 것이며 '다스리는 방법'은 정치권력과 상응해서 말한 것이다. 중국은 예전에 '다스리는 방법'에서는 '가장 높은 자각의 경지'에 도달했지만 '정치의 방법'에서는 '시종 방법이 없었다.' 그래서 어떤 사람은 예전의 중국은 단지 '다스리는 방법'만 있었고 '정치의 방법'은 없었다고 말하며 단지 사치(吏治)만 있었고 정치(政治)가 없었다고 말한다.

왜 중국역사상에는 '다스리는 방법'만 있었고 '정치의 방법'은 없었으며, 단지 사치만 있었고 정치는 없었는가. 머우쭝산에 따르면 2천여 년 이래 중국의 정치권력은 모두 '무력으로 천하를 통일하는 것'을 통해 얻었다. 천하를 얻은 군주는 반드시 권력을 개인의 것으로 간주하고 국가를 자기의 것으로 간주한다. 그 상황은 황종희(黃宗羲)가 "삼대 이래 천하를 광주리에 가두어 놓았다."고 말한 것과 같다. 군주는 국가를 자기의 사유재산으로 간주하고 지고지상한 지위를 가지고 전국에 군림했기 때문에 자연히 그 어떤 법률적 제재를 받지 않았다. 백성은 '정치적 존재'가 되지 못했고 진정한 공민이 되지 못했기 때문에 자연히 최고 통치자를 견제하는 '정치의 방법'을 형성하지 못했다. 공맹학설은 인문제도를 가지고 있었지만 그러한 인문제도는 단지 일상생활에 국한되었으며 "정치생활에 필요한 인문제도를 발전시키지 못했다." 그리고 일상생활의 인문제도는 주로 '오륜(五倫)'으로 형성되었다. '오륜'은 정치생활에 대해 "군주는 군주다워야 하고 신하는 신하다워야 한다."는 하나의 윤리만 있으며, 군주와 백성, 신하와 백성의 관계를 어떻게 하느냐에 대한 구체적인 설명이 없다. 사회정치에서 군주와 백성의 관계를 어떻게 하느냐는 매우 중요하다. 그러나 고대의 중국은 이러한 면이 결핍되어 객관적인 정치관계를 건립하지 못했기 때문에 정치형태는 줄곧 군주전제 위에 머물러 있었다. 군주전제의 통치에서 군주는 초월적이고 무한한 자이며, 백성은 피동적이고 비자각적인 사람, 세상을 잊고 안일하게 살아야 하는 사람이다. 여기에 대해서 머우쭝산은 다음과 같이 지적하고 있다.

> 군주와 백성이라는 양극단은 만약 백성 측에서 완전히 일어나지 않으면 군주는 정치, 법률형태의 제도로써 견제할 수 없다. 이 양극 사이에 참되고 객관적인 정치관계를 건립할 수 없다면 사대부로 조직된 재상일파가 정치권력을 장악하게 되어 객관적인 정치가 이루어질 수 없다. 이러한 점을 이해하는 것은 중국 문화의 발전과 유가학술의 발전을 이해하는 데 가장 큰 관건이 된다. 반드시 알아야 하는 것은, 오직 도덕교화의 형태로 황제를 견제하는 것은 충분하지 않으며, 오직 "천자에서 서인에 이르기까지 모두 수신이 근본이 된다."라는 단계, 오직 내성 방면에서 성심성의를 다하는 이러한 단계는 군주와 백성 사이에 참되고 객관적인 정치관계를 건립하는 데 충분하지 않다.[82]

머우쭝산은 군주전제가 중국 사회에서 야기한 폐단을 세 가지로 개괄하고 있다. 첫째, 정권전이는 해결할 방법이 없었다. 둘째, 왕위세습은 해결할 방법이 없었다. 셋째, 왕위계승과 정권전이는 비합법적으로 처리하고 해결했기 때문에 역사상 왕조를 뒤엎고, 권력을 탈취하고, 부모와 형제를 죽이는 엉망진창인 소란이 끊이지 않고 출현했다.[83] 이러한 폐단을 인

82) 牟宗三, 『道德的理想主義』, 學生書局, 1985년, 155쪽.

식했기 때문에 머우쭝산은 양주십일(楊州十日)[84], 가정삼도(嘉定三屠)[85], 문자옥(文字獄)[86] 같은 살육이 다시는 없어야 하고, 수양제, 당태종, 명연왕(明燕王), 청옹정(淸雍正) 같은 쟁탈이 다시는 없어야 하고, 왕망(王莽), 조비(曹丕), 사마염(司馬炎), 주온(朱溫) 같은 찬탈이 다시는 없어야 하며, 또한 오늘 이후 '시끄러운 혁명'이 다시는 일어나지 말아야 한다고 분명하게 표명했다. 그는 중국인이 모두 고도로 이성화·제도화된 사회에서 평화롭고 질서 있게 생활할 수 있기를 희망했으며, 정치권력의 이전, 정부 관료의 교체도 모두 평등하고 이성적인 법률제도에 따라 처리되기를 희망했다.

머우쭝산은 민주정치를 전개하는 것은 현대사회의 정치생활을 위해서만 필요한 것이 아니라 '도통'을 보존하기 위해서도 반드시 필요한 것이라고 보았다. 그는 "근대화된 국가 정치와 법률을 건립하지 못한다면 유학자들이 상상하는 사회를 행복하게 하는 '외왕'은 진정으로 실현할 수 없으며, '내성' 방면에서 드러나는 '인의(仁義, 도덕이성)' 역시 진정으로 실현할 수 없다. 왜냐하면 민주정치를 실현하는 것은 바로 도덕이성을 객관적으로 실현하는 것이기 때문이다."라고 했으며, 또한 "우리가 도덕이성이 광범위하게 나타나야 하고 객관적으로 드러나야 한다는 것을 진정으로 안다면 유가학술을 발전시키는 과정에서 민주정치를 전개할 수 있다는 것을 알 수 있다."[87]고 했다. 이렇게 생각하기 때문에 머우쭝산은 신해혁명 이

---

83) 牟宗三, 『中國文化的省察』, 聯合報社, 1983년, 86~87쪽.

84) 양주십일(揚州十日): 명나라 말기(1645) 난징 병부상서 사가법(史可法, 1602~1645)이 청군에 투항하지 않고 양주성(揚州城: 현재의 양주시)에서 결사 항전을 벌이자 그를 죽이고 양주성에서 10일간 학살한 사건. — 옮긴이

85) 가정삼도(嘉定三屠): 명나라 말기(1645) 청군이 가정성(嘉定城: 현재의 상하이)에서 청군에 저항한 의병을 세 차례에 걸쳐 학살한 사건. — 옮긴이

86) 문자옥(文字獄): 문혁시기 반동으로 치부된 서적을 비판하고 그 저자들을 죽이거나 혹은 감옥으로 보냈던 사건. — 옮긴이

후 중국에서 실천한 민주정치를 강렬하게 비판했으며, 당시의 중국을 "터무니없이 야단법석만 떨었으며, 천박하고 방정맞았다."고 지적했다. 그가 보기에 중국에서 민주정치가 성공하지 못한 이유는 사람들이 '도통'과 '정통'의 관계를 제대로 처리하지 못했으며, '도통'을 보존해야 한다는 전제 아래 '정통'을 말하지 않았고, '정통'을 전개하는 것은 '도통'을 보존하는 데 유리하다는 도리를 인식하지 못했기 때문이다.

이상에서 알 수 있는 것은, 머우쭝산의 사상에서 도통·학통·정통은 모두 현대사회에서 긍정적인 의의가 있으며, 마땅히 제창해야 하는 것이다. 유학 제3기 발전의 전망에 대한 그의 이론 역시 주로 '삼통'의 관계 위에서 정립되었다. 그것의 요점은 『도덕적 이상주의』의 결말부분에 쓴 다음과 같은 말이다.

"전체 인생에서, 전체 인문세계에서 다음과 같은 세 가지는 없어서는 안 된다.

1) 과학: 지식을 대표하지만 생활의 규범이 될 수 없다.

2) 민주정치: 정치생활의 규범이지만 모든 생활의 규범은 아니다.

3) 도덕종교: 일상생활의 규범을 만들 수 있으며 문화 창조의 원동력이다."[88]

예를 든 세 가지는 머우쭝산이 일생 동안 탐구했던 신유학 이론의 핵심이며, 또한 신유가사상의 농축된 표현이라고 할 수 있다. 그러나 도덕종교가 원만하고 오묘하다고 하더라도 어떻게 '학통'과 '정통'을 연계하는지

87) 牟宗三, 『道德的理想主義』, 學生書局, 1985년, 155~156쪽.

88) 牟宗三, 위의 책, 259쪽.

는 여전히 문제이다. 고대부터 있었던 '도통' 중에 '학통'과 '정통'이 결여되었다면 그중에서 민주와 과학을 전개해 나아가는 것이 어떻게 가능한가. 머우쭝산 또한 이 문제를 분명하게 인식하고 있었다. 그는 다음과 같이 말하고 있다.

> 현대화된 경제와 정치는 자신을 수양하고 집안을 바로잡는 것에서 직접적으로 전개시킬 수 있는 게 아니다. 이 말은 자신을 수양하고 집안을 바로잡는 것에서 나라를 다스리고 천하를 태평하게 하는 데까지 도달하려면 그 사이에 곡절이 있으며, 자신을 수양하고 집안을 바로잡는 것에서 간접적으로 우회해서 나라를 다스리고 천하를 태평하게 하는 데까지 나아가야 함을 의미한다. …… 예전의 군주전제 및 종법사회에서 자신을 수양하고, 집안을 바로잡고, 나라를 다스리고, 천하를 태평하게 하는 것은 직접적으로 연계되어 있었기 때문에 황제가 나라를 다스리고 천하를 태평하게 하는 것은 자신을 수양하고 집안을 다스리는 것에서 시작할 수 있었다. 그러나 현재의 고도로 현대화된 정치는 자신을 수양하고 집안을 바로잡는 것에서 직접적으로 전개할 수 없으며 그 가운데 간접적인 곡절이 있어야 한다.[89]

머우쭝산은 이 '간접적인 곡절'을 '양지자아감함(良知自我坎陷)'이라고 불렀다. '양지자아감함'은 머우쭝산이 제기한 매우 중요한 이론이며, 요지는 '내성'에서 '외왕'으로 통하는 교량을 가설하는 것이다.

앞에서 말했듯이 머우쭝산이 제기한 도덕 형이상학의 기본내용은 '지의 직각'을 사용해서 현상에서 물자체, 사실세계에서 의의세계, 경험적 지식에서 도덕적 지식, 집착하는 것에서 집착하지 않는 것으로 통하는 길을

89) 牟宗三, 『中國文化的省察』, 聯合報社, 1983년, 37쪽.

뚫는 것이며, '양지자아감함'은 역으로 의의세계에서 사실세계, 도덕적 지식에서 경험적 지식, 집착하지 않는 것에서 집착하는 것에 이르게 하는 것이다.

여기에서 머우쫑산은 '내재적인 정신은 유기적으로 발전한다.'는 헤겔의 관념을 빌려 '양지' 자체는 '자아감함'의 가능성을 구비하고 있다고 생각했으며, 또한 사실세계를 통섭할 수 있고, 사실세계에서 밖으로 드러날 수 있으며, '자아감함'을 통해 충분히 자기를 실현할 수 있다고 생각했다. 그는 다음과 같이 말하고 있다.

> '양지'가 자각적으로 '감함'한다는 것은 바로 자각적으로 '집착하지 않는 것〔無執〕'에서 '집착하는 것〔執〕'으로 전환하는 것이다. '자아감함'한다는 것은 집착한다는 것이다. '감함'이라는 것은 집착에 빠지는 것이다. 이렇게 '감함'하지 않으면 영원히 집착할 수 없으며, 또한 지성(인식의 주체)이 될 수 없다. 자각적으로 자기를 '감함'하는 것은 자각적으로 '집착하지 않는 것'에서 '집착하는 것'으로 변하는 것이다.[90]

머우쫑산은 이러한 양지(良知)가 '자아감함'하는 과정을 "평지에 흙더미를 쌓는 것"이라고 말했다. 양지는 평지이며 그 어떤 형상도 없다. 나의 형상을 보려면 평지에 흙더미를 쌓아 나의 형상을 만들어야 한다. 부풀어 오른 흙더미는 진정한 내가 아니지만 진정한 내가 드러난 나이다. 양지가 '자아감함'하는 과정은 형상이 없는 진정한 나에서 형상이 있는 나, 도덕적 나에서 논리적 나로 변하고, 도덕주체에서 지성주체로 변하는 것이다.

머우쫑산에 따르면 양지가 '자아감함'을 통해 지성주체를 전개시킬 수

---

90) 牟宗三, 『現象與物自身』, 學生書局, 1984년, 123쪽.

있는 이유는 중국의 도덕이성은 원래 원만하며, 그 자체가 '외왕' 사업을 전개할 잠재능력을 가졌기 때문이다. 그래서 그는 "중국이 과학과 민주를 전개하지 못하고 근대화를 이룩하지 못한 이유는 중국 문화가 원래 과학과 민주를 전개하고 현대화를 실현할 자원을 가지고 있지만 그것을 발굴하지 못했기 때문"이라고 했다. 그가 보기에 도덕이성이 한 발짝 양보해서 덕성주체에서 지성주체를 이룩하기만 하면 중국은 전통문화에서 간접적으로 '외왕'을 전개시킬 수 있다. 다시 말하면 중국의 '외왕' 사업은 다른 민족의 문화성과를 받아들일 필요가 없으며 전통문화에서 이룩할 수 있다는 것이다.

이상에서 알 수 있는 것은, 머우쭝산의 '양지자아감함'설은 다른 신유가보다 진보한 부분이 있지만 마찬가지로 '내성'과 '외왕'의 관계를 원만하게 해결하지 못했으며, '내성'에서 '외왕'으로 통할 교량을 가설하지 못했다. 왜냐하면 그가 해결하려고 했던 것은 마땅히 어떻게 해야 하는가의 문제이지, 어떻게 가능한가의 문제가 아니기 때문이다. 그의 '양지자아감함'설에서 우리는 여전히 '내성'에서 '외왕'으로 통하는 길을 찾을 수 없다. 다시 말하면 '내성'과 '외왕' 사이에서 머우쭝산은 실현할 수 있는 유기적인 구조를 제공하지 못했다. 반대로 생각이 깊으면 깊을수록 그의 이론은 점점 혼란해졌으며, 더 많은 모순을 드러내었다. 이것은 주로 다음과 같은 몇 가지 면으로 체현된다.

첫째, 머우쭝산은 '양지자아감함'설을 통해 민주와 과학이 독립적으로 발전할 수 있는 계기를 마련하려고 했다. 그러나 헤겔 정신철학의 영향을 받은 그의 학설은 도덕이성을 '절대이념'의 고도에 올려놓았으며, '외왕'을 전개하는 것은 본래 도덕이성이 발전하고 실현되는 과정에서 드러나는 '변증적 필연성'이라고 생각하는 것은 사실상 도덕이성을 독단적이고 절대적인 위치에 두는 것이며, 도덕이성으로 '외왕'사업을 통섭하는 것이다. 그렇다면 학통과 정통을 전개한다는 말은 공론에 불과하다.

둘째, 머우쭝산은 도통·학통·정통은 모두 중요하며 함께 건설해야 한다고 주장했다. 그러나 '삼통'을 함께 건설해야 한다는 것이 '삼통'을 동등하게 중시함을 의미하는 것은 아니다. 그의 '삼통'은 '도통'이 '정통'과 '학통'을 주제하고 통섭하는 위치에 있다. 그래서 수많은 저서와 강연에서 도덕이성의 지상지위를 강조했으며, 그것으로 '정통'과 '학통'을 통섭해야 한다고 강조했다. 다시 말하면 '삼통'의 관계에서 보면 '학통'과 '정통'이 독립적으로 발전하기는 불가능하다. 더욱 주의할 것은, 그가 제기한 '삼통'은 그가 비판한 인(仁)이 위주가 되고 지(智)가 예속되는 전통 문화유형의 복사판이다. 여기에서 머우쭝산 역시 '중체서용'론의 탯줄을 잘라버리지 못했으며, 도덕지상주의의 굴레에서 벗어나지 못했음을 알 수 있다.

셋째, 머우쭝산은 중국의 모든 문화제도는 '이성의 객관화' 혹은 '객관정신의 표현'이라고 수차례 강조했다. 이것은 바로 전통문화에서 민주와 과학이 결여된 이유는 '객관정신' 때문이라는 것이며, 혹은 중국의 '도통'에 본래 민주와 과학의 종자가 없었음을 말하는 것이다. 그러나 머우쭝산은 '도통'에서 우회적으로 '외왕'사업을 전개시킬 수 있다고 생각했다. 이 생각은 명확한 궤변이다. 전통문화의 '도통'에 본래 '외왕'의 종자가 없다면 그중에서 어떻게 우회적으로 '외왕'의 싹을 틔울 수 있는가.

넷째, 머우쭝산이 도덕이성을 지나치게 강조해 자아를 인식하고 자아를 실현하는 것이 '내재적인 정신의 유기적인 발전'이라고 생각한 것은 사실상 역사숙명론이다. 이러한 역사관에서 사람의 주체성은 보이지 않고 모든 것은 도덕이성에 의해 좌우되며, 현대화 과정에서 사람의 작용은 그다지 중요하지 않게 된다. 사람의 주체성이 존재하지 않는다면 어떤 역량으로 도덕이성을 제어해 덕성주체에서 지성주체를 전개시킬 수 있는가.

다섯째, 머우쭝산은 민주와 과학은 근대 서양인이 선물한 두 가지 보물이라고 인정했으며, 학통과 정통을 추진하려면 최선을 다해 서양인의 문명성과를 받아들여야 한다고 주장했다. 그렇다면 '양지자아감함'은 필요 없다. 이미 완성된 '외왕' 사업을 받아들일 수 있다면 어째서 자기의 전통에서 우회적인 방법으로 '외왕' 사업의 간접적인 형태를 찾아야만 하는가.

쉬푸콴의 인성형이중학(人性形而中學)

쉬푸콴(徐復觀)은 '학술계의 전기적인 인물', '용감한 신유가'로 불리며 해외학계에서 탕쥔이·머우쭝산과 함께 '당대 신유가의 3대사'로 존경받고 있다. 그렇지만 탕쥔이·머우쭝산과 비교하면 다른 부분이 많다.

먼저 그는 사학자이며 전문적인 철학자가 아니다. 그는 슝스리의 계몽을 받았지만 슝스리가 개척한 형이상학의 길을 가지 않았다. 그는 사람이 중심이 되는 학문을 이야기할 때는 『역전(易傳)』에 나오는 "형이상을 도(道)라고 하고 형이하를 기(器)라고 한다."[91]는 것을 잣대로 삼을 수 없다고 생각했다. 형이상을 천도(天道)라고 하고 형이하를 기물(器物)이라고 한다면 사람의 마음은 사람의 몸속에 있기 때문에 "만약 원래의 뜻에 의거해서 말을 완전하게 하려면 마땅히 한 문장을 더 첨가해 '형이중(形而中)을 마음이라고 한다.'라고 해야 한다. 그래서 마음의 문화, 마음의 철학은 단지 '형이중학'이라고 부를 수 있으며 형이상학이라고 불러서는 안 된다."[92] 그는 같은 사학자인 첸무와도 다르다. 첸무가 역사를 연구한 목적은 "고대부터 있었다."라는 결론을 증명하기 위해서였지만, 쉬푸콴은 새로운 사상

91) 『易傳』, "形而上者謂之道, 形而下者謂之器."
92) 徐復觀, 『中國思想史論集』, 學生書局, 1983년, 243쪽.

경향을 더 많이 가졌으며 특히 고대 중국의 전제주의 정치제도를 극도로 증오했다.

그다음, 탕쥔이와 머우쭝산은 일생 동안 학술활동에 전념했지만 쉬푸콴은 학술과 정치를 병행했다. 그의 일생을 보면, 전반생에는 정계와 군계에서 활동했으며, 후반생에는 제자를 거느리고 강학을 했으며, 책을 저술하고 학설을 세웠다. 그러나 그의 후반생에 역시 학술활동과 정치활동을 병행했다고 할 수 있다. 그는 중국 사상사와 예술사 방면의 순수학술연구를 했을 뿐만 아니라 나라의 일에 관심을 가지고 시정을 품평했으며, 시사와 정치 방면의 문장을 썼다. 웨이정퉁(韋政通) 선생의 말에 따르면 그는 "전통주의로 구사상을 보호했으며 자유주의로 정치를 논했다."고 할 수 있다.

그다음, 탕쥔이와 머우쭝산의 신유학사상은 형이상학의 기초 위에서 형성되었으며, 체계가 방대하고 논증이 정밀하다. 그러나 쉬푸콴은 '형이중학'을 강조했지만 그의 '형이중학'은 하나의 학술계통을 형성하지 못했다. 그의 논술은 대부분 산만하고 계통적이지 않다. 또한 그는 현대 신유가의 대표인물이지만 그의 모든 저술이 신유가사상과 관련 있는 것은 아니다. 예를 들면 그가 심혈을 기울였던 예술사 연구는 신유학과 관계없다. 그러나 탕쥔이와 머우쭝산의 문장은 대부분 유학을 부흥시키기 위해서 쓴 것이었다.

쉬푸콴은 1903년 후베이 희수(浠水)에서 태어났다. 본명은 병상(秉常)이었으나 숭스리가 푸콴(復觀)으로 개명해 주었다. 푸콴은 『노자』에 나오는 "만물이 함께 일어나며 나는 그것들이 돌아가는 것을 본다."라는 문장에서 취했다. 그는 빈곤한 농가에서 태어났다. 부친은 시골 서당의 교원이었으며 수입이 매우 적었다. 9세 때 부모를 따라 서당에 가서 공부하기 시작했으며, 이후 우수한 성적으로 희수현립고등소학(浠水縣立高等小學)에 입학했다. 15세 때 이 학교를 졸업하고 후베이 우창제일사범학교(武昌第一師範學校)에 입학했으나 가난한 가정환경 때문에 방학 때마다 집으로 돌아가 농경생활에 종사했다.

쉬푸콴은 일생 동안 농촌생활에 대한 강한 연민의 정을 가지고 있었다. 그는 다음과 같이 말하고 있다.

> 나의 가정, 나의 부락, 나의 친척은 모두 순수한 농민이며, 그래서 모두 순수하게 빈곤하다. 땔감을 하고, 소를 키우고, 면화를 줍고, 콩꼬투리를 따는 것, 이 모든 것이 내가 20세 이전에 방학 때면 반드시 해야 할 일들이었다. 눈을 감으면 부모와 형제들의 고생이 눈앞에서 아른거린다. 나는 진정한 대지의 아들이며 진정으로 농촌의 지평선 아래에서 자라났다.[93]

이 '대지의 아들'은 대지에서 부지런히 생활하는 농민에 대해 두터운 애정이 있을 뿐만 아니라 대지의 품격에서 정신역량을 획득했다. 그래서 "나는 당 소설에 나오는 정교금(程咬金)과 마찬가지로 사람들에게 얻어맞아 땅바닥에 쓰러져도 흙냄새를 맡으면 바로 활기를 되찾기 때문에 사람들에게 맞아 죽지 않는다."[94]고 했다.

1923년, 쉬푸콴은 우창제일사범학교를 졸업한 이후 곧바로 소학교에서 교편을 잡았다. 그해 가을에 우창 국학관(國學館)에서 학생을 모집했는데 국학대사 황지강(黃季剛)은 3천여 명의 수험생 가운데 쉬푸콴을 가장 우수한 성적으로 합격시켰다. 그는 어릴 때부터 재능이 출중했으며 문장을 잘 썼다. 그래서 국학관에 있을 때 경학대사 류펑장(劉鳳章)이 "그는 가난하지

---

93) 徐復觀, 『學術與政治之間』, 學生書局, 1985년, 75쪽.
94) 韋政通의 『以傳統主義衛道, 以自由主義論政』에서 재인용, 『評新儒家』, 560쪽.

만 뜻을 버리지 않으면 자기의 문학적 재능에 의거해서 반드시 이름을 날리고 큰 인물이 될 수 있을 것이다."라고 격려했다고 한다. 이후의 인생이 증명하듯이 쉬푸콴은 확실히 그의 문학적 재능에 의거해 학계와 정계에서 이름을 날렸다. 홍콩 중원대학의 진야오지(金耀基) 교수는 그를 '당대 중국의 거필'이라고 불렀다.

1925년 초, 쉬푸콴은 학계를 떠나 국민당 모 부서의 사령부 서기관이 되었다. 이때부터 그는 쑨원의 학설을 접촉했고 삼민주의를 열렬히 추종했으며, 또한 마르크스와 엥겔스의 유물론과 사회정치학설을 가까이했다. 게다가 루쉰의 영향을 받아 더 이상 고서를 가까이하지 않았다. 그는 1927년 군계를 떠나 성립제칠소학교(省立第七小學校)의 교장이 되었으며, 1930년 일본으로 유학을 떠났다. 그는 원래 메이지대학에서 경제를 전공하려고 했으나 자금 지원이 중단되어 부득이하게 육군사관학교에 입학했다. 그는 가와카미 하지메(河上肇)의 영향을 매우 깊이 받아 '루쉰의 추종자에서 가와카미 하지메의 추종자가 되었으며'[95], 사상이 급진적으로 변해 마르크스의 충실한 신도가 된 것처럼 '군부독서회(群不讀書會)'를 조직해서 전문적으로 마르크스주의의 책을 읽었다. 이것은 자신이 "민국 29년 이전에 나의 사상은 마르크스의 영향을 비교적 많이 받았으며, 그것은 진실로 내가 청년에서 장년에 이르는 사이에 한동안 비워져 있었던 정신상의 공백을 메워 주었다."[96]고 말한 것과 같다.

9·18사변 이후 쉬푸콴은 학교를 중퇴하고 상하이로 돌아와 항일운동에 투신했으나 결과가 없자 다시 후베이로 돌아가 '개진사(開進社)'를 조직했으며, 마르크스의 유물변증법으로 삼민주의를 더욱 충실하게 해 그것을

95) 徐復觀, 『中國文學論集』, 學生書局, 1985년, 536쪽.
96) 『徐復觀文錄選粹』, 學生書局, 1980년, 292쪽.

중국혁명의 이론 지침서로 삼으려고 시도했다. 그는 1932년 다시 군계로 돌아갔으며, 거듭 승진하여 1942년에 군 위원회의 고급 참모가 되었다. 얼마 지나지 않아서 연락참모로 임명되어 옌안으로 파견되었으며, 이로 말미암아 요동(窯洞)에서 마오쩌둥과 국사를 마음껏 이야기할 기회가 생겼다. 이러한 배경으로 그는 국민당의 기타 관료들보다 국민당과 공산당의 실재 사정을 더 정확하게 알 수 있었고, 시국을 더 정확하게 분석할 수 있었으며, 또한 시대의 병폐를 더 정확하게 지적할 수 있었다.

학술과 정치를 함께 중시하는 쉬푸콴에게 두 사람의 중요한 인물이 큰 영향을 미쳤다. 한 사람은 슝스리이며 다른 한 사람은 장제스이다.

쉬푸콴은 1927년에 군대에서 슝스리의 이름을 처음 들었으며, 1944년에 면인서원(勉仁書院)에서 슝스리를 만났다. 슝스리는 그에게 왕선산의 『독통감론(讀通鑑論)』을 읽게 했으며 이후에 책을 읽고 느낀 점을 물어보았다. 그때 쉬푸콴은 왕선산과 다른 수많은 견해를 이야기했는데 슝스리는 듣자마자 진노하면서 "그대는 도대체 어떻게 책을 읽는 것인가! 그 어떤 책이라도 좋은 부분이 있고 나쁜 부분이 있기 마련인데 그대는 어째서 먼저 좋은 부분을 보지 않고 오직 나쁜 부분만 들추어내는가. 이렇게 책을 읽으면 백부천부를 읽은들 무슨 소용 있겠는가?"[97]라고 꾸짖었다. 이러한 꾸짖음이 의외로 한 사람의 대학자를 만들어 내었다. 그는 이후에 이 꾸짖음은 그에게 "기사회생하게 하는 꾸짖음이었다."라고 했다. 이때부터 쉬푸콴은 슝스리의 제가가 되어 그의 문하에서 가르침을 받게 되었으며, "국가와 민족을 멸망시키려고 하는 자는 먼저 그 문화를 멸망시킨다."는 것과 "중국을 구하고자 한다면 반드시 먼저 학술을 구해야 한다."는 슝스리의 사상을 깊이 깨달았으며, 이로 말미암아 유학을 부흥시키는 학문의 길을

97) 『徐復觀文錄選粹』, 315쪽.

가게 되었다.

장제스는 쉬푸콴의 학술생애에 간접적인 도움을 주었지만 의의는 매우 크다고 할 수 있다. 1947년 쉬푸콴은 장제스로부터 일억 원(현재 2만 달러의 가치)을 지원받아 학술월간 『학원(學原)』을 발간했다. 이 월간은 학술수준이 매우 높은 잡지였으며, 슝스리, 첸무, 주광첸(朱光潛), 탕란(唐蘭), 천멍자(陳夢家), 천캉(陳康), 위핑보(兪平伯), 지셴린(季羨林) 등 수많은 인류학자들이 이 잡지에 문장을 발표했다. 쉬푸콴은 이 잡지를 발행하면서 저명한 학자들과 교류하게 되었으며, 이로 말미암아 높은 수준의 학술활동을 할 수 있게 되었다. 쉬푸콴은 1949년에 타이중으로 이사를 갈 때도 장제스로부터 9만 홍콩달러(현재 2만 달러의 가치)를 지원받아 반월간지 『민주평론(民主評論)』을 창간해 홍콩에서 발간했으며, 타이뻬이에 분사를 두었다. 이 간행물은 해외 신유가의 문화진영이 되었으며, 첸무 등이 세운 신아서원과 같은 학술적 취지와 의의가 있었다. 그는 간행물을 통해 자신의 문화 주장을 순조롭게 펼쳐 나갈 수 있었을 뿐만 아니라 첸무, 탕쥔이, 머우쭝산 등과 학술상의 우의를 다지게 되었다.

1955년 동하이대학(東海大學)이 타이중에서 설립되었으며 쉬푸콴은 이 학교 중문과 교수로 임용되어 선진학술사상을 강의했다. 1957년에 그는 『민주평론』에 발표한 문장을 정리해서 갑, 을 두 권으로 엮어 『학술과 정치 사이(學術與政治之間)』를 출판했으며, 그다음 해 1월에 장쥔마이·탕쥔이·머우쭝산과 함께 『중국 문화를 위해 세계 인사들에게 삼가 알리는 선언』을 발표했다.

동하이대학은 기독교 대학이었다. 그러나 쉬푸콴은 기독교도가 아니었으며, 자신은 '중국 문화를 위해 상복을 입고 있는 최후의 효자'라고 자임했다. 그의 사상과 학교의 교학방침은 거리가 있었기 때문에 학교 이사회는 쉬푸콴과 이 학교에서 강의를 하고 있던 머우쭝산에 대해 매우 큰 불만이 있었으며, "이 학교에서 세례를 받는 학생이 적은 이유는 머우쫑산과 쉬푸콴이 중국 문화를 강의하는 것과 관련 있다."고 생각하게 되었다. 쉬푸콴은 1969년에 양(梁) 씨인 사람의 '문화 스파이' 사건이 폭로됨에 따라 퇴직을 당해 동하이대학을 떠났고, 얼마 지나지 않아서 홍콩으로 건너가 신아연구소의 교수가 되었다. 그는 홍콩에서 생활하던 12년 동안 세 권의 『양한사상사(兩漢思想史)』를 썼으며, 1982년 병환으로 타이뻬이에서 세상을 떠났다. 그는 유언으로 "나는 마흔다섯 이후 점점 공맹의 사상이 중국 문화의 명맥임을 깨닫기 시작했다. 지금 곡부(曲阜)로 가서 친히 공자의 무덤을 찾아뵙지 못하는 것이 큰 한이로다."[98]라는 유언을 남겼다.

쉬푸콴은 학술과 정치를 병행했지만 풍부한 학술성과를 이룩했다. 그의 주요 저작으로 『학술과 정치 사이(學術與政治之間)』, 『중국사상사논집』, 『중국사상사논집속편(中國思想史論集續篇)』, 『중국인성론사(中國人性論史)·선진편(先秦篇)』, 『양한사상사(兩漢思想史)』, 『중국예술정신』, 『중국 문학논집』, 『중국문학논집속편(中國文學論集續篇)』, 『유가정치사상과 민주자유인권(儒家政治思想與民主自由人權)』, 『쉬푸콴문록선수(徐復觀文錄選粹)』, 『쉬푸콴잡문(徐復觀雜文)』 등 19종이 있다.

쉬푸콴이 세상을 떠난 후 해외 지식계에서 그를 애도하는 문장 백여 편이 발표되었으며, 그를 '자유민주의 투사', '두려움을 모르고 의를 보호한 진정한 유자', '양심과 용기의 전형', '우리 시대에 전통문화의 십자가를 짊어진 사람'이라고 불렀다. 이러한 문장은 이후에 『쉬푸콴교수기념문집(徐復觀教授紀念文集)』으로 엮어 1984년에 시보문화출판사업공사에서 출판되었다.

아래에서 네 가지로 나누어 쉬푸콴 신유가사상의 조리와 특징을 살펴

98) 蔡仁厚, 『儒家思想的現代意義』, 文津出版社, 1987년, 425쪽.

보자.

◗ 중국 문화의 역사의의와 현실의의

중국 전통의 역사문화를 널리 선전하는 것은 본래 현대 신유가의 공통된 관심사이다. 그러나 쉬푸콴이 기타 신유가와 다른 점은, 그는 역사문화에 있는 부정적인 현상을 분명하게 밝혔다는 점이다. 특히 그는 전통의 외왕 방면에서 우리가 계승해야 할 부분이 많지 않다고 생각했다. 과학을 예로 들면 그는 "중국 문화는 사람과 자연을 지나치게 친화시키는 방향으로 나아갔으며, 자연을 정복하고 이용하는 의식이 강하지 않았기 때문에 자연을 대상으로 하는 과학지식이 순조롭게 발전하지 못했다. 그래서 중국이 과학 방면에서 이룩한 성과는 역사적인 의의만 있을 뿐이며 현실적인 의의가 없다."[99]고 생각했다. 그러나 쉬푸콴에 따르면 이러한 사실로 인해 전통이 필요하지 않고 역사가 필요하지 않은 것은 아니다. 역사는 현실의 기초이다. 과거가 없으면 오늘이 있을 수 없으며 내일은 더욱 있을 수 없다. 어떤 민족이든 철저하게 역사와 결별하는 것은 불가능한 일이다. 반대로 역사를 존중하는 민족일수록 현재를 더 잘 파악할 수 있고, 미래를 더 순조롭게 맞이할 수 있다. 서양민족이 바로 이러하다. 수많은 사람들은 대부분의 유럽 사람들이 중세에는 과거를 중시했고, 문예부흥 이후에는 미래를 중시했으며, 과거를 중시하느냐 미래를 중시하느냐가 낙후와 진보의 분수령이었다고 생각한다. 쉬푸콴은 이런 생각이 서양의 역사에 대한 오해를 불러일으킨다고 지적했다. "사실 중세가 돌아본 과거는 그들의 현실생활을 반영하는 것이었으며, 문예부흥 이후 미래를 상상하는 것 또한 역

99) 徐復觀, 『中國藝術精神』 자서.

사의 단서를 말살하는 것이 결코 아니었다."[100]

쉬푸콴에 의하면 인류의 지식은 역사·사회·자연의 세 방면에서 근원하며, 사회현상 또한 역사에서 근원한다. "역사는 인류의 이성 활동이 차츰차츰 축적된 재산이며", "우리가 역사를 얼마나 계승할 수 있는지에 따라 미래를 얼마나 구상할 수 있고 얼마나 창조할 수 있는지가 결정된다."[101]고 할 수 있다.

1950년대 이후 홍콩의 사상계에는 중요한 잡지 두 종류가 있었다. 쉬푸콴이 창간한 『민주평론』과 자유주의 인사들이 창간한 『자유중국』이었다. 두 잡지의 창간 취지는 뚜렷한 차이가 있다. 『민주평론』은 신유가의 문화 진영이며 중국의 전통사상을 부흥하는 것이 취지였다. 『자유중국』은 전통주의에 반대했으며, 5·4운동 이전의 『신청년』과 매우 비슷한 성격이었다. 두 잡지는 전통에 대한 태도가 달랐기 때문에 서로 비판하는 일이 자주 발생했다. 『자유중국』은 『민주평론』의 작가들을 복고주의·반과학주의·반민주주의라고 불렀다. 1957년 4월, 쉬푸콴은 이들에게 반격하기 위해 『역사문화와 자유민주: 우리를 비방하는 자들에 대한 회답(歷史文化與自由民主–對於辱罵我們者的答復)』을 써서 역사문화에 대한 자신의 견해(『민주평론』을 대표해서)를 계통적으로 논술했다. 그는 "역사문화는 원래 '역사와 문화(The History and Culture)'의 복합명사이다. 역사문화가 복합명사로 사용되는 이유는 문화는 역사를 떠날 수 없기 때문이며, 역사가 없다면 문화가 있을 수 없다고 말할 수 있다. 역사문화의 뜻은 바로 역사 속의 문화문제를 연구하는 것이다."[102]라고 생각했다. 다음 글은 역사문화에 대한 그의 기본적인 태도라고 볼 수 있다.

---

100) 徐復觀, 『學術與政治之間』, 85쪽.

101) 徐復觀, 위의 책, 87쪽.

102) 徐復觀, 위의 책, 526쪽.

인류는 힘들고 어려울 때 언제나 자기 내지 타인의 역사문화 중에서 현재의 행위와 방향에 대해 직접적·간접적인 계시나 교훈을 얻기를 희망한다. 이것은 고대와 현대, 동방과 서양을 막론하고 인류의 자연스러운 요구이며, 역사문화를 연구하는 사들의 자연 직책이다. 역사문화에서 얻는 계시와 교훈은 개인의 연구 태도와 깊이에 따라서 다르다. 이것은 구체적으로 토론할 만하다. 누가 인류자신의 자연적인 요구와 연구자가 마땅히 짊어져야 할 책임을 말살할 수 있겠는가? 인류의 문화, 인류가 문화를 통해서 건립한 생활형식과 태도는 모두 역사에서 축적되어온 것이다. 역사문화를 반대하는 것은 인류를 원시야만의 시대로 되돌아가게 하는 것일 뿐이다. 우리는 지금 정치적으로 민주자유를 절실하게 요구하지만 그것은 단지 역사문화에서 인류가 정치적으로 반드시 자유민주로 향해야 한다는 대전제를 제시하는 것이며, 민주자유의 가치를 단정 짓는 것이다. 논리 중에서 자유를 추론하지 못하고 민주를 추론하지 못한다면 자유민주에 대한 가치판단을 할 수 없다. 논리 자체는 하늘에서 떨어진 게 아니라 바로 역사문화의 산물이다. 역사문화는 시간이 기초가 된다. 시간의 흐름은 언제나 변한다. 역사문화를 연구하는 자는 역사문화 중에서 그것이 변하는 방향을 보아야 하며, 변하는 방향 중에서 변화의 정도와 원칙을 찾아서 인류가 행위를 선택할 때 도움을 주어야 한다.[103)]

역사문화의 중요성을 설명하기 위해 쉬푸콴은 이론 방면에서 몇 가지 연구를 했다.

첫째, 그가 생각하기에 과거·현재·미래는 모두 시간적인 개념이며, 시간은 '물리적인 시간'과 '정신적인 시간'으로 나눌 수 있다. 인류생활의 시간은 정신적인 시간이며, 그것은 물리적인 시간과 같은 것이 아니다. 물

103) 徐復觀, 앞의 책, 526쪽.

리적인 시간은 시곗바늘의 움직임을 따라서 허무하게 사라질 뿐이다. 그러나 정신적인 시간은 우리가 특별히 지닌 기억작용에 의거해서 과거와 현재를 하나로 연결한다. 우리는 현재 마음을 움직이고 기억을 더듬어 과거의 어떤 부분을 현재에 나타나게 할 수 있다. 기억을 상실한 사람은 바보가 되고 만다. 마찬가지로 기억력을 상실한 민족 또한 원시상태로 떨어지고 계속해서 생존해 나갈 수 없다. 역사의식이 강한지 약한지는 한 민족의 생명력이 강한지 약한지를 의미한다.

둘째, 쉬푸콴은 장쥔마이, 머우쭝산과 마찬가지로 역사에는 '변하지 않는 것'과 '변하는 것'이 있으며 '특수성'과 '보편성'이 있다고 생각했다. "특수성은 변하는 것이며, 특수성이 의지하는 보편적인 진리는 변하지 않는 것이다." 역사가 고귀하고, 역사학이 존재 가치가 있는 이유는, 역사가 '변하는 것과 변하지 않는 것이 둘이 아닌 관계'를 드러내기 때문이다. "변하는 것은 변하지 않는 것을 체현하고 변하지 않는 것은 변하는 것을 통제해 인류가 역사의 구체적이고 특수한 조건에서 끊이지 않고 인류가 인류다울 수 있는 대도를 향해서 매진하게 한다."[104] 그렇기 때문에 쉬푸콴은 역사를 타도하고 전통을 타도하는 사람들은 실지로 역사의 참된 의미를 체험하지 못했으며, 역사가 어떤 것인지 근본적으로 모른다고 비판했다.

셋째, 쉬푸콴의 이론에서 '역사문화'와 '전통'의 두 개념은 그 의미가 다르지만 활용하자면 늘 대체할 수 있다. 그는 전통을 '저차원적인 전통'과 '고차원적인 전통'으로 나누었다. 전자는 대부분 역사문화의 구체적인 현상으로 표현되며, 정신적인 자각이 결여되었다. 후자는 한 민족의 성인, 대예술가, 대사상가들이 창조하는 것이며, 그것이 체현하는 것은 한 민족의 문화정신이다. 그것은 저차원적인 전통에서 실현되어 구체적인

104) 徐復觀, 『學術與政治之間』, 47쪽.

역사문화의 현상을 전개시키며, 동시에 저차원적인 전통을 지도하고 규제하는 성격을 구비하고 있다. 그것은 시공간의 제약을 받으면서도 동시에 시공간을 초월할 수 있으며, 역사와 현실, 고대인과 현대인을 하나로 연결한다.

넷째, 쉬푸콴은 문화를 '기층문화'와 '고층문화'로 나누었다. 기층문화는 사회가 저차원 전통을 계승해서 형성된 문화이며, 보수적이고 비자각적인 문화이다. 그것은 장기간의 사회적 실천을 통해서 정해진 사회규칙이 기준이 되며, 사회가 전통문화 위에서 발전하도록 유지시켜 준다. 고층문화는 "소수의 지식인들이 지식을 추구하고 개성을 해방하는 것이며, 새로운 사물을 획득하고 새로운 경지를 개척하기 위해 노력한다." 그러나 고차원전통과 같은 것이 아니다. 쉬푸콴에 따르면 그 이유는 다음과 같다.

> 고차원전통의 자각은 과거·현재·미래를 하나로 연결하는 것이다. 개인과 사회를 하나로 연결하는 것이다. 한 민족과 세계를 하나로 연결하는 것이다. 그렇지 않으면 이러한 자각이 있을 수 없다. 하나로 연결하는 사고와 체험 중에서, 기층문화 중에서 낙후된 것, 고층문화 중에서 지나치게 두드러지는 것은 모두 도태와 절충을 하는 것이다. 그중에서 서로 대립되면서도 통일되는 상반상성(相反相成)이라는 인류의 두 가지 요구에 부합하는 것은 모두 고차원전통의 통섭 아래 각자 존재할 지위를 얻게 되어 새로운 질서를 형성하고 새로운 전통을 형성하게 된다. 이로 말미암아 고차원전통의 힘에 의해 형성되는 전통은 과거를 계승하고 전파하는 것이며, 동시에 과거를 초월하는 것이라고 이해할 수 있다.[105)]

105) 『徐復觀文錄選粹』, 99~100쪽.

바로 이러한 생각 때문에 역사문화를 대하는 태도에서 쉬푸콴은 비교적 신중한 태도를 취할 수 있었으며, 역사상의 모든 것을 우상으로 간주해서 숭배하지 않았다. 그는 역사를 타도하는 행위도 반대했고 맹목적으로 숭배하는 행위도 반대했으며, 어떤 사람은 시간이 지남에 따라 변하기 마련인 진부한 역사를 죽어도 지키려고 하며, 반드시 변해야 하는 구체적이고 특수한 것조차 죽어도 지키려고 하는데 "이것은 역사 현상을 자연현상과 혼동하는 것이고, 옛것에 얽매여 시대의 흐름에 순종하지 못하는 것이며, 게다가 역사의 특수한 현상에 구속되었기 때문에 특수한 현상 뒤에 있는 보편성을 구성하는 상도(常道)를 말살하는 것이다. 이것은 역사를 존중한다고 하지만 그 결과는 역사를 짓밟고 유린하는 것이다."[106]라고 했다.

쉬푸콴은 또한 사람들이 역사문화를 하나의 순수한 학술문제로 간주해서 사고하지 않는 이유는 야심가들에게 매우 쉽게 이용되기 때문이라고 보았다. 역사를 존중하는 것은 비난의 여지가 없지만 어떤 정치적인 야심가들은 기득권의 이익을 보호하기 위해서 항상 '역사를 존중한다.' 라는 명목으로 사람들의 눈과 귀를 가로막는다. 그는 다음과 같이 말하고 있다.

> 어떤 야심가는 혁명이라는 명사를 즐겨 이용하며, 어떤 야심가는 복고(復古)와 수구(守舊)의 심리를 즐겨 이용한다. 어떤 야심가는 일을 순조롭게 진행시키기 위해 이 두 가지를 결합해서 이용하는 것을 더 좋아한다.[107]

바로 이렇기 때문에 쉬푸콴은 1945년에 10인의 교수가 발표한 『중국본위문화건설선언(中國本位文化建設宣言)』과 다른 견해가 있었다. 그 선언은

---

106) 徐復觀, 『學術與政治之間』, 48쪽.

107) 徐復觀, 위의 책, 48쪽.

한편으로 중국 문화정신은 단번에 말살시킬 수 없다고 생각했으며, 다른 한편으로 서양 문화는 반드시 본 민족의 필요에 따라서 비판적으로 받아들여야 한다고 생각했다. 쉬푸콴은 이러한 문화 주장은 매우 상식적인 설법이지만 일반적인 상식을 다시 한 번 강조한 것은 다른 속셈이 숨어 있다고 생각했다. 그는 다음과 같이 말하고 있다.

> 당시 중국본위의 문화건설을 외친 사람들 중에서 일부는 민족적인 감정에서 중국본위의 문화건설을 외쳤지만 다른 일부는 이것으로 사회상의 민주자유의 경향을 중화시키려고 했으며, 이것으로 정치상의 전제독재를 강화하려고 했다. 이러한 요소는 학술사상의 검증을 받아들일 수 없을 뿐만 아니라 반대로 학술사상의 진보를 방해한다. 말하자면 참으로 가련한 것이다. 수십 년 이래 무릇 민주자유를 반대하는 사람은 언제나 중국의 전통문화에 의지하려고 했으며, 중국 문화를 반대하는 사람은 걸핏하면 중국 문화는 전제주의의 부적이라고 했다. 이러한 기괴한 결탁을 풀지 않으면 중국인은 진정으로 중국 문화를 이야기할 수 없다.[108)]

여기에서 중시할 것은, 쉬푸콴은 깨어 있는 정치두뇌를 지녔다는 점이다. 신유가 중에서 그는 유일하게 전통문화를 보호하는 것과 정치전제와의 관계를 비교적 분명하게 이해했다. 견해가 풍부한 그의 문장을 보자.

> 근 백여 년간의 중국 문화사상은 두 가지 특징이 있다. 첫 번째 특징은 중국과 외국의 정치적 충돌로 형성된 중서문화사상의 충돌이다. 서양 문화를 반대하는 자는 대부분 민족적인 감정을 가지고 서양 문화를 반대했으며 서양 문화

108) 徐復觀, 앞의 책, 429쪽.

에 대한 비판을 통해서 그렇게 한 것이 아니었다. 중국 문화를 반대하는 자 역시 대부분 서양세력을 흠모했기 때문에 중국 문화를 반대했으며 중국 문화에 대한 반성을 통해서 그렇게 한 것이 아니었다. 중서문화의 충돌은 5·4운동에 이르러 최고조에 달했으며, 5·4운동에 이르러 중국 문화는 결정적인 패배를 맛보았다. 그렇지만 깊이 있게 관찰하면 중국 문화가 패배한 이유는 서화론자들이 서양 문화를 성공적으로 건립해 문화 방면에서 신구가 교체되는 작용이 일어나서가 아니다. 사실상 이러한 승패는 서양의 침략세력이 정치·경제·군사 등의 각 방면에서 압도적으로 승리했음을 의미한다. 이로써 알 수 있는 것은, 두 문화의 결투는 문화 자체에서 해결할 수 있는 것이 결코 아니며 수많은 기타 요소들이 개입되어 그것이 더욱 복잡해졌고 더욱 심각해졌다. 두 번째 특징은, 백여 년 이래 중국 사회가 대변동의 시기에 처했을 때 힘이 있는 문화사상은 모두 사회정치의 문제에 관심을 가졌으며 사회정치문제 역시 문화사상에 영향을 미쳤다. 그래서 문화사상은 현실정치와 밀접한 관계를 가지게 되었으며, 순수한 학술활동은 중요하지 않은 위치로 밀려났다. 그리고 현실 정치세력의 분야가 항상 문화사상의 분야가 되었다. 이로 말미암아 문화사상은 독립적인 학술연구에서 발전되어 나온 것이 매우 드물었으며, 정치적인 목적과 요구에 의해서 격동적으로 나온 것이 특히 많았다. 그렇기 때문에 실질적인 정치를 떠나서 백여 년간의 문화이상을 이해할 수 없다.[109)]

쉬푸콴은 이처럼 비교적 깨어 있는 인식을 했으며, 신문화운동이 정치적인 방면에서 기여한 공헌은 서양의 민주정치를 중국에 이식시킨 것이라고 인식했다. 그러나 역사문화에 대한 총체적인 견해를 보면 그의 사상은 대부분 수구적인 경향으로 나타난다. 그가 제기한 "변하는 것은 변하지 않

109) 徐復觀, 『學術與政治之間』, 423~424쪽.

는 것을 체현하고, 변하지 않는 것은 변하는 것을 통제한다."가 이러한 점을 충분히 설명한다. 이러하기 때문에 그는 신문화운동 이래의 새로운 사상, 새로운 변화에 대해 대체적으로 비판적인 태도를 유지했다.

물론 신문화운동에 대한 견해는 첸무처럼 극단적이지 않았으며, '변하지 않는 것'과 '변하는 것'의 관계에서 그것을 고찰했다. 먼저 그는 천두슈와 후스가 주동한 신문화운동이 과학과 민주를 제창한 것은 적극적인 의의가 있다고 인정했다. 그러나 천두슈와 후스 등이 '공자의 사당을 쳐부수자'라는 구호를 외치는 것은 지나치게 소극적이며 그렇게 할 필요가 없다고 제기했다. 유가학설은 과학·민주와 충돌하지 않는데 어째서 과학과 민주를 가지고 공부자와 맹부자를 타도하려고 하는가. 게다가 그에 따르면 신문화운동 이후에도 여전히 중국 문제가 해결되지 못한 이유는 천두슈·후스 등이 중국의 전통적인 인문정신을 혼란시켰기 때문이다. 심지어 마르크스주의가 중국에서 뿌리를 내리고 공산당이 대륙을 통일한 것도 모두 전통적인 인문정신이 결여되었기 때문이라고 생각했다.

다시 말하면, 쉬푸콴이 보기에 중국의 현대화는 '공자의 사당을 부수는 것'이 전제가 되어서는 안 되며 반대로 유가 문화가 정신적 지주가 되어야 한다. 그렇지 않으면 반드시 인심이 흐트러지고 국사가 어려워진다. 왜냐하면 역사문화 중에서 '고차원적인 전통'에 속하고 보편성과 초월성을 구비한 유학 전통이 이미 역사문화의 혈맥으로 깊이 스며들었기 때문이다. 그것을 부정하는 것은 스스로 혈맥을 끊고 스스로 목숨을 끊는 것과 같다. 그가 『중국 인성론사』를 쓰고 사상사 연구에 심혈을 기울인 이유는 전통문화, 특히 유가 문화의 생명정신을 드러내어 현실의 폐단을 바로잡기 위해서였다. 이에 대해 그는 다음과 같이 말했다.

> 중국 문화의 주류는 인간의 성격이며 현실세계의 성격이다. …… 중국 문화

는 사람들이 지닌 구체적인 생명의 마음, 본성 가운데 도덕의 근원, 인생의 근거를 찾게 하고, 신화와 미신의 역량을 빌리지 않고 모든 사람들이 한순간의 자각을 통해 현실세계에서 안전하게 뿌리를 내리고 안전하게 기반을 잡을 수 있게 하며, 또한 인류의 자각적인 능력에 의지해서 인류자신의 모순과 이러한 모순 때문에 나타난 위기를 해결할 수 있게 한다. 중국 문화는 이러한 방면에서 역사적인 의의를 구비하고 있을 뿐만 아니라 동시에 현실적이고 미래적인 의의를 구비하고 있다.[110)]

◗ 중서문화의 비교

우리는 현대 신유가의 모든 선생들이 자신의 이론을 구축할 때 중서문화의 비교를 통해 중국 문화의 가치를 인정했음을 이미 보았다. 쉬푸콴도 마찬가지다. 그는 탕쥔이 · 머우쭝산 등과 같이 계통적으로 중서문화를 비교하지 않았지만 중서문화에 대한 매우 독특한 논술을 했다.

먼저, 인류 문화는 공통성도 있고 개성도 있다고 생각했다. 공통성을 말하자면, "사람들은 모두 공통성을 가졌다. 공통성이 있기 때문에 천하의 사람들은 모두 어떤 기초 위에서(예를 들면 인성) 서로 관련된 고찰을 하며 이로 말미암아 세계사적인 관념을 드러낸다." 그러나 사람들은 생활환경이 서로 다르며, 사람 자체는 주동성과 창조성을 구비하고 있다. 개개인의 생각과 방법은 환경에 의해서 결정되는 것이 결코 아니며, 동일한 환경에서 생활하더라도 다른 생각과 방법이 있을 수 있다. "이것은 사람과 기타 동물의 가장 큰 차이점이며, 또한 사람은 공통성이 있는 동시에 개성도 있음을 설명하는 것이다. 게다가 발육이 완전한 사람일수록 개성은 더욱 분

110) 『中國藝術精神』 자서.

명하게 드러난다."[111]

그에 따르면 문화의 공통성과 개성의 관계는 '하나'와 '많음'의 관계와 같다. '하나'는 '많음'을 방해하지 않고 '많음'은 '하나'를 방해하지 않으며 두 가지는 서로 영향을 미친다. 순수한 자연은 문화를 형성할 수 없다. 문화는 인류가 창조한 것이며, 인성(人性)이 가진 '공통성'과 '개성', '하나'와 '많음'이 자연스럽게 그들이 창조한 문화에 반영되기 때문에 문화의 '하나'와 '많음', '공통성'과 '개성'이 된다. 쉬푸콴은 더 나아가 문화의 공통성 방면에서, 우리는 마땅히 하나의 세계 문화가 있음을 승인해야 하며, 문화의 개성 방면에서 우리는 마땅히 모든 민족국가는 각자 자신의 고유한 문화가 있음을 승인해야 한다고 생각했다. 또한 각 민족국가가 반영하는 문화의 개성은 끊임없이 세계 문화의 공통성으로 상승하고 발전한다. 그리고 공통성과 개성, 개성과 개성 간의 끊임없는 접촉과 흡수로 말미암아 원래부터 존재하던 개성의 일부분이 해체되는 현상이 나타난다. "그러나 해체는 개성이 소멸하는 것이 아니라 개성이 새롭게 응집하는 것이다. 개성이 끊임없이 상승하고 응집하는 과정은 인류가 문화를 창조하는 과정이며, 이 과정은 문화의 공통성이 끊임없이 확대되는 과정이다. 실천적인 태도에서 말하면 문화의 개성이 끊임없이 완성되는 과정이다."[112]

이상의 논술에서, 쉬푸콴은 개성과 공통성의 관계에 매우 중립적인 태도를 유지하는 것처럼 보인다. 사실은 그렇지 않다. 개성과 공통성, 하나와 많음의 관계문제에서 그는 문화의 개성으로 치우친다. 이 점은 쉬푸콴뿐만 아니라 기타 신유가 역시 마찬가지다.

쉬푸콴에 따르면, 개성 이외의 공통성은 없으며 독립적으로 격리된 개

111) 徐復觀, 『學術與政治之間』, 89~90쪽.

112) 徐復觀, 위의 책, 90쪽.

성도 없다. 개성 가운데 공통성이 있으며 공통성 가운데 개성이 있다. "어떤 문화가 개성이 없다고 한다면 문화가 없다고 하는 것과 같으며, 또는 이러한 계통은 구체적인 문화가 아니라고 하는 것과 같다. 마치 어떤 사람이 구체적인 사람이 아니라고 하는 것과 같다."[113] 그러나 문화의 개성은 처음부터 존재하는 것이 결코 아니며 변화가 없는 것 또한 아니다. 그것은 문화 창조의 결과이며 문화의 창조 과정을 통해 나타난다. 예를 들면 한 사람이 문장을 배우고 서예와 회화를 배울 때 수많은 서예와 회화를 모사하더라도 반드시 자기의 개성을 가지게 된다. 중국 고대의 음악을 예로 들면, 어떤 것은 페르시아에서 왔고 어떤 것은 인도에서 왔지만 우리에게 들어온 이후부터는 페르시아나 인도의 음악이 아니라 우리의 '국악'이다. 불교를 예로 들면, 불교는 동한(東漢) 시기에 중국에 들어와 도교에 의지해 중국에 뿌리를 내리기 시작해서 동진(東晋) 시기에 비로소 자립할 수 있었으며, 수당(隋唐) 시기에 원숙한 불교가 되었다. 그러나 원숙한 불교는 천태·화엄·선종 등 중국적인 개성이 풍부한 불교였기 때문에 중국불교라고 부른다.

쉬푸콴은 문화의 개성과 공통성을 인식한 후에 중서문화의 비교연구를 전개했다.

그는 전체적으로 서양 문화는 '지성(知性)' 문화이며 중국 문화는 '인성(仁性)' 문화라고 생각했다. 이처럼 서로 다른 두 문화의 특색이 형성된 이유는 문명 초기에 형성된 서로 다른 두 문화의 성격과 관련 있다. 그는 "중국 문화와 서양 문화는 초기의 동기가 서로 달랐기 때문에 인성의 두 방면으로 나누어져 발전해 각자 완전히 다른 성격을 형성했다."[114]고 했

113) 徐復觀, 『學術與政治之間』, 90쪽.
114) 徐復觀, 『儒家政治思想與民主自由人權』, 八十年代出版社, 1979년, 56쪽.

으며, 또한 "그리스 문화의 동기는 호기심이며, 중국 문화의 동기는 우환의식"[115)]이라고 했다.

쉬푸콴에 따르면 서양 문화는 두 가지 근원이 있다. 헬레니즘과 헤브라이즘이다. 그러나 근대 서양인에게는 헬레니즘의 전통이 더 중요하다. 그리스인은 처음에는 호기심으로 자연에 관심을 가졌으며, 이로 말미암아 '지성' 문화를 형성했다. 이러한 문화에서 사람들은 자연을 외부 사물로 간주해서 연구했으며, 사람과 자연은 하나로 융합될 수 없었다. 동시에 그들은 '지성'을 강조함으로써 자연철학과 자연과학을 가지게 되었다. 대체적으로 소크라테스부터 시작해서 그리스인은 자연뿐만 아니라 인간에 관심을 가졌지만 여전히 '지성'이 위주였다. 이러한 문화에서 '지성'은 아름답고 선한 것으로 여겨졌다.

중국 문화는 "사람에 대한 우환의식과 책임의식으로 인해 형성되고 발전한 문화이다." 그래서 '인성' 문화 또는 '인본주의' 문화라고 한다. '사람에 대한 우환의식과 책임의식'에 대해 쉬푸콴은 두 가지 설명을 했다. 첫 번째는 자기의 인격에 대한 책임이다. "인심(人心)은 위태롭고 도심(道心)은 현묘하니" 인심(생리적인 마음, 동물적인 마음)을 극복하고 도심을 발양해서 인격의 존엄을 완성해야 한다. "다른 사람이 보지 않을 때 오히려 신중해야 하고 다른 사람이 듣지 않을 때 오히려 경계해야 한다." "집을 나서면 큰손님을 대하듯 하고 백성을 부릴 때는 큰제사를 받들듯 해야 한다." "몸가짐을 공손히 하고 일을 할 때는 최선을 다 한다." 등의 옛 가르침은 자기의 인격에 대한 책임을 강조한다. 두 번째는 인류에 대한 책임이다. '도심'은 타인을 생각하는 '측은지심(惻隱之心)'이며 '인'을 통해 완성하는 것이다. 따라서 인격을 완성하는 것은 개인에 대한 책임을 지는 것일

115) 『徐復觀雜文 記所思』, 時報文化出版事業公司, 1984년, 87쪽.

뿐만 아니라 인류에 대한 책임을 지는 것이다. "천명을 슬퍼하고 백성들의 빈곤함을 불쌍히 여겨야 한다." "백성의 뜻을 두려워해야 한다." "매사에 조심하고 나날이 신중해야 한다." 등의 옛 가르침은 인류에 대한 책임을 강조한다. 공자가 "자기가 성취하고 싶으면 남이 먼저 성취하게 해주고, 자기가 도달하고 싶으면 남이 먼저 도달하게 해준다."라고 한 것 역시 이러한 뜻을 가리킨다.

쉬푸콴은 '인성' 문화를 '마음의 문화'라고 했으며 "중국 문화의 가장 큰 공헌은 가치의 근원이 사람의 생명 그 자체, 바로 사람의 '마음'에서 나왔음을 제기했다는 것"이라고 생각했으며, "중국 문화의 가장 기본적인 성격은 '마음의 문화'라고 할 수 있다."[116]라고 했다. 바로 '마음'의 안정과 분발을 중시하기 때문에 중국 문화는 자연에 대한 연구를 중시하지 않았고 과학의 길을 가지 않았다. 그는 다음과 같이 말하고 있다.

> 유가정신 중에 과학이 없는 이유는 단지 도덕 실천성이 사색의 자유로운 발전을 제한했기 때문이며, 도덕의 주체를 중시함으로써 자기도 모르게 사(事)와 물(物)의 객관성을 중시하지 않게 되었기 때문이다. 그러나 이는 도덕 자체가 원래부터 사색의 자유로운 발전을 제한하고 사물의 객관성을 중시하지 않는 성격을 가졌다는 게 아니라 처음부터 정신이 지향하는 부분이 달랐기 때문에 인생이 한 방면으로 치우쳐 발전하게 된 것이다. 비자각적인 과학 성취는 인생의 다른 한 방면을 성취하는 것이다.[117]

쉬푸콴에 따르면 두 문화 중에서 서양 문화가 중시하는 것은 '과학세

116) 徐復觀, 『中國思想史論集』, 學生書局, 1983년, 242쪽.
117) 徐復觀, 『儒家政治思想與民主自由人權』, 76쪽.

계'이며 중국 문화가 중시하는 것은 '가치세계'이다. 두 종류의 '문화'와 두 종류의 '세계'는 겉으로 보면 유형이 다른 것처럼 보이지만 사실상 단계의 차이를 체현한다. 인성(仁性)과 지성(知性)은 '인성(人性)'의 두 측면이지만 사람의 생활 자체는 과학세계에 있는 것이 아니라 가치세계에 있다. 다시 말하면 '가치세계'만이 사람이 사람다울 수 있는 본질에 가까우며 '과학세계'는 '수단'의 위치에 있을 때 비로소 가치를 가지게 된다. 그는 "지능 방면을 성취하면 객관세계에 질서가 건립되게 할 수 있다. 그러나 여기에서 멈추면 생명은 밖으로 향하는 지성생활 이외에 한 덩어리의 육체일 뿐이며, 하나의 음울한 욕망일 뿐이다."[118]라고 했다. 여기에서 알 수 있는 것은, 쉬푸콴은 중국 전통의 '체용(體用)'사상에 의거해서 중서문화의 관계를 이해하고 있다는 것이다.

중국 문화의 가치를 서양 문화의 가치보다 우월한 위치에 두기 때문에 쉬푸콴은 기본적으로 근대서양 문명에 비판적인 태도를 견지했다. 근대 서양인의 가치관은 과학을 지나치게 추종함으로써 사람 위에 놓인 게 아니라 물질 위에 놓였으며, 혹은 "사람의 가치는 사물의 가치를 통해서 표현된다."고 할 수 있다. 이러한 문화형태는 물질문화를 형성했고, 인성의 상실과 정신의 분열을 야기했으며, 결국 20세기의 문화 위기와 사람 자신의(인류의) 위기를 초래했다.

> 산업혁명 이후 인간세상의 명예와 권력은 모두 재부 위에 집중되었다. 재부는 인류의 모든 물질생활을 지배할 뿐만 아니라 근대인, 특히 미국인의 정신생활을 지배하고 있다. 모든 위대한 종교·도덕·예술전통에서 축적되고 형성된 가치세계 및 이러한 가치세계가 인류의 정신생활에 베풀어준 심원한 의의, 그

118) 徐復觀, 『中國人性論史 · 先秦篇』, 臺灣商務印書館, 1988년, 70쪽.

리하여 인류가 생활 방면에서 개개인의 주재성·독립성·존엄성을 유지할 수 있었던 전통이 점점 재부의 예속물이 되었고, 재부의 노예가 되었으며, 재부의 비위를 맞추면서 화려하고 웅장한 건축물의 한 모퉁이 같은 지위를 유지하게 되었다.[119]

그러나 쉬푸콴은 과학문명에 반대했지만 과학지식 자체에 반대하지는 않았다. 인성(仁性)과 지성(知性)은 인성(人性)의 두 방면이라고 생각하는 그의 관점이 이 사실을 충분히 설명한다. 그는 "인성(仁性)과 지성(知性), 도덕과 과학이 함께 나아가지 못할 이유가 없을 뿐만 아니라, 두 가지가 함께 하면 모두가 좋아지고 두 가지가 분리되면 인성(人性)의 전체를 손상시킨다."[120]고 생각했다. 그에 따르면 서양 문화의 고질병은 '사람'에 있으며 중국 문화의 고질병은 '사물'에 있다. 그렇기 때문에 두 문화의 병을 치료하는 방법은 '사람'과 '사물'의 관계를 조절하는 것이다. 구체적으로 말하면 서양인은 '섭지귀인(攝智歸仁)', 즉 인(仁, 도덕적인 마음)으로 지식의 성과를 판단하고 지식의 성과를 운용해야 하며, 중국인은 '전인위지(轉仁爲智)', 즉 '내성'의 학문에서 '외왕'의 과학을 전개시켜야 한다. 그래서 그는 중국인의 현재 사명은 한 쪽으로 과학을 발전시켜 부강의 길로 가는 것이며, 다른 쪽으로 전통문화의 우환의식을 발양해서 '인류에 대해 책임지는' 문화정신을 가져야 하며, 인성(仁性)문화를 서양 세계에 보급해서 서양 문화의 폐단을 바로잡는 것이라고 생각했다.

119) 『徐復觀雜文－看世局』, 時報文化出版事業公司, 1984년, 238쪽.
120) 『儒家政治思想與民主自由人權』, 77쪽.

◗ 유가 인성론

쉬푸콴은 중국 전통문화 가운데 선진사상 연구를 매우 중시했다. 그의 『중국인성론사(中國人性論史)』는 주(周) 초기부터 쓰기 시작했으며 유가와 도가가 주체이다. 그는 "도가는 고대 사상을 집대성했다."는 후스의 견해와 "공자가 시조의 위치를 차지한다."는 펑유란의 견해를 모두 비판했다. 그가 『중국인성론사』를 쓸 때 유가를 도가의 앞에 두고 논술한 것은 단지 학술발전의 논리상에서 결정한 것이지 공자가 노자보다 먼저 있었다거나 유가가 도가보다 먼저 형성되었음을 말하는 게 아니다. 그는 다음과 같이 말하고 있다.

> 내가 유가를 도가의 앞에 배정하고 계속해서 『대학』까지 서술한 이유는, 유가사상은 역사문화에 대한 긍정적인 태도를 가지고 발전했으며, 도가는 부정적인 태도를 가지고 발전했다고 생각하기 때문이다. 먼저 긍정적인 태도를 가지고 발전한 사상의 발전과정을 따라서 서술하면 역사문화 발전의 단서를 비교적 쉽고 분명하게 볼 수 있다.[121]

도가사상에 대해서 쉬푸콴은 일반적인 견해와 다른 견해를 가졌다. 대다수의 학자들은 노자의 사상을 일종의 자연철학, 일종의 우주관이라고 생각한다. 그러나 쉬푸콴은 노자의 사상은 일종의 인생론이며 우주관은 그것의 부산물에 불과하다고 생각했다. 그가 보기에 도덕법칙성인 하늘이 아래로 실현되어 형성된 유가의 인성론은 공자와 맹자의 학설이 중심이 되어 중국 문화의 주류가 되었다. 그러나 종교의 권위가 실추됨으로써 하

121) 徐復觀, 『中國人性論史 · 先秦篇』 자서.

늘은 자연적인 존재가 되었는데 그 공로는 노자에게 있다. "노자사상의 가장 큰 공헌은 새롭고 계통적으로 자연적인 하늘의 생성과 창조를 해석했다는 데 있다." 이 해석을 통해 원시종교의 잔재가 깨끗하게 제거되었으며, 비로소 합리적인 사유로 구성된 형이상학적인 우주론이 나타났다. 그러나 노자의 동기와 목적은 우주론을 건립하는 데 있었던 것이 아니라 현실 인생을 탐구하는 것에서 시작해서 우주의 근원적인 곳까지 탐구했으며, 그곳을 인생을 안정시킬 근거지로 삼게 되었다. 그는 다음과 같이 말하고 있다.

> 도가의 우주론은 인생철학의 부산물이라고 할 수 있다. 도가는 우주의 근원적인 곳에서 사람의 근원을 발견하려고 했을 뿐만 아니라 우주의 근원적인 곳에서 인생과 자기의 근원을 찾고 그에 부합하는 생활태도를 결정해서 인생의 안전한 발판을 마련하려고 했다. 그래서 도가의 우주론은 사실상 도가의 인성론이다. 왜냐하면 도가는 사람이 사람다울 본질을 우주의 근원적인 곳에 두고 그것과 일치하도록 요구하기 때문이다. 이 방향의 인성론은 노자에서 발단되었고 장자에 이르러 최고조에 이르렀으며, 이후 중국 문화의 발전에 거대한 영향을 미쳤다.[122)]

쉬푸콴에 따르면, 은·주 시기에 인문정신이 나타난 기본 동력은 우환의식이다. 우환의식은 당시의 모든 사상유파들이 일관되게 가지고 있었다. 선진도가 역시 심각한 우환에서 초탈해 인생의 안락을 얻으려고 했다. 도가의 창시자인 노자는 공자와 마찬가지로 예악이 붕괴되는 대변국의 시대에 살았다. 급변하는 사회에서 사람들은 기존 사회질서와 전통적인 가

---

122) 徐復觀, 『中國人性論史 · 先秦篇』 자서.

치 관념의 효용성이 없어졌음을 느꼈으며, 급변하는 사회에서 변하지 않는 '상(常)'을 찾아 인생의 발판으로 삼고 개인 및 사회가 오랫동안 안정될 근거를 마련하려고 했다. 이것이 노자사상의 가장 기본적인 동기다. 그래서 우리는 『노자』의 오천 미언에서 '상(常)'과 '장구(長久)' 등의 글자를 자주 보는 것이다. 그러나 노자는 사회정치의 변화에서 오는 위기감을 정면으로 극복하지 않고 회피했다. 또한 그는 현상계는 변하지 않는 것이 하나도 없으며, 안전한 도가 하나도 없다고 인식했기 때문에 "현상계를 탐구하는 것에서 시작해서 만물의 근원적인 곳에 만물을 창조한, 그리고 허무가 본체가 되는 '변하지 않는 도'가 있다는 것을 발견했다. 이렇게 그의 사상은 인생을 탐구하는 것에서 시작해서 점점 형이상학적인 우주론으로 발전하게 되었다." 이 우주론이 표명하는 것은 사람 역시 변하지 않는 '도'에서 나왔으며 또한 변하지 않는 '도'의 일부분이라는 것이다. '변하지 않는 도'는 가장 안전한 곳이며, 사람들이 도를 체득할 수만 있다면 오랫동안 안전하게 생활할 수 있다. 그래서 노자는 "형이상학의 우주관으로 인성론을 건립한 것이다."[123)]

노자의 사상은 직접적으로 장자에게 계승되었지만 장자는 노자와 다른 부분이 있다. 그들의 차이점은, 첫째 노자의 우주론은 인생과 관련되지만 그가 말하는 도(道)·무(無)·천(天)·유(有) 등의 관념은 주로 형이상학적인 성격이며, 일종의 객관적인 존재이다. 사람들은 단지 이러한 객관적인 존재를 관조함으로써 인생의 태도와 행위의 근거를 얻을 수 있다. 이것은 아래에서 위로 향하는 외재적인 연결이다. 그러나 장자에 이르러 우주론의 의의는 점점 아래로 내려가며, 주로 인생의 내재적인 정신경지를 의미하게 되었다. 둘째, 노자의 목적은 급변하는 사회에서 '변하지 않는 도'를 찾

123) 徐復觀, 『中國人性論史·先秦篇』, 328쪽.

아 인생을 안정시키는 발판을 마련하는 것이었으며, '변화'에는 항상 거리를 유지했다. 장자가 생활하던 시대는 노자가 생활하던 시대보다 사회 변혁이 더 극렬했다. 그는 '변화'와 거리를 유지하는 노자의 방법은 철저하지 않을 뿐만 아니라 불가능함을 느꼈기 때문에 변화의 흐름에 몸을 맡기고 변화와 하나가 됨으로써 몸과 마음의 자유자재를 얻어야 한다고 주장했으며, 이로 말미암아 노자가 도달하지 못한 인생의 경지를 제기했다.

그러나 쉬푸콴은 노자와 장자의 사상을 높이 평가했지만 그의 사상에서 중국 인성론의 주류는 유가이며 그것의 사상적 가치는 도가보다 높다. 쉬푸콴이 유가의 사상을 가장 높이 평가하는 이유는 중국 인문주의 정신 중에서 유가의 인문주의 정신이 가장 높은 가치가 있다고 생각하기 때문이다.

그가 생각하기에 중국 인문주의의 기원은 매우 오래되었으며 처음부터 중국 사상문화계의 핵심이 되었다. 인성(仁性)문화, 마음의 문화라고 하는 게 바로 인문주의이다.

'인문(人文)'이라는 글자는 가장 먼저 『주역』에서 보인다. 쉬푸콴이 생각하기에 인문사상은 사실상 주대 초기부터 이미 존재했다. 주 문왕(文王)의 '문(文)'과 주 문공(文公)의 '문(文)'이 바로 인문의 '문(文)'이다. 그렇기 때문에 공자는 "주 문왕이 죽은 이후 인문〔文〕은 모두 나한테 있는 게 아니겠는가"[124]라고 했다. 그러나 공자 이전에 인문사상이 있었지만 인성론이 위주가 되는 인문주의는 나타나지 않았다. 당시에 "수많은 현인과 대부들이 순수하고 도덕적인 합리성을 가졌지만 그들은 단지 인문적인 교양만 가지고 있었다고 할 수 있을 뿐이며 안에서 밖으로 향하고 아래에서 위로 향하는 자각적인 공부가 없었다고 할 수 있다. 도덕법칙이 하늘이 부여한 본성을 만들어 내었지만, …… 이것은 합리적인 추론을 통해 나왔으며 개

---

124) 徐復觀, 『中國思想史論集』, 學生書局, 1983년, 235쪽.

인의 실증공부를 통해 나온 게 아니었다. 이후의 인성론을 위해서 더욱 깊고 더욱 긴 노정을 개척했다고는 할 수 있지만 그것 자체는 진정한 인성론의 자각이라고 할 수 없다."[125] 그러나 공자는 합리성의 원칙에 의거하지 않았으며 사람들의 내재적인 자각을 강조하고 사람들의 실천공부를 강조해서 인문주의를 인성의 깊은 단계로 인도했다.

쉬푸콴은 중국 문화사에서 공자의 위치를 매우 높이 평가했다. 공자에 대한 그의 평가는 여섯 가지로 체현된다.

"첫째, 공자는 사회·정치 면에서 전통적인 신분질서를 타파했으며, 인품과 덕성으로 군자와 소인을 구분함으로써 신분으로 군자와 소인을 구분하던 전통적인 방식을 대체했다. 이로 말미암아 사람들의 노력 여하에 따라 군자와 소인이 결정되었고, 군자는 모든 사람들이 노력해서 이룩해야 할 표준이 되었으며 다시는 계급상의 압제자가 되지 않았다."

"둘째, 공자는 내재적인 인격세계를 개척함으로써 인류가 끊임없이 융합하고 진보할 수 있는 계기를 열었다."

"셋째, 공자에서부터 배움의 방법에 대한 자각이 시작되었으며, 이로 말미암아 중국학술의 기초가 견고해졌다."

"넷째, 교육의 가치를 긍정하고 교육의 방법을 계발했다."

"다섯째, 고대의 문헌을 총괄적으로 정리하고 새로운 의의를 부여해서 문헌 방면에서 중국 문화의 기초를 견고하게 다졌다."

"여섯째, 인격세계를 완성했다."[126]

이상과 같은 여섯 가지 방면의 공헌 중에서 쉬푸콴이 가장 중시하는 것은 첫째, 둘째와 여섯째 방면의 공헌이다. 왜냐하면 이 세 방면은 중국인

---

125) 徐復觀, 『中國人性論史 · 先秦篇』, 60쪽.

126) 徐復觀, 위의 책, 64~67쪽.

성론이 정식으로 확립된 것과 직접적인 관련이 있기 때문이다.

쉬푸콴이 생각하기에 공자 이전에 이미 수많은 도덕관념이 있었지만 모두 외재적인 규약이었으며 사람의 내재적인 인격세계에 깊이 들어가지 못했다. "내재적인 인격세계는 바로 사람이 생명 가운데서 개척한 세계이다." 이러한 세계는 객관세계의 표준으로 가늠하고 제한할 수 없다. 왜냐하면 객관세계는 양적 세계이며 평면적인 세계이기 때문이다. 인격세계는 질적 세계이며, 사람의 생명정신이 한 단계 한 단계 위로 분발하는 주체세계이다. 공자가 제기한 '인(仁)'자가 이러한 세계를 가늠하는 기준이며, 이러한 세계를 더욱더 완전하고 더욱더 충실하게 한다. 왜냐하면 인에 위배되는지 아닌지는 사람의 내부에 속하며, 또는 사람의 정신세계와 인격세계에 속하기 때문이다. 사람은 자신에게 이러한 인격세계가 있음을 발견해야만 비로소 자신을 완성할 수 있으며, 동물적인 상태에서 끊임없이 위로 분발해서 자신의 생명을 무한하게 연장할 수 있고, 그것이 모든 행위의 원천이 되게 할 수 있다. 여기에 대해서 쉬푸콴은 다음과 같이 말하고 있다.

> 공자가 개척한 내재적인 인격세계는 육체와 욕망 속으로 깊이 들어가 생명의 근원은 본래 한없이 깊고 한없이 넓은 도덕이성임을 발견했으며, 이것이 바로 공자가 말하는 인(仁)이다. 이로써 객관세계 내지 객관세계에서 이룩한 각종 성과를 인(仁)이라는 내재적인 세계에 융합시켜 의미와 가치를 부여했다. 이때 사람은 객관세계에 대한 주재성과 자율성을 요구하지 않고 스스로 그 주재성과 자율성을 가지게 된다. 이러한 주관과 객관을 융합하는 것은 동시에 객관세계를 융합하는 것이다. 이것이 바로 인류가 추구해야 하는 대목적이다.[127]

127) 徐復觀, 『中國人性論史 · 先秦篇』, 70쪽.

쉬푸콴이 생각하기에 이 같은 공자 인성론의 위대함은 중서사상의 비교를 통해서 알 수 있다. 플라톤의 이념세계, 헤겔의 절대정신은 사변과 개념의 산물일 뿐이며, 기독교의 천당 또한 신앙의 산물일 뿐이다. 이러한 것은 모두 내재적인 인격세계와 무관하다. 왜냐하면 인격세계를 전개하려면 고도의 반성과 자각을 필요로 하기 때문이다. 그러나 반성과 자각은 선종에서 말하는 '돈오(頓悟)' 처럼 한순간의 기연에 의거하는 게 아니라 계속적인 실천공부를 통해 이루어진다. 이것은 "공자가 중국 문화와 세계 문화에 기여한 가장 큰 공헌이다."[128]

쉬푸콴의 이해에 따르면, 공자에서 자사와 맹자에 이르기까지 인성론의 단계가 점점 깊어졌다고 할 수 있다. 맹자의 공헌은, '본성이 선하다.' 는 것을 분명하게 밝히고 그것을 도덕수양의 기석으로 삼았다는 점이다. '본성이 선하다.' 는 것을 '마음이 선하다.' 는 것으로 보는 점은 맹자학설의 진정한 의의이다. '마음' 이라는 글자는 매우 일찍 나타났지만 맹자 이전에 말한 '마음' 은 모두 정감 · 인식 · 의식의 마음을 가리켰으며, 맹자에 이르러 비로소 '마음' 을 사람들의 도덕적인 자각과 연계시켰으며, 그것이 보고 · 듣고 · 말하고 · 냄새 맡는 기본적인 욕망에서 벗어나 도덕적인 '마음' 즉 '본심' 이 되게 했다. '마음' 이 일단 '본심' 으로 돌아가기만 하면 천지가 부여하고 사람이 받아들여 생겨난 본성을 느끼게 된다. 이 과정이 바로 맹자가 '선한 마음' 에서 '선한 본성' 을 이야기한 실질적 내용이다.

쉬푸콴이 보기에 "맹자의 성선설은 사람이 자신에 대한 매우 위대한 발견을 한 것이다." "이러한 위대한 발견을 한 이후에 모든 사람은 하나의 우주가 되었고, 하나의 보편적이고 영원한 의의를 가진 사람이 되었다. 사람은 본성과 마음을 투시함으로써 인류의 운명을 볼 수 있게 되었고 인류

128) 徐復觀, 앞의 책, 70쪽.

의 운명을 장악할 수 있게 되었으며, 인류의 운명을 해결할 수 있게 되었다. 모든 사람이 자신의 본성과 마음을 자각함으로써 외부에서 얻을 수 없는(외부세계를 통하지 않고) 안정을 얻게 되었으며, 서로 투쟁하고 정신이 없는 물질생활 중에서 안정을 구할 필요가 없게 되었다."[129]

이상에서 알 수 있는 것은 쉬푸콴이 전력을 다해 중국 인성론사를 연구한 이유는 사람의 본성을 분석해서 '마음'의 가치를 강조하고 '사물'의 가치를 폄하하기 위해서였으며, '인성(仁性)'의 가치를 강조하고 '지성(知性)'의 가치를 폄하하기 위해서였다. 그에 따면 중국 문화의 특징은 마음의 문화, 인성문화이며 서양 문화의 특징은 물질문화, 지성문화이기 때문이다.

이처럼 쉬푸콴은 인성론을 연구한 까닭에 중국 심성학에 관한 슝스리 등의 견해에 동의하지 않았다. 우리는 유가의 심성학을 형이상학적인 학문으로 간주하는 것은 현대 신유가의 보편적인 사상경향임을 알고 있다. 량수밍은 '우주의 대생명'을 이야기할 때 "생명은 우주만물과 교류하여 일체가 된다."고 생각했으며, 슝스리는 체용불이(體用不二)와 천인불이(天人不二)를 이야기했고, 탕쥔이와 머우쭝산 역시 천인합덕(天人合德)을 이야기했다. 쉬푸콴은 중국 문화의 특징은 '형이중학'이며 '형이상학'이 결코 아니라고 생각했다. 왜냐하면 중국 문화는 마음의 문화이며, 마음을 안정시키는 것은 인류자신이 해결할 수 있기 때문이다. 차마 어찌하지 못하는 마음, 부끄러워하는 마음, 양보할 줄 아는 마음은 사람의 생명 가운데 본래부터 내재된 일종의 심령활동이며, "이것은 신앙 또는 사변에 의해서 건립된 형이상학적인 것과 완전히 다른 성격에 속한다."[130] 그렇기 때문에 쉬푸콴은 그의 스승과 친구들이 중국 문화의 정신을 제대로 이해하지 못

129) 徐復觀, 『中國人性論史 · 先秦篇』, 182쪽.
130) 徐復觀, 『中國思想史論集』, 學生書局, 1983년, 243쪽.

하고 있다고 비판했다.[131)]

◗ 유가의 덕치와 중국의 민주정치

1964년 쉬푸콴은 「구몽(舊夢)·명천(明天)」이라는 글에서 그가 죽은 후 비석에 다음과 같은 글을 새겨줄 것을 희망했다. "여기에 묻힌 사람은 일찍이 정치를 경험했으나 오히려 정치를 지극히 혐오한 농촌의 아들, 쉬푸콴."[132)] 쉬푸콴은 수년간 정치활동을 하면서 국민당 내부에서 권력을 쟁탈하기 위해 암투를 벌이는 추악한 현상을 직접 보았기 때문에 정치를 매우 혐오하는 심리가 나타났으며, "정치는 단지 인생의 일부분이기 때문에 일부분으로 전체 인생을 가려서는 안 된다. 인생 가운데 정치는 권력욕, 지배욕과 긴밀하게 연관되어 있다. 이것은 인생에서 가장 나쁜 부분이며, 금수와 같은 부분이다."[133)]라고 생각했다.

쉬푸콴은 철저하게 정치에서 벗어나 평범한 교수가 되려고 했지만 그의 사상과 붓끝은 줄곧 정치를 떠나지 못했다. 그는 다시는 관료생활을 하지 않았지만 미래의 중국에 반드시 민주정치를 건설해야 한다고 생각했다. 그의 논저는 상당부분이 정치문제를 이야기하며, '외왕'의 다른 한 측면인 지성(知性)의 문제는 매우 적게 이야기했다.

이러한 현상은 겉으로 보면 사람을 매우 혼란스럽게 만든다. 정치를 싫어했는데 어째서 정계를 떠난 이후 여전히 정치문제를 이야기하는가. 사실은 이와 같이 수많은 모순이 존재하는 듯한 현상이 바로 쉬푸콴 신유학 사상의 특징을 잘 반영한다. 그는 『정치와 인생(政治與人生)』에서 다음과

131) 徐復觀, 『中國思想史論集續編』, 時報文化出版事業公司, 1982년, 432~433쪽.

132) 『徐復觀文錄選粹』, 292쪽.

133) 徐復觀, 『學術與政治之間』, 98쪽.

같이 말하고 있다.

민주정치의 공간이 없으면 인생은 반드시 억압을 받고 인문은 반드시 장애를 받는다. 민주정치의 본질은 인생의 대문을 열어젖히고 인생의 길을 평탄하게 하는 것이다. 이미 민주정치가 실현된 곳에서는 우리들이 정치를 이야기하지 않고도 각양각색의 인생을 마음대로 추구할 수 있으며, 민주정치가 실현되지 않는 곳에서는 모든 사람들이 각양각색의 인생을 추구할 수 있도록 하기 위해서 반드시 먼저 인생의 문을 열어젖히는 민주정치를 쟁취해야 한다.[134)]

다시 말하면 민주정치는 '인생의 문'이기 때문에 진정한 인문세계를 건립하려면 먼저 민주정치를 건립해야 한다. 특히 중국에서 역대로부터 결핍되었던 것이 바로 민주이다. 민주라는 '외왕'을 전개하지 못하면 인문세계 또한 전개할 수 없으며, 중국 문화 역시 가치와 매력을 드러내기 어렵다. 그는 다음과 같이 말하고 있다.

중국 문화는 본래 인문주의 문화이며 인생을 밝히는 문화이다. 그러나 중국 지식인들은 아랫사람들은 과거시험을 통과하는 데 정력을 쏟았고 윗사람들은 어진 군주와 재상이 되는 데 정력을 쏟았으며, 전체 인생을 정치라는 하나의 좁은 길 가운데 구속시켰다. 정치인들은 전제군주의 폐단을 바로잡는 데 노력했을 뿐이며 근대적인 민주정치를 발견할 수 없었기 때문에 인생은 정치에서 해방되어 다방면으로 발전할 수 없었다. 이는 중국 문화의 가장 큰 맹점이며 또한 중국 문화의 가장 큰 비극이다.[135)]

134) 徐復觀, 『學術與政治之間』, 98쪽.
135) 徐復觀, 위의 책, 98~100쪽.

이렇게 생각하기 때문에 쉬푸콴은 조금도 꺼리지 않고 고대의 전제정치를 비판했으며, 전제정치에 대한 비판은 예전의 후스, 천두슈 등과 비교해도 손색없었다. 이 사실은 우리가 중시할 가치가 있는 부분이다. 앞에서 우리는 장쥔마이와 첸무가 전력을 다해 전제제도를 변호했으며, 탕쥔이조차 전제제도를 변호하는 말을 했음을 보았다. 그러나 쉬푸콴은 전제제도를 변호하지 않았으며 "중국 2천 년의 전제는 중국 민족의 모든 재앙의 총근원이다."[136]라고 했다. 그의 문장을 살펴보자.

> 2천 년 이래의 중국 역사에서 정치가와 사상가는 단지 전제라는 큰 기계 속에서 폐단을 바로잡으려고 시도했다. 이 전제기계를 교정하거나 타파하려고 할 때 즉시 이 기계에 깔려 죽을 수 있었다. 모든 백성은 이 기계를 둘러싸고 서로 분쟁을 일으키는 활동만 했으며, 분쟁이 이 기계와 직접적인 충돌을 일으킬 때 즉시 이 기계에 깔려 죽었다. 이 기계는 법가사상이 근원이 되고, 절대화된 신분, 절대화된 권력이 중심이 되며, 광대한 영토, 그 영토에서 살아가는 백성 및 백성의 방만한 생활형식이 양분이 되고, 군사와 형법이 도구가 되어 만들어졌다. 모든 문화와 경제는 이 기계 안에서만 활동할 수 있었으며, 이 기계의 밖으로 벗어날 수 없었다. 그렇지 않으면 파멸될 뿐이었다. 이것은 중국 사회가 정체되어 앞으로 나아가지 못하게 된 총근원이다.[137]

쉬푸콴은 유가사상이 중국 문화의 주류임을 인정했지만 유가사상이 중국 전제주의 정치에 대한 책임을 져야 한다는 것을 인정하지 않았다. 5·4 운동 이래 수많은 사람이 유가사상을 비판한 이유가 바로 유가사상이 봉

136) 徐復觀, 『中國思想史論集』, 學生書局, 1983년, 257쪽.
137) 徐復觀, 『兩漢思想史』 1권, 學生書局, 1990년, 154쪽.

건전제의 부적이라고 생각했기 때문이다. 여기에 대한 쉬푸콴의 변론을 보면, 전제정치의 압박 속에서 "모든 학술사상은 본래의 모습을 상실했다."[138] 유가사상은 본래 인류의 현실생활에서 인류를 책임지는 사상이다. "그것은 자연으로 도피할 수 없고 허무와 공허로 도피할 수 없으며, 관념적 유희로 도피할 수 없고 외국으로 도피할 수 없다. 그것은 당당하게 인류의 현실생활에서 인류의 현실적인 생존과 발전의 운명을 담당한다. 그러나 그것은 장기간의 전제정치에서 어느 정도 전제정치에 적응하게 되었으며 혹은 현실적인 정치추세의 압력을 받았기 때문에 점점 왜곡되었다."[139] 왜곡되는 시간이 길어지면 반드시 그 본래의 모습을 상실한다. 이 결과는 "단지 전제정치가 유가사상의 정상적인 발전을 가로막았는데 어떻게 반대로 유가사상이 전제의 부적이라고 할 수 있는가."[140]

쉬푸콴이 보기에 유가사상은 전제의 부적이 아닐 뿐만 아니라 반대로 전제정치를 제한하는 역할을 담당했다. 이 사실은 유가의 덕치주의와 민본주의에서 잘 나타난다.

덕치주의와 민본주의는 본래 같은 의미이며 모두 유가의 정치사상이다. "우리는 가장 높은 원칙에서 말하면 그것을 덕치주의라고 부를 수 있고, 기본적으로 노력해야 할 대상에 대해서 말하면 그것을 민본주의라고 부를 수 있다."[141] 덕치(德治)의 출발점은 사람을 존중하고 인성을 긍정하는 것이다. 그것은 먼저 통치자가 자신의 덕을 이룬 다음 사람들에게 각자의 덕을 다할 것을 요구한다. 통치자와 피통치자의 관계는 덕으로써 함께 하는 관계이며 권력으로 다그치는 관계가 아니다. 쉬푸콴이 생각하기에

138) 徐復觀, 『中國思想史論集』, 學生書局, 1983년, 8쪽.
139) 徐復觀, 위의 책, 8쪽.
140) 徐復觀, 위의 책, 9쪽.
141) 徐復觀, 『學術與政治之間』, 49쪽.

"덕은 사람이 사람다울 수 있는 공통적인 근거이다. 사람들이 각자 그 덕을 다할 수 있는 것, 즉 사람과 사람이 함께 지내는 가운데 각자 도덕의 구속을 잊어버리고 각자 생명을 보호하고 자기의 본성을 표현하면, 이것이 바로 정치의 목적이며 또한 정치의 극치이다."[142] 여기에서 관건은 통치자의 솔선수범이다.

다시 말하면 덕치가 강조하는 것은 권력이 아니라 통치자의 내성(內聖) 공부이다. 내성에서 외왕(外王)에 이르는 것은 자기 자신에서부터 점점 확대해서 다른 사람에게까지 미치게 하는 '추기급인(推己及人)'의 작용 가운데 추(推)의 작용이며, '인(仁)'의 확충작용이라고 할 수도 있다. 능히 미루어 생각할 수 있고 확충할 수 있는 이유는 "사람들이 모두 요순이 될 수 있기 때문이다." 단지 통치자 자신이 본성을 다하고 덕성을 다해 백성을 교화시키면 피통치자 역시 자연히 본성을 다하고 덕성을 다하게 되며, 전체 사회 역시 화합이 가득한 분위기에서 발전한다. 덕으로 나라를 다스리는 것이 일종의 내성공부이기 때문에 중국은 역대로 다스리는 방법을 이야기할 때 모두 "사람의 마음을 바르게 해야 한다."고 했다. 인심이 혼란해지면 사회질서 역시 반드시 혼란해진다.

쉬푸콴이 생각하기에 민본주의사상은 덕치주의와 밀접한 관계가 있다. 중국의 정치사상은 "국가 관념을 건립하는 데 치중하지 않았으며 백성이 정치의 유일한 대상이 되게 하는 데 치중했다. '하늘이 백성을 창조하고 백성을 위해 군주를 세워주었다.' 고 생각했을 뿐만 아니라 원시종교의 하늘 관념을 백성의 몸에서 구체적으로 구현시켜 백성을 신의 위치로 상승시켰다."[143] 그에 따르면 『상서』, 『좌전』, 『국어』의 어떤 기재, 예를 들면

142) 徐復觀, 앞의 책, 49쪽.
143) 徐復觀, 위의 책, 51쪽.

"하늘의 신명과 예지는 백성들의 의견을 듣고 문제를 관찰해서 얻은 것이며, 하늘이 선량함을 표창하고 간사함을 징벌하는 것은 백성들의 염원에 의거해서 결정한 것이다." "하늘이 보는 것은 백성들의 눈을 통해서 보는 것이며, 하늘이 듣는 것은 백성들의 귀를 통해서 듣는 것이다." "백성은 신의 주인이다." "백성이 하고자 하는 바는 하늘도 반드시 따른다." 등은 백성이 단지 '통치의 대상이 되는' 자격으로 통치자의 아래에 처한 것이 아니라 천(天) 혹은 신(神)을 대표하는 자격으로 통치자의 위에 있음을 표명하는 것이다. 경전에 나타나는 이러한 민본주의 사상은 맹자가 말한 "백성은 귀하고 사직이 그다음이며 군주는 가볍다."라는 것이다.

그러나 쉬푸콴은 고대 중국의 이상주의적 덕치사상을 흠모하면서도 그것의 부족한 부분을 보았다. 이는 네 가지로 개괄할 수 있다.

"첫째, 언제나 통치자의 입장에서 정치문제를 고려했기 때문에 수많은 말은 군주의 도, 신하의 도, 사대부의 도를 벗어나지 않았다. 순수한 정치사상이 있었지만 이러한 좁은 주제에 구속되었기 때문에 그것을 객관적으로 실행하는 진정한 정치학을 이룩하지 못했다. 이 때문에 정치사상은 발아해서 가지를 뻗은 것에 불과했으며 늘 개화하지 못한 결과가 되었다."

"둘째, 자기를 수양하는 것에서 나라를 다스리고 천하를 태평하게 하는 데 이르기까지, 자기의 본성을 다하는 것에서 타인의 본성을 다하는 데 이르기까지, 덕치는 모두 자기 자신에게 있는 덕량을 외부로 확대시키는 것이며, …… 한 사람의 도덕이 사회에서 객관적으로 드러나게 하여 그것이 정치시책이 되게 하려면 그 사이에 하나의 큰 곡절이 있다. 중국의 덕치사상은 이러한 없어서는 안 되는 곡절을 생략했다."

"셋째, 정치상의 주체가 확립되지 않았기 때문에 한편으로는 단지 통치자의 도덕적인 자각에 의지했고 역사상의 폭군과 탐관오리에 대부분 속수무책이었다. 다른 한편으로는 도덕적인 자각을 이룩한 어진 군주와 재상이 있었지만 사회에서 그들을 받아들이고 담당할 역량이 결여되어 어진 군주와 재상 역시 고독감을 느꼈고 지나친 부담을 느꼈으며, 언제나 역량이 마음을 따라가지 못했다. 여기에서 역사상 조정이 왜 군자의 도는 쉽게 약해지고 소인의 도는 쉽게 늘어났는지 알 수 있다."

"넷째, 정치의 주체가 확립되지 않았기 때문에 정치를 행하는 힘은 완전히 조정에 있었으며 사회에 있지 않았다. 지식인들은 배운 것을 실제로 활용하려면 조정에 들어가는 방법 이외에 다른 방법이 없었다."[144)]

이상의 네 가지에서 쉬푸콴은 네 번째 방면을 가장 주도면밀하게 논술하고 있다. 그가 생각하기에 덕치사상이 시행되는 사회에서 지식인들은 단지 두 방면의 길을 가게 된다. 하나는 일부 지식인들이 현실정치에 불만을 느껴 세상을 등지고 사는 은사(隱士)가 되는 것이다. 다른 하나는 벼슬길로 나아가는 것이다. 벼슬길로 나아갔으나 결과를 얻지 못한 사람들은 재능을 발휘하지 못했다고 생각하며, 사회 역시 존경하지 않는 눈빛으로 그들을 대한다. 이러한 사람은 불만을 털어놓는 것 외에 하는 일이 없으며, 의기소침하고 낙심해서 생명정신을 추구하지 못한다. 더 중요한 것은, 지식인들은 대부분 관료가 되려고 하나의 좁은 길로 나아가기 때문에 그들의 도덕양심 내지 인격이 심하게 왜곡될 수 있다. 쉬푸콴은 다음과 같이 말하고 있다.

> 이렇게 된 이후 지식인들은 조정에 나아가 관료가 되기 위해 모든 정력을 쏟아 부었으며, 사회 각 방면에 대해 마땅히 책임져야 할 것을 하지 않고 노력하지 않게 되었다. 그래서 사회는 지식인들의 추진력을 잃었으며, 지식인 역시 협소한 활동범위로 인해서 식견이 나날이 좁아졌다. 과거팔고(科擧八股)로 인해

144) 徐復觀, 『學術與政治之間』, 55~56쪽.

이러한 현상이 최고조에 이르렀다. 동시에 지식인들의 권력은 윗사람에 의해 좌우되기 때문에 윗사람들의 정서가 선비들의 학술도덕에 영향을 미쳤다. 선비들과 자기의 학술도통을 지키려는 사람들은 먼저 윗사람들의 정서가 어떠한지 살펴야 했기 때문에 출세를 위해 다투는 분위기가 조성되었으며, 마땅히 가져야 할 최소한의 도의마저 상실했다. 그 결과 도통으로 인권을 확립하는 책임을 짊어져야 할 유가의 자손들은 대부분 세계의 지식인 가운데 가장 파렴치한 사람이 되었다.[145]

쉬푸콴이 고대의 중국 정치를 평가하고 검토한 이유는 현대의 민주정치를 전개하기 위해서였다. 그는 민국 이후의 중국 정치는 중국적이면서 서구적이며, 중국적이지 않으면서 서구적이지도 않은 정치이며, 확실하게 말하면 중국과 서양의 정치 중에서 가장 나쁜 부분을 융합한 '세계에서 가장 구제할 수 없는 정치'라고 생각했다. 그가 평범한 교수 신분으로 정치를 비평하고 민주를 부르짖은 이유는, 몇십 년간의 중국 정치는 잘못된 방향으로 나아갔으며, 서양의 민주정치를 배우지 못했을 뿐만 아니라 전통의 덕치조차 잃어버렸다고 생각했기 때문이다. 그의 목적은 유가의 덕치사상을 선양하고 보충해서 민주정치의 새로운 국면을 전개하는 것이었다. 다음 글은 그의 정치사상을 집중적으로 표현하는 것이라고 할 수 있다.

우리는 오늘날 대담하게 민주정치의 길을 가야 하며, 유가의 정치사상을 피통치자의 입장에서 다시 인식해야 한다. 먼저 정치의 주체를 통치자에서 백성에게 귀속시켜야 하고, 백성은 역량을 가지고 통치자의 부덕함을 방지할 수 있어야 하며, 백성은 통치자가 말하는 '나라의 근본이 되는 백성〔民本〕'에서 바꾸

---

145) 徐復觀, 『學術與政治之間』, 56쪽.

어 '나라의 주인이 되는 백성〔民主〕'이 되어야 한다. 지식인들은 조정을 향해 출로를 모색하고, 군왕을 향해 상주문을 올리는 가련한 심리를 바꾸어 사회 대중을 향해 출로를 찾고, 사회 대중을 향해 시비를 분명하게 밝히는 기개를 가져야 한다. 현실적인 정치인물을 평가할 때 개인의 재능을 보고 평가해서는 안 되며 먼저 그가 진정한 정치주체를 건립할 수 있는지, 즉 민주정치를 건립하는 방면에 기여할 수 있는지 없는지를 보고 평가해야 한다. 오늘 이후의 정치는 먼저 합리적인 경쟁이 있어야 경쟁을 초월하고, 먼저 개체의 독립이 있어야 개체를 초월하는 단체를 건립할 수 있으며, 먼저 권리관념의 제한이 있어야 권리를 초월하는 예(禮)의 교화가 있게 된다. 총괄적으로 말하면, 통치자가 출발점이 되는 유가의 정치사상을 피통치자가 출발점이 되는 정치사상으로 바꾸어야 하며, 중국 역사에서 생략된 개체자각의 단계를 보충해야 한다. 민주정치는 유가정신의 부활로 더 높은 근거를 얻으며, 유가사상 또한 민주정치의 건립으로 참된 객관적인 구조를 완성한다.[146)]

이상은 쉬푸콴 신유가사상의 기본 조리이다. 여기에서 알 수 있는 것은, 쉬푸콴의 사상은 탕쥔이와 머우쭝산의 사상만큼 심오하지 않다는 점이다. 그는 수준 높은 순수철학적 논증을 하지 않았고 심오한 이론체계를 구축할 뜻도 없었지만 중국 문화에 대한 견해는 기타 신유가보다 더욱 심오하고 더욱 시대감이 있다. 그러나 그는 중국 문화의 과거와 현재를 생각할 때 이론 면에서 수많은 약점을 노출하고 있다.

첫째, 그는 "전통문화를 발양해야 한다."는 구호는 전제독재자들이 매우 쉽게 이용할 수 있다고 생각했지만 전통을 숭배하는 것과 전제독재 사이에 내재적 관계가 있음을 인식하지 못했다. 다시 말하면 전제독재자가

146) 徐復觀, 앞의 책, 59~60쪽.

"전통문화를 발양해야 한다."는 구호를 사람들의 귀와 눈을 가로막고 전제통치를 보호하는 도구로 사용했다면 이 구호는 전제독재자를 보호할 수 있는 내재적 기능이 있으며, 전통문화 자체가 그들이 쉽게 이용할 수 있는 어떤 기능이 있다는 것을 말한다. 만약 이러하다면 어떤 대책으로 현대의 전제독재가 과거를 되풀이하지 못하게 할 수 있는가. 한걸음 더 나아가 말하면, 이러한 대책을 찾지 못한다면 쉬푸관이 어떻게 1940년대 10명의 교수가 선언한 '중국 문화선언'을 전제주의의 부적이라고 비판할 수 있으며, 또한 자신이 전통을 찬양하는 것이 전제주의의 '부적'으로 사용되지 않는다는 것을 보장할 수 있는가.

둘째, 쉬푸관은 중국 전통문화를 부활시키고 서양 문화의 폐단을 바로잡기 위해서 "서양의 과학지식을 받아들여 중국의 도덕전통을 발양해야 한다."는 것과 "중국의 도덕전통으로 서양의 과학지식을 완성해야 한다."는 두 가지 처방약을 제시했다. 그에 따르면 도덕은 과학을 반대하지 않지만 과학은 도덕을 전개할 수 없다. 이 말의 다른 뜻은 인성(仁性)문화가 주체가 되는 중국 문화는 서양을 배울 필요 없지만 서양인은 중국을 배우지 않으면 안 된다는 것이다. 그러나 문제는 중국이 서양의 과학지식으로 도덕전통을 발양할 수 있다면 서양은 어째서 자신들의 과학지식으로 도덕을 충실하게 하지 못하겠는가. 도덕이 과학에 반대하지 않는데 설마 과학이 도덕에 반대하겠는가. 과학이 발전하지 않고 경제가 번영하지 않으면 도덕적 이상사회는 어떻게 건설하겠는가. 우매함은 전제의 온상이며 빈곤해지는 이유이다. 현대사회에서 가난한 국가가 도덕적 이상국가가 될 수 있다는 것은 상상하기 어렵다. 다시 말하면 20세기의 서양 사회는 점점 인본주의의 길로 발전하고 있으며, 점점 '인성(仁性)문화'의 특징을 드러내 보이는데 이러한 현상은 중국 전통문화가 서양으로 전해져서 나타나는 게 아니라 서양 문화 자체의 발전규율에 따라 나타나는 것이다.

셋째, 쉬푸콴은 머우쭝산과 마찬가지로 전통의 덕치에서 오늘날의 민주정치에 이르기까지 '곡절(曲折)'이 필요하다고 인식했다. 머우쭝산은 헤겔의 '절대정신'의 자아인식, 자아발전, 자아원만의 이론을 사용해서 '곡절'의 가능성을 논증했다. 쉬푸콴은 심오한 철학적 사고를 하지 않았기 때문에 머우쭝산과 같이 '곡절'의 가능성을 깊이 있게 논증하지 않았으며, 단지 '곡절'이라는 용어를 제기했을 뿐이다. 사실상 덕치와 민주정치는 서로 다른 두 종류의 정치형식에 속하기 때문에 이 두 가지를 하나로 융합하는 것은 근본적으로 불가능하며, '곡절'할 가능성이 없을 뿐만 아니라 그럴 필요도 없다. 사실상 덕치사상은 전제주의의 또 다른 의미이며, 반민주적이다. 덕치를 동경하는 것은 어진 군주와 재상을 동경하는 것이며, 본질적으로 청렴한 관리를 갈구하는 사상이다. 청렴한 관리는 표창할 만하지만 모든 사람들이 자신의 생활을 청렴한 관리에게 의탁해서 보장을 받는다면 매우 가련한 일이라고 할 수 있으며, 동시에 그들은 지배를 받고 보호를 받는 상황에 처하는 것이라고 할 수 있다. 민주의 요의는 모든 사람들이 당당하게 일어서는 것이며, 땅에 엎드려 통치자의 덕치를 갈구하는 게 아니다. 묻건대 민주정치가 발전하지 않는다면 통치자가 비도덕적인 행위를 하지 않는다고 누가 보장하겠는가. 반대로 민주제도가 완비된다면 사람들이 어진 군주와 청렴한 관리를 갈구하고, 통치자가 덕치를 베풀어 줄 것을 갈구할 필요가 있는가.

넷째, 쉬푸콴이 생각하기에 민주정치가 중요한 이유는 바로 '인생의 문'이기 때문이다. 그는 인성론을 연구할 때 민주사상이 없는 유가의 인성론을 웅장하고 화려하다고 했으며, 특히 맹자의 '성선설'을 높이 평가했다. 여기에서 민주와 인생의 관계에 대한 쉬푸콴의 사상은 매우 모순적임을 알 수 있다. 그 이유는 그가 공맹유학과 현대의 민주정치를 동시에 원했기 때문이다. 이 두 가지는 본래 융합할 수 없다. 민주정치의 전제는 인성(人性)의 악한 면을 인정하는 것이다. 인성의 악한 면을 인정할 때 비로소 민주정치를 건립해야할 필요성이 있는 것이다. 인성이 본래 선하다면 법률과 제도 같은 것은 존재할 필요가 없으며, 덕치사상 역시 그 의의를 잃어버린다. 이러한 측면은 사실상 쉬푸관이 깊이 있게 인식하지 못했다.

내 편 ❷

제8장

문화 비교 중의 갈림길

문화 비교와 중국 문제의 해결

문화를 비교하는 것은 현대 신유가의 공통된 관심사이다. 그들은 문화 비교를 통해 중국의 유가 문화를 인류 역사상에서 가장 우수하며 가장 아름다운 문화라고 생각하게 되었다.

문화를 비교하는 이유는, 그것은 인류가 자아를 완성하는 일종의 수단이며 혹은 진실하고, 선하고, 아름다운 길로 나아가는 하나의 노선이기 때문이다. 문화 비교의 요지는 열악한 것을 버리고 우수한 것을 보존하는 것이며 낙후에서 벗어나 선진으로 나아가는 것이다. 한 문화의 가치는 그 문화를 다른 문화와 비교하는 가운데 비로소 드러날 수 있다. 비교가 없다면 문화의 우열문제는 존재하지 않는다. 문화의 우열은 문화 자체의 발전상황에서 가늠되며 또한 사람들의 가치판단에 의해서 결정된다. 더 정확하게 말하면 이 두 가지에 의해서 결정된다. 외부세계와 완전히 동떨어진 민족은 문화적 우월감이 없으며 문화적 열등감 또한 없다. 왜냐하면 자신의 문화를 기타문화와 비교하지 않으면 어떤 것이 우월하고 어떤 것이 열등한지에 대한 사고가 불가능하기 때문이다. 예전의 중국 사람들이 문화적 우월감을 가졌던 이유는 주변민족과 비교해서 그들이 우월한 문화를 가졌다고 생각했기 때문이다. 근대의 유럽인 역시 마찬가지다. 그들은 식민지를 통해 세계의 다른 민족문화는 모두 미개화 또는 반개화 단계에 있으며 유일하게 유럽 문화만이 선적적인 문화라고 생각했다.

사람들의 의식에서 문화를 비교하는 것은 인류의 자아를 완성하는 일종의 수단이지만 수백 년의 인류발전사에서 문화 비교는 행복한 일인지 아니면 불행한 일인지 분명하게 말하기 어렵다. 비교는 사회 발전의 원동력이다. 세계의 역사는 각 민족이 서로 왕래하고 각각의 문화를 서로 비교하는 가운데 발전했다. 특히 오늘날은 민족 사이의 접촉과 왕래가 나날이 광범위해지고 있으며, 한편으로 사람들의 의식에서 민족의 이익과 국가의 이익이 여전히 지배적인 위치를 차지하고 있다. 이로 말미암아 민족 사이의 왕래가 빈번할수록 경쟁은 더 치열해지며 세계 역사 역시 이러한 상황에서 더욱 빠르게 발전한다. 그러나 문화의 비교는 현대인에게 불필요한 심신의 부담을 가져다주기도 한다. 특히 낙후한 민족에게 더 심각하다. 그들은 하루빨리 선진화되기를 희망하지만 동시에 자기 문화에 대한 열등감과 위기감을 가지게 된다. 열등감과 위기감은 외재적인 요소 때문에 나타나며 문화 비교를 통해 나타난다. 인류의 생존 의미로 따져보면 현대의 과학기술은 본래 존재의 이유가 그렇게 많지 않다. 반대로 과학이 발전할수록 문화를 비교하려는 의식이 나날이 강해지고 사람들이 느끼는 위기의식은 점점 증가한다. 현대사회에서 문화를 비교함으로써 나타난 과학경쟁은 실지로 사람들이 의도하던 것이 아니다. 사람들은 어떤 외재적인 마력에 의해 조종되는 것처럼 뚜렷하지 않는 목표를 향해 미친 듯이 경쟁하고, 나날이 증가하는 경쟁의식으로 인해 더욱 고통스러운 삶을 살아간다.

그렇지만 인류는 언제나 두 가지 어려운 상황에 직면해 있다. 문화를 비교하는 것은 불행을 가져올 수도 있지만 피할 수 없으며 반드시 필요하다. 폐쇄된 국면이 타파되기만 하면 각 민족은 반드시 그들의 지식이 미치는 범위에서 본토문화와 이질문화를 비교하고 민족문화의 방향을 결정한다. 이러한 과정에서 사람들은 필요에 따라 문화를 선택할 뿐이다.

생활의 내용은 물질생활·정치생활·정신생활의 세 가지로 나눌 수 있다. 마찬가지로 생활의 내용이 좋은지 나쁜지를 가늠하는 기준 또한 이 같은 세 방면에 있다. 물질생활의 좋고 나쁨은 주로 생산수단의 좋고 나쁨, 생산기능의 높고 낮음, 생산 재료의 많고 적음 및 일상적인 생활용품의 조잡하고 정밀함 등에서 체현된다. 정치생활의 좋고 나쁨은 주로 사람들이 누리는 자유의 정도와 정치권력의 대중화 정도에서 체현되며, 정신생활의 좋고 나쁨은 주로 도덕수준의 정도와 인생에 대한 이해의 정도에서 체현된다.

사람들은 모두 아름다운 생활을 추구하며, 모두 잘 먹고, 잘 입고, 잘 살기를 희망하며, 민주자유를 누리고, 가정이 행복하고, 사회가 화합하고, 마음이 편안하고, 고통과 번뇌가 없기를 희망한다. 이러하기 때문에 역사가 진보할 수 있었고 인류가 원시상태에서 오늘날까지 발전할 수 있었다. 그러나 위에서 말한 세 방면의 생활내용은 각 민족의 발전을 따라 함께 발전하지는 않았다. 구체적으로 말하면, 물질생활은 사람들이 누려야 할 가장 기본적인 생활조건이기 때문에 각 민족은 서로 다른 정도에서 개선했지만 이 사실은 각 민족의 물질생활이 같은 속도로 발전했음을 말하는 게 아니다. 물질생활을 개선하려면 먼저 생산력이 발전해야 하며, 생산력은 단지 근면함에 의지해서 발전할 수 있는 게 아니다. 그것의 주요 동기는 과학기술의 발전과 생산수단의 합리화이다. 이 두 동기는 모든 민족이 가진 것이 아니다. 그것을 가졌더라도 정도와 유형의 차이가 있다. 특히 근대 이후 이 차이는 더 분명해졌다. 다시 말하면 한 민족의 물질문화가 일정한 틀을 갖추면 외부역량의 개입이 없는 상황에서 그것은 원래의 기초 위에서 완만하게 발전할 뿐이며 자기의 역량에 의거해서 비약적인 발전을 실현하기는 어렵다.

정치생활은 물질생활과 다르다. 각 민족의 물질생활은 각기 다른 정도에서 일정한 발전을 이룩하지만 정치생활은 필연적인 발전과정이 없다. 다시 말하면 정치생활은 사람이 얼마나 자유로운지와 정치권력이 얼마나 대중화되었는지에 따라서 군주전제 · 귀족정치 · 민주정치의 세 가지로 나눌 수 있지만 각 민족의 정치는 이 세 가지를 따라 단계적으로 발전하지는 않는다. 일종의 정치형태가 고정되어 전통을 형성하기만 하면 자신의 운행원리를 가지게 된다. 예를 들어 군주전제의 전통이 있는 민족은 외부의 충격이 없다면 그들은 스스로 군주전제에서 귀족정치로 발전하고 귀족정치에서 민주정치로 발전할 수 없다.

정신생활은 물질생활 · 정치생활과 다른 부분이 더 많으며, 이러한 영역에서 발전은 없다고 할 수 있다. 오늘날은 풍부한 물질생활을 누리지만 그들이 고대인보다 행복하다고 볼 수 없다. 고대인들의 생활은 소박했으며, 텔레비전과 영화가 없었고 냉장고와 에어컨이 없었지만 그들이 현대인들보다 더 고통스러운 생활을 했다고 할 수 없다. 또한 인류의 역사에서 알 수 있듯이 풍족한 물질생활을 누릴수록, 정치가 대중화, 민주화될수록 사람들의 정신은 더 공허해지고 더 고통스러워지며, 생활은 더 의미 없다고 느낀다. 다른 한편으로, 오늘날 다른 민족은 물질 면에서 풍족한 생활을 누리며, 정치 면에서 민주화의 길을 가는데 자기 민족은 여전히 낙후되었고 여전히 군주전제의 통치를 받고 있다면 그들의 정신적인 고통은 더 심각할 것이다. 경제가 발전하지 않고 민주정치가 시행되지 않는 곳에서 사람들의 정신경지가 향상될 수 있다는 것은 기대하기 어렵다.

이 같은 분석을 통해 알 수 있는 것은, 각 민족의 문화가 일정한 형식을 갖추기만 하면 스스로 풍격을 이루고 스스로 체계를 갖추기 때문에 그 속에서 생활하는 사람들은 자기 민족문화의 결함을 느끼기 매우 어렵다는 것이다. 선진과 낙후의 차이가 있더라도 비교가 없는 상황에서 이 차이를 느끼는 것은 불가능하다. 그렇지만 각 민족의 폐쇄적인 국면이 타파되기만 하면 선진과 낙후의 차이가 드러나기 시작해 사람들은 점점 심리상의 균형을 잃게 된다. 그들은 불가피하게 이질 문화의 우월성을 부러워하게 되며 동시에 본 민족문화의 부족함을 검토하게 된다. 이는 본래 매우 자연스러운 일이며 사람들의 공통적인 특징이다. "사람은 높은 곳으로 나아가며, 물을 낮은 곳으로 흐른다."는 속담이 인성의 이 같은 특징을 가리킨다.

어떤 사람들은 생활이 원만한지 어떤지를 가늠할 수 있는 객관적인 기준이 있을 수 없으며 그것은 완전히 개인적인 느낌에 따른다고 말할 수 있다. 예를 들면 가난한 사람이 부유한 사람보다 더 유쾌하고 소탈하게 생활할 수 있다. 평범하게 살아가는 것이 습관이된 사람이 주인 행세를 하려면 아마 불편함을 느낄 것이며 평범하게 살아갈 때처럼 홀가분하지 않을 것이다. 한걸음 더 나아가면 한 민족이 폐쇄적이든 개방적이든 전통적인 생활방식을 지키면서 사람들과 우열을 비교하지 않고 서로 다투지 않으면 되지 않는가. 사람들이 고기를 먹으면 나는 채소를 먹고, 사람들이 비행기를 타면 나는 걸어 다니며, 사람들이 밤에 텔레비전을 보면 나는 친구들과 한담하고, 사람들이 기계화에 의지하면 나는 수공업에 의지하며, 이러한 갖가지는 단지 심리적인 균형을 이루면 되지 않는가.

이런 생각은 일리 있다. 생활이 원만한지 어떤지는 분명 사람들의 주관적인 느낌과 관련 있으며, 단지 심리적인 균형을 이루면 가난한 사람은 가난한 사람의 행복과 즐거움을 느낀다. 그렇지 않다면 가난한 사람은 살아갈 방법이 없다. 그러나 문제는 심리적인 균형은 언제든 변할 수 있다는 점이다. 만약에 가난한 사람이 부유해질 가능성이 있다면 그는 결코 가난한 생활을 원하지 않을 것이다. 이처럼 그가 원래 가졌던 균형은 곧 파괴될 수 있다. 그는 채소를 먹는 게 습관이 되었지만 일단 고기가 채소보다 맛있음을 알게 되고, 고기를 먹을 형편이 되면 그는 고기를 먹지 않을 수 없다. 그는 수공업생활이 습관이 되었지만 일단 기계화를 도입할 수 있고, 힘들이지 않고 상품을 많이 생산할 수 있다면 그는 기계화 생산을 거부할 수 없을 것이다.

더욱 중요한 것은, 각 민족의 폐쇄적인 국면이 타파된 이후 문화의 교류를 따라서 나타나는 민족 간의 이익충돌은 항상 격렬하고 살기등등한 전투를 동반한다는 것이다. 문화가 선진적인 민족은 다른 민족의 이익을 침탈하기 위해 먼저 군사적인 역량을 발전시킨다. 오늘날 각 민족의 관계는 실지로 이익관계와 국력 대결의 관계이다. 경제가 낙후하고 사회제도가 낙후한 민족은 반드시 멸시당하고 억압받는다. 아편전쟁 이후의 중국이 바로 쓰라린 고통을 경험했다.

이 사실은 한 민족이 위기에 처했을 때 단지 선진민족의 물질문화와 제도문화를 받아들여야만 구제받을 수 있음을 말하는 게 아니다. 아편전쟁에서 무술유신, 신해혁명에 이르기까지 근 반세기의 중국 역사가 이 점을 충분히 증명해준다. 바꾸어 말하면, 정신문화의 측면에서 반성이 없다면 선진적인 물질문화와 제도문화를 받아들이기 어려울 뿐만 아니라 설령 받아들였더라도 전통문화의 진부한 부분에 의해 소멸되거나 변형된다. 5·4 운동 이후의 중국역사가 이 점을 충분히 증명해준다. 신유가는 인심이 예전 같지 않고 사회기풍이 손상되었다고 탄식했으며, 그 원인이 신문화와 신사상 때문이라고 생각했다. 그들이 알지 못하는 것은, 중국 문제는 신문화와 신사상 때문에 나타난 게 아니라 전통에 얽매여 신문화와 신사상을 제대로 받아들이지 못했기 때문이다.

20세기의 중국 사람들이 가장 먼저 해결해야 하는 것은 국가는 어떻게 부강해질 수 있고, 백성은 어떻게 부유해질 수 있으며, 민족은 어떻게 자립할 수 있는지의 문제이지 영혼을 어떻게 안정시킬 수 있는지의 문제가 아니다. 국가가 부강하지 않고, 백성이 부유하지 않으며, 민족이 자립하지 못하면 반드시 다른 민족에게 모욕당하고 유린당하는데 영혼이 어떻게 평온해지겠는가. 일본은 작은 섬나라이지만 중국에서 8년 동안이나 만행을 저질렀다. 묻건대 이러한 상황에서 영혼이 어떻게 평온해질 수 있겠는가. 반대로 말하면, 국가가 부강해지고 백성이 부유해져서 민족이 자립하면 역사는 정상적인 궤도를 향하고, 사회는 정상적으로 발전하며, 영혼의 안식문제 또한 어느 정도 해결되지 않겠는가.

영혼을 안정시키는 것은 내재적인 인생태도와 관련된 문제이지만 인생태도는 외부 환경을 벗어나서 말할 수 없다. 물론 중국 고대에는 아무런 구속도 받지 않고 자유자재로 생활한다는 장자의 소요유(逍遙游)와 소박하게 생활하면서 안빈낙도(安貧樂道)의 즐거움을 버리지 않는다는 안자의 격언이 있지만 이러한 높은 경지의 인생태도는 일반 백성들이 이해하고 받아들일 수 있는 것이 아니다. 장자는 부인상을 당하자 북을 치고 노래를 불렀는데 그의 친구조차 눈꼴사납게 생각했다고 한다. 다시 말하면 장자와 안자 같은 고도의 심성수양을 완성한 사람조차 20세기를 살아간다면 아마 영혼이 동요하게 되고 심성이 분열하게 됨을 면하기 어려울 것이다.

그러므로 혈기와 양심, 기개와 민족적 책임감을 지닌 20세기의 중국지식인들은 우수한 전통이 있다고 자만해서도 안 되며 구세주 같은 마음으로 서양 사람을 제도해야 한다고 생각할 필요는 더욱더 없다. 우리가 먼저 해결해야 하는 것은 자신의 문제이며, 빈곤하고, 낙후하고, 우매한 상태에서 벗어나는 것이지 자기의 몸과 가정의 생명을 돌보지 않고 타인의 얼굴에 드리운 슬픈 그림자를 어떻게 제거할지를 생각하는 것이 아니다. 중병에 걸린 사람이 자신의 병을 돌보지 않고 타인의 고통만 생각한다면 매우 우스꽝스럽다고 할 수 있다.

중국의 문제를 해결할 수 있는 관건은 민주와 과학에 있다. 이는 부정할 수 없는 사실이며 신유가 선생들 역시 이를 인정했다. 문제의 관건이 민주와 과학에 있다면, 문화의 비교는 마땅히 민주와 과학이라는 주제를 둘러싸고 진행되어야 한다. 유감인 것은, 신유가는 민주와 과학의 중요성을 느꼈으며 어떻게 '내성'에서 새로운 '외왕'을 전개할지를 심사숙고했지만 그들의 문화 비교는 주제에서 빗나갔다. 그들이 관심을 가졌던 것은 전통에서 민주와 과학을 싹 틔울 종자를 찾는 것이었으며 서양의 우수한 문명 성과를 받아들이는 게 아니었다. 그들이 시도한 중서문화 비교는 중국 문화의 부족한 분분을 찾아내는 게 아니라 주로 중국 문화의 가장 우수한 성분과 서양 문화의 가장 부족한 부분을 비교하는 것이었다. 이러하기 때문에 그들은 중국인의 애국정서와 서양의 노예가 되지 않으려는 심리를 불러일으킬 수 있었다. 그러나 민족우월주의가 중국 사회의 발전에 부정적인 영향을 끼치고 있다는 것을 몰랐다. 선진문화를 받아들일 때 받아들이는 자는 반드시 낮은 위치에 처해야 한다. 오직 겸허한 태도를 가져야만 진정으로 다른 사람의 우수한 문화성과를 배울 수 있다. 처음부터 사람들을 깔보고 자기의 장점으로 다른 사람의 단점을 비교한다면 다른 사람의 장점을 배울 수 없을 뿐만 아니라 자기의 장점 역시 잃어버린다.

물론 신유가는 민족적 책임감이 풍부한 사상가이다. 그들은 인생 문제와 중국 문제에 관심을 가졌으며, 중국의 미래와 운명을 깊이 생각했다. 이러한 점은 전통을 발양한다는 것을 구실 삼아 다른 속셈을 가졌던 어떤 사람들과는 본질적으로 구별되며, 함께 논할 수 있는 게 아니다. 그러나 다른 측면은, 그들이 전통에 집착하는 것은 본의 아니게 다른 속셈이 있는 사람들에게 도움이 될 가능성이 있다는 것이다. 쉬푸콴은 10교수의 '중국문화선언'은 전통을 발양함으로써 '전제독재를 강화하는 것'이라고 비판했다. 그러나 신유가 또한 자신들이 전통을 발양하는 것이 전제독재자에게 이용되지 않을 거라고 어떻게 보장하겠는가.

20세기의 중국인이 마땅히 해야 하는 것은 전통을 비판하고 반성하는 기초 위에서 민족문화의 새로운 길을 건설하는 것이지, 공맹·정주·육왕의 전통을 죽어도 지키는 것이 아니다.

이러한 문화태도는 전통을 무시하고 타도하는 것이 아니라 반대로 전통에 대해 진정한 책임을 지는 것이다. 전통이 중국 문제를 해결하지 못한다면 어째서 전통의 지위를 중국 문제를 해결할 수 있는 민주와 과학에게 양보하지 않는가.

전통의 지위를 양보하는 것은 전통을 버리는 게 아니라 더 잘 보존해서 후세에 전하는 것이다. 전통이 현재의 중국 문제를 해결하지도 못하고 자신의 지위를 양보하지도 않는다면 중국 사회가 더 혼란해질 것이며, 한편으로는 전통에 대한 국민들의 감정이 나날이 소원해지고, 전통의 가치를 점점 믿지 못하게 된다. 오늘날의 젊은 세대들이 전통에 대한 반감이 있는 이유는 바로 여기에 있다.

머우쭝산은 '양지자아감함(良知自我坎陷)' 설을 제기했으며, '곡절(曲折)'이라는 방법으로 '내성'에서 새로운 '외왕'을 전개시키려고 했다. '감함(坎陷)'이라는 두 글자는 20세기의 중국 문제를 다른 방면으로 해결할 때 이용할 수 있다. 이것은 바로, 전통문화를 보호해야 한다는 생각을 잠시 접어두고 거리낌 없이 이질 문화의 우수한 성과를 받아들여 먼저 중국 문제를 해결하는 것이다. 중국 문제가 해결되면 전통문화 역시 현대사회에서 진정한 가치를 지니게 되고 자연스럽게 자신의 광채를 발산한다. 이러한 '곡절'의 방법은 전통문화를 잠시 푸대접하는 것이지만 매우 필요하다. 왜냐하면 우리가 현재의 중국 문제를 해결하는 데 도움이 되지 않는 전통문화도 지키고 동시에 새로운 문화, 새로운 사상으로 국가를 부강하게 하려면 '곡절'의 방법을 사용하는 게 가장 좋은 대책이기 때문이다. 내가 생각하기에 이 방법은 신유가의 모든 선생들도 동의할 것이다. 만약에 이렇다면 그들이 심혈을 기울이는 유학 부흥운동은 잠시 중단되어야 한다.

문화의 역시성과 공시성

역시성(歷時性)과 공시성(共時性)은 인류 문화의 두 가지 기본성격이며, 동시에 문화문제에 대한 사람들의 두 가지 이론시각이다.

역시성 이론이 강조하는 것은 문화의 종적발전이다. 인류 문화는 처음부터 저급 형태에서 고급 형태로 발전하며, 각 민족문화의 발전 속도가 서로 다르고 선진과 낙후의 차이가 있지만 반드시 같은 단계를 경과한다고 생각한다. 다시 말하면 선진민족이 지나갔던 문화의 길은 낙후된 민족이 반드시 지나가야 하며, 현재 지나가지 않았더라도 미래에 반드시 지나가야 한다. 이 문화이론의 기초는 문화의 공통성을 긍정하는 것이며, 인성이 동일하기 때문에 각 민족이 경험하는 문화 노선 역시 동일하다고 생각한다.

공시성 이론은 이와 반대이다. 문화의 공통성을 인정하지 않고, 전체적인 의미의 인류 문화가 있음을 인정하지 않는다. 이 이론에서 보면, 문화가 체현하는 것은 한 민족의 개성이며 인류의 공통성이 아니다. 문화는 단계적인 발전과정이 있지만 이 단계는 단지 한 민족문화의 내부에서 체현되며 다른 민족문화와 관계없다. 다시 말하면 일종의 문화가 일단 전통을 형성하기만 하면 바로 자신의 발전논리를 가지게 된다. 그것과 다른 민족문화는 시간 면에서 선후의 문제가 존재하지 않으며, 가치 면에서 우열의 문제가 존재하지 않는다.

위에서 서술한 두 이론은 모두 서양인이 역사와 문화의 문제를 고찰하면서 얻게 된 것이다. 역시성 이론은 매우 오래된 이론형태이며 근대의 헤겔과 콩트에 의해서 극치로 발전했다. 공시성 이론은 20세기 상반기에 나타났으며, 슈펭글러의 문화형태사관이 대표가 된다.

기독교의 교의에서 인류 및 세계만물은 모두 하느님이 창조한 것이다. 백인종 · 흑인종 · 황인종과 유럽인 · 아시아인 · 아프리카인 등은 모두 하느님의 창조물인 아담의 자손이다. 아담은 하느님이 자신의 모습에 의거해서 창조한 것이기 때문에 하느님의 모습이 인류의 보편적인 모습이 되었다. 인류는 시조가 선악과를 따먹으면서부터 원죄를 가지게 되었으며, 단지 하느님을 믿어야 원죄를 씻고 하느님의 품으로 돌아가 천국의 백성이 될 수 있다. 인류의 역사는 원죄를 지면서부터 시작해서 원죄를 씻어가는 과정이다. 이 과정에서 인류는 스스로 악을 버리고 선을 따르는 주체의지가 있지만 역사가 어떻게 발전하는지는 하느님의 의지에 따라서 결정된다. 하느님은 유일한 실체이고 전지전능하며 차별 없이 인류를 대한다. 여기에서 전체 인류의 역사는 모두 동일하며 차이가 없음이 결정된다.

기독교의 역사관은 직접적으로 근대 유럽의 사상가들에게 계승되었으며, 그중에서 헤겔의 이성사관과 콩트의 실증주의 역사철학이 대표적이다.

헤겔에 따르면 역사철학은 "역사적 사상을 고찰하는 것일 뿐이다."[1] 사람이 기타 동물과 다른 이유는 바로 사람은 사상을 가지고 있기 때문이다. 그러나 역사철학에서 정의하는 '사상'은 이러한 의미의 사상이 아니라 '이성'이다. "이성이 세계를 주재한다."는 헤겔철학의 기본 명제이다. 헤겔은 이 명제에서 출발해 인류의 역사는 '이성'의 전개와 실현일 뿐이라고 생각했다. 그는 "철학이 역사를 관찰하는 데 사용하는 유일한 '사상'은 '이성'이라는 간단한 개념이다. '이성'이 세계를 주재하기 때문에 세계의

1) 헤겔, 『歷史哲學』, 三聯書店, 1956년, 46쪽.

역사는 일종의 합리적인 과정이다."[2]라고 했다. 이러한 기본적인 인식에 따라서 헤겔은 인류의 역사를 네 단계로 구분했다.

1) 동방 세계— 인류 역사의 유년시대
2) 그리스 세계— 인류 역사의 청년시대
3) 로마 세계— 인류 역사의 장년시대
4) 게르만 세계— 인류 역사의 노년시대(즉 완전히 성숙한 시대)

그에 따르면 세계의 역사는 동양에서 시작해서 그리스 세계와 로마 세계를 거친 후 그가 생활하던 게르만 세계로 발전했다. 이 과정은 '세계정신'의 시간적인 발전으로 체현되며, 그것의 공간적인 이동으로 체현된다. 그것의 운행규율은 하늘의 태양처럼 아침에 떠올라서 저녁에 지며, 동양에서 서양으로 움직인다. 그러나 헤겔의 역사철학에서 '세계정신'은 동양에서 서양으로 향하고 아시아에서 유럽으로 향하는 공간적인 이동이 있지만 실질적으로는 시간적인 발전을 체현하는 것이며 '세계정신'을 실현하는 과정이다. 이 네 단계는 각 민족이 모두 거쳐야 하는 단계는 아니지만 전체 인류 역사의 논리적인 발전단계를 체현하는 것이다.

콩트와 헤겔이 생활하던 시대는 대체적으로 일치한다. 콩트의 역사철학은 '정신' 또는 '이성'의 자아운동에 근거하는 것이 아니라 근대 이래의 과학이성에 의지한다. 그는 헤겔과 마찬가지로 역사는 진보한다고 깊이 믿었으며, 인류의 문명은 평탄한 길로 나아가는 게 아니라 수많은 곡절과 변화가 있지만 전반적인 방향은 앞으로 향하는 것이라고 생각했다. 그는 "문명의 발전과정은 그 자체를 말하면 직선으로 나아가는 게 아니라 동물

2) 헤겔, 『歷史哲學』, 47쪽.

이 기어가는 것처럼 비뚤비뚤 나아가며, 평균운동이 중심이 되어 꿈틀꿈틀 앞으로 나아가간다."[3]고 했다.

콩트는 과학이성을 숭배한 사람이다. 그는 자신의 사회학이론을 '사회물리학'이라고 불렀으며, 자연규율을 이용해서 인류의 역사와 문화현상을 해석하려고 했다. '사회물리학'은 주로 두 가지 체계를 포함하고 있다. 하나는 '사회정역학(statics)'이며 다른 하나는 '사회동역학(kinetics)'이다.

'사회정역학'은 해부학과 비슷하다. 콩트가 보기에 인류 사회는 하나의 유기적인 총체이며 동물계와 질적인 차이가 없기 때문에 그의 '사회정역학'은 어떤 종류의 동물을 해부하는 것과 마찬가지로 인류의 역사문화를 동일한 종류로 간주해서 연구한다. 이렇게 각 민족, 각 지역의 역사가 지닌 다양성은 사회정역학에 의해 소멸되었고, 전체 인류의 역사는 하나의 구조, 하나의 역사로 간주되었으며, 콩트는 그것을 '통일 민족'의 역사라고 불렀다. 그는 유럽의 역사가 이러한 '통일 민족' 역사의 전형이며, 그것이 체현하는 역사의 화면이 전체 인류 역사의 화면이라고 보았다.

'사회동역학'은 '사회정역학'이 전제가 된다. 즉 '통일 민족' 역사의 각도에서 인류의 역사를 종적으로 고찰하고, 역사는 왜 발전하고 어떻게 발전하는지를 해석한다. 콩트에 따르면 인류의 역사는 신학적인 상태, 형이상학적인 상태, 실증적인 상태의 세 단계를 거쳤다. 이 세 단계가 규칙적으로 발전하는 것은 인류 역사에서 없어서는 안 되는 중요한 부분이며, 뒤의 단계는 앞 단계의 필연적 결과이며, 앞의 단계는 뒤 단계를 위한 논리적 전제가 된다.

헤겔철학과 콩트철학이 18세기 하반기와 19세기에 성행한 심오한 역사적 원인이 있다. 이 시기는 자본주의가 왕성하게 발전하던 때였다. 유럽인

3) 아롱(R. Aron), 『社會學主要思潮』, 上海譯文出版社, 1988년, 102쪽.

들은 산업혁명의 성공과 대규모의 식민지 활동, 프랑스대혁명의 승리로 인해 역사에 대한 낙관적인 인식을 가지게 되었다. 그들은 역사는 내재적 규율을 가지고 계속해서 진보한다고 생각했으며, 한편으로 유럽의 역사가 인류 역사의 대방향을 대표하며, 유럽의 문명은 세계에서 가장 우수한 문명이며 유럽인이 세계를 정복하는 것은 선진문명을 낙후한 지역에 전파하는 것이라고 생각했다.

그렇지만 19세기 말, 20세기 초에 야기된 몇 가지 잔혹한 현상 때문에 유럽인들은 심각한 정신적 타격을 받았다. 이는 ① 경제위기의 주기적인 발생, ② 자본주의 사회에 대한 마르크스의 비판과 거세게 일어난 공산주의 운동, ③ 1차 대전 발발, ④ 첫 번째 사회주의 국가인 소련 등장, ⑤ 다양한 비이성주의 사조의 유행이다. 이 같은 일련의 타격으로 일부 유럽인들은 그들이 품었던 역사에 대한 낙관적인 견해는 환영에 불과함을 느꼈으며, 그들이 품었던 '유럽중심주의'적인 문화우월감 역시 자기를 속이고 남을 기만하는 것이라고 느꼈다. 이 때문에 서양 문화의 폐단을 검토했으며 동시에 비교적 평등한 태도로 다른 민족문화를 대하기 시작했다. 슈펭글러의 『서구의 몰락』은 바로 이 같은 분위기에서 출판되었다.

슈펭글러는 원래 독일의 중학교 교사였다. 그는 1918년 7월 『서구의 몰락』을 출판해서 계통적으로 자신의 '문화형태사관'을 제기했다. 그에 따르면 "서로 다른 문명은 서로 다른 현상을 가지고 있으며, 서로 다른 인류는 서로 다른 진리를 가지고 있다."[4] 그렇기 때문에 '인류'는 공허한 명사, 동물학적인 명사에 불과하며 인류에 어떤 보편적인 역사도 존재하지 않는다. 그는 다음과 같이 말하고 있다.

4) 슈펭글러(O. Spengler), 『西方的沒落』, 黑龍江教育出版社, 1988년, 23쪽.

> 내가 '본' 모든 문화는 평생 의지하던 땅에서 원시적인 강인한 성(性)으로 도약해 나왔다. 모든 문화는 자기의 영상에 각자의 모습, '인류'의 모습을 구비하고 있다. 모든 문화는 각자 자기의 관념, 자기의 열정, 자기의 생명, 의지와 느낌이 있으며, 자기의 소멸형식이 있다. …… 모든 문화는 각자 자신의 발전형식이 있기 때문에 세상에는 한 종류의 조소, 한 종류의 회화, 한 종류의 수학, 한 종류의 동물학만 있는 게 아니라 수많은 종류가 있으며, 각각의 종류가 가진 순수한 부분이 완전히 다른 것이다. 모든 문화는 각자의 특징을 가지고 스스로 발전하며 스스로 소멸한다. 갖가지 식물이 각자 독특한 꽃술과 열매를 지녔으며, 각자 독특한 생장과 소멸의 방식이 있는 것과 같다.[5)]

이 문장은 슈펭글러의 '문화형태사관'을 집중적으로 표현한 것이다. 그에 따르면 인류는 각기 다른 문화를 가졌을 뿐이며 보편적인 역사가 있을 수 없다. 또한 인류 역사는 원래 여러 방향으로 발전하기 때문에 하나의 발전형식이 있는 것은 불가능하다. 그는 과거의 세계 역사를 이집트 문화·바빌론 문화·인도 문화·중국 문화·고전 문화(그리스·로마 문화)·이슬람 문화·멕시코 문화·서양 문화로 나누었으며, 이 여덟 가지 문화는 모두 가치에서 동등하기 때문에 우열의 구분이 없으며, 시간적으로 동시대적인 것이기 때문에 선후의 구분 역시 없다고 생각했다.

위에서 서술한 두 역사관이 근본적으로 대립되는 것을 알 수 있다. 이성주의 역사관과 실증주의 역사철학이 강조하는 것은 역사의 공통성이며, 문화의 우열과 선후의 문제를 강조한다. 문화형태사관이 강조하는 것은 역사의 개성이며, 문화의 우열과 선후의 구분을 부정한다. 이 두 가지를 문화문제를 고찰할 때 이용하면 전자는 역시성(歷時性)이론이라고 할 수

---

5) 슈펭글러, 앞의 책, 20쪽.

있으며 후자는 공시성(共時性)이론이라고 할 수 있다.

이 두 역사관(또는 두 가지 문화이론)은 20세기 초에 중국에 들어오기 시작했으며(슈펭글러의 저작은 1918년에 출판되었지만 문화 공시성이론은 19세기 말에 서양 사상계에서 이미 나타났다), 신문화운동시기에 전개된 중서문화의 차이는 단계의 차이인지 아니면 유형의 차이인지에 관한 논쟁이 사실상 이 두 역사관의 대립을 반영한다. 두야취엔이 서양 문화를 '동적문화', 중국 문화를 '정적문화'로 본 것은 사실상 일종의 문화형태사관이다. 천두슈는 진화사관에 의거해서 중서문화의 차이는 유형의 차이가 아니라 고금의 차이라고 생각했다. 이 두 역사관은 전자가 강조하는 것은 문화의 '개성' 또는 '공시성'이며, 후자가 강조하는 것은 문화의 '공통성' 혹은 '역시성'이다.

두야취엔의 공시성이론은 중국 문화를 보호하고 서양 문화를 배척하는 데 취지가 있다. 왜냐하면 중서문화의 차이가 유형의 차이라는 것을 긍정한다면 두 문화 사이에 우열의 문제가 존재하지 않고, 중국인은 비굴해질 필요 없으며 전통을 포기하면서까지 서양 문화를 배울 필요 없기 때문이다. 그러나 이 이론은 중국 문화가 서양 문화와 동등하다는 것을 설명할 수 있을 뿐이며 어째서 서양 문화를 배워서는 안 되며, 어째서 중국 문화가 우수한지를 설명하지 못한다. 다시 말하면 문화 공시성이론은 서화론자들의 이론적인 공격에 대응하고 전통을 보호하는 데 충분하지 않다. 신유가는 두야취엔 등의 이론이 서양 문화에 대응하고 전통문화를 보호할 수 있는 역량이 부족하다는 것을 느꼈기 때문에 문화 공시성이론에 국한되지 않고 진일보해서 역시성이론과 공시성이론을 동시에 받아들였다.

그러나 신유가는 이 두 문화이론에 대해서 절충적인 태도를 취하지 않고 필요에 따라 임의대로 이용했으며, 이론의 타당성을 고려하지 않았다. 대체적으로 말하면 민족문화를 보호하려고 할 때 그들이 이용한 것은 문화의 공시성이며 서양 문화를 비판하고 전통 유학의 세계적인 의의를 강조할 때 채용한 것은 문화의 역시성이다. 이 방법은 정도의 차이는 있겠지만 대부분의 신유가들이 채용했던 방식이다. 량수밍, 첸무, 머우쭝산의 예를 들어 보자.

량수밍은 인류의 문화를 '3노선'으로 구분했으며 세 가지 문화 노선은 각각 '의욕이 앞으로 향하는 것', '의욕을 스스로 조절하고 조화와 중용을 지키는 것', '의욕을 절제하고 줄여나가는 것'이 특징이다. 분명한 것은, 이 세 가지 노선은 세 가지 문화유형이며 그것이 강조하는 것은 문화의 개성이다. 그래서 중국 문화와 서양 문화는 시간적으로 차이가 없으며 마치 두 길을 달리는 차와 같이 각자 자기의 길을 간다고 생각했다. 그러나 그가 중국 문화의 가치를 강조할 때 채용한 것은 다른 문화이론이며, '3노선'은 또한 세 단계와 세 가지 순서가 있다고 생각했다. 서양 문화는 물질문화이며 그것이 해결하는 것은 사람과 사물의 관계문제이다. 중국 문화는 윤리문화이며 그것이 해결하는 것은 사람과 사람의 관계문제이다. 인도 문화는 종교문화이며 그것이 해결하는 것은 생활과 생로병사의 관계문제이다. 이 세 단계 중에서 인도 문화가 가장 높은 단계이고 중국 문화가 그다음 단계이며 서양 문화가 마지막 단계이다. 서양 문화의 단계가 가장 낮은 이유는 그것이 생명본성에 위배되기 때문이며, 중국 문화가 비교적 우수한 이유는 그것이 생명본성에 부합하기 때문이다. 인류 문화의 전체적인 발전단계는 생명본성에 부합하지 않는 단계에서 생명본성에 부합하는 단계로 변하는 것이다. 이러한 인식에 기초해서 량수밍은 세계의 미래 문화는 바로 중국 문화의 부흥이라고 예언했다.

첸무의 문화유형설은 량수밍의 문화이론에서 나왔지만 량수밍의 이론과 차이가 있다. 량수밍이 제기한 '3노선'의 단계 중에서 인도 문화가 가장 높은 단계이지만 현대의 인류는 이 단계에 도달할 수 없기 때문에 적극적으로 제창하지 않았다. 첸무 역시 '인생 3노선'을 제기했지만 그의 '3노선'에서는 중국 문화가 가장 높은 단계이며 인도 문화가 그다음이고 서양 문화가 가장 낮은 단계이다. 그는 각 민족의 역사와 문화는 각자의 생명, 각자의 개성을 가지고 있기 때문에 이 세 가지 문화는 융합하기 매우 어렵다고 생각했으며, 서양 문화가 변해서 중국 문화가 될 수 없고 중국 문화가 변해서 서양 문화가 될 수 없다고 생각했다. 이렇게 생각했기 때문에 그는 후스 등이 전반적으로 서양 문화를 받아들여야 한다고 생각한 것은 자기의 혈통을 버리고 다른 사람을 부모로 여기는 것이라고 비판했다.

이 같은 첸무의 이론에 따르면, 모든 문화는 자신의 개성과 생명이 있기 때문에 가치에서 동등하며, 각자 자신의 길을 가기 때문에 누구도 누구를 가로막을 수 없다고 해야 한다. 그렇지만 첸무는 중국 문화의 단계와 가치가 가장 높다는 것을 설명하기 위해 또 다른 방법으로 '3노선'의 문화유형을 해석했다.

> 인생은 반드시 세 가지 세계에 직면한다. 제1단계의 인생은 물질세계에 직면하고, 제2단계의 인생은 인문세계에 직면하며, 반드시 제3단계의 인생에 이르러야 마음의 세계에 직면한다. 물질세계에 직면한 것을 물질인생이라고 부른다. 인문세계에 직면한 것을 사회인생이라고 부른다. 마음의 세계에 직면한 것을 정신인생이라고 부른다. 우리는 인류의 전체생활을 세 종류로 나누고 또한 인문진화의 세 단계, 세 시기와 배합할 수 있다.[6)]

이처럼 첸무는 더 교묘하게 공시성의 '3노선'과 '3단계'를 역시성의 '3단계'와 '3시기'로 바꾸었으며, '유형의 차이'를 '고금의 차이'로 바꾸었

6) 錢穆, 『歷史與文化論叢』, 8쪽.

다. 그러나 여기에서 말한 '고금의 차이'는 신문화운동시기에 천두슈·후스 등이 제기한 '고금의 차이'와 상반된다. 첸무가 말하는 '고대'는 중국 문화가 아니라 서양 문화를 가리킨다.

머우쭝산은 모든 문화는 자기의 생명이 있기 때문에 문화를 인식할 때는 반드시 생명 차원에서 인식해야 한다고 생각했다.

> 현재에 진실한 생명으로 돌아가기만 하면 내가 지금 보는 문화는 생명과 생명이 조우하는 것이다. 이를 생명의 소통이라고 하며 고대와 현대의 생명이 막힘없이 통하는 것이라고 한다. 나는 이러한 문화의 생명이 흐르는 가운데 태어났기 때문에 현재 나 자신의 진실한 생명으로 돌아가기만 하면 내가 접촉하는 이러한 생명이 흐르는 풀·나무·가지·잎사귀, 구체적으로 말하면 시·산문·소설·성현호걸의 언행·일상적으로 준수하는 생활방식 등이 모두 내가 고대인이 생명을 표현하는 방식을 이해할 수 있게 해준다. 고대인은 진실한 생명으로 표현하고 나는 진실한 생명으로 부합해 모든 것이 살아 있고 모든 것이 친근하며 거리가 없다.[7)]

중서 양쪽의 문화를 구체적으로 언급하면, 중국 문화의 특징은 먼저 '생명'을 장악하고, 덕성을 바르게 하고, 백성의 생활을 윤택하게 하고, 백성의 생명을 안정시키며, 여기에서 어질고 의로운 심성을 발현해서 한편으로는 객관적으로 예악(禮樂)을 전개하고, 다른 한편으로는 주관적으로 심성학(心性學)을 전개한다. 이 두 가지를 합하면 바로 내성외왕, 즉 도덕과 정치의 문화계통이다. 그중에서 '인(仁)'이 가장 높은 원칙이고 주재자이므로 그것을 '인의 계통'이라고도 한다. 서양 문화는 먼저 자연을 장악하

---

7) 牟宗三, 『道德的理想主義』, 246쪽.

고 이지(理智)를 드러내어 논리 · 수학 · 과학을 전개한다. 그중에서 '지(智)'가 최고의 원칙이고 주재자이므로 그것을 '지의 계통'이라고도 한다.

머우쭝산의 분석은 여기에서 그치지 않는다. 그는 문화의 공시성으로 중국 문화는 그 자신의 가치가 있으며, 쉽게 부정할 수 없음을 설명해야 한다고 분명하게 지적했으며, 또한 반드시 문화의 역시성으로 중국 문화의 세계적인 가치를 설명해야 한다고 강조했다. 그가 생각하기에 모든 문화계통은 세계성을 구비하고 있다. 왜냐하면 문화의 세계성이 존재해야 비로소 중국 문화의 오묘한 가치를 볼 수 있기 때문이다. 다시 말하면 중국 문화와 서양 문화는 유형이 다른 문화계통으로 가치에서 차이가 있으며 각기 다른 인생경지를 대표한다. 이 관점은 그가 구분한 '집착하는 존유론〔執的執存有論〕'과 '집착하지 않는 존유론〔無執的存有論〕'에서 알 수 있다. '집착하는 것〔執〕'은 세속과의 인연을 끊지 못하는 것을 의미하며, 인생의 가장 낮은 경지에 속한다. '집착하지 않는 것〔無執〕'은 자연과 사람이 하나 됨을 의미하며 인생의 가장 높은 경지에 속한다. '집착하는 것'에서 '집착하지 않는 것'에 이르는 것은 인생수양의 두 단계로 체현되며 또한 인류 사회 발전의 두 단계로 체현된다. 오늘날 중국 유학의 인문가치를 부각시킬 수 있는 근거가 바로 여기에 있다.

신유가는 문화의 공시성을 강조하는 동시에 문화의 역시성을 중시한다. 겉으로는 이 문화태도는 신중하고 타당한 것처럼 보인다. 왜냐하면 인류 문화는 확실히 이 같은 두 가지 품격을 가지고 있기 때문이다. 그러나 문제는, 우리는 도대체 어떤 안목으로 이 같은 문화의 두 가지 품격을 대해야 하는가이다.

인류가 가진 오늘날의 인식수준에서 보면 문화의 역시성과 공시성의 관계는 사람들을 괴롭히는 매우 어려운 문제이다. 신문화운동 이래의 '고금논쟁'과 '유형논쟁' 및 최근 대륙 학계에서 중국 사회는 다선으로 발전해야 하는지 아니면 단선으로 발전해야 하는지를 둘러싸고 전개된 토론은 사실상 같은 문제, 즉 역사와 문화의 개성 혹은 공통성과 관련된 문제이다. 이 문제를 해결하기 어려운 이유는 복잡한 역사와 문화로 인해 개성과 공통성을 구분할 명확한 선을 긋기 어렵기 때문이다. 개성 가운데 공통성이 있고 공통성 가운데 개성이 있다. 이 같은 복잡한 관계 때문에 사람들은 개성과 공통성의 관계를 이지적으로 파악하기 매우 어렵다. 이러하기 때문에 오늘날 깊이 있는 사고를 하지 않는 게으른 사람들의 철학은 이 두 가지의 관계를 모호하게 추리한다. 그들은 개성도 인정하고 공통성도 인정했으며, '변증적 통일'이라는 상투어로 개성과 공통성의 관계를 해결하려고 했지만 사실상 문제를 해결하는 데 조금도 도움이 되지 않았다. 왜냐하면 이런 추리는 사람들이 개성과 공통성의 관계를 어떻게 대해야 하는지에 대한 명확한 답안을 제시하지 못하기 때문이다.

신유가의 문화이론을 게으른 사람들의 철학이라고 보아서는 안 된다. 문화의 개성과 공통성에 대한 그들의 사상은 심혈을 기울인 것이다. 그러나 사람들이 동의할 수 없는 이유는 그들이 역시성과 공시성을 선택할 때 완전히 공리적인 목적을 가지고 선택했기 때문이다. 그들은 문화학적인 방면에서 혹은 인류 문화의 발전노선에서 합리적인 구상의 틀을 마련하지 않았으며 자신의 필요에 따라 임의대로 두 가지를 선택했다고 할 수 있다. "모든 민족의 문화가 스스로 계통과 체계를 형성한다면 어째서 중국의 유가 전통이 세계적인 가치를 구비하는가" 라고 묻는다면, 그들은 단지 문화의 역시성으로 이 물음에 대답할 수밖에 없다. 사실상 본질적으로 말하면 문화의 공시성과 역시성은 서로 위배된다. 문화의 계통이 서로 다르고 우열의 문제가 존재하지 않는다면 중국의 유학 전통이 다른 민족의 문화 전통보다 높은 단계에 있다는 것은 불가능하다.

문화는 사람이 창조한 것이며 사람은 근본적으로 말하면 역사성을 구비한 동물이다. 따라서 문화를 이해할 때는 마땅히 역사적인 관점에서 이해해야 한다. 이것은 우리가 문화의 개성과 공통성을 이해하는 관건이며 유일한 통로이다.

원시시대의 인류는 개성도 있었고 공통성도 있었다. 두 가지를 비교하면 공통성이 더 중요하고 더 분명했다. 그들은 주어진 환경에서 자연물을 통해 기본적인 생존문제를 해결했다. 강과 바다 근처에서 생활하던 원시인들의 먹을거리는 대부분 어패류였으며, 산에서 생활하던 원시인들의 먹을거리는 과일 혹은 동물이었다. 습득할 수 있는 주식물이 달랐기 때문에 그들이 사용하던 최초의 도구 역시 달랐다. 고기를 잡으려면 작살을 사용해야 하고 동물을 잡으려면 활 같은 무기를 사용해야 한다. 이것은 원시문화의 개성이다. 그러나 이 같은 개성은 동시에 공통성으로 간주할 수 있다. 왜냐하면 아시아·유럽·미주·아프리카·오스트레일리아 등 산간지대에서 생활한 모든 원시인들이 얻을 수 있었던 주식물의 종류 또는 사용하던 도구는 기본적으로 대동소이하기 때문이다. 연안 기슭에서 생활하던 원시인들의 상황 역시 마찬가지다. 그래서 우리는 고고학 자료에서 세계 각지의 원시인들은 모두 석기를 사용했으며 모두 구석기 시대에서 신석기 시대와 철기시대로 넘어간 역사가 있었음을 발견할 수 있다.

더욱 중요한 것은 도구를 제작하는 것은 원시문화의 한 부분일 뿐이며 이밖에 종교와 예술 등 여러 방면의 내용이 있다. 원시인의 생활에서 종교와 예술은 가장 중요한 두 가지 문화영역이었다. 우리는 세계의 모든 원시민족들이 종교와 예술 방면의 문화를 창조했다는 것에서 기본적으로 동일하다는 점을 어렵지 않게 발견할 수 있다. 종교 방면에서 그들은 대부분 토템을 숭배했다. 그들은 만물이 영혼을 가졌다고 믿었고, 동물신과 식물신을 숭배했으며, 산·강·태양·달·별을 숭배했다. 자연물 숭배는 대부분 발전단계가 비슷하다. 회화를 예로 들면, 최초에는 표현할 대상을 확대하거나 축소하지 못했다. 소의 머리를 그릴 때는 실물처럼 크게 그렸으며, 개구리를 그릴 때는 실물처럼 작게 그렸다. 더 흥미 있는 것은, 인류는 매우 일찍부터 생식 기관에 대한 수치심이 있었으며, 신체의 기타 부위는 적나라하게 드러낼 수 있었으나 유독 생식 기관만은 감추어 놓았다. 이 현상은 거의 모든 민족에서 나타나지만 대체적으로 유대인이 가장 먼저 이 문화현상이 있었다. 그래서 그들이 구상한 '원죄설'에서는 아담과 하와가 에덴동산에서 쫓겨날 때 부끄러워서 나뭇잎으로 생식 기관을 가렸다는 내용이 있다. 바로 원시인의 문화는 주로 공통성을 체현하기 때문에 오늘날 원시문화를 연구하는 사람들은 인류 사회의 선사시대를 고찰할 때 어떤 지역 혹은 어떤 민족의 문화가 세계성을 구비했다고 간주해서 전체적으로 고찰하는 것이다. 예를 들어 예술의 기원을 연구할 때 연구자는 모든 원시민족의 실증자료를 이용할 수 있으며, 각 민족의 예술이 나타나게 된 특수성 문제를 고려할 필요가 없다.

그렇지만 인류가 원시상태에서 벗어나 문명사회로 들어가면 바로 문화의 다양성이 나타나며 공통성은 점점 희박해진다. 그 원인은 다음과 같다.

첫째, 원시인의 지식은 단순하기 때문에 자연만물을 인식할 때 직접 자연만물을 투시하려고 한다. 그들은 자연만물을 분명하게 인식하지 못하더라도 이론적인 속박을 받지 않는다. 문명인은 그렇지 않다. 그들은 분명하게 자연을 인식하려고 하며 분명하게 사회와 인생을 인식하려고 한다. 다시 말하면, 문명인은 자연·사회·인생의 세 가지 세계에 직면했으며, 원시인은 단지 자연세계에만 직면해 있다. 세 가지 세계에 직면하는 인간은 반드시 세 가지 문화계통 혹은 세 가지 지혜를 형성한다. 이 세 가지 지혜는 사람들이 문화를 창조하는 기본적인 동력이다. 이 세 가지 지혜의 많고 적음에 따라 문명인이 창조한 문화의 성과에 차이가 드러난다.

둘째, 인류는 대자연의 일부분이며 언제나 자연환경의 제약을 받는다.

원시인은 주로 자연계에 의지했기 때문에 활발한 문화 창조활동을 전개하지 못했다. 문명인은 원시인과 다르다. 그들은 자연에 의지할 뿐만 아니라 자연계 이외의 인문세계를 창조해낼 수 있다. 인문세계는 사람들의 창조적인 사유를 통해 형성되지만 동시에 자연조건의 영향을 받는다. 다시 말하면, 자연조건의 차이는 간접적으로 사람들의 창조적인 사유 활동에 영향을 미친다. 그렇기 때문에 서로 다른 자연환경에서 생활하는 문명인이 창조한 인문세계 역시 각기 다르게 나타난다.

셋째, 문명인이 직면하는 자연·사회·인생의 세 가지 세계는 원시인이 직면했던 자연세계에서 발전되었다. 이 세 가지 세계에서 자연세계와 관련 있는 지식계통 및 문화성과는 자연조건의 제약을 받음으로써 각 민족마다 차이는 있지만 근본적인 차이는 아니다. 왜냐하면 사람들이 지닌 자연지식의 근원은 근본적으로 동일하기 때문이다. 그들은 같은 지구상에서 같은 하늘을 바라보면서 생활하며, 주위의 자연사물 역시 대동소이하기 때문에 그들이 습득하는 자연지식 역시 대동소이할 수밖에 없다. 그러나 사회와 인생이라는 두 세계의 상황은 매우 다르다. 이 두 세계는 완전히 인류 스스로 형성한 세계이다. 그들은 원시사회를 벗어난 이후 재부와 권력의 유혹과 이로 말미암아 야기된 사람과 사람 사이의 투쟁 및 이러한 투쟁으로 인해 야기된 영혼의 불안은 새로운 문화를 창조하게 되었다. 그 내용은 광범위하지만 대체적으로 종교·윤리·예술·정치의 측면을 벗어나지 않는다. 사회와 인생의 문제는 인류의 공통적인 문제이며 이 두 세계의 문화현상 역시 기본적으로 동일하다. 그러나 각 민족의 문명이 발생하게 된 배경과 조건이 다르기 때문에 이 두 세계에서 창조한 문화 역시 각기 다른 모습을 형성했다.

위에서 서술한 세 방면의 원인으로 인해 인류가 문명사회로 진입하자마자 그들이 창조한 문화는 각양각색의 모습을 드러냈으며, 각 민족문화의 개성이 인류 문화의 공통성을 압도했고 민족성이 세계성을 압도하게 되었다.

그러나 문명사회에서 문화의 개성은 시공간의 제약을 받는다. 민족문화의 개성이 존재하는 가장 근본적인 원인은 바로 이러한 문화는 상대적으로 폐쇄적인 국면에서 나타나고 지속되기 때문이다. 일단 폐쇄적인 국면이 타파되면, 특히 전 세계의 문명이 하나로 연계되면 각 민족문화의 개성은 반드시 문화의 공통성으로 발전한다. 이런 형세에서 각 민족은 자기 문화의 개성을 고집할 수 없다. 선진적인 민족은 여러 가지 방식을 통해 자기의 문화체계를 전 세계에 보급하며, 낙후된 민족은 반드시 선진문화를 받아들이거나 선진문화에 의지해서 자기의 민족문화를 개조하고 일체화라는 세계 문화의 대조류를 향해 나아간다. 전체적으로 보면 몇 백 년의 세계 역사는 바로 이러한 큰 방향을 따라서 진행되었다. 오늘날의 세계는 민족과 국가가 여전히 존재하지만, 민족문화의 개성은 나날이 희박해지며, 세계 문화의 공통성으로 대체되고 있다. 이 과정은 점진적이지만 기세가 맹렬해 막을 수 없다. 특히 교통의 발달과 신문매체의 현대화는 민족문화의 개성을 파괴하는 중요한 요인이다.

물론, 세계문명이 하나로 연계되는 오늘날에도 각 민족문화의 개성은 여전히 존재하며 어떤 것은 계속해서 존재할 것이다. 예를 들면 밥을 먹을 때 서양인은 칼과 포크를 사용하고 중국인은 젓가락을 사용하며, 서양인은 성탄절을 중시하고 중국인은 설날을 중시하는 것과 같다. 이 같은 차이는 수세기가 지나도 여전히 존재할 것이다. 그러나 다른 수많은 문화현상과 비교하면 위에서 서술한 두 가지 예와 이와 유사한 문화의 차이는 그다지 중요한 것이 아니다.

이상의 분석에서 알 수 있는 것은, 인류 문화의 개성과 공통성, 공시성과 역시성은 원래 계속해서 변하고 발전하는 것이다. 확실하게 말하면, 원시사회의 문화는 주로 공통성으로 체현되었고, 전통사회의 문화는 주로 개성으로 체현되었으며, 현대사회의 문화는 다시 공통성으로 체현된다. 이러한 발전의 과정은 정반합(正反合)의 과정이다. 그렇기 때문에 우리는 문화를 고찰할 때 마땅히 역사적인 관점에서 출발해서 정반합의 과정을 파악해야 한다. 이렇게 해야 우리가 역사를 사고하고 미래를 구상할 때 문화의 공시성과 역시성에 구속되지 않게 되며, 시기에 적합하지 않은 문화 선택을 하지 않게 된다.

문화 전파와 문화의 민족성

20세기 이래 중국 사상계에서 전개된 문화문제와 관련된 논쟁은 사실상 문화 전파의 문제를 어떻게 볼 것인가와 관계되며, 전반서화론·중체서용론·서체중용론·국수론 등등의 각종 문화 주장은 사실상 서양 문화가 중국에 전파되어 중국 사회에 심각한 영향을 미치는 상황에서 나타난 각종 반응이다.

문화의 전파는 문화가 발전하는 방식이다. 일종의 선진적인 문화 혹은 새로운 문화현상이 나타나기만 하면 그것은 바로 전파될 가능성을 구비하게 된다. 전파의 성공 여부는 이러한 문화 또는 문화현상이 가진 전파의 역량에 따라 결정되며, 전파의 역량은 이러한 문화 또는 문화현상이 가진 생명력과 가치정도에 따라 결정된다. 다시 말하면 모든 문화가 밖으로 전파될 수 있는 것이 아니며, 모든 문화가 다른 민족에게 받아들여지는 것이 아니다. 대체적으로 말하면 전파될 수 있고 받아들여질 수 있는 문화는 다음과 같은 몇 가지 특징이 있다. 첫째, 사람들의 일상생활에 직접적인 도움이 되어야 한다. 둘째, 다른 민족이 가진 같은 종류의 문화와 비교해서 분명한 우수성을 구비해야 한다. 셋째, 전체적으로는 다른 민족의 문화와 비교할 수 없을지라도 어떤 한 방면에서는 확실히 다른 민족에게 결핍된 부분이 있어야 한다. 넷째, 다른 민족의 문화보다 우수하지 않더라도 본 민족의 강대한 군사력으로 전쟁을 일으킨 이후 본 민족의 문화를 다른 민족에 강제로 보급한다.

문화의 전파는 점진적인 것과 돌발적인 것의 차이가 있고, 분산적인 것과 전체적인 것의 차이가 있으며, 또한 쌍방향성과 단방향성의 차이가 있다.

점진적인 문화의 전파는 주로 상업 활동 또는 민족 간의 우호적인 왕래를 통해서 이루어진다. 민족 간의 접촉이 많아지면 문화의 우수한 성분은 반드시 다른 민족에 전파된다. 이 과정은 먼저 한 가지 또는 몇 가지 문화 성과를 전파하면서 시작되며, 시간이 지남에 따라 서로 배우는 내용이 점점 증가한다. 돌발적인 문화의 전파는 일반적으로 군사적인 침략과 함께 이루어진다. 정복자는 피정복자의 민족에 통치 질서를 건립하기 위해 언제나 피정복민족의 문화를 소멸시키는 방법으로 상대방의 민족응집력을 타파하고, 동시에 자기 민족의 문화계통을 강제로 상대민족에게 주입시키려고 한다. 이 두 가지 문화 전파방식 가운데 후자의 방법은 오랫동안 지속되지 못했다. 왜냐하면 무력적인 정복은 피정복민족의 문화가 형식상에서 잠시 위축되게 할 뿐이며, 반대로 피정복민족은 이민족의 통치에 대한 반발 심리로 인해 민족문화를 보호하는 데 더욱 집착하기 때문이다.

분산적인 문화 전파는 두 민족 사이의 문화교류가 개별적인 문화성과의 교류에 국한되는 것을 가리킨다. 이는 고대세계에서 자주 볼 수 있던 문화 전파 방식이다. 한 민족이 일단 본 민족에게 결여되었거나 혹은 본 민족의 문화성과보다 우수한 부분을 다른 민족이 가지고 있음을 알게 되면 주동적으로 그것을 받아들이며, 본 민족에 도움이 되지 않거나 혹은 그다지 도움이 되지 않는 문화를 배척하게 된다. 전체적인 문화 전파는 두 민족 사이에서 한 민족의 문화성과가 전체적으로 다른 한 민족의 문화보다 우월할 때 이루어지며, 이 전파방식은 마치 하나의 유기체처럼 내재적인 운행원리를 가진 완전한 체계를 갖춘 문화가 기타 문화에 전파되는 방식이다. 이 같은 전파방식은 분산적인 것이 아니라 매우 계통적이다.

쌍방향성의 문화 전파는 일반적으로 문화의 우열을 가릴 수 없는 두 민족 사이에서 발생한다. 다시 말하면, 한 민족은 다른 민족의 문화성과를 배울 수 있으며 동시에 본 민족의 문화성과를 다른 민족에게 제공할 수 있다. 그들과 문화적 교류가 발생한 다른 민족의 상황 역시 마찬가지다. 두 민족이 접촉하기만 하면 문화의 전파방식은 서로 배우고 함께 발전하는 방식이 된다. 두 민족의 문화성과가 매우 큰 차이가 있다면 그 차이는 선진과 낙후의 차이, 문명과 야만의 차이, 개화와 미개화의 차이가 된다. 이러한 상황에서 왕래가 시작되면 선진, 문명, 개화의 쪽에 속하는 민족은 반드시 자기의 문화계통을 낙후, 야만, 미개화의 쪽에 속하는 민족에 보급하려고 한다. 이러한 단방향성의 문화 전파방식은 맹자가 "물은 아래로 흐르며 그 왕성한 기세를 누가 막을 수 있겠는가?"[8]라고 말한 것과 같다.

위에서 서술한 몇 가지 문화 전파방식을 분명하게 이해하면 우리가 고대의 중국 문화와 근대의 중서문화 충돌 및 오늘날 마땅히 취해야 할 문화태도를 인식하는 데 도움이 될 것이다.

청 정부가 한동안 쇄국을 실행했기 때문에 수많은 학자들이 중국 문화를 폐쇄적인 문화라고 생각하게 되었다. 사실상 중국 문화는 나타날 때부터 개방적인 성격이 풍부한 문화였다. 그 이유는 주변민족과 비교해서 중국 문화는 여러 방면에서 앞서가는 위치에 있었기 때문이다. 아편전쟁 이전까지 중국인은 문화적인 위기감을 가지지 않았으며, 자국의 문화에 대

8) 『孟子 · 梁惠王章句上』, "水之就下, 沛然誰能御之."

한 낙관적인 태도를 견지했다. 맹자가 "나는 중원의 문명으로 이족의 문명을 변화시켰다는 것은 들었지만, 이족의 문명에 의해서 중원의 문명이 바뀌었다는 것은 듣지 못했다."[9]라고 한 말이 이러한 문화태도를 잘 표현한다. 이러한 문화태도와 근대의 전통파가 가지고 있었던 낙관주의적 문화태도는 다르다. 전자의 낙관주의는 충분한 이유가 있다. 왜냐하면 동양에서 중국 문화가 가장 유구한 역사를 가졌으며, 가장 풍부한 문화성과를 가졌기 때문이다. 후자의 낙관주의는 아큐(阿Q)의 심리를 지닌 문화태도이다. 왜냐하면 백여 년의 중국역사에서 찬란한 중국 문화는 이미 과거의 상황이 되었으며 전통은 현대의 중국 문제를 해결하는 데 도움이 되지 않을 뿐만 아니라 오히려 장애가 된다는 것을 여러 차례 표명했기 때문이다.

중국 문화는 개방적인 성격이 있었지만 수천 년간 선진문화 혹은 중국 문화에 필적할 만한 다른 문화의 도전을 받아보지 못했기 때문에 생명력이 나날이 왕성해진 것이 아니라 오히려 위축되고 정체되었으며, 결국 서양 문화의 충격을 견디지 못해 문화는 방향을 잃고 사회는 질서를 잃는 국면이 나타났다.

수천 년의 중국역사를 살펴보면 우리는 이 같은 의미심장한 현상을 발견할 수 있다. 중국의 지세는 서북에서 동남으로 기울어져 있으며, 정치와 문화 역시 마찬가지다. 역대로 정치의 중심은 대부분 시안과 베이징에 있었지만 고대의 중국지도를 살펴보면 시안과 베이징은 중국의 중심이 아니었다. 더욱 의미 있는 것은 농민봉기, 군웅들의 패권전쟁 같은 큰 군사적인 행동은 대부분 남하하면 승리하고 북상하면 패배했다는 점이다. 진시황이 6국을 통일하기 전에 진·제·초의 삼대 강국이 있었는데, 제나라는 동쪽에 있었고, 초나라는 남쪽에 있었으며, 진나라는 서쪽에 있었다. 그

9) 『孟子 · 騰文公上』, "吾聞用夏變夷者, 未聞變于夷也."

결과 통일의 대업을 완성한 것은 진나라였다. 동한(東漢) 이후의 위·촉·오 삼국 가운데 오나라는 동쪽에 있었고, 초나라는 서남쪽에 있었으며, 위나라는 북쪽에 있었다. 그 결과 역시 북방에 위치한 위나라가 통일을 완성했다. 이 현상은 20세기에도 마찬가지다.

중국 문화의 전파와 교류 상황 역시 이러하다. 대체적으로, 수천 년간 중국이 받아들인 외래문화는 주로 서역문화이며, 중국이 자국의 문화를 전파한 곳은 주로 동양의 한국, 일본과 동남아 일대이다. 주의해야 할 것은, 중국과 서역 사이에 이루어진 문화 전파의 관계는 쌍방향적이었으며, 한국·일본·동남아 각국 사이에 이루어진 문화 전파의 관계는 단방향적이었다.

이 같은 문화 전파의 상황은 중국 문화의 우수성을 반영하지만 동시에 현대 중국인이 외래문화를 받아들이는 데 장애가 된다.

첫째, 중국인은 고대부터 문화종주국이라는 자부심과 우월감이 있었다. 그들은 문화 쇼비니즘(chauvinism: 배타적 애국주의)을 가지지 않았지만 관념상에서 주변민족을 업신여겼다. 서양 문화가 조수처럼 밀려올 때 그들은 가장 먼저 이 같은 문화태도로 서양 문화를 대했다. 그리고 본 민족의 문화가 서양 문화를 효과적으로 방어할 수 없음을 느꼈을 때 정신문명과 물질문명이라는 이분법을 채용했으며, 아큐 정신을 사용해서 심리적인 보상을 받으려고 했으며, 동시에 중국 정신문명의 가치를 높이는 방식으로 서양 문화의 현실적인 가치를 낮추었다.

둘째, 산발적으로 중국에 유입된 서북 각 민족의 문화는 대부분 중국 문화에 동화되거나 소멸되었다. 불교가 가장 전형적인 예이다. 불교는 동쪽에서 유입되어 처음에는 도가에 의지하고 이후에는 유가와 친화하면서 수당 시기에 이르러 결국 중국화되었으며, 중국적인 특색이 매우 풍부한 천태종·법상종·선종을 탄생시켰다. 원나라와 청나라는 북방민족이 건립한 왕조였다. 이 두 왕조는 처음에는 모두 정권의 역량을 통해 그들의 문화를 보급하려고 했으나 효과가 없었으며, 결국 한족문화에 동화되었다. 중국 전통문화의 이 같은 동화능력에 의해 근대 중국의 문인들은 불교신자, 몽골인, 만주인을 동화했기 때문에 서양 문화 역시 반드시 동화할 수 있을 것이라고 굳게 믿었다.

이상과 같은 두 가지 문화태도는 바로 현대 신유가들이 가진 문화태도이다.

량수밍은 중국인이 문화를 선택하기 위한 두 가지 원칙을 정했다. 즉 서양 문화에 대해서는 '전반적으로 받아들여 근본적으로 개조하는 것'이며, 중국 문화에 대해서는 '중국 원래의 태도를 비판적으로 계승하는 것'이다. 서양 문화를 받아들여 근본적으로 개조한다는 것은 서양 문화를 받아들일 수 있지만 반드시 중국의 유가 문화로 그것을 개조해서 중국의 문화정신에 부합하게 해야 한다는 것을 말한다. 탕쥔이는 한 민족이 형이상학적인 방면을 망각하고, 정신 방면을 망각하고, 예술 방면을 망각한다면 반드시 절망적인 경지로 나아가게 된다고 생각했다. 그래서 그는 중국의 미래 문화를 건설할 때 전통문화에 의지해야 하며, 다른 한편으로 서양의 우수한 문화성과로 민족문화의 부족한 부분을 보충해야 한다고 주장했다. 첸무가 생각하기에 20세기의 중국은 두 가지 큰 문제가 있다. 하나는 어떻게 중국을 부강하게 하는가이며, 다른 하나는 어떻게 전통문화의 불씨가 꺼지지 않게 하는가이다. 첫 번째 문제를 해결하려면 반드시 서양 문화를 배워야 하며, 두 번째 문제를 해결하려면 반드시 전통문화를 보호해야 한다. 그러나 그는 서양 문화를 받아들일 때 반드시 중국 문화로 그것을 동화해야 하며 원칙 없이 두 문화를 결합해서 일종의 새로운 문화를 만들어서는 안 된다고 생각했다. 탕쥔이 역시 서양 문화를 마땅히 받아들여야 하지만 받아들이는 것은 반드시 중국 전통의 인문정신에 부합해야 한다고 생각했다.

민주자유를 예로 들면, 중국 고대에 없었기에 그것을 받아들이는 것은 중국에서 민주를 건설하는 데 매우 큰 도움이 된다. 그러나 반드시 중국의 도덕정신과 결합해야 되며, 자유민주의 정신으로 중국인의 도덕정신을 향상시킬 수 있어야 한다.

다시 말하면, 서양 문화를 받아들일 때 중국 전통의 문화정신에 의거해서 필요에 따라 서양 문화를 선택해야 하고, 중국의 문화정신에 이롭지 않는 것은 배척해야 하며, 다른 한편으로는 선택한 것은(주로 민주와 과학) 반드시 중국의 문화정신으로 그것을 새롭게 개조하고 동화시켜야 한다.

지적할 필요가 있는 것은, 이러한 문화 주장은 현대 신유가들이 가장 먼저 제기한 것이 결코 아니라는 점이다. 사실상 장즈둥의 '중체서용론'이 이 같은 문화 주장의 전주곡이었다. 몇 년 전부터 국민들 사이에서 "알맹이를 취하고 찌꺼기를 버린다."는 구호가 광범위하게 유행하고 있다. 최근에 어떤 사람은 일종의 '망사창'을 설치하는 방법을 제기했으며, 서양 문화를 받아들이기 전에 먼저 입장을 분명하게 하고 '망사창'을 설치하면 필요한 서양 문명의 성과가 신선한 공기처럼 유통되어 들어오며 쓸모없는 찌꺼기는 모기처럼 망사창 밖에 걸린다고 생각한다.

게다가 오늘날 대륙에서 "알맹이를 취하고 찌꺼기를 버린다."는 구호는 국민들이 입버릇처럼 말하는 상투어가 되었고, 전통문화와 서양 문화를 이야기할 때마다 사람들은 이러한 상투적인 말로 모든 문화문제를 해결할 수 있다고 생각하며, 이런 상투어가 도대체 문화 주장이 될 수 있는지 없는지, 중국 문제를 진정으로 해결할 수 있는지 없는지 깊이 있게 생각하지 않는다. 사실상 이러한 말은 아무런 의미도 없다. 겉으로 보면 매우 취할 만하고 과학적인 것처럼 보이지만 사실은 중국 문제를 해결하는 데 조금도 도움이 되지 않을 뿐만 아니라 오히려 해가 된다. 그 이유는 다음과 같다.

첫째, 알맹이를 취하고 찌꺼기를 버리려면 먼저 무엇이 알맹이이고 무엇이 찌꺼기인지를 분명하게 해야 한다. 이 문제가 해결되지 않으면 취하고 버린다는 것은 말할 수 없다.

둘째, "알맹이를 취하고 찌꺼기를 버린다."는 말의 관건은 어떻게 취하고 어떻게 버리는가에 있다. 확실하게 실행할 수 있는 방법이 없다면 이 말은 의미가 없다.

셋째, 전통문화와 서양 문화에 대해서 사람들의 주관적인 염원에 따라 취하고 싶으면 취하고 버리고 싶으면 버릴 수 있는 것인지 반드시 고려해야 한다. 그렇지 않다면 취하고 버린다는 말은 마찬가지로 의미가 없다.

넷째, "알맹이를 취하고 찌꺼기를 버린다."라는 말은 사실상 같은 뜻을 반복하는 말이며, 논리학에서 말하는 "갑은 갑이고 을은 을이다."와 마찬가지다. 알맹이를 취하고 찌꺼기를 버린다는 뜻은 "취할 것은 취하고 버릴 것은 버려야 한다."는 말과 같다. 이 말은 큰 의미가 없다.

다섯째, 전통문화와 서양 문화의 '알맹이'와 '찌꺼기'에 대한 견해는 사람마다 차이가 있다. 민주자유를 예로 들면 어떤 사람은 그것을 알맹이로 보고 어떤 사람은 찌꺼기로 본다. '알맹이'와 '찌꺼기'에 대한 공인된 인식표준이 없기 때문에 이 말은 매우 쉽게 사람들에게 이용되어 우민사상의 도구가 된다. 그 결과 취하는 것이 찌꺼기가 되고 버리는 것이 알맹이가 될 수도 있다.

아래에서 신유가가 주장하는 중국의 인문정신으로 서양 문화를 선택 또는 동화하는 것이 가능한지 아닌지 살펴보자.

한 민족이 다른 민족의 문화를 받아들일 때 확실히 선택할 수 있는 가능성이 있다. 그렇지 않다면 사람들의 주체성이 없어진다. 사람들은 공리적인 목적을 가지고 다른 민족의 문화를 받아들이며, 그들이 받아들이는 것은 본 민족이 결핍된 것이거나 혹은 본 민족보다 우월한 것이다. 다시 말하면 그들이 다른 민족의 문화를 받아들이기 전에 언제나 어떤 것을 취해야 하고 어떤 것을 취하지 않아야 하는가를 먼저 고려한다. 이 선택은 상점에서 물건을 사는 것과 매우 비슷하다. 사람들은 상점에서 물건을 살 때 자신에게 없는 것 또는 자신이 좋아하는 것을 고른다. 이러하기 때문에 중국 여인들의 전족(纏足) 같은 케케묵은 풍속은 다른 민족으로 전파되지 않았으며, 중국인이 불교를 받아들였지만 인도인의 종성제도(種姓制度)를 받아들이지 않았다.

그렇지만 우리가 반드시 알아야 하는 것은, 상품을 선택하는 것과 같은 문화 전파방식은 두 민족의 왕래가 빈번하지 않는 상황에서 발생한다. 다시 말하면 이 전파방식은 전통사회에 적합하며, 각 민족이 폐쇄된 상황에서 일어날 수 있다. 민족 간의 교류가 빈번해지고, 특히 인류의 역사가 하나로 연계되면 이 같은 문화 전파방식은 효과가 없다.

이와 관련된 예는 고대 세계에서도 찾아볼 수 있다.

초나라와 중원은 서주(西周)와 춘추(春秋)시대에 문화적인 교류가 있었다. 당시의 두 지역을 비교하면 중원의 문명수준이 비교적 높았다. 두 나라 사이에 교류가 많지 않았기 때문에 초나라 사람들이 중원문화를 받아들일 때 채용한 것은 상품을 고르는 것 같은 방식이었다. 다시 말하면 당시의 중원문화는 제한적으로 초나라에 전파되었다. 특히 주나라 초기에 형성된 예의제도 및 그로 인해 형성된 사상문화는 초나라 사람들에게 그다지 큰 영향을 미치지 못했다. 예를 들면 공자는 '천하'의 관념을 '국가'의 관념보다 중시했기 때문에 여러 나라를 두루 다니면서 노나라에서 관료가 될 수 있었고 다른 국가에서 '왕의 스승'이 될 수 있었다. 그러나 2백여 년 이후의 굴원(屈原)은 단지 '국가'의 관념만 있었으며 '천하'의 관념이 없었다. 그는 초나라가 뜻을 이루지 못한 이후 국사를 돌보지 못한 것에 분개하여 『이소(離騷)』[10]를 지었고, 최후에 강물에 몸을 던짐으로써 자신의 절개를 지키려고 했으며, 공자와 맹자처럼 다른 나라로 가서 자신의 재능을 발휘할 곳을 찾지 못했다. 그렇지만 진시황이 6국을 통일한 이후 초의 땅과 중원 사이에 '국가'의 경계가 없어졌으며, 그들이 중원문화를 받아들일 때는 상품을 고르는 방식이 아니라 전체적으로 받아들였다. 이 때부터 두 지역 간의 문화차이는 좁혀졌으며 점점 더 모호해졌다.

다시 고대의 그리스와 로마를 예로 들어 보자. 로마문명은 그리스문명보다 늦게 흥기했으며 그리스 문화와 대규모의 교류가 이루어지기 이전에 로마인이 산발적으로 그리스 문화를 받아들였다. 그러나 기원전 2세기에 로마인이 그리스 세계를 정복한 이후 그들은 완전히 그리스 문화에 굴복되어 산발적인 흡수에서 전반적인 수용으로 바뀌었다. 그래서 오늘날의 사람들은 "로마인은 무력으로 그리스를 정복했으며 그리스인은 문화로 로마를 정복했다."고 한다.

현대세계는 편리한 교통과 통신매체의 발달로, 특히 언어장벽이 없어짐으로써 전체 인류 문화는 하나로 연계되었으며, 문화의 세계성이 문화의 민족성을 대체하게 되었다. 국가와 민족은 여전히 존재하지만 그 의미는 매우 크게 변했다. 전통사회에서 국가와 민족은 주로 문화의 매개체였지만 현대사회에서 국가와 민족은 주로 이익집단의 대명사이며, 매개체로서의 기능은 희박해졌다. 현대인은 세계인, 지구인이 되었으며 단지 한 민족에 속하는 사람이 아니다. 그러나 다른 한편으로, 현대세계에서 민족과 민족 사이에 여전히 문화적인 차이가 존재하며, 민족문화와 세계 문화가 완전히 일치하는 것은 아니다. 바꾸어 말하면, 수많은 민족들이 외래문화를 받아들이는 데 여전히 문제를 안고 있다.

그렇지만 현대사회가 전통사회와 다른 것은, 현대사회에서 문화는 산발적으로 전파되는 것이 아니라 전체적으로 전파된다는 점이다. 일종의

10) 초사(楚辭)의 대표적인 작품이름, 초(楚)의 굴원(屈原)이 지은 장편 서사시. - 옮긴이

문화가 현대사회에서 주도적인 위치를 확립하기만 하면 그것 자체의 우월성은 단지 한 방면에 그치는 것이 아니라 전체적이고 종합적이다. 그것의 물질문화가 현대적이라는 것은 그것의 제도문화와 정신문화 역시 현대적임을 의미한다. 여기에서 이러한 문화는 반드시 전체적으로 전파된다는 것이 결정된다. 마찬가지로 낙후한 민족이 선진문화를 받아들일 때 반드시 전체적으로 받아들이며 전통사회처럼 상품을 고르는 방식으로 선진문화를 받아들일 수 없다. 왜냐하면 이러한 문화가 세계 각지로 전파될 수 있는 이유는 그 자체가 전체적으로 다른 민족문화보다 우월하기 때문이며, 또한 인류 문화의 발전 추세와 발전 방향을 대표하기 때문이다. 설령 그것이 어떤 민족 혹은 어떤 지역에서 흥기했으며, 민족의 이익을 따라 세계로 퍼지더라도 일단 전 인류에 의해서 받아들여지기만 하면 그것은 자신의 문화개성을 초월한다.

부정할 수 없는 것은 선진적인 문화라고 하더라도 불가피하게 이상에 부합하지 않는 성분, 즉 사람들이 말하는 '찌꺼기'가 있다. 사람들이 말하는 것처럼 '망사창'을 설치해서 선진문화의 우수한 성분을 받아들이고 '찌꺼기'를 나라 밖에서 저지할 수 있다면 당연히 매우 좋을 것이다. 그러나 '망사창'을 설치할 수 있는가. 설치했다고 하더라도 '찌꺼기'가 '망사창'을 뚫고 통과하지 않는다고 어떻게 보장할 수 있는가의 문제가 여전히 남아 있다. 현대사회의 문화 전파가 전체적이라면 문화를 받아들이는 민족은 반드시 문화의 '알맹이'와 '찌꺼기'가 함께 들어오는 것을 준비해야 한다. 문화는 사람들에 의해 창조되고 발전하지만 동시에 자신의 규율이 있다. 문화의 '찌꺼기'는 사회의 진보를 따라 자연히 감소한다. 이 현상은 절대적으로 믿을 수 있다. 만약 '망사창'을 설치한다면 효과가 없을 뿐만 아니라 문화의 '알맹이' 역시 저지당한다. 더욱 중요한 것은, '망사창'을 설치하려는 생각은 다른 속셈을 가진 사람들이 매우 쉽게 이용할 수 있으며 선진문화를 거부하고 배척하는 울타리가 될 수 있다. 이러하다면 '망사창'이 저지하는 것은 모기 같은 유해한 곤충이 아니라 신선한 공기일 것이다.

중국 전통문화가 오늘날에도 여전히 외래문화를 동화할 능력이 있는지 이야기해 보자. 부정할 수 없는 것은, 중국 문화는 고대사회에서 매우 강한 동화능력을 가지고 있었으며, 동화할 필요가 없는 것 이외의 모든 외래문화는 중국 문화에 의해 동화되었다. 그렇지만 19세기 중엽부터 중국 문화가 직면한 서양 문화는 중국 문화와 비교할 수 없는 매우 높은 수준의 문화였다. 이러하기 때문에 아편전쟁 이후의 중국사는 재난사가 되었으며, 비참한 역사가 되었다. 문화의 동화는 매우 간단한 규율을 가지고 있다. 즉 동화하는 자와 동화되는 자의 관계는 선진과 낙후의 관계이다. 상대방과 비교해서 자신이 낙후한 쪽이면 상대방을 동화하는 것은 불가능하다. 이 관계는 현대의 기업이 서로 합병할 때와 매우 비슷하다. 기업경영이 양호하지 않고, 상품 질량이 떨어지고, 시장을 개척하지 못하면 자연히 경쟁능력이 없어지기 때문에 문을 닫거나 다른 기업에 합병되어야 하며 다른 기업을 합병하는 것은 불가능하다.

위에서 중국 전통문화가 외래문화를 동화할 수 있는 능력을 구비했던 이유는 이역문화가 산발적으로 중국에 전파되어 매우 쉽게 동화할 수 있었기 때문이라고 했다. 그러나 근대의 서양 문화는 그렇지 않았다. 그것이 세계 각지로 전파될 때 산발적으로 전파된 게 아니라 전체적으로 전파되었으며, 물질문화·제도문화·정신문화가 삼위일체가 되어 대단한 기세로 세계 곳곳에 유입되었다. 빈곤하고 연약한 상태인 중국인은 인류 문명의 최신성과를 대표하는 이역문명을 동화할 능력이 없으며 또한 동화할 필요가 없다. 현명한 선택은 세계 역사의 대조류에 순응하는 것이며, 좁은 의미의 민족적 편견을 버리고 도량을 넓혀 그것을 받아들여 강국의 길로 나아가는 것이다.

서양 문화를 어떻게 대해야 하는가

신유가는 중서문화의 비교를 통해 중국의 유학 전통을 고양하려고 했다. 그들이 문화를 비교할 때 주로 유학 전통과 서양 문화를 비교한 이유는, 인류 문명사에서 가장 심오한 문화 전통은 중국 유학과 서양 각국의 문화라고 생각했으며, 또한 근대에 접어들어 서양 문화의 충격으로 유학 전통이 희박해지고 국민들의 심령이 동요되었다고 생각했기 때문이다. 그들이 서양 문화를 연구하고 중국 문화와 비교한 이유 또한 공맹유학을 부흥시키고 다른 한편으로 서양 문화의 위험성을 알리기 위해서였다.

량수밍에서 시작해서 탕쥔이, 머우쭝산, 쉬푸콴 및 그들의 학생에 이르기까지 신유가는 중서문화를 비교하는 방면에 시간을 많이 투자했다. 그 내용은 이 책의 앞부분에서 이미 서술했으며, 총괄적으로 보면 서양 문화에 대한 그들의 견해는 다음과 같은 몇 가지를 벗어나지 않는다.

1) 과학을 중시하고 인생을 경시하며, 물질문명을 중시하고 정신문명을 경시한다.

2) 마음과 사물은 상대적이며, 자연과 사람은 하나가 아니다.

3) 서양 문화는 오늘날 구제하기 어려운 절망적인 경지까지 발전했으며, 중국 유학 전통에 의지해야 구제받을 수 있다.

서양 문화를 비판하는 방면에서 신유가의 수많은 견해는 매우 주도면밀하다고 할 수 있다. 그들은 국학기초가 매우 탄탄했으며, 매우 깊이 서양학문을 이해하고 있었다. 그러나 그들이 중서문화를 비교할 때 마음의 저울이 중국 전통문화 쪽으로 기울었기 때문에 그들의 사상은 극단적인 방향으로 나아갔다. 그들은 서양 문화는 부정적인 부분이 긍정적인 부분보다 많으며, 소극적인 의의가 적극적인 의의보다 많다고 생각했다. 특히 20세기의 서양 문화에 대한 그들의 견해는 타당성이 결여되었다. 그들의 저서를 읽으면 이 같은 느낌이 매우 쉽게 든다. 그들은 서양인의 역사문화 중에서 그 특징을 개괄한 것이 아니라 사전에 일종의 문화양식을 본떠놓은 다음 그것을 서양인의 역사문화 위에 덮어씌운 것 같다.

사실상 중서문화가 각자의 생명, 각자의 계통이 있다면 문화의 모든 방면에서 자신의 성과가 있을 것이며, 신유가가 말하는 것처럼 중국인은 인생을 중시하고 정신을 중시하며 서양인은 과학을 중시하고 물질을 중시하는 것이 결코 아니다. 단지 과학과 물질을 중시하고 인생과 정신을 소홀히 하는 민족이 존재하는 것은 불가능하다. 만약 신유가들이 생각하는 것과 같다면 어째서 서양 사람에게 체계적인 신화가 있고 기독교가 있으며, 문예부흥이 있었고 계몽운동이 있었는지 분명하게 말하기 어렵다. 또한 서양인은 어째서 그들의 문화 전통에 의거해서 오늘날 같은 수준까지 발전할 수 있었으며, 어째서 20세기의 중국인은 매번 사상해방운동을 진행할 때마다 서양인의 학술을 정신 역량으로 삼으려 했는지 분명하게 말할 수 없다.

청중잉(成中英) 선생은 이와 관련된 매우 타당한 견해를 제기했다. "모든 물질문명은 정신역량이 뒷받침이 되고 원동력이 되어 창조된다. 한 국가가 고도의 물질문화를 보호하려면 정신문화의 동력을 지키지 않으면 안 되고, 창조적인 의지와 창조적인 지혜 및 과거와 미래를 연결하는 일관된 사상능력을 지키지 않으면 안 된다. 한 국가가 물질문화를 창조하고 확대 발전시키려면 마땅히 정신문화 영역에서 더욱 큰 창조를 해야 하며, 역사문화의 전통 중에서 잠재력을 발휘해야 할 뿐만 아니라 심지(心志)를 궁구해서 새로운 문화이상과 경지를 개척해야 한다."[11] 미국 템플대학의 푸웨이쉰(傅偉勛) 교수는 더 직접적으로 "현대의 중국 유학자는 유가도덕의 선

11) 成中英, 『世紀之交的抉擇: 論中西哲學的會通與融合』, 知識出版社, 1991년, 84~85쪽.

입견으로 세계의 기타 학술 사조를 대하고 있으며, 언젠가는 자신의 학파 조차 지키지 못할지도 모른다."[12]라고 제기했다.

서양 문화가 신유가들이 묘사한 것과 같은 문화인지 아닌지를 세 가지로 나누어서 살펴보자.

◗ 도덕이성과 서양 인문주의 전통

신유가들이 보기에 서양인은 과학이성을 중시하고 중국인은 도덕이성을 중시한다. 도덕이성이 중심인 중국 인문주의의 요지는 도덕실천을 통해 '소인'에서 '대인'으로 변하고 '보통사람'에서 '성인'으로 변해 인성(人性)의 자립과 인격의 자존을 성취하는 데 있다. 서양 인문주의는 주로 신권에 견주어서 말한 것으로 과학이성을 강조하며, 즉 자연세계를 인식하고 탐구함으로써 사람의 가치를 실현하는 것이다. 그래서 중국인의 지혜는 '도덕적 지식'이 되고 서양인의 지혜는 '경험적 지식'이 된다.

신유가들이 중국과 서양 인문주의의 특징을 이상과 같이 개괄하는 것은 어느 정도 근거 있는 것으로 인정해야 한다. 그러나 그들의 견해가 다소 편파적인 이유는, 과학이성과 인생의 관계를 제대로 파악하지 못했으며, 서양인이 과학이성을 강조하는 동시에 인생의 의의를 망각하지 않았다는 점을 소홀히 했기 때문이다. 유구한 문명을 가졌고 여러 방면의 학문이 있는 민족이 사람과 자연의 관계에만 관심을 가지고 사람과 사람 및 영혼과 육체의 관계를 소홀히 하는 것은 불가능하다. 그렇지 않다면 서양의 역사에서 도덕철학·종교윤리·민주정치 등은 어디에서 나왔겠는가.

물론 고대의 서양인이 가졌던 최초의 지식은 주로 자연에 관한 지식이

12) 傅偉勛, 「現代儒學發展課題試論」, 『當代新儒家論文集 · 總論篇』, 52쪽.

었으며, 인생과 사회, 도덕에 관한 문제에 대해서 깊이 있게 사고하지 않았다. 그러나 프로타고라스·소크라테스 시대부터 시작해서 서양인의 지식계통은 전체적으로 전개되었으며, 자연에 관한 학문뿐만 아니라 사회와 인생에 관한 학문 또한 중시했다. 전자는 자연과학이 되고 후자는 도덕철학이 된다. 서양인의 지혜에서 도덕철학은 세속적인 것과 종교적인 것으로 나뉜다. 다시 말하면 서양인은 자연·사회·인생에 관한 문제를 과학·도덕(좁은 의미의 세속적인 도덕)·종교의 세 가지 학문으로 나누어 해결했다. 량수밍 등이 생각하는 것처럼 서양인은 '의욕이 앞으로 향하는' 자연에 관한 학문만 가졌던 게 아니다. 그렇기 때문에 중서문화의 차이를 말한다면 마땅히 서양인은 자연·사회·인생과 관계되는 세 가지 학문을 모두 중시했고 중국인은 도덕 학문을 중시했다고 해야 하며, 또는 도덕 학문으로 자연학문과 종교학문을 통섭해서 "하늘과 사람이 하나 되고", "하늘의 덕과 사람의 덕이 융합한다."는 개념으로 일괄처리했다고 해야 한다.

서양 역사상에서 가장 먼저 인간의 지위와 인간의 가치를 중시한 사상가는 프로타고라스이다. '인간은 만물의 척도'라는 그의 명제는 서양인이 사람에 관한 지식과 자연에 관한 지식을 함께 중시하기 시작한 지표가 되는 것으로 볼 수 있다. 그는 여러 나라를 두루 다니면서 세상 사람들에게 처세의 학문을 전수했으며, 사람들이 "자기 가정을 질서정연하게 다스리고 국가의 사무 방면에서 가장 좋은 발언과 활동을 할 수 있도록 했으며", "정치의 기술을 가르쳐 진정한 공민으로 변하게 했다."[13] 그는 사람들은 모두 미덕을 가지고 있지만 미덕은 태어나면서부터 갖추게 되는 것이 아니라 후천적인 교육으로 생겨난다고 생각했다. '사람은 만물의 척도'라는 명제는 단지 도덕적인 의미에서 말한 것이 아니지만 동시에 심오한 도덕적

---

13) 플라톤, 『普羅塔戈拉』, 318E, 319A.

의미를 내포한다. 왜냐하면 그것이 강조하는 것은 사람들의 주체성이며, 주체성은 세계만물을 인식하는 데서 체현되고 또한 사람의 도덕실천, 즉 도덕수양을 통해 사람의 생명가치를 고양시키는 데서 체현되기 때문이다.

프로타고라스는 사람에 관한 학문의 가치를 고양했지만 체계적으로 논술하지 않았으며 하나의 사상체계를 형성하지 못했다. 진정으로 사람에 관한 지식과 자연에 관한 지식을 함께 중시하는 학문체계를 완성한 사람은 소크라테스였다.

소크라테스의 학술 생애는 중국의 공자와 유사하다. 그의 철학이 관심을 가지는 부분은 사람들의 일상 생활이며, 그의 사명은 청년들이 덕성의 원칙에 따라 생활하도록 가르치는 것이었다. 그러나 그의 철학은 일반적으로 말하는 도덕규범학이 아니다. 그는 이념을 윤리학에 운용한 게 아니라 윤리학에서 이념을 도출했다. 그의 도덕철학에서 '사람'은 감성적인 사람, 생물적인 사람이 아니라 덕성을 구비한 사람, 이성을 구비한 사람이다. 이성은 사람들이 함께 제정한 것이며 또한 사람들이 반드시 따라야 하는 규범이다. 따라서 모든 '이념'이 자연과 관계되는 '이념'이라 하더라도 기본적으로 도덕적인 강제성을 내포한다. 다시 말하면 소크라테스의 철학에서 자연적 '이념'은 자연 자체에서 근원하는 게 아니라 사람의 이성이나 덕성에서 근원한다. 왜냐하면 소크라테스는 이 세계는 물리세계도 아니고 수학세계도 아니며 바로 윤리세계, 즉 사람의 세계이며 선의 세계라고 생각했기 때문이다. 이런 철학적인 입장에 근거해서 소크라테스는 "미덕은 지식"이라는 명제를 제기했다. 이 명제의 핵심내용은 지행합일(知行合一)이다. 분명한 것은 소크라테스가 가리키는 '지식'은 자연지식이 아니라 사람의 이성을 스스로 인식하는 도덕의식이며, 실천적인 의미를 가지는 개념이다. 그래서 지식과 선은 동일하며 무지와 악 또한 동일하다고 했다.

"미덕은 지식"이라는 소크라테스의 사상은 직접 플라톤에게 계승되었다. 도덕문제는 플라톤 철학의 핵심내용이다. 그는 도덕문제를 형이상학적으로 탐구했을 뿐만 아니라 하나의 지식문제로 간주했으며, 덕성 실천의 의미가 있는 지식은 모든 미덕의 기초이며 미덕과 같은 뜻이라고 생각했다. 한 사람이 절제를 하게 되는 이유는, 절제하는 것이 절제하지 않는 것보다 더 많은 행복을 얻게 됨을 알기 때문이다. 이러한 인식과정이 그가 덕성을 실천하는 과정이다. 단지 덕성 실천으로 그는 무엇이 악한 것이고 무엇이 선한 것인지 구별할 수 있다. 플라톤은 철학자만이 이러한 도덕의식을 구비하며 보통사람의 행위는 언제나 개별적인 동기에 따라 동요된다고 생각했다. 신유가는 여기에 근거해서 플라톤의 도덕관은 철학자의 범위에 국한되었고 백성들에게까지 미치지 못했으며, 중국의 유학자들이 주장하는 것처럼 사람들이 모두 요순(堯舜)이 될 수 있는 것은 아니었다고 생각했다. 이러한 인식은 플라톤을 오해하는 것이다. 플라톤이 말하는 '철학자'는 공자가 말한 '군자'와 비슷하며 덕성지혜를 구비한 사람들을 가리킨다. 위에서 서술한 사상은 공자가 "군자는 의로움을 알고 소인은 이로움을 안다."[14)]라고 한 것과 비슷하다.

소크라테스와 플라톤 이후 도덕철학은 사람들이 중시하는 중요한 학문이 되었고, 그리스 로마의 역사에서 철학자들이 중시하는 주류사상이 되었으며, 특히 에피쿠로스학파, 스토아학파가 매우 중시했다. 그들의 도덕이상은 극단적인 방향으로 나아가기도 했지만 중국의 공맹, 노장사상과 같은 부분이 있었으며, 성인의 품격을 이룩하기 위해 도덕실천에 종사했다. 그들은 중국의 유가들이 품었던 '치국평천하'의 포부는 없었지만 마음과 사물의 균형을 추구하는 방면에서 유가들이 말하는 "물러나서는 자기의 몸을 선하게 한다."라는 취지에 부합하며, 특히 안자(顔子)가 추구한 안

14) 『論語·里仁』, "君子喩于義, 小人喩于利.

빈낙도(安貧樂道)의 정신에 부합한다.

고대 그리스 로마의 도덕철학은 서양 근대윤리학의 이론적인 근원이다. 문예부흥 이후 과학이성이 발전했지만 서양 철학자들은 여전히 사람의 문제를 중시했다. 서양에는 근대부터 "하느님의 일은 하느님에게 맡기고 카이사르의 일은 카이사르에게 맡긴다."는 말이 있다. '카이사르의 일'이 바로 사람의 일이다. 즉 하느님은 세계를 창조한 이후 다시는 인류의 일에 관여하지 않았으며, 이때부터 역사와 문화를 창조하고, 사회의 질서를 건립하고, 사람들이 편안하게 생활하게 하는 것은 모두 인류의 노력으로 이루어졌다. 데카르트와 베이컨에서부터 시작해서 기계결정론이 유행했지만 도덕문제는 여전히 사람들이 가장 중시하는 부분이었다. 신유가조차 "송명유가의 사상은 칸트 이후의 서양 이상주의철학에 더 가깝다."[15]고 인정했다. 특히 쇼펜하우어 이후 현대 서양철학에서 강렬한 반과학주의 사조가 나타났으며, 생명철학·존재주의·프랑크푸르트학파 등은 모두 생명의 근원에서 사람의 생명가치를 분발시켜야 한다고 주장했다. 주의할 것은, 신유가의 문화철학은 대부분 서양 인문주의 사조의 영향을 받았으며, 또는 서양철학으로 직접 중국 유학의 의리를 다시 정리한 것인데 어떻게 서양인은 도덕이성이 결여되었고 진정한 의미의 인문주의 정신이 결핍되었으며, 중국의 인문주의 정신으로 그들은 구제해야 한다고 할 수 있는가.

◗ 원교와 이교

신유가는 대부분 기독교를 이교(离教: 벗어나는 종교)라고 생각하고 유학

15) 張君勱·唐君毅·牟宗三·徐復觀, 「爲中國文化敬告世界人士宣言」, 張君勱의 『中西哲學文集』에서 볼 수 있음, 853쪽.

을 원교(圓敎: 원만한 종교)라고 생각한다. 머우쭝산의 견해가 이 관점을 전형적으로 대표한다.

머우쭝산이 보기에 유학의 전통정신은 인륜을 다하고 본성을 다해 인(仁)을 실천하는 것이다. 이는 사람의 덕성을 실천하는 것이며, 그것이 드러내는 것은 '인'의 보편적인 원칙과 형이상학적인 실재이다. 실재를 드러내는 것은 바로 실천 가운데 이러한 실재를 실현하는 것을 의미한다. 바꾸어 말하면 실재에 의거하는 모든 실천은 가치 있고 이상적인 의의가 있다. 그래서 "유가의 실천은 적극적이다. 가정과 사회의 일상생활에서 시작해서 나라를 다스리고 세상을 태평스럽게 하는 데 이르기까지 이른바 천하의 모든 일을 책임지고 한 단계 한 단계 확대하고 한 단계 한 단계 객관화해서 실천으로 완성하기 때문에 적극적인 실천이다. 실천은 반드시 인을 실천하는 가운데 나타나는 학술 또는 원칙에 근거해야 하며 단숨에 행할 수 있는 게 아니고 아무 근거 없이 행할 수 있는 게 아니기 때문에 그들의 실천은 또한 이론이 있는 실천이며, 학술 또는 원칙이 지도하는 실천이다."[16] 여기에 근거해서 머우쭝산은 유학의 이론과 실천을 두 가지 요점으로 귀결시켰다. 하나는 실천과 이론의 합일이다. 둘은 실천은 이론을 실현하는 것으로, 원칙이 있기 때문에 적극적이다. 이론은 실천을 지도하며, 실현할 수 있고 허황된 것이 아니기 때문에 적극적이다. 이러한 도덕실천은 원만하게 융합하고 화합하기 때문에 머우쭝산은 '원만한 종교〔圓敎〕' 또는 '충만한 종교〔盈敎〕'라고 불렀다.

머우쭝산은 유학의 '원교'와 비교해서 서양의 기독교는 '이교(离敎)'라고 생각했다. 그가 예수를 평가한 문장을 살펴보자.

16)『道德的理想主義』, 39쪽.

우리는 기본적으로 공자와 예수의 다른 점을 볼 수 있다. 공자에서는 '오직 어진사람만이 사람을 사랑하고 미워할 수 있다.' 는 것이 대전제이며, 이는 모든 실천이 적극적일 수 있는 보편적이고 필연적인 조건이다. 예수의 실천은 '절대적인 실재(순수하고 절대적인 존재의 하느님)'를 드러내는 것이다. 예수의 목적은 '절대적인 실재'를 드러내는 것이기 때문에 세속적인 모든 것은 중요하지 않으며 반드시 버려야 한다. 그는 포교를 결정하면서부터 목숨을 버리려고 했으며 십자가에 매달리려고 했다. …… 그는 목숨을 버려 희생양이 되지 않으면, 즉 속세와의 모든 관계를 끊지 않으면 순수하고 절대적인 실재를 드러낼 수 없다고 생각했다.[17)]

다시 말하면 기독교가 '이교'인 이유는, 사람의 도덕실천 이외에 하나의 절대적인 실재, 즉 하느님을 세워 놓음으로써 천국과 속세가 대립하고 내심(內心)과 외물(外物)이 대립하기 때문이다. 머우쭝산이 생각하기에 '이교'의 가장 큰 약점은, 그것이 제창하는 도덕은 소극적인 도덕이며 중국유학이 제창하는 것처럼 적극적인 도덕이 아니라는 데 있다. 왜냐하면 사람들이 도덕이성에 의거해서 적극적인 실천을 할 수 있게 인도하지 못하기 때문이다.

이 같은 '이교'와 '원교', '적극적인 도덕'과 '소극적인 도덕'이라는 이분법은 슝스리, 팡둥메이, 탕쥔이의 논저에서도 볼 수 있다. 분명한 것은, 그들이 기독교를 '이교'로 보고 중국 유학을 '원교'로 보는 것은 중서문화의 특징에서 보면 주도면밀한 분석이라고 볼 수 있지만 사람들이 받아들이기 어려운 이유는 다음과 같다. 첫째, 기독교가 제창하는 도덕을 '소극적인 도덕'으로 보는 것은 기독교학설의 진정한 의미를 깨닫지 못했기 때

17) 『道德的理想主義』, 39~40쪽.

문이다. 둘째, 기독교를 '이교'라고 하는 것은 기독교를 폄하하는 의미가 있기 때문에 타당하지 않다. 사람의 마음을 평온하게 하는 기능에서 보면 기독교가 유학보다 뒤떨어진다고 볼 수 없다.

인류는 원시시대에서 문명사회로 진입했지만 환골탈태하지 못했다. 여전히 동물에 불과할 뿐이며, 스스로 '고등동물'이라고 하지만 원래부터 지녔던 동물적인 본능은 사라지지 않았다. 그들은 칠정육욕(七情六欲)이 있고, 싸우기를 좋아하며, 매우 흉악하고 사납다. 호메로스의 서사시는 형상적으로 문명의 초기에 살았던 사람들의 본성을 묘사한다. 호메로스의 글에서 신과 영웅들은 대부분 탐욕·폭력·정욕 등 비이성적인 요소가 충만하다. 그때는 이성이 막 태동할 때였으며 술의 신인 디오니소스가 사람들의 정신세계를 통치했다. 야만적이고 격정적이던 당시에 자연성과 동물성이 인성(人性)의 대부분을 차지했다. 사람들은 인륜도덕의 구속을 받지 않았으며 거의 모든 것이 사람들의 내적 충동에 따라 결정되었다.

이런 상황은 인류가 문명사회로 접어들기 시작할 무렵의 모습이다. 그러나 인류는 문명사회로 접어들자마자 야만적인 모습을 완전히 제거해야 했다. 문명사회의 갖가지 규정과 제도에서 사람들의 개성은 자유롭게 발전할 수 없었으며 사회성이 동물적 본능을 대체했다. 그러나 문명사회가 발전함에 따라 사람들에게 잠재되었던 동물적 본능 역시 한걸음 발전했다. 재부는 개인의 소유가 되었고 권력은 사욕을 실현하는 수단이 되었으며, 사회는 재부와 권력의 불균형 때문에 여러 등급으로 나뉘었다. 이런 갖가지 이유 때문에 사람들에게 재부와 권력을 탐하는 심리가 나타났다. 사람들은 재부를 축적하고 권력을 잡으려고 서로 속이고 다투었으며, 심지어 잔인하고 포악한 수단까지 사용했다.

이는 문명의 부정적인 측면이다. 문명이 가진 긍정적인 측면은, 악을 유발하고 악의 존재론적 가치를 긍정하지만 동시에 악한 면이 발전하지 못하게 규제하는 일련의 조치를 설치한다는 것이다. 인류가 원시상태에서 벗어나 새로운 공동체(부족 또는 국가)를 형성한 이상 인류의 단위는 개체가 아니라 공동체이다. 개성의 악한 측면 때문에 강자가 약자를 깔보고 강자가 약자를 괴롭히는 사회현상이 반드시 나타난다. 악한 측면은 강자에게는 긍정적인 요소가 되며 약자에게는 부정적인 요소가 된다. 중요한 것은 한 공동체에서 강자가 약자를 부정하는 것은 동시에 자기를 부정하는 것이다. 그 이유는, 문명사회의 초기에는 국가가 작고 백성의 수가 적었기 때문에 마을이나 국가 사이에 늘 쟁탈전이 있었으며, 나라가 흥하고 망하는 일이 빈번했다. 전쟁에서 승리한 쪽은 언제나 패자의 전체 민족, 전체 국가를 노예로 삼았다. 노예는 매우 비참했으며 사람으로 간주되지 않았다. 당시의 자유인과 노예의 차이는 사람과 짐승의 차이 같았다. 그래서 모든 공동체는 다른 민족의 노예가 되지 않기 위해 반드시 공동체에서 기본적인 평등을 실현해야 했으며, 강자가 약자를 업신여기고 강자가 약자를 괴롭히지 못하게 해야 했다. 이렇게 해야 공동체를 보호할 수 있었다.

이 목적에 도달하기 위해 조상들은 두 가지를 발명했다. 하나는 국가이고 다른 하나는 도덕이다. 국가의 본질은 계급을 압박하는 도구이고 동시에 계급 간의 조화를 이끌어 내는 수단이며, 강자의 수중에 있는 채찍이며 약자가 사용하는 호신용이라고 할 수 있다. 국가는 전체사회를 중재하는 신분으로서 모든 계급 위에서 군림하며, 각종 입법제도를 통해 강자의 폭압을 제한하고 서민들이 누려야 할 최소한의 생활조건을 보장하며, 전체 사회가 화합하게 한다.

국가는 일종의 정치적인 역량으로써 사회를 보호하고 사람과 사람의 관계를 유지시키는 외부적인 작용이며, 그것과 함께 발전한 것이 도덕적인 역량이다. 개인과 사회, 나와 남의 관계에서 도덕적인 역량은 언제나 정치적인 역량보다 우위에 있다. 그래서 문명이 시작할 때부터 인류는 도덕규범을 구축했으며, 도덕규범으로 사람들의 행동거지를 제약하고 도덕과 부도덕이라는 상대적인 개념을 행위규범의 척도로 삼았다. 사람들 역시 일정한 도덕규범 속에서 비교적 안정적이고 화합적인 사회를 조성했다. 따라서 모든 민족은 도덕의 사회적 가치를 매우 중시한다.

그렇지만 고대세계에서 국가의 정치적 역량과 사람들의 도덕규범은 합리적인 인간관계와 화합적인 사회 발전을 보장하지 못했다. 그 원인은 첫째, 전통사회에서 국가의 권력은 소수가 장악했으며 이는 사회의 안정에 부정적인 요소였다. 권력이 소수에게 집중되면 권력을 잡은 사람들은 사사로운 이익을 위해 권력을 쉽게 이용한다. 그러면 국가는 백성을 보호하는 기능을 상실한다. 둘째, 문명사회의 규범인 도덕은 완전히 사람들의 자각에 따른다는 약점이 있다. '자각'은 외재적인 구속력이 없으며 모두 자신의 양지와 양심에 따른다. 사람들은 자각할 수도 있지만 자각하지 않을 수도 있다. 그래서 도덕관념과 도덕심은 비도덕적인 동기에 의해 매우 쉽게 파괴된다.

종교는 국가권력과 세속도덕의 결함을 보충하게 되었다.

기독교에서 보면 인류는 아담의 후손이며 선천적으로 '원죄'가 있다. 세속의 군주도 열외가 아니다. 하느님의 도덕적인 기준에서 군주들은 약간의 특권도 없으며 모두 동일한 도덕척도에 따라 심판을 받고 선한 자는 천당에 가고 악한 자는 지옥에 간다. 아우구스티누스의 『하느님의 성』은 신권(神權)과 속권(俗權)의 관계를 계통적으로 논증하고 이론화했다. 그는 '하느님의 성'은 하느님이 선택한 백성에 의해서 구성되고 행복과 희망이 충만하며, '세속의 성'은 속세의 사람들에 의해서 통치되며 성욕과 금전욕, 죄악이 가득하다. 하느님의 성과 비교해서 세속의 성은 암흑천지다. 하느님이 세속의 모든 것을 창조했기 때문에 하느님의 성은 세속의 성보다 높다. 그러나 아우구스티누스는 두 사회를 완전히 대립시키지 않았다.

말일의 심판 이전에 두 사회는 하나로 뒤섞여 모든 사람이 하느님의 선택을 기다리는 대상이 되며, 단지 말일의 심판일에 하느님은 개개인의 선행과 악행에 의거해서 그들이 돌아갈 곳이 천당인지 지옥인지를 결정한다고 생각했다. 이러한 이해에 따르면 하느님의 권위 아래에서 인간세상의 권리와 지위는 부질없다. 군주와 부자들도 말일의 심판을 피할 수 없으며, 같은 기준의 도덕적 심판을 피할 수 없기 때문이다. 반대로 통치자가 권력을 이용해서 사사로운 이익을 추구한다면 자신의 죄악을 가중시킬 뿐이다. 그래서 『성경』에서는 부자가 천당에 들어가는 것은 낙타가 바늘구멍을 통과하는 것보다 어렵다고 했다.

하느님의 존재는 권력과 도덕을 하나로 융합시켜 강제성을 띠고 적극적인 의의를 구비한 도덕역량을 형성하는 데 그 가치가 있다. 이러한 도덕역량은 세 가지 방면에서 확장되었다.

첫째, 하느님은 지극히 선하며 가장 준엄하다. 그는 만물의 주재자이며 인류의 선악을 판결하는 가장 높은 법관이다. 그는 세상 사람들의 일거수일투족과 한마디 한마디를 한눈에 들여다본 다음 선한 자를 표창하고 악한 자를 엄벌한다.

둘째, 종교는 교의와 교리를 통해 세속적인 도덕을 신을 존중하는 운동에 포함시켜 도덕규범을 교의·교리와 일치시켰다. 교의와 교리를 위반하는 것은 도덕준칙을 위반하는 것이다. 마찬가지로 모든 비도덕적인 행위는 교의와 교리를 위반하는 것이다. 이처럼 외재적인 형식에서 도덕의 강제력을 강화했다.

셋째, 천당의 매력과 지옥의 공포는 사람들이 악을 버리고 선을 따르게 되는 도덕적 원동력이다. 왜냐하면 종교는 천당과 지옥을 매우 아름다운 것과 매우 두려운 것으로 묘사하기 때문이다. 이 두 가지가 대비되어 사람들이 이 두 가지 가운데 하나를 선택하게 하며, 선택 과정에서 도덕적인 선택을 하도록 인도한다.

사람들은 종교가 악한 사람을 징벌해서 자신을 보호하고 또한 자신의 악한 면을 억제해서 사회에 적응하도록 한다고 믿는다. 여기에서 도덕은 신성한 후광을 받아 항거할 수 없는 위엄을 지닌다. 사람들의 도덕행위는 '자각'에 의해 이루어지는 게 아니라 보이지 않는 채찍의 위협 속에서 자기도 모르게 그러나 강제적으로 이루어진다.

게다가 천국에 대한 동경과 지옥에 대한 공포 및 전지전능한 하느님을 믿음으로써 강제성을 구비한 사람들의 도덕실천은 '자각'의 기초 위에서 건립되며, 자신의 자각적인 도덕행위를 통해 영혼을 맑게 하고 정신을 깨끗하게 한다. 세속적인 도덕자각과 비교해서 완전히 다른 도덕자각이지만 마찬가지로 소극적이 아니라 적극적이며, 그 의의는 마찬가지로 '소인'에서 '대인'으로 변하고 '보통사람'에서 '성인'으로 변하는 것이다. 기독교의 말을 빌리면 원죄를 짊어진 사람에서 하느님의 선택을 받은 백성이 되는 것이며, '세속이 성'에서 '하느님의 성'으로 들어가는 사람이 되는 것이다.

이처럼 기독교가 가진 적극적인 도덕의 '자각'정신은 원죄설에 집중적으로 반영된다. 하느님은 원만하고 결점이 없기 때문에 인류의 죄업과 현실생활의 고통은 단지 인류자신의 탓으로 돌려야 한다. 그 원인은, 하느님이 세계를 창조할 때 다른 생물에게 자유의지를 부여하지 않았으며 오직 인류에게 자유선택의 능력을 주었다. 이 능력이 있어 인류는 하느님의 의지를 따르지 않고 선악과를 몰래 따먹었으며, 자기의 도덕실천으로 원죄를 씻고 하느님의 품으로 다시 돌아갈 수 있다. 에덴동산에서 쫓겨나 다시 하느님의 품으로 돌아가는 과정, 원죄를 짊어지고 다시 원죄를 씻는 과정이 체현하는 것은 사람의 주체성과 도덕자각이며 소극적인 숙명론이 아니다. 왜냐하면 하느님이 베푸는 은혜로 원죄에서 벗어나는 게 아니라 인류 스스로 선을 추구하고 악을 멀리하는 도덕실천으로 원죄를 씻어야 하기 때문이다. 여기에서 하느님의 절대성과 사람의 자유의지는 심층적인 통일에 도달한다. 세상을 창조하면서부터 아담과 하와를 징벌하고 인류를 구제하는 것에 이르기까지의 모든 과정은 완전히 하느님에 의해서 통제된다. 필연적으로 전개되는 전체적인 과정에서 인류는 단지 신앙에 의지해서 도덕실천에 종사하고, 역사발전의 궤도를 따라 앞으로 나아갈 뿐이다. 그러나 인류는 완전히 피동적인 위치에서 생활하는 게 아니라 자유의지를 가지고 있다. 하와가 하느님의 권고를 듣지 않고 사악한 뱀의 꼬드김에 빠진 것은 자유의지와 주체적인 선택능력이 있음을 설명한다. 인류에게 자유의지가 있다면 반드시 자기의 행위에 책임을 져야 하며, 반드시 자기의 도덕행위 가운데 자신을 향상시켜야 한다. 도덕의 적극적인 의의에서 기독교학설은 유학보다 한 단계 더 높은 학설이라고 할 수 있다.

◗ 서양 문화는 새롭게 발전할 수 있는가

신유가는 대부분 전통 유학이 세계적인 의의를 구비했다고 생각한다. 그들의 기본적인 관점은, 현재의 서양 문화는 절망적인 지경에 도달했기 때문에 인류를 행복하게 할 수 없을 뿐만 아니라 자신조차 구제할 수 없으며, 오직 중국의 공맹유학을 받아들여야 비로소 자기의 문화를 구제할 희망이 있다는 것이다. 첸무에 따르면 "서양 문화는 정점까지 발전해서 하강하기 시작했으며, 잘못된 길로 들어섰다. 그래서 인류에게 행복을 가져다주는 게 아니라 재앙을 가져다주며, 인류에게 광명을 가져다주는 게 아니라 암흑을 가져다준다. 이것이 인류에게 분명하게 가르쳐주는 것은, 이러한 문화는 오이가 익으면 꼭지가 떨어지고 큰 공을 이루면 스스로 물러나야 하는 시대에 도달했다는 것이다. 1차 대전은 이런 문화가 몰락할 신호였다."[18] 그렇기 때문에 인류의 희망은 중국에서 찾을 수 있다. 탕쥔이가 생각하기에 미국은 세계를 지도하기에 바쁘고, 유럽은 미국과 소련의 틈새에서 경제력 증강에만 열중하고 있다. 중국은 백성들의 역량을 집중시켜 세계의 패권을 쟁취하려고 하며, 남북한과 남북 베트남은 서로 대치하고 있다. 유일하게 일본이 동양 또는 세계에서 가장 행운이 있는 국가이며, 그들만이 전통의 예악문화를 보존하고 있다. 일본인의 예악은 중국에서 건너갔으며 예악은 중국 문화의 중요한 내용이다. 다시 말하면 오늘날 세계에서 단지 중국의 예악문화만이 가치가 있다. 그것이 체현하는 것은 일종의 생명정신이기 때문이다. 물질문명이 아무리 발전하더라도 예악과 그것이 체현하는 생명정신은 없어서는 안 된다. 이에 대한 탕쥔이의 견해는 매우 새로운 의미가 있다.

> 입고, 먹고, 잠자는 사람들의 일상적인 생활 곳곳에서 예술·문학·지식지혜·종교도덕이 행해진다. 이게 바로 예악의 문화생활이다. 예악의 문화생활 가운데 '옷'은 단지 추위를 막는 게 아니고, '음식'은 단지 굶주린 배를 채우는 게 아니며, '집'은 단지 비바람을 막는 게 아니다. '음식'을 예로 들면, 단지 접시에 가득 채워진 음식물을 말하는 게 아니라 사람들이 빈 접시에서 생명의 영기가 유행하는 것을 보게 하며, 접시에 담긴 형상의 아름다움을 감상할 수 있게 한다. 사람들은 화장실에 가서 대변만 보는 게 아니라 화장실의 화병에 있는 아름다운 꽃을 감상할 수 있다.[19]

다시 말하면, 현재 세계에서 중국의 예악정신을 보존한 일본 사람들이

18) 錢穆, 『歷史與文化論叢』, 23쪽.

19) 唐君毅, 『中華人文與當今世界』, 하편, 208쪽.

가장 이상적인 문화생활을 영위하며, 예악문화의 발원지인 중국을 포함한 다른 민족은 모두 이상적인 문화생활을 영위하지 못하고 있다. 이 같은 탕쥔이의 글은 1971년에 발표되었는데 현재의 일본을 생각하면 이런 결론을 이끌어 내어서는 안 된다. 현재 경제가 발달한 국가 가운데 인문정신이 가장 결핍된 국가는 일본일 것이다. 현재의 일본인은 경제적인 동물로 전락했으며, 인생은 철저하게 기계화되었으며, 생활은 가장 황폐하다. 그들은 오로지 어떻게 하면 부자가 되고, 어떻게 하면 남보다 뛰어나며, 어떻게 하면 자기의 경쟁의식과 경쟁능력을 강화시킬지를 생각하며, 필묵정취가 묻어나는 생활은 오래전부터 향유하지 못했다. 그들이 화장실에서 화병 속의 꽃을 감상할 수 있다고 말하기 어려우며, 밥을 먹을 때 접시에 담긴 생명의 영기와 형상의 미를 감상할 수 있다고 말하기 어렵다. 얼마 전에 일본의 아무개 대학에서 건축학을 전공하는 교수가 우리 집에 머무른 적이 있다. 나는 그와 베이징의 고궁, 쑤저우의 조경에서부터 산간마을의 집, 작은 다리에 이르기까지 중국의 건축과 건축에서 체현되는 유교와 도교의 예술 인생관을 이야기했는데 그는 거의 흥미를 가지지 않았고 오히려 우리 집의 문과 창문, 벽의 길이에 관심을 가졌으며, 의자에 올라가 창과 벽의 위아래를 이리 재고 저리 잰 다음 수첩에 자세하게 적었다. 분명한 것은 그의 생활은 탕쥔이가 말한 것처럼 '문화생활'이라고 하기 어려우며, 바로 순수한 직업생활과 순수한 물질생활이며, 인문의식이 희박한 생활이다. 이러한 생활태도에서 어떻게 밥을 먹을 때 한가하게 접시에 담긴 생명의 영기와 형상의 미를 감상겠는가.

다시 서양 문화가 자신의 문제점을 극복하고 새로워질 수 있는지 없는지를 토론해보자.

이 문제에 대답하려면 먼저 19세기 하반기 이후의 서양 문화가 과연 절망적인 경지에 도달했는지를 분명하게 해야 한다. 19세기 후반기 이래 서양 문화는 확실히 전에 없었던 곤경에 처했으며, 경제 위기, 신앙 결핍, 두 차례의 세계대전은 서양 사람을 고난의 늪으로 밀어 넣었다. 그러나 근 백여 년의 세계 역사에서 보면 이 같은 현상은 서양 문화가 발전 과정에서 겪게 된 일시적인 좌절에 불과하며 말일의 징조라고 볼 수 없다. 그 이유는 다음과 같다.

첫째, 일종의 문화가 처음부터 아무런 재난을 겪지 않고 순조롭게 발전하기는 불가능하다. 특히 처음 나타났을 때 따를 만한 전례가 없기 때문에 수많은 '오류'가 나타난다. 게다가 어떤 '오류'는 관념상의 오류일 뿐 문화 발전을 위해서 반드시 필요하며, 역사의 진행 과정에서 없어서는 안 되는 중요 부분이다. 자본주의는 근대에 나타난 새로운 문화형태로 비판적이고 반전통적이며, 자본주의 이전의 갖가지 문화형태를 타파하는 성격이 있었기 때문에 불가피하게 파괴적인 모습으로 문명사에 기록될 수밖에 없었다. 그것이 순응하는 것은 세계 역사의 발전규율이며, 중시하는 것은 전체인류를 자기의 문화체계로 끌어들이는 것이다. 그것은 각 민족의 정서가 어떠한지를 고려하지 않고 자신의 생산방식으로 인해 얼마나 많은 사람들이 가난과 재난에서 허덕이게 될지를 고려하지 않는다. 그것의 유일한 목표는 인류를 가난과 재난에서 벗어나게 하는 것이기 때문에 현재의 수단이 얼마나 잔혹한지, 전통적 도덕규범에 얼마나 부합하는지 고려하지 않는다. 목적을 달성하기 위해 미친 듯이 세력을 넓히고, 거리낌 없이 공인들을 착취하며, 거리낌 없이 과학이성을 숭배한다. 다시 말하면 그것이 인류에게 안겨주는 일시적인 재난은 인류를 행복한 길로 인도하기 위해 치러야 하는 일시적인 대가이다. 이러한 대가가 없다면 이 같은 새로운 문화형태는 발전할 수 없을 뿐만 아니라 인류의 발전 또한 보장할 수 없다. 마찬가지로 사람들은 그것을 인식하고 평가할 때 그것의 문화성격과 문화 생명력을 직시해야지 단지 그것의 표면적인 현상을 보아서는 안 되며, 그것이 겪는 일시적인 좌절 때문에 그것의 생명이 끝났다고 단언해서도 안 된다. 노인이 넘어지면 다시 일어나지 못할 수도 있지만 막 걸음마를 배운 아이가 넘어지는 것은 정상적이다.

둘째, 19세기 후반기 이래 서양 문화계에서 각종 새로운 문화 사조가 일어났다. 예전에는 헤겔이 대표하는 이성주의와 콩트, 스펜서가 대표하는 실증주의가 사상계의 주류였다. 이 두 철학체계는 이성을 숭배하고 과학을 숭배하는 사상을 극도로 발전시키고 사람의 감성생명을 억압했다. 대체적으로 쇼펜하우어에서 시작된 각종 새로운 사조는 대부분 이 두 철학에 대항해서 나타났다. 새로운 사조는 하나의 극단에서 다른 하나의 극단으로 나아갔으며, 반이성주의에서 비이성주의로, 반과학주의에서 인본주의로 나아갔다. 알아야 하는 것은, 이처럼 극단적으로 나아가는 방법은 당시에는 매우 필요했다. 왜냐하면 극단적인 방법으로 심오한 전통에 대항하지 않는다면 대항할 역량을 조성할 수 없을 뿐만 아니라 충분한 타격을 가할 수 없기 때문이다. 이러한 부분을 인식하는 것은 인류 문화의 발전사를 이해하는 데 매우 중요하다. 다시 말하면, 19세기 이래의 문화 위기는 서양인이 전통문화의 부정적인 요소를 제거하고, 전통에 의해서 억압된 감성이성을 해방시키고, 문화의 발전 방향을 정하는 과정에서 나타났다. 이 같은 문화반성 운동은 서양 문화의 발전노선 중에서 마땅히 있어야 할 부분이며 문화의 말일상황이라고 보아서는 안 된다.

셋째, 여러 가지 사실이 표명하는 것은, 20세기의 서양 문화는 잘못된 방향으로 나아간 게 아니라 점점 좋은 방향으로 발전했으며, 특히 2차 대전 이후 이러한 기미가 더 분명해졌다.

정치 방면에서 민주제도가 완숙해지고 민주생활이 정상적으로 이루어졌다. 적지 않은 정치학자들이 현행 민주정치에 이런저런 비판을 제기했으며 일반대중 역시 만족하지 못하는 부분이 있었지만 지난 세기와 비교해서 서양의 민주정치는 더 건전하고 더 정상적인 방향으로 발전했으며, 어떤 서양인은 "21세기는 서양 민주주의의 세기"라고 예언하기도 했다.

경제 방면에서 서양 세계는 2차 대전의 위기에서 빠르게 회복되었으며, 짧은 기간 안에 '황금시대'로 진입했다. 이때 케언스(J. M. Keynes)의 경제학이론이 매우 중요한 작용을 했다. 케언스는 과거 자본주의 경제의 가장 큰 폐단은 노동자의 실업과 생산과잉이라고 보았으며, 폐단을 고치기 위해 소비와 투자에 대한 정부의 직접적인 간섭을 제기했다. 서양의 각국은 이 이론을 광범위하게 응용해서 분명한 효과를 보았다. 대전 이후 20여 년간 비교적 심각한 경제위기가 발생하지 않았으며, 미국에서는 장기간의 경제성장 시기가 나타났다. 70년대 이후 케언스의 이론은 시대에 뒤떨어지는 이론이 되었고 새로운 경제문제가 나타났지만 서양인은 비관하지 않았으며 끊임없이 새로운 길을 탐구했다. 그중에서 가장 큰 영향을 미친 것이 미국의 경제 모델이었던 '민주적 자유기업'이다. 이 경제 발전모델은 정치영역의 민주원칙과 민주정신을 경제영역에 응용한 것으로 세계의 경제를 이끌어 갈 새로운 발전모델이 되었다. 미국의 학자 할랄(W. Halal)이 다음과 같이 말한 것과 같다.

> 우리가 지금 부흥운동을 시작한 이유는 미국인의 이상을 실천하는 것이 경제적 역량을 획득하는 가장 적당한 노선임을 점점 깨달았기 때문이다. 민주의 합법성이 기업의 생산력과 결합해서 이러한 새로운 영역을 위한 표본을 설계했으며 오늘날 협력과 경쟁이 강력하게 결합해서 각국은 더욱 높은 번영을 이룩했고, 더 자유롭고 화합적인 사회를 이룩했다.[20]

---

20) 할랄(W. Halal), 『新資本主義』 서론, 社會科學文獻出版社, 1991년, 11쪽.

문화 방면에서 20세기 상반기에 서양인은 새로운 문화반성을 시작했다. 문화반성의 노선은 대체적으로 두 가지이다. 하나는, 인생을 억압하는 공업문명을 겨냥해서 전개한 사회비판과 문화비판이었다. 다른 하나는, 다시 전통문화로 돌아가는 것이었으며, 이성적이고 종합적인 전통문화를 새롭게 긍정하는 것이었다. 예를 들면 문학과 예술영역에서 다양한 양식의 비이성주의 유파는 주목을 받지 못했으며, 심미적인 전통이 재조명되었다. 역사영역에서 진보사관이 주도적인 위치를 차지했으며, 역사를 서술하는 모든 방법은 분석에서 사실을 서술하는 방법으로 변했다.

서양 문화의 미래는 도대체 어떠한지, 서양 문화는 자신의 문제를 해결할 수 있는지 섣불리 논증할 수 없지만 20세기의 역사가 분명하게 보여주는 것은, 현대의 서양인은 언제나 자기 문화의 운명에 관심을 가지며, 자기 문화의 문제를 해결할 수 있다는 믿음과 능력이 있으며, 기타 문화에 의지해서 구제받으려고 하지 않는다는 것이다. 반대로 신유가들이 보기에 구세주의 신분이 되는 중국의 유가 문화는 이 세계에서 인류의 구세주 역할을 담당하지 못할 뿐만 아니라 자신의 문제조차 해결하지 못하며 오히려 자신의 문제를 해결하는 데 장애가 되고 있다. 중국에는 "흙보살이 강을 건너면 자기 몸도 지키지 못한다."라는 속담이 있다. 전통 유학이 오늘날 강을 건너는 흙보살처럼 자신조차 지키기 어려운 이유는 흙으로 만들어졌기 때문이다. 과거에 그것은 언덕 위 사당에 모셨기 때문에 비바람의 영향을 받지 않았으며, 강으로 내려올 필요가 없었다. 오늘날 중국은 불가피하게 일체화로 향하는 세계 역사의 대조류에 투신해야 하며, 흙보살은 물에 젖었을 때 자신을 보전할 수 없을 뿐만 아니라 현재의 중국 문제는 더욱 해결할 수 없다. 현명한 선택은 그것을 언덕에 있게 하는 것이다. 참배자가 없어지고 제사 지내는 사람이 드물어지더라도 무리하게 강으로 내려가 사람들이 구제해 주기를 기다리는 것보다 낫다(신유가들이 이러한 흙보살을 구제하는 일에 종사했다). 사람들이 홍수에서 허우적거리다 기진맥진해지면 자연스럽게 언덕으로 올라가며, 자연스럽게 언덕에 있는 흙보살을 생각할 것이다. 영험이 남아 있기만 하면 사람들이 다시 와서 향을 피우고 제사를 지낼 것이다.

서양 철인들의 중국 문화에 대한 흠모를 어떻게 볼 것인가

신유가는 한편으로는 서양인이 중국 문화를 이해하지 못하며, 중국 문화를 골동품으로 취급하거나 서양철학에 의거해서 중국 문화를 분석한다고 비판했다. 다른 한편으로는 중국 문화를 흠모하는 서양 철인들의 언사를 분석하지 않고 그대로 받아들였으며, 그것을 전통 유학의 세계적인 가치를 인정하는 근거로 삼았다.

1958년 장쥔마이, 탕쥔이, 머우쭝산, 쉬푸콴은 공동으로 『중국 문화를 위해 세계 인사들에게 삼가 알리는 선언』을 발표했다. 그들은 여기에서 서양인이 각자 다른 동기에서 시작해서 중국 문화를 이해했거 때문에 편파적인 관점을 가지게 되었다고 제기했다. 요점은 대체적으로 세 가지다. 첫째, 마태오 등 예수회 인사들이 중국의 송명이학을 서양으로 가지고 간 동기가 중국을 전도하는 데 있었기 때문에 그들은 중국의 학술사상 가운데 『시경』과 『상서』에서 언급한 상제 및 중국의 고대유학에 나타나는 하늘을 받들고 신령을 공경하는 부분에 주목했으며, 다른 한편 전력을 다해 리(理)를 중시하고 심(心)을 중시하는 송명유가의 사상에 반대했다. 그들은 송명유가의 사상을 당시 서양의 이성주의와 자연주의 내지 유물주의 사상과 같은 것으로 보았기 때문에 유럽의 무신론자와 유물론자들은 언제나 유럽에 소개된 송명사상을 자신들의 동조자로 여겼다. 둘째, 근대의 서양인은 중국 문화에서 주로 고대 문물에 호감을 가졌다. 그들은 중국 문화를 연구할 때 살아 있는 중국 민족의 문화생명과 문화정신의 근원 및 발전 방향을 주시한 게 아니라 이미 없어진 이집트 문명·소아시아 문명·페르시아 문명을 발굴하고 고증하는 것과 마찬가지로 중국 문화를 지하에서 발굴한 문물로 간주했다. 셋째, 최근 10~20년간 서양인은 근대 중국의 운명에 관심을 가졌기 때문에 중국 문화를 연구했으며, "그들이 중국 문화를 연구할 때 단정하는 문제, 주목하는 사실, 사실을 해석할 때 사용하는 가정, 도출하는 결론은 모두 개인이 어떤 현실정치를 접촉할 때 느끼는 주관적인 감정 및 어떤 현실정치에 대한 주관적인 태도에 따라 결정되었다." "이는 모두 개인 및 한 시기, 한 지역의 편견에 빠지기 쉽다."[21]

위에서 서술한 신유가의 인식은 정확하다고 할 수 있다. 중국 문화에 대한 서양인의 인식은, 첫째 중국 문화를 전면적으로 이해하지 못했기 때문에 편파적일 수밖에 없었으며, 둘째 중국의 문화정신을 파악하기 어려웠기 때문에 천박할 수밖에 없었으며, 셋째 서양의 학술 전통에 따라 중국 사상을 이해했기 때문에 이치에 부합할 수 없었으며, 넷째 공리적인 동기에서 중국 문화를 해석했기 때문에 왜곡될 수밖에 없었다. 그러나 신유가 또한 중국 문화를 흠모하는 서양인의 언사를 받아들일 때 이성적인 사고를 하지 못했다. 그들은 중국 문화를 비판하는 서양인의 언사를 중국 문화를 이해하는 잣대로 삼아서는 안 되며, 마찬가지로 중국 문화를 찬미하는 서양인의 언사를 중국 문화를 이해하는 잣대로 삼아서도 안 된다는 것을 고려하지 못했다.

앞에서 량치차오는 유럽 여행 후 『구유심영록』에서 중국 문화를 찬양한 서양인의 언사를 수차례 소개해 전통문화를 그리워하는 국민들의 감정을

21) 『中西印哲學文集』, 853~854쪽.

격앙시켰다고 말했다. 이 방법은 직접 신유가들에게 계승되었다. 그들은 볼테르와 루소를 이야기했으며, 토인비와 오늘날에도 사상문화계에서 활발하게 활동하는 몇몇 서양 철인들을 이야기했다. 특히 최근 몇 년 사이 중국의 문화보수주의자들이 이 방법을 즐겨 모방하고 있다. 그들은 서양인조차 우리의 전통문화를 숭배하는데 우리가 어떤 이유로 전통을 반대할 수 있겠는가라는 의문을 제기했다. 1991년 한 출판사에서 『세계명인이 논하는 중국 문화(世界名人論中國文化)』라는 책을 출판했다. 그 책은 대부분 중국 전통문화를 찬양하는 '세계명인'들의 언사를 편집한 것이며, 편폭과 분량을 늘리기 위해 명인이라고 할 수 없는 사람들까지 '명인'의 대열에 포함시켰다.

중서문화가 접촉하기 시작한 이후 적지 않은 서양인이 중국 문화를 흠모하고 매우 높이 평가했다는 것은 부정할 수 없는 사실이다. 그러나 문제는, 첫째 중국 문화를 흠모한 자는 어떤 범위에서 흠모한 것인가, 둘째 그들은 중국 문화를 어느 정도 이해하고 있었는가, 셋째 중국인은 중국 문화에 대한 서양인의 평가를 자기의 전통문화를 평가하는 표준으로 삼아야 하는가.

전통사회에서 각 민족은 상대적으로 폐쇄적이었으며, 민족 사이에 문화적 교류가 있었지만 계통적으로 이루어진 게 아니라 산발적이었기 때문에 사람들이 이질 문화를 이해하는 데 한계가 있었다. 맹인이 코끼리를 만지는 것처럼 문화의 전체를 이해하기 어려웠으며 실정을 알기 어려웠다. 동시에 민족 사이의 왕래가 빈번하지 않았기 때문에 늘 이질 문화에 호기심이 있었으며, 매우 쉽게 상대방 문화를 미화하고 좋은 방면으로 생각했다. 이 상황은 오늘날도 마찬가지다. 현재 중국의 적지 않은 젊은이들이 서양 문화를 숭배하며, 서양의 모든 것이 우수하다고 믿고 있다. 그들은 서양사회와 서양 문화를 전면적으로 인식하는 게 아니라 맹목적으로 숭배하는 것이다. 바꾸어 말하면, 오늘날조차 이 같은 인식상의 결함이 있는데 중국과 왕래가 많지 않았던 근대의 서양인이 어떻게 중국 문화의 전체적인 배경과 내재적인 정신을 제대로 인식할 수 있었겠는가. 우리는 또한 중국 문화에 대한 그들의 평가를 어떻게 중국 문화를 이해하는 잣대로 삼을 수 있는가. 현재에도 여전히 이 같은 괴이한 현상이 존재한다. 중국 문화를 연구할 때 중국인의 연구 성과를 중시하지 않고 외국인이 어떻게 이야기했는지에 주의를 기울이며, 중국의 역사문화를 연구하는 중국인의 학술수준을 평가할 때 그들의 학술수준이 어떠한지를 보지 않고 외국인의 평가가 어떠한지를 본다. 만약 어떤 사람의 학문이 외국에서 좋은 평가를 받으면 몸값이 치솟는다. 예술도 마찬가지다. 예를 들어 중국화를 그리는 평범한 수준의 화가가 우연한 기회에 그의 그림이 외국에서 좋은 평가를 받거나 높은 가격으로 팔리면 바로 국내 화단에서 유명세를 타며 신문매체가 추종하는 대상이 된다. 사실상 중국 그림을 가장 잘 평가할 수 있는 사람은 중국인이다. 외국인은 중국 문화를 깊이 이해하지 못하기 때문에 중국화의 예술정신을 체득할 수 없을 뿐만 아니라 작품의 우열을 판단할 수 없다.

대체적으로 근대의 서양인이 중국 문화를 인식했던 상황도 이러하다. 그들은 중국 문화를 어느 정도 접촉했지만 모두 피상적으로 이해했기 때문에 중국 문화에 대한 그들의 평가가 틀리지 않았다고 말하기 어렵다.

대략 10세기부터 서양인은 중국을 카타이(Cathay, 거란)라고 불렀으며 중국인을 카타이안(Cathayan 또는 Cataian, 거란인)이라고 불렀다. 셰익스피어의 희극인 『십이야』와 『윈저의 즐거운 아낙네들』에서 중국인을 '거란인'이라고 불렀다. 당시 서양 사람들의 어구에서 '거란인'은 부정적인 뜻으로 사기꾼, 건달, 교활한 사람 등을 의미했다. 또한 성공하지 못했지만 16세기 하반기에 영국황실은 먼 동쪽으로 진출하려는 계획을 세웠는데 그것을 '거란탐험'이라고 불렀다. 그러나 셰익스피어의 『인과응보』에 '중국(China)' 이라는 말이 나타는 것에서 알 수 있듯이 당시 서양인은 거란과 중국을 두 국가로 생각했으며, 중국과 거란이 한 국가인지 아니면 두 국가인지가 학자들 사이에서 논쟁거리였다. 어떤 사람은 거란은 북쪽에 있는 국가이고 중국은 남쪽에 있는 국가라고 생각했으며, 어떤 사람은 중국은 거란 제국의 속국이라고 생각했다.

17세기 전후까지 중국에 대한 서양인의 인식은 매우 천박했음을 알 수 있다. 예를 들면, 영국의 유명한 시인 밀턴은 『실낙원』에서 중국과 거란을 거듭 언급했지만 그의 묘사는 매우 황당했다. 그는 다음과 같이 말하고 있다.

> 하느님이 세상을 창조하자 호기심 많은 사탄은 세상에 내려가 인간세계를 탐구하려고 했다. 그는 독수리로 변해 히말라야 산에서 인도로 날아가 먹이를 찾으려고 했다. 도중에 세리카나(Sericana)에 내려갔는데 그곳은 황야였다. 그곳의 중국인은 대나무로 만든 간단한 차를 타고 돛과 풍력에 의지해 앞으로 나아가고 있었다.

여기서 '세리카나'는 실크의 국가를 의미하며 고대 중국에 대한 유럽인의 호칭이었다. 사실상 중국 고대에는 나무로 만든 차가 있었지 대나무로 만든 차는 없었으며, 돛과 풍력에 의지해서 가는 차는 더더욱 없었다.

제기할 필요가 있는 것은, 17세기 전후부터 서양인은 중국 문화를 비교적 많이 이해하기 시작했다. 1584년에 스페인 사람인 멘도사(Mendoza, Juan Gonzalez De, 1545~1618)가 『중화대제국풍물사(*History of Chinese Scenery and Customs*)』를 출판했고, 1616년 프랑스인 트리고(Nicolas Trigault, 1577~1629)는 『중국전교사(*History of Chinese mission*)』를 출판했으며, 1655년 포르투갈인 세메도(Alvaro Semmedo, 1585~1658)는 『중화제국

사(*History of Chinese Empire*)』를 출판했고, 1687년 유명 선교사인 쿠플레(Philippe Couplet)는 『대학』, 『중용』, 『논어』의 라틴어 번역본이 포함된 『중국철학가 공자(*Confucius Sinarum Philosophus*)』를 파리에서 출판했다. 이 밖에도 당시 각종 신문과 잡지에 중국에 관한 문장이 빈번히 발표되었다.

당시 서양인은 주로 세 가지, 즉 공자 학설과 중국 정치 및 중국의 조경에서 중국 문화를 흠모했다. 그들은 공자의 도덕학설은 미묘하며, 그 어떤 민족도 가질 수 없는 것이라고 생각했다. 영국의 정치가이자 산문가인 템플(W. Temple)은 다음과 같이 썼다.

> 공자의 저작은 마치 윤리학 같다. 그것이 이야기하는 것은 개인도덕 · 공중도덕 · 경제도덕이며, 모두 자기를 다스리고 가정을 다스리고 국가를 다스리는 도이다. 그의 사상과 추론은 좋은 정부가 없으면 백성은 편히 살 수 없으며, 좋은 백성이 없으면 정부 역시 사람들을 만족시킬 수 없다는 것을 벗어나지 않는다. 그래서 인류의 행복을 위해서 왕공귀족에서 가장 미천한 농민과 일반 국민에 이르기까지 모두 자기의 사상을 바르게 해야 하고, 사람들의 권고를 들어야 하며, 국가의 법령을 따라야 하고, 선하려고 노력해야 하며, 게다가 지혜와 덕성을 발전시켜야 한다.[22]

현재 중국의 일반적인 독자들은 중국 문화를 가장 먼저 흠모한 서양인은 볼테르(Voltaire)와 라이프니츠(Gottfried Wilhelm von Leibniz)라고 생각한다. 라이프니츠는 서양에서 가장 먼저 중국철학을 중시한 사람이다. 그는 중국의 도덕철학에 매우 흥미가 있었으며, 중국철학의 '도(道)'와 그가 구상한 '단자(單子)'는 서로 통하는 부분이 있다고 생각했다. 그는 다음과

22) 範存忠, 『中國文化在啓蒙時期的英國』, 上海外語教育出版社, 1991년, 15쪽.

같이 말하고 있다.

> 우리의 현재 상황에서 말하면, 도덕이 이 정도까지 무너졌기 때문에 우리는 중국의 전도사가 와서 자연신교와 실천교를 전해 주기를 희망한다. 우리가 그들에게 선교사를 파견해서 계시신학을 전수한 것처럼.[23]

> 총명한 사람을 청해서 심판을 시키면 그가 심판하는 것은 여신의 미가 아니라 민족의 선일 것이다. 그렇다면 우리는 그가 금 사과를 중국인에게 선사할 것이며, 하느님이 우리에게 준 선물인 기독교, 즉 초인의 선을 그들에게 전해 줄 것이라고 믿는다.[24]

다시 말하면, 도덕실천의 측면에서 유럽인은 마땅히 중국인을 향해 배워야 하지만 근본적으로 말하면 중국인은 유럽인보다 못하다. 왜냐하면 서양인은 계시신학을 가졌고 중국인은 없기 때문이다. 게다가 우리가 보아야 하는 것은 중국인의 도덕실천에 대한 라이프니츠의 인식은 단지『논어』등에 실린 공자의 도덕이상이며 중국인이 실질적인 생활에서 행한 도덕실천이 아니었다. 한 민족의 도덕수준을 보려면 그들의 실질적인 생활상황을 보아야 하며 몇몇 이상주의 사상가들의 희망에 머물러서는 안 된다. 희망과 희망을 실현하는 것은 별개 문제이다. 다시 말하면 우리는 이러한 규칙적인 역사문화현상을 쉽게 발견할 수 있다. 도덕이상을 중시하는 민족일수록 그 민족의 도덕실천이 그렇게 이상적이지 않다는 점이다. 오늘날의 중국은 신문과 잡지에서 정의롭고 용감한 자가 악인과 투쟁한

---

23) 範存忠, 앞의 책, 29쪽.
24) 範存忠, 위의 책, 30쪽.

행적을 빈번히 보도하며 정부 역시 전력을 다해 표창하고 있다. 실제 사정을 알지 못하고 신문 보도만 보면 오늘날의 대륙인은 매우 도덕적이고 고상한 것처럼 보인다. 우리가 알지 못하는 것은, 이러한 보도가 많다는 것은 불의를 보면 참지 못하는 미덕이 거의 없어졌다는 것을 설명하는 것이며, 사람들의 도덕의식이 나날이 희박해진다는 것을 설명하는 것이다. 오늘날 대부분의 중국 사람들은 건달·도둑·강도를 만나더라도 조금도 놀라지 않으며, 이러한 일에 무감각해졌기 때문에 조금도 동요하지 않는다. 불의를 보고 참지 못하는 자가 거의 없으며 이러한 것은 매우 고귀한 일이 되었다. 오늘날의 중국 대륙은 청렴하고 바른 정부를 외치며 '청렴한 관리'를 표창하지만 실제 상황을 분명하게 알지 못하고 신문과 방송에만 의지하면 정치는 깨끗하고, 관리는 청렴하며, 부정부패가 존재하지 않는다는 결론을 매우 쉽게 얻을 수 있다. 그러나 신문을 던지고 방송매체를 벗어나서 호텔·술집·나이트클럽에 가서 직접 보면, 일반 백성들의 집에 가서 직접 물어보면 얻을 수 있는 결론은 분명히 다르다.

볼테르는 18세기에 중국 문화를 가장 추종한 서양 철인이다. 그는 『풍속론(*Essai sur les moeurs*)』에서 중국 문화를 세계에서 가장 우수한 문화라고 간주했으며, 중국은 세계에서 가장 아름답고 오래되었으며, 면적이 가장 넓고 인구가 가장 많으며, 통치를 가장 잘하는 국가라고 생각했다. 그는 중국의 역사·풍경·예술과 과학을 이야기했을 뿐만 아니라 특히 중국의 종교와 정치를 격찬했으며, "공자는 세상 사람들이 가장 순수하게 신을 인식하도록 했다."고 했고, 중국의 정치가 안정적인 이유는 공자가 창조한 종교가 도덕이성에 부합하기 때문이라고 했다. 그는 『철학사전(*The Philosophical Dictionary*)』 '중국' 편에서 "나는 이미 공자의 책을 자세하게 읽었으며 그 요점을 적었다. 그중에서 가장 순수한 도리를 보았을 뿐이며 사람을 속이는 것은 조금도 없었다."고 썼다.

볼테르의 중국 찬미는 프랑스의 수많은 사상가들에게 영향을 미쳤다. 홀러바흐(A. Hollerbach)는 "중국은 세계에서 유일하게 정치와 윤리도덕을 결합한 국가이다. 이 제국의 유구한 역사는 모든 통치자가 국가를 번영시키려면 반드시 도덕에 의지해야 함을 알게 해주었다."[25]라고 했다. 파웰(R. L. Powell)은 심지어 "중국의 법률이 세계 각국의 법률이 된다면 중국은 세계 각국이 따를 수 있는 미묘한 경지를 제공할 수 있다."[26]고 했다.

볼테르 등은 공리적인 목적으로 중국 문화를 흠모했다고 할 수 있다. 다시 말하면 그들은 중국 문화의 역량을 빌려 기독교의 계시신학과 프랑스의 전제제도에 반대했다. 그들이 보기에 중국인이 우상을 숭배하지 않고 교회가 없으며, 하늘을 숭배하고 하느님을 숭배하지 않는 것은 그들이 선양하던 자연신론과 일치하는 것이었다. 사실은 중국 유가사상과 18세기에 유행한 유럽의 자연신론은 비슷한 게 결코 아니었다. 다시 말하면 볼테르 등은 중국을 제대로 이해하지 못했으며, 그들이 인식한 것은 『논어』, 『대학』, 『중용』에 나오는 내용과 선교사들이 기록한 천박한 보도이다. 이렇기 때문에 당시 어떤 사람은 볼테르의 중국 찬미는 '과장되고', '터무니없으며', '경박스러운 말'이라고 지적했다.

20세기에 중국 문화를 흠모한 서양인 가운데 대표적인 사람은 루소이다. 그가 중국 문화를 평가한 내용은 이 책의 제2장에서 소개했기 때문에 더는 언급하지 않겠다. 주의해야 할 것은, 루소가 중국에서 강학을 하고 중국 문화를 찬미하는 글을 쓴 시기는 1차 대전이 막 끝난 후였다. 그가 중국 문화를 찬양한 것은 '유럽중심주의'의 편견으로 중국 문화를 비방하지 않고 중국 문화를 존중했다는 것을 의미한다. 그는 세계대전이 서양인에

25) 沈福偉, 『中西文化交流史』, 上海人民出版社, 1985년, 452쪽.

26) 沈福偉, 위의 책, 453쪽.

게 가져다준 재난 때문에 심각하게 서양 문화를 반성하게 되었다. 확실하게 말하면 그는 서양인이 중국 문화를 통해 본 민족문화의 결함을 반성하고 더 나아가서 서양 문화를 새로 건설할 것을 희망했다. 그러나 이것은 루소가 중국 문화를 서양 문화보다 우위에 두었다는 것을 의미하는 게 아니며, 서양 문화의 미래에 대한 믿음을 잃어버리고 중국에서 서양사회를 구제할 처방 약을 찾으려고 했다는 것을 말하는 것도 아니다.

사실상 중국 문화에 대한 근대 서양인의 태도를 보면 비평하는 사람이 찬양하는 사람보다 많았으며, 경시하는 사람이 흠모하는 사람보다 많았다. 그들 대부분은 '유럽중심주의'의 심리를 지니고 있었으며, 본 민족의 이익을 위해 중국 문화를 대했다. 오늘날도 여전히 그렇다. 그래서 중국학자가 중국 문화와 중국 문제를 볼 때 마땅히 믿어야 하는 것은 자기의 학식과 안목이다. 사실 우리는 정치적인 경향과 감정에 따라 두뇌가 좌우되어 자기의 문화와 문제를 냉정하게 반성하기 어렵다. 그러나 외국인이 중국 문화와 문제를 이해하는 것 역시 분명 한계가 있으며, 그들은 중국 문화의 내재적인 요소를 확실하게 인식할 방법이 없다. 다시 말하면 중국 문화에 대한 서양인의 비판을 우리가 중국 문화를 비판하는 표준으로 삼아서는 안 되며 중국 문화에 대한 서양인의 흠모를 우리가 중국 문화를 흠모하는 표준으로 삼아서도 안 된다. 다른 사람이 '우리의 옛 전통'을 찬양하는 것은 당연히 매우 좋은 일이다. 그러나 너무 기뻐서 자신의 처지를 망각하고 자신의 능력을 정확하게 파악하지 못한다면 분명 문제이다. '우리의 전통'을 스스로 이해하지 못하고 다른 사람이 좋다고 하면 따라서 좋다고 말하고, 다른 사람이 나쁘다고 하면 따라서 나쁘다고 말하는 태도는 취할 만한 것이 아니며, 본질적으로는 여전히 맹목적으로 외국을 추종하고 숭배하는 행위이다.

제9장

내성과 외왕

도덕이상주의 및 그 실현의 문제

전체 인류의 범위에서 유학이 인류에게 미친 영향은 불교와 기독교 다음이다. 기원전 7세기 전후 한국과 일본은 중국으로부터 우수한 문화성과를 빈번히 받아들였으며, 유학은 이때부터 세계성을 구비하게 되었다.

중국의 범위에서 유학은 2천여 년 동안 중국 사회에 가장 큰 영향을 미친 사상유파이다. 춘추전국시기에 십가구류(十家九流)[1)]가 있었지만 묵가·명가·법가·농가·음양가·소설가는 스스로 소멸된 게 아니라 유학에 융합되어 중국 역사상 큰 세력을 형성하지 못했다. 도가의 운명은 열외였지만 황로(黃老)와 도교(道敎)를 경과해서 결국 산림으로 들어가 뜻을 이루지 못한 문인들의 수성양생(修性養生)으로서 또는 격세심선(隔世尋仙)의 재야문화로서 보존되어 갔다. 유일하게 유학이 공자가 창립하면서부터 참배자

1) 십가(十家): 전국시대의 유가(儒家), 도가(道家), 음양가(陰陽家), 법가(法家), 명가(名家), 묵가(墨家), 종횡가(縱橫家), 잡가(雜家), 농가(農家), 소설가(小說家) 등이 대표인 10개 학파. 구류(九流): 십가 가운데 소설가를 제외한 9개 학파. — 옮긴이

가 끊이지 않았으며, 중국 사회의 주류문화가 되어 계속해서 발전했다.

중국 같은 진부한 땅에서 비종교의 유학이 어쩌면 그토록 번영할 수 있었으며 어쩌면 그토록 위풍당당할 수 있었는가. 세계문명사에서 오랫동안 지속할 수 있었던 사상은 종교뿐이다. 중생의 마음을 사로잡는 종교의 매력은 영원히 변하지 않는다. 변화가 있더라도 신앙 자체는 쉽게 동요되지 않는다. 그렇기 때문에 2천여 년 전에 나타난 불교와 근 2천 년 전에 나타난 기독교가 오늘날에도 여전히 수많은 신도를 보유하고 있다. 종교 신앙의 대상인 세계는 피안에 있으며 차안에 있지 않다. 피안의 유혹은 언제나 영원하다. 종교는 중생을 태우고 있는 배가 피안의 세계를 향해 노를 저어 가지만 영원히 피안의 세계에 도달할 수 없는 것과 같다. 피안에 도달할 수 없기 때문에 배에 있는 중생은 배를 떠날 수 없으며, 피안세계의 유혹에서 벗어날 수 없다. 그러나 세속세계의 이론은 이와 다르다. 피안이 없고 차안만 있기 때문에 중생을 태워야 하는 배가 필요 없다. 그것이 중시하는 것은 사람 자신의 역량이며, 세속적인 윤리규범과 세간을 벗어나지 않는 도덕실천에 따라 개인과 사회를 사상가들이 구상하는 이상세계로 인도한다. 차안세계는 바로 활기 넘치는 사람의 세계이고, 정화되지 않은 세계이며, 언제 어디서나 물질적인 유혹이 충만하다. 이 세계에서는 악의 역량이 언제나 우세하다. 중생은 현실을 초탈하기가 어려울 뿐만 아니라 도덕설교 또한 현실을 완전히 벗어나기 어렵다. 그렇기 때문에 세속적인 이론은 모두 수명이 짧으며 시공간적 한계가 있다.

다시 말하면, 세계문명사에서 세속적인 도덕 학문인 유학이 오랫동안 전해질 수 있었던 것은 기적이라고 할 수 있다. 이 기적의 배후에 있는 원인을 연구하는 것은 대학문이며 몇 마디로 설명할 수 있는 게 아니다. 우리는 그것의 주요원인을 제기할 수 있을 뿐이다. 즉 유학은 비종교형식이지만 종교와 유사한 의미를 내포하며, 량수밍과 평유란의 말을 빌리면 "도덕으로 종교를 대신한다."고 할 수 있다. 그래서 탕쥔이와 머우쭝산은 유학을 '인문교(人文教)' 혹은 '원교(圓教)', '영교(盈教)'라고 했다.

종교이든 세속적인 인생철학이든 모두 동일한 목적이 있다. 그것은 현실적인 인생과 사회에서 중생에게 영혼을 안정시킬 정토(淨土)를 찾아주는 것이다. 영혼은 불안한 존재이며 항상 혼란한 상태이다. 그것은 인류 개체에게 번뇌를 가져다주며 사회동란의 근원이다. 그래서 영혼을 안정시키는 일은 개체의 심성을 안정시키는 심성학문과 관련되며 또한 사회의 질서를 안정시키는 사회사업과 관련된다. 게다가 이 두 가지는 명확하게 구분할 수 없다. 개체의 영혼을 안정시키는 것은 사회의 질서를 안정시키는 것을 의미한다. 바꾸어 말하면, 사회질서가 안정되면 개체의 영혼 또한 어느 정도 안정될 수 있다. 여기에서 하나의 표준을 세워 일종의 인생철학이 합리적인지 아닌지를 가늠할 중요한 척도로 삼을 수 있다. 그것은 바로 종교적이든 비종교적이든 사람들의 혼란한 영혼을 안정시킬 수 있는지 없는지를 보는 것이다.

종교와 세속적인 도덕 학문은 모두 세상 사람들에게 하나의 이상적인 인생경지를 묘사해준다. 이상적인 경지는 불평등이 없고 투쟁이 없으며 사람들의 심성이 안정될 수 있는 경지이다. 이상적인 경지를 추구하는 것은 행복하고 원만한 생활을 추구하는 것이다. 유가의 이상적인 경지는 '인(仁)'의 경지다. '인'의 경지는 기독교의 '천국'과 다르다. 그것은 인간 세상에 있으며 인간세상 밖에 있는 게 아니다. 사람들이 일상생활에서 덕성에 따라 생활하면 '인'의 대도를 가며 또는 '인'의 경지에 도달한다고 할 수 있다. 그렇기 때문에 '인을 실천한다〔踐仁〕'는 의미는 덕성 실천을 가리킨다.

'인'의 경지는 도대체 어떤 경지인가. 공자는 이에 대해 명확하게 말하지 않았다. 사랑이 '인'이고 효도가 '인'이며, 관대함이 '인'이고 인정스러움이 '인'이며, 우의와 믿음이 '인'이다. 이로움을 버리고 의로움을 추구하는 것이 '인'이며, 어느 쪽에도 치우치지 않는 것이 '인'이다. 천하를 잘 다스리는 것이 '인'이며, 자신의 몸을 선하게 하는 것이 '인'이다. 수많은 미덕을 갖추는 것이 '인'이며 그중의 한 가지만 갖추는 것 또한 '인'이다. 겉으로 보면 '인'은 광범위한 의미가 있기 때문에 짐작하고 따르기 매우 어렵지만 공자 학설의 가장 큰 성공이 여기에 있다. 그가 명확하게 '인'의 경지를 말하지 않은 것은 사람들에게 이 경지를 스스로 선택할 자유를 준 것과 같다. 각각의 도로가 모두 로마로 통하고, 사회와 타인과 자기의 도덕 양심에 유익하기만 하면 무엇을 하든 혹은 어떻게 하든 간에 모두 '인'의 경지로 다가가는 것이며, '인'을 실천하는 것이라고 할 수 있다. 그렇기 때문에 공자는 "인이 멀리 있는가. 내가 인하고자 하면 바로 인에 이른다."[2]고 했다. 이 자유는 매우 고귀하다. 그것은 사람들이 덕성을 실천할 때 개인의 주체성과 자각성을 보장한다. '인'의 경지만 심오한 의미가 있는 게 아니라 덕성을 실천하는 것 또한 심오한 의미가 있다.

그러나 이것은 '인'의 범위가 너무 광범위해서 전체적인 강령이 없음을 말하는 게 결코 아니다. 공자는 안회의 질문에 "자기를 극복하고 예를 회복하는 것〔克己復禮〕이 인이다."라고 했다. 나의 이해에 따르면 이는 공자 인학(仁學)의 강령이다. '자기를 극복하고 예를 회복하는 것'은 글자로 보면 심오한 것처럼 보이지 않는다. '자기를 극복하는 것'은 수단이고 '예를 회복하는 것'은 목적이며, '예'를 회복하려면 반드시 '자기'를 극복해야 한다. 그러나 극복해야 하는 '자기'와 회복해야 하는 '예'가 무엇인지가 심오한 의미가 있다. '자기를 극복하는 것'은 자기의 비도덕적인 욕망과 행위를 억제하는 것으로 이해할 수 있으며, 또한 현실적으로 도덕적인 이

2) 『論語・述而』, "仁遠乎哉? 我欲仁, 斯仁至矣."

상의 경지로 통하는 노선이라고 할 수 있다. '예를 회복하는 것'은 '자기를 극복하는 것'을 통해 자기를 규범에 구속시키는 것으로 이해할 수 있으며, 이상의 경지로 매진하는 것이라고 할 수 있다. 문명이 발전함으로써 형성된 '자기'와 '예'는 줄곧 이원적인 대립상태이다. '자기'가 체현하는 것은 생명의 본원인 정욕과 욕망이며, 정욕과 욕망의 충동에서 나타나는 갖가지 비도덕적인 행위이다. '예'가 체현하는 것은 문명사회가 마땅히 갖추어야 할 갖가지 규범이며, '자기'의 비도덕적인 행위를 억제하기 위해 반드시 갖추어야 할 조건이다. '자기'와 '예'가 이상적인 조화를 이루어야만 진정으로 자아를 찾을 수 있고 인생을 드러낼 수 있다.

'자기'와 '예'가 언제나 대립적이기 때문에 이 두 가지를 조화하기 쉽지 않다. 왜냐하면 '예'의 사회성을 강조하면 반드시 '자기'의 자율성을 손상시키며, '자기'의 자율성을 강조하면 반드시 '예'의 무기력함이 야기되기 때문이다. 특히 피안세계가 결핍된 세속의 윤리학설은 이 두 가지의 관계를 조화하기 더욱 어렵다. 고대 서양의 스토아학파와 견유학파는 심성학(心性學) 각도에서 모두 '자기'와 '예'의 관계를 조화시키려 했으나 선택한 방식이 부당했기 때문에 도덕을 실천하는 취지를 손상시켰을 뿐만 아니라 '예'의 규약을 포기하고 심지어 쓸데없는 것으로 간주하게 되었다. 중국의 노장학설 또한 이 같은 결함이 어느 정도 있다. 그렇지만 공자가 제창한 '극기복례'의 도덕실천 방식은 다르다. 유가학설에서도 '자기'와 '예'는 대립적인 면이 있지만 이 대립을 해소하는 방식이 유가학설의 '비적대성'이다. '자기를 극복하는 것'과 '예를 회복하는 것'은 서로가 조건이며 서로가 장력이다. 유가가 제창한 '자기를 극복하는 것'과 '예를 회복하는 것'은 사람들이 자각적으로 추구하는 도덕실천의 방식이며, 이 두 가지는 도덕생활 가운데 생명의 가치를 잃지 않게 하는 동일한 목적이 있다. 이러한 생명의의는 종교성을 구비하지 않지만 종교와 같은 취지가 있다. 사람들은 예의 규약을 따르지만 도덕실천 가운데 시시각각 자아의 능동성을 벗어나지 않는다. 이것은 일종의 시적인 인생이며 예술적인 인생이다. 규약은 외재적인 것이지만 규약을 따르는 것은 자아의 자각이다. 이렇게 '자기를 극복하는 것'은 스스로 분발하는 수양공부가 되었다.

여기에서 관건은 공자의 학설에서 '인'만이 높은 경지일 뿐만 아니라 '예' 또한 높은 경지라는 것이다. 공자에 따르면 '예를 회복한다.'는 것은 주공(周公)이 제창한 예악 회복이다. 주공이 제창한 예악은 강제성 있는 조리가 아니다. 『논어·팔일(八佾)』에는 "주나라의 예악제도는 하·상 2대를 거울삼아 진실로 다채로우니 나는 주나라의 제도를 따르겠다."[3]고 한 공자의 말이 있으며, 『술이(述而)』에는 "내가 너무 노쇠하였구나! 나는 오랫동안 꿈에서 주공을 보지 못했다."[4]는 말이 있다. 공자가 주공을 추종한 이유는 주공이 받들어 시행한 것이 '주나라의 문화제도'였기 때문이다. 게다가 '주나라의 문화'는 주공이 창조한 게 아니라 3대를 걸쳐 선조들이 남긴 문화성과이다. 중국 역대 문인들의 마음에서 '문화〔文〕'와 '야만〔野〕'은 대립적이었으며, 비문화가 야만이었다. '예'가 '문화'를 체현하며 '예'의 규범을 따르는 게 '문화'의 정신을 체현하는 것이다. 중국에서 책을 읽는 사람들을 '문인'이라고 하며 그들이 배우는 것을 '문화'라고 한다. 오늘날은 이러한 '문화'를 지식으로 이해하지만 고대에서는 '야만'과 상대적인 윤리규범과 인생경지였다.

공자가 죽은 후 유학은 8개 학파로 나누어졌지만 진정으로 유학을 계승한 것은 맹자·정주·육왕의 계통이다.

공자는 일생의 사상 탐색을 통해 천명(天命)과 인성(人性)은 대립적인 관

3) 『論語·八佾』, "周監于二代, 郁郁乎文哉, 吾從周."

4) 『論語·述而』, "甚矣, 吾衰也! 久矣吾不復夢見周公."

계가 아님을 인식했다. 천명은 본래 사람의 생명에서 근원한다. 이 사상은 사람의 생명을 생리적인 특징으로 보는 게 아니라 '생명 처'로 승화시켜 사람의 행위규범은 모두 자신의 '생명 처'에서 근원한다는 것, 즉 "인을 행함은 자기에게 달려 있다〔爲仁由己〕."는 것을 증명했다. 그러나 공자가 증명한 이 도리는 개인이 공부를 통해서 조금씩 체득하는 것이며 그것을 보편성을 갖춘 도덕원칙으로 세우지 못했다. 그렇기 때문에 자공(子貢)이 "선생께서 말씀한 성(性)과 천도(天道)는 들어서 이해하기 어렵다."[5]고 한탄했다.

쉬푸콴에 따르면 『중용』에 나오는 "하늘이 부여한 것을 성(性)이라고 하며, 성을 따르는 것을 도(道)라고 한다."[6]는 명제는 공자의 학설을 크게 발전시킨 것이며 동시에 맹자 성선설의 이론적인 근원이다. 이 두 명제가 제기된 것은 "중국 인성론의 발전과정에서 매우 중요한 의미가 있다."[7] 그것은 자기의 본성은 하늘이 부여했기 때문에 사람과 하늘, 만물과 하늘은 동질적이고 평등하며, 서로 장애가 없음을 느끼게 했다는 데 의의가 있다. 하늘의 무한한 가치가 자기의 본성 가운데 구비되어 있으며 자기 생명의 근원이기 때문에 자기의 생명과 생명이 활동하는 현세에서 인생의 숭고한 가치를 실현할 수 있다. 또한 "하늘이 부여한 것을 성이라고 한다."는 명제의 또 다른 의의는, 모든 사람들이 동일한 생명의 근원을 가지고 있음을 긍정한다는 데 있다. 모든 사람이 동일한 생명의 근원을 가졌다면 사람들은 모두 평등하기 때문에 서로 이해하고 신뢰할 수 있으며, 따라서 모두 준수할 수 있는 생활규범을 건립할 수 있고, 동일한 인생의 길을 나아갈 수 있다. 이렇게 되면 타인과 내가 하나 되고 사물과 내가 하나 되어 전체

---

5) 『論語・公冶長』, "夫子之言性與天道, 不可得而聞也."

6) 『中庸』, "天命之謂性, 率性之謂道."

7) 徐復觀, 『中國人性論史・先秦篇』, 163쪽.

세계가 한데 어우러져 원만하게 발전할 수 있다.

맹자 사상의 핵심은 '성선(性善)'이다. 쉬푸콴에 따르면 맹자의 '성선설'은 중국 유학과 중국 문화 발전사에서 매우 중요한 의미가 있는 이론이다.

> 맹자가 말한 성선(性善)은 사실상 심선(心善)이다. 이 각성을 경과한 이후 모든 사람은 자기의 마음에서 즉시 선의 근원을 인식할 수 있으며, 아무 근거 없이 외부에서 찾을 필요가 없다. 중국 문화의 성격은 위에서 아래로 내려오고 외부에서 안으로 받아들이는 성격이다. 아래로 내려온 이후 다시 위를 향해 올라가는 것은 '천명'이라고 한다. 천명은 사실상 도덕이 도달하는 경지이며 도덕 자신의 무한한 성질이다. 안으로 받아들인 이후 다시 밖으로 확충해 나가는 것을 천하국가라고 한다. 천하국가는 도덕실천의 대상이며, 도덕 자신의 객관성, 구조성이다. 인격신의 천명(天命)이 법칙성의 천명이 되며, 법칙성의 천명이 사람의 몸에 응집되어 사람의 성(性)이 되며, 사람의 성은 사람의 마음에서 실현되며, 선한 사람의 마음에서 성선을 믿게 된다. 이는 중국의 고대문화가 장기간의 변화와 발전을 경과한 이후 얻어낸 총괄적인 결론이다.[8)]

유학은 맹자 후에도 계속 발전했지만 공자가 제창한 덕성(德性)의 지혜는 오랫동안 다른 사상의 간섭을 받았다. 먼저 음양가의 간섭을 받아 음양오행(陰陽五行)이 유학의 원뜻에 첨가되었으며, 상수학(象數學)의 교란이 더해져 전통 유학은 편향된 길로 들어섰다. 이어서 위진(魏晋) 현학(玄學)이 홍기해 현묘한 지혜와 현묘한 이치로 인생을 이야기하게 되었으며, 노자와 장자의 경지가 인생의 목적이 되었다. 동진(東晋) 이후 현학이 쇠퇴하고 불교가 성행했다. 불교가 말하는 공지(空智)와 비지(悲智)는 심오한 경지가

8) 徐復觀, 『中國人性論史 · 先秦篇』, 163~164쪽.

있지만 유생들이 보기에 여전히 인생의 의의와 가치를 드러내기 어렵다. 다시 말하면 도교와 불교의 현묘한 지혜와 자비로운 지혜는 세상 사람을 위해서 개척한 가치 있는 '도'이지만 필경 공맹유학이 표방하는 '만물을 생성 발전시키는 도'가 아니며, 생명의 지혜가 결핍되었다. 공맹이 표방한 생기가 왕성한 도는 '천도'와 '인도'이다. '천도'가 왕성하여 만물을 생성, 변화시키고, '인도'가 왕성하여 사람들의 생명정신을 분발시킨다. 그래서 유학의 가치는 위로는 천덕(天德)에 도달하고 아래로는 인문(人文)을 열어 하늘과 사람이 하나 되고, 하늘의 덕과 사람의 덕이 융합을 이룩하는 데 있다. 이러한 도덕 학문은 불교와 도교에 비교하면 더욱 충실하고 더욱 원만하다.

송명유학은 공맹의 전통을 회복한다는 사명으로 사상사에 출현했다. 송명유학은 당대(唐代)의 한유(韓愈)에서 시작되었다고 할 수 있다. 한유는 『원도(原道)』에서 "요임금이 이것〔道〕을 순임금에게 전해했고, 순임금은 우왕에게 전했고, 우왕은 탕왕에게 전해했고, 탕왕은 문왕·무왕·주공에게 전해했고, 문왕·무왕·주공은 공자에게 전했고, 공자는 맹자에게 전했으며, 맹자가 죽은 후 전해지지 않았다. 순자와 양웅은 이것〔道〕을 선택했으나 정밀하지 않았고, 이것을 말했으나 상세하지 않았다."[9]고 했다. 한유는 『대학』을 견본으로 삼아 수신·제가·치국·평천하를 이야기했으며, '마음을 다스리는 것〔治心〕'과 '세상을 다스리는 것〔治世〕'을 이야기했다. 마음을 다스리는 것은 본래 '인'에 속하고 세상을 다스리는 것은 '의'에 속하며, '인(仁)'과 '의(義)'가 결합한 것이 '도(道)'이다. 그러나 한유는(그의 문인들을 포함해서) 유학을 깊이 이해하지 못했으며 주돈이에 이르러 유학

9) 韓愈, 『原道』, "堯以是傳之舜, 舜以是傳之禹, 禹以是傳之湯, 湯以是傳之文武周公, 文武周公傳之孔子, 孔子傳之孟軻. 軻之死, 不得其傳焉. 荀與揚也, 擇焉而不精, 語焉而不詳."

이 새로운 모습으로 전개되었다고 할 수 있다. 주희는 주돈이와 정호, 정이의 사상 및 송유와 진한 이래의 유학의 차이를 다음과 같이 말하고 있다.

> 추나라의 맹자가 죽은 후 성인의 도는 전해지지 않았다. 세속에서 말하는 유자의 학문은 안으로는 장구와 글귀의 습관에 구속되고 밖으로는 노자와 석가의 말에 오염되었다. 자신을 수양해서 사람을 다스려야 하는 자는 모두 자기의 사사로운 생각을 따라 성인의 사상을 이용했다. 군주의 덕은 삼대의 덕과 비교할 수 없게 되었으며, 백성의 풍속은 삼대의 풍속과 비교할 수 없게 되었다. 이 상황은 현재에 이르기까지 천여 년 동안 지속되고 있다. 주렴계(周濂溪) 선생은 오랜 역사를 고찰함으로써 성현의 오묘함을 알았고 조화(造化)의 근원을 통찰했으며, 오직 마음으로 그것을 얻었다. 그는 책을 쓰고 학설을 세워 심오한 이치를 밝혔다. 말뜻은 간략하지만 천생성명(天生性命)의 오묘함, 수기치인(修己治人)의 방법이 모두 분명하게 드러나 있다. 허난의 두 정(程) 선생은 친히 주 선생을 만나 그의 가르침을 받았으며 그들의 학문은 점점 세상에 전해졌다. 사대부는 그들의 말을 이야기하면서 비로소 저속하고 천박한 학문과 이단의 미혹에서 벗어났으며, 수기치인의 뜻을 알아 언제나 세속의 사사로운 이익에 미혹되지 않았으며, 대범하게 요순시기의 군주와 백성이 되려는 데 뜻을 두었다.[10)]

---

10) 『表袁州州學三先生詞題記』, 『朱子文集』 9권, "盖自鄒孟氏沒而聖人之道不傳. 世俗所謂儒者之學, 內則局于章句文詞之習, 外則雜于老子釋氏之言. 而其所以修己治人者, 逐一出私智人爲之鑿. 淺陋乖离, 莫适主統. 使其君之德不得比于三代之隆, 民之俗不得躋于三代之盛. 若是者盖已千有余年于今矣. 濂溪周公先生, 奮乎百世之下, 乃始探探聖賢之奧, 疏觀造化之原, 而獨心得之. 立象著書, 闡發幽秘, 詞義雖約, 而天生性命之微, 修己治人之要, 莫不異擧. 河南兩程先生旣親見之而得其傳, 于是其學逐行于世. 士之講于其說者, 始得以脫于俗學之陋, 異端之惑, 而其所以修已治人之意, 亦往往有能卓然不惑于世俗利害之私, 而慨然有志于堯舜其君民者."

송명이학의 중심 내용은 어떻게 내성공부를 통해서 성인의 인생경지에 도달하는가이다. 이 과정과 결과는 인륜의 극치를 세운다는 '입인극(立人極)'의 세 글자로 개괄할 수 있다. '입인극'은 성인의 품덕이며, 『주역』에서 말하는 "그 품덕은 천지와 같이 만물을 화육하고, 그 지혜는 일월과 같이 전치를 두루 비추며, 그 행위는 사시와 같이 질서정연하고, 귀신과 그 길흉을 함께한다."[11]는 것이다. 송명유가에서 보면 성인과 성인의 품덕은 가장 진실하며 가장 믿을 만하다. 이러하기 때문에 성인에게 있는 정신역량은 인성(人性) 가운데 존재하며 외부 세력의 작용이 필요 없다. 선을 따르고 덕을 완성하는 사상근원이 외부 사물에 있지 않고 내 마음에 있다면 마음의 수련을 통해 인생 최고의 경지에 도달할 수 있으며, 소인에서 대인이 될 수 있고 보통사람에서 성인이 될 수 있다. 그러므로 왕양명은 "마음 밖에 사물이 없다."고 말했다. 예전의 논자들은 대부분 왕양명의 이 명제를 간단하게 주관유심론으로 간주했으며, 왕양명은 마음 밖에 객관세계가 존재함을 인정하지 않은 것처럼 생각했지만 이 생각은 사실상 왕양명사상의 본질을 파악하지 못한 것이다. "마음 밖에 사물이 없다."는 것은 심성학(心性學)의 각도에서 말한 것이며, 그것이 강조하는 것은 '마음과 사물은 둘이 아니다.'는 것과 '사물과 나는 둘이 아니다.'는 것이지 일반적으로 이해하는 존재와 사유에 관한 문제가 결코 아니다. 송명유학에서 마음을 강조하는 것은 내성공부를 강조하는 것이다. 다시 말하면 자기의 도덕이성을 성취하려면 반드시 자기의 내면에서 구해야 하고 밖에서 구하면 안 되며, 반드시 자기에게서 구해야 하고 타인에게서 구하면 안 된다. 단지 도덕적인 마음이 확립되고 그것이 확대되어야 비로소 인격이 정립될 수 있고 인성이 깨끗해질 수 있으며, 위대한 대장부가 될 수 있으며, 마음 밖

11) 『易經 · 乾卦 · 文言』, "與天地合其德, 與日月合其明, 與四時合其序, 與鬼神合其吉凶."

의 사물에 끌려 다니지 않게 된다.

현대 신유가의 도덕이상주의는 기본적으로 송명유학을 계승해서 말한 것이며, 내용은 대체적으로 다음과 같은 몇 가지를 벗어나지 않는다.

1) 사람이 직면한 세계를 사실세계와 가치세계로 나누고, 더 나아가 가치세계를 뚜렷하게 드러내는 기초 위에서 덕성주체의 의의를 강조했다.

2) 중서 두 문화를 정신문명과 물질문명으로 나누고 물질문명을 낮은 단계, 정신문명을 높은 단계로 보았으며, 더 나아가 도덕이상주의가 핵심인 공맹유학의 사상적 가치를 고양했다.

3) 마음과 사물, 나와 사물의 관계를 통해 유가의 도덕이상주의가 가장 충실하고 가장 원만하며, 사람의 본성에 가장 부합한다는 것을 증명하려고 했다.

4) 도덕이성의 비시공성을 강조하고, 중국 유학이 현재의 중국 문제를 해결할 좋은 방안이라는 것을 설명했으며, 그것의 세계적인 의의를 설명했다.

5) 근대 이래 세계 역사의 변화와 20세기 중국 사회의 현황을 통해 '내성'이 '외왕'을 융합하고 포용하는 작용을 설명했으며, 도덕이성이 민주와 과학을 통솔하는 작용을 설명했다.

6) 전통의 내성학(內聖學)을 새롭게 해석함으로써 '내성'과 '외왕'은 서로 장애가 없음을 설명했으며, 더 나아가 전통 유학과 현대사회는 서로 장애가 없음을 설명했다.

예컨대 탕쥔이는 다음과 같이 말하고 있다.

> 선대 성현의 영혼이 영원히 존재하기만 하면 중국 문화의 진정한 정신 또한 혼돈 가운데 분명하게 드러나고, 빛을 널리 발산해 더 새로워질 것이다. 음기가 성하고 양기가 쇠약해지는 이 시기에 오직 하늘의 이치를 장악하기만 하면 비

관할 필요도 없고 낙관적인 태도를 버릴 필요도 없다. 오늘날 마땅히 져야 할 책임은 직접 중국 문화의 원류를 찾아 불순물을 제거하고 그것이 더 맑은 원천이 되게 해야 하며, 끊임없이 노력해서 도덕의 광체가 명확하게 드러나게 해야 한다. 공자와 맹자가 창립한 태극(太極), 송명 이학자가 창립한 인극(人極), 명말에서 현재까지 계속 동경하는 황극(皇極)의 정신과 태극과 인극에 의거해서 국가의 안정을 도모하는 것은 사실상 천하에 황극을 세워 우리의 모든 정신활동이 위축되지 않고 계속해서 상승하게 하고, 가장 좋은 극치를 모아 사리에 어긋나지 않게 하여 이상적인 인문세계를 완성하려는 것이다.[12]

머우쭝산 또한 다음과 같이 말하고 있다.

내 생각에 전통의 모든 학술사상 가운데 유학의 문화계통만이 우리의 사회적인 실천을 지도할 원칙이 될 수 있다. …… '자유·민주'라는 원칙은 반드시 더 높은 단계, 더 적극적이고 역량 있는 문화계통으로 이끌고 보호해야 한다. 자유·민주를 보호해야 과학·철학·종교·예술 내지 불교를 구제할 수 있다. 이러한 더 높은 단계, 더 적극적이고 역량 있는 문화계통은 유가의 문화계통이다. 그것의 핵심사상은 이성주의적인 이상주의이다. 간단하게 말하면 도덕적 이상주의이며, 더 확실하게 말하면 도덕적 실천이성의 이상주의이다. 이상주의는 개인적이고 사회적인 우리 인류의 모든 실천을 철저하게 성취할 수 있다.[13]

부정할 수 없는 것은 전통유가와 현대 신유가가 묘사하는 도덕 이상주의는 확실히 선하고 아름다운 인생경지이다. 그들의 구상대로 도덕실천에

12) 唐君毅, 『中國文化之精神價值』, 557쪽.
13) 牟宗三, 『道德的理想主義』, 22쪽.

종사할 수 있다면 하느님과 하늘의 위엄이 필요 없으며, 사람들은 모두 성인과 현인이 되고 모두 완전한 인생경지에 도달할 수 있다. 또한 모든 사람이 일체의 번뇌와 고통에서 벗어날 수 있으며, 사회 역시 투쟁과 속이는 일과 죄악이 없는 아름답고 완전한 사회가 될 수 있다. 그렇지만 이상적인 도덕경지는 역대 유학자들이 견지하던 일종의 신념일 뿐이며 그것을 실현하려면 반드시 갖가지 고초가 따른다. 특히 현대사회에서 그것을 실현하는 것은 더욱 불가능하다.

다시 말하면 우리는 현대 신유가가 선양하는 도덕이성의 현대적 가치를 생각할 때 마땅히 도덕이성을 실현할 수 있는지 없는지와 어떻게 실현할지의 문제를 생각해야지 유자들이 어떻게 설명하고 어떻게 미화시켰는지를 보아서는 안 된다. 적어도 다음과 같은 몇 가지는 반드시 고려해야 할 문제이며 현대 신유가의 모든 선생들이 반드시 대답해야 할 문제이다.

첫째, 전통유가의 도덕이상주의는 고대사회에서 도대체 얼마나 실현되었는가. 실현되지 않았거나 그렇게 많이 실현되지 않았다면 공중에 누각을 짓는 것 같은 현실과 동떨어진 도덕이상주의를 선양할 가치가 있는가.

둘째, 한 국가와 한 민족이 도덕으로 나라를 세울 수 있는가. 이에 대한 대답이 긍정적이라면 유가의 덕치사상을 표방한 고대의 중국 정치는 왜 그렇게 폐단이 많았는가.

셋째, 유학의 심성학문은 국민들에게 '몸'의 자유를 보장할 수 있는가. 불가능하다면 '마음'의 자유는 어떻게 보장할 수 있는가. 인격문제는 어떻게 해결할 수 있는가. 심성학문의 가치는 어떻게 체현할 수 있는가.

넷째, 유학이 선양하는 도덕이성은 시간적인 제약을 받지 않는가? 또는 전통 유학의 도덕이성은 현대사회에서도 여전히 실천할 만한 가치가 있는가.

다섯째, 20세기에 중국 사회가 혼란한 국면에 처한 이유는 전통적인 도덕이상주의를 상실했기 때문인가 아니면 그것이 만연하여 현대화에 장애가 되었기 때문인가.

아래에서 앞의 세 문제에 대한 구체적인 견해를 이야기하고 뒤의 두 문제는 10장에서 다시 논술하겠다.

◗ 잔학했던 중국의 역사

인류의 문명사를 들추어 보면 놀랍게도 사람들이 발견할 수 있는 것은 중국인의 역사는 다음과 같은 몇 가지에서 그 어떤 민족과도 비교할 수 없다는 것이다. 첫째, 궁정의 투쟁이 빈번했으며 수단이 매우 잔학했다. 둘째, 통치계급의 생활이 매우 부패했다. 셋째, 농민봉기의 횟수가 가장 많았으며 규모가 가장 컸고 민족사에 가장 심각한 영향을 미쳤다.

중국은 '군주가 천하를 통치하는' 정책을 시행했으며 군주는 천하를 보유하고 있었다. 하늘을 날아다니는 것, 땅 위를 뛰어다니는 것, 동산과 부동산, 전국의 신료와 백성까지도 모두 군주의 사유재산으로 간주되었다. 그래서 고대 이래 '강산', '사직', '국가'는 같은 뜻이었고 '국가'와 '정권'은 같은 뜻이었으며 '정권'과 '천하' 역시 같은 뜻이었다. '천하'는 사실상 군주 한 사람의 천하였다. 일반 백성은 물론이거니와 각급 관원, 황제의 친인척과 권세를 가진 사람들까지도 모두 황제의 노예였다.

중국이 시행한 것은 군주전제정치이다. 군주는 절대적인 자유를 향유했으며, 그는 천하를 보유했기 때문에 자연히 천하를 지배할 권력이 있었다. 국가는 체계적이고 방대한 법률이 있었지만 그에게 법률은 쓸모없었다. 그는 법률 위에 있었으며 법률은 그가 신민을 통치하는 도구였을 뿐이다. 그는 법률의 제재를 받지 않았고 수시로 오래된 법을 폐지하고 새로운 법을 제정할 수 있었으며, 자기의 필요에 따라 임의대로 법률을 고칠 수 있었다.

군주의 직위는 인생을 마음껏 즐기고 욕망을 충족시킬 수 있는 직위였기 때문에 이 직위를 차지하려는 황족 내부의 쟁탈전이 중국역사에서 있었던 정치투쟁의 주선율이었다. 주나라 초기부터 통치계급은 제도화된 왕위계승제도인 '정실의 장자가 왕위를 계승하는' 제도를 확립했지만 실질적으로 왕위를 계승할 때 이 제도에 따라 평화적으로 왕위를 계승한 경우는 많지 않았다. 대부분의 상황에서 군주들은 음모와 폭력적인 수단으로 왕위를 차지했으며, 심지어 황궁을 피로 물들이고 친족을 살육하는 것조차 꺼리지 않았다. 정실의 장자는 자기 권리를 보장받기 위해 언제나 극단적인 방법으로 다른 형제를 압박했으며, 서자들은 야심을 실현하기 위해 수단과 방법을 가리지 않고 정실의 장자를 사지로 몰아넣으려고 했다. 게다가 왕위 투쟁은 직접적으로 후궁의 투쟁에 영향을 미쳤다. 총애를 받는 수많은 왕비들은 자기 아들에게 왕좌를 물려주기 위해 갖가지 악독한 수단을 동원해서 황후와 태자를 사지로 몰아넣었다. 심지어 어떤 태자는 젖먹이일 때 혹은 어머니의 뱃속에 있을 때 독살당했다.

중국 궁정의 왕위투쟁은 인류 역사상 가장 참담하고 잔혹했다. 다른 민족도 마찬가지로 왕위투쟁이 있었지만 중국과 비교하면 그다지 심각하지 않았다. 중국역사에서 '천하'의 관념이 건립된 시기부터 시작해서 역대로 왕위계승이 이루어질 때 음모와 폭력이 충만했으며 각양각색의 죄악이 충만했다. 당태종 이세민(李世民) 같은 '현명한 군주' 역시 두 손에 친형제의 선혈을 가득 묻힌 채 왕위에 올랐다. 여기에서 도덕은 전혀 없었으며 모든 것이 사악한 속셈에 따라 이루어졌다. 조익(趙翼)이 "그 뜻은 단지 제왕의 존엄함을 탐하는 것일 뿐이며 골육간의 사랑은 결코 없었다."[14]고 한 것과

14) 趙翼, 『廿二史禮記』 3권, "其意但貪帝王之尊, 幷無骨肉之愛."

같다. 제왕의 스승이었던 역대 유생들은 이러한 사건을 방지하기 위해 노력했으며, 요임금·순임금·우임금이 평화롭게 제위를 물려주었다는 신화를 구상해서 어질고 덕망이 높은 자에게 제위를 넘겨주는 것을 군주의 본보기로 삼으려고 했지만 역대 군주는 왕위 쟁탈 과정에서 그 누구도 유가의 교훈을 중시하지 않았으며, 그 누구도 도덕적으로 왕위를 계승하지 않았다. 이 사실이 보여주는 것은 역대 왕권전이는 각종 죄악 행위의 경연대회였다는 점이다. 누군가가 마음이 약해 충분히 잔악하지 않으면 정권을 탈취하거나 지키지 못할 뿐만 아니라 목숨조차 보전하기 어려웠다.

더욱 주의할 것은, 유가는 궁정투쟁의 갖가지 비도덕적인 행위를 저지할 역량이 없었을 뿐만 아니라 유가의 덕치사상이 오히려 이 같은 죄악행위의 이론적 근거가 되었다는 점이다. 이 관점을 처음 접하는 독자들은 의외라는 느낌일 것이며 신유가들은 더욱더 동의하지 못할 것이다. 알아야 할 것은, 중국역사에서 정권을 찬탈한 자는 모두 자신이 '도덕적인 사람'임을 표방했으며, 부모와 형제를 죽이는 행위조차 언제나 유덕함으로 무덕함을 대하는 것이고, 정의로움으로 사악함을 대하는 것이라고 표방했다. 이는 중국 전제주의 정권이 즐겨 사용하던 수법이었으며, 기만성을 구비한 수단이었다. 왜냐하면 유가의 정치사상에서 왕위를 계승할 때 가장 중요한 것은 적자와 서자의 문제가 아니라 덕행의 문제였기 때문이다. 유가들이 날조한 요임금·순임금·우임금이 도덕적으로 정권을 이양했다는 신화가 이 점을 충분히 설명해준다. '도덕적인 것'과 '비도덕적인 것'은 객관적인 표준으로 판단할 수 있지만 통치자들은 자기의 필요에 따라 마음대로 날조했다. "승자는 왕후가 되고 패자는 역적이 된다." 정권을 탈취한 자는 도덕적인 사람이 되었고 전복당한 쪽을 비도덕적인 사람이 되었다. 덕행이 한 정권이나 한 통치자를 평가하는 중요한 척도 또는 유일한 척도라면 부덕함을 처단한다는 명목 아래 '정실의 장자가 왕위를 계승하는 제도'를 위반하는 것은 도리로 보면 매우 당연하다. 자기 행위가 도덕적임을 표방하기만 하면 자연히 사람들의 옹호를 받으며 자기의 비도덕적인 목적을 가릴 수 있다. 그렇기 때문에 중국역사를 되돌아보면 놀랍게도 새로 정권을 잡은 통치자는 모두 자신의 행위가 하늘의 뜻에 순응하고 민심을 따르는 것이라고 선전하고, 천하와 백성을 도탄에서 구제하기 위해 서였다는 것을 선전했지만 사실상 그들의 행위는 이전의 통치자보다 더 엉망이었고 더 부도덕했으며, 더 하늘의 진노와 사람들의 원망을 샀다는 것을 발견할 수 있다.

중국역사에서 왕위 투쟁이 이처럼 격렬하고 잔혹했던 이유는 군주들이 왕위를 통해 자신의 욕망을 충족시키려 했기 때문이다. 인생의 욕망은 권력욕·금전욕·색욕의 세 가지 욕망으로 귀결시킬 수 있다. 왕위의 매력은 이 같은 인생의 세 가지 욕망을 가장 충분하고 가장 원만하게 만족시킬 수 있다는 데 있다. 군주는 절대적인 자유와 절대적인 권력을 향유하며 국가 재산에 대한 가장 큰 소유권을 가졌다. "온 천하에 왕의 땅이 아닌 곳이 없으며, 온 나라의 백성 가운데 왕의 신하가 아닌 자가 없다." 군주가 되는 것보다 더 부유해지고 더 위풍당당해질 수 있는 길은 없다. 군주의 사치는 지나치다고 생각하지 않고 당연하다고 생각한다. 그는 자신의 향락을 위해 백성의 생사를 돌보지 않고, 자신의 황당한 욕망을 위해 백성의 가정을 파괴할 수 있다. 맹자는 양혜왕에게 "백성과 함께 즐거워야 한다〔與民偕樂〕."라고 권고했지만 역대 왕조와 역대 통치자 가운데 백성과 고락을 함께하려고 한 사람은 한 명도 찾을 수 없을 것이다.

공자는 "군주는 군주다워야 하고, 신하는 신하다워야 하며, 부모는 부모다워야 하고, 자식은 자식다워야 한다."고 했다. 공자의 말은 이상적인 측면에서 말한 것이며 그것을 실행하는 것은 매우 어렵다. 진한 이후 주색에 빠져 방탕한 생활을 하던 군주와 폭리를 일삼던 신하들이 모두 이러했다. 황제는 크게 탐하고 크게 음란했으며, 벼슬아치들은 작게 탐하고 작게 음란했다. 작게 탐하고 작게 음란했던 벼슬아치들은 황제와 비교해서 조금 덜했을 뿐이지 그들의 권한 안에서 마찬가지로 사치와 욕심이 극에 달했다. 중국인이 공부하는 이유는 대부분 관료가 되고 돈을 벌기 위해서이며, 지식을 위해 공부하는 사람은 드물다. 고대에서 현대에 이르기까지 모두 이러하다. 공자는 "배운 이후에 여력이 있으면 벼슬을 해야 한다."고 했다. '벼슬을 한다는 것'은 관료가 되는 것이다. 관료가 되어야만 더 효과적으로, 더 떳떳하게 자기의 사욕을 만족시킬 수 있다. '고래 등 같은 집'과 '금은보화'는 역대로 공부하는 사람들을 분발시키는 정신적인 원동력이었다. 공부해야만 관료가 될 수 있으며 관료가 되어야만 금전욕과 색욕을 만족시킬 수 있다. 관료가 되면 풍부한 녹봉을 받지만 이것은 관료들의 수입에서 아주 작은 부분에 불과하며 대부분의 수입은 비도덕적인 수단으로 백성들이 피와 땀으로 모은 재물을 착취한 것이었다. 관료들은 미인을 아내로 맞이하지만 그러고도 색욕을 만족시키기 위해 첩을 두고 기생을 끼고 살았으며, 한편으로는 백성의 여자를 강점하고 백성의 아내를 강탈했다.

전제주의 정치 아래 있었던 중국백성들의 생활이 가장 비참하고 가련했다고 할 수 있다. 이민족의 침입을 여러 차례 받아 삶의 근거지를 잃고 유랑하게 된 고대의 유대인은 하느님을 믿게 되었고 하느님이 그들을 구제해 주기를 희망했다. 그러나 중국인은 고대부터 이런 하느님 신앙이 없었기 때문에 어진 군주와 청렴한 관리를 통해 구원의 희망을 찾게 되었으며, 통치자가 선을 베풀고 어진 정치를 실행해서 고통을 덜 받기를 기대했다. 그러나 수천 년의 중국역사에서 사람들이 본 냉혹한 현실은 아둔한 군주가 현명한 군주보다 훨씬 많았으며, 탐관오리가 청렴한 관리보다 훨씬 많았다. 이는 중국인의 일대 비극이다. 어진 군주와 청렴한 관리를 희망했지만 이 사상은 동시에 아둔한 군주와 탐관오리가 자생하는 비옥한 토양이 되었다. 왜냐하면 어진 군주와 청렴한 관리를 희망하는 것은 사람들이 자신의 인격을 중시하고 자신의 평등한 능력을 인정하는 것이 아니며, 자신의 인격을 낮추고 구세주를 갈구하는 심리는 자기의 운명을 타인에게 맡기고 다른 사람이 자기를 주재해주기를 바라는 것이기 때문이다. 본질적으로 말하면 이는 전형적인 노예의 심리 상태이며 노예의 인격이라고 말할 수 있다.

또한 어진 군주와 청렴한 관리에 대한 희망을 현실에서 실현할 수 없었기 때문에 중국인은 항상 막다른 골목에 다다랐을 때 봉기를 일으켜 폭력적인 수단으로 아둔한 군주와 탐관오리를 뒤엎었다. 인류의 문명사를 읽어 보면 중국 농민의 봉기횟수가 가장 많았고 그 규모가 가장 컸음을 쉽게 발견할 수 있다. 그 이유는 중국인이 태어나면서부터 권력에 저항하는 기질이 있어서가 아니며, 투쟁정신이 다른 민족보다 강하기 때문은 더욱더 아니며, 중국인이 수천 년간 받아온 억압의 고통이 다른 민족보다 심했기 때문이다. 중국인은 온갖 수모를 참고 견디는 데 익숙해졌고, 약하고 평범한 백성으로 살아가는 데 익숙해졌으며, 자기 운명을 통치자에게 맡기고 살아가는 데 익숙해졌다. 더는 생존할 수 없는 상황이 되었을 때 궐기해서 어리석은 군주와 부패한 벼슬아치들을 뒤엎으려고 시도했으며, 그들의 폭력행위를 통해 어진 군주와 청렴한 관리가 나타나기를 희망했다. 그렇기 때문에 부패한 왕조를 뒤엎은 이후 다시 원래의 모습대로 또 다른 왕조를 건립했다. 혹은 그들은 자신을 채우던 족쇄를 부수고 다시 원래의 모양대로 다른 하나의 족쇄를 만들어 자기의 몸에 채웠다고 할 수 있다. 이렇게 된 근본적인 원인은, 그들은 단지 부패한 관리와 어리석은 군주에 반대했을 뿐이며 어떻게 하면 탐관오리와 아둔한 군주가 자생하는 토양을 깨끗하게 제거할지를 생각하지 못했다는 데 있다.

다시 말하면, 평범한 백성들에게 봉기는 부득이한 수단이었으며 최후의 수단이었다. 통치자와 관리의 부패행위가 그들의 생존에 심각한 위협이 되지 않았다면 이판사판으로 모험하지 않았을 것이다. 봉기를 통해 탐관을 타도하고 아둔한 군주를 뒤엎었다고 하더라도 백성들이 치러야 하는 대가는 더욱더 컸다. 첫째, 농민봉기는 반드시 성공할 수 있는 것이 아니었으며 대부분은 통치자에 의해 유혈 진압되었다. 둘째, 봉기의 결과 전원이 황폐해지고 기근이 닥쳤으며, 백골이 온 들판에 가득 차게 되었다. 이 타격으로 인해 가장 먼저 피해를 입는 사람은 백성 자신이었으며 아둔한 군주와 탐관오리가 아니었다. 다시 말하면 부도덕한 사회제도, 부도덕한 군주와 탐관이 없었다면 일반 백성에게 이 같은 주기적인 재난과 고통은 오지 않았을 것이다.

수천 년의 중국역사를 펼쳐 놓고 군주들이 어떻게 부화방탕한 생활을 했는지를 살펴보고, 관료들이 어떻게 착취하고 약탈했는지를 살펴보고, 다시 백성들이 어떻게 고통 받고 신음했는지를 살펴보면 우리가 어찌 유가의 도덕이상주의가 조금이라도 실현되었다고 인정할 수 있으며, 공중에 누각을 세우듯 현실과 동떨어진 정신 유토피아사상이 현재의 중국 사회에 어느 정도 도움을 줄 수 있다고 인정할 수 있겠는가. 20세기의 중국인이 누차 맛본 것이 바로 이러한 도덕이상주의가 가져다준 쓰라린 경험 아니었던가.

◗ 도덕으로 나라를 세우는 게 어떻게 가능한가

원시상태의 인류는 도덕이 없었다고 할 수 있다. 도덕은 문명인이 창조했다. 재부가 증가하고 사회등급이 나타남에 따라 문명사회의 사람들이 가장 골치 아프게 생각하는 것은 사람과 사람의 관계를 어떻게 적절하게 처리하느냐의 문제이다. 왜냐하면 재부가 증가함에 따라 필연적으로 재부에 대한 사람들의 탐욕이 나타나고, 사회등급이 발전함에 따라 상류사회로 진입하려는 사람들의 욕망이 나타나며, 이로 말미암아 불가피한 사회투쟁이 나타나기 때문이다. 문명인은 매우 모순적인 심리를 가졌다. 한편으로는 자기의 사욕을 만족시키려 하며, 이를 위해 완전히 지칠 때까지 투쟁하기조차 꺼리지 않는다. 다른 한편으로는 화합적인 사회를 희망하며, 언제나 서로 투쟁하지 않고 안정된 생활을 영위할 수 있기를 희망한다.

문명인은 뒤의 목적을 실현하기 위해 도덕을 발명했다. 도덕은 사회적인 규약으로 이해할 수도 있고 개체의 양심으로 이해할 수도 있지만 그것의 목적은 사회가 안정적인 질서 속에서 발전할 수 있게 보장하는 것이다. 도덕이 없는 문명사회는 상상할 수 없는 사회이다. 인류에게 잉여상품이 존재하고, 등급차별이 존재하고, 아름다움과 추함의 차별이 존재한다면 필연적으로 도덕이 필요하며, 사람들의 선한 마음과 선한 행위가 필요해진다고 할 수 있다. 그렇지 않다면 인류는 금수만도 못하며 언제나 서로 죽이고 투쟁하는 혼란한 상태가 될 것이다.

그러나 도덕이 사회의 화합과 질서를 보장하는 만능임을 설명하는 게 아니다. 그 원인은 앞에서 말한 것처럼 도덕은 비강제적인 것으로 비도덕적인 동기에 의해서 매우 쉽게 타파되기 때문이다. 다시 말하면 도덕이 없는 문명사회는 상상할 수 없지만 도덕에 의지해서 질서를 보호하는 문명사회 역시 상상할 수 없다.

여기에서 관건은 인성은 본래 선한지 아니면 악한지의 문제이다. 이 문제는 수천 년간 철학자들을 곤혹스럽게 했으며 풀리지 않는 인문 문제 같다. 인성이 본래 악하다면 인류는 어째서 선한 마음과 선한 행위가 있는지 설명하기 어렵다. 인성이 본래 선하다면 인류는 어째서 악한 생각과 악한 행위가 있으며, 어째서 인류의 문명사는 잔학한 역사였는지 설명하기 어렵다.

분명한 것은 위에서 서술한 사고의 방향을 따라 계속해서 논쟁해가면 결과가 있을 수 없다.

사실상 인성은 본래 선하지도 않고 악하지도 않다. 선은 교육의 결과이며 악은 사회 환경의 산물이다. 이 점은 두 가지로 증명할 수 있다. 첫째, 선과 악은 문명의 태동과 함께 자연적이고 필연적으로 나타났다. 원시인은 선하지도 않았고 악하지도 않았으며 그들의 집단생활은 완전히 자연법칙의 제약을 받았다. 둘째, 선과 악은 사회 환경과 문화 규범의 산물이다. 갓 태어난 아기는 어떤 것이 선이고 어떤 것이 악인지 모른다. 성년이 된 이후의 선한 행위와 악한 행위는 태어날 때부터 가졌던 것이 아니라 완전히 주위의 문화가 그들에게 영향을 미쳤기 때문이다.

맹자는 "사람들은 모두 차마 어찌하지 못하는 마음이 있으며, …… 문득 한 어린아이가 우물에 빠지려는 것을 보았을 때 누구나 다 놀라 측은한 마음이 생겨 달려가서 붙든다."[15]고 했다. 맹자의 이 표현은 언제나 '성선론(性善論)' 자들이 인용했다. 어린아이가 우물에 빠지려는 것을 보고 손을 뻗어 잡아당기는 행위가 선한 행위라고 할 수 있는지 없는지는 토론할 만한 일이다. 우물에 빠지려는 어린아이를 구하는 일은 쉽게 행할 수 있는 일이며 사람이 본래부터 지닌 본능이다. 이 행동은 인류만이 할 수 있는 행동이 아니라 기타 동물들도 할 수 있다. 수많은 동물들도 작은 동물을 보호하려는 본능이 있다. 아이가 우물에 빠지려고 하는 일을 가지고 한 사람이 선한 마음을 지녔는지 없는지를 판단하려면 중요한 것은 어린아이를 돕는 행위가 그에게 위협이 되는지를 보아야 한다. 자신의 생명이 위태로운 상황에 처하게 됨을 느끼고도 도움을 주었다면 선한 마음과 선한 행위

15) 『孟子 · 公孫丑 上』, "人皆有不忍之心, ……今人乍見孺子將入于井, 皆有怵惕惻隱之心."

라고 할 수 있다. 그렇지 않으면 선한 행위라고 할 수 없다.

인성이 본래 선하지도 않고 악하지도 않다면 인류의 선과 악은 어디에서 나왔을까. 그 답은, 인성은 선으로도 향할 수 있고 악으로도 향할 수 있는 잠재요소가 있을 뿐이며 선의 종자 혹은 악의 종자를 가진 것이 아니다. 왜냐하면 인성이 본래부터 선하다면 인류에게 마땅히 선한 마음과 선한 행위만 있어야 하며 악한 생각과 악한 행위가 있을 수 없다. 반대로 인성이 본래부터 악하다면 사람에게 악한 생각과 악한 행위만 있어야 하며 선한 마음과 선한 행위가 있을 수 없다. 그러나 사람에게는 선한 마음과 선한 행위도 있고 악한 생각과 악한 행위도 있으며, 완전히 선한 사람과 완전히 악한 사람은 찾아볼 수 없다. 다시 말하면 사람의 몸에는 선과 악의 두 가지 품성이 동시에 있다. 여기에서 인성은 본래 선하다는 것과 인성은 본래 악하다는 두 가지 설법은 모두 성립되지 않음을 알 수 있다. 마르크스가 말한 것처럼 추상적인 인성은 없으며 인성은 역사와 문화의 산물이다. 사람은 발가벗은 몸으로 이 세상에 태어나 한 장의 백지처럼 화려하고 아름다운 그림을 그려낼 수도 있고 엉망진창으로 만들어 거무튀튀하게 물들일 수도 있다.

사람은 원래 선악을 갖추고 있지 않기 때문에 이 세상에 태어나면서 선과 악의 두 역량과 마주한다. 그렇다고 해서 선한 마음과 악한 생각이 동시에 나타난다는 것은 아니다. 사람의 생활을 통해서 보면 악의 역량이 선의 역량보다 먼저 나타나며 계속해서 주도적인 위치를 차지한다. 왜냐하면 사람은 배고프면 먹고 싶어 하고, 추우면 입고 싶어 하며, 따뜻하고 배부른 문제가 기본적으로 해결되면 더 맛있는 것을 먹고 싶어 하고, 더 좋은 것을 입고 싶어 하는 욕구가 있기 때문이다. 그래서 도덕교육을 받지 못한 어린이는 모두 이기적이라는 보편성적인 현상을 쉽게 발견할 수 있다.

그러나 악은 인류의 기본적인 욕구에서 근원하는 게 아니라 주로 기본적인 욕구를 벗어난 갖가지 욕망에서 근원한다. 배고프면 먹고 싶어 하고 추우면 입고 싶어 하는 것은 악이라고 할 수 없으며 단지 좋은 음식을 먹고 좋은 것을 입기 위해 각종 비도덕적인 수단을 사용하는 게 악이다. 사람들의 기본적인 욕구를 벗어난 욕망은 태어나면서부터 가진 게 아니라 사회 환경에 따라 조성된 것이다. 게다가 문명인의 갖가지 악행이 나타난 동기에는 여러 가지 복잡한 문화요소가 있다. 옷을 입는 일을 예로 들면, 돈 있는 사람은 재부를 뽐내기 위해 명품을 입는다. 명품은 '이름' 때문에 유명하지 입어서 특별히 편한 것은 아니다. 또 골동품을 예로 들면, 실용적인 의의에서 골동품은 그렇게 많은 가치를 지닌 것이 아니다. 심지어 아름답지 않은데도 부자들이 거액 투자를 아까워하지 않고 소장하는 목적은 자기의 부유함을 뽐내기 위해서이거나 고상한 척하기 위해서이지 그것을 문물로 간주해서 소장하는 경우는 매우 드물다.

문명인은 악의 단서도 있고 선의 단서도 있다. 악이 주도적인 위치를 차지하지만 선의 역량이 일정한 정도에서 악의 팽창을 억제한다. 사람의 선한 마음은 '성선론'자들이 생각하는 것처럼 태어나면서부터 가진 게 아니라 도덕교육의 결과이다. 도덕교육의 경로는 여러 방면이 있다. 선배들이 말로 전하고 행동으로 가르치는 것이 있으며, 이전에 형성된 문화규범으로 전체사회를 교화하는 것이 있다. 도덕교육이 없다면 사람들이 반드시 선을 따른다고 생각하기 어렵다. 게다가 '선함'과 '선하지 않음'은 본래 역사의 범주에 속하며, 또한 민족성을 구비한다. 예를 들어 남매간의 결혼 문제를 선악으로 판단할 수 있는 보편적인 규범이 없다. 고대 이집트인은 선한 행위로 보았고 고대 중국인은 악의 단서로 보았으며 '인륜을 어지럽히는 행위'라고 생각했다.

그러나 선의 역량이 악의 역량보다 미약하기 때문에 악의 유혹에 충분히 저항하지 못한다. 이러하기 때문에 선조들은 악이 발전된 이후에 각종 도덕규범을 제정하고 국가를 창립했으며, 법률과 감옥 등의 강제적인 수단으로 사람들이 악을 멀리하고 선을 따르게 하여 사회의 안정적인 발전을 보장하려고 했다. 그렇지만 앞에서 말한 것처럼 국가의 기능은 이중성이 있다. 즉 악한 사람을 억압하고 선한 사람을 보호하는 선한 측면이 있는 동시에 권력을 잡은 자가 국가권력을 이용해서 세도를 부리고 백성을 억압하는 악한 측면이 있다. 그래서 사람들은 항상 현존하는 국가의 제도를 불신하는 정서가 있으며, 억압이 없고 착취가 없으며 감옥이 없는 이상사회를 동경한다. 그러나 이상사회에서 사람들의 악한 생각과 악한 행위가 나타나지 않는다는 것을 어떻게 보장하겠는가. 이 물음 또한 사람들을 괴롭히는 문제이다.

사람들은 오랫동안 매우 잘못된 관념을 하나 가지고 있었다. 그것은 사회의 투쟁은 물질생활에 필요한 재화가 풍부하지 않기 때문에 발생하며, 재화가 충분히 쓰고도 남을 정도로 증가하면 사회의 투쟁은 자연히 없어지며, 인류 역시 억압이 없고 착취가 없는 이상사회로 들어선다고 생각하는 것이다. 이는 매우 천박한 인식이며, 당연히 그러려니 하는 생각에서 나온 순수한 유토피아식의 환상이며, 아무런 근거가 없는 생각이다. 이 같은 유토피아식 이상사회를 동물계에서 실현한다면 오히려 가능할 수도 있다. 왜냐하면 동물의 생활은 단순하며, 먹는 문제만 해결되면 충분하기 때문이다. 동물은 먹을 것이 부족하면 바로 다투기 시작하지만 배가 부르기만 하면 다시는 다투지 않는다. 인류 사회는 이와 다르다. 사람들의 탐욕은 끝이 없으며 사회가 발전할수록 탐욕 역시 나날이 증가한다. 예전의 사람들은 배부르게 먹으려고 생각했으며, 이상적인 음식은 쌀밥, 고기, 어류, 달걀 등이었다. 오늘날 이런 음식은 진귀한 것이라고 할 수 없으며 자주 먹을 수 있는 것들이다. 그러나 식탐은 없어지지 않았다. 쌀밥과 고기, 어류, 달걀 등이 있어도 더욱 맛있는 산해진미를 먹고 싶어 한다. 더구나 산해진미는 차등이 있다. 어떤 것은 생산량이 많기 때문에 쉽게 구할 수 있고 어떤 것은 희귀하기 때문에 쉽게 구할 수 없으며, 또 어떤 것은 맛이 좋고 어떤 것은 맛이 떨어진다. 이러한 이유로 산해진미를 먹을 수 있어도 여전히 식탐이 존재하는 것이다. 예를 들면, 자라 같은 것은 20년 전에 중국에서 한 근에 몇 전 정도였으며, 어류와 비슷한 가격이었다. 십 년 전에는 한 근에 5~6원쯤 했으며, 어류보다 두 배 정도 비쌌다. 최근에는 가격이 갑자기 올라 한 근에 100원 정도 되었으며 어류보다 몇십 배나 비싸졌다. 어째서 이러한 현상이 나타나는가. 예전에는 생활수준이 낮았기 때문에 쌀밥과 약간의 고기만 먹을 수 있으면 만족했으며, 고급음식을 추구할 조건이 되지 않았고 욕망도 없었다. 그러나 요즘은 육류, 어류, 달걀과 같은 것은 일상적인 음식이 되었으며, 쉽게 먹을 수 없는 것을 찾기 때문에 그 가격 역시 나날이 올라간다.

사람들의 이런 악한 측면에 대해 프랑스의 계몽사상가 루소는 사람들을 심사숙고하게 만드는 논술을 했다. 인류는 원시상태에서 벗어나 불평등한 사회로 들어서면 바로 나날이 타락하고 나날이 부패하는 필연만 있다. 그래서 전체적으로 보면 인류는 진보하는 것이 아니라 퇴보하며, 사람들이 모두 천사가 되지 않는 이상 인간세상에서 이상사회를 건립하는 것은 불가능하다. 루소는 주로 도덕적인 영역에서 문명을 비판했다. 그에 따르면 문명이 시작되면서 인류의 도덕은 약화되었고, 선의 역량은 악의 공격을 견딜 수 없게 되었다. 그래서 도덕에 의지해서 이상사회를 실현하려는 노선은 매우 비현실적이다.

루소의 견해는 깊이 있으면서도 편파적이라고 할 수 있다. 수천 년의 문명 발전사를 보면 인류 사회는 갖가지 악한 측면이 있었지만 전체적인 추세는 발전적이고 진보적이었다. 역사적인 평가의 척도를 보면 악은 전혀 쓸모없는 게 아니다. 그것은 사회의 화합과 질서를 파괴하는 원인이 될 수 있지만 동시에 사회가 진보할 수 있는 추진력이 될 수 있다. 이 점에 대해 칸트는 우리를 일깨워 주는 매우 의미 있는 해석을 해주었다.

칸트는 루소와 마찬가지로 '성악론'자였지만 인성이 악하다는 것에 대한 결론적인 이해는 루소와 상반된다. 그가 생각하기에 인류의 문명사는 악에서 시작되었지만 끊임없이 악화되는 과정이 결코 아니다. 역사의 오묘함은 인성의 악한 측면으로 인해 전체 인류의 역사가 선한 방향으로 나아간다는 데 있다. 이 관계에 대해 칸트는 다음과 같은 비교적 긴 문장으로 서술했다.

> 사람들은 사회적인 사람이 되려는 경향이 있다. 그들은 이 상태에서 자신의 자연적인 소질이 발전하게 됨을 느끼기 때문이다. 그렇지만 사람은 또한 자기를 독립화(고립화)하려는 강렬한 경향이 있다. 그들은 자기가 비사회적인 본성을 가졌음을 깨닫기 때문에 자기의 생각에 따라 모든 것을 좌우하려고 하며 이러한 원인으로 곳곳에서 저항을 받게 된다. 그러나 이러한 저항력이 인류의 전체능력을 환기시키고, 자신의 게으른 경향을 극복하게 하며, 더욱이 허영심, 권력욕 혹은 탐욕심의 충동에 따라 그의 동포—그는 그들을 용인할 수 없으며 또한 그들을 벗어날 수 없다—사이에서 자신의 지위를 차지하려고 투쟁한다. 그래서 야만에서 문화로 들어가는 진정한 첫걸음이 나타났다. 문화는 본래 인류의 사회적 가치가 존재하는 곳이며, 인류는 문화생활을 하면서 전체적인 재능과 지혜가 점점 발전했고 취미가 형성되었으며, 지속적인 계몽으로 일종의 사상방식이 다져졌다. 이러한 사상방식은 도덕을 판별하는 투박한 자연천성이 시간의 추이를 따라 확실한 실천원칙이 되게 했으며, 이로 말미암아 비정상적으로 조성된 사회적 일치성이 결국은 전체적인 도덕이 되었다. 비사회적이며 결코 사랑스럽지 않은 성질—모든 사람들이 사욕이 넘칠 때 필연적으로 마주치는 저항력이 여기에서 나타난다—이 없다면 인류의 모든 재능과 지혜는 원

만하고 화목하며, 한가롭고 서로 친애하는 아르카디아 풍의 전원생활에 영원히 매몰되었을 것이다. 인류가 만약 자신이 기르는 양 떼들처럼 온순하다면 자기의 생존을 위해 자기의 가축이 가진 것보다 더 큰 가치를 창조하기 어렵다. 그러므로 우리는 대자연의 비융합성, 서로 다투고 시샘하는 허영심, 만족할 줄 모르는 소유욕과 지배욕에 감사해야 한다. 이러한 것이 없었다면 인류의 뛰어난 천부적인 모든 자질은 영원히 잠들어 발전할 수 없었을 것이다.[16)]

칸트가 여기에서 표현한 것은 '비사회적 사회성' 이론이다. '비사회성'은 사람들이 이기적인 욕망으로 인해 타인의 이익을 침해하는 비도덕성이다. 그러나 사람은 사회적인 동물이며, 사회를 필요로 할 뿐만 아니라 사회를 떠날 수 없다. 이러하기 때문에 경쟁이 나타나고 악이 나타난다. 그러나 경쟁의 결과 사람이 발전했으며 악의 결과 선이 나타났다.

더욱 생동적으로 '비사회적 사회성' 이론을 설명하기 위해 칸트는 예를 들어 설명했다. 사람은 나무와 같아 울창한 삼림에서 각자 햇빛을 쟁취하기 위해 서로 경쟁하면서 성장해야 비로소 크고 곧게 자라 재목이 될 수 있다. 아무런 경쟁 없이 광활한 땅에서 홀로 성장한다면 햇빛이 충분하고 토지가 비옥하더라도 작고 굽게 성장할 뿐이다. 인류 사회 역시 이 같은 두 가지 현상으로 나타난다. 한편으로 개체의 이기적인 본능 때문에 사회 도처에 악이 충만하며, 다른 한편으로 개체의 악한 측면 때문에 전체사회에서 오히려 선한 측면이 드러난다. 악은 선의 조건이며 선은 악의 목적이다.

위에서 서술한 사상에 따르면 인류가 이상사회(칸트의 이상사회는 '공민사회'이며 천국식의 유토피아가 아니다)를 건립할 수 있는지 없는지에 대한 칸트의 견해는 루소와 완전히 상반된다. 그에 따르면 이상사회를 건립하

16) 칸트, 『歷史理性批判文集』, 商務印書館, 1990년, 6~8쪽.

기 위해 사람들이 모두 천사가 되어야 할 필요가 없으며 마귀들도 할 수 있는 일이다. 관건은 합리적인 사회제도를 건립하는 데 있다. 왜냐하면 그 어떤 이상적인 사회일지라도 도덕에 의지해서 지탱할 수 없기 때문이다. 도덕은 비강제적인 것으로 합리적인 사회제도가 있어야 비로소 제 기능을 발휘할 수 있다.

칸트의 이론은 루소와 비교하면 더욱 뛰어남을 알 수 있다. 한 국가와 한 민족이 사회를 합리적으로 발전시키려면 반드시 인성의 악한 면을 긍정하고, 도덕이상주의의 망상에서 벗어나 각종 제도를 만들고, 법치로 인치를 대신해야 한다. 이렇게 하지 않으면 사회가 진보할 수 없을 뿐만 아니라 양호한 도덕기풍 또한 형성할 수 없다. 그래서 인류의 역사에서 기괴해 보이지만 사실은 기괴하지 않는 현상이 있다. 첫째, 도덕으로 나라를 세워야 한다고 강조하는 민족일수록 도덕성이 더욱 결핍되었고, 그들이 선양하는 도덕이상주의를 더욱 실행하지 못했으며, 통치자들의 비도덕적인 행위로 인해 사람들이 받게 되는 고통이 더욱 심했다. 둘째, 사회 기정의 통치 질서가 흔들릴수록, 또는 통치자의 기득권이 위협받는다고 느낄수록 도덕으로 나라를 세워야 한다는 것을 더욱 강조했다. 셋째, 구문화와 구사상의 운명이 다할수록 통치자는 도덕이상주의를 방패로 신문화와 신사상의 충격에 대항하려고 했다. 그 이유는 매우 간단하다. 왜냐하면 도덕을 강조하는 통치자들은 모두 자신은 도덕규범에 구속되지 않고 단지 일반 백성에게 도덕이라는 족쇄를 채워 자신의 기득권을 보호하고 자신의 부도덕한 행위를 은폐하려고 했기 때문이다.

◗ 마음의 자유와 몸의 자유

이상적인 측면에서 마음의 자유와 몸의 자유는 같아야 한다. 마찬가지로 우리가 문화의 가치를 판단할 때 그것이 마음의 자유와 몸의 자유를 보장할 수 있는지 없는지를 보아야 한다.

현대 신유가들이 중국 전통 유학의 사상적 가치를 고양하는 이유는 유학은 '매우 고명하고 도와 중용에 부합하는' 인생학문이며, 마음의 자유와 관계되는 학문이라고 생각했기 때문이다. 쉬푸콴은 직접적으로 중국문화를 '마음의 문화'라고 불렀으며, 중국 문화의 가장 우수하고 가장 지혜로운 부분은 사람의 '마음'에서 인생의 근거를 마련한 것이라고 생각했다. 이 같은 신유가의 인식은 정확한 것이라고 인정해야 한다. 중국 문화의 정수는 확실히 '마음의 문화'이며, 공자에서 맹자와 정주이학에 이르기까지 '마음'의 문제는 유학자들이 계속 사고하던 주제였다. 공자의 인학(仁學), 맹자의 성선설, 송명유학의 심성학 등은 모두 '마음'의 문제와 관련되며, 심성을 보호하고 마음을 어지럽히지 않으면 사회의 모든 문제는 해결할 수 있다고 생각했다.

'마음'에 대한 전통 유학의 인식 또는 유가학설에서 '마음'이 차지하는 중요성에 대해 쉬푸콴은 아래와 같이 개괄적으로 썼다.

> 인생의 가치는 주로 도덕 · 종교 · 예술 · 인지(認知) 등의 활동에서 체현된다. 중국 문화의 가치는 주로 도덕 방면에서 체현된다. 그러나 중국인은 오랫동안 다른 민족과 마찬가지로 도덕 가치의 근원은 하늘에 있다고 생각했으며, 공자에 이르러 비로소 도덕의 근원은 사람의 생명 가운데 있음을 체득했다. 그러므로 공자는 "인이 멀리 있는가? 내가 인하고자 한다면 바로 인에 이르게 된다."고 했으며, "인을 이루는 것은 나로부터 시작된다."고 했다. 이 말은 모두 가치의 근원이 하늘과 신에 있지 않고, 또한 형이상학적인 것도 아니라는 점을 표명하는 것이다. 그러나 공자는 생명 가운데 있는 어떤 부분을 지적해서 그것을 '마음'이라고 명확하게 밝히지 않았다. 공자가 말한 '마음'은 일반적인 의미의

'마음'이다.

『중용』 첫 구절에서 "하늘이 부여한 것을 성이라 한다."고 했다. 이는 형이상학적인 명제라고 할 수 있다. 그러나 이러한 형이상학적인 명제는 특징이 있는데, 그것은 하늘의 성이 사람의 몸에서 실현되어 사람의 본성이 된다는 것이다. 성(性)은 사람의 생명 내부에 뿌리를 두고 있다. 그래서 중용은 하늘의 문제를 중시하지 않았고 '성'의 문제를 중시했다. 맹자에 이르러 분명하게 도덕의 근원은 바로 사람의 마음이며, "인의예지(仁義禮智)는 마음에서 근원 한다."고 제기했다. 맹자의 이 말은 그가 오랫동안 중국 문화를 탐색한 이후 얻은 결론이다. 이는 논리적인 추리로 얻은 결론이 아니며 '내재적 경험'을 통해 진술한 것이다. 이 말이 제기된 이후 혼돈상태에 있던 생명이 돌연 빛을 비추는 작용을 하게 되어 모든 사람들이 의지할 방향, 주재자가 되었으며, 인생의 근거지가 되었다. 이후 정명도(程明道)·육상산(陸象山)·왕양명(王陽明) 등은 모두 이 길을 따라서 발전했다.[17)]

전통 유학은 화합적인 사회와 이상적인 인생을 이룩하기 위해 '마음'을 강조했다. 현대 신유가는 직접 이러한 전통을 계승했다. 량수밍에서부터 머우쭝산·쉬푸콴·뚜웨이밍·차이런허우·류슈셴 등에 이르기까지 현대 신유가들은 모두 어떻게 사람들의 '마음'을 보호할 수 있는지에 심혈을 기울였다. 공자와 맹자가 생활하던 시대는 예악이 붕괴되고 인심이 예전 같지 않았다. 두 사람의 철인이 전력을 다해 인생의 의의를 선양한 목적은 세상 사람들이 혼란한 사회 환경에서 시대의 조류에 편승하지 않고 도덕적 양심을 발휘해 사회가 안정되게 하는 것이었다. 현대 신유가의 눈에서도 그들이 생활하던 시대는 마찬가지로 예악이 붕괴되고 인심이 각박했

17) 徐復觀, 『中國思想史論集』, 學生書局, 1983년, 245쪽.

다. 구체적으로 말하면, 전통이 사라지고 유가사상이 희박해져 사람은 마음을 잃고 국가는 질서를 잃어버렸다. 그래서 그들은 전통을 계승하고 유학의 의리를 새롭게 해석해 현대문명의 충격에서 의지할 곳 없이 방황하는 세상 사람들을 공맹·정주·육왕이 구상한 인생의 경지로 인도하려는 뜻이 있었다.

부정할 수 없는 것은 심성의 상태가 어떠한지는 인생에서 매우 중요한 의의가 있다. 사람과 동물의 근본적인 차이는 동물은 본능에 의지하고 사람은 본능 이외에 더 우수한 것, 즉 마음을 가졌다는 점이다. 이 마음은 생리적인 의미의 마음이 아니라 문화적인 마음, 사상을 가진 마음, 정감을 가진 마음이다. 인류는 마음에 따라 어떻게 살아야 하고 왜 살아야 하는지를 알며, 동시에 마음을 가정, 국가, 천하에까지 확대해서 이상적인 생활환경과 인문경지를 창조해낼 수 있다. 그러나 마음은 일종의 불안한 존재이며 언제나 혼란한 상태에 있다. 그래서 사람들은 선할 수도 있고 악할 수도 있다. 마음은 고인 물과 같고 용솟음치는 파도 같아 고요하게 가라앉아 있을 수도 있고 적극적으로 향상할 수도 있다. 더구나 마음의 안정 여부는 개인의 수양문제와 관련 있으며, 동시에 사회가 화목할 수 있는가와 역사가 진보할 수 있는가와 같은 큰 문제와도 관련 있다. 사람들의 마음이 물 위를 떠다니는 부평초 같다면 전체사회는 반드시 혼란해지고, 질서가 없어지며, 사회는 더 이상 발전할 수 없다고 할 수 있다.

특히 현대사회에서 사람들은 대부분 전통적인 전원목가식의 생활방식에서 벗어났으며, 재부와 물욕, 금전욕과 명예욕의 유혹이 나날이 강렬해지고 있다. 본심을 안정시키지 못하고 영혼을 보호하지 못한다면 반드시 현대문명의 충격에서 머리가 없는 파리처럼 도처에서 장벽을 만나고 혼란한 인생을 살아갈 것이다. 인생의 의의는 반드시 스스로 보호해야 한다. 그것은 원래 마음의 수련문제와 관련 있다. 마음을 깊이 수련하지 못하면

금은보화를 보유하고 가장 높은 지위에 올라가더라도 여전히 번뇌와 고통을 느낀다. 반대로 심성이 깨끗하고 생명정신의 근원을 지키면 설령 고난의 시대, 혼란의 시대를 살더라도 변하지 않음으로써 수많은 변화에 대처할 수 있다. 중국 속담을 말하면 "풍랑이 이는 데로 몸을 맡겨 침착하게 낚싯배를 탄다."는 것이다.

그러므로 전통 유학과 현대 신유학이 마음을 강조하는 것은 일리 있다. 그러나 문제는, 마음의 자유와 몸의 자유는 별개이며, 마음의 자유는 몸의 자유를 보장할 수 없다는 점이다. 게다가 수천 년의 문명사를 보면 마음의 자유를 강조할수록 몸의 자유는 더 보장받기 어렵다. 한걸음 더 나아가면, 몸의 자유를 보장받지 못한다면 마음의 자유는 말할 필요 없다. 사람의 마음은 사람의 몸속에 있기 때문에 몸의 자유는 마음이 자유로울 수 있는 최소한의 조건이다. 마음의 자유를 원한다면 반드시 먼저 몸의 자유가 있어야 한다. 그래서 심성의 안정을 추구하는 사람은 먼저 어떻게 하면 심성을 안정시킬 수 있는 환경에서 생활할 수 있는지를 강구해야 한다. 불교와 도교가 바로 이러하다. 그들은 심성의 안정을 추구하기 위해 속세를 벗어나 절과 사원에 은거했으며, 외부세계와 단절하는 방법으로 먼저 몸의 자유를 추구했다. 그렇기 때문에 절과 사원은 깊은 산속 인적 드문 곳에 세워졌다.

몸의 자유와 마음의 자유를 가장 잘 설명할 수 있는 것은 서양인의 역사이다. 고대 그리스시대에 도시국가들은 모두 노예제도가 있었다. 노예는 마음의 자유가 없었으며, 그들의 정신생활에서 인생의 가치와 인격의 존엄 문제는 존재하지 않았다. 노예의 신분이 정신을 억압했으며, 주인이 휘두르는 채찍이 그들의 정신을 억압했다. 그들은 주인의 명령에 절대적으로 복종했으며 자기의 사상과 의지가 있을 수 없었다. 노예의 신분으로 자신의 생명정신을 확대해서 생활의 원만함과 심성의 충실함을 강구하는 것은 더욱더 불가능했다. 이와 같은 근본적인 원인은 바로 그들은 몸의 자유가 없었으며, 가축처럼 완전히 주인의 명령에 복종했기 때문이다. 그들의 '몸'은 주인에게 감금되었고 '마음' 역시 주인에게 감금되었다고 할 수 있다.

그러나 그리스의 각 도시국가에서 생활하던 자유민의 상황은 노예들과 완전히 달랐다. 그들은 몸의 자유가 있었고 마음의 자유도 있었다. 그들은 인물을 품평할 수 있었고, 시정을 의론할 수 있었으며, 게다가 직접 국가의 권력기구에 들어갈 수 있었다. 법률 앞에서 사람들은 모두 평등하다. 이론적으로 말하면 누구든 언론의 자유와 사상의 자유가 있다는 것이다. 그러나 이러한 것은 사람들이 몸의 자유를 보장받고, 존엄한 인격을 가지게 되고, 존엄한 권리를 보호받는 전제 아래 가능하다.

그렇지만 중세기 기독교 신권의 통치 아래에서 서양인은 몸의 자유를 누리지 못했다. 로마의 교정이 전체 유럽세계를 통치했으며, 하느님과 교민 사이에서 '목자'의 역할을 담당했다. 그들은 하느님을 대표해서 속세를 관리하고 교민을 통치했으며, 마치 목자들이 그들의 양 떼를 관리하는 것과 같았다. 교민들은 교정에 절대적으로 충성하고 절대적으로 복종하는 위치에 있었다. 이 상황은 십자군이 동쪽을 침략했던 역사적인 사건을 통해 분명하게 볼 수 있다. 사람들은 몸의 자유가 없었기 때문에 마음의 자유 역시 보장받을 수 없었다. 교정이 규정한 범위를 벗어난 사상은 모두 이단으로 간주되어 처참하게 박해 당했다. 종교재판의 기능은 사람들의 몸을 구속하고 마음을 구속하는 것으로 볼 수 있다. 또한 교회는 금욕설을 강력히 주장했으며, 세속적인 욕망은 모두 사악한 것이라고 생각했다. 이러하기 때문에 루터와 칼뱅의 종교개혁이 일어났다. 루터와 칼뱅의 공헌은 하느님을 부정하지 않으면서 세상 사람들을 교회의 전제통치하에서 해방시켜 마음의 자유와 몸의 자유를 되돌려 주려고 시도했다는 점이다.

루터, 칼뱅의 종교개혁과 동시에 진행된 사상해방운동은 문예부흥과 이후에 일어난 계몽운동이다. 루터와 칼뱅의 개혁은 기독교 내부의 개혁이며, 문예부흥과 계몽운동은 세속사회에서 시작해서 외부에서 교회의 전제통치를 타격하는 것이었다. 문예부흥시기 인문주의자들은 '인권'을 제창하고 '신권'을 반대했다. '인권'은 사람들의 '마음'과 관련 있으며 또한 '몸'과 관련 있다. 그들은 왕권을 찬양하고, 애정을 찬양했으며, 육체를 찬양했다. 이후에 일어난 계몽운동의 비판 대상은 문예부흥과 약간 다르다. 문예부흥은 왕권으로 신권에 반대했지만 계몽운동은 신권에도 반대했고 왕권에도 반대했다. 문예부흥은 육체를 찬양하고 종교금욕주의에 반대했지만 계몽운동은 이성주의로 봉건의 우매함을 반대했으며, 자연신론으로 사람의 천부권리를 수립했다. 그러나 이 두 가지의 목적은 일치한다. 모두 신권에 반대하고 봉건에 반대하는 투쟁 가운데 몸의 자유와 마음의 자유를 쟁취하려고 했다.

다시 말하면, 마음의 자유와 몸의 자유는 같은 것이 아니지만, 몸의 자유가 없으면 마음의 자유도 없다. 몸의 권리와 인격의 존엄이 보장되어야 비로소 진정한 마음의 자유가 있는 것이다. 몸의 자유가 없는 상황에서 덮어놓고 마음의 자유를 강조한다면 마음의 자유를 얻기 힘들 뿐만 아니라 몸의 부자유만 더 증가시키며, 마음의 부자유와 몸의 부자유가 계속해서 반복된다.

이 생각에 기초해서 전통 유학을 다시 한 번 살펴보면 전통 유학이 마음을 강조하는 것은 몸을 구속하는 대가를 치르는 것임을 분명하게 알 수 있다.

첫째, 유가의 삼강(三綱: 도덕의 기본이 되는 세 가지 강령)이 강조하는 것은 주로 군주의 권리, 부모의 권리, 남편의 권리, 즉 군주는 신하의 근본이 되고 부모는 자식의 근본이 되며 남편은 아내의 근본이 된다는 것이다. 이 세 가지는 모두 군주의 권리로 귀속된다. 군주의 권리는 지고지상한 것이다. 군주는 왕이고 신이며, 천하의 신하와 백성은 모두 그의 노예이다. 이러한 문화규범에서 군왕 한 사람만 자유로우며 신하와 백성은 인격의 존엄이 없다고 할 수 있고, 몸의 자유가 없다고 할 수 있다. 군주가 신하의 죽음을 원하면 신하는 죽을 수밖에 없다.

둘째, 군주전제의 통치 아래 중국이 시행한 것은 토지 왕유제(王有制)이다. 백성은 토지의 사용권만 있었을 뿐이며 소유권은 없었다. 자기 재산에 대한 소유권이 없기 때문에 백성의 생활은 군주의 '은택'에 의지했다. 재산의 소유권은 몸의 자유를 위한 첫 번째 방어선이다. 자기의 사유재산이 없으면 근본적으로 몸의 자유와 인격의 존엄을 이야기할 수 없다.

셋째, 중국인은 전제주의의 압박에서 몸의 자유를 누리지 못했기 때문에 마음의 자유를 추구했으며, 몸이 자유롭지 못해 입은 상처를 '마음'으로 치유하려 했다.

넷째, 마음의 자유는 내재적인 체험을 중시하기 때문에 몸의 고락(苦樂)을 잊어버린다. 이 점은 전제독재자 및 탐관오리들이 가장 갈망하는 것이다. 그들이 가장 두려워하는 것은 바로 백성, 특히 지식인들의 심성이 안정되지 않는 것이다. 일반 백성의 심성이 안정되지 않으면 반란을 일으킬 수 있고, 지식인의 심성이 안정되지 않으면 시정을 비평하고 부패정치를 폭로할 수 있으며, 통치자의 악하고 추잡한 행위를 천하에 폭로할 수 있으며, 이로 말미암아 천하의 혼란을 초래할 수 있기 때문이다. 반대로, 백성과 지식인이 모두 마음의 생활을 추구하고 몸의 자유에 관심을 가지지 않는다면 통치자는 편안하게 방탕한 생활을 즐길 수 있고 거리낌 없이 사욕을 채울 수 있다.

다섯째, 사람들이 마음의 생활을 추구하는 것은 몸의 고통을 잊기 위해서이다. 그러나 문제는 사람들이 마음의 생활을 추구하기 때문에 통치자가 거리낌 없이 사욕을 채울 수 있으며, 이로 말미암아 사람들의 몸은 더욱 힘들어지고 결국 '마음의 생활'을 누릴 수 없을 뿐만 아니라 '몸'의 고통이 더욱 증가한다고 할 수 있다.

민본은 민주가 아니다

현대 신유가는 민주정치에 반대하지 않았다. 그들은 유가 전통도 원했으며 민주정치도 원했다. 더 확실하게 말하면 전통 유학에서 민주정치를 전개시켜 유학사상의 현대적 가치를 보장하려고 했다. 그러나 전통 유학과 민주정치는 서로 대립되며 하나로 어우러지기 매우 어렵다. 이러하기 때문에 이 방면에 대한 그들의 논술은 자기모순적인 부분이 매우 많으며, 특히 민본과 민주의 관계를 이야기할 때 이 두 가지를 무리하게 연계시키려고 했다.

우선 선진(先秦) 문헌에 나오는 민본사상과 관계되는 문장을 살펴보자.

『상서』 태서(泰誓): "하늘이 보는 것은 백성의 눈을 통해서이며, 하늘이 듣는 것은 백성의 귀를 통해서이다."[18)]

『상서』 고도모(皐陶謨): "하늘이 잘 듣고 잘 보는 것은 백성들이 잘 듣고 잘 보는 것을 통해서이며, 하늘의 높은 위엄은 백성들의 높은 위엄을 통해서이다."[19)]

『상서』 고도모: "사람을 알면 명철해져 지혜로운 사람을 등용할 수 있다. 백성을 편안하게 해주면 존경을 받으며, 백성이 그를 생각하게 된다.

---

18) 『尙書 · 泰誓』, "天視自我民視, 天聽自我民聽."

19) 『尙書 · 皐陶謨,』 "天聰明自我民聰明, 天明威自我民明威."

명철해지면 존경을 받으니 어찌 환두(驩兜)를 걱정하고, 어찌 삼묘(三苗)를 추방할 수 있으며, 어찌 간사하고 아첨을 잘하는 공임(孔壬)을 두려워할 수 있겠는가?"[20]

『상서』 오자지가(五子之歌): "백성은 가까이 해야 하며 경시해서는 안 된다. 백성은 나라의 근본이며 근본이 튼튼해야 나라가 안정된다."[21]

『상서』 주고(酒誥): "사람은 물에 비추어 보아서는 안 되며 마땅히 백성에게 비추어 보아야 한다."[22]

『좌전』 장공삼십이년(莊公三十二年): "한 국가가 흥기하려면 백성의 소리를 들으면 되고 망하려면 신령의 소리를 들으면 된다. 신령의 총명함과 정직함이 한결같은 것은 바로 사람에 의지해서 일을 처리하기 때문이다."[23]

『대학』: "백성이 좋아하는 것을 좋아해야 하고 백성이 싫어하는 것을 싫어해야 한다."[24]

『맹자』 양혜왕하(梁惠王下): "좌우의 신료들이 모두 어질다고 하더라도 동의해서는 안 되며, 모든 대부들이 어질다고 하더라도 동의해서는 안 된다. 백성이 모두 어질다고 말하면 그러한 이후에 진일보해서 관찰하고 확실히 어질다는 것을 발견하면 그러한 이후에 등용해야 한다. 좌우의 신료들이 모두 어질지 않다고 하더라도 쉽게 들어서는 안 되고, 모든 대부들이 어질지 않다고 하더라도 쉽게 들어서는 안 되며, 백성이 모두 어질지 않다고 하면 그러한 이후에 세심하게 살펴 확실히 어질지 않음을 발견하면 그러한 이후에 교체해야 한다. 좌우의 신료들이 모두 죽여야 한다고 하더라

20) 『尙書 · 皐陶謨』, "知人則哲, 能官人. 安民則惠, 黎民懷之. 能哲而惠, 何憂乎驩兜, 何遷乎有苗, 何畏乎巧言令色孔壬?"

21) 『尙書 · 五子之歌』, "民可近, 不可下. 民惟邦本,本固邦寧."

22) 『尙書 · 酒誥』, "人無于水鑑, 當于民鑑."

23) 『左傳 · 莊公三十二年』, "國將興, 聽于民; 將亡, 聽于神. 神聰明正直而一者也, 依人而行."

24) 『大學』, "民之所好好之, 民之所惡惡之."

도 그 말을 들어서는 안 되고, 모든 대부들이 죽여야 한다고 하더라도 그 말을 들어서는 안 되며, 백성이 모두 죽여도 된다고 하면 그러한 이후에 최선을 다해 그를 심의해서 마땅히 죽여야 할 이유를 발견하면 그러한 이후에 그를 죽여야 한다. 그러므로 백성이 죽였다고 하는 것이다."[25]

『맹자』 이루상(離婁上): "천하를 얻으려면 방법이 있으니 백성을 얻으면 천하를 얻게 된다. 백성을 얻으려면 방법이 있으니 마음을 얻으면 백성을 얻는다. 백성의 마음을 얻으려면 방법이 있으니 원하는 것을 모아 주고 싫어하는 것을 주지 않으면 된다."[26]

『맹자』 진심하(盡心下): "백성이 가장 귀하고, 사직이 그다음이며, 군주는 가볍다."[27]

"백성이 근본이다."는 것은 유가 덕치사상의 핵심이다. 역대 지식인이나 일반 백성이 어떤 왕조, 어떤 정치인물, 어떤 말단 관리를 평가할 때 주로 백성에 대한 그들의 태도가 어떠하며, 백성에게 얼마나 도움이 되는 일을 했는지를 평가 기준으로 삼았다. 민정을 살피고 민생에 도움이 되면 덕치였다. 반대로 백성의 생활을 돌보지 않고 자기의 쾌락과 만족만 생각하면 폭정이었다.

오늘날 식견 있는 극소수 지식인은 민본사상을 반민주적이며, 불평등한 사회의 불평등한 사상이라고 생각한다. 그러나 대다수 지식인은 민본주의를 선양하는 것 외에 더 좋은 방법으로 군권을 제한하고 탐관오리들

---

25) 『孟子 · 梁惠王下』, "左右皆曰賢, 未可也. 諸大夫皆曰賢, 未可也. 國人皆曰賢, 然后察之, 見賢焉, 然後用之. 右皆曰不可, 勿聽, 諸大夫皆曰不可, 勿聽, 國人皆曰不可, 然後察之, 見不可焉, 然後去之. 左右皆曰可殺, 勿聽, 諸大夫皆曰可殺, 勿聽, 國人皆曰可殺, 然后察之, 見可殺焉, 然后殺之. 故曰, 國人殺之也."

26) 『孟子 · 離婁上』, "得天下有道, 得其民, 斯得天下矣, 得其民有道, 得其心, 斯得民矣. 得其心有道, 所欲與之聚之, 所惡勿施爾也."

27) 『孟子 · 盡心下』, "民爲貴, 社稷次之, 君爲輕."

의 부패를 막으려고 생각하지 못한다. 왜냐하면 그들은 근본적으로 백성, 관료, 신하, 군주는 모두 똑같은 사람이며, 황제와 관료들이 옷을 벗으면 모두 같은 몸을 가지고 있으며, 인격상에서 평등한 권리를 누릴 수 있다는 것을 생각하지 못하기 때문이다. 그래서 고대 중국의 지식인 가운데 몇몇 담력 있는 사람들이 전제에 반대하고 군권의 팽창을 제한하려고 했지만 감히 군주 본위와 관료 본위의 기정 사회질서에 반대하지 못했다. 황종희(黃宗羲)가 좋은 예이다. 그는 전제에 반대했지만 수중에 있던 비판의 무기는 민본주의였다. 그의 『명이대방록(明夷待訪錄)』은 기본적으로 맹자가 말한 "백성이 군주보다 귀하다."라는 사상을 선양한 것이었다. 청 말의 어떤 사상가들이 제창한 민주정치조차 여전히 전통적인 민본사상의 속박에서 벗어나지 못한 것이었다. 캉유웨이는 "국가의 주인은 백성이다. …… 그러므로 백성이 본(本)이 되고 군주가 말(末)이 된다는 것은 공자의 첫 번째 대의이며 춘추는 모두 여기에서 시작되었다."[28]고 했다. 쑨원이 조직한 흥중회(興中會)가 관철하려 했던 것은 "백성이 나라의 근본이며, 근본이 튼튼해야 나라가 편안해진다."는 사상이었다. 이후에 그가 선전한 삼민주의 역시 민본주의의 굴레에서 벗어나지 못했으며, "2천 년 전의 공자와 맹자가 민권을 주장했으며, 예운(禮運)에서 대도가 시행되면 천하는 공공의 소유물이 된다고 한 것은 민권의 대동세계를 주장하는 것이다."[29]라고 했다.

청 말, 민국 초기의 지식인들과 비교하면 현대 신유가의 사상은 더욱 심오하다고 할 수 있다. 그러나 민본과 민주의 관계를 어떻게 보아야 하는지에 대한 그들의 시각은 여전히 전통 지식인들의 시각을 벗어나지 못했다. 그들은 민본과 민주는 동일한 것이 아니라고 인식했지만 현대 중국에서

28) 康有爲, 『春秋筆削微言大義考』 2권.

29) 韋政通의 『中國的智慧』에서 재인용, 吉林文史出版社, 1988년, 39쪽.

건설해야 될 민주정치는 전통 민본주의 사상에서 벗어날 수 없다고 생각했다. 왜냐하면, 첫째 민본주의는 민주주의 건설의 사상기초가 될 수 있다. 둘째, 민본주의는 도덕이상주의의 가장 중요한 내용으로서 민주정치가 도덕적인 기상을 구비한 정치체제가 되게 할 수 있다. 게다가 장쥔마이·첸무 등은 민주는 새로운 어떤 것이 아니라 우리의 선조들에게 이미 있었던 것이라고 생각했으며, 전통 유학은 중국의 민주건설을 위한 직접적인 토대가 될 수 있다고 단정했다. 앞에서 장쥔마이의 사상을 소개할 때 민주가 고대부터 있었다고 생각하는 그의 문장을 인용한 적이 있다. 장쥔마이는 그 문장에서 민주자유와 천부인권의 관념은 고대 중국에 이미 있었다고 했을 뿐만 아니라 중국에서 서양으로 전해진 것이라고 했다. 다시 그의 문장을 통해 그가 유학 전통과 민주정치의 관계를 어떻게 논술하는지 살펴보자.

> 맹자는 "탕왕(湯王)이 걸왕(桀王)을 쫓아내고, 무왕(武王)이 주왕(紂王)을 토벌했다고 하는데 그런 일이 있었습니까?"라는 제(齊)나라 선왕(宣王)의 질문에 "고서에 그런 일이 기재되어 있습니다."라고 대답했다. 제나라 왕이 다시 "신하가 군주를 죽여도 되는 것입니까?"라고 묻자 맹자는 "인덕을 파괴하는 자는 악하다고 할 수 있고, 도의를 손상시키는 자는 잔인하다고 할 수 있으며, 잔인하고 악한 사람은 폭군이라고 할 수 있습니다. 저는 주나라 무왕이 폭군 주왕을 토벌했다는 것을 들었지 군주를 죽였다는 것을 듣지는 못했습니다."[30]라고 대답했다. 이 같은 맹자의 말과 제퍼슨이 말했던 "오랫동안 계속된 폐정과 찬탈이 정치체제를 전제주의가 되게 하려는 데 의도가 있음을 충분히 증명해준다.

---

30) 『孟子·梁惠王 下』, "'于傳有之.' 齊王又曰: '臣弑其君可乎?' 孟子曰: '賊仁者謂之賊, 賊義者謂之殘, 殘賊之人, 謂之一夫. 聞誅一夫紂矣, 未聞弑君也."

국민의 권리와 국민의 의무는 마땅히 이러한 정부를 제거하는 것이며, 마땅히 새로운 통치자를 뽑아 미래를 준비하는 것이다." "군주의 품성과 행위가 만약 폭군과 같다면 그는 자유민의 통치자가 되기에 적합하지 않다."는 등의 말이 어찌 다르다고 할 수 있겠는가. 이것은 민주를 다질 수 있으며, 나의 용기를 북돋우는 첫 번째이다.

맹자는 제 선왕에게 "좌우의 신료들이 모두 죽여야 한다고 하더라도 그 말을 들어서는 안 되고, 모든 대부들이 죽여야 한다고 하더라도 그 말을 들어서는 안 되며, 백성이 모두 죽여도 된다고 하면 그러한 이후에 최선을 다해 그를 심의해서 마땅히 죽여야 할 이유를 발견면 그러한 이후에 그를 죽여야 합니다. 그러므로 백성이 죽였다고 하는 것입니다."[31]라고 했다. 맹자의 이 말은 대체적으로 나라가 위태로울 때 자문을 구하고 나라를 천도할 때 자문을 구하는 고대의 풍속에서 나왔다. 현대의 민주국회와는 거리가 있지만 피통치자가 동의하는 정치사상의 뿌리가 그중에 이미 내포되어 있었다. 이는 민주를 다질 수 있으며, 나의 용기를 북돋우는 두 번째이다.

맹자가 "예전에 요임금이 순을 하늘에 추천했는데 하늘이 그를 받아들였으며, 백성에게 공개했는데 백성 역시 그를 받아들였다. 그러므로 하늘은 말을 하지 않고 단지 순의 행동과 정사를 처리하는 것을 보고 의지를 표현할 뿐이라고 말하는 것이다."라고 하자 만장(萬章)이 "감히 묻건대, 순을 하늘에 추천하여 하늘이 받아들였고, 백성에게 공개하여 백성이 받아들였다는 것이 무슨 뜻입니까?"라고 물었다. 이에 맹자는 "그를 파견하여 제사를 주관하게 하고 각 방면의 신들이 와서 그것을 향유하면 이것이 바로 하늘이 그를 받아들인 것이다. 그에게 정사를 주관하게 하고 그가 정사를 잘 처리하여 백성들이 안심하면 바로 백

31) 『孟子 · 梁惠王 下』, "左右皆曰可殺, 勿聽, 諸大夫皆曰可殺, 勿聽, 國人皆曰可殺, 然后察之, 見可殺焉, 然后殺之. 故曰, 國人殺之也."

성들이 그를 받아들인 것이다. 이는 하늘이 그에게 준 것이며 백성이 그에게 준 것이다."라고 대답했다.[32] 맹자는 간접적으로 하늘〔天〕과 백성〔民〕이라는 두 글자의 뜻을 해석했다. 현대인이 읽어보면 "각 방면의 신이 그것을 향유한다."라는 것 등은 증거가 없지만 "정사를 잘 처리해서 백성을 편안하게 하는 것"이 민심을 얻는 방법임을 보여준다. 우리는 요임금과 순임금이 민선에 의해 선출되었다고 할 수 없지만 어질고 능력이 있는 자를 선출하는 정신이 그중에 내재한다. 이는 민주를 공고히 할 수 있으며, 나의 용기를 북돋우는 세 번째이다.

기원전 846년에 주(周)나라 여왕(厲王)이 포학무도하여 국민들이 모두 그를 비방하게 되었다. 여왕은 신기가 있는 위(衛)나라의 무사(巫師)를 찾아가서 천자를 비방하는 자들을 찾아내게 했으며, 무사가 그들을 보고하자 바로 죽였다. 이에 소공(召公)이 "백성의 입을 막는 것은 하천을 막는 것보다 심한 것입니다. 하천이 막혔다가 터지면 사람이 많이 다치게 되지요. 백성도 마찬가지입니다. 그러므로 하천을 다스리는 자는 물이 흐르게 하고 백성을 다스리는 자는 생각대로 말하게 해야 합니다. …… 백성이 마음속으로 생각하는 것을 입 밖으로 나타내는 것은 매우 자연스러운 행위인데 어떻게 그들의 입을 막을 수 있겠습니까"[33]라고 간하였다. 여왕은 소공의 권고를 듣지 않았으며 백성은 그를 사지로 몰아넣었다. 이것은 역사의 큰 교훈이다. 이 때문에 역대로 대부를 감찰하는 어사(御史) 제도가 있었던 것이다. 그것은 민선이 뒷받침되지 않기 때문에 간언의 효력이 서양의 국회만큼 크지 않았다. 그러나 언론의 자유와 민의를 털어놓는 것은 이미 오래전에 우리나라의 전통이 되었다. 이것은 민주를 다질 수 있으며,

32) 『孟子 · 万章 上』, "昔者堯荐舜于天而天受之, 暴于民而民受之. 故曰天不言, 以行與事示之而已矣. 曰, 敢問荐之于天而天受之, 暴之于民而民受之如何? 曰, 使之主祭而百神享之, 是天受之. 使之主事而事治, 百姓安之, 是民受之, 天與之, 民與之."

33) 『國語 · 召公諫弥謗』, "防民之口, 甚于防川, 川壅而潰, 傷人必多, 民亦如之. 是故爲川者決之使導, 爲民者宜之使言. …… 夫民慮之于心, 而宣之于口, 成而行之, 胡何壅也."

나의 용기를 북돋우는 네 번째이다.

황종희는 명 말에 환관과 어리석은 군주의 폐단을 목격했으며, 전제군주는 법이 되기에 부족하다고 큰 소리로 외쳤다. 그의 말은 "삼대의 법은 천하를 백성에게 두는 것이었다. 국토에서 나오는 이익을 다 취하지 않았으며, 상을 주고 벌을 주는 권한이 다른 사람에게 넘어가는 것을 걱정하지 않았다. 고귀한 것이라고 다 조정에 있는 것이 아니었고 비천한 것이라고 다 조정 밖에 있는 것이 아니었다. …… 법을 간단하게 할수록 혼란은 오히려 줄어드니 이것이 무법(無法)의 법이다. 후세의 법은 천하의 재부를 자기의 광주리에 담아 두는 것이다. 이익이 아랫사람에게 남는 것을 바라지 않고, 복은 군주가 거두기를 바란다. 한 사람을 쓰면 그가 사사로운 이익을 취할까 의심하고, 또 한 사람을 쓰면 그가 사사로운 이익을 취하는 것을 억제한다. 한 가지 일을 하면 속지 않을까를 염려하고, 또 한 가지 일을 만들어서 속는 것을 방지한다. 천하의 사람들은 모두 광주리의 소재를 알고 있으며, 군주 자신 또한 두려움에 떨며 날마다 광주리만 걱정하기 때문에 그 법은 정밀하지 않을 수 없다. 법이 엄밀할수록 천하의 혼란이 법에서 생기니 이것이 비법(非法)의 법이다."[34] 우리가 이 문장을 삼대(하·상·주)와 진나라 이후의 군주전제와 비교하고, 그것을 확대해서 군주전제와 서양 민주제도를 비교하고, 다시 진일보 확대해서 우파 독재, 좌파 독재와 비교하면 누가 천하를 공공의 소유물로 삼는지 누가 천하를 자신의 사유물로 삼는지 매우 분명하게 알 수 있다. 이는 민주를 견고하게 할 수 있으며, 나의 용기를 북돋우는 다섯 번째이다.[35]

---

34) 黃宗羲, 『明夷待訪錄』, "三代之法, 藏天下子天下者也. 山澤之利不必其盡取, 刑賞之權不疑其旁落, 貴不在朝廷也, 賤不在草莽也, …… 所謂無法之法也. 后世之法, 藏天下于筐篋者也, 利不欲其遺于下, 福不欲其斂于上, 用一人焉則疑其自私, 而又用一人以制其私, 行一事焉, 則慮其可欺, 而又設一事以防其欺. 天下之人, 共知其筐篋之所在, 吾亦諰諰然日惟筐篋之是虞, …… 所謂非法之法也."

35) 張君勱, 『中西印哲學文集』, 390~391쪽.

개혁과 개방이 심화됨에 따라 문화문제는 중국지식계의 주요 관심대상이 되었다. 신문화운동과 다른 것은, 신문화운동시기에 논쟁의 중심이 되었던 것은 민주와 과학이었지만 최근 대륙에서 전개되는 문화토론의 핵심은 전통적인 정치문화와 현대 민주정치의 관계에 대한 문제이다. 적지 않은 사람들이 '고대부터 있었다.' 라는 진부한 논조를 다시 사용해서 민본을 민주로 보고 있으며, 더 나아가서 민주정치는 이미 중국에서 수천 년간 실행되었으며 근본적으로 서양인이 발명한 것이 아니라고 생각한다.

이러한 방면에서 동베이사범대학(東北師範大學)의 린즈춘(林志純) 교수가 가장 많은 노력을 기울이고 있으며 관점 역시 가장 극단적이다. 심지어 장쥔마이와 첸무 등의 현대 신유가보다 더 극단적이다. 그는 1980~1981년에 「공맹의 책에서 반영되는 고대 중국의 도시국가제도(孔孟書中所反映的古代中國城市國家制度)」와 「『춘추』 "칭인" 의 예에서 아시아의 고대 민주정치를 다시 논함(從『春秋』"称人"之例再論亞洲古代民主政治)」을 썼다. 그 후 다시 「그리스제국과 주 천하(雅典帝國與周天下)」, 「중서 고전의 민주정치(中西古典民主政治)」 등을 발표했다. 최근에는 공백화(共伯和)의 행정(行政)을 고증한 그의 문장을 읽었다. 그는 이리 고증하고 저리 고증해서 결국 2천여 년 전의 주대(周代)부터 시작해서 현대 민주정치의 의의를 구비한 공화국을 고증해 내었다.

린즈춘의 학설은 '동방전제주의'를 비판하는 것에서 출발한다. 우리가 알고 있듯 '동방전제주의'는 서양 사상계에서 오랫동안 동방 사회의 특징을 개괄하던 말이다. 몽테스키외와 헤겔이 이 관점으로 동방의 역사를 바라보았다. 마르크스 역시 마찬가지다. 그가 주장한 '아시아생산방식' 이론의 핵심내용이 동방전제주의를 비판하는 것이다. 1950년대에 독일 공산당 중앙위원이던 비트포겔(Karl August Wittfogel, 1896~1988)은 『동방전제주의(*Oriental Despotism*)』를 출판해 직접적으로 동방 사회, 특히 중국의 독재정치를 비판했다. 이 책은 출판 이후 매우 큰 파문을 일으켰으며, 소련 학계에서는 이 책을 반마르크스주의의 출판물로 간주하고 강하게 비판했다. 린즈춘의 학술관점은 소련 학계의 영향을 매우 깊이 받았다. 그가 중국 고대의 민본을 민주로 보고, 공백화의 행정을 공화정치로 간주한 것은 모두 '동방전제주의'를 겨냥하기 위해서였다.

린즈춘의 주요관점은 정치영역에서 중국과 서양은 큰 차이가 없다는 것이다. 서양에 있는 민주는 중국에도 있으며 심지어 서양보다 먼저 있었다는 것이다. 구체적으로 다음과 같다.

첫째, 고대의 서양은 도시국가였으며, 고대의 중국 역시 도시국가였다. 이를 설명하기 위해 그는 고대 중국의 봉국(封國)과 주 천자가 다스리던 땅을 일률적으로 도시국가로 보았으며, 고대의 그리스에서 독립적으로 존재하던 작은 국가와 마찬가지라고 생각했다.

둘째, 고대의 서양에는 귀족정치가 있었으며 고대의 중국에도 귀족정치가 있었다. 이를 설명하기 위해 린즈춘은 두 방면의 작업을 했다. ① 고대 그리스 각 도시국가의 집정관을 관중(管仲)·자산(子産)·범려(範蠡)와 같은 공경(公卿)으로 보았으며, 더 나아가 중서 고전시대는 모두 공경이 집정한 시대라고 단정했다. ② 『곡량(谷梁)』과 『공양(公羊)』에 나오는 "아침에 모든 대부를 소집한다."와 "아침에 대부를 소집해서 의견을 구한다."는 말을 일급 민주기구인 귀족회의의 근거로 간주했으며, 더 나아가 고대의 중국 역시 고대의 그리스와 마찬가지로 귀족정치가 있었다고 했다.

셋째, 『맹자』에 나오는 "백성이 가장 귀하고 사직이 그다음이며 군주는 가벼운 것이다." "백성의 지지를 받아야 천자가 될 수 있다."는 말과 『좌전』에 나오는 "대중을 소집한다." "대중을 소집해서 의견을 구한다." "대중을 소집해서 그것을 알린다." 말 등에 근거해서 ① 백성, 신하, 군주 중에서 백성이 가장 존귀한 존재였다. ② 한 나라의 백성은 그 나라의 사무에 대한 최후의 발언권이 있었다. ③ 각 나라의 백성은 주 천자의 인선에 대해서 최고의 결정권을 가졌다. ④ 최고 권력기구인 국민회의는 자주 개최되었다고 생각했다.

린즈춘은 중국 역사학계의 대표적인 학자이며 중서 고대사를 깊이 연구했는데도 위와 같은 결론을 얻은 것은 정말 이해하기 어렵다. 그는 문필이 훌륭해 억지를 쓰더라도 어딘가 도리가 있어 보이고 하나하나가 사리에 들어맞아 보이기 때문에 매우 쉽게 독자들의 마음을 사로잡는다. 그러나 식견 있는 사람들이 그의 문장을 읽으면 이 노 선생은 다른 행성에서 온 사람처럼 외계인의 시각으로 중국역사를 대하고 있다는 생각을 할 것이며, 무례하게 말하면 『아라비안나이트』처럼 터무니없는 이야기를 하고 있다는 느낌이 들 것이다.

고대의 중국 사회에 민주정치가 있었는지 없었는지 그리고 민본과 민주의 관계는 어떠한지를 구체적으로 살펴보자.

먼저 고대의 중국 사회에 귀족정치가 있었는지 없었는지 살펴보자.

'귀족정치'는 특별한 의미가 있는 개념이다. 귀족들이 정치권력을 독점하는 정치현상을 귀족정치라고 하는 게 결코 아니다. 대부분의 민족은 매우 오랫동안 소수 출신성분이 높은 사람들이 국가권력을 장악했다. 고대 이집트에는 승려귀족·군사귀족·왕공귀족이 있었고, 고대 인도에는 브라만귀족·크샤트리아귀족이 있었으며, 중국 위진 남북조시기에는 엄격한 성씨귀족이 있었다. 그러나 귀족들이 권력을 장악했다고 해서 모두 귀족정치라고 할 수는 없다. 고대 로마와 고대 그리스의 일부 도시국가의 정치를 '귀족정치'라고 하는 이유는 귀족들이 국가권력을 장악했다는 사실 때문이 아니라 귀족들이 일종의 정치역량을 조성해서 각종제도와 법률을 통해 집단적으로 국가의 영도권을 장악했기 때문이다. 이러한 정치문화가 체현하는 것은 일정한 정도의 정치민주와 일정한 범위의 사회평등이다.

귀족계층은 일종의 정치세력으로 어느 정도 자유로운 정치활동을 보장받았고 그 누구에게도 속박되지 않았다.

중국에서는 왕권과 맞설 또는 왕권을 대신할 귀족정치가 나타난 적이 한 번도 없었다. 중국에는 귀족이 있었지만 정치적 역량을 갖춘 귀족계급은 없었다고 할 수 있다. 중국 귀족의 봉록(俸祿)과 작위(爵位)는 모두 왕권이 부여한 것이며, 그들의 영욕은 왕권에 따라 좌우되었다. 그들은 왕의 노예와 도구였으며 왕권을 견제할 역량이 없었다. 춘추전국시대에 공경(公卿)이 집정하는 현상이 있었지만 당시의 공경과 고대 그리스의 집정관은 성격이 완전히 다르다. 첫째, 공경의 권력은 왕권에서 나왔다. 공경과 국왕의 관계는 군주와 신하의 관계였으며 평등한 관계가 아니었다. 국왕이 공경을 존중한 것은 통치를 강화하기 위한 수단이었다. "예의를 갖추고 겸손한 마음으로 어질고 현명한 사람을 대한다."는 것은 개명정치라고 할 수 있지만 그 전제는 사람들의 불평등이며, 그 결과는 사람들을 존중하는 것이 아니라 사회의 불평등한 질서를 보호하는 것이다. 둘째, 집정하는 공경은 자기 직무에 책임을 지는 것도 아니고 전체 국가에 책임을 지는 것도 아니며 군주 한 사람에 대한 책임을 져야 한다. 그의 배후에는 침범할 수 없는 지고지상한 군권이 버티고 있었다. 이로 말미암아 공경은 반드시 국왕의 심기를 살펴야 했다. 공경의 지위와 권력 등 모든 것이 국왕에 의해 결정되었다. 이런 공경을 어떻게 고대 그리스의 집정관과 비교할 수 있겠는가?

"아침에 대부를 소집한다." "아침에 대부를 소집해서 의견을 구한다."는 것은 국왕이 아침에 공경대부들과 국사를 논하던 '조의제(朝議制)'이다. '조의제'의 존재는 군주전제와 조금도 모순이 없으며 근본적으로 민주정치의 근거로 볼 수 없다. 그 어떤 전제군주도 정사를 친히 처리하는 것은 불가능하다. 그는 반드시 정사에 관한 전체적인 보고와 치국방안에 대한 신하들의 의견을 들어야 한다. 그러나 방안을 올리는 것은 신하의 의무이지만 받아들일지 여부는 군주의 결정에 달려 있었다. 모든 '조의'는 신하가 군주의 생각에 복종하는 것이었으며, 소수가 다수의 말에 복종한다거나 제안, 표결 등의 민주적인 절차가 없었다. 혹은 '조의'는 단지 군주가 신하에게 자문을 구하는 것이었으며 평등하게 국정을 논하는 자리가 아니었다. 그것이 체현하는 것은 군주의 절대적 권위이지 대부들의 민주적 권리가 아니었으며, 군주전제를 시행하는 것이었지 민주제도를 시행하는 것이 아니었으며, 근본적으로 고대 그리스의 귀족회의(혹은 로마의 원로원)와 함께 논할 수 없는 것이었다. 더군다나 '조의'는 서주와 춘추시대에만 있었던 게 아니라 선진에서 명·청시기에 이르기까지 모든 왕조에서 시행한 정치현상이었다. '조의제'가 귀족회의 같은 민주정치라고 한다면 중국역사상 군주전제는 없었다고 할 수 있다.

고대사회에서 민주정치는 두 유형으로 체현되었으며 또는 두 단계가 있었다고 할 수 있다. 하나는 귀족공화이며, 다른 하나는 민주공화이다. 고대의 서양역사에서 보면 스파르타는 귀족공화의 전형이었으며, 솔론 이후의 아테네와 기원전 5세기에서 1세기까지의 로마가 민주공화의 전형이었다. 민주공화의 특징은 ① 공민회의가 국가의 최고 권력기구였다. 국가의 대사, 예를 들어 관직을 뽑고, 법규를 제정하고, 전쟁을 결정하는 것 등은 모두 공민회의에서 통과되어야 했다. ② 국가의 최고 관직은 공민회의에서 선거로 결정되었으며, 동시에 공민회의에 대한 책임을 졌다. ③ 한 국가의 공민은 모두 평등한 정치 권리를 누렸으며, 모든 공민은 선거권과 피선거권이 있었다. ④ 귀족계급 혹은 개인이 직권을 이용해서 공민의 이익을 위협하는 것을 막기 위해 일련의 제도와 법규를 설립했다.

분명한 것은 이런 민주정치는 고대 중국에서 흔적도 찾아볼 수 없다는 점이다.

우리는 사적에서 공민권 또는 공민회의와 관련된 기재를 찾아볼 수 없으며, 공민회의가 자주 열렸음을 증명할 수 있는 그 어떤 기재도 찾아볼 수 없다. 『좌전』과 『국어』에 실린 "대중을 소집한다."라는 말과 "대중을 소집해서 의견을 구한다."라는 말은 최고 통치자가 어떤 특수한 상황(예를 들면 장쥔마이가 말한 것과 같은 '국가의 위난'과 '국가의 천도')에서 일시적으로 실행한 조치일 뿐 일종의 정치제도로서 존재한 게 아니었으며, 고대 서양의 공민회의 같은 민주정치는 더더욱 아니었다. 반대로 사적에 실린 것은 서주와 춘추시대에 국가의 중대한 사무는 모두 군주 한 사람이 결정했으며 민주적인 방식으로 결정한 게 아니었다. 예를 들어 군주를 세우는 일은 엄격하게 "왕위는 반드시 정실의 장자가 계승한다."는 원칙에 따라서 실행되었다. 여러 가지 특수한 상황에 대처하기 위해서 '태자가 죽으면 동생이 계승하는 제도' 같은 임기응변적인 방법이 있었다. 그러나 어떤 방법이든지 반드시 군주의 인가를 받아야 했으며 근본적으로 선거의 문제는 존재하지 않았다.

어떤 논자들(예를 들면 장쥔마이, 첸무, 린즈춘)은 "백성들이 왕을 비방했다."는 것은 민주정치의 구체적인 표현이라고 생각했으며, "방의(謗議)"가 바로 "언론의 자유"라고 했다. 사실상 '방의'는 통치자에 대한 불만을 비공식적으로 토로하는 것이었지 언론의 자유와는 다른 것이다. 백성들의 불평은 어느 정도 통치자를 자극할 수 있었지만 백성들의 불평에 관심을 가지는 것은 군주의 마음에 달려 있었다. 주(周) 여왕(厲王)이 좋은 예이다. 그는 민의를 중시하지 않았을 뿐만 아니라 도리어 "사람을 시켜 비방한 자를 색출해 그들을 모두 죽였다." 그러한 이후에 "국민들은 감히 불만을 털어놓는 자가 없었으며 단지 얼굴빛으로 그들의 속마음을 표시했을 뿐이다."

중국고대의 문헌에도 '민주'라는 두 글자가 있다. 『상서 · 다방(多方)』에는 "하늘은 때를 맞추어 백성의 주인〔民主〕을 찾기 시작했다." "하늘은 군왕에게 5년의 시간을 더 주어 계속해서 백성의 주인〔民主〕이 되게 했다."[36] 라는 말이 있다. 그러나 여기에 나오는 '민주'는 오늘날 우리가 말하는 '민주'가 아니라 '백성의 주인'이라는 뜻이며 '군주'의 다른 말일 뿐이다. 중국어에서 '주인〔主〕'는 역대로 '노예〔奴〕' 또는 '종〔仆〕'과 상대적인 말로 사용되었다. '민주'는 바로 '노예의 주인', '종의 주인'이라는 뜻이다.

진(晋)나라의 대부 사광(師曠)의 말에 따르면 군주가 '백성의 주인〔民主〕'이 되는 이유는 "하늘이 백성을 창조하고 그들에게 군주를 세워 주었으며, 군주로 하여금 그들을 다스려 천성을 잃지 않게 했다."[37] 그래서 군주가 근본이 되고 백성이 말단이 된다. 그렇지만 중국 고대 정치학설의 유연성은 군주의 절대권위를 강조하면서도 한편으로 인정(仁政)과 덕치(德治)를 선양하고, "백성은 귀하고 군은 가볍다."는 민본주의 사상을 선양했다는 것이다.

글자 그대로 이해하면 '민본(民本)'은 바로 백성〔民〕이 근본〔本〕이 된다는 것이다. 그러나 중국 정치인들이 역대로 강조한 것은 군주가 근본이 되고 백성이 말단이 되는 것이며, 군주는 존엄하고 백성은 비천하다는 것이다. 이는 매우 모순되어 보이지만 이것이 바로 중국 정치의 실재적인 모습니다. '민본'은 군주의 입장에서 보면 마땅히 백성을 근본으로 생각해야 된다는 것이며, 전체 국가의 측면에서 보면 "군주가 근본이 되고, 백성이 말단이 된다."는 것이다. 전자가 가리키는 것은 군주는 마땅히 백성을 중시해야 한다는 것으로 통치자가 표방하는 이상경지이다. 더욱 정확하게 말하면 통치자를 위한 형식적인 문장일 뿐이며 전체사회에서 백성이 근본

36)『尙書 · 多方』, "惟時求民主", "天惟五年 須暇之子孫, 誕作民主."

37)『左傳 · 襄公 14년』, "天生民而立之君, 使司牧之, 勿使失性."

이 됨을 가리키는 게 결코 아니다. 맹자가 제기한 "백성은 귀하고 군주는 가볍다."는 말 역시 사람들이 기정의 사회등급을 뒤엎고 백성의 지위가 군주 위에 있어야 한다는 것을 요구하는 게 결코 아니며, 그중에 민주정치의 내용은 조금도 없다. '백성'은 여전히 노예이고, 종이고, 피통치자이며, 군주와 비교하면 평등한 지위와 민주적인 권리는 조금도 없다. 바로 증국번이 "역대 성인은 명교(名教)를 보호했으며, 임금과 신하, 부모와 자녀, 남편과 아내, 윗사람과 아랫사람 등의 인륜질서가 위아래가 바뀌는 것처럼 전도될 수 없다는 것을 애써 이야기했다."[38]고 한 것과 같다.

더욱 중요한 점은 민본사상과 민주정신을 본질적으로 말하면 서로 대립되며, 전통적인 민본사상에서 민주정치를 전개할 수 없다. 민본이 강조하는 것은 '인치(人治)'이며 민주가 강조하는 것은 '법치(法治)'이다. '인치'에도 일종의 율법이 존재하지만 절차에 따라 제정된 '법'이 아니라 통치자가 자기의 이익을 보호하기 위해 제정한 '법'이다. 그것은 통치자에게는 법이지만 피통치자에게 그것은 족쇄이다. 권력을 장악한 최고 통치자는 자신의 이익을 위해 임의대로 전대의 율법을 수정하거나 완전히 뒤엎고 새로운 법을 제정할 수 있다. 자신은 율법 위에 있으며 그 어떤 제재와 구속을 받지 않는다. 법치사회의 법은 사람이 시행하지만 법률을 초월할 수 있는 사람은 아무도 없다. 법률 앞에서 사람들은 모두 평등하다. 법치사회에서 철저하게 법을 시행하지 못하는 문제가 있더라도 법률이 기본적으로 요구하는 것은 사람들의 평등이며, 집권자이든 평민이든 모두 똑같은 보호와 똑같은 제약을 받는다.

민본사상은 어진 정치와 덕치를 실행하는 데 도움이 되며, 백성에게 이로운 부분이 있지만 통치자를 견제할 강제적인 규약이 될 수 없다. 그것이

38) 『曾文正公全集 · 文集』 3권.

요구하는 것은 통치자들이 마땅히 무엇을 해야 한다는 것이지 반드시 무엇을 해야 한다는 것이 아니다. 마땅한 것과 마땅하지 않은 것은 완전히 도덕적인 범주에 속하며 도덕적인 자각에 기초한다. 우리는 앞에서 인치사회에서 통치자의 도덕적인 자각이 얼마나 중요한지 언급했다. 이런 자각이 있으면 백성은 행복해지고 이런 자각이 없으면 백성은 불행해진다. 그러나 도덕적인 자각은 강제적인 규약을 통해 이루어지는 게 아니라 심성수양을 통해 이루어지기 때문에 비도덕적인 동기에 의해 매우 쉽게 좌절된다. 이처럼 민본사상은 고상하다고 할 수 있지만 그것을 실현하는 것은 결코 쉽지 않다. 이러하기 때문에 역사적으로 어리석은 군주가 현명한 군주보다 많으며 탐관오리가 청렴한 관리보다 많은 현상이 나타나는 것이다.

더군다나 민본사상은 통치자와 피통치자를 평등한 위치에 두는 게 아니라 군주를 가장 높은 위치에 둔다. 이러한 사상에서 백성은 독립적인 인격을 가질 수 없으며 자기가 자신의 주인이 될 수 없다. 그들의 운명은 완전히 통치자에 의해 결정된다. 이러하기 때문에 어진 군주와 청렴한 관리를 숭배하는 것이며, 숭배행위 가운데 노예근성을 배양하는 것이다. 통치자가 '백성이 근본이 되는' 정치를 시행해 주기를 희망하는 것은 거지가 먹을 것을 구걸하는 심리와 본질적인 차이가 없으며, 모두 자아인격의 소멸이라는 대가를 치러야 한다. 전체사회에서 군주 본위와 관료 본위 의식이 강화됨으로써 전제주의 정치가 더 확고해지고 민본사상은 더 실현하기 어렵게 된다. 민본사상은 인격의 타락을 야기할 따름이며 인격의 각성을 야기할 수 없고, 인격의 독립은 더욱 이룩할 수 없다고 할 수 있다. 수천 년의 중국역사에서 백성은 대대손손 통치자의 인정과 덕치를 갈망했지만 실질적으로 인정과 덕치가 시행된 경우는 매우 드물었다. 그들은 자기의 몸, 가정, 생명, 영욕, 화복을 모두 최고 통치자 한 사람에게 기탁하고 언제나 그의 건강과 품행에 관심을 가졌으며, 폭군은 일찍 죽고 명군은 장수하기를 희망했다. 그러나 노예 상황에서 벗어나지 못했고, 계속해서 전제주의 정치문화의 압박에서 신음해야 했으며, 고통을 억누르면서 살아가야 했다. 이는 중국인과 중국 문명의 비극이라고 하지 않을 수 없다.

약간의 비교: 신유가와 프랑크푸르트학파

문명인의 관념에서 보면 세계만물 가운데 사람이 가장 고귀하다. 그러나 생물학적 각도에서 보면 사람은 동물의 일종일 뿐이며 가장 연약한 동물에 속한다. 기타 동물은 모두 본능에 의지해서 다른 동물의 위협에 저항할 수 있다. 소와 양 같은 동물들은 머리에 길고 단단한 뿔이 나 있기 때문에 침입자를 방어할 수 있고, 개와 말 같은 동물은 잘 달리기 때문에 적의 위협을 받으면 멀리 도망갈 수 있다. 오직 사람만이 잘 달릴 수도 없고 단단한 뿔과 날카로운 발톱이 없기 때문에 적의 위협으로부터 자신을 보호하기도 어려우며, 옷을 벗으면 한서의 고통을 감당할 수 없다. 그러나 인류는 다른 동물과 비교할 수 없는 대뇌가 있으며, 이 총명한 대뇌 덕분에 문화를 창조해 자신의 결점을 보완했다.

그러나 인류의 발전사에서 보면 문화를 창조하는 것은 인류에게 복인 동시에 재앙이다. 인류는 문화에 의거해서 자신의 부족함을 극복했으며 점점 발전해서 가장 연약한 동물에서 가장 강한 동물로 변했다. 그러나 문화가 발전함에 따라 긍정과 부정이라는 두 효과가 나타났다. 석기를 예로 들면, 원시인은 그것으로 야수를 죽일 수도 있었고 과실을 딸 수도 있었지만 동시에 화살에 장착해서 동족을 쏘아 죽일 수도 있었다. 국가기구를 예로 들면, 문명인은 그것으로 인간관계를 조정할 수 있었고 사회의 화합을 보장할 수 있었지만 동시에 국가는 계급 압박의 도구가 되었으며 사회의 화합을 파괴하는 역량이 되었다. 그렇기 때문에 문명사회 초기에 사회와 인생에 관심 있는 일부 문화인들은 반문명적인 정서가 있었다. 중국의 노자와 장자가 가장 대표적인 인물이다.

반문명사상의 가치는 비판적이고 반성적이라는 것에서 체현된다. 이것은 20세기 서양 사상계에서 가장 두드러지게 표현되었다.

산업혁명 이후 서양 문명은 개선가를 부르면서 나날이 발전했다. 그렇지만 20세기의 수많은 사실이 증명하듯 공업문명 때문에 행복과 불행이 동시에 증가했다. 사람들은 물질적 재부를 충분히 가지게 되었지만 동시에 사람이 사람 노릇을 할 수 있는 수많은 것들을 잃어버렸다. 군비경쟁, 상업경쟁, 환경오염으로 인해 사람들은 더욱더 고통 속에서 신음하게 되었다. 과학을 추종하는 심리는 과학을 숭배하는 심리로 변했다. 사람들이 보는 세계는 기술의 진보가 가져온 기계화된 세계일 뿐이다. 이 세계에서 사람들은 정신적인 활동과 정신적인 창조를 소홀히 할 뿐만 아니라 '문명'이라는 글자에 내포된 정신적·도덕적 품성의 의미가 점점 사라지고 있다. 도대체 과학이 사람들을 위해 봉사해야 하는가 아니면 사람이 과학의 노예와 희생양이 되어야 하는가는 사람들을 매우 곤혹스럽게 하고 있다.

현대 공업문명의 특징은 '수량화'와 '표준화'이다. 전통의 농업사회에서 수량은 그다지 큰 의미가 없었다. 과학으로 인해 수량화가 나타났으며 과학이 기본적으로 요구하는 것이 수량화이다. 수량화되지 않는 것은 과학이 아니라는 것을 의미한다. 공업문명은 수량화된 문명이라고 할 수 있다. 모든 것이 수량화됨에 따라 사람의 가치는 상품의 가치로 전락했다. 수량화와 상응하는 게 표준화이다. 상품의 생산단계에서 관리와 판매단계에 이르기까지 모든 과정이 표준화·규격화되어야 노동생산율을 최대한 증가시킬 수 있다. 상품의 표준화로 현대인의 생활이 점점 동화되어가고 있다. 민족의 특색, 지방의 특색 및 개인의 취미가 모호해지고 있다.

수량화·표준화는 공업문명에서 사람들의 생활을 주재하는 기본적인 규범이며 미래사회의 기본적인 발전추세이다. 전원목가식의 봉건적인 사회국면이 타파되기만 하면 이 추세는 인류 사회의 필연적인 발전추세가 된다. 미래사회에서 우리는 반드시 이 규범에 적응해야 하며 개인의 취향에 의거해서 그것을 초연할 수 없다. 이러한 규범에서 우리의 개성, 우리의 미감, 우리의 정감은 상당한 정도로 매몰될 수 있다. 사람들은 다시는 시대의 흐름을 좌우할 수 없게 되며 도리어 규범화된 시대의 흐름을 따라 거센 물결 위를 이리저리 표류하는 널빤지처럼 불확실한 삶 속에서 끊임없이 방황하게 된다.

사람들은 원래 과학이 발전하면 인류는 새로운 세계에 도달할 수 있을 것이라고 생각했다. 그러나 새로운 세계에 도달하자마자 얻는 것보다 잃는 것이 더 많다는 것을 깨달았다. 새로운 세계에는 하느님도 없고 낙원도 없으며 있는 것은 과학과 하느님을 잃은 이후의 정신적 고뇌일 뿐이다. 인류는 원래 유한한 생물이기 때문에 자기의 정신을 무한한 하느님에게 의탁하려고 했다. 그러나 하느님을 잃은 인류는 정신적 황무지로 향하게 되었으며 돌아갈 안식처가 없게 되었다.

인류가 기타 동물과 다른 점은 사상이 있고 문화가 있다는 점이다. 인류는 문화를 창조함으로써 문화에 속박당하는 고통을 받을 수 있으며 동시에 구문화를 비판하는 기초에서 새로운 문화를 창조할 수 있다. 문화를 비판하는 것이 새로운 문화를 창조하는 데 효과가 있든 없든 간에 인류가 자신을 조정하려는 노력은 끊임없이 계속되었으며 이 점은 매우 고귀하다. 20세기에 서양에서 나타난 갖가지 인본주의 사상이 바로 서양인이 구문화를 비판하고 새로운 문화를 창조하려는 과정에서 나타난 사상이었다. 그 중에서 프랑크푸르트학파의 문화비판과 사회비판이 사람들의 이목을 가장 많이 끈다.

프랑크푸르트학파는 20세기 초에 호르크하이머가 창도한 프랑크푸르트사회연구소 및 주요 간행물인 『사회연구잡지』를 중심으로 형성되고 발전한 학파이다. 이 학파는 총체적으로 사회와 문화를 인식하고 비판했다. 그들의 시각은 당대와 현실에 머물러 있었으며 전통보다 현실을 주로 비판했다. 도덕이 타락하고 문화가 쇠락해가는 현실에서 각기 다른 측면에서 공업문명을 예리하게 비평했다.

과학기술의 발전으로 형성된 도구이성은 프랑크푸르트학파의 주요 비판대상이었다. 그들은 당대 자본주의 사회를 "발달한 공업사회", "후기 자본주의 사회"라고 불렀으며, 과학기술의 진보로 인해 부유한 사회가 창조되었지만 이 사회는 기형적이고, 단면적이고, 이화된 사회이며, 사람이 본질이 되고 사람이 목적이 되는 사회와는 매우 거리가 있다고 생각했다. 아도르노에 따르면 자본주의 사회에서 모든 것이 상품화되었으며, 문화가 상품화됨으로써 문화제품의 대량생산이 나타났고 이로 인해 문화는 자기의 규율과 특색을 잃어버렸다. 예술가는 주인에게 고용되어 배금주의의 미혹에서 기계적으로 창작활동에 종사하게 되었고, 영감이 사라지고 품격이 사라졌으며 발전한 것은 계획적인 공예이다. 이로 인해 기계공업과 함께 일종의 '문화공업'이 나타났다. 문화공업이 나타나자마자 문화제품은 상품화·표준화되었고 문화의 개성이 사라졌다. 표준화된 문화 앞에서 개인은 자주적인 정감을 잃어버렸다.

프랑크푸르트학파에서 가장 유명한 사람은 마르쿠제이며, 가장 큰 영향을 미친것은 그의 '단면사회'이론이다. 그는 발달한 공업사회가 이전의 대항적인 사회와는 달리 과학기술이 신속하게 발전하고, 기술통치가 정치통치를 대신하고, 물질의 권위가 사람의 권위를 대신함에 따라 사회의 대항적인 요소와 모순적인 요소는 모두 사라졌으며, 그것을 대신하는 것은 사회의 단면화, 즉 사회가 점점 단면적인 방향으로 발전한다고 생각했다. 구체적으로 말하면, 정치영역에서 단면사회의 특징은 각종 정치역량이 일체화되는 것이다. 당파 사이에는 경쟁만 있고 정치적인 의견으로 인한 충돌과 대립이 없으며, 공산당조차 원래의 폭력적인 주장을 포기하고 의회와 협력하게 된다. 사상문화 방면에서 단면사회의 특징은 사상과 현실의 일치이다. 기술이성은 사람들에게 풍부한 물질조건을 안겨 주었지만 동시에 현실에 대한 비판정신을 가져갔다. 엘리트문화는 대중문화에 융화되며 사람들은 철학적 사고를 게을리 하게 되었고, 인생의 가치를 생각하지 않게 되었으며, "점점 형이상학적인 특징을 잃게 되었다." 사회생활 방면에서 단면사회의 특징은 생활방식의 획일화이다. 공인과 자본가가 같은 연속극을 보고, 일반 백성과 정부의 고급관료가 같은 극장에서 연극을 보며, 일반 여직원이 사장의 딸과 마찬가지로 아름답게 화장하며, 연애의 방식 역시 점점 같아지는 추세이다.

프랑크푸르트학파는 20세기의 서양 문화가 위기에 처했고 기술이성이 모든 것을 통치하게 된 이유는 가장 먼저 기독교와 유대교에서 찾을 수 있다고 생각했다. 과학이성을 숭배하는 근대 서양의 정신은 사실상 중세기의 전통에서 발전되어 나왔다. 중세기와 다른 점이 있다면 근대의 서양인은 하느님을 과학으로 바꾸었고 신앙을 이성으로 바꾸었다는 점이다. 특히 계몽운동시기의 사상가들이 추구한 것은 자연을 분석하고 통치하는 지식형태였으며, 자연신론을 선양하고 추상적인 이성을 중시했으며, 이로 말미암아 활력이 넘치는 세계가 수량화·기계화된 세계가 되게 했다. 현대공업은 진일보해서 세계를 물화된 세계가 되게 했으며, 물질만능주의, 황금만능주의가 성행하게 했다. 프랑크푸르트학파에 따르면 현대인의 신앙위기와 두 차례의 세계대전은 모두 기술이성이 발전하고 팽창함으로써 야기되었다.

우리는 프랑크푸르트학파와 비슷한 문화비판과 사회비판이론이 신유가 선생들의 논저에서 계통적으로 표현되고 있음을 어렵지 않게 발견할 수 있다. 신유가가 중서문화를 비교한 취지는 서양 문화의 가치를 폄하하고 중국 유학의 가치를 부각시키는 것이었다. 특히 신유가는 현대 서양의 공업문명을 가장 격렬하게 비판했다. 중국이 서화의 길을 갈 수 없는 근본적인 이유는 서양 문화가 자체적인 결함으로 인해 이미 절망적인 지경까지 도달했으며, 중국 문제를 해결하는 데 도움이 될 수 없을 뿐만 아니라 자신조차 보존하기 어렵기 때문이라고 생각했다.

당연히 신유가들이 보기에 과학의 가치는 중립적이며 그것의 좋고 나쁨을 논할 수 없다. 문제는 그것에 대한 사람들의 태도에서 나온다. 마치 막 걸음마를 시작한 아이처럼 우리가 양호한 도덕교육을 시키면 그는 적극적이고 진취적인 방향으로 발전하며, 그대로 내버려 두면 마음대로 발전하여 나쁜 것을 배우고 잘못된 인생의 길로 나아가게 된다.

탕쥔이가 보기에 현대문명은 사람들을 '거리의 사람'이 되게 한다. '거리의 사람'이란 '물건을 사는 사람, 물건을 파는 사람, 기계를 조종하는 사람, 걸어가는 사람, 은행과 여관에 이름을 올리는 사람, 세무서에 가서 세금을 내는 사람, 부대 행렬 중에서 군모를 착용하고 있는 사람, 의회 앞에서 투표하는 사람, 공장에서 8시간 동안 일하는 사람' 등이다. 이러한 사람은 구체적이고 진실한 사람이 아니라 '추상적인 임무를 위해 나타난 사람'이며 어떤 사람들도 그들을 대체할 수 있다. 점포에 어떤 사람이 와서 물건을 사더라도 마찬가지이며 누구든 물건을 사기만 하면 된다. 기계는 어떤 사람이 조종하더라도 마찬가지이며 누구든 조종하기만 하면 된다. 공장의 사장은 어떤 사람이 와서 일하더라도 마찬가지며 누구든 일을 잘하고 그의 요구에 따라 일을 하기만 하면 된다. 현대사회의 사람은 모두 '어떤 사람', '추상적인 사람'이며 구체적으로 존재하는 사람이 아니라고 할 수 있다. 탕쥔이의 표현을 다시 보자.

> 사람들은 하루 동안 각자 물건을 사는 사람, 은행과 여관에 이름을 올리는 사람, 세무서에 가서 세금을 내는 사람, 의회에 가서 투표하는 사람이 된 이후 돌아와서는 자신이 아무것도 가진 게 없으며 눈앞에는 공허함만 있을 뿐이라는 것을 느끼게 된다. 단지 상점과 세무서, 은행의 장부에 한 번 더 서명하고, 여관과 의회의 등기부에 이름만 기입하면 되는 것이다. 현대의 문화와 사회가 이렇게 된 이유는 근본적으로 현대사회의 모든 조직이 사람들의 추상적인 목표에 의거해서 이루어지기 때문이다. 모든 사회조직은 사람들이 하나의 추상적인 임무를 완수하도록 하며 사람들의 구체적인 각 방면을 고려하지 않는다. 이로 말미암아 현대사회의 조직 중에서 사람들의 구체적인 각 방면이 나타날 수 없게 되었다.[39]

현대의 공업문명과 과학이성을 신임하지 못하는 정서가 있는 것은 현대 신유가들의 공통점이다. 량수밍에서부터 시작해서 신유가의 모든 선생들은 새로운 형태의 서양 문화를 비판하고 질책했다. 그들에 따르면 서양인이 오늘날에 이르러 비극적인 현실을 맞이한 이유는 과학 사상의 발전 때문이며, 이지적인 개념으로 인류를 분류했기 때문이다. 통속적으로 말하면 사람을 개념적으로 이해했기 때문이다. 개념에 의거해서 타인을 바라보면 타인은 하나의 추상적인 존재가 되며, 개념에 의거해서 자기를 바라보면 자기 역시 하나의 추상적인 존재가 된다. 이렇게 되면 자기는 다시는 자기가 아니며 하나의 외재화된 타인이 된다. 더 나아가면, 사람들은 타인과 자기에 대한 진실한 감정이 없어지고 타인과 자신을 모두 외재물

---

39) 唐君毅, 『中華人文與當今世界』 上册, 學生書局, 1988년, 104쪽.

로 간주해서 처리하며, 그것의 실용적 가치와 도구적 가치를 중시하고 인생의 의의와 진정한 나의 존재를 잊어버린다.

신유가들에 따르면 오늘날의 인류는 반드시 이 같은 문화적 재난을 근본적으로 해결할 길을 모색해야 한다. 이것은 '자기가 저지른 일을 자기가 해결해야 하는' 문제가 아니다. 과학이 인류를 이 단계까지 인도했다면 다시 과학에 의거해서 해결할 방법을 모색하는 것은 불가능하다. 이는 바로 탕쥔이가 다음과 같이 말한 것과 같다.

> 현대 인류의 위기를 구제하려면 인류는 반드시 추상적인 존재에서 구체적인 존재로 변해야 한다는 것은 문제가 되지 않는다. 그리고 단지 추상적이고 보편적인 개념 혹은 지식계통의 과학 사상만 건립하려고 한다면 인생의 구체적인 존재를 적절하게 장악할 수 없다는 것 또한 문제가 되지 않는다. 그러나 사람들이 인생의 위기를 드러내고 각종 두려움을 유발해 개인의 주체의식에 있는 진리로 돌아간다면 무한하고 심오한 내재세계로 들어가 신령과 교우할 수 있지만 바깥에서 보면 단지 사람의 정신이 '물러나 은밀한 곳으로 피하는 것'일 뿐이며, 뒤로 움츠러들고 위로 철회하는 것일 뿐이다. 여기에서 사람은 반드시 물러나지 않고 적극적이고 과감하게 나아가야 하며, 큰 뜻을 세우고 그것을 발휘해서 철저하게 현대의 사회와 문화정세를 바꾸어야 하며, 사람들이 주체의식 중에서 체험하는 진리를 널리 확대해서 '천지사방에 두루 미치게 해' 객관세계에서 실현시켜야 한다.[40)]

다시 말하면, 현재의 문화 위기를 해결할 수 있는 길을 모색하고자 한다면 반드시 '과학만능'의 망상에서 깨어나 과학을 적당한 위치에 두고 도덕

---

40) 唐君毅, 『中華人文與當今世界』 上册, 106쪽.

종교를 통해 과학의 발전을 규제해서 그것이 사람의 생명정신을 손상시키지 못하게 해야 한다. 이것이 바로 탕쥔이가 말한 "인심(仁心)으로 과학을 주재한다."는 것이고, 머우쭝산이 말한 "도덕으로 과학을 다스린다."는 것이며, 쉬푸콴이 말한 "인(仁)으로 지식을 배양한다."는 것이다.

현대 신유가와 서양의 현대철학자들이 같은 고도에서 유사한 인생 문제를 사고하는 것은 매우 긍정적인 의미이며 현대 공업문명에 대한 그들의 비평은 잘못된 것이 아니라고 할 수 있다. 확실히 현재의 인류 문명은 우리가 반성해야 할 수많은 문제점이 있다. 특히 현대과학은 사람들을 비인간적인 세계로 이끌었다. 이런 상황이 중지되지 않거나 완화되지 않는다면 인류의 미래는 낙관적이라고 하기 어렵다. 이러한 의의에서 현대 공업문명에 대한 신유가의 비판은 매우 큰 의미가 있다.

그렇지만 신유가가 현대 공업문명을 비판한 이유는 인류의 운명에 관심을 가졌기 때문이 아니라 중국 전통 유학의 운명에 관심을 가졌기 때문이다. 프랑크푸르트학파 등 서양의 철인들이 문화를 반성하게 된 동기는 현대 서양 문명의 위기와 인류의 미래에 대한 근심에 있다. 그러나 신유가들이 문화를 반성하게 된 동기는 서양 문명에 저항하고 유학 전통을 보호하는 데 있다. 서양 철인들이 현대 공업문명을 비판할 때 수중에 있던 사상무기는 전통적인 것이 아니라 현대적인 것이었다. 그들이 요구한 것은 세상 사람들이 중세기로 돌아가는 것이 아니라 공업문명의 폐단을 인식한 이후 문화의 방향을 조정하고 미래의 발전을 위한 걸림돌을 제거하는 것이었다. 그러나 신유가는 그렇지 않다. 그들 역시 전체 인류의 현재와 미래를 이야기했지만 그들이 희망한 현재와 미래는 단지 전통문화를 회복하는 것이었으며, 중국의 유학 전통으로 미래의 인류를 통솔하는 것이었다.

근대의 서양 문명은 몇 백 년간의 발전을 통해 경제와 문화 방면에서 다른 민족보다 월등히 앞섰다. 19세기 후반기 이전에 자연과학은 세 차례의 대혁명, 즉 갈릴레이에서 시작해서 뉴턴이 완성한 '역학혁명', 라부아지에의 유명한 실험이 야기한 '화학혁명', 다윈의 『종의 기원』이 지표가 되는 '생물학혁명'을 거쳤다. 그렇지만 19세기 말 20세기 초에 자연과학의 영역은 또다시 비약적인 발전을 이룩했다. 상대성이론과 양자역학의 탄생으로 새로운 과학시대가 도래했으며, 과학기술은 각 영역에서 매우 큰 발전을 이룩했다. 그것은 근본적으로 기존의 기술구조를 바꾸고 생산단계와 방법을 개선해서 공업과 농업 등 모든 분야의 생산효율을 크게 증가시켰다. 20세기에 들어선 이후 서양은 새로운 과학기술을 통해 인류 역사상 볼 수 없었던 사회적 재부를 창출했다. 이와 상응해서 사회의 공공사업, 통신수단, 교통망, 주택환경, 오락시설과 생활방식 등 모든 방면에서 매우 큰 변화가 일어났다. 원래 서양인의 관념에서는 천당에 가야만 아무리 써도 없어지지 않는 물질적 재부를 얻을 수 있지만 현재 그들이 누리는 재부는 상상 속의 천당보다 더 풍족하다.

그렇지만 인류는 매우 기괴한 생물이다. 빈곤할 때 풍족함을 탐내지만 풍족해진 이후에도 정신적 공황을 느낀다. 2천여 년 전의 로마인이 바로 이러했다. 그들은 테베레 강 유역에서 자급자족할 때 생활은 소박했고, 정신은 충실했으며, 양호한 사회도덕이 있었다. 그러나 국가가 부강해지자 사회기풍이 퇴폐해졌으며, 사람들은 온갖 방법을 강구해서 향락을 누렸으나 여전히 정신은 공허하고 생활은 무료하다고 느꼈으며, 각종 기괴한 사회현상과 황당한 행위가 나타났다. 네로 황제가 그 예이다. 그의 사치는 극에 달하고 욕망도 끝이 없어 언제나 새로운 것을 추구했으며, 결국은 전체 로마 성이 불바다가 되는 광경을 보고 싶어 하는 황당한 생각을 하게 되었다.

현대의 서양인은 고대의 로마인보다 더 풍족한 생활을 누리고 있다. 그들은 더는 물질생활을 걱정할 필요가 없다. 다 먹지 못하고 다 쓰지 못할 뿐만 아니라 필요 이상의 재부를 소유하고 있다. 가난한 사람에게 부유한 사람은 매우 행복해 보이지만 부유한 사람 또한 번뇌와 고통이 있음을 모른다. 비록 물질적인 만족을 누리는 것이 인생의 전부는 아니지만 물질생활에 필요한 재료가 부족한 것은 가장 고통스러운 일이다. 이러하기 때문에 금전과 재부가 매력을 가지게 되며, 사람들이 금전 앞에서 몰인정해지고 온갖 추태를 부리는 것이다.

가난한 사람과 부유한 사람은 두 세계에서 생활하며 두 가지 고통이 있다고 할 수 있다. 부유한 사람의 고통은 부유한 사람의 병에서 나온다. 이러한 병은 가난한 사람에게 있을 수 없다. 부유한 사람은 산해진미를 먹어도 질릴 수 있고, 어떤 것을 먹어도 맛이 없다고 느낄 수 있으며, 종일 밥그릇을 들고 접시를 보면서 근심할 수 있다. 어떤 때에는 가난한 사람들이 푸성귀와 변변찮은 밥을 맛있게 먹는 것을 보고 부러워하지만 그들에게 한번 먹어보라고 하면 망설인다. 그렇지만 부유한 사람들이 음식에 실증을 느끼고 생활의 무료함을 느끼더라도 가난한 사람들에게 부유한 사람들의 생활은 매력적이다. 가난한 사람은 한편으로 잘 먹고 잘 입기 위해 자기의 생활환경을 바꾸려고 생각하지만, 다른 한편으로 부유한 사람이 되지 못하면 자연히 부유한 사람들의 번뇌를 체험할 수 없다. 배부르게 먹지 못하고 따뜻하게 입지 못하는 가난한 사람들이 부유한 사람들처럼 입맛이 없다고 음식을 꺼리고 고기를 보고 근심한다면 이들은 신체적인 결함이 있는 게 아니라 정신적으로 문제가 있다. 건강한 사람은 결코 이렇게 될 수 없다.

20세기의 중국과 서양의 차이는 부유한 사람과 가난한 사람의 차이와 같다. '제3세계' 이론에 의거하면 서양 각국은 '제1세계'에 속하고 중국은 '제3세계'에 속한다. 이 두 세계는 제도가 다르고, 문화 계통이 다르며, 빈부의 정도가 다르다. 빈부의 차이로 인해 두 세계에서 생활하는 사람들이 각자 추구하는 것과 정신적인 고뇌가 다르게 나타난다. 서양인은 물질적인 풍요로움을 누리기 때문에 그들이 느끼는 불안과 걱정은 부유한 사람만이 느낄 수 있는 것이다. 그러나 중국은 발전하는 가운데 있으며 우리가 가장 관심을 가져야 하는 것은 어떻게 경제를 발전시키고 부강의 길로 나아가 배불리 먹고 따뜻하게 입는 문제를 해결할 수 있는가이다. 극소수의 사람은 이미 음식에 실증을 느끼고 입맛이 없는 것을 불평하기 시작했지만 절대다수 국민들의 목표는 여전히 먹고살 만한 생활수준에 진입하는 것이다. 국가가 부강하지 않고 국민이 부유하지 않는 상황에서 우리는 현대의 공업문명을 비판할 자격이 없으며, 서양인의 부유한 병에 감염될 자격이 없다. 과학기술을 추구하지 않고 물질세계를 추구하지 않는다면 국가는 어떻게 부강해지고 백성은 어떻게 부유해질 것이며, 인격은 어떻게 확립될 수 있고 심성은 어떻게 안정될 수 있겠는가. 오늘날 수많은 외국인이 중국인을 깔보며, 수많은 중국인이 스스로를 업신여기고 있다. 황색 피부 검은색 눈을 가진 사람이 선천적으로 흰색 피부 푸른색 눈을 가진 사람보다 못하다고 생각하는 것과 같다. 어째서 이러한 편견이 나타났는가. 알아야 하는 것은, 중국인은 외국인보다 우수한 문화 전통을 많이 이룩했으며 선천적으로 외국인보다 어리석지 않다는 점이다. 오늘날 중국인이 외국인보다 뒤처진다고 생각하는 근본적인 원인을 궁구해 보면 우리가 가난하기 때문이며, 있어서는 안 될 내적인 소모 때문에 부강해질 기회를 계속해서 놓쳤기 때문이다. 우리가 가장 먼저 해야 되는 것은 진정으로 민주와 과학의 길을 가는 것이지 민주와 과학이 발전하지 않은 단계에서 무턱대고 그것의 결점을 들추어내는 게 아니다. 역사와 문화를 연구하고 중서문화를 비교할 때 먼저 본 민족의 구체적인 상황을 잘 파악해야 한다. 사람들이 어떤 병에 걸렸다고 해서 나 역시 그 병에 걸려야 한다거나, 그 병에 자기가 마땅히 걸려야 하는지 혹은 걸릴 자격이 있는지 생각하지 않는다면 그것은 진정으로 외국 문물을 숭배하는 행위이며, 진정한 감단학보(邯鄲學步)[41]와 동시효빈(東施效顰)[42]이 되는 것이다.

41) 자기의 본분을 잊고 남의 흉내를 내다가 재주까지 다 잃게 된다. — 옮긴이
42) 자신의 처지를 모르고 무턱대고 남을 모방하다가 역효과를 가져오게 된다. — 옮긴이

제10장

전통과 현대화

전통의 동태 이해

전통과 현대의 관계를 대할 때 사람들의 두뇌에 언제나 사유상의 응어리가 하나 있다. 이것은 한편으로는 새로운 것을 창조하려면 반드시 전통을 돌파해야 하며 전통을 비판하는 기초 위에서 새로운 것을 창조할 수 있다는 점이다. 다른 한편으로는 새로운 것은 아무 근거 없이 창조되는 게 아니라 전통의 기초 위에서 창조된다는 것이다. 이러하기 때문에 사회가 변혁시기에 처했을 때 신구 두 파의 인물들은 어느 한쪽을 고집하면서 각자의 도리를 이야기했으며, 그들의 말은 모두 일리 있는 것처럼 보였다. 계속된 문인들의 필묵논쟁으로 고통을 받게 된 것은 이론적인 사유가 결핍된 일반 백성이었으며 이득을 본 것은 권모술수에 뛰어난 통치자였다. 다시 말하면, 전통과 창조 사이에서 백성은 항상 무엇을 따라야 할지 몰랐으며 권세를 가진 사람들은 그것을 마음대로 처리해서 우민과 노예를 도구로 삼았다. 중국 역사상 통치자들이 이 방법을 가장 잘 이용했다. 그들은 자신의 야망을 추진할 때마다 언제나 반전통적, 반교조적, 반경험적이었으며 언제나 '새로움'을 강조했다. 그러나 새로운 사조 혹은 새로운 방법의 도전을 받았을 때는 기정의 사회질서를 보호하기 위해 언제나 전통주의를 이야기했다. 어떤 때에는 동일한 시기에 왼손에 반전통의 창을 들고 오른손에 전통을 보호하는 방패를 들고 있었으며, 때로는 반전통의 구호를 외쳤고 때로는 전통의 의의를 선양했으며, 자체적 모순을 전혀 돌아보지 않았다.

그러나 위에서 서술한 두 가지 가운데 통치자가 좋아한 것은 후자, 즉 옛것으로 새로운 것을 반대하고 죽은 것으로 살아 있는 것을 꼼짝 못하게 하는 것이었다. 왜냐하면 통치자들은 모두 천하의 안정을 도모했으며, 각양각색의 새로운 사조가 그들의 통치 질서를 어지럽히는 데 반대했기 때문이다.

신유가는 전통을 보호하고 전력을 다해 전통의 의의를 고양했지만 역대 통치자들처럼 자신의 권익을 위해 무턱대고 전통을 보호하려고 했던 게 아니다. 그러나 전통을 그리워하는 마음과 전통을 지키려는 노력은 정치가들에게 이용될 수 있다. 우리가 이러한 점을 제기하면 신유가들은 동의하지 않을 것이다. 예를 들면 쉬푸콴은 그들의 문화사상을 1930년대 10교수의 문화선언과 구별했다. 그러나 문제는 전통문화를 선양한 10교수의 문화 주장이 '전제독재의 부적'이 되었는데 신유가는 자신들의 문화 주장이 전제독재자에게 이용되지 않는다고 어떻게 보장하겠는가.

어떻게 말하든 간에 신유가는 어떤 불순한 목적으로 전통을 그리워하지 않았다. 그들은 대부분 중서문화를 깊이 통찰함으로써 전통문화의 가치를 인식했기 때문에 전통을 고양했다. 이러하기 때문에 신유가의 모든 선생은 자기의 주체적인 사상을 가지고 행동한 사람이라고 할 수 있다. 이 점을 제기하는 것은 중요하다. 왜냐하면 인격 방면에서 신유가의 모든 선생은 마땅히 존경을 받아야 하기 때문이다. 전통에 대한 그들의 감정은 진실하다. 진실한 감정은 결과에 상관없이 모두 동정하고 이해하고 존경할 가치가 있다.

그러나 문제는, 어째서 신유가는 전통과 현대화의 관계에 대한 정확한 답안을 찾아내지 못했는가.

사실은 전통과 현대화의 관계에 대한 문제의 관건은 전통이 필요한지에 있는 것이 아니라 어떻게 전통을 이해해야 하는지에 있다.

이론적으로 말하면 전통은 현대화의 기초이며 전통을 떠나서는 그 어떤 현대화도 이룩할 수 없다. 사람은 문화의 산물이며 문화가 축적된 것이 전통이다. 이로써 사람 또한 전통의 산물임이 결정된다. 사람을 떠난 전통이 있을 수 없으며 마찬가지로 전통을 떠난 사람도 있을 수 없다. 사람들이 이 세상에서 생활한다는 것은 선조들이 우리를 위해서 창조해 놓은 문화 전통 가운데서 생활한다는 것이다. 그들은 전통에 의지해서 생활할 뿐만 아니라 또한 전통의 제약을 받는다. 그들이 전통을 떠나지 못하는 것은 대지와 공기를 떠나지 못하는 것과 같다. 그러므로 근본적으로 말하면 전통은 뒤엎을 수 없으며 뒤엎으려고 해서도 안 된다. 신유가는 이러한 의의에서 전통의 가치를 고양했다. 그들의 저술과 강연이 사람들의 마음을 움직일 수 있었던 이유는 이와 같이 떨어질 수 없는 사람과 전통의 관계 때문이다.

그러나 신유가의 마음에서 '전통'이라는 두 글자의 의미는 매우 제한적이다. 그들이 고양하는 '전통'은 본 민족문화의 전통이며 인류문화의 전통이 아니다. 그들의 생각을 통해서 보면 한 민족은 본 민족의 문화 전통만 받아들이고 계승할 수 있으며, 전체 인류문화의 전통을 자기의 전통으로 간주해서는 안 된다. 그들 중의 어떤 사람(예를 들면 팡둥메이)은 중국 문화의 전통을 계승해야 할 뿐만 아니라 동시에 인도인과 서양인의 전통을 흡수해야 한다고 강조했지만 그들에 따르면 인도와 서양의 전통은 다른 사람의 전통이지 자기의 전통이 아니다. 따라서 보조적인 작용만 할 뿐이며 중국 사회의 문제는 여전히 '중국의 전통'으로 해결해야 한다. 다시 말하면, 그들 역시 외래문화의 우수한 성과를 배워야 한다고 주장했지만 이것은 단지 차용하는 것일 뿐이며 자기의 문화 전통으로 간주해서 계승하는 것이 아니다.

우리가 편협한 민족문화 본위주의의 굴레에서 벗어나 세계인, 지구인의 안목으로 인류의 문명사를 고찰하면 전통은 민족성도 구비하고 있고 세계성도 구비하고 있음을 어렵지 않게 발견할 수 있다. 구체적으로 말하면, 과거의 폐쇄적인 사회에서 전통은 주로 민족성으로 체현되었으며 오늘날의 개방적인 사회에서 전통은 주로 세계성으로 체현된다.

전통사회에서 사람들은 폐쇄된 지역에서 생활했으며 외부세계와의 접촉이 그다지 많지 않았다. 그들의 문화는 주로 본 민족, 본 지역 사람들이 창조하고 발명한 것이었으며 외래적인 요소가 매우 적었다. 마찬가지로 그들은 다른 민족, 다른 지역문화를 제대로 이해하지 못했으며 그들의 문명성과를 차용하는 경우가 매우 드물었다. 당시의 사람들은 어떤 민족, 어떤 지역의 사람이었으며 세계인, 지구인이 아니었다. 그들 역시 '세계' 혹은 '천하'의 관념이 있었지만 그들이 알고 있는 '세계'와 '천하'는 매우 작은 범위였으며 진정한 세계와 천하가 아니었다. 예를 들면 고대의 그리스인과 로마인의 '세계'는 그들의 활동범위에 속하는 지중해였으며, 춘추시기 중국 문인의 '천하'는 주로 그들의 활동영역이던 황하유역과 장강유역이었다. 이른바 "국가를 잘 다스리고 천하를 태평하게 한다."는 말에서 '국가'는 제후의 국가였으며 '천하'는 주나라의 천하였다.

현대사회는 다르다. 현대사회는 폐쇄적인 사회가 아니라 개방적인 사회이다. 우리가 앞에서 반복해서 말했던 것처럼 세계 각 민족의 역사가 하나로 연결되기만 하면 모든 민족이 외부세계와 왕래하지 않고 지내기는 불가능하다. 사람들은 한 민족, 한 지역에 속하는 사람일 뿐만 아니라 동시에 세계인이며 지구인이다. 마찬가지로 각 민족의 문화성과 역시 민족성만 구비하는 게 아니라 모든 인류 문화의 보고가 된다. 현재 어떤 사상, 어떤 발명품, 어떤 새로운 기술은 나타나자마자 전 세계로 전파될 뿐만 아니라 광범위하게 연구되고 응용된다. 게다가 세계가 하나로 연결된 오늘날은 고대의 각 민족이 폐쇄적인 사회에서 형성한 문화성과도 세계인의 공동재산이 된다. 오늘날의 영국인은 셰익스피어가 영국의 자랑이라고 할 수 있지만 셰익스피어의 문학유산이 그들만의 자산이라고 할 수 없다. 마찬가지로 오늘날의 중국인은 조설근(曹雪芹)이 중국의 자랑이라고 할 수 있지만 『홍루몽』이 중국인만의 자산이라고 할 수 없다.

이렇게 전통을 이해하는 것은 본 절 서두 부분에서 제기한 사유상의 응어리를 푸는 데 도움을 줄 수 있다. 전통이 민족적인 전통에서 점점 세계적인 전통이 되어가고 있다면 우리는 전통과 현대화의 관계에 대한 문제로 곤혹스러워할 필요가 없으며, 무엇을 따라야 할지 몰라 방황할 필요가 없다. 동시에 불순한 마음을 가진 사람들이 전통과 창조의 문제를 우민과 노예의 도구로 사용할 가능성을 차단할 수 있다. 이로써 알 수 있는 것은, 신문화운동의 사상가들이 반대한 것은 중국 고유의 전통, 민족적인 전통이었으며 세계적인 전통이 아니었다. 반대로 그들이 노력한 것은 큰 전통으로 작은 전통에 반대하는 것이었고, 세계적인 전통으로 민족적인 전통에 반대하는 것이었고, 개방적인 전통으로 폐쇄적인 전통에 반대한 것이었으며, 근본적으로 역사발전의 대추세, 대조류에 순응하는 것이었다. 다시 말하면, 그들은 전통이 필요 없다고 생각한 것이 아니라 단지 그들이 생각하는 전통과 구파인물들이 생각하는 전통의 의미가 달랐을 뿐이다. 이러한 의의에서 말하면 신유가들이 신문화운동 이래의 반전통 사조를 비판하는 것은 이론적 사고가 결핍된 것이며, 본질적으로 말하면 작은 도량으로 큰 지혜를 비판하는 것이었다.

전통 유학과 중국 현대화

신유학이 유학 전통의 사상적 가치를 강조하고 후스가 대표인 서화파에 반대한 이유는 신문화운동 이래 중국 사회의 재난이 빈번해진 근본적인 원인이 신문화, 신사상의 유행 때문이라고 생각했기 때문이다. 그들이 보기에 중국 문제는 전통 유학의 큰 지혜에 의거해야만 해결할 수 있다. 전통을 반대하면 반드시 사람은 마음을 잃고 국가는 질서를 잃는다. 그들은 과학과 민주에 반대하지 않았고 중국이 하루빨리 진정한 현대화의 길로 매진하기를 희망했지만 그들이 계획한 현대화의 청사진에서 주도적인 것은 유학 전통이었다. 그들의 눈에서 유학 전통은 중국 문화의 본원이며 중국의 미래를 밝혀 줄 지표이다. 몇십 년 이래 중국인의 수많은 재난은 모두 유학 전통을 버렸기 때문에 자초한 것이다. 그렇기 때문에 후스·천두슈·루쉰 등은 자연스럽게 민족의 죄인이 되었으며, 중국역사가 잘못된 길로 나아가게 된 것에 책임을 져야 한다.

또한 1950년대 이후 홍콩과 타이완의 신유가는 공산주의가 중국에서 실행된 원인은 유가 전통을 버렸기 때문이라고 했다. 그들은 다음과 같이 생각하고 있다. 첫째, 후스·천두슈·루쉰 등이 전통을 반대하지 않았더라면 중국에서 공산당이 나타나지 않았을 것이며, 역사의 정상적인 진행을 방해하지 않았을 것이다. 둘째, 공산당이 전통을 타도함으로써 중국인은 더욱 깊은 재난의 늪으로 빠졌다. 전형적인 예가 십 년 '문혁(文革)'의 대동란이다.

부정할 수 없는 것은, 신문화운동 이후 유학 전통이 희박해졌다는 것은 틀린 말이 아니며, 이로 인해 중국 사회의 재난이 빈번해졌다는 것 역시 사실이다. 그러나 문제는, 이 두 가지의 인과관계가 성립되는지 아닌지는 깊이 있게 탐구해 볼 가치가 있다. 이 문제를 탐구하려면 먼저 다른 세 가지 문제를 분명하게 해야 한다.

첫째, 오늘날 공자의 사당은 진정으로 타도되었으며, 유학 전통은 진정으로 그 맥이 끊어졌는가.

둘째, 현대사회에서 유학 전통은 도대체 어느 정도의 가치가 있으며, 그것이 중국을 현대화의 길로 인도할 수 있는가. 바꾸어 말하면, 우리가 오늘날에도 유학 전통을 추종할 가치가 있는가. 유학 전통을 추종하는 것이 역사에 순응하는 것인가 아니면 역행하는 것인가.

셋째, 20세기에 중국인이 수많은 재난을 만난 원인을 도대체 누구의 탓으로 돌려야 하는가. 다시 말하면, 중국 문제를 해결하지 못하는 이유는 신문화와 신사상이 유포되었기 때문인가 아니면 유학 전통의 망령이 사라지지 않았기 때문인가.

위의 세 가지 문제에 대답하려면 먼저 '현대화'의 의미를 분명하게 파악해야 한다. 왜냐하면 '현대화'의 의미와 그것이 기본적으로 요구하는 것을 알고 난 이후 다시 20세기의 중국역사를 되돌아보면 수많은 문제가 더욱 분명해지기 때문이다.

현대화는 바로 근대화이며 영문의 'modernization'과 같다. 중문에서 두 글자가 되는 이유는 중국의 역사학자들은 아편전쟁 이후 150년의 역사를 '근대'와 '현대'의 두 단계로 나누며 오늘날의 국민들 역시 그것을 두 가지 역사적 의미로 대하기 때문이다. 사실상 '현대화'와 '근대화'는 차이가 없으며 모두 전통적인 농업사회와 상대적으로 말한 것이다. 바꾸어 말하면 중세기를 벗어나 현대화로 매진하는 발전과정이다.

지금까지의 세계 역사에서 보면 현대화의 내용은 자본주의 문명을 받아들이고 그것을 완성하는 것이다. 그렇다면 무엇이 자본주의 문명인가. 이 문제는 간단해 보이지만 대답하려고 하면 쉽지 않다. 아주 오랜 기간 대륙학계는 자본주의를 간단하게 인식했으며, 자본주의 사회는 허위적인 의회정치에 공인에 대한 자본가의 착취가 더해진 사회라고 생각했다. 70년대 말 이전에, 즉 중국이 개방되기 이전에 자본주의 세계는 사회주의 국가보다 더 가난하다고 선전했다. 예를 들면, 사람들은 텔레비전을 갖고 있지만 굶주린 배를 움켜잡고 그 앞에 앉아 있다고 했으며, 냉장고가 있지만 그 속은 비었다고 했다. 사실상 자본주의는 새로운 시대정신과 새로운 문화양식을 대표한다. 수백 년간 그것은 인류 문화의 최신, 최고의 성과였으며 인류 문화를 새로운 단계로 발전시켰다.

대륙 이론계의 통상적인 견해에 따르면 현대화는 자본주의로 나아가는 것이 결코 아니다. 이러한 인식에 대해 이 책에서는 토론할 의향이 없다. 다만 어느 정도 분명한 것은, 서양의 현대화이든 동양의 현대화이든 근본적인 방면에서 말하면 내용은 반드시 동일하다. 오늘날 각 민족의 역사가 하나로 연계되었기 때문에 각 민족의 발전 역시 반드시 세계 역사의 발전과 보조를 맞추어야 한다. 각 민족의 발전과정은 특수한 역사문화의 조건으로 인해 약간의 차이가 있을 수 있지만 현대화의 목표는 확실히 일치한다. 그래서 민족문화의 특수성을 구실 삼아 현대화를 거부하고 배척하거나 또는 현대화를 실현한다는 명목으로 다른 목적을 이룩하려는 방법은 모두 역사에 순응하는 방법이 아니며, 또한 민족의 미래와 후대 자손에 대한 책임을 지는 것이 아니다. 알아야 하는 것은, 중국 민족은 이미 한 세기 이상을 헛되게 낭비했다는 점이다. 이 한 세기 동안 우리와 다른 사람들 사이의 거리가 좁혀진 것이 아니라 오히려 벌어졌다. 우리 세대에서 이 국면을 바꾸지 못한다면 그 유해는 상상할 수 없다. 우리의 후대는 우리세대(혹은 우리의 윗대)의 전철을 다시 밟아 우리와 마찬가지로 조금도 의미 없는 일 때문에 시간을 낭비할 것이며, 우리와 마찬가지로 외국인들에게 멸시 당할 것이다. 따라서 민족에 대한 책임이든 후대 자손에 대한 책임이든 마땅히 중대한 책임감을 가지고 진정으로, 철저하게 중국 문제를 해결해야 한다. 이렇게 하려면 대가를 지불해야 하고 전에 없던 시련을 겪을지도 모르지만 민족의 이익과 후대 자손의 이익을 생각한다면 이것은 가치 있다고 느껴진다. 현재의 중국인은 대부분 생각을 게을리 하는 병이 있다. 사회문제를 생각하지 않고 직접 사회를 변화시키려는 생각은 더욱 하지 않는다. 그 이유는 번거로운 일이 발생하는 것을 두려워하고 평온한 생활이 깨지는 것을 두려워하며, 자신의 안일만 생각하는 인생철학이 민족에 대해서 무엇을 의미하는지, 후대 자손에 대해서 무엇을 의미하는지를 생각하지 못하기 때문이다. 수많은 사람들이 자녀의 미래를 위해서 계획하는 것은 입고 먹는 것을 아껴 자녀에게 투자하는 것일 뿐이다. 어떻게 하면 미래의 세대에게 양호한 문화 환경을 만들어줄까를 생각하는 사람은 없으며, 양호한 문화 환경이 없다면 다음 세대가 어떤 생활을 하게 될지를 생각하는 사람은 더욱 없다.

현대화의 내용을 더 구체적으로 이야기하고 전통사회와 대비되는 몇 가지 특징을 이야기해보자.

◗ 경제 방면

경제발전은 저축과 투자라는 두 기능으로 고찰할 수 있다. 전통적인 경제는 기본적으로 소규모 생산경제였으며, 생산의 목적은 사용가치를 창조하는 것이었다. 그래서 전통적인 경제는 생산한 것을 대부분 소비했으며, 자본을 축적해서 상품을 재생산하는 데 투자하는 경우는 매우 드물었다. 더군다나 인구의 증가속도가 경제의 성장속도보다 빠르면 소량의 축적된 자본이 있더라도 아무런 도움이 되지 않는다. 현대의 공업문명은 이와 다르다. 그것은 신통력 있는 마술사처럼 한순간에 거액의 자금을 모을 수 있고 수많은 사람을 고용할 수 있다. 생산과 구매에 필요한 자금이 많을수록 고용할 수 있는 공인이 더 많아진다. 바꾸어 말하면 고용한 공인이 많을수록 만들 수 있는 자금도 많아진다.

현대인의 경제목적은 통화가치를 창조하는 것이며, 그 수단은 기계에 의한 대량생산이다. 따라서 반드시 시장수요와 가치규율의 제약을 받는다. 그러나 다른 한편에서 보면 그것이 시장과 가치규율의 제약을 받기 때문에 빠른 속도로 발전할 수 있다. 현대의 경제가 중세의 장원경제와 가내수공업의 생산과 같다면 새로운 시대를 이끌어낼 수 없다. 이러한 새로운 시대는 개성을 충분히 실현할 수 있는 시대이다. 경쟁을 부추기고 사람의 사욕을 인정하며, 또한 사욕을 인정하는 전제 아래 사욕으로 인해서 유발되는 각종 비도덕행위를 억제한다. 억제작용을 하는 것은 하나는 경제규율이며, 둘은 법률제도이다. 인격 면에서 사람들은 모두 평등하기 때문에 경제생활 면에서도 사람들은 모두 평등하다. 사회경제는 인위적인 명령 또는 장관의 의지에 따라 움직이는 것이 아니라 가치규율과 경제법규가 원칙이 된다.

◗ 교육과 과학기술 방면

경제발전의 수준이 한 사회가 현대화 과정으로 진입했는지 아닌지를 가늠하는 기준이기 때문에 적지 않은 사람들이 그것을 현대화 과정의 핵심내용과 결정적인 역량으로 간주한다. 사실상 경제의 고속발전은 결과일 뿐이며 그 원인은 사람들의 소질과 이로 인해 야기되는 과학기술의 발전에 있다. 이 두 가지가 현대화의 진정한 원동력이라고 할 수 있다. 이 두 가지가 전제되지 않으면 어떤 사회도 현대화의 과정으로 들어서기 어렵다. 현대화가 가장 먼저 유럽에서 시작된 이유는 중세기 말기 교회학교가 수많은 과학 인재를 배양하고, 종교개혁과 문예부흥이 사람들을 중세기의 질곡에서 해방시켰으며, 반교회·반전제의 사상운동 중에서 사람들의 주체성과 창조성을 일깨웠기 때문이다. 이 과정은 사람들이 새롭게 태어나는 과정이며 사람들이 봉건의 우매한 상태에서 이성의 길로 나아가는 과정이다. 이러하기 때문에 경제발전이 일찍 시작된 국가는 모두 교육을 중시했으며, 교육을 가장 중요한 위치에 두었다.

◗ 정치 방면

우리는 인류의 역사를 이해할 때 정치가 사회의 운행을 통제하는 작용을 소홀히 할 수 없다. 역사적인 사실이 분명하게 보여주는 것은 어떤 민족 또는 어떤 역사적인 사건을 이해할 때 언제나 정치적인 요소를 가장 중요한 위치에 두었다는 점이다. 이러한 상황은 동방의 각 민족에서 더욱더 분명하게 나타난다. 고대 중국 사회의 발전이 완만하고 사회제도의 변화가 거의 없었던 이유에는 여러 가지 요소가 있었지만 그중에 가장 중요한 요소는 정치 방면에 있었으며, 전제주의 정치가 중국 사회의 발전을 가로막았기 때문이다. 전통적인 소농경제와 농업을 중시하고 상업을 경시하는 현상이 사회의 발전을 지연시켰지만 이 두 가지가 장기적으로 존재하게 된 근본 원인은 전제주의 정치가 전력을 다해 보호했기 때문이다.

이로써 알 수 있는 것은, 경제의 현대화는 반드시 정치의 현대화를 동반해야 한다는 점이다. 만약 무턱대고 과학기술의 발전과 경제의 번영을 강조하면서 정치영역의 변화를 언급하지 않는다면 현대화는 빈말이 되고 만다. 경제 방면에서 어느 정도 현대화의 수준에 도달했더라고 그것은 변태적인 현대화이며 또는 기형적 현대화라고 할 수 있다. 왜냐하면 현대화는 전체 문화계통의 현대화이지 어떤 한 방면의 현대화가 아니기 때문이다. 경제만 발전시키고 정치가 변하지 않는다면 전제권력의 팽창과 관리들의 부패를 야기한다. 전제권력의 통제에서 사회경제는 관료들에 의해서 조종되기 때문에 경제규율에 의해서 정상적으로 운행될 수 없다. 관료들의 의지가 경제운행의 궤도를 결정하며 경제발전을 자기의 사사로운 욕망을 채우는 데 이용하게 된다. 이러한 상황에서 평등한 경쟁이 있을 수 없고, 경제규범이 있을 수 없으며, 모든 것은 권력에 따라 좌우된다. 사람들의 권력이 재물을 얼마나 모을 수 있는지를 결정하게 된다.

현대화는 전체 문화계통의 현대화이며 어떤 한 방면의 현대화가 아니기 때문에 근대 서양은 과학을 발전시키고 경제를 발전시킬 때 정치영역의 혁명을 매우 중요하게 생각했으며, 전통적인 소농경제와 봉건전제주의를 동시에 소멸하고 과학과 민주를 동시에 실현해야 한다고 생각했다.

◗ 사회생활 방면

현대화 과정이 심화됨에 따라 사회생활은 수많은 방면에서 변화가 일어났다. 그중에서 이 책의 주제와 관계되는 것은 주로 다음과 같다.

첫째, 전통사회 사람들의 생활무대는 주로 향촌이었으며, 현대화의 과정은 끊임없이 향촌에서 생활하는 사람들을 도시로 나가게 하는 것이다. 오늘날의 발달한 국가에서는 도시의 인구가 농촌의 인구보다 훨씬 많다. 게다가 교통의 발달로 농촌에 남아 있는 사람이라고 하더라도 그들의 생활이 도시사람들과 같아지는 추세가 시작되었다. 도시와 향촌은 다시는 격리되지 않고 그 차이는 나날이 좁혀지고 있다.

둘째, 농촌의 인구가 도시로 이동함에 따라 가정의 구조에 변화가 일어났다. 과거에는 몇 대가 함께 사는 대가족이었으나 현재는 일부일처의 핵가족이다. 생활의 분립과 가정경제의 독립화로 가정 구성원 간의 종법의무와 혈연관계가 느슨해졌다.

셋째, 전통사회는 남자들의 천하였으나 오늘날의 발달된 민족이나 국가에서 여성의 사회적 지위가 근본적으로 변했다. 남자들과 동등한 노동의 기회를 가지고 동등한 보수를 받을 뿐 아니라 정치에도 참여할 수 있고 당선되어 대통령이 될 수도 있다.

넷째, 전통사회는 계급사회였으나 현대사회는 평등사회로 발전하고 있다. 특권은 감소하며 사회 각 계층의 생활은 같아지는 추세이다.

다섯째, 전통사회는 기본적으로 폐쇄적인 사회였으나 현대사회는 개방적인 세계로 나아가고 있다. 가정의 작용이 감소하고 사회의 의미가 증가하고 있으며, 민족의 작용이 감소하고 국가 간의 관계가 중시되고 있다.

◗ 마음상태 방면

사회의 변혁은 사회제도 · 생산방식 · 노동수단 등에서 나타날 뿐만 아니라 더욱 중요한 것은 마음상태 또는 관념의 변화에서 나타난다. 마음상태가 변하지 않는다면 기타 방면의 변혁을 야기할 수 없다. 그렇기 때문에 모든 사회변혁은 반드시 사상해방운동이 선행되어야 한다. 근대의 유럽이 영국혁명 · 프랑스혁명 · 산업혁명을 성공할 수 있었던 이유는 이 같은 역사적인 사건 이전에 문예부흥 · 종교개혁 · 계몽운동이 있었기 때문이다. 이러한 것은 모두 의식형태의 영역에 속하는 변혁이며, 그것의 사명은 사람들의 두뇌를 세척하고 사회에 새로운 가치계통을 제공하는 것이다. 이러한 새로운 가치계통이 없다면 현대사회는 현대사회라고 할 수 없다.

현대사회에 적합한 가치계통이 있기 때문에 사람들은 사회생활의 각 방면에서 거기에 어울리는 새로운 가치 관념을 창출할 수 있다. 사람들은 금전을 중시하게 되었고 금전을 사회 평가의 기준으로 생각하게 되었으며, 자아와 자아가 중심이 되는 개체주의에 더욱 관심을 가지게 되었다. 사람들의 갈망 가운데 성공에 대한 갈망이 가장 강하다. 현대인에게 성공은 사회적 지위를 향상시키고 물질적 재부를 축적하는 것을 의미하는 게 아니라 자아의 가치를 실현하는 것이다. 전통사회에서 사람들은 자신의 가치를 중시하지 않았으며, 개인의 가치는 여러 가지 교조(教條)와 규범 속에서 소멸되었다. 현대사회는 이와 같지 않다. 사람들은 타인의 자아를 존중할 뿐만 아니라 더욱 중요한 것은 자신의 노력으로 자아의 가치를 실현한다. 그래서 현대인의 보편적인 심리는 자신의 가치를 드러내려고 하고 현재 상태에 만족하지 않는 것이다.

분명한 것은 위에서 서술한 현대화의 다섯 가지 주요 내용은 전통 유학이 주장하는 사회학이론·인생철학과 전혀 어울리지 않는다. 바꾸어 말하면 전통 유학은 현대사회에서 이미 존재의 가치를 잃었으며 현대화에 도움이 되는 부분은 조금도 없다. 반대로 그것은 중국 전통사회의 사상원칙이었기 때문에 현대화에 필요한 사상이 아니며 중국인을 현대화의 길로 인도할 수 없다.

독자들은 여전히 "유학이 강조하는 것은 도덕이성이며 도덕이성은 어떤 시대에도 모두 필요하다. 전통사회에서 도덕이 필요했다면 현대사회에도 마찬가지로 도덕이 필요하다. 그렇기 때문에 유학은 현대사회에서도 여전히 가치 있다."고 추궁할 수 있다.

물론 인류 문명사에서 도덕은 영원한 의의를 갖추고 있다. 왕래가 빈번해지고 인간관계가 복잡해지는 현대사회에서 사람들은 덕성을 더 많이 수양해야 한다. 그러나 문제는, 도덕은 변하지 않는 게 아니며 시대의 변화를 따라 그에 상응하는 변화를 이룩해야 한다. 효도, 공경, 성실, 믿음 같은 도덕규범은 비시간적인 것으로 어떤 시대에도 적용되지만 각각의 시대는 그 시대를 반영하는 도덕의 흐름과 그 시대의 도덕규약이 있다. 비시간적인 도덕규범이라고 하더라도 마찬가지로 시간의 변화를 따라서 그에 상응하는 변화가 발생할 수 있다. 부모의 사랑, 자녀의 효도 같은 것은 전통사회에서 존재했지만 부모는 자녀 앞에서 절대적인 권위를 지녔으며 설령 부모가 잘못되었다고 하더라도 자녀는 절대적인 복종의 의무만 있었다. 현대사회에서도 마찬가지로 부모의 사랑과 자녀의 효도가 필요하지만 내용은 예전과 같지 않다. 부모와 자녀의 관계는 복종과 피복종의 관계를 벗어나 상호 평등과 존중으로 나아가며 혈연관계로 형성된 의무에 대한 자각적인 책임을 강조한다.

타이완 학자 웨이정통(韋政通)은 『윤리사상의 돌파(倫理思想的突破)』에서 최근 20여 년 동안 타이완 가정윤리의 변화를 아래와 같이 논술하고 있다.

> 최근 20년 이래 타이완의 공업화 · 도시화의 발전과정이 분명해졌다. 1979년 농업인구는 32%였으며 대량의 인구가 도시로 집중되었다. 사회형태는 농업에서 공업과 상업으로 전환되었으며, 가정형태 역시 핵가족으로 변했다. 60~70년 전에 새로운 사상가들이 제창한 새로운 가정은 오늘날 보편적인 사실이 되었으며, 핵가족과 전통가정의 차이가 분명히 나타났다. 전통가정은 몇 대가 함께 살아가고, 가족구성원이 비교적 많았으며, 부모의 권리가 크고, 자녀는 자유가 결핍되었으며, 게다가 여러 가지 기능을 구비하고 있었다. 핵가족은 부부와 자녀를 포함하며, 그들의 관계는 평등한 관계로 향하고 있다. 이로 말미암아 자녀는 비교적 자유로우며 가정의 기능 역시 크게 감소되었다. 그중 가장 현저한 변화는 부자 중심에서 부부 중심으로 바뀐 것이며, 노인을 중시하는 것에서 아이를 중시하는 것으로 바뀐 것이다. …… 공업사회의 경쟁이 격렬해짐에 따라 지식이 비교적 높은 부모가 자녀에게 요구하는 것은 무조건 순종하는 것이 아

니라 자주적이고 독립적으로 살아가는 것이다. …… 그래서 현대의 가정이 화합하려면 전통적인 효도와 공경에 의지해서는 충분하지 않으며, 현대가정의 가장 중요한 윤리는 서로 존중하고 피차 관용하는 것이다. 부모들이 민주적인 방식을 통해 자녀를 지도한다면 반드시 가정의 화합적인 분위기를 증진시킬 수 있으며, 또한 내심에서 우러나오는 자녀들의 존경과 사랑을 받을 수 있다.[1)]

1981년, 타이완의 리궈딩(李國鼎)은 전통 유학의 '오륜'을 대신해서 현대사회에 어울리는 '제육륜(第六倫)'을 제기했는데 매우 큰 반향을 불러일으켰다. 우리가 알고 있듯이 유가의 윤리규범은 주로 군주와 신하, 부모와 자녀, 부부, 친구 사이의 규범이다. 이 규범은 매우 친숙한 일대일의 인간관계에서 적용되는 규범이다. 그러나 현대사회는 왕래가 빈번해짐에 따라서 인간관계가 더욱 복잡해졌기 때문에 전통의 오륜은 현대사회의 인간관계를 전체적으로 반영할 수 없다. 그래서 리궈딩은 현대사회의 윤리규범이 될 수 있는 '제육륜'을 제기했다.

웨이정통은 '제육륜'과 전통의 '오륜'을 다음과 같이 비교하고 있다.

첫째, '오륜'의 행위준칙은 특수주의에 속하며 단지 특수한 대상에 적용된다. 예를 들면 부모의 사랑과 자녀의 효도는 단지 부모와 자녀 사이에 적용된다. '제육륜'의 행위준칙은 일반주의에 속하며 모든 사람에게 적용되는 동일한 준칙이다.

둘째, '오륜'의 사회문화적 배경은 경제활동과 사회구성이 간단한 전통사회이며, '제육륜'의 사회문화적 배경은 경제활동과 사회구성이 복잡한 현대사회이다.

셋째, '오륜'이 특징인 인간관계의 장점은 친근함과 배려이며, 단점은

1) 韋政通, 『倫理思想的突破』, 四川人民出版社, 1988년, 92~93쪽.

편애와 무질서이다. '제육륜'이 특징인 인간관계의 장점은 공정과 질서이며, 단점은 냉담함과 소원함이다.

넷째, 도덕범주로 구분하면 '오륜'은 개인의 도덕 범위에 속하며 '제육륜'은 공공의 도덕 범위에 속한다.

'제육륜'의 구체적인 내용은 다음과 같다.

1) 공공재물은 절약해야 하고 청렴해야 하며, 낭비하고 탐오해서는 안 된다.

2) 공공환경은 마땅히 보호해야 하며, 오염시켜서는 안 된다.

3) 공공질서는 마땅히 준수해야 하며, 무질서해서는 안 된다.

4) 명확하지 않은 제3자의 권익은 마땅히 보호하고 존중해야 한다.

5) 친숙하지 않는 사람에 대해서도 마땅히 공정한 기회를 주어야 하며, 차별해서는 안 된다.[2)]

'제육륜'은 윤리범주로 볼 수 있으며 법률제도로 볼 수도 있다. 그러나 어떻게 말하든 간에 결국 전통의 '오륜'과 다른 새로운 관념, 새로운 규범, 새로운 도덕이며, 또는 새로운 문화정신이라고 총괄해서 부를 수 있다. 이것이 바로 현대화와 어울리는 문화정신이다. 이러한 문화정신이 전통사회의 '오륜'과 어울리지 않는다고 할 수는 없지만 새로운 문화정신을 발양하기 위해 전통의 '오륜'을 반드시 지킬 필요는 없다.

20세기에 중국 문제를 해결하지 못한 이유는 신문화와 신사상 때문인지 아니면 유가 전통 때문인지 살펴보자. 이러한 점에 신유가가 가장 관심을 가진 예는 대륙의 10년 '문혁'이었다. 그들은 '문혁'시기 공자의 사당을 부수고, 시서를 불태우고, 4대 악습(옛 사상, 옛 문화, 옛 풍속, 옛 습관)을 타파함으로써 전통문화는 매우 큰 타격을 받았고, 그 결과 전체 중국 민족

---

2) 韋政通, 앞의 책, 227~228쪽.

이 전대미문의 대재난을 만났다고 생각했다.

40년대 말부터 30여 년 가까이 대륙과 타이완, 홍콩은 문화 방면의 교류가 거의 이루어지지 않았기 때문에 홍콩과 타이완에서 생활하던 신유가들은 대륙의 정치·경제·문화를 전체적으로 이해할 수 없었다. 그들이 알고 있던 것은 공자의 사당을 부수고, 시서를 불태우고, 4대 악습을 타파하고, 사회주의로 무장한 학생조직을 양성하고, 대자보를 통해 사회주의 의식을 고취시키고, 반동으로 치부된 사람들을 공개 비판했던 일 등의 표면적인 현상일 뿐이었으며, 이 같은 큰 재난이 일어난 근본적인 원인을 깊이 있게 관찰할 수 없었다. 사실 '문혁'의 재난은 그들이 지적하는 것처럼 신문화, 신사상 때문에 야기된 게 아니다. 그것은 서화의 결과도 아니었고 소련화의 결과도 아니었다. 알아야 하는 것은, 당시의 중국대륙은 스스로를 봉쇄했기 때문에 서화사상이 존재할 수 없었으며 심지어 서화파의 대표인물인 후스가 어떤 사람인지도 몰랐다. 온 나라의 곳곳에서 사람들이 악마에 홀린 것처럼 미친 듯이 구습을 타파한 것은 겉으로 보면 전통을 반대하고 새로운 것을 추구한 것처럼 보이지만 근본적으로 고려하면 전통으로 전통을 반대했고, 봉건주의로 봉건주의를 반대했다는 것을 알 수 있으며, 심지어 전통문화에 있는 가장 나쁘고 가장 타락한 부분을 극치로 발전시켰다고 할 수 있다. 그 구체적인 표현은 다음과 같다.

1) '문혁'은 문화혁명이라고 하지만 사실상 새로운 문화와 새로운 사상은 조금도 없었다. 겉으로 보면 전국적인 운동처럼 보이지만 전 국민은 어떤 마력이 조종하는 것처럼 약속이나 한 듯 이리저리 움직였으며, 사상이 없었고 주관이 없었다. 오늘 장삼을 쳐부수자고 외치고 내일 이사를 쳐부수자고 외쳤다. 백성들은 두뇌가 없는 파리 떼 같았으며 최상층의 인물조차 갈팡질팡했다. 이 '혁명'이 의도하는 게 무엇인지 몰랐을 뿐만 아니라 자신들이 무엇을 하는지도 몰랐다. 사람들은 진승(陳胜)과 오광(吳廣)처럼

봉기하지는 않았지만 사회의 분쟁은 사실상 전통사회의 농민봉기와 조금도 다르지 않았다. 천자를 보호하려는 것도 그렇고 반란을 일으키려는 것도 그렇고, 각종 조직과 각종 파벌은 모두 봉건문화의 우매함을 체현하지 않는 것이 없었다.

2) '문혁' 10년은 공산당 내부의 정치투쟁이었으며, '혁명 주도권'을 쟁탈 또는 보호한다는 명목이 있었지만 사실은 궁정의 당파싸움 같았다. 린뱌오(林彪)의 야심, '사인방'의 정권찬탈의 동기와 수단, 결과를 보면 과거의 왕위찬탈과 조금도 다르지 않았다. 장칭(江靑)은 마오쩌둥이 죽은 이후 '신 중국'의 제2대 천자가 되려고 생각했기 때문에 여후(呂后)와 무후(武后)로 거듭 자처하면서 여인이 집권하는 여론을 만들었으며, 정권의 교체는 반드시 민주적인 절차를 통해서 진행되어야 한다는 것을 조금도 고려하지 않았다.

3) '문혁' 시기 전국곳곳에서 마오쩌둥 어록을 가사로 만들어 노래하고, 날마다 마오쩌둥의 두상 앞에서 충성을 맹세했으며, '노삼편(老三篇)'[3]을 짊어지고 아침에 지시받고 저녁에 보고하는 등 마오쩌둥은 신적인 존재가 되었으며 전국에서 그를 추종하는 극단적인 종교광기가 형성되었다. 이러한 '개인숭배'는 사실상 예전의 '황권숭배'와 같았다.

4) '문혁' 10년은 '독서무용론'을 제창했으며 구호는 "지식이 많을수록 반동이다."는 것이었다. 구체적으로 말하면 단지 정치사상으로 무장해야 하며 전문적인 지식을 추구해서는 안 되었다. 당시에 정치사상은 강렬한 계급성과 농후한 종교적 색채를 띠었다. 완전히 자아를 버리고 정치적인 신념을 위해 헌신하면 누구든 정치사상으로 무장하는 것이었다. 반대로

3) 마오쩌둥이 쓴 저작 세 편, 『위인민복무(爲人民服務)』, 『기념백구은(紀念百求恩)』, 『우공이산(愚公移山)』. — 옮긴이

자기의 두뇌로 지식문제를 사고하면 정치에 무관심한 반동의 길로 간다고 지적될 수 있었다. 정치사상으로 무장한다는 것은 주로 마오쩌둥에 대한 충성심으로 무장한다는 것이었으며 군주에 대한 절대적인 복종을 강요하는 봉건윤리사상으로 체현되었다.

'문혁' 후기에 한동안 유가를 비판하고 법가를 재평가하는 운동이 전개되었는데 신유가는 이를 전형적인 반전통이며 공자와 맹자의 학설을 유린하는 것이라고 생각했다. 그러나 그들은 공자비판운동의 목적이 어디에 있는지 알지 못했다. 국민들은 유가 전통을 비판했지만 사실은 전통으로 전통을 비판하는 것이었으며, 봉건주의로 봉건주의를 반대하는 것이었다. 그들이 유가를 비판할 때 수중에 있던 무기는 새로운 문화, 새로운 사상이 아니라 법가사상이었으며, 공자비판운동의 목적은 중앙집권을 강화하고 일당독재를 실행하는 데 있었다. 이러하기 때문에 법가를 재평가하고 진시황의 지위를 높였던 것이다.

20세기에 중국 문제가 해결되지 못한 가장 근본적인 원인은 유학이 주체가 되는 봉건전통이 너무 깊고 두텁기 때문이라고 할 수 있다. 문화가 방향을 잃고 사회가 혼란해진 원인은 전통 유학의 지위가 분명하지 않았기 때문이 아니라 그 망령이 사라지지 않았기 때문이다. 세기말에 이른 오늘날에도 여전히 이러하다. 최근 몇 년 사이 중국 대륙에 비교적 큰 변화가 일어났다. 사람들의 일반적인 생각이 어떠하든 간에 사회의 발전은 세계사의 거대한 조류와 합류하는 추세다. 그렇지만 오늘날의 중국이 건강하게 발전하는 데 방해가 되는 것은 여전히 봉건전통이며, 유학 전통이다. 한편으로 관료본위 의식이 중국 사회의 발전에 걸림돌이 되고 있다. 권력을 가진 자들은 권력을 사사로운 이익을 도모하는 데 사용하며, 부패하고 타락하는 현상이 나날이 심해지고 있다. 다른 한편으로 정치가 부패하고 도덕이 사라진 가혹한 현실에서 어떻게 하면 제도를 건설해서 부패한 토양을 제거할 수 있는지를 생각하지 않고 부질없이 유가의 덕치사상만을 선양하며, 부패자의 양심을 환기시키는 방법으로 부패를 없애려고 시도한다. 백성은 중국 문제가 도대체 어디에서 나오게 되었는지를 깊이 생각하지 않고 덮어놓고 질박하고, 공정하고, 평등했던 1950년대를 그리워한다. 심지어 '문혁' 시기 가장 기본적인 생계를 해결하는 방편으로 큰 솥에 밥을 해서 함께 먹었던 일을 그리워하며, 절대평등주의를 그리워한다. 그들이 마오쩌둥 시대를 그리워하는 이유는 마오쩌둥과 당시의 간부들은 적어도 물질생활에서 현재의 간부들보다 더 청렴했기 때문이다. 이와 같이 청렴한 관리를 숭배하는 사상은 전통 유학의 덕치주의와 민본주의에 뿌리를 두며 여전히 봉건문화의 테두리에서 벗어나지 못하는 것이다. 애석한 것은 우리 국민은 오늘날에도 이 점을 인식하지 못하며 줄곧 어진 군주와 청렴한 관리를 숭배하는 사상의 장애에서 벗어나지 못하고 있다.

| 번역을 마치면서

10년 묵은 체증이 내려가면 이런 기분일까? 그러고 보니 딱 10년이 되었다. 2001년 중국 난징대학에서 석사과정을 공부하고 있을 무렵이었다. 어느 날 신화서점에 들렀는데 책 한 권이 눈에 들어왔다. 제목은 『신유학 비판(新儒學批判)』이었다. 현대 신유학을 막 공부하기 시작한 나에게 이 책의 제목은 매우 인상 깊게 다가왔다. 책을 사서 집에 돌아온 이후 죽 훑어보았는데 신유학의 형성배경에서 신유가의 사상에 이르기까지 매우 새로운 시각으로 서술되어 있는 것을 발견했다. 이후 틈틈이 책을 읽으면서 이 책에 빠져들기 시작했고 불현듯 번역해보고 싶은 생각이 들었다. 그래서 망설임 없이 저자 치량(啓良) 선생님께 전화를 걸어 이 책을 번역하고 싶다고 했다. 선생님은 중국말도 서툰 젊은 유학생이 본인의 책을 번역하고 싶다고 해 무척 기특하셨던 모양이다. "언제 시간나면 만나서 차 한 잔 하세"라는 말로 승낙을 대신하셨다.

번역은 생각처럼 쉬운 일이 아니었다. 중국어를 깊이 공부하지 못한 내가 정밀하고 깊이 있는 현대 신유가의 사상을 이해한다는 것은 처음부터 무리였다. 사실 번역을 시작하면서 매우 후회스러운 나날을 보냈다. 내가 왜 번역을 한다고 선생님께 전화 드렸을까. 미리 전화 드리지 않았다면 이렇게 큰 부담은 없을 텐데. 전화 드리지 않았다면 번역을 중도에 포기할 수도 있지만 저자와 약속했기 때문에 포기할 수 없는 상황이었다. 가장 힘들었던 것은 번역을 해야 하는 부담감이 아니라 선생님과의 약속을 지키지 못하는 죄책감이었다. 이러한 죄책감 때문에 하루하루 마음 편할 날이 없었다.

인생은 늘 예상치 못한 방향으로 흘러가는 것 같다. 이러한 부담감이 결과적으로 나에게 큰 도움이 되었다. 신유학을 이해하지 못하면 번역할 수 없었기에 다양한 신유가의 저서를 읽기 시작했고 조금씩 신유가의 사상을 이해하기 시작했다. 특히 석사 논문을 쓰면서 광범위한 신유가의 저서를 접촉하게 되었으며, 2002년 여래선(如來禪)을 번역(공역) 출판하면서 중국어에 대한 약간의 내공이 쌓였다. 그러나 2002년 여름학기에 박사학위를 시작하면서 번역에 투자할 시간이 그리 많지 않았나. 학기 중에는 번역하면서 이해하기 어려운 부분을 정리해 두었다 중국 친구들에게 도움을 청했으며 방학이 되면 시간을 내어 틈틈이 번역을 했다. 이렇게 해서 2005년 여름 방학 때 초역을 완성할 수 있었다.

초역을 완성한 이후에 오히려 더 많은 시간을 보내야 했다. 번역문의 오류뿐 아니라 저자의 인용문을 일일이 확인하고 검증하는 일이 필요했다. 중국 근대를 살았던 학자들의 문장은 이해하기 매우 어렵다. 중국의 글이 고문에서 백화문으로 나아가는 과도기적 단계였기 때문에 고문에 익숙한 선생들이 쓴 백화문은 중국 친구들 조차 이해하기 어렵다. 특히 중서 철학을 넘나들고 정미한 형이상학적 논증을 통해 확립한 신유가의 사상을 우리글로 표현하는 것은 여간 까다로운 일이 아니었다. 그래서 수많은 중국 친구를 괴롭혀야 했다.

학위를 마치고 한국에 돌아온 이후에도 역서를 다듬는데 많은 시간을 보냈다. 시간이 지날수록 마음은 더 조급해지기 시작했다. 저자와 맺은 약속을 지키지 못한 죄책감은 더 커져만 갔고 짊어진 부담은 더 무거워졌다.

사람에게 가장 중요한 것은 신의가 아니던가. 역대로 유학자들은 신의를 가장 중요한 덕목 중 하나로 생각했다. 유학을 공부하는 사람이 신의를 지키지 못할까 애를 태우면서 생활했다.

10년이라는 긴 세월이 흘렀다. 체계가 다른 중국 언어를 우리말로 옮기는 것은 쉬운 일이 아니었다. 원문에 충실해야 한다는 생각과 쉽게 번역해야 한다는 생각 사이에서 하나도 성공하지 못했다는 부끄러운 마음을 숨길 수가 없다. 공들인 시간만큼 좋은 결과가 나오지 않았다는 것을 깊이 느끼면서 미흡하지만 이제 번역에 대한 큰 부담을 내려놓으려 한다. 2011년 12월 31일, "한 해를 잘 마무리하고 희망찬 새해를 맞이하길-" 이라는 친구의 문자가 왔다. 매년 이맘때면 늘 받는 인사말이지만 올해는 더욱더 가슴에 와 닿는다. 정말이지 10년을 마무리한 것 같은 느낌이 든다. 이제야 홀가분하게 새해를 맞이할 수 있을 것 같다.

이 역서가 세상에 나오기까지 지난한 과정을 거쳤다. 이 과정에서 도움을 주신 분이 헤아릴 수 없을 만큼 많다. 그분들의 도움이 없었더라면 이 역서는 세상의 빛을 보지 못했을 것이다. 먼저 원문을 이해하는 데 도움을 준 수많은 중국 친구들에게 감사드린다. 그들이 없었더라면 이 역서는 아직도 번역단계에 머물러 있을 것이다.

어려운 출판 환경에도 불구하고 이 책의 출판을 흔쾌히 승낙해 주신 심산출판사 최원필 사장님께 진심으로 감사드린다. 번역을 마친 이후 몇몇 출판사에 출판을 의뢰했으나 지나치게 전문적이고 분량이 많다는 등의 이유로 거절당했다. 출판사의 상황을 생각하면 충분히 이해가 가면서도 한편으로는 기초 학문이 환영 받지 못하는 현실이 야속하기도 했다. 아울러 매끄럽지 않은 원고를 마지막까지 꼼꼼히 다듬어 주신 심산출판사 편집부 여러분께도 감사드린다.

지면을 빌어 꼭 감사드리고 싶은 분들이 계신다. 대학 다닐 때 그리도 공부하지 않던 제자를 끝까지 지지해주시고 관심을 가져주신 안동대학교 동양철학과 교수님들께 감사드린다. 중국에서 공부하면서 항상 부끄럽지 않은 제자가 되기 위해 최선을 다했다. 선생님들의 보이지 않는 채찍이 있었기에 지금까지 올 수 있었다.

그리고 세상을 보는 눈을 뜨이게 해주신 정신적 지주 이승희 형님, 늘 친형처럼 이끌어 주신 장준영 형님, 언제나 학문의 자세를 일깨워 주시는 이상천 형님, 난징에서 고락을 함께한 친구 영치, 형렬이, 병민이, 성헌이 등에게도 감사드린다. 이분들이 있었기에 힘겨웠던 세월을 견뎌낼 수 있었다. 특히 이 역서의 출간에 결정적 역할을 해주시고 언제나 관심을 가져주시는 조성환 선생님께 감사드린다. 이 역서를 출판하지 못할까 마음 졸이고 있을 때 조성환 선생님의 소개로 심산출판사를 알게 되었다.

끝으로 가장 어려울 때 태어나 늘 웃음이 되어준 딸 수민이, 요즘 새로운 기쁨을 안겨주는 아들 수겸이, 한없이 방황하던 날 잡아준 사람, 지금까지 한 번도 힘겨운 삶을 내색하지 않고 항상 웃으며 살아가고 있는 바보 같은 사람, 사랑하는 아내에게 고마움을 전한다.

2011년 12월 31일 안동에서

찾아보기

ㄱ

ㅅ

ㅈ

ㅎ